泰州医药高新区（高港区）2022年鉴

中共泰州医药高新技术产业开发区工作委员会
中国共产党泰州市高港区委员会
泰州医药高新技术产业开发区管理委员会
泰州市高港区人民政府
主办

泰州医药高新技术产业开发区（泰州市高港区）党史方志办公室　编

方志出版社
Publishing House of Local Records

图书在版编目(CIP)数据

泰州医药高新区(高港区)年鉴. 2022 / 泰州医药高新技术产业开发区(泰州市高港区)党史方志办公室编 .—北京 : 方志出版社, 2022. 10
ISBN 978-7-5144-5370-6

Ⅰ. ①泰… Ⅱ. ①泰… Ⅲ. ①高技术产业区—泰州—2022—年鉴 Ⅳ. ① F127.534-54

中国版本图书馆 CIP 数据核字 (2022) 第 206376 号

责任编辑:陈　菁
责任校对:刘玉霞
责任印刷:梅中英
出 版 者:方志出版社
地　　址:北京市朝阳区潘家园东里 9 号(国家方志馆 4 层)
邮　　编:100021
网　　址:http://www.zgfzcb.cn
发　　行:方志出版社图书经销中心(010-67110500)
印　　刷:南京凯德印刷有限公司
开　　本:889 毫米 ×1194 毫米　1/16
印　　张:22.5
字　　数:766 千字
版　　次:2022 年 10 月第 1 版
印　　次:2022 年 10 月第 1 次印刷
定　　价:280.00 元

数字2021

区域面积：402.87平方千米

户籍人口：43.82万人

地区生产总值：1106.86亿元

第一产业增加值：15.5亿元

第二产业增加值：609.5亿元

第三产业增加值：481.86亿元

农林牧渔业总产值：24.19亿元

粮食总产量：11.2万吨

建筑业总产值：710.54亿元

社会消费品零售总额：284.98亿元

进出口总额：39.66亿美元

实际利用外资和港澳台资：3.86亿美元

一般公共预算收入：100.54亿元

全体居民人均可支配收入：45214元

城镇居民人均可支配收入：54990元

农村居民人均可支配收入：28582元

荣誉2021

全国2021年生物医药产业园区百强榜第12位

“四好农村路”全国示范县

全国农村综合性改革试点试验区

全国第四批节水型社会建设达标县（区）

全国第六批率先基本实现主要农作物生产全程机械化示范县（市、区）

EFQM全球奖（欧洲质量奖）（扬子江药业集团）

推进经济开发区转型升级工作获省政府通报表扬

2021年度江苏省乡村振兴战略实绩考核综合排名第一等次

全省平安农机示范县

省级绿色智慧示范片区

争创全国法治政府建设示范市县活动先进地区

首批江苏省幼小衔接实验区

2021年度泰州市市（区）综合考核第一等次

2021年4月8日，泰州医药高新区、高港区召开党史学习教育市委宣讲团宣讲报告会

区党工委（区委）宣传和统战部 供图

2021年7月1日，泰州医药高新区（高港区）召开“两优一先”表彰会议，对全区优秀共产党员、优秀党务工作者、先进基层党组织予以表彰。会上，还为老党员代表颁发“光荣在党50年”纪念章，举办党史学习教育专题党课、重温入党誓词、传承仪式、先进事迹宣讲等活动

区党工委（区委）宣传和统战部 供图

2021年4月23日，高港区消防大队指战员、高港区人武部民兵、泰州市“小水滴”青年志愿者在中国人民解放军海军诞生地纪念馆重温入党誓词

区党工委（区委）宣传和统战部 供图

2021 年 5 月 17 日，泰州医药高新区、高港区举办“党史照我去奋斗”主题演讲比赛

区党工委（区委）组织部 供图

2021 年 6 月 1 日，泰州医药高新区、高港区开展“献礼建党 100 周年”主题队日活动

区党工委（区委）宣传和统战部 供图

2021年6月15日，高港区妇联、口岸街道办事处在口岸街道徐庄村举办“引领家庭心向党　践行文明新风尚”活动，邀请全国“五好家庭”讲百年党史　　区妇联 供图

2021年6月18日，高港区举办“知史爱党”党史知识竞赛决赛　　区党工委（区委）宣传和统战部 供图

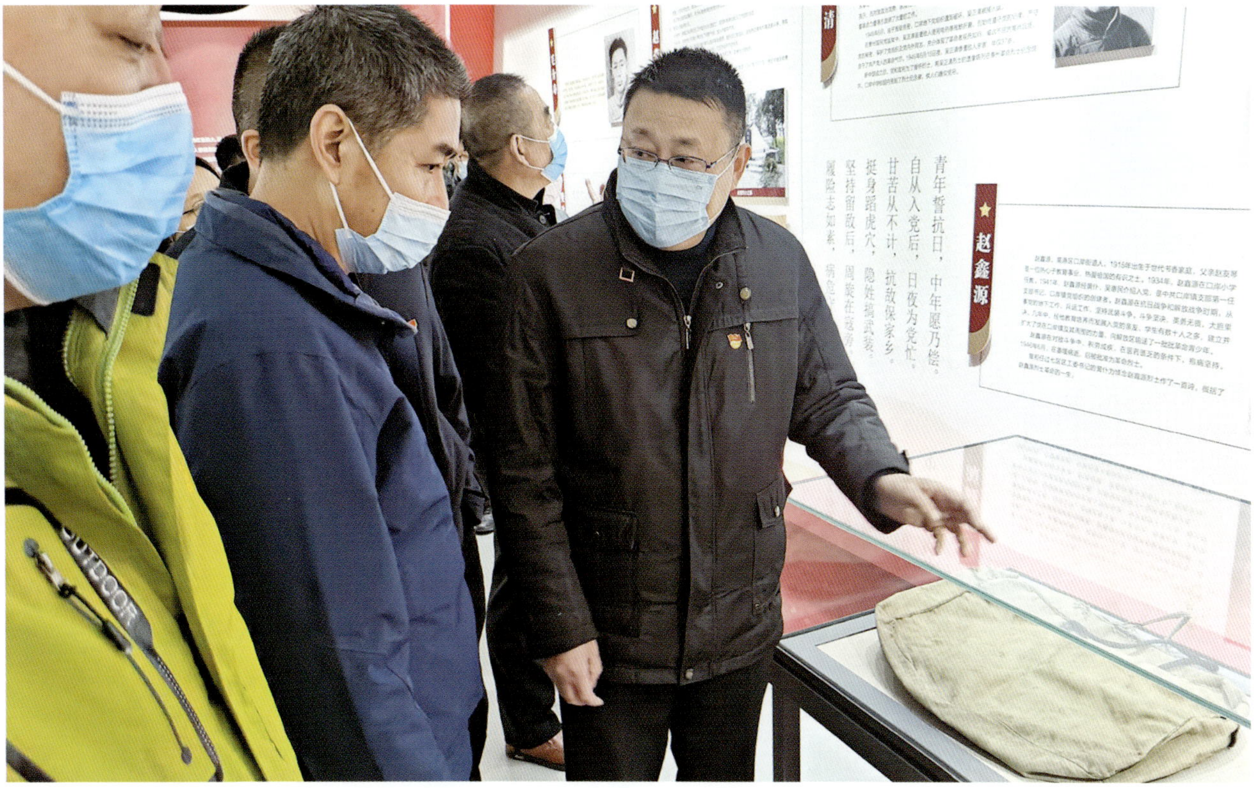

2021年，区党史方志办在区档案馆布置乡镇企业档案史料陈列展和红色档案史料陈列展。图为12月30日口岸街道王营社区干部群众在区档案馆参观陈列展

区党史方志办 供图

2021年，在党史学习教育中，全区实施“我为群众办实事”项目1万余个。图为口岸街道雅儒村为种植大户解决农产品滞销难题

区党工委（区委）宣传和统战部 供图

2021年10月26日，核心港区（永安洲镇）举办大江放歌广场文艺演出，庆祝中国共产党成立100周年　　永安洲镇 供图

2021年6月26日，泰州医药高新区、高港区庆祝中国共产党成立100周年歌咏大会在泰州医药高新区体育文创中心举行

区党工委（区委）宣传和统战部 供图

2021年8月4日，口岸街道开展全员核酸检测演练　　区党工委（区委）宣传和统战部 供图

2021年8月9日，刁铺街道开展新冠肺炎局部小规模疫情处置演练

区党工委（区委）宣传和统战部 供图

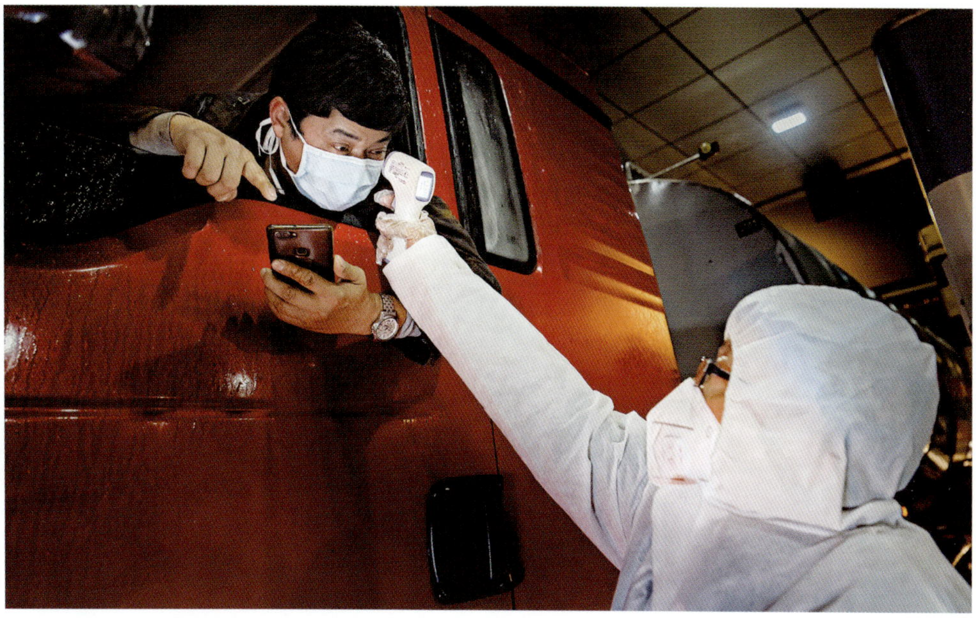

高速卡口疫情防控　　区党工委（区委）宣传和统战部 供图

浑身湿透的疫情防控人员　区党工委（区委）宣传和统战部 供图

2021年8月18—27日，区总工会开通心理健康系列网络直播，邀请集中医学观察人员参与直播互动

区总工会 供图

未成年人接种疫苗　　区党工委（区委）宣传和统战部 供图

江苏硕世生物科技股份有限公司“祝融”号移动核酸检测车　　区党工委（区委）宣传和统战部 供图

志愿者为疫情防控人员送上暖心包子　　区党工委（区委）宣传和统战部 供图

2021年6月28日，市委、市政府召开泰州医药高新区、高港区融合发展暨举全市之力建设中国医药城大会

区党工委（区委）宣传和统战部 供图

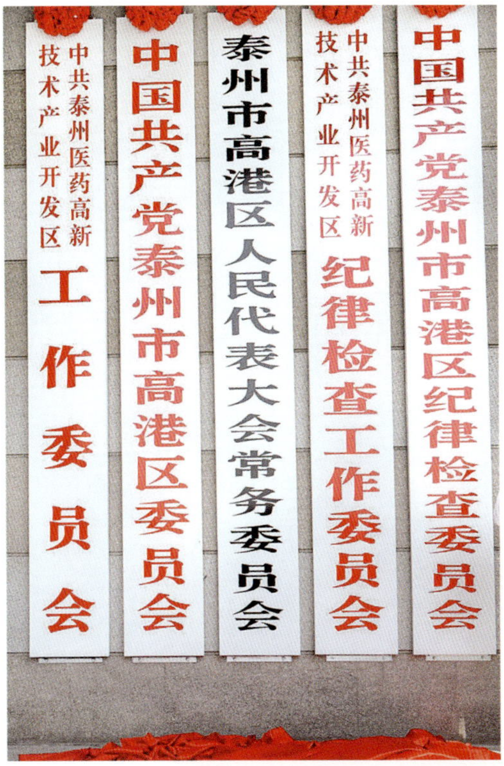

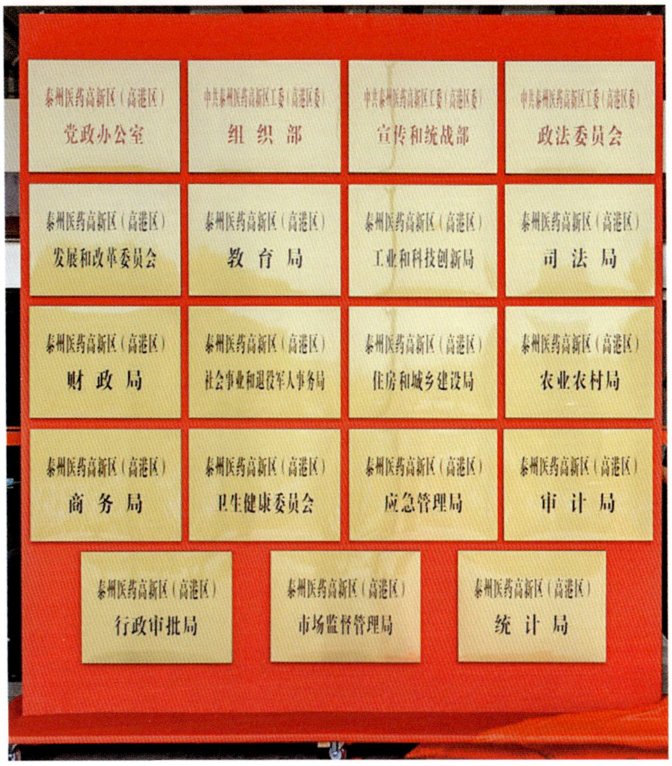

2021年9月27日，泰州医药高新区（高港区）党工委、管委会、纪工委和党政部门集中揭牌

区党工委（区委）宣传和统战部 供图

2021年10月23日，第十二届中国（泰州）国际医药博览会在中国医药城会展交易中心开幕

生物医药产业园区 供图

扬子江药业集团药物研究院大楼　　区工业和科技创新局 供图

国际遗传工程和生物技术中心(ICGEB)中国区域研究中心　　区工业和科技创新局 供图

复旦大学泰州健康科学研究院　　区工业和科技创新局 供图

东南大学泰州生物医药与医疗器械研究院　　　　区工业和科技创新局 供图

泰州疫苗临床研究中心　　区党工委（区委）宣传和统战部 供图

阿斯利康药业（中国）有限公司

寺巷街道 供图

江苏硕世生物科技股份有限公司
生物医药产业园区 供图

崔巢健康科学（中国）有限公司　　区党工委（区委）宣传和统战部 供图

扬子江药业集团江苏龙凤堂中药有限公司　　区党工委（区委）宣传和统战部 供图

沿江粮油产业集群　　永安洲镇 供图

江苏苏萨食品有限公司　　区党工委（区委）宣传和统战部 供图

长城汽车股份有限公司泰州分公司　　口岸街道 供图

长城汽车股份有限公司泰州分公司生产线　　高端装备制造产业园区 供图

蜂巢能源科技有限公司泰州分公司　　高端装备制造产业园区 供图

曼德汽车零部件（泰州）有限公司　　高端装备制造产业园区 供图

江苏海阳锦纶新材料有限公司
化学新材料产业园区 供图

中海油气（泰州）石化有限公司

化学新材料产业园区 供图

蓝思精密（泰州）有限公司　　寺巷街道 供图

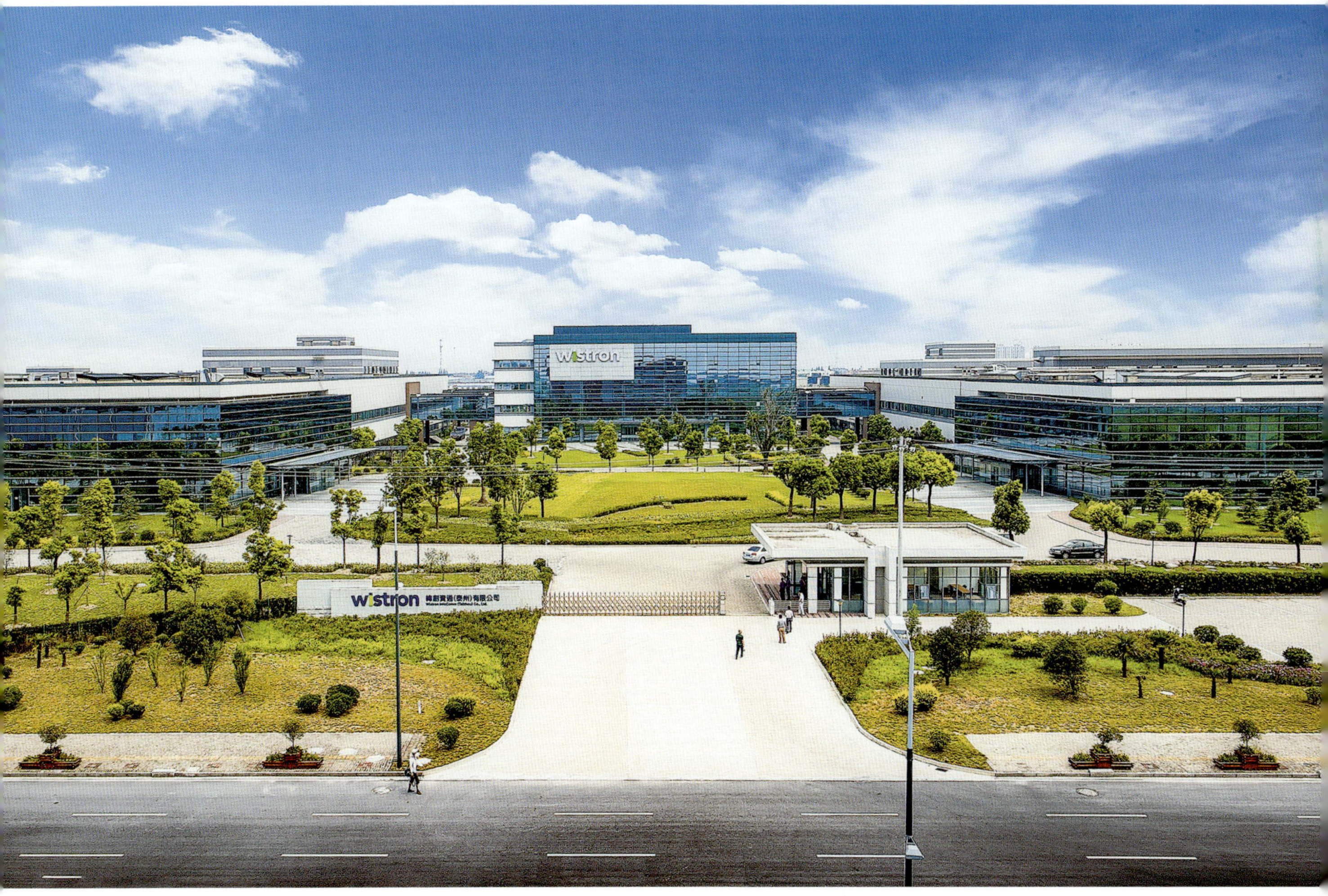

纬创资通（泰州）有限公司　　　　电子信息产业园区 供图

巨腾电子（泰州）有限公司　　电子信息产业园区 供图

泰州苏中天线集团有限公司　　　　口岸街道 供图

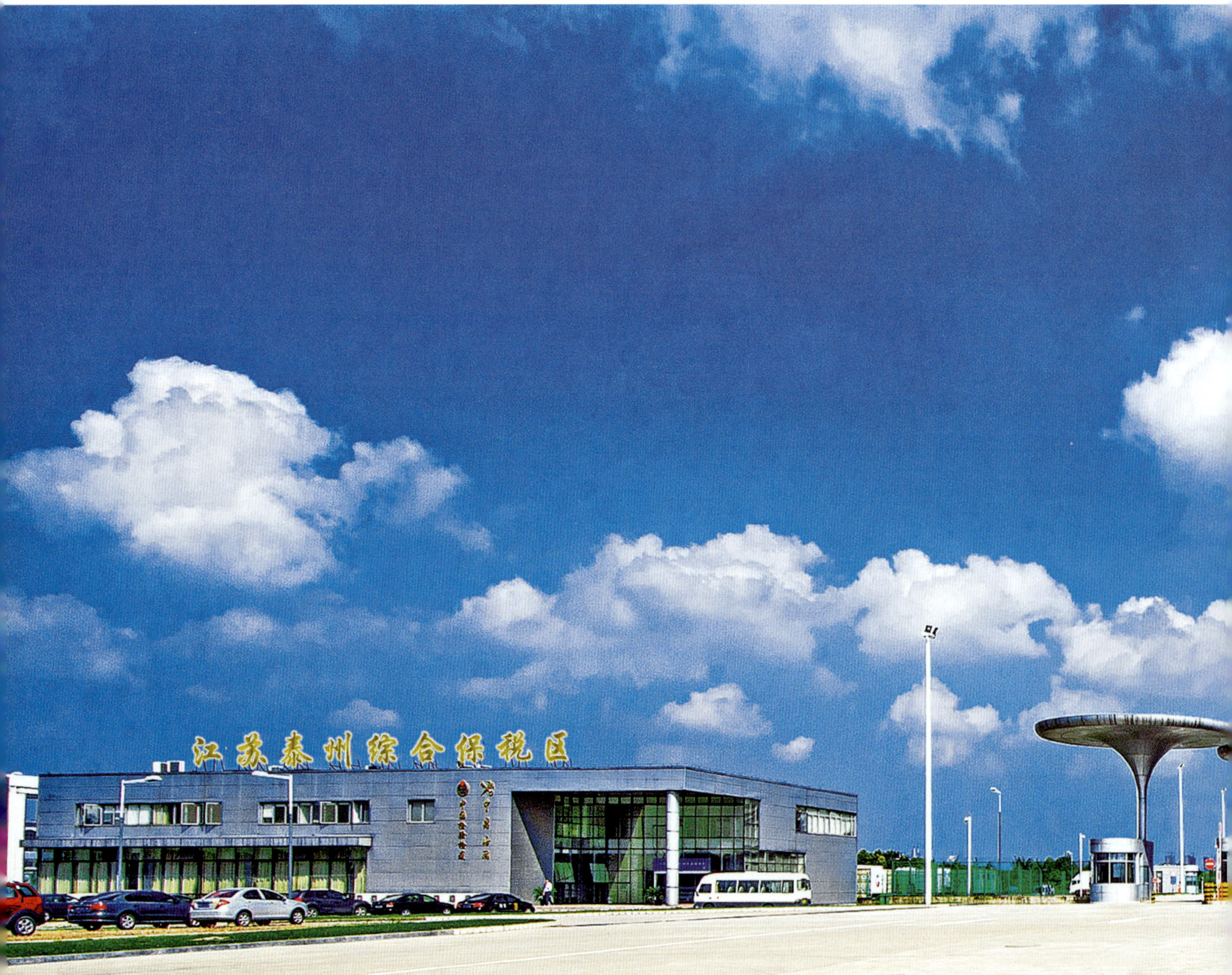
江苏泰州综合保税区

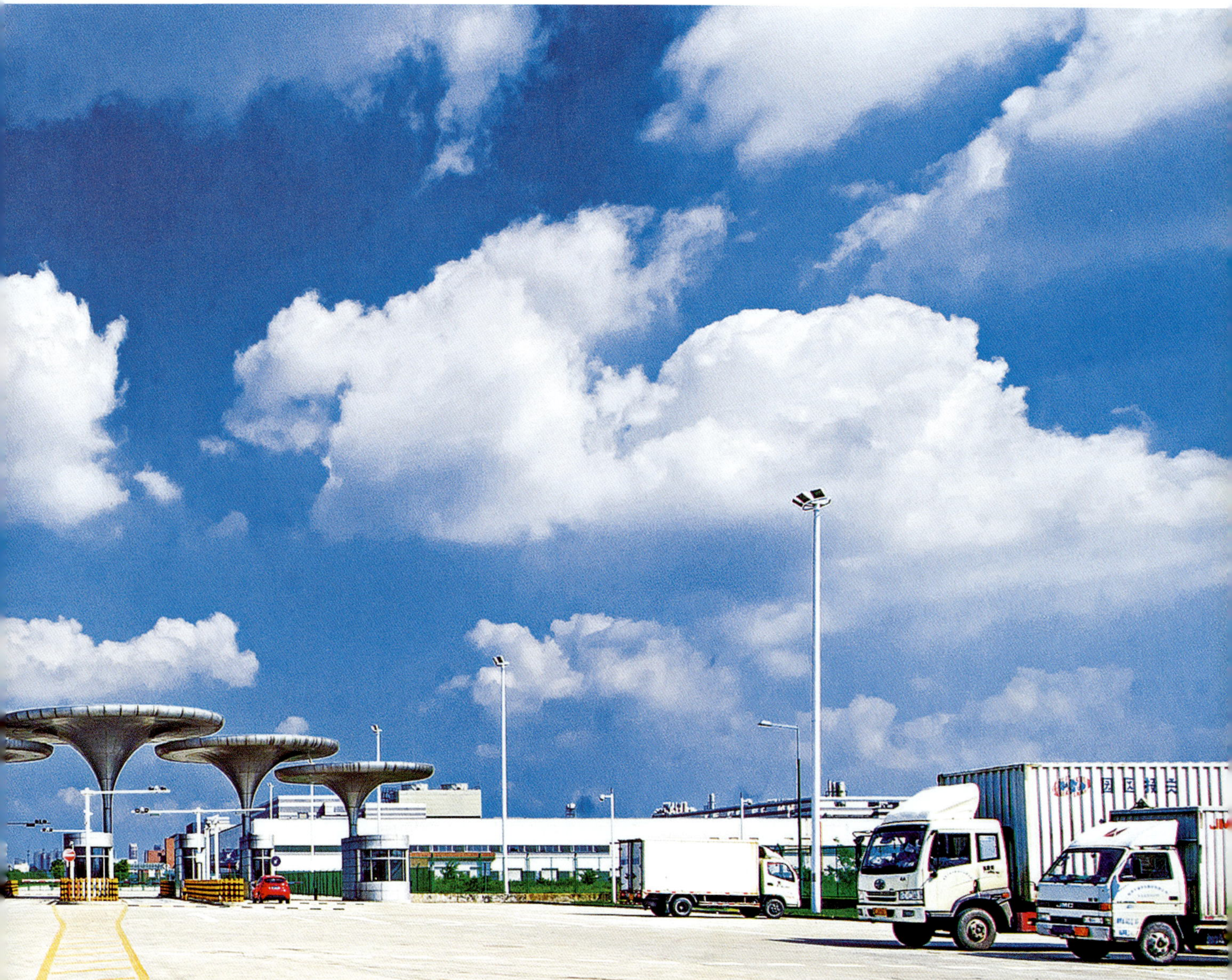

江苏泰州综合保税区 电子信息产业园区 供图

泰州国际集装箱码头　　区住房城乡建设局 供图

hotel nikko taizhou

中国医药城会展交易中心

泰州华信药业投资有限公司 供图

泰州金融服务区　　　　凤凰街道 供图

中国医药城 CMC 综合服务大楼　　泰州华信药业投资有限公司 供图

东方温莎小镇

寺巷街道 供图

南京中医药大学泰州校区　　　　区教育局 供图

泰州职业技术学院公共教学楼　　　　区教育局 供图

江苏省泰州中学　　凤凰街道 供图

泰州市人民医院　　　　凤凰街道 供图

泰州汽车城　　寺巷街道　供图

泰州万象城　　凤凰街道　供图

泰州体育公园　　区党工委（区委）宣传和统战部 供图

天德湖公园

凤凰街道 供图

天禄湖公园　　泰州华信药业投资有限公司 供图

凤栖湖景区　　区党工委（区委）宣传和统战部 供图

2021年9月22日，2021泰州·医药高新区（高港区）农民丰收旅游节在大泗镇大马村水生植物园开幕（组图）　　区党工委（区委）宣传和统战部 供图

国庆粮油
压榨菜籽油

香米

泰州·医药高新区（高港区）农民丰收旅游节
主办单位：泰州医药高新区管委会（泰州市高港区人民政府）
承办单位：泰州医药高新区（高港区）农业农村局　泰州医药高新区（高港区）财政局
泰州医药高新区（高港区）供销合作总社　泰州医药高新区（高港区）文体旅游局

2021年9月30日，泰州市乡村旅游节暨爱情海欢乐田园试开园启动仪式在刁铺街道爱情海欢乐田园景区举行

区党工委（区委）宣传和统战部 供图

2021年12月4日，胡庄镇举办首届年糕节暨江水清沙美食品鉴会　　胡庄镇 供图

2021 年，白马镇陈家村凹口入选第八批次江苏省特色田园乡村。图为陈家村村貌　　白马镇 供图

2021 年，许庄街道蔡庄村蔡庄入选第六批次江苏省特色田园乡村。图为修缮后的蔡氏古民居

许庄街道蔡庄村 供图

口岸街道引江社区“相聚缘”儿童乐园　　口岸街道 供图

刁铺街道爱情海欢乐田园景区机身 VR 体验项目　　区党工委（区委）宣传和统战部 供图

2021年，泰州医药高新区（高港区）启动“健康惠民一号工程”，为居民免费提供胃肠癌早期筛查服务。图为采样人员到居民家中采样

区卫生健康委 供图

2021年1月27日，区总工会开展送温暖活动，在刁铺街道顺丰快递网点向快递小哥赠送冬日暖心大礼包

区党工委（区委）宣传和统战部 供图

2021年4月22日，高港区"柴墟读书节"暨全民阅读系列活动启动仪式在永安洲镇举行

永安洲镇 供图

2021年5月8日，高港区在刁铺街道明发广场开展法援惠民生活动 区司法局 供图

2021年5月15日，区妇联在凤栖湖景区开展“美好一家　快乐出发”彩虹亲子跑活动

区妇联 供图

2021年5月20日，永安洲镇党员和小学生在泰州长江大桥附近水域放流河豚鱼苗

永安洲镇 供图

2021年5月25—27日，江苏省青少年自行车（山地、公路）锦标赛在凤栖湖景区举行

区党工委（区委）宣传和统战部 供图

2021年6月11日，泰州医药高新区、高港区举办防汛抢险军地联合应急演练 区党工委（区委）宣传和统战部 供图

2021年12月9日，团区委举办“国潮正当红”新兴领域青年分享会　　　　团区委 供图

2021年10月1日，泰州海军舰艇文化园试运营

永安洲镇 供图

野徐镇志愿服务大集市活动　　野徐镇 供图

2021年，泰州医药高新区（高港区）创设“格物讲堂”，邀请相关领域的专家教授、行业大咖、知名企业家等，为全区科级及以上干部集中授课。图为5月29日第二期活动　　区党工委（区委）组织部 供图

2021 年 12 月 20 日，泰州医药高新区（高港区）第一期“唯实唯勤”讲习所开讲

区党工委（区委）组织部 供图

2021年，泰州医药高新区（高港区）启动“服务一小时、高‘兴’你我他”活动。图为10月16日团区委在刁铺街道圩岸社区开展“青春集结贻小时”活动

区党工委（区委）组织部 供图

2021年，泰州医药高新区（高港区）组织实施高新干部“源头活水”工程。图为面谈现场

区党工委（区委）组织部 供图

2021年6月3日，泰州医药高新区、高港区以“促进产业兴旺、推动乡村振兴”为主题举办村（社区）书记乡村振兴“四季谈”

区党工委（区委）组织部 供图

2021年8月27日，泰州医药高新区（高港区）举行“中国好人”何芬发布会

区党工委（区委）宣传和统战部 供图

编 辑 说 明

一、《泰州医药高新区（高港区）年鉴（2022）》（以下简称本年鉴）坚持以马克思列宁主义、毛泽东思想、邓小平理论、“三个代表”重要思想、科学发展观、习近平新时代中国特色社会主义思想为指导，坚持辩证唯物主义和历史唯物主义的立场、观点和方法，全面、系统记述2021年全区自然、政治、经济、文化、社会和生态建设等年度情况，旨在为领导决策提供参考资料，为社会各界和海外人士了解、研究泰州医药高新区（高港区）提供翔实信息。

二、《泰州医药高新区（高港区）年鉴》是由中共泰州医药高新技术产业开发区工作委员会、中国共产党泰州市高港区委员会、泰州医药高新技术产业开发区管理委员会、泰州市高港区人民政府主办，泰州医药高新技术产业开发区（泰州市高港区）党史方志办公室编纂的年度综合性、资料性文献。首卷于2010年出版，本卷为第13卷。

三、本年鉴采用分类法编辑，设类目、分目、条目3个层次，分目下视情设副分目。类目设34个，包括：年度聚焦、年度报告、大事记、区情概览、中共泰州医药高新技术产业开发区工作委员会 中共泰州市高港区委员会、泰州市高港区人民代表大会、泰州医药高新技术产业开发区管理委员会 泰州市高港区人民政府、政协泰州市高港区委员会、纪检监察、民主党派 群众团体、法治 军事、园区 街区、主导产业、扬子江药业集团、开放型经济、农业、工业 建筑业、服务业、科技、经济管理、国有企业、城市建设、乡村振兴、生态环境、文化 体育、教育、卫生健康、人力资源、社会保障、社会事务管理、应急管理、街道 镇、人物 荣誉、附录。条目为记述的基本单位，其标题采用黑体加“【 】”表示。大事记前有“△”者，表示与前所记日期相同。

四、本年鉴资料由全区各园区、镇街、部门、单位供稿，并由供稿单位领导审核。撰稿人员署名于条目之后。文中数据及有关内容由区统计局和区保密局审核把关。部分数据因统计口径不同存在差异的，以统计部门提供的统计数据为准。

五、清代及其以前使用朝代年号纪年，括注相应的公元纪年，在同一条目中只首次括注相同朝代年号的公元纪年。中华民国、中华人民共和国采用公元纪年。外币注明币种，人民币不作标注。

六、本年鉴中的机构、缩略语使用规范性简称，附录中设有部分组织机构全称、简称对照表和缩略语注释表。

七、本年鉴卷末设主题分析索引，按汉语拼音字母顺序排列。

目 录

Contents

图片专辑

Photo album

年度聚焦

Annual focus

年度报告

Annual reports

大事记

Chronicle of events

区情概览

Overview of Taizhou Pharmaceutical High-tech Industry Development Zone and Gaogang District

中共泰州医药高新技术产业开发区工作委员会 中共泰州市高港区委员会

CPC Taizhou Pharmaceutical High-tech Industry Development Zone Working Committee & CPC Committee of Gaogang District

泰州市高港区人民代表大会

People's Congress of Gaogang District

泰州医药高新技术产业开发区管理委员会　泰州市高港区人民政府

Administration Committee of Taizhou Pharmaceutical High-tech Industry Development Zone & People's Government of Gaogang District

政协泰州市高港区委员会

CPPCC of Gaogang District

纪检监察

Discipline inspection & Supervision

民主党派　群众团体

Democratic parties & Mass organizations

法治　军事

Law operation & Military

园区　街区

Industrial parks & City block

主导产业

Leading industries

扬子江药业集团

Yangtze River Pharmaceutical Group

开放型经济

Open economy

农 业

Agriculture

工业 建筑业

Industry & Construction industry

服务业

Service industry

科 技

Science and technology

经济管理

Economic management

国有企业

State-owned enterprises

城市建设

Urban construction

乡村振兴

Rural revitalization

生态环境

Ecological environment

文化　体育

Cultural & Sports

教 育

Education

卫生健康

Public health

人力资源

Human resources

社会保障

Social security

社会事务管理

Social affairs management

应急管理

Emergency management

街道　镇

Sub-districts & Towns

人物 荣誉

Figures & Honors

附 录

Appendices

索 引

Index

年度聚焦

党史学习教育

泰州医药高新区（高港区）党史学习教育自2021年3月开始，贯穿全年，区党工委（区委）坚决贯彻习近平总书记关于党史学习教育的重要指示、重要论述和党中央决策部署，以及省委、市委工作要求，紧扣学史明理、学史增信、学史崇德、学史力行要求，全面动员部署，全面深入推进，全区各级党组织精心组织，扎实推进，全体党员干部踊跃投入、认真学习，广大人民群众积极响应、广泛参与，高质量完成党史学习教育各项任务。

一、聚焦深学细照，在“学党史”中坚定初心使命

3月18日，泰州医药高新区、高港区召开党史学习教育动员会，泰州医药高新区党工委、高港区委主要负责人作动员讲话。区党工委、区委成立党史学习教育领导小组及办公室，下设综合协调组、新闻宣传组、实践活动组、工作简报组。围绕专题学习、专题培训、专题党课、专题宣讲、专题研究宣传阐释、专题民主生活会和组织生活会、“我为群众办实事”实践活动“六专题一实践”重点任务，制定出台6项制度规范，组建8个巡回指导组，成立党史学习教育宣讲团，创新开展“永远跟党走”群众性主题宣教活动等，累计开展各类宣讲376场，直接受众8万人。成立“海娃宣讲团”“银发宣讲团”，组建“红色青骑兵”，确保青少年树立正确的历史观尤其是党史、国史观，引导他们“扣好人生第一粒扣子”。翻印“关于历史问题的三个决议”，征订党史学习资料22551套。用足用好中国人民解放军海军诞生地纪念馆、泰州海军舰艇文化园等红色资源，打造10个党史学习教育基地。

二、聚焦培根铸魂，在“悟思想”中强化政治淬炼

坚持把学懂弄通做实习近平新时代中国特色社会主义思想作为首要任务，区党工委（区委常委会）带头强化“第一议题”意识，及时跟进学习习近平总书记重要讲话、重要指示精神17次。区党工委（区委常委会）多次赴中国人民解放军海军诞生地纪念馆、泰州海军舰艇文化园接受党性教育，在新一届区党工

2021年5月30日，区妇联在高港书画院举办“党史浸润童心，携手关爱同行”活动　　区党工委（区委）宣传和统战部　供图

委（区委常委会）第一次全会上，对班子成员明确提出做最好的自己，带最强的团队，创最优的事业，建最美的高新。中共十九届六中全会召开后，区党工委（区委常委会）第一时间组织学习，贯通把握党的百年奋斗重大成就和历史经验，深刻领悟“两个确立”的决定性意义和实践要求。区党工委（区委常委会）带头开展中共十九届六中全会精神宣讲，带动全区各级党组织和党员干部广泛开展学习宣传，自觉做好贯彻落实。通过党史学习教育，广大党员干部深刻领会“两个确立”的决定性意义，进一步树牢“四个意识”、坚定“四个自信”、做到“两个维护”，实现理想信念、政治品格、纪律作风的全面升华。

三、聚焦人民至上，在“办实事”中增强宗旨意识

推进“两在两同”建新功、“三比三争”开新篇主题活动，推行“我为群众办实事”项目，累计投入23.4亿元，实施实事项目10920个，相关做法被央视等媒体推介。推出一批惠民利民实招，解决教育、医疗、养老、住行等领域老百姓牵挂的烦心事、揪心事。建成投用4所城区学校，新增学位2250个。改造提升泰州市第三人民医院病房楼等医疗基础设施，全国首创实施“健康惠民一号工程”，实现惠民、惠企双赢。建成2个区域性养老服务中心，推动养老事业健康发展。港城花苑等14个老旧小区得到整治提升，新增停车泊位1000个。上线“高新民声”网络问政平台，“随时随地”轻松实现“指端问政”。

四、聚焦知行合一，在“开新局”中彰显使命担当

注重学思用贯通、知信行统一，推动党史学习教育与中心工作同频共振、相得益彰。坚持把学党史与促融合结合起来，搭框架、建机制、稳人心、聚合力，全力以赴推进两区融合、刀刃向内深化园区改革，在全区上下自觉形成“融合思维、全域视角”的主观认知，牢固确立“特区思考、超越自我”的行动自觉，着力涵养“叠加思辨、勇闯新路”的气质禀赋，两区融合“1+1=1”的化学反应逐渐生成，“1+1>2”的乘数效应不断释放。坚持把学党史与谋长远结合起来，召开区第六次党代会，紧紧围绕“强富美高”总目标，扛起“争当表率、争做示范、走在前列”三大光荣使命，确立“聚力融合，聚焦发展，高水平开启现代化建设新征程”的奋斗目标，明确“加快打造更具向心力、更具竞争力、更具辨识度的改革先行区、创新活力区、发展引领区和幸福示范区”的具体路径。坚持把学党史与促发展结合起来，在疫情冲击、挑战叠加背景下，推动经济运行稳中有进，全区主要经济指标总量及增幅继续保持全市前列，成为全市第一个公共预算收入过百亿元的板块，顺利实现“十四五”的良好开局。坚持把学党史与强作为结合起来，坚决与官僚作风、形式主义、佛系做派、乡愿倾向作斗争，创新开展“登高望远、创新争优”大讨论活动，设立“格物讲堂”、“唯实唯勤”讲习所，大力开展整理思想、整治机关、整顿作风“三整”活动，推动党员干部振奋精神、担当作为。通过党史学习教育，广大党员干部的责任担当、发展本领进一步增强，党史学习成效加快转化为高质量发展的务实成果。

（卞小士　沈　浩）

泰州医药高新区与高港区融合发展管理体制改革

2021年6月22日，省委编委会会议审议并正式通过泰州医药高新区与高港区融合发展的实施方案。6月28日，市委、市政府召开泰州医药高新区、高港区融合发展暨举全市之力建设中国医药城大会。会议印发《关于支持泰州医药高新区（高港区）率先发展的实施意见》。6月29日，区党工委（区委）、区管委会（区政府）召开泰州医药高新区（高港区）融合发展工作部署会，对两区融合工作进行全面部署。7月14日，市委办公室、市政府办公室印发《泰州医药高新技术产业开发区与泰州市高港区融合发展管理体制改革实施方案》。

一、改革任务

推进泰州医药高新区与高港区融合发展，构建精简统一、科学规范、运行高效的管理体制和运行机制，加快培育新产业、新动能、新增长极，努力当好全市高质量发展的排头兵，建设成“中国第一，世界有名”的医药名城。

调整管理体制　中共泰州医药高新技术产业开发区工作委员会、泰州医药高新技术产业开发区管理委员会与中共泰州市高港区委员会、泰州市高港区人民政府实行“区政合一”管理体制。统称泰州医药高新技术产业开发区（泰州市高港区），简称泰州医药高新区（高港区）。

整合设置功能园区　融合后的泰州医药高新区（高港区）整合设置生物医药产业园区、化学新材料产业园区、电子信息产业园区、高端装备制造产业园区和港口物流产业园区5个功能园区。

1.生物医药产业园区。依托中国医药城核心生产制造区、扬子江企业园区、原数据园区和国际精准

健康中心，加快发展生物药、化学药新型制剂、中药现代化、体外诊断试剂以及高端医疗器械、特医配方食品、动物保健类药物等医药高端制造业，培育发展精准医疗、康复医疗、健康数据等健康服务业。其管理机构为泰州医药高新区（高港区）医药产业园管理办公室。

2.化学新材料产业园区。依托滨江工业园、高永化工园区，科学利用和有效整合长江岸线资源，重点发展化学新材料、原料药等产业，加快原料药生产平台建设。其管理机构为泰州医药高新区（高港区）滨江工业园管理办公室。

3.电子信息产业园区。依托泰州经济开发区（泰州综合保税区），充分利用综合保税区的优惠政策，重点发展电子信息、智能制造和基于电子信息的制药设备、医疗设备等产业，培育发展现代服务业。其管理机构为泰州医药高新区（高港区）电子信息产业园管理办公室［挂泰州医药高新区（高港区）综合保税区管理办公室牌子］。

4.高端装备制造产业园区。依托现有省级泰州港经济开发区，重点发展招引汽车整车以及关键零部件和高科技船舶、高端装备制造产业，大力发展高端食品饮料产业。其管理机构为江苏泰州港经济开发区管理办公室。

5.港口物流产业园区。以现有省级示范物流园区泰州高港综合物流园为基础，依托高港20千米长江深水岸线资源优势，将泰州港高港境内3个港口作业区以及后方腹地进行整合，重点发展现代物流业（综合保税）、现代服务业以及临港制造业，打造江苏沿江特色产业供应链物流基地、长江下游多式联运综合枢纽和江海联运中心节点港。其管理机构为泰州医药高新区（高港区）港口物流产业园管理办公室。

优化设置工作机构　建立健全区党工委（区委）对重大工作的领导体制机制，组建区党工委（区委）全面深化改革委员会、全面依法治区委员会、网络安全和信息化委员会、国家安全委员会、外事工作委员会、审计委员会、教育工作领导小组、农村工作领导小组，作为区党工委（区委）议事协调机构。设置区党工委（区委）纪检监察机关1个、区党工委（区委）职能机构4个、区管委会（区政府）职能机构15个，分别为中共泰州医药高新技术产业开发区纪律检查工作委员会，与中共泰州市高港区纪律检查委员会、泰州市高港区监察委员会机关合署办公；区党政办公室、区党工委（区委）组织部、区党工委（区委）宣传和统战部、区党工委（区委）政法委员会；区发展和改革委员会、区教育局、区工业和科技创新局、区司法局、区财政局、区社会事业和退役军人事务局、区住房和城乡建设局、区农业农村局、区商务局、区卫生健康委员会、区应急管理局、区审计局、区行政审批局、区市场监管局、区统计局。融合后的人大机关、政协机关、群众团体机关仍为高港区人大机关、高港区政协机关、高港区群众团体机关，其机构规格不变。融合后的人民法院、人民检察院按照有关法律法规调整设置。

调整镇（街道）管理体制　将海陵区委托泰州医药高新区代管的凤凰、明珠、寺巷3个街道仍委托融合后的泰州医药高新区（高港区）代管。融合后，泰州医药高新区（高港区）辖口岸、刁铺、许庄、沿江4个街道和永安洲、大泗、白马、胡庄、野徐5个镇，代管凤凰、明珠、寺巷3个街道，共7个街道、5个镇。

二、改革部署

加强组织领导　成立改革领导小组，组建综合协调专班、干部人事专班、机构编制专班、园区改革专班、办公保障专班、经费资产专班、档案交接专班、纪检监督专班8个工作专班，制定改革工作日程，明确时间表、施工图、责任人；建立“三天一汇报”工作制度，及时掌握改革进程，研究解决问题，推动改革蹄疾步稳；组织开展调研摸底，对两区机构编制人员身份逐一核实排查，全面系统梳理底数，形成工作台账；广泛听取改革意见、建议，不断修改完善改革实施方案，积极争取省、市支持。

突出统筹兼顾　重点做好改革的统筹衔接，对标中央党政机构改革要求，科学设置党政职能机构，梳理“四级四同”权力清单，做好与市级部门沟通衔接工作；对照省事业单位改革有关口径，整合设置事业单位，严控科级事业单位总量；根据市开发园区改革要求，推动功能园区“两集中三剥离”和“四建立一打造”，推行全员竞聘上岗；深化基层整合审批服务执法力量改革，理顺园区与镇街管理体制、职责关系，促进园区与镇街协调发展。

有力有序推进　7月，两区党政部门实行机构物理整合，人员集中办公；8月，拟定融合后的区级党政机构编制核定、内设机构设置、领导职数核定方案；9月，明确融合后的区级党政机构负责人，集中揭牌对外运行；10月，制定并印发融合后的区级党政机构“三定”规定；11月，推动人员转隶、定员定岗工作。改革历时4个月，完成两区52个部门整合、20个部门“三定”规定制定、200余个事业单位调整以及1700余名人员转隶等工作，做到矛盾不上交、平稳不出乱、工作不断档。

三、改革成效

管理机构设置更加精简高效　管理架构方面，融合后的泰州医药高新区党工委、管委会与高港区委、区政府实行“区政合一”管理体制，党委、政府在组织架构上均实行“一套班子、两块牌子”。职能机构方面，融合后的泰州医药高新区（高港区）设党政机构20个、内设机构183个，比改革前分别精简61.5%、50.7%；事业单位方面，减少

7个，其中科级事业单位减少4个。园区机构方面，改革前，泰州医药高新区有园区6个，高港区有园区4个，改革后整合设置功能园区5个；五大功能园区内设机构由51个减少至30个。

人员编制配置更加优化　在编制资源调配上，坚持泰州医药高新区（高港区）第一身份是开发区，聚焦开发区主责主业，精简压缩党委部门编制，重点向经济发展、招商引资、安全生产、审批服务等政府职能部门倾斜；在领导职数核定上，参照机构改革职数核定口径，对两区原有科级领导职数重新核定，科级职数精简率达42%。在园区员额核定上，按照“一主导、两参考”的原则，核定五大功能园区员额。园区员额使用向招商引资、企业服务等一线倾斜，占比达52.5%。

功能园区发展更加强劲　聚焦园区改革、国企转型、要素供给、营商环境等关键领域，推动质量变革、效率变革、动力变革，消除阻点、断点和阻碍经济循环的行政壁垒；打破行政事业、编制内外、资历辈分界限，实施“KPI（关键绩效指标）+重点工作”全员绩效考核，突出一线、按绩分配、拉开差距，有效激发全员创新创优活力；以“两集中三剥离”为导向，推行“管理办公室+公司化”运作，推动园区专注于经济建设，进一步明晰主导产业及细分定位、优化空间布局、完善功能载体，实现从一般园区向特色园区、专业园区转型发展。　（赵聪聪）

园区改革

一、改革部署

2021年，泰州医药高新区（高港区）贯彻全市深化开发园区改革工作部署，围绕“体制机制活、发展动力足、经济效益好、创新能力强”目标，以“高产出效益、低运营风险”为核心，重点推进“两集中三剥离”“四建立一打造”，攻坚重点难点，抓好关键环节，创树特色亮点，最大程度释放改革红利和发展活力。按照“一园一策”基本原则，对接泰州市深化开发园区改革工作领导小组办公室，指导各园区制定改革方案，推进改革各项工作。6月29日，全区园区改革正式启动，组建泰州医药高新区（高港区）园区改革工作专班，由区领导牵头，纪委、组织部、编办、商务局、发展改革委（金融监管局）、社会事业和退役军人事务局、财政局、国资办等共同参与。按照由点到面、分步推进的总体改革方案，由生物医药产业园区先行试点改革。8月18日，经市评审组审核，形成生物医药产业园区改革方案暂定稿，其他4个功能园区参照生物医药产业园区方案分别编制改革方案。区主要领导多次召开改革工作推进会，听取各园区情况汇报。11月12日、12月10日，市评审组对5个功能园区改革方案进行审核，提出修改意见。各园区根据审核意见，对园区改革方案修改完善，经各园区党工委会议研究讨论通过。

二、改革成效

组织架构更加合理高效　本着精简高效的原则，实行“大部制、扁平化”管理。在机构设置上，采取“共性+个性”的方式，办公室、投资促进中心、企业服务中心（经济发展中心）、财政资产管理中心、安全环保管理中心5个机构为统一设置的机构，生物医药产业园区增设科创人才中心、新药申报服务中心，电子信息产业园区增设科创人才中心、综合保税管理中心，高端装备制造产业园区增设科创人才中心。在岗位设置上，部门以下实行岗位管理，不再设立管理层级。按照“一主导、两参考”的原则，核定各功能园区员额，科学合理设岗。改革后，5个功能园区共核定内设机构30个，机构和员额比改革前将分别精简41.18%、43.17%，职数总量向招商引资、企业服务一线倾斜。

人事薪酬制度更具激励　建立身份档案制，实行干部人事档案管理与合同聘用相分离的“双轨制”管理。推行全员聘任制，对中层及以下工作人员，打破编制、身份、职级等限制，全员竞聘上岗，不与职级挂钩。落实薪酬总额包干。建立全员绩效考核体系，实行“KPI+重点工作”考核，考核结果与绩效薪酬挂钩，根据考核等次差别化发放，设置不低于3%的不合格人员刚性淘汰率。

债务风险防范化解更强　各园区根据实际制定债务风险防范机制，加强开发园区债务管控，健全完善投融资决策机制、运营机制和内控机制，按照举债规模与偿债能力相适应的要求，有效控制和降低债务风险，保持开发园区资产与负债、投入与产出的相对平衡。遏制开发园区新增政府隐性债务，2022年上半年完成高成本债务置换，严格控制新增融资成本，逐步实现财务成本增幅低于财政收入增幅的良性发展格局。构建债务风险监测预警指标体系，对债务的规模、结构和安全性进行动态监测和评估，及时分析评估偿债能力，保障开发园区稳健发展。　（李雪云）

抗击新冠肺炎疫情

2021年，泰州医药高新区（高港区）新冠肺炎疫情防控工作坚持“外防输入、内防反弹”总策略和“动态清零”总方针，认真贯彻落实中央、省、市有关决策部署，压紧压实工作责任，全力筑牢严密防线，坚决守护好人民群众生命安全和身体健康。

一、优化联防联控体系

优化指挥体系　健全完善区新冠肺炎疫情防控工作领导小组、区新冠肺炎疫情联防联控指挥部、区涉外疫情联防联控机制，动态调整领导小组下设机构。组建综合协调、核酸检测、流调溯源、隔离管控、社区防控、医疗救治、物资保障、交通管控、新闻宣传、监督检查等应急处置工作专班10个。各指挥体系均由区相关负责人靠前指挥、统筹协调，各牵头部门各司其职、通力协作，有效发挥指挥体系的协调联动作用。组织开展疫情防控常态化督查督办，累计印发督查通报40期。

突出防控重点　指挥部对周边疫情分析研判，及时调整防控重点及措施。南京、扬州疫情防控期间，对与周边城市往来的23个通道进行管控，全面调查摸排，守住“零扩散”的第一节点。聚焦管好“人”、防好“物”，持续强化重点人员的摸排管控，进一步压实属地、部门、单位、个人四方责任，统筹机关人员下沉一线参与防控，出台疫情防控线索有奖举报政策，引导发动全民联防联控，构筑全民防疫的铜墙铁壁；严格落实涉疫中高风险地区货物管理措施，做好进口冷链食品、进口货物口岸监测检测和预防性消毒工作，切断病毒传播途径。

强化应急联动　紧扣“严起来、紧起来、实起来”和6小时处置总体要求，围绕1小时完成核心人员管控、2小时完成本地密接排查、3小时完成社区防控部署、4小时完成轨迹分析报告、5小时完成千人隔离准备、6小时完成核酸采集送检目标，全区建立流调、消杀等应急专业队伍73支，24小时待命，流调作战中心全天候备战。在防控过程中发现异常的，迅速落实封控管控、转运隔离，启动消杀流调和人员、环境核酸检测等一系列实战应对措施。

二、高效扎实平急转换

涉疫信息核准闭环到位　围绕防好“人”，强化“大数据+网格化+铁脚板”联防联控，在公安推送数据的基础上，突出铁脚板的“抢在前、补到位”作用，通过“条块+点线面”结合，仔细甄别无效信息，及时排查数据未推送人员，不断消除不确定性，最终形成闭环。

居家隔离规范管控到位　严格执行省、市联防联控指挥部要求，落实与确诊病例有轨迹交叉的重点人群、涉疫县（区）返泰人员相应的医学观察措施。持续强化居家医学观察期间管控措施，落实属地包保责任，用好门磁系统等科技手段，安排专人每日开展体温监测。加大督查检查力度。

购药发热同步管理到位　发挥发热门诊、零售药店等“哨点”预警监测作用。医疗机构加强各项防控工作落实情况监管和院感防控培训，严格落实预检分诊制和首问负责制；发热门诊按照采样、留观、信息推送等全过程闭环管控到位；零售药店严格落实“一退两抗”等药品的登记制度，信息推送至社区核查纳管，全年各零售药店累计登记销售“一退两抗”药品40.74万人次。

密接溯源全域对接到位　组建“公卫+公安+工信”流调队伍，利用公安科技手段，迅速摸清相关人员行动轨迹和疫情传播脉络，增强全域流调溯源的精准性和有效性。密

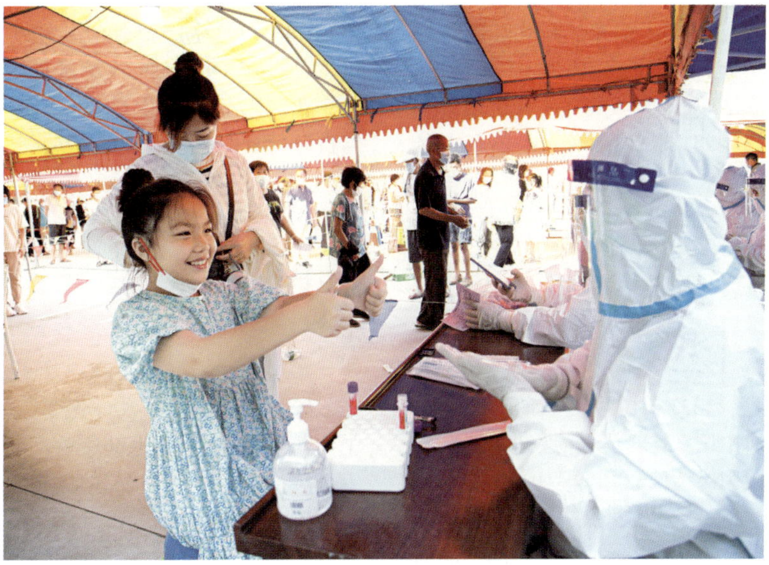

2021年8月7日，大泗镇开展全员核酸检测演练

区党工委（区委）宣传和统战部　供图

切关注周边地区的信息，研判其溯源流调公开信息，不放过任何关联信息和轨迹。接外市协查函后，确保3小时内完成对密接人员在区内活动轨迹的流调溯源。全年规范处置新冠肺炎病例4例，物品涉疫事件5起，共排查管理密接25人，外地协查密接14起、次密接311人；接收协查函件90次，发出协查函件228次。

核酸检测兜底筛查到位　紧盯重点人员，核酸检测应检尽检率保持在99%以上。紧盯重点物品，强化进口冷链食品、非冷链集装箱货物和冷链非食品货物疫情防控，督促企业严格执行及时上报制度，所有到厂货物外包装均按规范流程进行消杀、核酸检测。全区共22个企业入关，入关报告368次，报告货物401批次、集装箱1502个。做好大规模核酸采样准备，科学设置大规模核酸采样网格，优化调整采集点131个，确保采样点与网格、服务半径相匹配，采样台与网格人员相匹配。

入泰通道无缝对接到位　对高速出入口客车违规接驳上下客，引江河、南官河等停泊船只人员上岸落实管控措施，做好火车站、昆山转运站人员信息推送闭环、落地管控闭环。南京、扬州疫情防控期间，共查验车辆21.91万辆次、29.27万人次。成立对接昆山转运协调组，累计闭环转运来泰人员311人。严格落实国际航行船舶风险评估、水路口岸涉外疫情防控熔断机制等，定期对涉外码头企业开展全覆盖检查，开展“四不两直”督查20余次。设立境外企业疫情防控工作专班，对外投资企业外派人员疫苗接种率100%，保持“零感染”。

全员参与宣传发动到位　组织党员干部投身到战“疫”一线，全区145个村（社区）党旗插起来、喇叭响起来、义工动起来、专车跑起来、微信转起来、倡议贴起来、防控紧起来。通过各类平台加强宣传教育，全年开展各类疫情防控培训82场次，举办农村地区全员核酸检测演练52场次，在各级媒体刊发防疫稿件近500篇，“泰州高新发布”微信公众号发布原创疫情防控信息近400条，区全媒体中心播出相关新闻报道、公益广告451条。

三、夯实疫情防控基础

强化应急保障　储备集中医学观察点14个、隔离房间1048间。推进野徐“黄码医院”、每日15万管核酸检测基地建设和区疾控中心实验室设备采购工作。做好防疫物资储备，建立防疫物资生产企业储备库，全区有防控物资生产企业19个，其中，口罩生产企业8个，防护服生产企业3个，核酸检测试剂生产企业5个，消毒液生产企业4个。与益海（泰州）粮油工业有限公司、泰州祥瑞食品有限公司签订成品粮油应急保供委托代储轮换协议，委托泰州祥瑞食品有限公司代储面粉、大米、大豆油，落实粮油应急保供网点13个。

开展应急演练　围绕码头、企业、重点人群、属地镇街、商场饭店等重点领域，举办疫情防控处置演练150余次。演练后全面开展复盘，重点在部门配合协调、转运能力、程序规范上加强统筹，完善应急处置演练方案，确保在实操过程中各单位能够反应迅速、配合密切、衔接顺畅、高效有序。

推进疫苗接种　全年累计接种新冠病毒疫苗84.48万剂次，接种总人数43.52万人，其中全程接种41.23万人，加强针累计接种18.63万人。稳步推进12～17周岁和3～11周岁未成年人疫苗接种工作，12～17周岁全程接种疫苗8204人，接种率99.13%；3～11周岁全程接种疫苗3.52万人，接种率95.6%。

助企纾困解难　强化扶持政策宣传，帮助企业用好用足融资扶持、资金支持、引才留才和企业设立奖励等政策，促进工业企业抢抓机遇保生产。推动“纾困八条”落地落实，帮助企业降低经营成本，全年减税降费68.5亿元。出台企业市外员工留泰过年补贴制度，鼓励市外员工留泰过年，共有398个企业申报2.43万人，累计发放补贴2300余万元。（区防控办）

第十二届中国（泰州）国际医药博览会

2021年10月23—25日，第十二届中国（泰州）国际医药博览会在中国医药城会展交易中心举办。此届医博会以“聚焦产业前沿，推进创新发展”为主题，由中国国际商会、中华中医药学会主办，泰州市人民政府、中国国际贸易促进委员会江苏省分会具体承办，中华医学会、中国药学会、国家卫生健康委医药卫生科技发展研究中心、中国食品药品检定研究院、中国兽医药品监察所等共同支持。大会活动主要由开幕式、部省共建泰州医药高新区联席会议第十次会议、展览展示、专题论坛四部分组成。展区总面积4万平方米，包括E1-1、E1-2、E2-1、E2-2四馆。其中，E1-1馆为药品研究及制药装备展区，E1-2馆为中心展区及国内外医药企业展区，E2-1馆为诊断试剂、医疗设备、中医药以及大健康产业展区，E2-2馆为中国医药城企业及人才交流展区。共举办各类专题论坛21场，国内外4500余名生物医药领域的企业家、科学家参加交流。建立“线上+线下”一体式同步会展，16个国家及地区700余个企业参展，现场观展人数达1.5万人次；利用720° VR全景3D技术等，将线下4万平方米所有展位在线上展示，每个展位VR均嵌入参展企业介绍、产品介绍、在线洽谈、线上招聘等功能，线上云展览观看量达18万人次。

生物医药企业主题沙龙　10月21日，在第十二届中国（泰州）国际医药博览会开幕前夕，泰州医药高新区（高港区）举行“招焕新动能，共话大健康”生物医药企业主题沙龙，助力企业对接资本市场，促进银企实现合作共赢。有关区领导、招商银行南京分行副行长以及扬子江药业集团、江苏瑞科生物技术股份有限公司、江苏康为世纪生物科技股份有限公司等50余个重点生物医药企业相关负责人参加活动。活动现场，招商银行金融专家进行长三角区域经济发展研究报告、北交所上市政策及审核要点解读、生物医药企业港股上市政策解读等主题演讲。

医博会开幕式　10月23日，第十二届中国（泰州）国际医药博览会在中国医药城会展中心开幕。全国人大常委会副委员长、农工党中央主席陈竺视频致辞并宣布开幕。省政府、中国贸促会、中国药学会、市委有关领导分别致辞。国家中医药管理局、国家药监局、中国兽医药品监察所、东南大学、中科院上海药物研究所等单位有关人员，中国工程院、中国科学院2名院士，以及市、区四套班子负责人参加活动。开幕式上，中国医药城上市企业联盟正式成立，上市企业联盟由15个上市企业、拟上市企业联合组建。开幕式前，与会领导和嘉宾参观医博会相关展区。

省部共同推进泰州医药高新区建设联席会议第十次会议　10月23日，省部共同推进泰州医药高新区建设联席会议举行第十次会议，科技部、国家卫生健康委、国家药监局、国家中医药管理局与省政府专题研究泰州医药高新区发展相关重大事项。泰州医药高新区党工委、高港区委主要负责人汇报中国医药城建设发展情况以及提请会议研究解决的有关事项。国家中医药管理局科技司、国家药监局科技和国际合作司、国家卫生健康委科技教育司、科技部社会发展科技司有关人员详细解答提请研究的有关事项。

2021年10月23日，省部共同推进泰州医药高新区建设联席会议举行第十次会议

生物医药产业园区　供图

第九届中国（泰州）国际医药人才智力交流大会　10月23日，第九届中国（泰州）国际医药人才智力交流大会在中国医药城会展中心举行。江苏勃林格殷格翰生物制品有限公司、雀巢健康科学（中国）有限公司、江苏硕世生物科技股份有限公司等119个企业参会，涉及研发类、质量类、生产类、注册类、人事行政类、市场营销类、工程类、财务类等3000余个人才岗位。此次智力交流大会与智联招聘、千里马国际等知名人力资源机构合作采取“线下+线上”模式。开展“才聚药城·引领未来”中国（泰州）国际医药人才智力交流大会线上专题活动，推出“直播带岗”新形式，邀请企业主管在线介绍企业发展情况、招聘岗位、员工福利待遇、职业发展通道等。近千名求职者与相关企业达成初步意向。

中国（泰州）医药峰会年度大会　10月23—24日，中国（泰州）医药峰会年度大会在泰州天德湖宾馆举行。此届峰会由泰州医药高新区、中国农工党中央生物技术与药学工作委员会共同主办，中国（泰州）医药峰会组委会、农工党泰州市委员会承办。12名生物医药和中医药文化领域的权威专家就“新冠疫情下生物医药研发与科研创新”和“中医药产业发展与文化传播”两大主题进行探讨。会议期间，峰会组委会举行“中医药科技创新与免疫力提升”闭门会，就传统艾灸科技创新及临床应用问题进行探讨。

中国医药城政策发布暨项目签约仪式　10月24日，中国医药城政策发布暨项目签约仪式在泰州万怡酒店举行。现场发布一系列支持泰州医药高新区（高港区）率先发展政策和“一揽子”产业扶持政策；举行20个项目集中签约仪式，总投资达53.42亿元。中国医药城结合省政府《关于促进全省生物医药产业高质量发展的若干政策措施》和泰州市委、市政府《支持泰州医药高新区（高港区）率先发展的实施意见》，出台“一揽子”产业扶持政策，涵盖医药产业研发、生产、销售及应用各环节，主要体现在支持药品企业创新发展，支持医疗器械企业研发创新，支持特医、保健食品企业加快发展，支持项目产业化发展，支持产业创新体系建设，支持委托招引优质项目，支持科技人才项目，支持金融赋能产业和专业化新药申报服务9个方面。集中签约的20个项目中，抗体、疫苗及重组蛋白产业化项目3个，生物试剂研发及服务项目2个，兽药及兽用诊断试剂产业化项目4个，诊断试剂及高端医疗器械产业化项目9个，化学药新型制剂产业化项目2个。

（生物医药产业园区）

第十二届中国（泰州）国际医药博览会活动一览表

表1

时间	地点	名称
10月20—21日	泰州金陵国际大酒店	第八届中国（泰州）国际医药高层次人才创新创业大赛
10月22日	泰州金陵国际大酒店	医疗器械唯一标识政策宣传培训
10月23日	中国医药城会展中心	第十二届中国（泰州）国际医药博览会开幕式
10月23日	中国医药城会展中心	省部共同推进泰州医药高新区建设联席会议第十次会议
10月23日	中国医药城会展中心	第九届中国（泰州）国际医药人才智力交流大会
10月23日	泰州天德湖宾馆	泰州中国医药城专家咨询委员会第五次会议
10月23日	中国医药城会展中心	第二届化学药物智能制造论坛
10月23日	中国医药城会展中心	生物医药与新型医疗器械产业链法律服务高峰论坛
10月23日	中国医药城会展中心	ICGEB国际生物技术发展论坛
10月23日	中国医药城会展中心	第一届中国（泰州）健康医疗大数据高峰论坛
10月23日	中国医药城会展中心	特殊医学用途配方食品政策研讨会
10月23日	中国医药城会展中心	2021医药健康产业国际合作与创新发展论坛
10月23—24日	泰州天德湖宾馆	2021中国（泰州）医药峰会
10月23—24日	中国医药城会展中心	2021医疗器械国际法规高峰论坛
10月23—25日	中国医药城会展中心	江苏省疫情之后生物医药领域发展趋势及技术产业前景管理高级研修班
10月23—25日	中国医药城会展中心	第四届中国再生医学与生物技术大会
10月24日	泰州万怡酒店	中国医药城政策发布暨项目签约仪式
10月24日	中国医药城会展中心	医药知识产权法治保护研讨会
10月24日	中国医药城会展中心	新型医疗器械跨域发展高峰论坛
10月24日	中国医药城会展中心	专利导航促进医疗器械产业高质量发展论坛
10月24日	中国医药城会展中心	中国—加拿大企业对接洽谈会
10月24日	中国医药城会展中心	2021国际医疗及健康产业对接洽谈会
10月23—25日	中国医药城会展中心	第十二届中国（泰州）国际医药博览会展览展示

全国农村综合性改革试点试验

2021年，财政部组织在18个省份开展农村综合性改革试点试验，对试点地区给予中央财政资金奖补。每个试点省份开展1个试点试验，获得年度农村综合改革激励的省份，增加开展1个试点试验。全国共有26个地区入选，其中江苏2个，分别是南京市高淳区和泰州医药高新区（高港区）。泰州医药高新区（高港区）选择大泗镇和白马镇陈家村等作为核心区域进行农村综合性改革试点试验，试点试验区域合计40.15平方千米，覆盖14个村（社区），人口4万人。

一、组织领导

成立以区政府主要负责人为组长，区委、区政府分管负责人为副组长，区相关部门负责人为成员的农村综合性改革试点试验工作领导小组。编制《农村综合性改革试点试验工作实施方案》，从总体上把握好农村改革的方向，提出深化农村改革总的目标、大的原则、基本任务、重要路径，明确项目、任务的牵头部门。区财政局、区农业农村局联合印发《医药高新区（高港区）农村综合改革试点试验专项资金管理办法》，规范5000万元专项资金支出范围、使用与管理要求，实行区级部门报账制。区党工委（区委）农村工作领导小组出台《医药高新区（高港区）农村综合性改革试点试验项目实施细则》，细化项目立项、实施、验收等各环节要求，明确参与项目实施的各业务主管部门的工作职责，保障各试点项目规范、有序实施。成立由区农业农村局牵头，区财政局、大泗镇、白马镇参与的农村综合性改革工作专班，工作专班实行驻点办公，及时协调处理工作过程中遇到的困难和问题。专班建立工作督查推进机制，按照"每周一督查、半月一通报、一月一总结"的要求，制定工作任务清单和时序清单，实行"挂图作战"，倒逼各项工作快速推进。

二、体制机制

农村综合性改革工作围绕乡村产业发展、数字乡村建设、农民增收致富、改善乡村治理等，谋划农村综合性改革体制机制创新和提炼工作，取得初步成果，形成推动乡村产业发展、促进农文旅融合、提高乡村治理水平、"三变"改革激发活力、"微力+"提升组织功能五大类综合性改革体制机制。其中，围绕推动乡村产业发展，重点探索"品牌+品质+品种"同向发力联合发展、"食品小作坊+管理中心"牛肉加工联盟、"数据+网格"农产品智慧追溯及"国有资本+村集体"产销联动等机制；围绕促进农文旅融合，重点探索"泗景流连"共建共享、"泗好联建"村居抱团、"泗雁归来"双培双创等机制；围绕提高乡村治理水平，重点探索"村里事"变"家家事"积分制、"网格指导员（挂钩负责人）+网格长+专职网格员+兼职网格员+N"三访制、矛盾纠纷调处"四色"预警制、"1+13+N"区块化扶老携幼服务制、农村基础设施保险制以及特色田园乡村财力、智力、人力"三力"众筹制；围绕"三变"改革激发活力，重点探索村社融合、政经分开、村企联建、产业联盟等机制；围绕"微力+"提升组织功能，重点探索"党建+治理"双网融合共治、"组织联建、党员联学、活动联办、服务联做"四联、"正向激励+反向倒逼"干部队伍管理等机制。

三、项目建设

把好项目立项关，对每一个涉及财政资金投入的项目进行可行性研究，考虑与机制创新目录的匹配度，设定绩效评价指标，集体研究决策，保证每个立项项目都能经得起检验。发挥农村综合性改革资金的撬动作用，吸纳社会资本、村集体经济组织共同参与项目建设。大泗镇5个村联合组建公司，集中人力、财力投入农村综合性改革项目建设；大泗镇与泰州文旅集团合作，组建新公司，参与农村综合性改革项目建设、运营；白马镇陈家村与民营企业合作，共同出资建设农旅项目。至年末，综合性改革资金确定可投入项目14个，立项14个、开工14个，总投资2513万元，其中村集体自筹资金460余万元。（王　玮）

项目建设

2021年，泰州医药高新区（高港区）新开工"三比一提升"项目30个（投资5亿元人民币和3000万美元以上），在全市排名第二，计划总投资282.2亿元人民币，排名第二，其中外资和港澳台资项目6个，排名第一；认定竣工项目28个，排名第二，实际完成投资242亿元人民币，排名第二。新开工1亿～5亿元人民币项目81个，总投资37.05亿元人民币。1亿～5亿元人民币项目中，工业项目33个，总投资26.66亿元人民币；服务业项目8个，总投资10.38亿元人民币。共有泰州泰康生物抗体药物研发生产项目、益海粮油深加工等6个项目被列入2021年度省重大投资项目计划，至年末，累计完成投资49.04亿元人民币。

项目建设推进与督察　2021年，泰州医药高新区（高港区）优化项目分层分级服务制度，开展领导挂钩服务重大产业项目等系列活动。成立中海油二期项目服务推进工作专班。实行项目挂钩服务具体问题销号管理，江苏汇伦制药有限公司、江苏亚虹医药科技股份有限公司、江苏泰康生物医药有限公司等一批企业的重点难点问题得到有效解决。出台《医药高新区（高港区）项目建设“三比一提升”考核实施办法》，紧扣项目质量规模、推进效率和产出效益等关键要素，做好项目招引建设督查考核工作。压紧压实园区、镇街责任，每月底组织开展新开工、新竣工项目预核查，对预核查结果实行“申报认定”“入库推进”等分类管理，督促推进签约项目抓开工、开工项目抓竣工、竣工项目抓投产，将项目建设列入板块综合绩效考核体系。12月11日，召开“三比一提升”项目建设督查暨2022年建设计划汇报会，区党工委、区委主要负责人出席并讲话。

项目集中开工活动　6月7日，高港区二季度项目集中开工活动暨曼德项目奠基仪式在泰州港经济开发区举行，集中开工项目20个，计划总投资131.2亿元，其中，生物医药产业项目2个，汽车产业项目9个，高端装备制造业项目3个，包括总投资12.2亿元的曼德年产30万台（套）汽车线束、30万台（套）汽车空调项目，总投资5亿元的曼德光电年产30万套汽车灯具项目。6月16日，泰州医药高新区二季度重大产业项目集中开工暨康为世纪项目奠基仪式在生物医药产业园区举行，集中开工项目20个，总投资44亿元，涵盖生物药、化学药、诊断试剂和高端医疗器械、特医食品、医疗装备和医药服务业等产业领域。其中，5亿元以上项目4个，分别是总投资5亿元的康为世纪医疗器械及生物检测试剂产业化项目、总投资6亿元的复旦张江二期创新药品生产项目、总投资5亿元的蜂奥生物营养保健食品智能制造项目、总投资5亿元的天海金源药用机械生产项目。　（肖　文）

2021年泰州医药高新区（高港区）新竣工“三比一提升”项目一览表

表2

序号	项目名称	建设规模及主要内容	实际完成投资	
			内资（万元人民币）	外资和港澳台资（万美元）
生物医药产业园区		—	323846	10000
1	安若维他药业泰州有限公司药品制剂生产项目	位于祥泰路东侧、秀水路西侧、玉竹路北侧，占地面积6.07万平方米。建设固体制剂车间、抗肿瘤制剂车间以及与之配套的办公、研发、质检、仓储、动力及环保等辅助设施，总建筑面积6.59万平方米。形成年产片剂35亿片、胶囊剂0.5亿粒、抗肿瘤冻干粉针1亿支的生产能力	—	10000
2	江苏赛孚士抗体药物CDMO生产基地建设项目	位于药城大道南侧、华佗路西侧，占地面积5.8万平方米，建筑面积8.41万平方米。建设原液车间、制剂车间、研发、QC综合楼以及与之配套的仓储、动力、环保等辅助设施。采购主要仪器设备626台（套）。每年可提供抗体蛋白2000千克、抗体制剂1500万剂的生产服务能力	100000	—
3	江苏硕世生物泰州总部产业园项目	位于药城大道南侧、庙湾河西侧，占地面积6.19万平方米。新建办公楼、试剂车间、医疗诊断仪器车间以及与之配套的研发、质检、仓储、动力、环保、消防等辅助生产设施，总建筑面积7.4万平方米。形成年产检测试剂1.11亿人份、配套检测仪器设备4000台的生产能力	73846	—
4	江苏瑞科生物新冠疫苗产业化项目	租用秀水路20号28幢、29幢，建筑面积1.67万平方米。建设原液车间、分装车间、佐剂车间以及与之配套的办公、研发、质检、仓储、动力、环保等辅助设施。采购主要仪器设备78台（套）。形成年产注射用新冠疫苗针剂1亿支的生产能力	50000	—

续表2

序号	项目名称	建设规模及主要内容	实际完成投资	
			内资（万元人民币）	外资和港澳台资（万美元）
5	中科健康中药及保健品生产项目	占地面积5.6万平方米，建设提取车间、发酵车间、制剂车间以及与之配套的办公、质检、仓储、动力、环保等辅助设施；采购主要仪器设备98台（套）。可形成年产中药胶囊剂1亿粒、保健品胶囊剂3亿粒的生产能力	50000	—
6	泰州华康精准医疗孵化基地项目	占地面积5.46万平方米，建设建筑面积12.59万平方米的特色医疗集聚区。其中，一期占地面积2.82万平方米，建筑面积6.64万平方米；二期占地面积2.64万平方米，建筑面积5.95万平方米	50000	—
电子信息产业园区		—	200000	4200
1	巨腾金属机壳生产线智能化技改项目	改造现有厂房2.62万平方米，引进同川自动机械手、冲压机台、CNC 机台等主要生产设备945台（套），采用自动化控制技术并对生产线进行适应性改造。形成年产笔记本电脑、平板电脑和其他手持装置的金属机壳100万片的生产能力，年新增销售3亿元、利税1000万元	—	4200
2	江苏真和实业创美科技产业园（一期）项目	占地面积约8.47万平方米，建筑面积13万平方米。主要经营范围为研发设计、电子商务、融资租赁、信息技术服务等生产性服务业，促进互联网与本土特色产业、生产性服务业等融合创新，重点发展总部经济，特别鼓励引进总部企业、区域总部及企业职能中心。年新增销售30亿元、利税3亿元	100000	—
3	泰州市雅筑文化创意产业基地项目	占地面积3.47万平方米，建筑面积4万平方米，新建生产厂房5栋及相关环保、安全等配套设施。建设8条生产线，购置电脑全自动裁板锯、卧式全自动拍切机、法国卡斯组框机等主要生产设备290台（套）。形成年产1000万幅艺术装饰画的生产能力，年新增产值6亿元、纳税5000万元	50000	—
4	江苏德克沃热源机产业基地项目	占地面积2.82万平方米，新建办公楼1栋、生产厂房3栋及相关配套设施，采用一体式直流蒸汽发生技术等具有自主知识产权的新技术、新工艺，建设自动化生产线4条，配备数控全自动激光切割机（瑞士）、智能焊接机械臂（德国）、激光绕翅机（瑞士）等主要生产设备72台（套）。形成年产电蒸汽发生器2000台（套）、蒸汽热源机产品6000台（套）及水处理设备8000（台）套的生产能力，年产值5亿元、纳税4500万元	50000	—
高端装备制造产业园区		—	1090000	—
1	长城汽车整车项目	建筑面积21.6万平方米，新购置四大工艺生产设备及检测设备，建设冲压车间、焊装车间、涂装车间、总装车间等生产用房及相关辅助用房。项目建成后生产长城汽车股份有限公司同类别纯电动轿车产品，形成年产10万辆的生产能力	440000	—
2	诺博汽车年产12万台套汽车内外饰项目	占地面积10万平方米，建筑面积5.82万平方米。配备注塑机、涂装生产线、顶棚压机、地毯压机、零部件组装等主要生产设备603台（套），主要从事汽车内外饰产品生产与销售。年开票销售超20亿元，年纳税超1亿元	190000	—
3	精诚工科年产25万车身冲焊件及汽车底盘项目	占地面积8.2万平方米，建筑面积8.22万平方米。配备冲压多工位压力机、焊接线、底盘电泳线等主要生产设备571台（套），从事车身冲压件及汽车底盘件生产。车身冲焊件及底盘零部件年产25万件	150000	—

续表2

序号	项目名称	建设规模及主要内容	实际完成投资	
			内资（万元人民币）	外资和港澳台资（万美元）
4	蜂巢智行年产50万台双离合模块和50万台液压模块项目	占地面积1.8万平方米，建筑面积1.24万平方米。配备壳体生产线、焊接生产线、装配生产线、测试生产线等主要生产设备291台（套）。年产双离合模块50万台和台液压模块50万台	80000	—
5	领诺智能年产25万套汽车注塑成型及座椅项目	占地面积9.73万平方米，建筑面积6.17万平方米。配备注塑机、涂装生产线、顶棚压机、地毯压机、零部件组装等主要生产设备603台（套）。年产汽车注塑成型及座椅25万套	80000	—
6	蜂巢蔚领年产80万台汽车增压器和3万台氢燃料电池空压机项目	占地面积5万平方米，建筑面积3.33万平方米。配备压轮生产线、涡轮轴生产线、蜗壳生产线、增压器装配线和氢燃料空压机装配线等主要生产设备146台（套）。年产汽车增压器和3万台氢燃料电池空压机80万台	80000	—
7	高港高新区双创基地项目	一期占地面积4.67万平方米，建筑面积8.5万平方米，建设综合研发中心、写字楼、高标准厂房及部分配套用房，并配套建设道路、管网、绿化等基础设施	70000	—
化学新材料产业园区		—	156000	6000
1	江苏江港新材料科技有限公司高性能复合材料项目	主要从事医用高端纤维材料及复合包装材料的生产和制造。年产值约6亿元，利税收入约4000万元	—	6000
2	中海油气重油制烯烃联合装置重交沥青整合技术改造项目	装置按加工渤海湾高酸含硫环烷基重质原油设计，改造后生产规模达220万吨/年，操作弹性60% ~120%。形成年产重整原料、加氢精制料、加氢裂化料、润滑油原料等94.26万吨，焦化料7.88万吨，重交沥青117.54万吨的生产能力，年新增销售56.7亿元、利税13.4亿元	56000	—
3	中油佳汇年产6500万平方米防水卷材、20000吨防水砂浆项目	占地面积5.4万平方米，新建防水卷材、防水砂浆车间6栋、办公楼及检验中心各1栋、设备控制房1栋、配电房1栋，配套建设安全、环保等辅助用房及设施，总建筑面积3.36万平方米。购置卷材成型线、混合釜胶体磨等生产设备226台。形成年产弹性体改性沥青防水卷材2000万平方米、自粘防水卷材4000万平方米、高分子防水卷材500万平方米及防水砂浆20000吨的生产能力	50000	—
4	江苏鸿赞蜂窝轻量化复合材料生产项目	新建综合办公楼、产品研发及应用中心、生产车间等，采购自动涂胶生产线、热固化生产线等主要仪器设备110台（套）。形成年产铝蜂窝芯材系列产品2500吨、蜂窝复合板材60万平方米、铝蜂窝芯成套制造设备10台（套）的生产能力	50000	—
港口物流产业园区		—	154000	3000
1	益海年产15万吨发酵豆粕项目	使用公司原有空地1.46万平方米，新建发酵豆粕车间1栋，建设厂房面积1.62万平方米，配备发酵罐、烘干设备、液体发酵设备、粉碎打包等主要生产设备23台（套），主要从事发酵豆粕的生产。形成年产发酵豆粕15万吨的生产能力，新增产值6.6亿元、纳税3000万元	—	3000
2	鑫玛科技产业园项目	占地面积9.33万平方米，总建筑面积24.86万平方米，其中，地上建筑面积22.82万平方米，包括生产厂房10幢、9层的宿舍楼1幢、22层的科研办公及服务楼1幢；地下建筑面积2.04万平方米，包括地下车库、设备用房、消防水池、泵房等。配套建设室外水电、道路、变电所、停车场等设施	104000	—

续表2

序号	项目名称	建设规模及主要内容	实际完成投资	
			内资（万元人民币）	外资和港澳台资（万美元）
3	龙凤堂中药提取2号车间项目	新建建筑面积3.8万平方米的车间，主要为中药提取2号车间及其他配套设施，新增多功能提取罐、双联过滤器、MVR 蒸发器、管式离心机等主要设备663台（套），主要从事中药的提取，年处理药材总量约4.24万吨	50000	—
临港经济园		—	233600	
1	凤栖湖景观区项目	占地面积235万平方米，其中，寿胜寺7.47万平方米，公园186万平方米（含水面近66.67万平方米），预留村落区域41.53万平方米。打造集宗教体验、文化休闲、生态康养、体育运动、湖泊湿地等于一体的综合性文化公园。凤栖湖景区东区景观、寿胜寺的整体建设基本结束；山地自行车赛道、海模赛事训练基地、攀岩比赛场地等省运会赛事场地建成。景区投入试运营，每日游客容量可达20万人	100000	—
2	扬子江新药研发及人才培育基地项目	占地面积13.33万平方米，新建中药研究院、新药研发中试车间、人才培训中心等建筑面积约11.5万平方米，以及新建图书馆、档案馆、人才公寓等配套设施约3.2万平方米，建设集新药研发、成果转化、人才培育为一体的综合型基地	76800	—
3	扬子江固、液体制剂技术改造项目	使用公司原有厂房约10.92万平方米，配备隧道烘箱、全自动灯检机、脉动真空灭菌器、不锈钢配制系统、自动进出料系统、配液系统及相关辅助设备设施共679台（套）。主要从事固体制剂、口服液和无菌剂的生产。项目车间改造完成，隧道烘箱、全自动灯检机、脉动真空灭菌器、不锈钢配制系统、自动进出料系统、配液系统及相关辅助设备设施安装调试完成，固体制剂、口服液和无菌剂等生产线开始生产，形成年产盐酸左氧氟沙星胶囊10195万片、格列吡嗪缓释片22369万片、百乐眠胶囊81743万粒、注射用奥扎格雷钠10万瓶的生产能力，年新增开票销售6亿元、纳税5000万元	56800	—
其他地区		—	100000	—
1	泰州华润中心B2地块项目（一期商业综合体）	建设万象城商业综合体，总建筑面积约10万平方米，集高档百货、大型超市、品牌旗舰店、电影院、餐饮等于一体	100000	—

年度报告

致力内涵提升　全面转型发展
向着国家级高新区第一方阵奋勇前进

——在中共泰州医药高新区工委（扩大）会议
暨中共泰州市高港区委六届二次全体会议上的讲话

2022年1月4日

叶冬华

这次会议的主要任务是，高举习近平新时代中国特色社会主义思想伟大旗帜，全面贯彻党的十九大、十九届历次全会以及中央经济工作会议精神，深入落实省第十四次党代会、市第六次党代会和市委六届二次全会精神，回顾总结2021年工作，研究部署2022年任务，动员全区上下致力内涵提升，全面转型发展，坚决扛起"争当表率、争做示范、走在前列"光荣使命，向着国家级高新区第一方阵奋勇前进。

根据区党工委（区委常委会）会议讨论的精神，我讲四个方面意见。

一、凝心聚力、接续奋斗，顺利实现"十四五"良好开局

2021年，是医药高新区（高港区）发展历程上具有重要里程碑意义的一年，也是极不平凡的一年。回首这一年，让我们倍受鼓舞的是，省党代会召开不久，省委、省政府主要负责同志先后莅临我区调研指导，给我们打气鼓劲、指明方向；让我们倍感振奋的是，市委、市政府专题召开举全市之力建设中国医药城大会，出台支持我区率先发展的24条政策，给我们最大支持、最大厚爱；让我们倍增信心的是，全区上下坚决扛起使命担当，积极应对风险挑战，用行动和汗水交出了一份厚重的答卷，使我们底气更足、动能更强。

一年来，区党工委（区委）坚持以习近平新时代中国特色社会主义思想为指导，全面贯彻党中央和省市委决策部署，团结带领全区各级党组织和广大党员干部，聚力全方位融合，聚焦高质量发展，埋头苦干、真抓实干，经济社会保持了良好发展势头。一年来，我们紧扣讲团结、聚合力，搭建了融合发展的四梁八柱。坚持一盘棋谋划、一体化发展，搭框架、建机制、稳人心、聚合力，推动原有体制机制的重构与再生，实现经济社会管理模式的变革与转型，全区上下自觉形成了"融合思维、全域视角"的主观认知，牢固确立了"特区思考、超越自我"的行动自觉，着力涵养了"叠加思辨、勇闯新路"的气质禀赋，"1+1=1"的化学反应正在逐渐生成，"1+1>2"的乘数效应正在不断释放。一年来，我们注重防风险、守底线，稳住了融合发展的根基底盘。坚持统筹发展和安全，准确把握"有为"和"有守"的辩证统一，认清问题本质、把握内在规律，用大概率思维应对小概率事件，最大限度化解存量、遏制增量、严防变量，牢牢守住了稳定、安全、生态、廉政"四条底线"。一年来，我们突出打基础、谋长远，校准了融合发展的路径航向。坚定不移贯彻新发展理念，在谋划发展的"大棋盘"上，五大理念一起落子，各项政策系统集成，从整合生产

要素、城市要素的角度，从优化产业结构、空间资源的维度，从融通民生事业、生态环保的深度出发，突破当前面临的难题，锚定长远发展的目标，用改革的思路和创新的办法，推动实现了更高质量、更有效率、更可持续的发展。

——坚持产业逻辑，经济运行稳健提质。始终坚持稳中求进工作总基调，全力推动发展稳中向好，预计全年实现地区生产总值1140亿元，增长13%；完成规模以上工业总产值2090亿元，增长28.5%；完成工业开票销售1900亿元，增长27%；完成固定资产投资721亿元，增长9.5%；完成一般公共预算收入100.53亿元，增长11.8%，主要经济指标总量及增幅继续保持全市前列。坚定不移调优产业结构。启动生产力布局研究，集聚优质资源发展优势产业，生物医药产业、高端装备制造产业产值分别增长10%、110%，以全市13.56%的工业用电量，创造了全市28.93%的规上工业总产值。坚定不移稳住实体经济。新增规上工业企业80家，其中开票销售10亿元以上企业3家、入库税收1000万元以上企业9家；新增准独角兽企业3家、瞪羚企业11家、"专精特新"小巨人企业15家、智能制造示范车间10个，瑞科生物跻身全球独角兽榜单，扬子江药业成为全球首家获得新版"欧洲质量奖"的制药企业。坚定不移抓好项目建设。新开工、新竣工5亿元和3000万美元以上项目30个、28个，6个项目列入省重大项目投资计划，重大项目数位居全市前列。

——坚持勇闯新路，创新活力持续增强。深入实施创新驱动发展战略，区域发展综合竞争力不断增强。科技创新动能更强。深化大院大所合作共建，北大医学部（泰州）医药健康产业创新中心成功落户，ICGEB—泰州区域研究中心运行质态不断提升。举办"圆梦高新"创咖汇，累计新引进高层次人才（团队）580名。战略性新兴产业产值占比55%，高技术产业投资占比33%，全社会研发投入占比3.37%，万人发明专利拥有量42.67件，均保持全市领先。深化改革步伐更快。园区改革蹄疾步稳，五大功能园区整体精简度达43%。"亩均论英雄"改革扎实推进，盘活和提升低效用地2500亩。金融改革攻坚突破，金迪克、亚虹医药、瑞科生物3家企业获批上市，6家生物医药企业新增股权融资18亿元。大力推进国企改革，有序推进"一件事一次办"改革，创新建立"园区吹哨、部门报到"机制，形成了一批改革品牌。对外开放后劲更足。成功举办第十二届中国（泰州）国际医药博览会。充分发挥综保区优势，搭建全国首家生物医药保税研发监管平台，在全国综合保税区绩效评估排名中上升14位。加快完善港口功能，新开通一批内外贸直航航线，集装箱吞吐量稳步增长。完成实际利用外资和港澳台资4.1亿美元，进出口总额37亿美元，分别增长2.77%、17.46%。

——坚持城乡协调，城市能级不断提升。积极顺应城乡发展趋势，着力构建生产空间集约高效、生活空间宜居适度、生态空间山清水秀的城乡发展新格局。城市品质迈上新台阶。高标准开展国土空间总体规划研究编制工作，明确"东进、西优、南联、北融"的城市发展方向。启动精致高新三年行动计划，实施城建重点项目148个，总投资332亿元，港城路和市民广场改造、天禄湖大酒店、康居邻里中心等一批重点工程加快推进。着力推动重大交通基础设施建设，北沿江高铁、盐泰锡常宜铁路等重大工程前期工作有序实施。乡村振兴取得新进展。深化农业供给侧结构性改革，启动新一轮农村人居环境整治，新建高标准农田1万亩，粮食总产量达2.24亿斤，绿色优质农产品比重达71.96%，获批全国农村综合性改革试点试验区，创成"四好农村路"全国示范县。生态环境得到新改善。深入开展"健康长江泰州行动"，持续抓好中央和省市环保督察巡视巡察等反馈问题整改，$PM_{2.5}$年均浓度下降2.8%，空气质量优良天数比例提高2.5个百分点，国考、省考断面水质持续稳定达标。

——坚持共建共享，民生福祉有效增进。始终坚持以人民为中心的发展思想，积极回应群众新期盼，满足群众新需求。持续增加群众收入。城乡居民人均可支配收入达55676元、28643元，分别增长11.2%、11.6%，收入比缩小至1.94∶1。延续实施减负稳岗扩就业政策措施，发放富民创业贷6221万元，城镇新增就业14656人。持续优化公共服务。教育资源配置更加均衡，4所城区学校建成投用，新增学位2250个，集团化办学覆盖率达100%。医疗保障体系不断完善，有序推进市三院病房楼等医疗基础设施改造，市、区人民医院紧密型医联体建设持续深化，全国首创实施"健康惠民一号工程"，实现惠民、惠企双赢。养老事业健康发展，建成区域性养老服务中心2家。文体旅游繁荣发展，省运会筹办工作稳步推进，白马镇陈家村创成"全国乡村旅游重点村"，大型淮剧《大喇叭开始广播啦》、歌曲《又唱〈跟你走〉》获第五届省"文华奖"，实现了全市县级市（区）"文华奖"零突破。持续加强社会治理。采取非常"7+7"工作措施，慎终如始抓好疫情防控。巩固拓展"一年小灶"成果，扎实推进"三年大灶"，深化24个重点行业领域专项整治，安全生产形势总体平稳。坚持遏增量、调结构、降成本，全面加强对全口径债务的闭环管理。深化全国文明城市创建，建立"五长共治"和全域包保工作机制，开展"你拍我办""濯清高新"等活动，以文明塑形铸魂，让城市更加美好。扎实开展政法队伍教育整顿，大力推进平安法治建设，社会大局保持和谐稳定，群众安全感、法治建设满意度继续保持全市领先、全省前列。

——坚持从严从实，党的建设全面加强。深入贯彻新时代党的建设总要求，切实履行管党治党主体责任，推动全面从严治党向纵深发展。着力加强政治建设。扎实开展党史学习教育，举办庆祝中国共产党成立100周年系列活动，深学笃行习近平新时代中国特色社会主义思想，推动全区上下忠诚捍卫“两个确立”、坚决做到“两个维护”，确保中央有部署、“两高”有行动、落实见成效。着力加强思想建设。深入开展“登高望远、创新争优”大讨论活动，设立“格物讲堂”、“唯实唯勤”讲习所，引导党员干部在学思践悟中担当作为。严格落实意识形态工作责任制，创新设立“高新民声”网络问政平台，牢牢把握领导权、主动权。着力加强组织建设。两区融合稳步推进，按照“六条原则”，坚持标准，不打和牌，因事择人，树立正确用人导向，推动人员逐步到位。融合后，机关混岗率从44.6%下降到11.7%。圆满完成区镇党委、村（社区）“两委”班子换届，大力实施乡村振兴头雁“丰羽竞飞”计划，深入推进164个书记项目，扎实开展“两在两同”建新功行动，基层战斗堡垒进一步建强。坚持“好干部”标准，实施高新干部“源头活水”工程，在工作一线培养锻炼干部、识别考察干部、选拔任用干部。着力加强作风建设。坚决和官僚作风、形式主义、佛系做派、乡愿倾向作斗争，大力开展整理思想、整治机关、整顿作风“三整”活动，切实推动作风务实、工作扎实。用好用活“三项机制”，创设“三牛奖”、发布“红黑榜”，激励党员干部见贤思齐、勇争一流。着力加强纪律建设。深化政治巡察，推行“双交办、双点评”和督查评估，在全市率先开展“三色清风卡”工作，深挖“一张票”“烟酒券”背后的“四风”隐形变异问题，正风肃纪反腐取得新成效。与此同时，全力支持区人大、区政协依法履职，区人大建立“百姓小事”代表督办机制，区政协议好“两件大事”、办好“百件小事”。党管武装、统一战线、史志档案、老干部、工青妇、关心下一代、科协、侨联、老区建设等各项工作取得新进步，全区上下和衷共济、团结奋斗的良好局面进一步巩固。

同志们，事非经过不知难，成如容易却艰辛。我们一年来的成绩是在经济下行压力不断加大的形势下取得的，是在日趋激烈的区域竞争中取得的，是在各种风险隐患日益显现的背景下取得的，是在“两高”融合不断碰撞、适应、磨合的特殊情境下取得的，成绩来之不易，势头令人振奋！这其中凝聚了高新高港企业家、两区党员干部和广大人民群众的智慧、辛勤与汗水，广大企业家勇争一流、勇攀高峰；党员干部担责负责、知重负重；人民群众同心奋斗、同力向前，我们展示了一个逆境中坚定从容的高新高港，一个拼搏中不断创造历史的高新高港。每一个人都很了不起！每一个人都值得点赞！在此，我代表区四套班子，向辛勤奋斗在全区各条战线的广大党员干部群众，向长期以来关心支持高新高港发展的社会各界人士，表示衷心的感谢和崇高的敬意！

在充分肯定成绩的同时，我们也必须清醒地认识到，当前，我区发展不平衡不充分的问题还比较突出：从经济发展来看，产业结构仍处于价值链中低端，产业链创新链存在诸多堵点断点。从群众期盼来看，教育、医疗、养老以及城市建设等还不能很好地满足群众需求，社会治理效能还需进一步提升。从干部现状来看，少数党员干部的能力水平与现代化建设的要求还不相适应，纪律规矩意识还需进一步增强。对此，我们要始终保持清醒头脑和务实作风，在今后的工作中精准、高效、系统地加以解决。

二、把准方位、争先创优，加快挺进国家级高新区第一方阵

今年是党的二十大召开之年，是全面落实省市区党代会精神的开局之年，也是深化融合发展的关键之年，做好今年各项工作意义重大。展望今年形势，在世纪疫情冲击下，百年变局加速演进，外部环境更趋复杂严峻和不确定，我国经济发展面临需求收缩、供给冲击、预期转弱三重压力，但从战略、大局和态势看，我国经济韧性强，长期向好的基本面不会改变。我们既要正视困难，又要坚定信心，集中力量办好自己的事，创造性办好自己的事，更高标准办好自己的事，毫不动摇向着争创国内一流开发区的目标奋勇前进。

我们正肩负着支撑泰州中部崛起、引领全市高质量发展的历史新使命，必须勇于担当、乘势而上。历史发展是连续性和阶段性的统一，一个时期有一个时期的历史使命和任务，一代人有一代人的历史担当和责任。省第十四次党代会作出了“更高水平推进‘1+3’重点功能区建设”“支持苏中地区跨江融合，加快实现中部崛起”的决策部署。市第六次党代会明确要求“医药高新区（高港区）重点做强医药产业和临港经济，用好人民海军诞生地红色资源，打造拥江亲水、产业繁荣、宜居宜业的活力新城”。市委六届二次全会锚定“高质量发展进入全省第一方阵”目标，提出了推进“跨江融合、产城融合、城乡融合”三大路径。作为中国医药城的核心区、全市高质量发展的主阵地，无论是打造“1+3”重点功能区，还是实现中部崛起，无论是高质量发展进入全省第一方阵，还是推进“三大融合”，医药高新区（高港区）都是其中的重要板块、关键支撑。我们要进一步增强使命意识，以更高的标杆对标找差，以更宽的视野谋划发展，奋力实现更大的跨越、创造更优的业绩、作出更多的贡献，以实际行动不辜负市委、市政府的殷殷重托。

我们正处于转型出关、爬坡过坎的历史新阶段，必须“四化”同步、系统推进。从经济结构看，我们正处在工业化后期的起步阶段。2020年，我区人均GDP为3.13万美元，三次产业比为1.59∶53.6∶44.81，第一产业就业人口1.9万、占比6.1%，但对照科技含量高、经济效益好、资源消耗低、环境污染少、安全条件有保障、人力资源优势能够充分发挥的新型工业化要求，还有很多“课”要补。从城乡结构看，我们正加快由二元形态向一体化发展迈进。当前，我区常住人口城镇化率为80.6%，且农村板块相对较小，城乡结构相对均衡，这既是短板和弱项，也是潜力和空间。从社会结构看，我们具有探索促进共同富裕的良好基础和先行优势。我区2018年城乡居民收入比为1.998∶1，2019年为1.99∶1，2020年1.95∶1，区域差距、城乡差距、收入差距相对较小，并在持续缩小中，公共服务也相对均衡，完全可以在共同富裕上先行先试、走在前列。前进道路上，我们要加快推进新型工业化、信息化、城镇化、农业现代化同步发展，进一步锻造长板、补齐短板，打造展现中国式现代化的县域范例。

我们正站在融合发展、扬帆远航的历史新起点，必须高点定位、跨越赶超。过去一年，我们强力推进医药高新区和高港区融合发展，初步完成了两区“物理融合”的政治任务，发展空间更加广阔、体制机制更加完善、产业优势更加凸显。但对照深层次、全方位融合的要求，还存在一些问题。目前的融合成效主要体现在形式上，更关键的工作融合、产业融合、平台融合，更本质的运转模式融合、思想观念融合、精神气质融合，还需要更长时间、花费更多精力来推进。站在新的历史起点上，全区广大党员干部都要有清醒的认识，心往一处想、劲往一处使，更大力度推进全方位融合，更高层次推动高质量发展，在强强联合、高上加高的过程中，打造相互赋能、一体发展的命运共同体。展望两区融合发展新征程，我们要确立“三步走”的目标：第一步，到2023年，GDP达1300亿元，完成一般公共预算收入110亿元，生物医药产业规模突破1000亿元，国家高新技术企业突破500家，上市企业达15家，综合实力进一步提升；第二步，到2025年，GDP突破1500亿元，一般公共预算收入突破130亿元，生物医药产业规模突破1300亿元，跻身国家级高新区50强、进入第一方阵；第三步，到2035年，在全国基本实现社会主义现代化时，经济实力、科技实力、综合竞争力大幅跃升，建成“中国第一、世界有名”的医药名城。

基于上述分析，今年全区工作的总体要求是：坚持以习近平新时代中国特色社会主义思想为指导，全面贯彻党的十九大和十九届历次全会精神，深入贯彻习近平总书记对江苏工作重要指示精神，弘扬伟大建党精神，坚持稳中求进工作总基调，完整、准确、全面贯彻新发展理念，服务构建新发展格局，统筹疫情防控和经济社会发展，统筹发展和安全，扎实抓好“六稳”“六保”工作，做好“致力民生、聚力转型”两篇文章，突出“聚力融合、聚焦发展”两大主题，致力内涵提升，全面转型发展，向着国家级高新区第一方阵奋勇前进，以优异成绩迎接党的二十大胜利召开。

主要预期目标是：地区生产总值增长力争7.5%，一般公共预算收入增长力争6%以上，城乡居民人均收入增长与经济发展水平同步。作出这样的安排，统筹考虑了实现“三步走”目标的必要性、经济潜在增长的可能性和引导市场预期、提振发展信心的主动性。工作中，我们要突出“稳”的要求，坚持稳字当头、稳中求进，尤其要稳就业、稳实体、稳财税，守护实体经济基本盘要聚焦聚力，支持帮扶市场主体举措要务实给力，确保经济社会政治各方面都稳，为党的二十大胜利召开营造良好环境。要落实“保”的措施，筑牢底线思维、系统思维，尤其要确保债务不出险、安全不出事、稳定不出乱，把安全发展主动权牢牢抓在手上。要增强“进”的动力，更大力度推动全面深化改革，尤其要激发市场主体的活力、干部担当干事的动力，进一步调优状态、调高标准，提振精气神、吹响冲锋号，形成比学赶超、勇争一流的生动局面。

同志们，一个地方的发展，紧要处往往只有关键几步。融合后的医药高新区（高港区）已经到了一个新的历史关口，进一步柳暗花明，退一步山重水复。我们必须把转型发展作为现代化建设的总抓手，以产业转型为重点、以城乡转型为支撑、以治理转型为基础、以作风转型为保障，加快打造更具向心力、更具竞争力、更具辨识度的改革先行区、创新活力区、发展引领区和幸福示范区，推动医药高新区（高港区）向着星辰大海一路高歌、破浪前行。

致力内涵提升、全面转型发展，我们要坚持问题导向，解放思想、开拓进取。问题是时代的声音，也是突破的关键。当前，面对外部环境变化，对标高质量发展要求，我们还面临一些突出问题，思想观念短板、产业结构短板、开放创新短板、治理能力短板等仍然是发展路上的“拦路虎”“绊脚石”。如果不能打破惯性思维和路径依赖，矛盾就会越积越多、包袱就会越背越重。要告别传统、勇于改革，跳出惯性思维、克服路径依赖，敢闯敢试、率先突破，努力争创更多第一唯一、打造更多特色品牌。要追求卓越、崇尚成功，以更广的视野寻找标杆，以更强的斗志追赶跨越，勇闯“无人区”，争当“示范生”。要宽容失败、鼓励创新，坚决破除体制障碍、机制壁垒，大力营造“大胆干、大胆闯，敢担当、敢作为”的良好氛围。要常怀远虑、居安思危，保持战略定力和耐心，“致广大而尽精微”。

致力内涵提升、全面转型发展，我们要坚持目标导向，远近兼顾、量质并重。目标指引着方向，也引领着节奏。我们确立“三步走”的奋斗目标，就是要以目标笃定方向，以目标鼓舞斗志，以目标引领作为。“三步走”是我们现代化建设的任务书、时间表、路线图，是实现融合发展的共同纲领、美好愿景；“三步走”符合市委的要求、契合发展的实际，是跳一跳能够得着的；“三步走”不是口头上空喊的口号，也不是挂在墙上的规划，必须集中精力、铆足干劲，形成可知可感可操作的实物工作量。具体到今年，我们要聚焦“高质量发展考核全市第一”目标，把握节点、紧抓具体，不断提高工作的组织化、精细化程度，激发和引导每个条线、每个板块的发展冲劲，实现量的突破和质的飞跃。

致力内涵提升、全面转型发展，我们要坚持结果导向，保持定力、人民至上。结果由实践决定，更由群众评判。我们决不搞短期行为，决不能急功近利，所有决策、所有工作的出发点，都要从医药高新区（高港区）长远发展考虑和人民群众根本利益出发，谋后动、定了干、马上办、抓到底，以发展实绩和成效为准绳，用人民群众获得感、幸福感、安全感来衡量，确保一切工作经得起实践、人民和历史的检验。一方面，要善于抓显绩，对群众反映强烈、迫切需要解决的问题，要立说立行，坚持不懈地抓、只争朝夕地干，力争早出形象、早见成效；另一方面，要甘于谋潜绩，对短期看不到效益却事关长远、事关未来的工作，要义无反顾，积极主动地抓、满腔热忱地干，努力为长远发展夯实基础、攒足后劲。

致力内涵提升、全面转型发展，我们要坚持实干导向，登高望远、创新争优。实干是成事之基，也是为政之要。我们要持续深化“登高望远、创新争优”大讨论活动，在讨论实践中转变观念，再通过观念转变指导实践。要树立“高”的标杆，立足长三角、放眼全国，寻找追赶目标，确立发展参照系，自我加压、主动进位，全省争一流、全国当先进；坚持“远”的追求，从谦卑做起、向高峰攀登，不断见诸行动、看到变化、有所起色；永葆“创”的劲头，大力弘扬“三个不相信”精神，在岗在位在状态，长期奋斗、长期攻坚、长期吃苦、长期奉献，始终做到敢想敢干、斗志昂扬、争先创优；激活“新”的基因，坚决断舍离、勇于破立斩，求新、求变、求特、求精，不断归零，突破超越。惟其如此，才能不负组织重托、群众期盼。

三、锚定路径、蝶变前行，奋力走好现代化建设的高新道路

一座城市的发展，思想决定路径，路径丰富思想。区第六次党代会明确了“改革先行区、创新活力区、发展引领区和幸福示范区”的发展路径，市委、市政府对两区融合发展也明确了到2023年的奋斗目标和支持政策。2022年至为关键，要精心谋划，集中攻坚，组织开展一系列具有实物工作量的行动计划，加快把美好蓝图变为现实模样。

1.坚持破旧与立新并举，加快打造开放包容、敢为人先的改革先行区。改革是我们活的灵魂，必须时时、事事、处处贯彻改革的要求，对制约发展的壁垒障碍坚决地破，对符合新发展理念要求、有利于高质量发展的创意大胆地试，努力在“没有先例”的方面最早做出成功案例，在“普遍在做”的方面做得更优更快。

园区改革要巩固成果增创新优势。开发区是我们的第一身份，必须放大“区政合一”管理体制优势叠加效应，继续保持精简、统一、高效的运行模式和决策机制，继续保持优质、便捷、全方位的营商理念，以五大功能园区的脱胎换骨实现融合发展的凤凰涅槃。目前，生物医药产业园区改革先行一步，“一办一局五中心”改革率先完成，组织架构、人员配备、资源配置、事权划分等精准清晰，形成了各扬其长谋发展、团结一心干事业的良好氛围。其他功能园区要积极借鉴，按照已经明确的改革实施方案，全面推行“园区管理办公室+集团公司”管理模式，切实强化“KPI+重点工作”考核方式，实现公司化运营、市场化运作、专业化服务。要加快特色发展、提档升级，全力推动泰州港经济开发区争创国家级开发区。扎实做好改革“后半篇文章”，围绕“一园一链一产业一平台一基金”，加强系统谋划，推动功能形态升级、产出效益升级、综合实力升级，争做全市样板，争当全省示范。

要素市场化配置改革要先行先试激发新活力。积极争创医药产业要素市场化配置改革试点，既要完善市场机制，推动各类要素自主有序流动，也要更好发挥政府作用，实现资源配置与市场需求的有效对接。土地方面，深化“亩均论英雄”改革，加快“腾笼”、谨慎“换鸟”，全年力争盘活和提升低效用地2000亩以上，工业税收超100亿元，增长10%以上。以新型城镇化为方向，深化土地整理、村庄规划、城镇产业用地置换等改革，积极稳妥推进农村集体经营性建设用地直接入市交易，既引导农民梯度转移、进镇入城，又进一步拓宽用地保障渠道。资本方面，加快设立总规模30亿元的医药产业引导基金，筹集2～3支总规模不低于60亿元的医药健康产业直投基金；抢抓北交所开板战略机遇，进一步做好上市后备企业挖掘和培育，全年力争新增上市企业4家。要深刻领会中央经济工作会议关于资本的特性和行为规律的重要论述，为资本设置“红绿灯”，支持和引导资本依法合规投入我区高质量发展和现代化建设，促进百姓、企业、政府“三个口袋”同步充实、不断充实，形成有效激励、形成

良性结构。国企改革方面，深入推进国企改革三年行动计划，重点抓好首发上市、做大市值、提升评级认可、提高国资证券化率等工作，增强造血功能，加快打造一支活力足、影响大、抗风险能力强的“集团军”。要严格执行省政府关于加强融资平台公司经营性债务管理的相关政策要求，切实加强经营性债务管理和政府隐性债务风险防控，开好前门、严堵后门。总之，我们的各项改革都要体现探索性、创新性、引领性，一方面，要对标国际通行规则，持续深化改革，主动深入研究 RCEP、CPTPP 等最新规则，在扩大服务业开放、加强知识产权服务等方面加大探索力度，力争早日取得突破；另一方面，要对标国内先进地区，学习借鉴上海临港、粤港澳大湾区、海南自贸港等地最新做法，结合实际推进制度集成创新。

开放开发要内外联动拓展新空间。积极融入以国内大循环为主体、国内国际双循环相互促进的新发展格局，深入开展开放开发“三大行动”，为高质量发展注入更强动力、培育更多动能。开展利用外资提升行动，建立外资项目信息数据库，完善重点外资企业联系制度，实行“一对一”服务和清单式管理，形成“储备+签约+到资”的外资和港澳台资项目全过程服务，确保完成实际利用外资和港澳台资5.5亿美元、力争6亿美元。开展外贸市场拓展行动，加快创建国家药品进口口岸城市，更好服务医药企业国际技术合作与贸易流通；发挥综保区及电子商务优势，推动保税功能、生物医药产业、港口物流资源叠加，积极拓展营养品“保税进口+零售加工”模式，实现综保区与医药园区、核心港区融合发展；依托益海粮油、汇福粮油，申请国家大豆离岸交易中心试点，加快打造长江中下游进口粮油交易中心。开展消费升级促进行动，出台促进批零住餐业高质量发展政策，以天德湖、天禄湖、凤栖湖、万象城、水景街区等为重点，发展消费新业态，培育消费新燃点，做强商贸产业，繁荣城市经济。

2.坚持高原与高峰共筑，加快打造人才荟萃、动能澎湃的创新活力区。近年来，我区科技创新综合实力显著提升，但总体来看是有高原无高峰。要始终坚持科技创新在现代化建设中的核心地位，加快科技自立自强步伐，在“两高”创新的“高原”上竖起更多的“高峰”。力争到2025年，战略性新兴产业产值占比、高技术产业投资占比、全社会研发投入占比、万人发明专利拥有量等指标挺进全国高新区第一方阵。

泰州综合保税区 区党工委（区委）宣传和统战部 供图

打造更高层次的创新平台。建强重大载体，结合泰州科技新城规划，依托长三角国家技术创新中心、省产业技术研究院，加快科创中心建设，打造长三角地区富有活力的创新策源地；在上海等创新前沿城市设立离岸孵化基地，借助国创中心上海张江总部，率先承接国创中心医药产业创新成果，形成研发成果“异地孵化、本地产业化”的创新优势。提升公共服务平台质效，高效整合运营现有的21个公共技术服务平台，加快推进国家级疫苗临床评价基地、北大医学部（泰州）医药健康产业创新中心、复旦大学健康科学研究院建设，新建P3生物安全实验室等关键“链核”平台，筹建诊断试剂CDMO服务平台，加快申报建设国家疫苗创新中心、国家特殊食品质量监督检验中心、兽用生物制品国家技术创新中心，着力推动更多创新成果落地转化。

培育更加活跃的创新主体。坚持“政府搭台，企业唱戏”，多措并举激发企业创新创造活力。实施产学研协同创新提升计划，支持企业牵头组建创新联合体，高质量建设各类研发机构，年内建成企业研发中心10家以上。实施知识产权强企行动计划，加快创建中国（泰州）知识产权保护中心，深入实施品质品牌“双品工程”，引导企业从卖产品向卖品牌、卖标准攀升，进一步提升“高新制造”品牌影响力。实施高企培育倍增计划，细化培育举措、落实奖补政策、壮大后备队伍，重点推动战略性新兴产业、科技型中小企业做大做强，力争涌现更多瑞科生物式的独角兽企业，全年新增准独角兽企业5家、瞪羚企业10家、高新技术企业100家。

营造更具优势的创新环境。从“效率、成本、可预期”三个维度入手，大力营造综合最优的政策环境、透明高效的政务环境、公平竞争的市场环境、轻装上阵的成长环境、齐心创业的工作环境、亲商富商的人文环境。把高层次人才和企业家队伍作为发展的“根”和“魂”，精心呵护、竭诚服务，修订完善“113人才新政”，加快建设集“一站式”政务服务、创新创业孵化、金融投资、休闲娱乐等功能为一体的“人才家园”，着力集聚各类高层次人才尤其是国内外知名医药院校的毕业生到我区“拎包入住”、创新创业。把金融资本作为科技创新的重要保障，成立科创集团，组建科创基金，打造科技金融服务中心，加快构建覆盖创新型企业全生命周期的金融服务体系。把科技体制机制改革作为抓手，成立区科创委，建立“科创委+科创集团”高位运行机制；健全科技评价体系和激励机制，深化科技创新积分管理机制，探索“揭榜挂帅”“以赛代评”等有效模式，推动重点科技项目、人才、资金一体化高效化配置。

3.坚持增量与存量齐抓，加快打造实力强劲、优势凸显的发展引领区。以生产力布局与发展规划为引领，在增量上拓新，在存量上优化，全力促进产业基础再造和产业链提升，推动发展从外延扩张走向内涵增长，从要素拉动走向创新驱动，从传统生产走向高端“智”造。

以优质项目提升产业集聚度。抓产业链招商，要有取舍、有判断，关键是要搞明白什么是“链主”“链核”和“链源”，“主”就是龙头，在产业链中占据优势地位，对产业链供应链具有很强的掌控力和带动力；“核”就是关键，掌握产业链关键核心技术，处于价值链高端地位；“源”就是上游，处于产业链的开始端，具有较高的行业壁垒，决定着整个产业的发展速度。要深入推进“产业强链”三年行动，聚焦“链主”“链核”“链源”，持续深化“三比一提升”行动，全力打造大健康、高端装备制造、石化及新材料、电子信息等优势产业集群，全年新开工、新竣工5亿元和3000万美元以上项目50个、25个。放大“链主”整合力，重点围绕扬子江药业、蓝思科技、长城汽车、中海油气等龙头企业，大力招引产业链高端环节、缺失环节，增强产业链供应链韧性。增强“链核”支撑力，对一批竞争力强的“链核”企业，要支持他们巩固优势，牢牢把握产业链供应链的核心环节；对在产业细分领域处于核心地位的“专精特新”企业，要支持他们进一步做强做特，不断提高行业话语权，努力成为“链核”企业。提升“链源”集聚力，充分发挥扬子江药业现有资源优势，依托高永集中区，大力发展特色原料药、专利原料药、绿色原料药，更大力度集聚CDMO头部企业，全力争创国家级原料药集中生产基地。要进一步提高项目建设的组织化程度，建立功能园区项目建设每月观摩督查机制，深化“园区吹哨、部门报到”机制，努力形成“一切围绕项目转、一切围绕项目干”的浓厚氛围。

以数字革命推动产业智能化。坚定不移把数字经济作为转型发展的重要抓手、关键增量，对标“灯塔工厂”，深入实施制造业智能化改造和数字化转型升级行动，大力推行“机器人+智能制造”“标准化+技术创新”“互联网+新型商业模式”。“十四五”期间，新增省级以上智能工厂5个以上、省级智能制造示范车间20个、市级智能制造示范车间30个；新增市级以上工业互联网标杆工厂或“5G+工业互联网”示范项目25个，关键工序数控化率达到75%以上。区发改、工科、商务等部门要加强研究，拿出具体方案，完善资金奖补、贷款贴息、基金引导等相关政策，通过政府投入的杠杆，来调动企业“智改数转”的积极性。

以绿色低碳提高产业含金量。“双碳”目标要求，既是倒逼，也是机遇。要以此为契机，大力发展低碳绿色产业，破无效供给、低端产能，立高端环节、高端产业，通过“砸笼换绿”“腾笼换鸟”“开笼引凤”，招引建设一批含金量高、含新量高、含绿量高、含碳量低的项目，促进产业布局优化、结构调整、创新提升，努力实现从末端治理向源头治理转变。当前，我区环境治理成效还不稳固。要围绕重污染天气、黑臭水体、土壤污染等突出问题，强化精准治污、科学治污、依法治污，更高标准打好蓝天、碧水、净土保卫战。今年中央环保督察组将到江苏开展第二轮督察，要扎实开展“回头看”，对全区面上问题进行认真梳理，确保所有问题规范整改到位，切实防止反弹回潮。

4.坚持有经与有权统一，加快打造更有温度、更有质感的幸福示范区。把保障和改善民生作为永恒主题，聚焦人民群众对美好生活的需要，既量力而行，又尽力而为，用更加完善、分层细分的公共服务产品，着力解决群众的所急、所需、所盼，全面提升老百姓的“幸福指数”。

聚焦“水清、绿透、文昌、城秀”，加快城市更新。紧扣“一轴三极三城”城市布局，以绣花功夫实施城市更新行动，努力实现“建筑可以阅读、街道可以漫步、文化可以感悟、城市很有温度”。做优城市功能。深入实施精致高新三年行动计划，成立高港东部新城建设委员会和重点工程项目“十大指挥部”，有序推进老城改造更新，科学布局新城配套设施，使城市生活更方便、更舒心、更美好。做美城市形象。完善城市绿地系统规划，既做好“减法”，注重树乔灌、花草藤配置得当，大中小、高低平错落有致，更加体现层次性、丰富性、美观性；也做好“加法”，以天德湖、天禄湖、凤栖湖等中央湖链为绿色中轴，启动实施新城河湖绿网综合改造，新建一批生态廊道、街心绿地、城市绿道，让城市更多见绿显绿、充满生机。坚持引景入城，采用空间飘带、生态廊道和立体绿化等，渗透地上地下空间边界，把药城特色、海军文化等元素有机融合到城市细节中，拓展形成连续跃动的景观空间。做细城市管理。以创建全国文明典范城市为引领，进一步完善“五长共治”治理体系，深化新时代文明实践中心（所、站）和网络文明建设，推动核心价值观内化于心、外化于行。开展城市治理专项整治行动，启动实施城市体检，以小变化、微改造让老百姓拥有更多“小确幸”。第二十届省运会将于8月召开，这是泰州历史上规模最大、规格最高、影响最广的综合性体育盛会。作为主阵地，我们要抢抓时间，按时保质推进场馆建设和周边环境改善，全力以赴做好备战竞赛和服务保障，确保办赛精彩、参会出彩。

聚焦“强镇、兴村、富民”，推进乡村振兴。现代化最艰巨的任务在乡村，最大的潜力后劲也在乡村。必须牢牢把握“三农”工作重心的历史性转移，以全国农村综合性改革试点试验为契机，致力城乡融合、城乡共荣，打造让城市更向往的美丽田园乡村。“建设一个什么样的村庄”是乡村振兴的元问题，要编制镇村布局规划和村庄规划，按照“集聚提升、特色保护、城郊融合、搬迁撤并”原则，合理安排产业、民生、环境等建设任务的取舍、序时和强度，让公共投入更加精准、更为有效。围绕“清爽、整洁、和谐、自然”目标，大力实施农村人居环境整治提升行动，分类示范、全面推进农村人居环境整治和农村危房改造，逐步推动全域规划发展村庄全部建成美丽宜居乡村，从“一处美”迈向“一片美”“全域美”。产业兴旺是乡村振兴的重要基础，是解决农村一切问题的前提。要以创建省级现代农业产业示范园区为抓手，坚持农业龙头企业示范带动，大力发展精品农业、都市农业、近郊农业，开展本土农产品消费帮扶行动，推进一二三产融合、上中下游一体、“产供销加”互促。粮食安全是“国之大者”，要坚决遏制耕地“非农化”、防止“非粮化”，加快旱涝保收高标准农田建设，促进粮食稳产高产，坚决稳住农业基本盘。发展壮大村级集体经济是助推乡村振兴的关键举措，要深入开展富民强村帮促行动，因村制宜探索集体经济增收新模式，力争村集体经营性收入全部突破50万元。以“一路高畅”品牌公路为纽带，串点成片打造旅游靓点，提升农村休闲旅游体验感、时尚感，让“美丽风景”托起一方“美丽经济”。

聚焦“精准、优质、均衡”，优化公共服务。“一老一小”牵一发而动全身，是带动整个民生工作的重要抓手。当前，我区人口老龄化程度较高，总体呈现基数大、比例高、增长快的特点，但我们的养老服务体系还不够健全。要坚持“居家养老+智慧服务”“社区养老+功能完善”“机构养老+医养融合”同步推进、融合发展，着力满足老年人多层次、个性化的养老需求。教育事关千家万户和国家、民族未来。要遵循城镇化进程、人口流动、城市功能配套三大规律，按照“城区优位置、农村大整合”，优化调整城乡教育资源布局，有效解决城区中小学、幼儿园学位不足问题。提高集团化办学质量，办好办强义务教育，深入推进“双减”工作，真正实现优质均衡，带动学前教育、高中教育、职业教育的整体提升。健康是幸福生活最重要的指标。要持续深化“府院合作”，加快区域性紧密型医共体、纵向型医共体建设，打造专业公共卫生、综合和专科医疗、基层医疗卫生“三位一体”的疾病综合防治体系。总结提升“健康惠民一号工程”经验做法，落实好跟踪服务措施，科学谋划健康惠民系列工程，让广大企业和群众切实享受到大健康产业和医疗卫生互动互融的发展成果。

聚焦“提标、扩面、普惠”，促进共同富裕。统筹好“做大蛋糕”与“分好蛋糕”两个关键，持续缩小收入的地区差距、城乡差距、行业差距。群众收入水平是共同富裕的直接体现。要把就业作为最大的民生，认真落实中等收入群体壮大行动和农民收入倍增计划，巩固工资性收入基础，补齐经营性收入短板，拓宽财产性收入渠道，提高转移性收入水平，加快形成橄榄型收入结构。尤其是要抓好高校毕业生、农村转移劳动力、城镇困难人员和退役军人就业帮扶工作，让群众的钱袋子越来越鼓，让城乡收入差距越来越小。保障群众基本生活，是党委、政府的一项底线工作。要发挥政府作用保基本，注重普惠性、基础性、兜底性，健全覆盖城乡的社会保障体系，稳步提高城乡低保、社会救助、抚恤优待等标准，完善分层分类的社会大救助体系，确保共同富裕路上一个不落、一个不少。“三次分配”是调节收入分配、实现共同富裕的有效路径。要健全完善先富带后富的帮扶机制，支持慈善等社会公益事业发展，统筹发展妇女儿童、残疾人、红十字和关心下一代事业，加快建设“慈善之城”。

同志们，统筹发展和安全，是打造改革先行区、创新活力区、发展引领区和幸福示范区的基础和前提。我们要强化底线思维、系统思维，以党的二十大安保维稳为主线，建立每月研判化解突出风险隐患制度，把安全发展主动权牢牢抓在手上。要加快推进数字孪生城市建设，完善“大数据+网格化+铁脚板”机制，推动数据整合、联通共享，实行扁平化末端治理，打造区域社会治理现代化的“高新样板”。要慎终如始、毫不放松抓好常态化疫情防控，完善平战结合的重大疫情防控救治保障体系，全面提高应对突发公共卫生事件的能力。要牢固确立“化债也是政绩”“化债也是民生”的理念，以“新官必须理旧账”的责任担当化解和处置历史遗留问题，建立健全政府债务管控长效机制，不折不扣落实规范公务员工资津补贴发放要求，稳妥有序推进债务降等，确保“存量不出险、增量不违规、规模可控制、隐债全化解”。要严格落实“三年大灶”工作要求，深入开展重点行业领域专项整治，从根本上消除重大事故隐患，系统提升本质安全水平。要扎实推进全国社会治安防控体系建设示范城市创建，精心实施“八五”普法，常态化开展扫黑除恶斗争，不断提升法治高新建设水平。要深入开展“排风险、建清单、除隐患、保稳定”专项行动，严格执行领导干部接访下访和包案化解制度，确保社会大局和谐稳定。

四、知重负重、唯实唯勤，充分汇聚开启新征程、肩负新使命的强大合力

办好“两高”的事，关键在党。必须坚持和加强党的全面领导，全面落实新时代党的建设总要求，大力弘扬伟大建党精神，纵深推进全面从严治党，把全区各级党组织建设得更加坚强有力，带领全区上下以昂扬的斗志、奋进的精神，阔步新征程、谱写新篇章。

——*以政治建设为统领，全力捍卫“两个确立”*。“两个确立”是党的十八大以来最重要的政治成果，是党的十九届六中全会的历史性贡献。捍卫“两个确立”必须对党绝对忠诚。把对党忠诚作为首要政治品格和政治大节，把“两个维护”作为最高政治原则和根本政治要求，坚定自觉地忠诚核心、信赖核心、紧跟核心、维护核心，始终在政治立场、政治方向、政治原则、政治道路上同以习近平同志为核心的党中央保持高度一致。捍卫“两个确立”必须强化理论武装。认认真真、原原本本学习党的经典理论著作，特别是习近平新时代中国特色社会主义思想，要带着信念学出更加坚定的理想，带着感情学出更加纯粹的忠诚，带着责任学出更加科学的方法，带着使命学出更加强烈的担当，用心培育共产党人的精神家园，做到“本根不摇而枝叶茂荣”。捍卫“两个确立”必须牢记“国之大者”。始终遵循胸怀大局、服从大局的政治逻辑，贯彻党中央大政方针不打折扣、不搞变通，落实习近平总书记重要指示精神和党中央决策部署不讲条件、绝对服从，进一步提高政治判断力、政治领悟力、政治执行力，以实际成效落实“两个确立”的根本要求，彰显共产党人对党忠诚、为党分忧、为民尽责的政治本色。

——*以强基固本为支撑，着力筑牢基层基础*。基层组织建得强、立得稳，党的工作才能延伸到每一个领域、每一个神经末梢。基层组织要横向到边、纵向到底。实施基层党建“五聚焦五落实”深化提升行动，扎实推进基层党支部标准化建设，打造“一社区一品牌、一支部一特色”。深入实施“党建+基层治理”书记项目，推动党建品牌既有“盆景”也有“风景”。聚焦“四同八助”样板区建设，实施“四联四共”党建模式，持续提高“两新”组织党建工作水平，推动基层组织全面进步、全面过硬。基层队伍要头雁驱动、坚强有力。持续深化乡村振兴“丰羽竞飞”计划，实施“头雁领飞”工程、“群雁跟飞”工程、“青年领头雁”接棒提升工程，打造一支有情怀、有本领、有担当的村居干部队伍。广大基层干部长期风里来雨里去，特别是在疫情防控中作出了不可替代的贡献，要在政治上多激励、工作上多支持、待遇上多保障，让他们干有奔头、干有荣光。基层党员要率先示范、引领带动。大力开展“我是党员我在前，我是干部干在先”主题教育活动，健全“我为群众办实事”长效机制，推动党旗飘扬在一线、党员冲锋在一线。组建“红色物业”，设立党员服务站，成立城市社区在职党员志愿服务专班，发挥党员在社区治理中的先锋模范作用。深化“三联”网格工作机制，引导村（社区）党员“亮身份、亮职责、亮作用”，提升基层社会治理组织力。

——*以实干实绩为导向，聚力锻造过硬队伍*。建设高素质干部队伍，是伟业之需、成功之要。以

事业为上选准人。把知事识人、因事择人作为选人用人的基本理念，大力选用敢闯敢干的“狮子型”干部、善作善成的“骏马型”干部、任劳任怨的“黄牛型”干部，做到人岗相适、人事相宜。深入实施高新干部“源头活水”工程、“1+2+N”系列培养工程，打造当前有活力、发展显潜力、未来更具竞争力的干部梯队。以一线实干锻炼人。常态化举办“唯实唯勤”讲习所，建立“一月一考评、一季一赛马”机制，加强培养性、考验性、轮岗性交流，推动更多专业技术干部、优秀年轻干部到园区、镇街墩苗历练，到招商前沿、项目现场磨砺锤炼。以严管厚爱激励人。深化落实“三项机制”，常态化评选“三牛奖”，设立问政台，用好“红黑榜”，用可观可感的现实案例，让领导班子有事业心、中层干部有上进心、全体同志有责任心。纪检、组织、宣传与统战、政法等各个条线要坚持眼睛向下看、步子向下迈、力量向下沉，为基层减负、给干部赋能。

*——以全面从严为标尺，致力营造良好生态。*政治生态山清水秀，人心就顺、正气就足，事业发展就能一帆风顺。要立规矩。切实加强对“一把手”的监督，严格“三重一大”决策程序和个人有关事项报告等制度，坚决把“关键少数”管住用好。严格执行作风建设“十条禁令”，常态化开展明察暗访，让纪律规矩成为刚性约束、行为习惯。要树正气。聚焦工程建设、国有资产管理、民生实事等领域，着眼群众反映强烈、损害群众利益的突出问题，持续深化专项监督，推动不敢腐、不能腐、不想腐一体推进、精准发力。统筹抓好各级各类巡视巡察审计反馈问题的整改落实，同步推进区党工委（区委）巡察，严格落实“双交办、双点评”机制，推动各类监督贯通协同。全区上下要自觉涵养蓬勃朝气、昂扬锐气、浩然正气、争先勇气，让为民务实清廉成为高新高港党员干部的鲜明特质、自觉追求。要扬清风。完善政治生态监测评估机制，优化“三色清风卡”实施方案，用好监督执纪“四种形态”、谈心谈话这一“法宝”，持续深化形式主义、官僚主义专项整治，推动治未病、防大病、强肌体有机结合。全区各级领导干部要牢记“白袍点墨”之戒，带头抵制不良风气侵蚀，带头恪守亲清政商关系，带头严明家庭家教家风，以上率下促进党风政风持续向好、政治生态风清气正。

同志们，莫道前路多险阻，再闯关山千万重。让我们更加紧密地团结在以习近平同志为核心的党中央周围，坚持以习近平新时代中国特色社会主义思想为指导，担当实干，拼搏进取，在践行“争当表率、争做示范、走在前列”光荣使命中奋力谱写高新高港新篇章，以融合发展的优异成绩迎接党的二十大胜利召开！

城市新貌　　　　江苏华信药业投资有限公司　供图

大事记

1月

9日　高港区进口冷链食品集中监管仓投入使用，地址位于泰州市永定西路268号（泰州嘉禾食品仓储有限公司）。

12日　高港大道地下综合管廊工程第70节顶板混凝土浇筑完成，标志该工程主体结构全线贯通。

13日　高港区出台《关于鼓励企业外地员工春节期间留泰过节的若干措施》。

19日　高港区首个全流程电子化政府采购项目——区文化体育和旅游局健身路径采购及安装公开招标在区公共资源交易中心完成。

25日　长城汽车股份有限公司泰州分公司第10000台整车下线。

是月　高港区退役军人服务中心、大泗镇退役军人服务站、刁铺街道退役军人服务站、许庄街道退役军人服务站、口岸街道退役军人服务站、永安洲镇退役军人服务站、白马镇退役军人服务站通过全国示范型退役军人服务中心（站）验收。

2月

2日　高港区启用“零售药店疫情防控信息系统”，对市民购买退烧、止咳、抗病毒、抗生素四类药品实名登记信息进行系统电子采集。

9日　泰州医药高新区、高港区召开党员干部警示教育大会。

△　新华社江苏分社《新春走基层》栏目组到永安洲镇东江社区通过现场直播的方式采访渔民“洗脚上岸”、增收致富的故事。

18日　泰州医药高新区、高港区落实“健康中国”战略，启动“健康惠民一号工程”，为泰州医药高新区、高港区居民免费提供胃肠癌早期筛查服务。

是月　口岸街道引江社区获评全国民主法治示范村。

3月

2日　省农村人居环境整治联席会议办公室对2020年度农村人居环境整治工作评估结果进行通报，高港区跻身全省第一等次。

3日　2021年泰州市建筑业高质量发展大会召开，会上通报2020年度建筑业工作目标综合考核情况，高港区获全市一等奖，连续第4年获此殊荣。

4日　高港区文化科技卫生“三下乡”暨“3·5学雷锋”志愿服务集中活动在永安洲镇举行。

△　省政府办公厅公布《江苏

2021年3月4日，高港区文化科技卫生“三下乡”暨“3·5学雷锋”志愿服务集中活动在永安洲镇举行　　永安洲镇　供图

省湖泊保护名录（2021修编）》，凤栖湖名列其中。

9日 陕西省咸阳市淳化县党政代表团到高港区参观考察，实地参观长城汽车泰州整车项目、凤栖湖景区等地，就对口协作召开联席会议。

10日 泰州医药高新区、高港区召开政法队伍教育整顿工作领导小组第一次会议。会议审议并原则通过泰州医药高新区、高港区政法队伍教育整顿的实施方案。

16日 安哥拉共和国泰州商会法律顾问聘请仪式在高港区举行，标志着全省首个县（区）级涉外法律服务项目正式启动。

18日 泰州医药高新区、高港区召开党史学习教育动员会议。

20日 长城汽车核心配套零部件项目蜂巢智行双模块产品下线仪式举行。

24日 2021年全省农业农村重大项目建设现场推进会举行。会议采用视频会议形式召开，泰州市分会场设在刁铺街道爱情海欢乐田园景区项目建设地。

△ 泰州医药高新区、高港区企业挂牌上市工作推进会召开。会议现场发放2020年度企业挂牌上市扶持资金券。

28日 湖南利德金属结构有限责任公司华东分公司举行揭牌仪式，海上风电塔筒项目投产。该项目计划投资5.6亿元。

31日 全市2020年度综合考核总结表彰大会召开。高港区、泰州医药高新区分获2020年度泰州市综合考核优秀市（区）一等奖、二等奖。

是月 高港区城乡居民养老保险基础养老金标准由每人每月185元提高至200元，从2021年1月补发。

△ 扬子江药业集团获2021年“欧洲质量奖”，系全省首个、全国医药行业首个获奖企业。

△ 高港区人民法院何芬获评全国巾帼建功标兵。

△ 白马镇世泽雕艺园帅春燕乡土人才大师工作室（彩绘木雕）入选第二批江苏省级乡土人才大师工作室。

4月

8日 长城汽车股份有限公司泰州分公司与泰州联通公司签署5G战略合作协议。

10日 全国人大常委会副委员长、农工党中央主席陈竺率农工党中央调研组调研考察高港区，实地察看扬子江药业集团等处，详细了解泰州医药产业发展情况。

15日 盘锦港至泰州港内贸直航集装箱货轮珠城鑫舟号安全停靠于泰州港集装箱码头，系泰州港新航线开辟后首次靠泊4万吨级集装箱货轮。

△ 泰州市“志愿服务大集市”活动走进白马镇。

16日 泰州医药高新区、高港区举行政银企对接会，企业代表进行融资项目路演，部分金融机构进行产品推介，共有22个项目现场签约，签约总金额78.78亿元。

21日 《人民政协报》调研组调研高港区“有事好商量”协商议事工作，实地察看大泗镇大泗社区“有事好商量”协商议事室，观看大泗镇“有事好商量”活动新闻宣传片，进行座谈交流。

21—23日 “高港杯”第七届全国象棋青年大师赛举行。共有28位棋手参加，男子组王天一、女子组吴可欣分别夺冠。

22日 2021年高港区“柴墟读书节”暨全民阅读系列活动启动仪式在永安洲镇举行。

30日 高港区向泰州市润锦生态农业科技有限公司发出首张“一照多址”营业执照。

5月

8日 高港区开展“法援惠民生·点援超市基层行”活动，将法律服务送到群众身边。

9日 泰州医药高新区、高港区首期“格物讲堂”开讲。

△ 中信银行泰州高港支行举行乔迁典礼暨银政企战略合作签约仪式。会上，泰州医药高新区、高港区与中信银行泰州分行签订战略合作协议。中信银行泰州高港支行与客户代表签订银企合作协议，为企业发展提供资金支持。

2021年4月15日，泰州市志愿服务大集市活动走进白马镇　　白马镇　供图

△ 中国工程院院士、南京航空航天大学电子信息工程学院院长赍德到泰州市旺灵绝缘材料厂调研企业发展现状，为企业发展建言献策。

12日 泰州医药高新区、高港区举办2021年度“最美护士”颁奖活动暨事迹报告会。

14日 高港区举办“企业技术需求对接+技术巡诊”活动，为企业高质量发展提供科技支持。

15日 “星火传承，映照时代”2021中国摄影报全国摄影拉力赛江苏省第一站——泰州高港站活动启动。

17日 泰州医药高新区、高港区举行“党史照我去奋斗”主题演讲比赛。

18日 广西壮族自治区南宁市政协到高港区考察创建国家中医药健康旅游示范区和大健康产业旅游发展情况，实地走访扬子江药业集团和江苏中药科技园。

19日 “永远跟党走，奋斗新征程”——高港区庆祝中国共产党成立100周年红色歌曲大合唱比赛活动在大江剧院举行。全区各部门（单位）的16支代表队近1000人参加活动。

21日 由高港、太仓两地联办的“春布德泽——迎接中国共产党成立100周年书法精品展”在高港美术馆开展，共展出作品60余幅。

25日 2021年江苏省青少年自行车（山地、公路）锦标赛在高港区开赛。省内10支设区市代表队的领队、教练、裁判、运动员共计308人参加活动。

28日 泰州医药高新区、高港区5·20“泰有爱·慈善一日捐”活动启动。

29日 泰州医药高新区、高港区召开工业企业“亩均论英雄”改革工作推进会。

是月 高港区推进经济开发区转型升级工作获省政府通报表扬。

△ 高港区被认定为首批江苏省幼小衔接实验区，系泰州市唯一。

6月

1—2日 新疆维吾尔自治区伊犁哈萨克自治州党政代表团到高港区考察，实地察看长城汽车股份有限公司泰州分公司、扬子江药业集团等处。

2日 江苏省第二十届运动会泰州医药高新区、高港区执委会第一次工作会议召开。

5日 全市农业生产机械化智能化特色化应用推广暨全过程无人作业试验成果展示会在口岸街道徐庄村凤栖湖农场举行。

7日 高港区开展二季度项目集中开工活动暨曼德项目奠基仪式。共有20个项目集中开工，计划总投资131.2亿元。

△ “逐梦高新区·健行百万步”泰州医药高新区、高港区高层次人才红色健步走活动在天禄湖公园举行。共100余名高层次人才参加。

8日 蜂巢能源科技有限公司泰州分公司PACK产品下线。

11日 泰州医药高新区、高港区2021年防汛应急抢险军地联合演练在永安洲镇新街社区同心港南侧举行。

12日 “武心萍超声团队高港中医院工作室”揭牌仪式暨惠民义诊活动在高港中医院举行。

13日 大泗镇大马水生植物园开园。

18日 浙江省绍兴市政协到高港区考察历史文化和古建筑的保护、开发、利用情况，实地走访中国人民解放军海军诞生地纪念馆、口岸雕花楼景区。

△ 高港区举办“知史爱党”党史知识竞赛决赛活动。

△ 泰州医药高新区、高港区举办“奋斗百年路，启航新征程”庆祝中国共产党成立100周年书画摄影主题展。

26日 国内首艘64TEU内河绿色智能集装箱船“国创号”下水仪式在泰州三福船舶工程有限公司举行。

△ 泰州医药高新区、高港区举行庆祝中国共产党成立100周年歌咏大会。

28日 泰州医药高新区、高港区融合发展暨举全市之力建设中国医药城大会在中国医药城会展交易中心召开。会上印发《关于支持泰州医药高新区（高港区）率先发展的实施意见》。

是月 口岸街道徐庄村第一书记徐勤生获评全国优秀党务工作者。

7月

1日 泰州医药高新区（高港区）召开“两优一先”表彰会议，对全区35名优秀共产党员、35名优秀党务工作者、30个先进基层党组织予以表彰。

△ 高港区最低生活保障标准调整为740元/月。

3日 泰州医药高新区（高港区）在河北省保定市举行2021年长城汽车江苏泰州基地招商推介会。

6日 凤栖湖景区的省运会攀岩运动场地通过中国登山协会专家组验收。

△ 高港自然资源和规划分局到泰州苏中天线集团有限公司举行出让地块“交地即发证”仪式，系高港区首例新出让土地“交地即发证”。

9日 中共泰州医药高新区工委（扩大）会议暨中共泰州市高港区委五届七次全体会议召开。

14日 省委常委、统战部部长杨岳调研高港区民营企业发展情况，实地察看泰州三福重工集团有限公司。

2021年7月3日，泰州医药高新区（高港区）在河北省保定市举行2021年长城汽车江苏泰州基地招商推介会　区党工委（区委）宣传和统战部　供图

18日　“全民迎省运·畅游水天堂”启动仪式暨泰州医药高新区（高港区）凤栖湖站开赛仪式在凤栖湖景区举行。

19—21日　政协高港区第五届委员会第五次会议召开。

20—23日　高港区第五届人民代表大会第五次会议召开。

24日　高港区委五届八次全体会议召开。

28—30日　中国共产党泰州市高港区第六次代表大会召开。

31日　泰州医药高新区（高港区）召开疫情防控工作会议。泰州医药高新区（高港区）应对新型冠状病毒感染肺炎疫情工作领导小组办公室发布《关于非生活必需公共场所暂停营业的通告》，要求非居民生活必需的公共场所和人员密集场所暂停营业。

是月　高港区入选全国农村综合性改革试点试验区。

△　高港区被省委依法治省委员会评为争创全国法治政府建设示范县市先进地区。

△　江苏省内长江口岸首个“无轨铁路货场”——泰州港站设立。

△　口岸街道引江社区党总支书记张竹山获评江苏最美基层共产党员。

8月

1日　全区月最低工资标准由2020元调整至2280元，非全日制用工小时最低工资标准由18.5元调整至22元。

2日　江苏金迪克生物技术股份有限公司在上海证券交易所科创板挂牌上市，成为中国医药城继江苏硕世生物科技股份有限公司后第2个登陆科创板的企业，也是中国医药城第4个本土上市企业。

5日　泰州医药高新区（高港区）12～17周岁疫苗接种工作启动。

6日　泰州市中国医药城建设发展委员会第一次全体会议召开。

23日　泰州市举行“祥泰行动”疫情防控1号实战演练。泰州医药高新区（高港区）在刁铺街道大丰社区设演练现场。

26日　泰州医药高新区（高港区）召开基层党建“书记项目”观摩交流会。

27日　泰州市市场监管局与泰州医药高新区（高港区）签署合作协议，双方携手共同推进中国医药城高质量发展。

28日　总投资7.38亿元的江苏硕世生物科技股份有限公司泰州总部产业园启用。

29日　全区电影院、体育健身场馆、城市书房等公共场所有序恢复开放。

是月　高港区文化体育和旅游局获评2017—2020年度全国群众体育先进单位。

△　白马镇陈家村入选全国乡村旅游重点村，系全区首个全国乡村旅游重点村。

△　白马镇社区教育中心申报的《乡村振兴战略背景下，农村社区教育助力乡村治理的实践与研究》课题成功立项，实现全区社区教育国家级课题零突破。

△　中央文明办发布2021年6月“中国好人榜”，高港区人民法院何芬入选。

△　高港区图书馆健身分馆、刁铺街道圩岸社区综合性文化服务中心、泰州未来之城入选2021年度江苏省“最美公共文化空间”打造对象。

△　刁铺街道圩岸社区“四张清单”助推“援法议事”机制长效化做法获评全省“援法议事”范例。

△　扬子江药业集团有限公司（龙凤堂）被认定为第三批“泰州老字号”。

△　高港区“工伤待遇一件事”平台上线启用。

9月

1日　泰州市“双信地”出让模式首宗工业用地“交地即发证”“拿证即开工”仪式在电子信息产业园区巨腾电子（泰州）有限公司举行。

10日　泰州医药高新区（高港区）举行庆祝第37个教师节主题活动，慰问和表彰全区教育战线先进典型和优秀教育工作者。

11日　泰州医药高新区（高港区）召开领导干部集体谈话会。会上宣读泰州医药高新区（高港区）

党政职能机构主要负责人及主持工作的负责人的任职决定。

13日 市委书记朱立凡，市委副书记、代市长万闻华分别带领参加全市“三比一提升”项目建设现场督查活动的A组、B组成员到泰州医药高新区（高港区）督查重点项目建设情况，实地察看金迪克生物新型四价流感病毒裂解疫苗二期产业化项目、安必生药品制剂生产项目、瑞科生物新冠疫苗产业化项目、龙凤堂中药提取2号车间项目、江苏硕世生物泰州总部产业园项目等处。

14日 刁铺街道社区卫生服务中心新院区投入使用。

15日 省委常委、常务副省长樊金龙调研长城汽车股份有限公司泰州分公司，实地了解企业生产经营情况。

16日 泰州医药高新区（高港区）举行《白马镇志》《乔杨社区志》首发式。《白马镇志》《乔杨社区志》分别为全区出版的首部镇（街道）志、村（社区）志。

△ 泰州医药高新区（高港区）举行“永远跟党走 奋进新征程”“习语‘新’声·百姓名嘴微宣讲”风采展示活动。

18日 卡文迪许创新药基地项目签约落户中国医药城。项目总投资5亿元。

22日 “泗水年华·晒丰收”2021泰州·医药高新区（高港区）农民丰收旅游节在大泗镇大马村水生植物园开幕。

26日 泰州医药高新区（高港区）召开“园区吹哨、部门报到”工作专题会。

27日 泰州医药高新区（高港区）党工委、管委会、纪工委和党政部门集中揭牌。两区融合后，共设置党政机构20个，包括纪检监察机关1个，区党工委（区委）职能机构4个，区管委会（区政府）职能部门15个。

30日 2021泰州市乡村旅游节暨爱情海欢乐田园试开园启动仪式在刁铺街道爱情海欢乐田园景区举行。

是月 泰州医药高新区（高港区）首座劳动者驿站投入使用。

10月

1日 泰州海军舰艇文化园开园。

△ 泰州市“岐黄校园行”校园中医药文化活动启动仪式暨“岐黄学园”揭牌仪式在泰州医药高新区（高港区）举行。

15日 泰州医药高新区（高港区）召开“登高望远、创新争优”大讨论活动动员部署会。

16日 渤海银行泰州分行开业仪式暨政银企战略合作签约活动在泰州医药高新区（高港区）举行。

21日 泰州医药高新区（高港区）举行“招焕新动能，共话大健康”生物医药企业主题沙龙。

22日 泰州医药高新区（高港区）与陕西省咸阳市淳化县举行对口协作协议视频签约仪式。活动现场，两地16个镇街（园区）、20个村（社区）签署结对帮扶协议。

22—24日 泰州医药高新区（高港区）首届中小学生田径运动会在泰州市永安洲小学举行。比赛共设18个比赛项目，全区各中小学的32支代表队、655名运动员参加比赛。

23日 中国医药城专家咨询委员会第五次会议召开。中国科学院院士、发展中国家科学院院士、广州国家实验室主任徐涛，广东工业大学副校长王成勇等专家学者和企业负责人共同为中国医药城发展建言献策。

△ 省部共同推进泰州医药高新区建设联席会议召开第十次会议。科技部、国家卫生健康委、国家药品监管局、国家中医药管理局与省政府专题研究泰州医药高新区发展相关重大事项。

23—25日 第十二届中国（泰州）国际医药博览会在中国医药城会展交易中心举行。

24日 中国医药城举行政策发布暨项目签约仪式。现场签约20个亿元以上项目，总投资53.42亿元。

28日 由省委网信办、省文明办、省委党史工办主办的“百年大党 江苏印记——全国网络名人看江苏”活动走进泰州医药高新区（高港区），实地走访中国医药

2021年10月14日，泰州市“岐黄校园行”校园中医药文化活动启动仪式暨“岐黄学园”揭牌仪式在泰州医药高新区（高港区）举行　　区教育局　供图

城医药博览馆、长城汽车股份有限公司泰州分公司、泰州海军舰艇文化园。

28—30日 2021易贸生物制品大会EBPC暨第十三届中国人用疫苗行业峰会&第九届易贸兽用生物制品大会在中国医药城召开。

是月 海关总署公布2020年度全国综合保税区绩效评估结果。泰州综合保税区在全国134个参与考核的特殊监管区域中排名第76位，比上年度前进14位。

△ 胡庄镇宗林村获评第二批全国乡村治理示范村。

△ 扬子江药业集团以102项QC成果一等奖的成绩蝉联全国医药行业QC成果一等奖总数"十七连冠"。

△ 泰州医药高新区（高港区）选送的歌曲《又唱〈跟你走〉》获文华优秀节目奖，与泰州淮剧团联合创排的大型淮剧《大喇叭开始广播啦》获文华优秀剧目奖，实现全区省级专业舞台艺术政府奖项零突破。

11月

1日 江苏省庆祝中国共产党成立100周年"百年百场"优秀群众文艺作品巡演泰州医药高新区（高港区）专场在永安洲镇美食广场举办。

9日 副省长潘贤掌调研泰州医药高新区（高港区）省重大项目建设和农业水利工作，实地察看江苏泰康生物医药有限公司抗体药物中试产业化项目现场、泰州引江河水利枢纽和高港船闸。

11日 泰州医药高新区（高港区）举办金融支持乡村振兴试点示范提质扩面活动。

13日 2021年江苏省秋粮机收减损大比武活动（高港赛区）在许庄街道举行。

15日 范仲淹（永安洲）奖助学基金会揭牌仪式在泰州市永安洲小学举行。

是月 帅帅牛食品商行、玩牛食品有限公司、上膳源生态农业发展有限公司、李兴平牛肉铺4个食品小作坊获评江苏省"名特优"小作坊。

12月

1日 副省长胡广杰调研泰州医药高新区（高港区）医药产业发展情况，实地察看扬子江药业集团、雀巢健康科学（中国）有限公司、江苏硕世生物科技股份有限公司、江苏瑞科生物技术股份有限公司等企业。

△ "威海—泰州江海铁集装箱多式联运航线"首航仪式在山东港口威海港有限公司青威集装箱码头举行。

4日 泰州医药高新区（高港区）举行2021年"法治宣传月"暨"八五"普法启动仪式。

△ 首届胡庄年糕节暨江水清沙美食品鉴会在胡庄镇宗林村广场举行。

7日 高港区人大工作理论研究会成立暨第一次会员代表大会召开。

14日 泰州医药高新区（高港区）举办乡村振兴头雁"丰羽竞飞"计划村（社区）书记乡村振兴"四季谈"。

△ 泰州医药高新区（高港区）欧美同学会（留学人员联谊会）成立。

14—15日 省委副书记、代省长许昆林调研泰州医药高新区（高港区），实地察看中国医药城医药博览馆、扬子江药业集团。

16日 泰州医药高新区（高港区）旅游协会成立大会暨第一次会员大会召开。

17日 泰州医药高新区（高港区）举行"大隐再显"——杨宗干捐赠李显作品交接仪式。区美术馆获赠20幅已故高港籍著名画家李显作品。

20日 泰州医药高新区（高港区）首期"唯实唯勤"讲习所开讲。

24日 省人大常委会副主任刘捍东调研泰州医药高新区（高港区）经济社会发展情况，实地考察长城汽车股份有限公司泰州分公司、江苏硕世生物科技股份有限公司、江苏瑞科生物技术股份有限公司等企业。

28日 泰州医药高新区（高港区）举行"活力政协·'三荟'英才同心携手共促发展"联谊建言会。15名高层次人才、知名企业家被聘为区政协"三荟一库"首批经济发展咨询专家。

31日 扬子江药业集团召开成立50周年大会暨2021年年终工作会议。

△ "爱心公益、无偿献血"高港爱心献血屋启用。

是月 刁铺街道获评2016—2020年全国依法治理创建活动先进单位。

△ 生物医药产业园区科技服务中心获评全国科技系统抗击新冠肺炎疫情先进集体。

△ 泰州医药高新区（高港区）获评2021年江苏省"平安农机"示范县。

△ 白马镇陈家村凹口获评第八批江苏省特色田园乡村。

△ 泰州综合保税区与泰州海关合力开发的泰州生物医药保税研发监管平台上线运行，系全省首个生物医药保税研发监管平台。

（区党史方志办）

区情概览

地方名片

【人民海军诞生地】 1949年1月，中共中央政治局通过《目前形势和党在一九四九年的任务》的决议，提出："一九四九年及一九五〇年我们应当争取组成一支能够使用的空军，及一支保卫沿海沿江的海军。"此后，中共中央、中央军委指示第三野战军前敌委员会在华东地区把海军组建起来。3月下旬，第三野战军前敌委员会传达中共中央和中央军委关于筹建人民海军的指示。4月23日，中央军委急电：第三野战军立即组建海军，名为中国人民解放军华东军区海军。13时30分，张爱萍在白马庙宣读中央军委急电和第三野战军前敌委员会关于成立人民海军的决定。张爱萍带领李进、黄胜天、张渭清、温礼芝等13人开展组建工作，成立中共华东军区海军临时委员会，组建司令部、政治部等部门。抽调第三野战军教导师第3团、直属侦察营等部和苏北军区海防部队编入海军，并接管国民党海军起义、投诚的军舰。张爱萍任华东军区海军司令员兼政治委员。1989年2月17日，中央军委关于海军成立日期的批复同意以一九四九年四月二十三日成立华东军区海军的日期为中国人民解放军海军的成立日期。1998年，江泽民为中国人民解放军海军诞生地纪念馆题写馆名。1999年，中国人民解放军海军诞生地纪念馆开馆。人民海军诞生地为全国重点文物保护单位，中国人民解放军海军诞生地纪念馆为全国爱国主义教育示范基地。

（区党史方志办）

中国人民解放军海军诞生地纪念馆　　白马镇　供图

【中国医药城】 2005年2月，省委、省政府综合泰州医药产业基础以及国内外医药产业发展趋势，作出在泰州"设立医药产业园、打造中国医药城"的重大战略决策。2006年11月，中国医药城正式启动建设。2009年3月，国务院批复泰州医药高新技术产业开发区（简称泰州医药高新区）升级为国家级高新区，成为全国第一个以医药健康产业定位命名的高新区。2010年2月，科技部、卫生部、国家食品药品监管局、国家中医药管理局与江苏省人民政府共建中国医药城机制正式启动，泰州医药高新区成为全国唯一的部省共建高新区。2013年10月，中国医药城成为全国唯一的国家新型疫苗及特异性诊断试剂产业集聚发展试点。2016年5月，《长江经济带发展规划纲要》中提出"支持泰州开展大健康产业集聚发展试点"。2019年12月，《长江三角洲区域一体化发展规划纲要》中提出"培育泰州医药健康产业创新中心"。2021年，泰州医药高新区与高港区实现融合发展，统称泰州医药高新技术产业开发区（泰州市高港区），简称泰州医药高新区（高港区）。

2021年6月28日，市委、市政府召开泰州医药高新区、高港区融合发展暨举全市之力建设中国医药城大会，指出中国医药城就是泰州，泰州就是中国医药城，泰州医药高新区（高港区）是泰州发展的“特区”、中国医药城的核心区。泰州医药高新区在科技部中国生物技术发展中心发布的全国2021年生物医药产业园区百强榜中排名第12位。

（生物医药产业园区）

【泰州港高港港区】 北宋乾德二年（964），柴墟港口形成。明代，柴墟港口成为口岸港口。19世纪末，由于江中沙洲不断淤涨，江岸线南移，口岸港口南移2000米至封家庄。清光绪二十八年（1902），港口开埠通商。清末，封家庄码头淤浅，港口西移500米至龙窝口。1954年9月，龙窝口码头淤浅，口岸港口移至高港，称高港港口。1988年7月，高港港被省政府批准为对外开放二类港口。1992年11月，高港港被国务院批准为对外开放一类港口。1997年6月，高港港更名为泰州港。1999年，建成杨湾作业区。2002年，泰州市整合高港区、泰兴市、靖江市三地沿江港口，统称泰州港，高港区段称泰州港高港港区，为泰州港主港区。2006年，建成永安作业区。2014年，泰州港核心港区（高港）集装箱码头开港。2021年，高港港区拥有高港、杨湾、永安3个作业区，集装卸、仓储、运输、船舶代理、货物代理、配送等物流服务于一体，有长江泊位14座，其中万吨级泊位10座，完成货物吞吐量5165万吨、集装箱吞吐量32.01万标准箱。（区党史方志办）

【扬子江药业集团】 创建于1971年，是跨地区、产学研相结合、科工贸一体化的国家大型医药企业集团，也是科技部命名的全国首批创新型企业。总部位于泰州医药高新区（高港区），有员工1.6万余人，旗下20余个成员公司分布在泰州、北京、上海、南京、广州、成都、苏州、常州等地。营销网络覆盖除台湾以外的全国各省、市、自治区。1996年起，连续多年排名江苏省和全国医药行业前列。2021年，在中国医药工业百强榜上位居第2名。

（扬子江药业集团）

【口岸雕花楼景区】 口岸雕花楼景区总占地面积8.8万平方米，建筑面积3.9万平方米，总投资近10亿元，为国家AAAA级旅游景区。以柴墟古街区为载体，融休闲、娱乐、餐饮、购物等功能，集楼景、水景、桥景、街景于一体，形成包括“一桥（庆元桥）、两街（庆元街、解放街）、三庙（武庙、财神庙、城隍庙）、四宅（雕花楼、戚氏武进士宅、孙氏四方楼、李信昌过载行）”在内的主要景点。

（口岸雕花楼景区管委会）

地理环境

【区位面积】 泰州医药高新区（高港区）位于泰州市市区南部，濒临长江。北连海陵区，东接姜堰区、泰兴市，西邻扬州市江都区，南与镇江扬中市隔江相望。全区总面积402.87平方千米，建成区面积80.78平方千米。其中，原泰州医药高新区区域面积116.03平方千米，建成区面积60.78平方千米；原高港区区域面积286.84平方千米，建成区面积20平方千米。

（泰州医药高新区自然资源和规划分局　高港自然资源和规划分局）

【地形地貌】 属长江三角洲冲积平原。古代是浅海，后来渐次成陆。地形平坦，地面高程一般2~5米，最低处1.8米（永安洲镇北沙局部地面）。大体北部为高沙平原，南部为沿江平原，江岸线附近的狭长区域为江边滩地。

（高港自然资源和规划分局）

【河流交通】 区内有骨干河道18条，其中，市级及以上骨干河道10条，区级骨干河道8条。市级湖泊1个为凤栖湖，区级湖泊2个为天德湖、天禄湖。南北向长江、引江河、南官河、两泰官河、西干河，东西向古马干河、周山河，均可通航。

（滕智超）

【气候】 2021年，泰州医药高新区（高港区）平均气温比常年偏高，高温日数比常年偏多。降水空间分布不均，部分地区较常年偏少，出现暴

泰州引江河　　刁铺街道　供图

雨日5个。登陆并影响境内的台风有2个。主要气象灾害有台风、暴雨、大风、高温、强寒潮、雾和霾等。因大风、台风暴雨等造成的人民财产、农业经济损失和直接经济损失相对较重。

日照　全年日照总时数2477.6小时，较常年多2.3成。其中，1月、2月、11月、12月较常年明显偏多。

气温　全年平均气温16.9℃，比常年偏高（常年15.8℃）。年极端最高气温37.9℃（7月14日），年极端最低气温-10.4℃（1月8日）。

降水　全年总降水量1410.3毫米（常年1082.5毫米）。降水量时空分布不均，最多的许庄站1410.3毫米，较常年多近4成；最少的胡庄站963.4毫米，比常年少近1成。全年降水日数121天（常年112天）。

2021年泰州医药高新区（高港区）月度降水量一览表

表3　　单位：毫米

月份	降水量	月份	降水量
1	29.5	7	592.3
2	33.0	8	200.0
3	72.5	9	52.4
4	36.0	10	87.7
5	145.2	11	41.0
6	54.7	12	1.4

梅雨　6月13日入梅，较常年早5天（常年6月18日）；7月11日出梅，出梅正常（常年7月10日），梅期长29天，梅期略偏长（常年23天）。梅雨量172毫米，与常年（平均240.1毫米）相比偏少。

台风　全年受2次台风影响，其中台风“烟花”影响较重。7月24—29日，出现较大风雨影响，期间风最大风力达到10级，于28日出现在泰州长江公路大桥。期间降水明显，最大降水量达432.8毫米，27日夜里和28日夜里风雨最为强烈。

强对流天气　受东北冷涡影响，4月29—30日，出现强对流天气，大部分地区遭受大风天气袭击；4月30日20时起，开始出现8级以上大风，泰州长江公路大桥过程中最大风速11级，白马镇和永安洲镇过程中最大风速10级。5月14—16日，多雷阵雨天气过程，并伴有强雷电、雷雨大风、短时强降水等强对流天气。15日，部分地区最大风力达到7级，最大1小时降水量达到21.3毫米。7月16日午后，部分地区出现强对流天气，最大值22.7米/秒（9级），出现在16时33分的泰州长江公路大桥交通站（江面）。7月17日午后到上半夜，出现强对流天气，最大降水量91.3毫米，降水过程中1小时最大雨强44.9毫米，部分地区极大风速达8级以上，最大值18.1米/秒（8级）。

高温　全年高温日数（35℃以上）12天，比常年偏多（常年7.7天）。极端最高气温37.9℃，出现在7月14日。

强寒潮　元旦后，2次寒潮冷空气无缝连接，其中1月8日最低气温-10.4℃，为有记录以来最低气温，当日出现严重冰冻。10—12月，冷空气活动频繁，有8次强冷空气过程影响泰州医药高新区（高港区）。11月6—8日、11月22—23日、11月28日—12月1日、12月17—18日、12月24—26日均达到寒潮标准降温幅度；11月，2次过程最低气温降温最强，48小时降幅分别为14.4℃和14.8℃。　（徐为进）

【水文水情】2021年，境内长江最高水位5.39米，发生在7月26日；长江最低水位为-0.09米，发生在1月9日。南官河口岸闸全年引水194次、26760.7万立方米，排水6次、1716.2万立方米。　（陈江华）

【自然资源】长江岸线资源　境内长江岸线23.5千米，江滩、江圩面积近333.33公顷。

水资源　可利用水资源主要为长江水，水量每年约3亿立方米。全区水面广阔，资源丰富，江、河、塘中主要产鱼、虾、蟹、蚌、龟、鳖等。引江河航道有利于建立沿河两岸旅游观光景地。

江河资源　境内河道纵横、水系发达。骨干河道18条，总长208.72千米；中沟河道164条，总长336.64千米；村庄河道1350条，总长696.6千米。

土地资源　全区土地总面积40286.62公顷，其中，耕地12965.38公顷，园地1770.54公顷，林地3016.8公顷，草地574.11公顷，城镇村及工矿用地11499.41公顷，交通运输用地3274.66公顷，水域及水利设施用地7009.61公顷，其他土地176.11公顷。

原泰州医药高新区土地总面积11603公顷，其中，耕地2637.3公顷，园地154.83公顷，林地970.13公顷，草地281.54公顷，城镇村及工矿用地5684.51公顷，交通运输用地842.06公顷，水域及水利设施用地958.59公顷，其他土地74.04公顷。

原高港区土地总面积28683.62公顷，其中，耕地10328.08公顷，园地1615.71公顷，林地2046.67公顷，草地292.57公顷，城镇村及工矿用地5814.9公顷，交通运输用地2432.6公顷，水域及水利设施用地6051.02公顷，其他土地102.07公顷。

地热资源　共有地热资源2处，未进行实质性建设和开采。

（区农业农村局　泰州医药高新区自然资源和规划分局　高港自然资源和规划分局）

建置区划

【建置沿革】 西周，境内初属邗国，春秋战国时期改属吴、越、楚。秦王政二十四年（前223），为晦（海）陵县地。西汉高帝五年（前202），属楚国。高帝六年，属荆国。高帝十二年，属淮郡海陵县。新莽天凤元年（14），属淮平郡亭间县。东汉建武十三年（37），属广陵郡海陵县。东汉永平元年（58），属广陵国海陵县。永平十年，属广陵郡海陵县。三国魏黄初五年（224），海陵县废，境内沦为魏、吴间弃地。西晋太康元年（280），属广陵郡海陵县。南朝梁天监元年（502），属海陵郡海陵县。隋开皇三年（583），属吴州海陵县。开皇九年，属扬州海陵县。大业三年（607），属江都郡海陵县。唐武德三年（620），属吴州吴陵县。武德七年，属邗州海陵县。武德九年，属扬州海陵县。天宝元年（742），属广陵郡海陵县。乾元元年（758），属扬州海陵县。五代十国吴武义二年（920），属江都府海陵县。南唐升元元年（937），分属泰州泰兴县、海陵县，泰兴县治设于济川镇，济川镇位于济川河（今南官河）河口附近。北宋乾德二年（964），因济川镇坍江，泰兴县治移至柴墟。宣和四年（1122），分属扬州泰兴县、泰州海陵县。南宋建炎四年（1130），岳飞任通泰镇抚使兼知泰州，屯兵柴墟，在南坝桥大败金兵。时境内分属泰州泰兴县、海陵县。绍兴五年（1135），分属扬州泰兴县、泰州海陵县。绍兴十年，分属泰州泰兴县、海陵县。绍兴十二年，分属扬州泰兴县、泰州海陵县。元至元十四年（1277），分属扬州路泰兴县、泰州路海陵县。至元二十一年，分属扬州路泰兴县、扬州路泰州海陵县。至正二十五年（1365），徐达为进攻泰州，自境内大江口开济川河直至泰州南门。至正二十六年，境内分属扬州府泰州海陵县、扬州府泰兴县。明洪武元年（1368），分属扬州府泰州、泰兴县。嘉靖年间（1522—1566），泰州至泰兴的驿道经过境内，并设刁家渡铺、口岸铺。明代，口岸成为泰兴的西北重镇，先后建有口岸察院、口岸公馆。清顺治二年（1645），分属扬州府泰州、泰兴县。雍正二年（1724），分属泰州、通州泰兴县。雍正十三年，泰兴全县分为四辖，口岸巡检司所治地域为“口辖”。口岸逐渐发展为长江北岸的一个重要港口和物资集散地。乾隆九年（1744），境内分属扬州府泰州、泰兴县。1912年，分属泰兴县、泰县。1940年7月后，分属泰兴县、泰县抗日民主政府。1945年11月，苏皖边区政府成立，境内分属第一行政区的泰兴县、泰县。1949年4月，分属苏北行政公署泰州专区的泰州市、泰兴县、泰县。1950年5月，分属泰兴县、泰县。1953年1月，分属扬州专区（后改称扬州市）泰州市、泰兴县、泰县。1959年1月，泰州市、泰县合并为泰州县，境内分属泰兴县、泰州县。1962年5月，分属泰州市、泰兴县、泰县。1992年9月，分属泰州市、泰兴市、泰县。1994年10月，分属泰州市、泰兴市、姜堰市。1996年7月，境内分属地级泰州市所辖海陵区、泰兴市、姜堰市。1997年8月，设高港区，隶属于泰州市。境内永安洲等7个乡镇属高港区，寺巷、鲍徐、塘湾3个镇属海陵区。2010年8月，泰州医药高新技术产业开发区管委会成立。

（区党史方志办）

【行政区划】 1997年8月高港区成立时，辖永安洲、田河、口岸、刁铺、许庄、白马、野徐7个乡镇。2008年区划调整，辖口岸、刁铺、许庄3个街道及永安洲、野徐、白马3个镇，野徐镇殷蒋村、陈庄村和白马镇朱穆村划归泰州市周山河街区管委会代管。2009年区划调整，辖口岸、刁铺、许庄3个街道及永安洲、白马、大泗、胡庄4个镇，许庄街道唐家村、老庄村划归野徐镇代管，野徐镇及刁铺街道部分村组划归泰州经济开发区代管。2010年，口岸街道分设为口岸街道、沿江街道（所辖区域已于2000年划归泰州经济开发区代管）。至2020年年末，高港区辖街道3个、镇4个，共有社区51个、居民小组883个，村40个、村民小组752个。

2000年2月，鲍徐镇并入寺巷镇。2002年，寺巷镇划归泰州经济开发区代管。2006年，泰州医药高新区启动建设。同年，撤销塘湾镇，设立凤凰路街道。2007年12月，泰州市周山河街区管委会成立。2008年，凤凰路街道更名为凤凰街道，隶属泰州经济开发区，由泰州市周山河街区管委会代管。2009年3月，国务院批复泰州医药高新区升级为国家级高新区。2010年1月，撤销寺巷镇，分别设立寺巷街道、明珠街道。2010年8月，泰州医药高新技术产业开发区管委会成立，下辖泰州医药高新技术产业园区、泰州经济开发区、泰州出口加工区、泰州高等教育园区和泰州市周山河街区、泰州数据产业园区和泰州滨江工业园区7个功能性园区，原由泰州经济开发区代管的寺巷街道、明珠街道、沿江街道、野徐镇和泰州市周山河街区管委会代管的凤凰街道划归泰州医药高新技术产业开发区管委会代管。至2020年年末，泰州医药高新区共代管街道4个、镇1个，共有社区54个、居民小组736个。

2021年，泰州医药高新区、高

港区实现融合发展，实行“区政合一”管理体制，融合后的泰州医药高新区（高港区）辖口岸、刁铺、许庄、沿江4个街道和永安洲、大泗、白马、胡庄、野徐5个镇，代管凤凰、明珠、寺巷3个街道，共7个街道、5个镇，社区105个、居民小组1619个，村40个、村民小组752个。

（陈　娟）

2021年泰州医药高新区（高港区）各镇街所辖村（社区）情况一览表

表4

街道、镇	社区	行政村
口岸街道	王营社区、口岸社区、龙窝口社区、城东社区、柴墟社区、新城社区、育才社区、城南社区、蔡滩社区、东南社区、朱营社区、戴集社区、集成社区、新明社区、引江社区、张马社区、田河社区	吴楼村、雅儒村、郎庄村、徐桥村、徐庄村、大石村
刁铺街道	关桥社区、通太社区、环溪社区、万庄社区、大丰社区、界牌社区、圩岸社区、明发社区	—
许庄街道	马厂社区、三星社区、官沟社区、周梓社区、三旗营社区、曹官营社区、许庄社区、乔杨社区、赵王社区、孔桥社区	明河村、钱赵村、管营村、蔡庄村
寺巷街道	寺巷社区、新华社区、小王社区、大王社区、石桥社区、三野社区、屠桥社区、二桥社区、新港社区、祥和社区、医药城社区、龙凤社区、康和社区、军甫社区	—
凤凰街道	梅兴社区、秦蒋社区、塘湾社区、朱穆社区、殷蒋社区、陈庄社区、杨庄社区、向阳社区、西谢社区、刘庄社区、双河社区、东谢社区、振兴社区、集镇社区、盛和社区、钟山社区、永定社区、华润社区、凤凰园社区、周山河社区、天德湖社区	—
明珠街道	明珠社区、城南社区、祥龙社区、丹凤社区、西湖翠苑社区、靳新社区、殷庄社区、北徐社区、鲍徐社区、春风社区、东明社区	—
沿江街道	滨江社区	—
永安洲镇	福沙社区、新街社区、中心社区、永兴社区、兴洲社区、永胜社区、上桥社区、建安社区、东江社区、兴隆社区、润洲社区	—
白马镇	金马社区、白马社区	岱白村、陈家村、陆家村、黄河村、前进村
大泗镇	大泗社区	时庄村、马龙村、康乐村、霍堡村、大马村、佴陈村、佴庄村、二陈村、北港村、曹于村、前进村、杨营村
胡庄镇	胡庄社区、汪群社区	赵市村、薛垛村、戴陈村、刘荡村、单王村、刘元村、史庄村、庵桥村、周马村、宗林村、丁庄村、田野村、陈隆村
野徐镇	老庄社区、永新社区、褚雅社区、康居社区、仲联社区、野徐社区、唐家社区、香榭社区、仲润社区	—

人口・民族

【人口】 2021年年末，全区户籍总人口438198人，其中，男性218933人，占人口总数的49.96%；女性219265人，占人口总数的50.04%。男女性别比为99.85。人口密度为1087.77人/平方千米。全年出生人口2505人，死亡人口3617人。

（刘　然）

【民族】 泰州医药高新区（高港区）是少数民族散居地区，有回族、满族、苗族、土家族、蒙古族等少数民族34个，全区12个镇街都有少数民族居住。全区有少数民族人口1682人，其中土家族占23.9%。

2021年泰州医药高新区（高港区）少数民族人数及分布情况一览表

表5 单位：人

民族	口岸街道	刁铺街道	许庄街道	寺巷街道	明珠街道	凤凰街道	沿江街道	永安洲镇	白马镇	大泗镇	胡庄镇	野徐镇	小计
蒙古族	28	9	8	12	4	25	—	3	1	3	10	3	106
回族	24	6	13	19	13	34	6	3	6	2	4	10	140
藏族	2	—	—	3	2	2	—	—	—	—	2	—	11
维吾尔族	—	—	—	1	—	4	—	1	—	—	—	—	6
苗族	18	6	11	23	11	43	—	12	13	25	45	2	209
彝族	15	6	14	10	3	9	—	9	4	20	5	—	95
壮族	10	6	20	14	2	23	10	8	9	16	14	11	143
布依族	9	10	6	1	—	8	—	4	6	11	9	—	64
朝鲜族	5	1	5	3	8	22	—	—	3	2	—	—	49
满族	27	21	12	10	18	45	1	9	4	8	6	7	168
侗族	6	1	4	4	1	10	—	2	5	2	10	10	55
瑶族	3	—	2	—	1	7	2	4	3	3	4	—	29
白族	5	3	5	5	1	5	—	2	—	2	11	1	40
土家族	34	11	29	22	18	62	—	22	65	44	39	56	402
哈尼族	—	1	3	4	—	—	—	—	—	4	1	—	13
傣族	4	5	2	2	1	—	—	5	3	4	4	—	30
黎族	8	—	2	—	1	5	3	2	5	4	5	—	35
傈僳族	2	—	—	—	2	—	—	2	—	—	—	—	6
佤族	—	4	2	—	—	2	—	1	1	—	—	—	10
畲族	1	2	2	1	1	—	—	2	2	—	—	—	11
拉祜族	—	—	1	2	—	—	—	—	—	—	1	—	4
水族	—	—	1	—	—	—	—	—	—	2	—	—	3
纳西族	—	1	—	—	—	—	—	—	—	1	2	—	4
景颇族	—	—	—	—	—	—	—	—	2		—	—	2
土族	2	—	1	—	—	1	—	2	1	1	—	—	8
达斡尔族	—	—	2	2	—	—	—	—	—	—	—	—	4
仫佬族	—	—	—	2	1	—	—	—	—	—	—	1	4
羌族	—	—	3		—	—	—	—	—	—	—	1	4
仡佬族	3	—	4	2	—	2	—	1	—	—	—	—	12
锡伯族	—	—		—	—	2	—	2	—	—	—	—	4
保安族	—	—	2	—	—	—	—	—	—	—	—	—	2
普米族	—	—	—	—	—	3	—	—	—	—	—	—	3

续表5

民族	口岸街道	刁铺街道	许庄街道	寺巷街道	明珠街道	凤凰街道	沿江街道	永安洲镇	白马镇	大泗镇	胡庄镇	野徐镇	小计
鄂温克族	—	—	—	—	—	3	—	—	—	—	—	—	3
裕固族	—	—	—	—	—	—	—	—	—	1	—	2	3
合　计	206	93	154	142	88	317	22	96	133	155	172	104	1682

古迹·名人

【名胜古迹】　泰州医药高新区（高港区）辖区内有全国重点文物保护单位1处（人民海军诞生地），省级文物保护单位3处（口岸雕花楼、解放街戚宅、李信昌过载行），市级文物保护单位6处（口岸城隍庙、刁铺龙王庙、泰昌生木号、龙泉池浴室、解放街孙宅、佴家庄战斗旧址纪念碑）。有南宋抗金名将岳飞大胜金兵的遗址南坝桥，有形成于南宋的口岸庆元街、口岸解放街清式民居等古建筑。天德湖公园、口岸雕花楼景区为国家AAAA级旅游景区。中国人民解放军海军诞生地纪念馆、白马文化旅游区、江苏中药科技园、凤栖湖景区、引江河风景区均为国家AAA级旅游景区。

［区党工委（区委）宣传和统战部］

【名人】　有东汉秣陵（今南京）县尉蒋子文（被孙权追封为“白驮将军”，民间俗称“白马大将军”）、北宋名臣潘及甫、元代福建廉访使屠申駉、明代儒学大家储巏、明代武进士戚世光、明末清初评话大师柳敬亭、清康熙侍卫徐左柱、清开明绅士赵良礼、教育家李煦春、《解放军报》总编赵易亚少将、军旅诗人栾长明、工程力学专家蔡强康、现代“生命之约”英雄刘绍安、民间收藏家蔡澧泉、儿童文学作家陈模、企业家徐镜人、“人民科学家”叶培建、抗战老兵史保东等。

（区党史方志办）

地方美食

【全羊席】　刁铺全羊席具有上百年历史，用料考究、工艺独特、口味鲜嫩、色香俱佳、养身补体。全部菜肴皆以1年生山羊为原料，经去膻工艺后，或焖或炖或炒或冷切或红烧或油浸，将羊肉及羊的眼、耳、心、肝、腰、脑、蹄、卵、鞭、肠、肚等部位做成佳肴。其中，以扒乳羊、蟹黄羊肉狮子头、生爆羊球片、多子多福、豆腐烩羊脑、鳜鱼烧羊肉为代表。

【全牛席】　大泗全牛席　新中国成立前，大泗有“霍堡庄、穷叮当、杀老牛、卖生姜”的说法。霍堡人做牛肉生意已有近百年的历史。霍堡牛肉传承至今成为大泗独特的菜肴。大泗镇现有几十个牛肉店，其中以“泗水人家”全牛席最为有名。全牛席以牛的头、尾、蹄、内脏、肉为原料。上菜顺序，从头到尾，极为讲究，共有百余种菜品。最具代表性的有十大名菜，依次是：牛气冲天（牛头）、爆炒世界（牛眼）、美味牛簧（牛舌）、生爆牛宝（牛宝）、酸辣牛肚（牛肚）、心怀天下（牛心）、铁板腰花（牛腰）、快马加鞭（牛鞭）、祥龙摆尾（牛尾）、脚踏实地（牛蹄）。牛肉分水牛肉和黄牛肉，黄牛肉纹理清晰，肉实味美，为大泗全牛席的首选。

寺巷全牛席　寺巷牛肉传统烹饪技艺传承至今已有150余年。20世纪90年代起，推出寺巷全牛席。主要菜品有夫妻肺片（牛肺、牛杂）、牛肉冻（蹄筋）、麻酱牛腰片、拌牛蹄黄（牛掌）、水爆肚仁（牛肚去外皮）、红焖牛尾、粉蒸牛肉、涮牛肚、粟米牛汤、酒香牛肉、干红油百叶、炭烤牛仔骨、肉眼牛扒、栗香牛腰、红煎牛腰、虎皮牛尾（汤）、牛髓饮、彩珠牛宝（牛宝、牛鞭）、清炖枸杞牛鞭汤、熘牛心花、核桃芝麻炖牛心、大枣牛肝汤、圆葱烩牛肝、白菜煲牛肺、芹蒜炒牛血、桃仁牛血汤、法式牛小排、沙朗牛排（后腰脊肉）、肋眼牛排（牛肋脊部位）、西红柿炖牛肉（肋条）、奶酪烤牛舌、眼肉牛排、老姜炖牛展、花菜炖肉丸、水煮肥牛、水煮牛肉、牛肉萝卜馅饼、咖喱牛肉干、红酒焖牛腩、清炖土豆牛肉、黑椒茭白牛柳、香辣炒牛肚、五香牛腩、辣酱烤牛里脊、黑椒嫩牛（里脊肉切片）、凉拌牛肉、牛肉粉丝煲、杭椒牛柳（切条）、山药牛肉粒（里脊）、酸菜肥牛、盐焗黑椒牛扒、椒香牛肉干、香煎牛排（上脑）、彩椒牛肚、水晶蹄筋、宫爆牛筋、中式罗宋汤（牛腩切小块）、牛肉凉片、黑椒牛仔骨、拌牛头肉、拌花腱（腱子肉）、姜丝拌百叶、白切牛肉（腱子肉）、拌牛盘肠、红烧牛鞭、炭烤牛舌、酸汤牛窝骨、韭香牛百叶、香辣牛鼻梁、香芹炒弯口、香辣牛骨髓、鲍汁扣牛眼、牛耳片、红扒牛头方（牛头脸）、牛脑煎蛋、香芒煎牛西冷、牛排（带骨眼肉）、涮肥牛（去骨腹肉）。

（区党史方志办）

国民经济和社会发展统计公报

【概况】　2021年，全区地区生产总值迈上千亿元台阶，为1106.86亿元，按不变价计算，比上年增长

11%。其中，第一产业增加值15.5亿元，增长2.7%；第二产业增加值609.5亿元，增长12.1%；第三产业增加值481.86亿元，增长10%。三次产业增加值比重为1.4∶55.1∶43.5。

【农林牧渔业】 农业生产基本稳定。全区实现农林牧渔业总产值24.19亿元，同比下降0.1%，其中，农业、林业、牧业、渔业和农林牧渔专业及辅助性活动产值分别完成18.2亿元、0.16亿元、2.37亿元、2.11亿元和1.35亿元。全年实现农林牧渔业增加值16.18亿元，不变价增长2.7%。

粮食生产增势趋缓。全区粮食播种面积16360公顷，同比增长1%；粮食总产量11.2万吨，同比增长0.1%，其中秋收粮食总产量6.71万吨，同比增长0.6%。

生猪产能快速增长。截至年末，全区生猪存栏3.96万头，同比增长55.3%，其中，能繁母猪存栏0.11万头，同比增长88.9%；全年生猪累计出栏7.1万头，同比增长108.2%。

【工业和建筑业】 工业生产稳中有进。全区规模以上工业产值同比增长29.4%，其中民营工业产值同比增长36.4%。分轻重工业看，轻工业产值同比增长15%，重工业产值同比增长45.4%。分经济类型看，集体企业产值同比增长9.2%，股份制企业产值同比增长34.3%，外商及港澳台商投资企业产值同比增长16.2%。

主导行业增长较快。全区规模以上工业的31个行业大类中，28个行业累计产值同比增长，行业增长面达90.3%。从产值排名前五的行业看，医药制造业同比增长5.3%，计算机、通信和其他电子设备制造业同比增长28.2%，农副食品加工业同比增长31.5%，石油、煤炭及其他燃料加工业同比增长28.7%，汽车制造业同比增长1078.7%。

新增企业贡献突出。新增规模以上工业企业82个，其中，月度新增20个，年度新增62个。月度新增企业中，新建投产企业14个，贡献较为突出。14个新建投产企业全年累计实现产值158.45亿元，拉动规模以上工业产值增长9.6个百分点。

建筑业平稳增长。完成建筑业总产值710.54亿元，同比增长7.2%；竣工产值559.92亿元，同比增长8.5%，竣工率为78.8%。建筑业企业房屋建筑施工面积4700.53万平方米，同比增长16.4%，其中，新开工面积1970.54万平方米，同比增长7.7%；竣工面积1729.94万平方米，同比增长20.3%，其中，住宅竣工面积1408.61万平方米，同比增长16.3%。

【固定资产投资】 投资结构逐步优化。全区固定资产投资整体呈高开低走趋势，全年增速为8.4%，其中，民间投资占固定资产投资比重为82.3%；高技术产业投资占固定资产投资比重为30.8%；制造业投资占全市比重为27.4%。分登记注册类型看，内资企业投资同比增长12.3%，港澳台商企业投资同比增长4.5%，外商企业投资同比增长102.6%。分行业看，纺织业投资同比增长7.8%，汽车制造业投资同比下降37.4%，医药制造业投资同比增长33.5%，铁路船舶航空航天和其他运输设备制造业投资同比下降12.8%，批发和零售业投资同比增长578.1%，水利环境和公共设施管理业投资同比增长44.3%，教育业投资同比下降67.5%，卫生和社会工作投资同比增长465%。

制造业投资高开稳走。全区制造业投资同比增长20.2%，高于固定资产投资增速11.8个百分点，高于服务业投资增速28.4个百分点，占全部投资的比重为63.7%，比重较上年同期提升6.3个百分点。其中生物制药（剂）项目、高性能锂离子电池生产项目等三大项目共拉动制造业投资增长11.4个百分点。

房地产销售触顶回落。全区房地产投资为110.3亿元，同比下降13.9%。商品房销售面积为189.58万平方米，同比增长10.8%。

【国内贸易】 消费市场总体向好。全区实现社会消费品零售额284.98亿元，同比增长16.3%。分地区看，城镇消费市场实现限上社会消费品零售额185.96亿元，同比增长22.5%；农村市场实现限上社会消费品零售额3.69亿元，同比增长56.2%，高于城镇33.7个百分点。从商品分类看，基本生活类商品增势良好，限额以上粮油、食品类商品零售额8.14亿元，同比增长56.4%；服装、鞋帽、针纺织品类商品零售额1.36亿元，同比增长66.1%；日用品类商品零售额1.53亿元，同比增长58.3%。升级类商品增长迅速，限额以上中西药品类商品零售额19.25亿元，同比增长6.4%；烟酒类商品同比增长59.2%；家用电器和音像器材类商品同比增长77.7%；五金、电料类商品同比增长52.9%；煤炭及制品类商品同比增长400%；限上建筑及装潢材料类商品零售额6.98亿元，同比增长17.7%。出行类商品平稳增长，限上汽车类商品零售额113.58亿元，同比增长20.2%；限上石油及制品类商品零售额15.02亿元，同比增长36.8%。

【财政和金融】 财政收支运行平稳。一般公共预算收入完成100.54亿元，同比增长11.8%，其中，税收收入76.89亿元，同比增长17.7%。政府性基金收入51.25亿元，上划中央四税（国内增值税、国内消费税、企业所得税、个人所得税）87.86亿元。一般公共预算支出85.44亿元，同比增长2%。其中，社会保障和就业支出7.74亿元，同比增长2.1%；卫生健康支出5.43亿元，同比增长11.7%；一般公共服务支出10.48亿元，同比增长4.8%；公共安全支出

2.55亿元，同比增长4%；节能环保支出0.93亿元，同比下降27.4%；科学技术支出5.45亿元，同比增长6.6%；教育支出9.54亿元，同比增长5.9%。

金融市场稳中向好。年末，全区金融机构本外币各项存款余额1312.7亿元，同比增长4.8%；贷款余额982.1亿元，同比增长16.9%。全区银行业存贷比为74.8%。

【科学技术、教育和卫生】 科技创新动能加速跃升。全区组织217个企业申报高新技术企业，获批75个，56个企业进入省高企培育库；获批省“潜在独角兽”企业3个，获批省“瞪羚”企业11个，获批市“瞪羚”企业6个。全年国家级孵化器绩效考评优秀1个、良好1个，省级孵化器绩效考评优秀1个、良好3个；众创空间市级绩效考评优秀3个；工程技术研究中心市级绩效评价优秀24个。新获批省级孵化器1个、众创空间1个、星创天地1个、市级及以上企业技术中心16个、市级及以上工程技术研究中心19个、市级公共服务平台1个。

教育事业蒸蒸日上。全区共有各级各类学校75所（不含高校及市属高中），其中，幼儿园42所，小学17所，初中12所，九年一贯制学校3所，中等专业学校1所。学龄儿童入学率、小学毕业升学率、初中学生毕业率均为100%。

卫生事业稳健发展。全区共有各类卫生机构168个，城镇居民医疗保险覆盖面100%。其中，医院5个，卫生院（社区卫生服务中心）12个，疾病预防控制中心1个，妇幼卫生保健机构1个。

【文化和体育】 文化服务不断升级。全年新增规模以上文化企业27个。创新开展“艺”同战疫书画美术作品和非遗作品巡展、“书香漂流，携手战疫”图书漂流、“寻根探源”文化研学游等活动。组织各类大型文艺演出30余场，讲座、展览等线上线下活动100余场，完成送戏下乡活动14场，“文化惠民券”点单演出324场。

体育事业蓬勃发展。重点实施“体育为民突破行动”，总投资3769.2万元，实施37个全民健身场地设施建设。建成凤栖湖攀岩场地，增加骑行道26.2千米、健身步道8千米、儿童设施12套、体育健身路径186套、笼式篮球场3个、笼式足球场1个，新建全民健身中心击剑馆，增加室外乒乓球桌21张，全区新增迎省运会体育小品70处，公共体育场地大幅增加。

【人民生活和社会保障】 人口总量持平略增。年末，全区家庭总户数135245户，户籍总人口43.82万人，比上年年末增加0.13万人，其中女性21.93万人。户籍人口中，17岁以下人口7.04万人，18~34岁人口8.36万人，35~59岁人口17.81万人，60岁以上人口10.61万人。60岁以上老龄人口占比为24.2%。全年出生人口2505人，人口出生率为5.72‰，比上年年末下降2.77个千分点，死亡人口3617人，人口死亡率为8.25‰，比上年年末下降0.8个千分点；全年迁入6625人，迁出3807人。

居民收入稳步增长。全体居民人均可支配收入45214元，增长10.5%，两年平均增长7.9%。按常住地分，城镇居民人均可支配收入54990元，增长9.8%，农村居民28582元，增长11.4%。城乡居民人均可支配收入比为1.92，较上年缩小0.03，城乡居民收入差距进一步缩小，发展更加均衡。从收入结构看，工资性收入、经营性收入、财产性收入和转移性收入比值由上年同期的60.1∶17.1∶10.4∶12.4调整为60.2∶17∶10.3∶12.5。

社会保障水平不断提升。全区每万名劳动力中高技能人才数为1400人。发放富民创业贷款8000余万元，支持成功自主创业2300人。引进各类高层次人才975人，新增专业技术人员2220人，发放“购房券”1115万元。养老保险参保人数12.1万人，工伤保险参保人数5.7万人。城乡居保基础养老金提高至每人每月216元。全年处理各类劳动人事争议案件1336件，结案率100%，调解成功率92.5%。

【资源环境】 生态环境质量持续改善。全年空气质量优良天数比率为85.4%，同比提高4.5个百分点；$PM_{2.5}$平均浓度为32.4微克/立方米，同比下降10.7%。

说明：（1）本公报使用的数据为快报数。

（2）地区生产总值和各产业增加值绝对值按现行价格计算，增长速度按不变价计算。 （区统计局）

中共泰州医药高新技术产业开发区工作委员会
中共泰州市高港区委员会

综　述

【概况】2021年，区党工委（区委）全面贯彻中共中央和省、市委决策部署，紧紧围绕打造“中国第一、世界有名”医药名城的目标，聚力全方位融合，聚焦高质量发展，经济运行稳健提质，创新活力持续增强，城市能级不断提升，民生福祉有效增进，党的建设全面加强，实现“十四五”规划良好开局。全区共有基层党组织1365个，党员23653人。

【调研工作】2021年，泰州医药高新区（高港区）结合“登高望远、创新争优”大讨论活动，围绕融合发展第一课题，安排全区调研工作。区领导带头，立足本职工作，高起点务虚、高层次谋划，开展调研思考，撰写调研报告，提出融合发展的目标思路举措。区党工委（区委）主要负责人撰写的《锚定民生幸福追求，推动发展动能变革》《把好“区政合一”发展的辩证法》等10余篇调研文章被《群众》《江苏通讯》《泰州通讯》和“先锋泰州”微信公众号等媒体平台刊载。（徐国华）

【信息工作】2021年，泰州医药高新区（高港区）党委信息工作质量系数保持全省第一方阵和全市前列，全年报送信息被省委办公厅采用30篇（条），其中被中央办公厅采用1篇，累计质量系数108，在全省区级中排名第五；被市委办公室采用450篇（条），位居全市前三。1篇信息获省领导批示，《我市“人才新政六条”获一致点赞，基层对进一步细化具体实施办法存四点期盼》等3篇信息获得市领导批示4件次。省委办公厅、市委办公室专门发函感谢，区党政办被评为省、市优秀信息工作单位。全年编发区本级信息刊物83期，获区领导批示7件次，其中区党工委（区委）、区管委会（区政府）主要负责人批示5件次。加大信息组织化程度，继续实行信息报送采用情况定期通报制度，对年度信息工作先进单位、先进个人进行通报表扬。着眼融合发展大局，建立完善融合后的信息工作网络，明确各地、各部门分管负责人和专（兼）职信息员，在扬子江药业集团、江苏省口岸中学等重点企事业单位实行信息直报点制度。常态化做好重要紧急信息报送工作，做到无迟报、漏报、误报、瞒报。（顾晶晶）

【网络信息管理】2021年，区电子政务中心编印各类快报、专报、通报200余期。省、市重点网络问政平台和市交办事项回复处置率均达100%。制定《2021年高港区网络安全工作要点》《关于开展全区“网安2021”专项行动的通知》等文

2021年10月13日，泰州医药高新区（高港区）开展网络安全宣传周活动
区党工委（区委）宣传和统战部　供图

件，推动网络安全工作纳入各地各部门重要议事日程。以重点网站和重要信息系统为重点，开展网络安全技术检查检测，确保网络安全技术检查全覆盖。举办2021年网络安全宣传周活动，集中开展“金融日”“青少年日”“个人信息保护日”等主题日系列活动，重点开展“网络安全进校园”活动。开展“清朗2021”专项行动，协调推进“扫黄打非”等专项整治。（彭铁官）

【保密工作】 2021年，区保密局组织全区党政机关涉密人员开展保密专题培训，提高涉密人员保密意识和业务能力水平。对全区产生国家秘密事项、涉密人员、涉密信息设备进行调查统计，及时上报、完善相关数据。通过转发微信公众号、小视频等方式，扩大保密宣传覆盖面和影响力。（戴书琴）

【全面深化改革工作】 2021年，区党工委（区委）全面深化改革委员会办公室围绕区党工委（区委）深改委年度工作要点，建立“改革任务分类管理、分级督办、定期督察”制度，推动6大重点改革领域、20项重点改革任务、73项重点改革事项全落实。注重改革经验做法总结提炼和宣传推广，产业工人队伍建设改革、干部人事制度改革、纪检监察制度改革等相关经验做法被《中国组织人事报》《中国纪检监察报》《新华日报》等媒体报道；深化校地合作助推医药名城建设有关做法被省委办公厅《江苏改革简报》宣传推介；《突出三个工作导向，打造改革督察闭环》在全省服务推进改革特色做法分享会上作经验交流，被评选为全省改革工作优秀案例。

（王耀华）

【政策法规工作】 2021年，区党政办严格落实基层减负要求，切实减少发文数量、严控文件规格。全面实行党内规范性文件前置审核程序，修改完善拟文稿纸，特别增加“合法性审查”一栏，重点审核党内规范性文件与上位党内规范性文件是否衔接、是否自相矛盾，防止带病送签、带病上会。全年累计审核文件500余份，备案29件，报备率、及时率均达100%。建立健全“下备一级”工作体系，明确各单位从事法规工作的责任领导和工作人员，定期提醒报备，及时主动纠错。

（王润环）

重要会议

【泰州医药高新区党工委（扩大）会议暨高港区委五届七次全体会议】 7月9日，泰州医药高新区党工委（扩大）会议暨高港区委五届七次全体会议召开。泰州医药高新区党工委、高港区委主要负责人作《争当排头兵，建强核心区，加快打造“中国第一、世界有名”医药名城》工作报告。泰州医药高新区党工委委员，高港区委委员、候补委员出席会议。泰州医药高新区纪工委委员，高港区纪委委员，高港区不是区委委员、候补委员的区四套班子负责人等列席会议。会议指出，泰州医药高新区（高港区）的发展已经到了一个紧要关口，必须只争朝夕、实干前行，以更强信心、更实举措守住“保”的底线、夯实“稳”的基础、拓展“进”的态势，确保“十四五”规划开好局、全面建设社会主义现代化起好步，努力开创泰州医药高新区（高港区）高质量发展新局面。要冲刺起步、勇开新局，努力夺取“十四五”规划首战胜利。坚决扛起“第一担当”，全力培育特色产业集群，全力突破高端优质项目，全力优化精准专业服务，在打造地标产业上作引领、作示范。坚决激发“第一动力”，以更高定位吹响科技创新号角，以更强决心深化园区改革，以更广视野构建融合发展格局，在深化改革创新上作引领、作示范。坚决聚焦“第一追求”，以绣花功夫提升城乡品质，以数字赋能建设“智慧高新”，以满腔赤诚办好民生实事，在建设幸福城市上作引领、作示范。坚决担起“第一责任”，守住稳定、安全和生态底线，在树牢底线思维上作引领、作示范。会议强调，要全面从严、全面过硬，充分汇聚肩负新使命、开启新征程的强大合力。深入贯彻落实习近平总书记在庆祝中国共产党成立100周年大会上的重要讲话精神，按照新时代党的建设总要求，坚持严字当头、实字为要、廉字打底，永葆绝对忠诚的政治本色，构筑坚强有力的战斗堡垒，锻造扛旗引路的高新力量，弘扬真抓实干的务实作风，营造风清气正的政治生态，坚定不移推进全面从严治党，以良好的形象、实在的成绩、过硬的作风引领保障高质量发展。

【中共泰州市高港区第六次代表大会】 7月28—30日，中共泰州市高港区第六次代表大会召开。泰州医药高新区党工委、高港区委主要负责人作《聚力融合，聚焦发展，高水平开启现代化建设新征程》工作报告。区第六次党代会代表出席会议。不是区党代表的区委委员、候补委员、纪委委员以及区四套班子负责人等列席会议。大会同意报告提出的今后五年全区经济社会发展的奋斗目标、总体要求和工作重点。大会指出，强力推进两区融合，既是原有体系流程前所未有的颠覆性重构与再生，也是经济社会管理模式一次重大而深刻的变革。要紧紧围绕一体化，进一步筑牢融合根基；深入对接长三角，进一步拓展融合空间；始终坚持高质量，进一步提升融合效益。大会强调，建强核心区，打造现代化建设泰州样板，全区上下要崇尚创新，高层次提升产业能级，高效率推进项目建设，高水平激发创新动能，激发引领发展的动力源泉。要注重协调，下好科学规划先手棋，提高中心城区首位度，打造乡村振兴样板田，打造城乡一体的活力新城。要倡导绿色，守护绿色空间，发展绿色经济，修复绿色本底，彰显别具特色的生态魅力。要扩大开放，用好建强开放平台，实施多维开放合作，打造一流营商环境，构建互利共赢的崭新格局。要推进共享，社会服务突出精准优质，社会保障突出提标扩面，社会文明突出合力共建，社会治理突出专业高效，绘就绚丽多彩的民生画卷。大会强调，事业发展，核心在党、关键在人、重点在干。赶考新征程，汇聚现代化建设强大合力，要牢记初心使命，让迈向新征程的信心更加坚定；激发斗志干劲，让迈向新征程的步伐更加矫健；聚力强基固本，让迈向新征程的根基更加深厚；持续正风肃纪，让迈向新征程的生态更加清朗。大会选举产生中共泰州市高港区第六届委员会、中共泰州市高港区第六届纪律检查委员会和泰州医药高新区（高港区）出席中共泰州市第六次代表大会代表。在7月30日的中共泰州市高港区第六届委员会第一次全体会议和区纪律检查委员会第一次全体会议上，分别选举产生区委、区纪委新一届领导班子成员。叶冬华为区委书记。

【泰州医药高新区党工委会议、高港区委常委会会议】 2021年，泰州医药高新区党工委、高港区委共召开区党工委会议、区委常委会会议24次。

1月16日，召开泰州医药高新区党工委2021年第一次会议、五届高港区委第八十八次常委会会议暨区应对新冠肺炎疫情工作领导小组会议，传达学习国家、省、市疫情防控工作会议精神，听取2020—2021年度基层党员冬训工作、2020年预算预计执行情况和2021年预算草案情况汇报等事项。

2月10日，召开泰州医药高新区党工委2021年第二次会议、五届高港区委第八十九次常委会会议，传达学习习近平总书记在中央农村工作会议、省部级主要领导干部学习贯彻党的十九届五中全会精神专题研讨班上的重要讲话精神，以及中央和省、市政法工作会议精神，听取省运会筹备工作和泰州医药高新区、高港区“健康惠民一号工程”实施方案情况汇报等事项。

3月18日，召开泰州医药高新区党工委2021年第三次会议、五届高港区委第九十次常委会会议，传达学习全国两会精神，讨论《医药高新区（高港区）党工委（区委）关于开展党史学习教育的实施方案》，听取2021年市党政领导挂钩“三个一”（服务重大项目、化解重点信访事项、化解重大安全风险隐患）涉及事项和泰州医药高新区（高港区）领导挂钩“六个一”（联系重点企业、服务重大产业项目、服务重点城建项目、化解重点信访事项、化解重大安全风险隐患、化解生态环境隐患）情况汇报等事项。

4月1日，召开泰州医药高新区党工委2021年第四次会议、五届高港区委第九十一次常委会会议，听取推进工业企业“亩均论英雄”改革目标计划制定情况汇报，讨论《泰州医药高新区、高港区庆祝中国共产党成立100周年活动方案》等事项。

5月11日，召开泰州医药高新区党工委2021年第六次会议、五届高港区委第九十二次常委会会议，传达学习全国打击治理电信网络诈骗犯罪、跨境赌博和禁毒工作会议精神，讨论2020年度全区平安建设（法治、信访）绩效考核结果，各园区、镇街综合考评、专项考核结果，区级机关部门绩效考核结果等事项。

5月13日，召开泰州医药高新区党工委2021年第七次会议，听取医药园区疫苗工程中心改革情况汇报，讨论确定2020年度改革创新奖奖励方案和2020年度项目招引建设（服务）奖励方案等事项。

6月16日，召开泰州医药高新区党工委2021年第八次会议、五届高港区委第九十三次常委会会议，传达学习中央、省、市安全生产及省防范化解近期突出风险维护社会稳定会议精神，讨论《关于推进泰州医药高新区和高港区融合发展管理体制改革实施方案》修改意见、《泰州医药高新区、高港区深化全国文明城市创建三年行动计划（2021—2023年）》等事项，听取2021年上半年全区意识形态工作情况汇报。

6月23日，召开泰州医药高新区党工委2021年第九次会议、五届高港区委第九十四次常委会会议，学习习近平总书记在青海考察时的重要讲话精神，讨论《关于支持泰州医药高新区（高港区）率先发展的实施意见》所涉事项区内责任分工，听取关于开展区委巡察整改督查评估工作的情况报告等事项。

7月7日，召开泰州医药高新区党工委2021年第十次会议、五届高港区委第九十五次常委会会议，传达学习习近平总书记在庆祝中国共产党成立100周年大会上的重要讲话精神，讨论《区党工委、区委关于医药高新区（高港区）国民经济和社会发展第十四个五年规划和二〇三五年远景目标的建议》，听取2021年度泰州医药高新区（高港区）国民经济社会发展计划主要指标初步安排情况汇报，讨论关于召开高港区五届人大五次会议、政协高港区五届五次会议等有关事项。

7月14日，召开泰州医药高新区党工委2021年第十一次会议、五届高港区委第九十六次常委会会议，传达学习中央全面深化改革委员会第二十次会议精神，讨论“一府两院”、区人大、区政协工作报告以及泰州医药高新区（高港区）国民经济和社会发展第十四个五年规划和二〇三五年远景目标纲要，听取高港区2020年国民经济社会发展计划执行情况和2021年计划情况汇报等事项。

7月19日，召开泰州医药高新区党工委2021年第十二次会议、五届高港区委第九十七次常委会会议，研究新一届区委、区纪委委员候选人初步人选和泰州医药高新区（高港区）出席泰州市第六次党代会代表候选人初步人选。

7月24日，召开泰州医药高新区党工委2021年第十三次会议、五届高港区委第九十八次常委会会议，传达学习上级疫情防控指示批示和相关会议精神，部署当前防汛抗台工作，讨论召开中共泰州市高港区委五届八次全体会议有关事宜、高港区第六次党代会日程安排等事项。

8月17日，召开泰州医药高新区党工委2021年第十四次会议、六届高港区委第一次常委会（扩大）会议，传达学习习近平总书记在中央政治局会议、党外人士座谈会和西藏考察时的重要讲话精神，以及泰州市中国医药城建设发展委员会第一次全体会议精神。

8月27日，召开泰州医药高新区党工委2021年第十五次会议、六届高港区委第二次常委会会议，传达学习中央财经委员会第十次会议精神以及中央和省、市关于疫情防控的要求，听取加快建设应急指挥中心和明确职能与运行机制有关情况汇报，讨论《泰州医药高新区（高港区）2021年度高质量发展专项考核办法》《高新干部“源头活水”工程实施方案》等事项。

9月30日，召开泰州医药高新区党工委2021年第十七次会议、六届高港区委第四次常委会会议，传达学习习近平总书记在中央党校（国家行政学院）中青年干部培训班开班式上的重要讲话精神和中央人才工作会议精神，讨论《泰州医药高新区（高港区）党工委（区委）、管委会（区政府）议事决策规则》《2021年度泰州医药高新区（高港区）园区、镇街重点指标任务分解方案》等事项。

10月12日，召开泰州医药高新区党工委2021年第十八次会议、六届高港区委第五次常委会会议，传达学习习近平总书记在中共中央政治局第三十三次集体学习和纪念辛亥革命110周年大会上的重要讲话精神，讨论《泰州医药高新区（高港区）深化全国文明城市创建全域包保和“五长共治”网格化试点管理实施方案》等事项。

11月13日，召开泰州医药高新区党工委2021年第二十次会议、六届高港区委第七次常委会会议，传达学习习近平总书记在中央政治局第三十四次集体学习时的重要讲话精神以及中央人大工作会议精神，听取区政协“有事好商量”协商议事工作情况汇报，讨论《泰州医药高新区（高港区）纪检监察监督“三色清风卡”实施方案》《泰州医药高新区（高港区）项目建设“三比一提升”考核实施办法》《泰州医药高新区（高港区）促进企业上市（挂牌）的实施意见》等事项。

11月30日，召开泰州医药高新区党工委2021年第二十一次会议、六届高港区委第八次常委会会议，传达学习习近平总书记关于档案工作的重要批示，听取近期疫情防控工作和当前全区安全生产情况汇报，讨论全面依法治区工作会议方案和《法治泰州医药高新区（高港区）建设规划（2021—2025年）》等事项。

12月23日，召开泰州医药高新区党工委2021年第二十三次会议、六届高港区委第十次常委会会议，传达学习中央经济工作会议和省委经济工作会议精神，讨论《开展农村人居环境整治提升暨精致高新示范村（居）创建三年行动方案》，听取2017年以来节能指标管理工作情况汇报等事项。

12月30日，召开泰州医药高新区党工委2021年第二十四次会议、六届高港区委第十一次常委会会议，传达学习中央农村工作会议和全国老龄工作会议精神，讨论2022年区政府民生实事项目和政府投资项目计划，听取当前疫情防控工作、2021年全区意识形态工作以及2022年主要经济指标初步安排情况汇报等事项。

【底线工作责任落实会议】 1月12日，泰州医药高新区（高港区）召开底线工作责任落实会议。泰州医药高新区党工委、高港区委主要负责人出席会议并讲话。会议指出，当前形势复杂、任务艰巨，又处在“两高融合”、春节临近的关键节点、重要时期，疫情防控形势愈加严峻，安全、环保、稳定、廉政风险加大，必须念好稳、进、好“三字经”。会议强调，要从严从紧，坚决筑好疫情防线，紧紧盯住“人”、牢牢管住“物”、稳稳防住“地”、真正压紧“责”；要有守有为，坚决守好“四条底线”，守住稳定底线、安全底线、环保底线和廉政底线；要知行合一，坚决树好作风高线，思想要紧起来、要求要严起来、工作要实起来、责任要细起来。

【党史学习教育动员会议】 3月18日，泰州医药高新区、高港区召开党史学习教育动员会议。泰州医药高新区党工委、高港区委、区委党史学习教育领导小组主要负责人作动员讲话。泰州医药高新区领导班子全体成员，高港区四套班子全体负责人，泰州医药高新区人民法院院长、人民检察院检察长，高港区人民法院院长、人民检察院检察长等参加会议。会议强调，全区各级党组织和广大党员干部要强化政治担当，扛起政治责任，切实把思想和行动统一到习近平总书记重要讲话精神和党中央重大决策上来，统一到省、市委部署安排上来，坚决把党史学习教育各项任务落到实处，以争当“排头兵”、建强“核心区”的使命担当，加快建设“中国第一、世界有名”的医药名城。会议要求，切实增强开展党史学习教育的思想自觉，学习百年党史，要以史为镜、以史明志，始终初心不改、使命不变；要以史育人、以史铸魂，始终信仰如磐、历久弥坚；要以史观照、以史强党，始终革故鼎新、朝气蓬勃。准确把握开展党史学习教育的目标要求，学史明理，感悟真理伟力；学史增信，铸就信仰之魂；学史崇德，站稳人民立场；学史力行，勇担历史使命。高标准高质量开展好党史学习教育，加强组织领导，层层压实责任；把牢正确导向，创新方式方法；坚持统筹推进，务求工作实效。

【融合发展工作部署会】 6月29日，泰州医药高新区（高港区）召开融合发展工作部署会。泰州医药高新区党工委、高港区委主要负责人主持会议并讲话。泰州医药高新区党工委、管委会全体负责人，高港区委、区人大、区政府、区政协全体负责人，泰州医药高新区人民法院院长、人民检察院检察长，高港区人民法院院长、人民检察院检察长等参加会议。会议传达学习泰州医药高新区、高港区融合发展暨举全市之力建设中国医药城大会精神，对两区融合工作进行全面部署。会议指出，市委、市政府召开泰州医药高新区、高港区融合发展暨举全市之力建设中国医药城大会，标志着两区融合发展正式启航，更标志着中国医药城建设踏上一个新的征程。就贯彻落实泰州医药高新区、高港区融合发展暨举全市之力建设中国医药城大会精神，会议强调，要从全局和战略的高度，充分认识此次改革的重大意义，深刻把握蕴含的重大机遇，坚持融合思维、坚定发展信心，在打造地标产业、深化改革创新、建设幸福城市、锻造过硬队伍上作引领、作示范，全力打造改革先行区、创新活力区、发展引领区和幸福示范区，加快建设大健康产业集聚发展的产业高地和未来泰州拥江发展的新城中心，以实际行动不辜负市委、市政府的信任和重托。

【"登高望远、创新争优"大讨论活动动员部署会】 10月15日，泰州医药高新区（高港区）召开"登高望远、创新争优"大讨论活动动员部署会。泰州医药高新区党工委、高港区委主要负责人出席会议并作动员讲话。泰州医药高新区党工委、管委会全体负责人，高港区委、区人大、区政府、区政协全体负责人，泰州医药高新区人民法院院长、人民检察院检察长，高港区人民法院院长、人民检察院检察长等参加会议。会议指出，要通过大讨论活动，进行思想洗礼、观念变革、精神振奋，进一步提升解决问题的能力，探寻解决问题的方案，推动区域更好地发展。要认真回答好"为什么讨论""怎么讨论""讨论什么"三个问题。通过大讨论活动，看清当前机遇和挑战，把握主流和大势，彻底破除一切不合时宜的传统观念和体制机制弊端，真正在更新思想中跨越赶超，在提振精神中砥砺奋进，在改进作风中攻坚克难，充分展现泰州医药高新区（高港区）干部队伍的气度和风采。会议强调，登高望远、创新争优，核心是探索改革路径、再造发展优势、凝聚精神伟力，推动全方位融合、创新性转型、特色化发展。要加快全方位融合，打牢发展根基；加快创新性转型，增创发展优势；加快特色化发展，展现"特区"形象。会议强调，开展"登高望远、创新争优"大讨论，必须坚持问题导向，在对标对表中不断自我革新；必须坚持目标导向，在久久为功中加快跨越赶超；必须坚持结果导向，在争先进位中走在全市前列；必须坚持实干导向，在担当作为中彰显"特区"气象，以改革发展新成果检验思想解放新成效。

【深化全国文明城市创建工作会议】 10月16日，泰州医药高新区（高港区）召开深化全国文明城市创建工作会议。泰州医药高新区党工委、高港区委主要负责人出席会议并讲话。泰州医药高新区党工委委员、管委会副主任，高港区委常委、常务副区长主持会议。泰州医药高新区党工委委员（区委常委），高港区人大、区政协主要负责人，泰州医药高新区管委会（区政府）班子全体负责人等参加会议。会议指出，作为泰州发展的"特区"、中国医药城建设的核心区，泰州医药高新区（高港区）既是支撑泰州创建的重要板块，更是展示泰州创建成果的重要窗口，必须牢固树立攻坚克难、一抓到底的信心和决心，锚定典范目标，建设精致高新，重整行装再出发、厉兵秣马再奋进，用文明之光照亮现代化新征程，确保在年度测评中获得优异成绩，为助力泰州实现全国文明城市"四连冠"、迈进全国首批文明典范城市行列奠定坚实基础。会议强调，要突出人的文明这个根本，以文化人、以礼筑城，着力在推进人的现代化建设上下功夫；突出城的治理这个基础，精致建设、精细管理，着力在建设宜居宜业精致城市上下功夫；突出长效机制这个保障，全域联动、全民共建，着力在强化文明创建持久动力上下功夫。

（徐国华）

【区党工委（区委）全面深化改革委员会会议】 区党工委（区委）深改委第十一次会议　5月11日，泰州医药高新区党工委、高港区委主要负责人主持召开区党工委（区委）深改委第十一次会议，会议传达学习中央深改委第十八次会议和省委深改委第十五次、第十六次会议精神，审议《关于全面加强危险化学品安全生产工作的实施意见》《推行工程建设项目"告知承诺制"实施办法（试行）》等改革文件，研究部署有关改革工作。会议指出，习近平总书记在中央深改委第十八次会议上，对发挥全面深化改革在构建新发展格局中的关键作用，加强改革系统集成、推动改革落地见效等提出明确要求，各地各部门要深刻领会习近平总书记重要讲话精神，以“特区”思维、创新意识，切实增强推进全面深化改革的思想自觉和行动自觉。会议强调，一切改革创新的要素、资源、机制都应在泰州医药高新区（高港区）得到体现，要重点抓好疫苗工程中心改革等事项，真正用改革的思路和创新的办法，有序谋划推动各项改革任务落地落实，创造更多可复制可推广的“高新经验”“高新模式”。

区党工委（区委）深改委第十二次会议　8月27日，泰州医药高新区党工委、高港区委主要负责人主持召开区党工委（区委）深改委第十二次会议，会议讨论并原则同意《中共泰州医药高新区工委、中共泰州市高港区委全面深化改革委员会2021年工作要点》等改革文件。

区党工委（区委）深改委第十三次会议　11月30日，泰州医药高新区党工委、高港区委主要负责人主持召开区党工委（区委）深改委第十三次会议，会议传达学习中央深改委第二十一次、二十二次会议和省委深改委第十七次会议精神。会议强调，泰州医药高新区（高港区）要打造改革先行区，改革是第一步，是决定未来发展命运的关键一招。各地各部门要持续深化各领域改革，吃透改革的新要求，主动研究探寻，按照要求实施，抢占高质量发展制高点；要把准改革的突破口，坚定不移深化园区改革、科技体制改革、医联体（医共体）改革和教育集团化办学改革，在推动改革任务落地见效上“走在前列”；要提振改革的精气神，各改革专项小组要发挥好牵头抓总作用，各责任部门要担负起实施主体责任，进一步激发改革动力，加快取得更多有影响力的“硬核”成果，推动全区全面深化改革向广度和深度拓展。

区党工委（区委）深改委第十四次会议　12月30日，泰州医药高新区党工委、高港区委主要负责人主持召开区党工委（区委）深改委第十四次会议，会议传达学习中央深改委第二十三次会议精神，研究部署有关改革工作。会议指出，当前已到年终岁末，各地各部门要认真总结好年度工作，落实好当前任务，谋划好今后思路，确保下一年改革工作蹄疾步稳。要聚焦任务抓成效。在盘点全年改革任务时，不能简单以文件有没有出台、制度有没有建立来衡量任务完成情况，更重要的是看政策是否落地、问题有没有得到解决。要总结经验抓提升。全面梳理盘点特色改革亮点，重点对已经探索形成的好做法、好经验及时进行总结提炼，形成更多有利于面上推广的改革范例。要展望未来抓谋划。加强改革前瞻性思考、战略性布局，更多推动创造型、引领型改革，更加注重改革系统集成、协同高效，加快探索形成一揽子政策支撑、一整套推进机制、一系列基层经验，不断推动全区改革与发展深度融合、高效联动。（王耀华）

组织工作

【概况】2021年，区党工委（区委）组织部组织开展庆祝中国共产党成立100周年系列活动，推出“10个百”创意活动，成立“大工委”党史学习教育联盟，设立“奋斗者说”讲坛，打造2条“党史教育一号专线”，创设2个党员教育实境课堂。推行“我为群众办实事”实践活动，推动30个重大项目、632个重点项目落地落效，撬动资金23.4亿元。全年调整区管干部9批次916人次，其中，提拔189人，晋升职级56人［四级调研员26人、一级主任科员（主办）10人、二级主任科员（主办）12人、三级主任科员（主办）8人］，试用期转正、挂职、退休、任职备案及调出66人。实施高新干部“源头活水”工程，开设“格物讲堂”、“唯实唯勤”讲习所、“专业研习社”、“新动力成长营”。实行全员全程绩效考核，创设“三牛奖”，发布“红黑榜”，在全市率先推行及时奖励。完成区、镇、村三级班子换届。出台《推动村“两委”班子规范化运转实施意见》，投入1159万元优化升级123个村级为民服务阵地。实施乡村振兴“丰羽竞飞”计划、城市社区“小巷WE治”赋能行动，实施“党建+基层治理”书记项目，一批治理难题得到有效化解。深化非公企业“四同八助”党组织创建，首创非公企业出资人“双十激励”机制，打造16个非公党建样板区。至2021年年末，泰州医药高新区（高港区）共有党的基层组织1365个，其中，党委50个，党总支137个，党支部1178个。党员24343人，其中，女性党员6900人，占28.34%；35岁及以下党员6240人，占25.63%；大专以上学历党员12558人，占51.59%。完善人才工作组织体系，设立“双招双引”五大专班。举办走进深圳专场推介会，建成中国医药城（深圳）引才联络站。建立“凤栖高新”英才计划“1+7”政策体系，升级“113”人才政策，举办“圆梦高新”创咖汇。全年引进高层次人才（团队）580人（个），3人入选国家人才计划，39人入选省、市“双创计划”，数量均居全市第一。开通“青年人才驿站”，开展“青许高新”专项行动，举办大学生创新创业菁英赛、“春风十里·‘药城’等你”高校引才活动，全年引进高校毕业生1.18万人。组建中国医药城人力资源联盟，深化大院大所合作共建，北大医学部（泰州）医药健康产业创新中心落户。

（李艳　冒颖　王伟）

【区、镇党委领导班子换届】2021年，泰州医药高新区（高港区）分别于5月、7月完成乡镇和区党委换届工作，换出干部的精气神、换出科学发展的新局面。在乡镇党委换届方面，对全区5个乡镇（野徐镇、永安洲镇、白马镇、大泗镇、胡庄镇）开展换届专题调研，编印领导班子换届基本情况表、领导班子换届调整结构对比分析表，系统梳理年轻干部、女干部、“五方面”人员、到龄退出领导岗位人员4类干部数据库。统筹两区干部资源，推动泰州医药高新区、高港区干部交叉任职，系统谋划乡镇党委领导班子调整优化方案，提拔重用24人，交流16人，换届不再提名退出5人。领导班子各类结构指标要求均达到或超过上级要求，整体功能不断增强。在区委换届方面，协助市委考察组做好区领导班子换届考察，严谨周密做好换届选举工作。7月30日，中共泰州市高港区第六次代表大会选举产生区委委员33人、候补委员7人，出席中共泰州市第六次代表大会代表46人。同日，召开区委六届一次会议，选举产生区委常委11人，叶冬华当选为区委书记。

（李　艳　冒　颖　王　伟）

【干部教育培训】 2021年，泰州医药高新区（高港区）开展各类讲坛、主体班次78个，参训学员1.3万人次，共选派100余人次参加中央和省委、市委组织部组织的调训。打造泰州医药博览馆、江苏硕世生物科技股份有限公司、江苏赛孚士生物技术有限公司、中国医药城疫苗工程中心、扬子江药业集团、长城汽车股份有限公司泰州分公司、万向精工江苏有限公司、泰州统实企业有限公司、口岸街道引江社区和徐庄村等干部教育现场教学点。市委党校、周边市（区）各类培训班到泰州医药高新区（高港区）现场教学点参观学习14个班次，现场教学840余人次。

创设格物讲堂　围绕主导产业基本知识、经济金融基本常识、涉外商务基本礼仪等主题，邀请相关领域的专家教授、行业大咖、知名企业家等，为全区科级及以上干部集中授课。全年举办“格物讲堂”4期，主题分别为“生物医药产业发展现状与趋势”“推进长三角一体化发展国家战略的思考”“疫情背景下疫苗行业未来的思考”“疫情下国内外宏观经济形势与双循环新发展格局”，培训学员4000余人次。

创设“唯实唯勤”讲习所　围绕全区中心、重点工作，提前发布课题，成立课题小组进行专题调研，邀请区分管领导和园区、镇街、机关部门主要负责人上台议问题差距、讲体会得失、谈思路举措，“两代表一委员”等进行“无脚本”问答互动，区党工委（区委）主要领导、相关领域专家现场提要求、作点评，在讲习过程中，明晰干事方向、发展思路和解决问题的具体路径。12月20日，举办首期活动，6名主讲人聚焦市委书记朱立凡在市委六届一次全会上提出的“六道考题”分别发言，相关工作被《新华日报》宣传推介。

（李　艳　冒　颖　王　伟）

【高新干部“源头活水”工程】 8月，泰州医药高新区（高港区）印发《高新干部“源头活水”工程实施方案》。10月，区党工委（区委）组织部组成10个面谈组，对符合条件人员进行逐一面谈，经个别谈话、综合评分、分析研判，从全区近500名30周岁以下年轻干部中遴选产生179名优秀年轻干部参加首批高新干部“源头活水”工程。11月，根据年轻干部知识结构、专业特长、工作经历、短板弱项等情况，将首批年轻干部分组到乡村振兴第一线、经济建设主战场、园区发展最前沿、急难险重关键处4大板块。成立“源头活水”工程管理办公室，配套建立相关制度，推行“适时使用、定期调整、优胜劣汰、有进有退”的动态化管理体系，相关工作被省委《快报》、《新华日报》以及市委办《昨日要情》等宣传推介。

（李　艳　冒　颖　王　伟）

【干部监督与管理】 换届风气监督　2021年，区党工委（区委）组织部将换届风气监督与换届工作同部署、同推进、同落实，反复重申中央“十严禁”要求，组建换届风气督导组。换届过程中未接到违反换届纪律的信访举报。创新建立以“区委常委联系指导挂钩镇、职能部门班子成员联络协调分工镇、特派换届工作指导员、选派换届选举监督员、委派换届信息直报员”为主要内容的“两联三员”监督制度，对每个节点实施拉网式监督。

“一把手”监督　制定《“一把手”“五诺”管理暂行办法》，对“一把手”实行“公开承诺、联合验诺、集中述诺、当面询诺、民主评诺”全过程闭环式管理，相关做法被《中国组织人事报》《新华日报》头版宣传推介。制定《领导干部离任交接办法（试行）》，明确重要工作、经济责任、干部人事、重要物品资料4项交接清单，涵盖21条具体事项，全年共有30名离任领导干部完成交接手续，相关做法被江苏先锋网宣传推介。

领导干部“双考双反”　制定《领导干部“双考双反”制度》。“双考”，即考察和考核；“双反”，指将考察情况和考核结果“双反馈”，主要负责人的“双考”情况向其本人和区分管领导“双反馈”，其他区管干部的“双考”情况向其本人和单位主要负责人“双反馈”。对问题相对较多的考察对象和考核结果不太理想的考核对象，根据职务职级，由相关领导分别与其谈心谈话，督促在规定时间内整改到位，相关做法被《中国组织人事报》宣传推介。

“三色”分类管理　制定《区管干部“三色”管理暂行办法》，对所有区管干部实行“红、黄、绿”三色管理，其中，“红码”为“患病群体”，“黄码”为“亚健康群体”，“绿码”为“健康群体”。干部监督工作联席会议成员单位及时沟通信息，组织部门及时调色。首次认定“红码”24

人、“黄码” 12人。在2021年干部考察工作中，2名 “红码” 管理对象被取消考察对象建议人选资格。

干部交流　制定《区管领导干部交流暂行办法》，规定园区、镇（街道）、区级机关部门（单位）的乡科级领导干部，可以通过调任、转任等方式进行交流；探索构建任期性、结构性、需求性、互补性、培养性、预防性、回避性、考验性8条交流路径，领导干部在热点岗位、关键岗位任职达到一定年限后必须交流。出台《中层干部轮岗交流暂行办法》，列出5种必须轮岗交流的情形、4种应当有计划轮岗交流的情形、5种可暂缓轮岗交流或不轮岗交流的情形，其中指出在重点热点岗位以及关键性业务岗位连续工作满5年的中层正职，必须轮岗交流。

干部人事档案管理　完成干部档案室升级改造，配备防护设施。完成全区干部档案专项审核和 “回头看” 工作。启动干部数字档案建库项目。

（乔　峰　曲朝霞　徐　川　戚冬娟　汤亚男）

【人才工作】 人才政策　2021年，泰州医药高新区（高港区）着眼 “人才+产业”，从顶尖人才团队引进、人才项目支持、平台建设、人才培养、人才服务、人才金融等方面，研究起草 “113医药人才特别计划” 2.0版；结合产业调研企业和人才需求情况，研究制定 “凤栖高新” 英才计划。

2021年5月19日，泰州市生物医药产业人才科技专场推介会在深圳举办

区党工委（区委）组织部　供图

工作队伍　建立完善区、园区（镇街）、企业三级人才工作联络员队伍，明确园区（镇街）人才工作专员48人、骨干企业人才工作联络员388人，将服务网络延伸至521个规模以上企业。设立 “双招双引” 工作专班5个，明确专班成员18人，印发《医药高新区（高港区）“双招双引” 工作专班管理办法（试行）》。遴选4名人才科技专员赴东北片区开展招才引智。选派10名科技镇长团成员。

人才引进　举办深圳人才专场推介会，建成中国医药城（深圳）引才联络站，通过 “揭榜挂帅” 机制促成9个项目现场签约。“线上+线下” 举办第八届中国（泰州）国际医药高层次人才创新创业大赛、第九届中国（泰州）国际医药人才智力交流大会等中国（泰州）国际医药博览会人才系列活动，上线人数超10万人次，接收简历1.2万余份，172个项目参赛，12个项目落户。实施 “高新” 青年人才集聚计划，与暨南大学、贵州大学等高校共建人才合作基地。全年引进高校毕业生1.18万人，选聘党政青年人才25人。

项目申报　组织省 “双创计划” 人才项目申报，7名人才入选，共获项目资助350万元。组织市 “双创计划” 及 “113医药人才特别计划” 申报工作，从项目质量、经济效益、社会贡献等方面评价项目，邀请第三方专业机构进行评审，32名人才入选市 “双创计划”，28名人才入选市 “113医药人才特别计划”，共获项目资助3630万元。

2021年泰州医药高新区（高港区）入选省、市重点人才计划资助对象一览表

表6

项目名称	姓　名	申报单位
江苏省 “双创计划”	黄志锋	江苏博后智造生物科技有限公司
	雷继峰	江苏安必生制药有限公司
	王宏伟	泰州博莱得利生物科技有限公司
	李建伟	江苏赛孚士生物技术有限公司
	刘　威	默凯斯（泰州）能源技术有限公司
	刘金旭	泰州润骐防务科技有限公司

续表6

项目名称	姓　名	申报单位
江苏省“双创计划”	张　俊	泰州市炎川金属材料有限公司
泰州市“双创计划”	高彦峰	泰州市航宇电器有限公司
	陆　平	泰州绿源新材料科技有限公司
	詹其文	泰州颖创新材料科技有限公司
	刘　畅	江苏海钥医药科技有限公司
	赫玉欣	泰州光丽光电科技有限公司
	王　平	泰州盛欣印染机械有限公司
	熊　庭	泰州略智和网络科技有限公司
	王家尧	扬子江药业集团有限公司
	杨晓光	扬子江药业集团有限公司
	陈　斌	江苏明浩新能源发展有限公司
	陈　亮	泰州雷德波达定位导航科技有限公司
	贺　川	江苏润驰防务装备有限公司
	古冬冬	江苏普融智能科技发展有限公司
	陈建超	江苏追日汽车同步器有限公司
	许国超	江苏惠利生物科技有限公司
	沈晨佳	江苏沃田生态农业科技有限公司
	吴祖良	泰州一唯环保科技有限公司
	赵　忠	江苏宇马铝业有限公司
	杜改梅	江苏锦泽原生物科技有限公司
	张文博	泰州市旺灵绝缘材料厂
	田欣欣	泰州市金鼎电子有限公司
	张　赛	泰州市榕兴医疗用品股份有限公司
	杨　波	普迪特（泰州）生物科技有限公司
	陈宏波	江苏金环试验设备有限公司
	于　歌	泰州市宇航航空器材有限公司
	张瑞兴	扬子江药业集团有限公司
	杨　艺	泰州市贝斯特精铸机械有限公司
	周天舒	泰州丰汇农业科技有限公司
	黄　伟	江苏洁乐医用敷料有限公司
	魏　敏	泰州汇锦电子有限公司
	高文科	江苏凯恩特机械设备制造有限公司
	呼　咏	江苏乐彩印刷材料有限公司
泰州市“113医药人才特别计划”	丁健团队	泰州海和药业有限公司
	卢新培	江苏邦士医疗科技有限公司
	余　强	江苏盛世药业有限公司

续表6

项目名称	姓　名	申报单位
泰州市“113医药人才特别计划”	马元辉	泰州海和药业有限公司
	王永强	泰州蕾灵百奥生物科技有限公司
	胡颖嵩	江苏瑞科生物技术股份有限公司
	李建伟	江苏赛孚士生物技术有限公司
	张红城	江苏鸿祺生物科技有限公司
	杨义力	国际遗传工程和生物技术中心泰州区域研究中心
	Deepak Hegde	泰州亿腾景昂药业股份有限公司
	史硕博	江苏普方生物科技有限公司
	徐　镜	江苏诺鬲生物科技有限公司
	周　立	江苏豪思生物科技有限公司
	罗永煌	泰州骏道立同生物科技有限公司
	李　溱	华魁科技泰州有限公司
	吕　婧	江苏正大天创生物工程有限公司
	朱寅彪	江苏中慧元通生物科技有限公司
	郭　伟	江苏亨瑞生物医药科技有限公司
	张爱健	瑞莱生物科技江苏有限公司
	董海临	泰州医药城国科化物生物医药科技有限公司
	商维虎	江苏康爱营养科技有限责任公司
	焦志军	泰州健为医学检验实验有限公司
	成永忠	泰州市五研医疗科技开发有限公司
	王英锋	江苏鸿测科技发展有限公司
	刘家森	江苏奈尔森生物技术有限公司
	沈雪勇	江苏三才五妍医疗科技发展有限公司
	杨亿欣	奥酷尔紫外泰州科技有限公司
	张小军	江苏中芯生物科技有限公司

人才培养　3名人才入选国家海外引才计划，36名人才入选第六期省“333工程”第二、三层次培养对象（其中第二层次1人、第三层次35人），数量均居全市第一。深化“订单式”“现代学徒制”人才培养，新建就业见习基地8个，合作成立冠名班、订单班10余个。

人才宣传　加大人才工作特色做法、人才先进典型宣传力度，有10余篇信息在《中国组织人事报》等国家级报刊刊载，20余篇信息在《组织人事报》《新华日报》等省级报刊刊载，30余篇信息在《泰州党建》等市级报刊刊载，100余篇信息在“学习强国”学习平台、“交汇点新闻”App、“江苏先锋”微信公众号、“先锋泰州”微信公众号等国家、省、市新媒体上宣传。发起人才工作“百日会战”、激发乡土人才“三带”作用等信息被《中国人才》宣传报道，集聚“青年合伙人”等信息在《中国组织人事报》宣传报道，成立“双招双引”工作专班等信息被《组织人事报》宣传报道。

优化人才发展环境　推荐9名人才入选2020年度泰州市创新创业杰出（优秀）人才。组织兑付原泰州高新区产业人才政策扶持资金近200万元，兑付原高港区“人才十条”政策扶持资金57.84万元，发放泰州市人才生活补贴202万元。健全完善区、园区（镇街）两级领导班子成员挂钩联系专家人才制度。丰富“5·29”人才日活动内涵，举办“圆梦高新”创咖汇、“缘聚高新”交友会、“荷你藕遇”青年人才联谊会、“人才追梦”健康跑等系列活动。启用青年人才驿站等配套设施。推进省级人力资源产业园创建和“人才家园”项目建设。

（陈国栋　丁　荟　戚志阳　罗家宁　任甲重）

【基层党建责任落实】2021年，泰州医药高新区（高港区）召开区党工委（区委）党建工作领导小组会议，研究部署全区基层党建年度重点工作。组织18个园区、镇街党（工）委实施“党建+基层治理”书记项目，解决一批基层治理难题，刁铺街道“刁塑‘高财生’，铺就幸福路”获全市“十佳书记项目”。放大区委常委“8个直到支部”机制效应，建立区党工委委员、区委常委党建工作联系制度。区级机关部门（单位）、挂村企业与村（社区）联动，落实“组长项目”145个。推进“我为群众办实事”实践活动，拍摄“直击项目一线”微视频，撬动资金23.4亿元，办成市、区重点项目632个、党员项目10288个，“健康惠民一号工程”、村庄清洁“百日攻坚”、老旧小区污水管网改造等项目被央视《晚间新闻》、新华网、央广网、《新华日报》、《组织人事报》等省级以上主流媒体宣传推介。组织村（社区）党组织实施以“党旗插起来、喇叭响起来、义工动起来、专车跑起来、微信转起来、倡议贴起来、防控紧起来”为内容的“七个起来”工作法。深化在职党员回社区开展“五带三星”活动，将1930余名在职党员编排成135支服务队，推行轮值模式。

（沐桂峰　庄坤江）

【基层党员管理】2021年，泰州医药高新区（高港区）在全区开展庆祝中国共产党成立100周年系列党建活动，参与党员7万余人次。召开全区“两优一先”表彰会议，推选与表彰一批全国和省、市、区“两优一先”，徐勤生获评全国优秀党务工作者。严格党员发展程序，实行“每旬一汇总、每月一调度”，跟踪工作进度，逐人落实联合审查制度，完成市交703个发展任务。排查整顿农村发展党员违规违纪问题工作，探索问题线索清、认定标准清、处理程序清、预案措施清的“四清”工作模式，对中共十八大以来本地发展党员1359人、转入党员327人逐个排查，认定带病入党4人、严重违反入党程序2人，及时做好处置。组织开展“整理思想、整治机关、整顿作风”行动，发放关爱、提醒、警示“三色清风卡”，实施“领融聚力”专项行动，推动机关党员干部增进团结、凝聚共识、敢为人先。印发《党员档案管理暂行办法》，制定《党员档案盒、档案库房规范标准》，统一印发党员档案盒；以基层党（工）委为单位，落实党员档案室27个，制定分类推进“时间表”，全面推动党员档案管理规范化。统一制作“共产党员户”标识牌1.34万个，指导镇街划分3253个“党员责任区”，择优确定1320个“党员先锋户”，推动党员亮身份、做示范。统筹农村、“两新”党员激励试点工作，农村领域制定《农村党员激励实施细则》和《流动党员积分管理办法》《无职党员积分管理办法》，“两新”领域制定《党员KPI考核评定办法》《党员激励十条》《非公企业出资人“双十”激励暂行办法》。开辟中国人民解放军海军诞生地纪念馆、长城汽车股份有限公司泰州分公司2条“党史教育一号专线”，打造环溪学校党员奋斗教育实境课堂。组织开展年度“我是党员、奋斗有我”轮训工作，6100余名党员参加。开展“‘两在两同’建新功，‘三比三争’开新篇”活动。组建城市中轴线项目攻坚功能型党支部。

（沐桂峰　庄坤江　张　超）

实地评估基层党组织书记项目　　区党工委（区委）组织部　供图

【农村党建】2021年，泰州医药高新区（高港区）完成村（社区）“两委”换届工作，选举产生1197名村（社区）“两委”班子成员，其中，村（社区）书记145人、副书记226人、其他“两委”班子成员826人，男性718人、女性479人，平均年龄43.5岁。出台《推动村（社区）“两委”班子规范化运转的实施意见》，建立“三定三查”工作模式，被“交汇点新闻”、中国江苏网等宣传报道。实施乡村振兴头雁“丰羽竞飞”计划，组织123名村（社区）党组织书记围绕“五大振兴”领题攻坚，分类组建5个联合攻关小组、专家顾问团，

2021年6月19日，明珠街道组织开展在职党员回社区暨志愿服务大集市活动 明珠街道 供图

举办系列村书记“四季谈”和“我的兴村之策”创意擂台赛，评选表彰6名“最强头雁”，相关做法被《中国组织人事报》、新华网等媒体宣传推介。举办省派驻村第一书记欢迎会暨市派驻村第一书记交流会。

（沐桂峰　庄坤江　杨　茗）

【城市社区党建】 2021年，泰州医药高新区（高港区）推动城市社区党群服务中心规范化建设，全区22个城市社区改造升级功能室67个，调整设置不合理、不规范功能室39个。按照每个社区至少打造1个睦邻点的标准，集约化打造23个有规范标识、有管理团队、有睦邻公约的社区睦邻点，配备必要硬件设施。启动“服务一小时、高‘兴’你我他”活动，向社区精准投送1小时为民服务活动，形成“学习e小时”“暖心宜小时”“享法议小时”等12个为民服务特色项目。启动城市社区“小巷WE治”赋能行动，以“提升党建引领能力”为主题举办第一期小巷“治”慧研习社，全区22个城市社区共110名社区工作者参加培训。（沐桂峰　庄坤江　曹新涛）

【“两新”组织党建】 2021年，泰州医药高新区（高港区）着力推进非公企业“四同八助”党组织分类创星，全区共117个企业参与创建，其中，A类企业40个，B类企业60个。制定《非公企业出资人“双十激励”暂行办法》，助力破解企业发展“十大难题”，创新设立非公党建“十项奖励”，推动企业党建和企业发展相互融合。构建“园区吹哨、部门报到”机制，探索建立园区党建工作站，调优园区党建联盟组织架构。启动“金色商圈、红色名片”创建活动，整合区管理服务职能部门力量，在汽车城、万象城、名流市场等商圈打造红色阵地，以党员商户引领带动公平竞争、诚信经营，优化商圈治理。出台《加强“两新”组织党务工作者专业化建设的意见》和《“两新”组织党组织星级评定暂行办法》《“两新”组织党务工作者专业资格认证暂行办法》《“两新”组织党务工作者激励保障暂行办法》。举办“两新”组织党务工作者资格认证培训班，组织91名初级、中级资格认证对象参加为期3天的专题培训；指导6名符合条件对象申报高级资格，组织参加市级业务培训和资格认证考试。全区初级、中级、高级专业资格认证对象分别为228人、44人、5人。探索创设“三日合一日、一日三共享”的非公企业党组织书记“党建共享日”。召开园区、镇街党（工）委组织委员非公企业“四同八助”党建样板区述比会，16名组织委员逐一登台演示项目实施情况。

（沐桂峰　庄坤江　商婷婷）

【党员电化教育】 2021年，泰州医药高新区（高港区）结合党群服务中心“规范+提升”建设，在全区12个镇街机关和145个村（社区）规范完善远教终端站点157个，统一制作、逐一发放站点信息栏。推动主题党日与“固定学习日”有机融

高港区第三期“两新”组织“党建共享日”活动

区党工委（区委）组织部　供图

合，结合疫情防控新形势，实施"双签到""红旗榜"和座位实名制等制度，提升党员干部学习参学率。打造"远教+广场"特色化开放日，开展红色电影汇、村居艺术节、农民丰收节等具有本土特色的党员学习活动。开展远教站点"百村调查"和"提星提级"活动。全年组织217个远程教育站点开展"固定学习日"活动12次。

（沐桂峰　庄坤江　曹新涛）

【远程教育】2021年，泰州医药高新区（高港区）以返乡创业的农场主王步忠为对象拍摄制作微视频《回乡种梦人》，获"百年风华"全省党员教育全媒体作品创作大赛三等奖。用好中国人民解放军海军诞生地纪念馆等本土党史教育资源，配合制作省《记忆100》纪录片、《领航新时代之弘扬海军精神　打响红色名片》纪录片。制作《知己知彼》《精益求精》《溯源正道》3部《基层工作锦囊》微视频，其中《知己知彼》入选全市新进村"两委"班子成员专题培训视频。制作、播放"高新先锋谱"党建电视专栏12期。

（沐桂峰　庄坤江　曹新涛）

【公务员管理】公务员招录　2021年，泰州医药高新区（高港区）公开招录公务员29人（男性14人，女性15人），涉及20个部门（单位）。招考工作全程接受纪检监察部门和社会监督，考录工作整体"零"差错、"零"投诉。

教育培训　10月28日—11月8日，组织区新招录公务员、省委组织部选调生和区党政青年人才初任培训，围绕公务员制度、依法行政、廉政教育、党史教育、基层矛盾化解、心理调适、科学素养、诚信培训、拓展训练、应急救护培训等进行授课，共60人参加培训。组织全区科级以下机关单位工作人员600余人参加泰州市公务员培训网络平台培训。

公务员初任培训班临时党支部宣誓仪式　区党工委（区委）组织部　供图

年轻公务员成长计划　实施年轻公务员成长计划，培训学员500余人次，开展"调研与策划""演讲与口才"专题讲座各4期，新公务员法解读1期，读书分享活动1期，赶考新征程交流会1期。实施"青蓝行动"培养工程，组建"导师团"结对帮带2018—2020年招录的70余名年轻公务员。

公务员考核与奖励　组织对全区50个部门（单位）的股级以下公务员、参公管理人员进行2021年年度考核，经民主测评和实绩考核，评定优秀等次189人，区党工委（区委）、区管委会（区政府）为其中37人记三等功，对152人给予嘉奖。对在台风"烟花"应急抢险工作和疫情防控工作表现突出的19名公务员给予及时奖励。

（乔　峰　曲朝霞　赵　雯）

【规范机关事业单位津贴补贴发放】2021年，泰州医药高新区（高港区）加大对全区各类机关事业单位津贴补贴和奖金发放情况专项检查力度，年初对园区、镇街津贴补贴和奖金发放情况进行专项检查。印发《关于开展中秋、国庆期间机关事业单位津贴补贴和奖金发放情况专项检查的通知》，重申严格执行津贴补贴发放相关规定，全区52个部门单位报送自查情况反馈表，由区纪委监委、区委组织部、区财政局、区人力资源社会保障局、区审计局等部门组成联合检查组，到园区、镇街等相关部门进行抽查。

（乔　峰　曲朝霞　赵　雯）

【工资福利管理】2021年，区党工委（区委）组织部协调做好易星工资软件V2021职务职级并行版的升级和维护服务工作，调整公务员职级序列工资。全年为全区机关事业单位工作人员办理正常晋升及职务、津补贴等工资变动核定5000余人次，为15名达到退休年龄人员办理退休。（乔　峰　曲朝霞　赵　雯）

宣传思想工作

【概况】2021年，泰州医药高新区（高港区）举办区委理论学习中心组集中学习14次，把中心组学习课堂搬入海军诞生地纪念馆红色讲堂、搬入海军舰艇文化公园881洪泽湖号补给舰上，打造理论学习中心组学习"实境课堂"。做好基层党员冬训工作，获评2020—2021年度全市冬训工作示范区。加强和改进新闻外宣工作，全年对外发稿3000余篇（条）。新时代文明实践中心（所、站）建设实现全覆盖。新入选“中国好人”1人、“江苏好人”4人、新时代江苏好少年1人、“江苏最美人物”1人、“感动泰州”十大人物及提名奖2人、市“十行百星”13人。开展全民阅读春风行动、农家书屋等各类主题阅读活动300余场。

（戴斐斐）

【理论武装】 理论学习中心组学习　2021年，区党工委（区委）理论学习中心组贯彻落实《中国共产党党委（党组）理论学习中心组学习规则》和省委《关于贯彻落实〈中国共产党党委（党组）理论学习中心组学习规则〉的实施办法》，加强政治理论学习和思想作风建设，发挥理论学习示范带头作用。全年举办集中学习14次，交流研讨6次。

2021年区党工委（区委）理论学习中心组学习情况一览表

表7

学习主题	主讲人
传达学习习近平总书记在中央农村工作会议上的重要讲话精神、在省部级主要领导干部学习贯彻党的十九届五中全会精神专题研讨班上的重要讲话精神，中央和省、市政法工作会议精神，全国、省、市宣传部长会议精神	陶旭、吴斌、卢洁
“中国共产党百年奋斗历程与经验启示”党史学习教育专题讲座	黄建军
“胸怀千秋伟业，恰是百年风华”党史学习教育专题宣讲报告会、总体国家安全观专题讲座	申俊才、陆俊元
“传承红色基因，赓续精神血脉”主题党日活动暨习近平总书记在党史学习教育动员大会上的讲话集体学习研讨会	叶冬华
传达学习省委办公厅《关于认真学习宣传贯彻习近平总书记给淮安市新安小学重要回信精神的通知》文件精神，学习《论中国共产党历史》	申晓勇、叶冬华
传达学习习近平总书记在庆祝中国共产党成立100周年大会上的重要讲话精神、在主持中央政治局第三十一次集体学习时的讲话精神、参观“‘不忘初心、牢记使命’中国共产党历史展览”时的重要讲话精神、在《求是》杂志发表的重要文章《学史明理 学史增信 学史崇德 学史力行》、在庆祝中国共产党成立100周年大会上的重要讲话精神，学习《中国共产党统一战线工作条例》	卢洁
传达学习习近平总书记在中央政治局会议、党外人士座谈会和西藏考察时的重要讲话精神	叶冬华
传达学习中央财经委员会第十次会议精神和省委十三届十次全会精神	叶冬华
传达学习习近平总书记在中央党校（国家行政学院）中青年干部培训班开班式上的重要讲话精神和中央人才工作会议精神	叶冬华
传达学习习近平总书记在中共中央政治局第三十三次集体学习和纪念辛亥革命110周年大会上的重要讲话精神	叶冬华
观看《生命重于泰山》电视专题片，新安全生产法专题宣讲	陈忙耕
传达学习《新发展阶段经济工作怎么干？——习近平同志在河北、福建的经济工作实践与启示》《加强和改进国际传播工作 展示真实立体全面的中国——习近平同志主持中共中央政治局第三十次集体学习并发表重要讲话》，习近平法治思想，习近平总书记在陕西榆林考察期间重要讲话精神，习近平关于网络强国论述摘编，习近平总书记关于民族宗教工作的重要论述	叶冬华、陈磊、卢洁
传达学习习近平总书记关于档案工作的重要批示和在《求是》杂志发表的重要文章《坚持用马克思主义及其中国化创新理论武装全党》，中央深改委第二十一次、二十二次会议和省委深改委第十七次会议精神	叶冬华
学习贯彻党的十九届六中全会精神和省党代会精神	叶冬华

基层党员冬训　坚持将冬训工作与党的十九届五中全会学习、党史学习教育有机集合，将理论宣讲融入文艺节目、引入网格，构建“云上课堂”，打造多层次立体式冬训格局。整个冬训期间，全区形成优秀基层示范微课11篇，产生《丰收》《一条标语的故事》等一批微视频作品，创作编排歌舞说唱《追梦路上奔小康》、快板《五中全会指航向》和《新理念新格局新征程》等一批文艺新作，一批先进案例在“学习强国”学习平台等重要媒体刊登。获评2020—2021年度全市冬训工作示范区。

（卞小士　沈　浩）

社科宣传　2021年，区社科联通过专题研讨会、主题征文、微党课比赛等多种方式，推动社科工作者深入学习党的创新理论。组织理论宣讲骨干和“百姓名嘴”深入基层，围绕“我身边的小康”《习近平谈治国理政》第三卷、党的十九届五中全会精神开展理论宣讲。举办“习语心声话小康”诵读比赛暨“百姓名嘴”风采展示活动，成立新时代文明实践区社科志愿服务分队，围绕群众关心关注的热点、难点、疑点问题，组织开展“科学理论进基层”“社科专家基层行”以及社科理论宣讲进企业、进农村、进机关、进校园、进社区、进军营“六进”活动。围绕党委、政府工作中心，加强对发展进程中一系列新情况、新问题的研究，着重围绕港口名城建设、文化名城建设、乡村振兴战略、经济高质量发展等经济社会发展的热点、难点问题，组织社科工作者开展应用课题研究活动。通过社会征题、专家荐题、领导点题、部门领题、社科工作者选题相结合的方式，确定重点研究课题，确保选题的科学性、针对性、应用性。“城市少数民族流动人口管理的实践机理与模式创新——以泰州为例”课题获省立项。（史庆东）

“登高望远、创新争优”大讨论活动　10月15日，泰州医药高新区（高港区）召开“登高望远、创新争优”大讨论活动动员部署会，泰州医药高新区党工委、高港区委主要负责人出席会议并作动员讲话。大讨论活动聚焦“全方位融合、高质量发展”，设定“十个一”的活动流程，即围绕“讲团结、聚合力”开设一个讲习所、举办一期读书班、开展一次大调研，围绕“找短板、树标杆”答好一份新答卷、列出一个短板单、亮出一个新目标，围绕“抓落实、谋发展”健全一个好机制、组建一支好队伍、设立一个问政台、推出一批好典型。活动期间，举办“格物讲堂”2期、领导干部读书班暨读书分享会1期，评选出“我为群众办实事”优秀项目案例50个。区领导带头开展调研，形成高质量调研文章并汇编成册。举办“唯实唯勤”讲习所，有关部门负责人围绕6道考题谈“破题”之法，绘“解题”思路。纪检监察部门实施作风整顿“四大攻坚战”（助力体制改革、优化营商环境、办好民生实事、筑牢底线思维），开展“四风”问题专项督查，召开警示教育大会。深入实施高新干部“源头活水”工程，173名年轻干部奔赴乡村振兴、企业服务、园区发展、急难险重“四大战场”，为基层一线提供精准服务。“高新民声”“濯清高新”小程序常态化运行，《问政高新》栏目常态化播出。（卞小士　沈　浩）

【意识形态工作】　2021年，区党工委（区委）严格落实《党委（党组）意识形态工作责任制实施办法》，将意识形态工作纳入各级党委（党组）理论学习中心组、干部教育培训计划。推行“第一议题”学习制度，召开全区意识形态联席会议2次。区党工委会议、区委常委会会议研判分析意识形态工作情况2次，会后以区党工委（区委）名义报告市委。做好中宣部意识形态工作责任制督查反馈意见整改，制定8大类59条具体整改措施，未发现严重意识形态领域问题。（米　霖）

【新闻宣传】　2021年，泰州医药高新区（高港区）相关新闻被央视的新闻频道、经济频道、国际频道、外文频道报道22次，其中被《新闻联播》报道4次。在《人民日报》发稿2篇，在《新华日报》头版发稿9篇，被《江苏新时空》报道12次。利用第十二届医药博览会和2021易贸生物制品大会EBPC暨第十三届中国人用疫苗行业峰会等大型国际会议做好主题宣传推介工作。制作《懂你》《和鸣》《泰州医药高新区丨碟中课X》等对外宣传微视频。12月7日，举行新闻（网络）发言人培训。（刘昊宇）

2021年国内主流媒体有关泰州医药高新区（高港区）重要新闻报道一览表

表8

日期	发表媒体	报道标题
2月12日	《新华日报》头版	铆足“牛劲”，再耕耘出一个丰收的好年景
2月15日	《江苏新时空》	我们的节日·春节 重温历史岁月 抒发爱国情怀 新春佳节红色旅游持续升温
2月16日	《新华日报》头版	泰州打造国家中医药综合改革试验区 在融合发展中释放“健康”活力
3月10日	央视1套《晚间新闻》	全国人大代表徐镜人为“十四五”建言献策
3月22日	《江苏新时空》	爱水节水 共护生命之源 世界水日 江苏组织多彩活动
3月25日	《江苏新时空》	江苏全省农业农村重大项目全面开工
4月12日	央视《新闻联播》	泰州党史学习教育用好红色资源
4月23日	央视《军事报道》	人民海军诞生地打造舰艇文化公园
4月27日	《新华日报》头版	泰州十八项举措助力“健康名城”
5月10日	《新华日报》头版	泰州高港打造特色田园综合体

续表8

日期	发表媒体	报道标题
5月11日	央视新闻频道《整点新闻》	农工党中央调研医药高新区（高港区）
5月21日	央视1套《今日说法》	丢失的保险箱
5月21日	央视《致富经》	新招儿养鱼 利润翻倍
6月8日	央视1套《今日说法》	如此“变废为宝”
6月14日	《江苏新时空》	创新形式 丰富载体 江苏各地掀起党史学习热潮
6月21日	《新华日报》头版头条	扬子江药业高质量发展动能澎湃
7月2日	《江苏新时空》	百年答卷振奋人心 牢记初心接续奋斗 习近平总书记在庆祝中国共产党成立100周年大会上的重要讲话引发热烈反响
7月8日	《江苏新时空》	国内首艘内核电动集装箱船在泰州下水
7月23日	《新华日报》头版	泰州“特区”打造全国医药地标
8月4日	央视1套《晚间新闻》	江苏泰州免费为高港区白马镇五保老人等困难群体整改线路确保用电安全
8月23日	《新华日报》头版	泰州“特区”成为领军企业“强磁场”
9月1日	央视1套《东方新时空》	上好“开学第一课”
9月3日	央视《农业新闻》	拓宽销路 助农纾解农产品滞销难题
9月27日	央视《军事纪实》	党旗下的人民海军
9月28日	央视《军事报道》	军地联合开展医药动员演练
10月1日	央视《军事报道》	泰州海军舰艇文化园开园
10月2日	央视《农业新闻》	江苏泰州：攀岩VR体验为乡村旅游添把“火”
10月5日	《江苏新时空》	适老化改造暖人心，居家养老更舒心
10月5日	央视1套《新闻30分》	登上功退役勋舰　感受国之重器
10月5日	央视1套《新闻直播间》	登上功退役勋舰　感受国之重器
10月5日	《江苏新时空》	适老化改造暖人心　居家养老更舒心
10月6日	央视1套《朝闻天下》	登上功退役勋舰　感受国之重器
10月14日	央视《农业新闻》	打造美德善行品牌　让村庄更有“温度”
10月14日	央视1套《新闻联播》	泰州做事做细养老服务　第一时间解决老人生活困难
10月21日	《新华日报》头版头条	泰州擦亮中国医药城金字招牌
10月23日	《江苏新时空》	第十二届中国（泰州）国际医博会来了！
10月23日	《江苏新时空》	全国医药行业质量管理成果发表，扬子江药业蝉联冠军
10月25日	央视新闻《新闻直播间》	第十二届中国（泰州）国际医药博览会开幕
10月26日	《人民日报》	中国（泰州）国际医药博览会举行
10月29日	《人民日报》	2021年中国（泰州）医药峰会举行
10月31日	《江苏新时空》	以高质量法治建设护航企业基业长青
11月14日	《江苏新时空》头条	继续奋斗走好新时代赶考路，党的十九届六中全会在江苏各地持续引发热议
11月21日	《江苏新时空》头条	江苏：聚力环境美 打造美丽中国的现实样板
12月10日	央视13套《梨园周刊》	大喇叭开始广播啦（以徐勤生为原型创作）
12月16日	央视1套《新闻直播间》	为户外劳动者打造劳动者驿站

【网络媒体宣传】 2021年，泰州医药高新区（高港区）聚焦医药名城建设、红色文化传承、汽车智能制造等方面的生动实践和喜人成就，承办全国网络名人看江苏、"一心向党e路同行"等省、市网络主题活动。围绕重大主题、重要会议、重要时间节点，组织新闻报道，15篇新闻稿件被省级平台推送。搭建"高新民声"网络问政平台，市、区重点网络问政平台回复处置率100%。开展"e网情深"民生实践活动，举办江苏省"e起致富"苏货直播新农人培训班。"港城e家"自媒体品牌效应进一步加强。（吴雅灵）

【精神文明建设】 文明城市创建　2021年，泰州医药高新区（高港区）深化文明城市创建机制体制建设，出台《全域包保和"五长共治"网格化管理实施方案》《专项工作组工作实施方案》和《常态长效管理办法》等文件，统筹推进硬件建设、社会秩序、软件提升、督查考核等工作提质增效。完成12个小区综合整治改造项目，施划停车泊位2700余个，对35个小区3212个楼道进行杂物清理和墙面刷白，取缔1520余处流动摊点，制作城市小品17组，印制临时车牌6万余张，印发"十要十不要""市民应知应会知识"10余万份。完成60大类、123项、191套台账资料申报工作。利用"啄木泰州""12345""濯清高新"等平台，推出问题通报近20期，推送各地各有关部门经验做法50余期，编发简报206期，下发整改通知单61份。

公民思想道德建设　新建新时代文明实践中心、融媒体中心、"学习强国"学习平台（"两中心一平台"），推进"四三三"文明实践工作法。全年举办"道德讲堂"总堂活动40期（高港区），各级各类"道德讲堂"活动1600余场次，街道、村居美德善行榜建成率100%，每半年更新1次，全年上榜各级各类好人300余人。持续开展"我推荐我评议身边好人"活动。何芬被评为"中国好人"，全区累计上榜"中国好人"19人；刘巧英、周云萍、吴余庆、季松被评为"江苏好人"；张竹山、朱登明分别被评为"感动泰州"十大人物及提名奖；落实"好人礼遇"政策，开展现金礼遇、赠阅党报党刊、组织健康体检等活动，总投入近30万元。（侯　瑜）

未成年人思想道德建设　围绕庆祝中国共产党成立100周年，在全区开展"童心向党"系列教育实践活动，泰州市永安洲小学黄语桐、泰州市扬子江小学戴雨杨所讲述的红色故事被评为江苏省"党的故事我来讲"优秀故事；泰州市海军小学袁瑾瑶《红旗照我心，奋斗正青春》、泰州市田河小学朱彦诚《百年风华正少年》被评为江苏省"童心向党"青少年学党史征文大赛优秀征文。常态化开展"我们的节日"主题活动，泰州市"我们的节日·七夕"主题活动在区大江剧院举办。推进未成年人文明礼仪养成教育，"十四而至，筑梦以航"泰州市未成年人14岁青春仪式示范活动在泰州市扬子江初级中学举行。重视未成年人心理健康教育，推进区级未成年人成长指导中心以及各中小学校心理辅导室规范化建设，泰州市口岸小学、泰州市海军小学、泰州市永安洲初级中学、泰州市鲍徐初级中学被确定为全市首批"青爱小屋"试点学校。全区首个"复兴少年宫"在永安洲镇新时代文明实践所揭牌。（杨　寅）

新时代文明实践及志愿服务　拓展新时代文明实践中心建设工作，至年末，高标准建成"1中心+11所+144站"，实现区、镇、村文明实践中心、所、站建设全覆盖，广泛开展各类新时代文明实践志愿服务活动。建立健全由区文明办牵头的志愿服务工作协调机制，统筹各方力量，构建各负其责、各展所长、联动高效的工作格局。提升志愿服务注册比例，在全区范围内推广使用"泰州志愿服务云平台"，全区注册志愿者8.55万人，占城镇常住人口比例超过20%。选树一批学雷锋志愿服务先进典型，永安洲镇王禹、野徐镇乔亚军、凤凰街道农民艺术团、野徐镇康居社区"社区有温情、月月有寿星"、刁铺街道明发社区、永安洲镇"党筑邻里，安心菜篮"被评为2021年度泰州市学雷锋志愿服务"五个一批"先进典型。白马镇"童来童往"、大泗镇"爱心送餐，暖心暖胃"等做法被"学习强国"学习平台等媒体推介，野徐镇"群众点单，幸福加码"、永安洲镇"情润万

明珠街道志愿服务活动　区党工委（区委）宣传和统战部　供图

家，最洲到”、寺巷街道“17880睦邻驿站”被评为泰州市新时代文明实践优秀“站长项目”。　（杨　寅）

全民阅读活动　制定2021年度全民阅读系列活动方案，举办“柴墟读书节”活动、“我的书屋，我的梦”农村少年儿童阅读实践活动、“教育大阅读志愿服务”实践活动。在全区开展全民阅读春风行动、农家书屋等各类主题阅读活动300余场。开展“百种红色经典”扫码听书活动，提升数字化阅读服务水平。2021年度居民综合阅读率高质量考核指标位居泰州市各市（区）第一。（武　莉）

【庆祝中国共产党成立100周年活动】5月19日，“永远跟党走，奋斗新征程”——高港区庆祝中国共产党成立100周年“红色歌曲大合唱”比赛活动在大江剧院举行，各园区、镇街及区级机关部门、单位的16支代表队近1000人参加比赛，评选出一等奖5个、二等奖5个、三等奖6个、网络人气奖5个。6月18日，泰州医药高新区、高港区联合举办“奋斗百年路　启航新征程”庆祝中国共产党成立100周年书画摄影主题展，集中展出书画、摄影作品100件。同日，高港区举办“知史爱党”党史知识竞赛决赛活动，各园区、镇街和区委区级机关工委、区委教育工委等区直属党组织的30名选手组成的10支代表队参加比赛，产生一等奖1个、二等奖3个、三等奖6个。6月26日，泰州医药高新区、高港区庆祝中国共产党成立100周年歌咏大会在泰州医药高新区体育文创中心举行，区领导，各园区、镇街、部门（单位）干部职工，市民群众等代表近1000人观看演出。7月1日，泰州医药高新区（高港区）召开“两优一先”表彰会议，对全区35名优秀共产党员、35名优秀党务工作者、30个先进基层党组织予以表彰。

【“三下乡”活动】3月4日，高港区文化科技卫生“三下乡”暨“3·5学雷锋”志愿服务集中活动在永安洲镇邻里中心广场举行。全区16个机关单位（志愿服务组织）200余名志愿服务人员参加。活动现场，向当地群众赠送价值近30万元物资，提供健康检查、科普宣传、法律咨询、职工维权、急救知识普及等服务，开展文艺演出、非遗项目展示和特色农产品销售等活动。组织向部分贫困学生与困难家庭送去慰问金及物资。（卞小士）

统战工作

【概况】2021年，泰州医药高新区（高港区）有民主党派组织9个，无党派知识分子联谊会1个，新的社会阶层人士联谊会1个，光彩事业促进会1个；有民主党派成员415人，党外市人大代表6人、区人大代表32人，党外市政协委员16人、区政协委员94人。支持党外人士参政议政，召开

2021年4月22日，高港区“柴墟读书节”暨全民阅读系列活动启动仪式在永安洲镇举行　区党工委（区委）宣传和统战部　供图

“奋斗百年路　启航新征程”庆祝中国共产党成立100周年书画摄影主题展　区党工委（区委）宣传和统战部　供图

党外人士情况通报会1次。加强对党外干部的培养，举办党外干部培训班1期。（徐永强　党红交）

【多党合作】2021年，区党工委（区委）宣传和统战部支持民主党派加强自身建设，协助民革、民盟、民建成立泰州医药高新区（高港区）基层委员会；组织民主党派、统战团体开展重点课题调研，举办调研成果协商交流会，形成调研成果9项。

【党外干部选拔培养】2021年，全区15个政府部门中有9个部门配备非中共党员干部，高港区人民法院配备非中共党员副院长1人。加强党外干部教育培养，举办第11期党外干部培训班。共建泰州市党外干部实践锻炼基地，承办泰州市党外干部工作现场会。组织4名党外干部到基地挂职锻炼。

【非公有制经济领域统战工作】2021年，全区开展“永远跟党走”文艺会演和以“厚植爱国情，奋进新时代”“缅怀先烈，不忘初心”为主题的理想信念教育实践活动。举办企业家沙龙活动4次，民法典宣讲、“产业链+法律服务”主题讲座2场，开展“新风行动”“万企联万村、共走振兴路”等光彩助学活动，筹集东西部扶贫协作对口帮扶资金25万余元。助力优化营商环境工作被“学习强国”学习平台推广。

【党外知识分子和新的社会阶层人士统战工作】2021年，区党工委（区委）宣传和统战部组织制作无党派知识分子联谊会和新的社会阶层人士联谊会会旗、标识。组织召开无党派知识分子联谊会会长会议，讨论会长项目、活动计划，健全完善工作制度。组织党外知识分子参加全市诗词创作演讲大赛，获一等奖1名、二等奖2名。推行“五同五有工作法”。“无党派知识分子会员之家”完成异地搬迁，功能更加完善。“未来之城”新的阶层人士实践创新基地建成省五星级基地。（党红交）

督查与考核工作

【市（区）综合考评】2021年，区考核办紧紧围绕区党工委（区委）、区管委会（区政府）“继续保持领先”的要求，统筹协调全区绩效管理工作，泰州医药高新区（高港区）在2021年泰州市各市（区）综合考评中获得一等奖。

【园区、镇街综合考评】2021年，区考核办根据对各园区、镇（街道）2021年度工作实施目标考评的意见，会同区有关部门对医药产业园、滨江工业园（沿江街道）、电子信息产业园、泰州港经济开发区（许庄街道）、港口物流产业园（永安洲镇）、临港经济园（口岸街道）、寺巷街道、明珠街道、凤凰街道、刁铺街道、野徐镇、白马镇、大泗镇、胡庄镇14个单位，在重点工作、管理工作、满意度测评、加减分项目4项内容方面进行考核评比。医药产业园、泰州港经济开发区（许庄街道）、刁铺街道、白马镇、胡庄镇获综合考评一等奖，电子信息产业园、港口物流产业园（永安洲镇）、大泗镇、野徐镇、寺巷街道获综合考评二等奖。

【区级机关部门绩效管理】2021年，区考核办组织开展区级机关部门（单位）绩效管理评估工作，制定绩效管理实施细则。协调综合牵头部门制定共性目标考核细则，对个性目标实施季度考评。组织牵头责任部门开展共性目标考核、公众评议等工作，评选出区级机关部门（单位）绩效管理先进单位一等奖、二等奖。

2021年度机关部门（单位）绩效管理先进单位一等奖　A类：人大机关、政协机关、政法委、组织部、检察院、人武部；B类：市场监督管理局、社会事业和退役军人事务局、财政局、统计局、教育局、发展和改革委；C类：自然资源和规划分局、税务局、生态环境局、交警大队。

2021年度机关部门（单位）绩效管理先进单位二等奖　A类：纪（工）委监委、党政办、宣传和统战部、法院、妇联、总工会；B类：工业和科技创新局、农业农村局、司法局、应急管理局、卫生健康委、行政审批局；C类：消防救援大队、公安分局、医保分局、交通分局。

【区管干部考评】2021年，区考核办根据《关于实施机关干部绩效考评的意见》，对区管干部履职考评、群众评价、领导评价、动态绩效进行考核，共评出优秀等次231人，其中，正科级118人，副科级113人。

【“创新创优奖”评选】2021年，区党工委（区委）、区管委会（区政府）继续开展“创新创优奖”评选工作，评出2021年度“创新创优奖”一等奖、二等奖、三等奖各10个。（禚宝明）

2021年泰州医药高新区（高港区）“创新创优”奖获奖项目一览表

表9

奖项	项目
一等奖	胡庄镇：创成全国乡村治理示范村
	医药产业园：全国首创国际化科技开放合作平台

续表9

奖项	项目
一等奖	区发展改革委：精准高效服务三家药企获批上市
	区农业农村局：创成全国主要农作物生产全程机械化示范区
	白马镇："一村一策" 助推村集体经济发展
	区统计局：人口普查工作走在全省前列
	大泗镇：打磨农村经济改革 "泰州经验"
	区工业和科技创新局：精心培育瞪羚独角兽企业
	电子信息产业园：泰州综合保税区实现跨境电商 B2B 出口业务新模式零突破
	区卫健委：首创 "健康惠民一号工程"
二等奖	区住房城乡建设局：推广装配式建筑实践项目
	泰州港经济开发区：借长城汽车厚植产业链发展新优势
	团区委："濯清高新" 随手拍助力文明城市创建
	区应急管理局：创新建立微小企业安全托管体系
	区财政局：上争获批全国农村综合性改革试点试验区
	寺巷街道：创新推行 "旅馆总台+" 无感式服务
	医药高新区人民检察院："啄木鸟" 行动助力市域治理
	港口物流产业园："产才融合" 创新推动人才势能转化为发展动能
	区教育局："五精五必" 助推教学质量高位发展
	野徐镇：探索拆迁安置小区智能化建设新路径
三等奖	区商务局：深化园区改革为融合发展赋能
	凤凰街道：全市首家建成城市智慧微治理指挥系统
	口岸街道：构建 "大协同" 信访工作机制
	滨江工业园："安全管家" 服务有效保障化工园区安全
	医药高新区消防救援大队：创建全市首家大型商业综合体消防安全管理省级示范点
	区市场监管局：建成全省首个牛肉小作坊集中加工区
	许庄街道："君臣佐使" 破解明河安置区产权办理难题
	区行政审批局："告知承诺制" 跑出项目审批加速度
	区社会事业和退役军人事务局：构建 "监察+检察" 新模式争创全省维权样板区
	区总工会：服务 "新就业形态劳动者" 工作全省率先

机关党建

【概况】 2021年，区级机关新发展党员66人，转正预备党员26人，调入党员132人，调出党员123人。两区融合后，区党工委（区委）区级机关工委辖党组织130个，其中，党员数在100以上的机关党委5个，机关党员数在50~100人的党总支14个，机关党员数在3~50人的党支部113个。区级机关有党员2422人，其中，女性党员765人，占党员总数的31.59%；大专以上学历2164人，占党员总数的89.35%；35岁以下党员677人，占党员总数的27.95%；36~45岁的党员723

人，占党员总数的29.85%；46~60岁的党员767人，占党员总数的31.67%；61岁及以上的党员255人，占党员总数的10.53%；离退休党员265人。全年督促指导9个基层党组织开展换届选举。

【机关党组织建设】 2021年，区党工委（区委）区级机关工委完成20个涉及合并的区级机关党组织撤并调整。推动落实“三会一课”制度，开展“党员闪光·红领行动”、主题党日活动，实施“月晒季评年考”。组织开展党史学习教育，开展“明理 增信 崇德 力行”庆祝中国共产党成立百年党史知识竞赛，举办“党史照我去奋斗”演讲初赛，推广“重走长征路 重温红色心”微信小程序。开展“节日里的党史教育”清明祭英烈活动和“吾论如何——学史让人有力量”主题征文活动。组织区级机关党员干部代表观看大型现代淮剧《杨根思》，参观“中国共产党在江苏历史展”。组建“红色歌曲大合唱”机关合唱队。推出“领融聚力”专项行动，指导机关党员干部结合工作实际开展“吾论如何‘聚力融合’”大讨论。打造“周末高港·党员关爱服务行动”品牌，启动“服务一小时、高‘兴’你我他”活动。帮助建成胡庄镇宗林村红色文化长廊。发挥“党员突击队”预备队在助力两区融合、乡村振兴、安全生产、服务“六保”“六稳”等任务中的先锋模范作用。南京、扬州等地疫情防控期间，成立“党员突击队”，到交通卡口值守。评选区级机关先进基层党组织10个、优秀党务工作者20人、优秀共产党员90人。推荐“七一勋章”“先锋90后”提名人选，颁发“光荣在党50年”纪念章。用好党内关爱资金，推动落实党内关爱实施细则。

【机关党员教育培训】 2021年，区党工委（区委）区级机关工委举办培训班2期，培训党员（含党组织书记和党务工作者）418人、入党积极分子和发展对象104人。4月21—23日，与口岸街道（临港经济园）党工委联合举办2021年度入党积极分子和发展对象培训班，培训内容包括中共十九届五中全会精神解读、廉政警示教育、意识形态领域、中国共产党党史、党的基础知识辅导、法治知识讲座等，组织到盐城新四军纪念馆开展党史现场教学。10月20—22日，以“我是党员、奋斗有我”为主题举办机关党员暨党支部书记轮训培训班，机关各党（总）支部书记或党组织负责人、机关党员干部、预备党员和转正1年内的新党员等400余人参加培训，组织党员就“吾论如何，‘聚力融合’”开展大讨论。

（程小迎）

2021年5月19日，区级机关合唱队参加“永远跟党走　奋斗新征程”高港区“红色歌曲大合唱”比赛　　区党工委（区委）区级机关工委　供图

机构编制工作

【巩固提升基层“三整合”改革】 4月，区党工委（区委）编办成立基层“三整合”改革调研小组，以审批服务、综合执法、综合指挥三大平台运转情况为重点，对各镇街开展调研工作，对调研中发现的问题当场反馈，明确整改时限。对镇街法定权力事项、2020年区政府赋予镇街行使的行政权力事项和相对集中行政处罚权改革集中到镇街行使的行政处罚、行政强制事项进行梳理。在征求相关部门和各镇街意见的基础上，区党工委（区委）编办会同区司法局、区行政审批局，对部分行政权力事项进行调整，经区政府常务会议审议后，印发《泰州市高港区镇（街道）行政权力清单》《区政府赋予镇（街道）经济社会管理权限（公共服务类）事项清单》《区政府委托镇（街道）行使的经济社会管理权限事项清单》，共涉及权力事项221项。

【机构编制管理】 2021年，区党工委（区委）编办落实归口管理和预审制度，严格执行机构限额、领导职数、编制管理等规定，强化源头管控。加强机构编制实名制管理，清理不合理占编，释放编制可利用空间。强化年度空编使用计划工作。健全机构编制、组织人社、财政部门间的协调配合机制，发挥机构编制在管理全流程中的基础性作用。

【事业单位管理】 2021年两区融合后，全区重新设置区党工委（区委）、区管委会（区政府）直属事业单位以及各职能机构所属事业单位共146个（不含学校、医院），区党工委（区委）编办及时督促涉改单位进行法人设立、变更、撤销登记。共完成事业单位设立登记9个，变更登记193个，证书延期16个，完成党政机关、事业单位中文域名续费268个。做好事业单位法人年度报告公示工作，205个事业单位2020年度法人年度报告按规定向社会公示。开展事业单位“双随机一公开”监督检查，按比例选取4个单位进行公示信息实地核查，发现问题的，立即督促整改。定期向区公共信用信息平台报送业务数据信息。 （赵聪聪）

党史·地方志·档案

【概况】 2021年，区党史方志办运用史志档案资源，服务全区党史学习教育。做好大事记编写工作，大事记覆盖至原泰州医药高新区。完成《高港年鉴（2021）》编纂出版任务。完成5部名镇名村志出版发行任务。形成《中共高港地方史（1997—2016）》新一轮稿件。完成区档案馆改造和智能化建设，区档案馆全面投入使用。以档案馆业务建设评价为契机，推动档案馆管理更加规范。局馆联动做好档案业务指导工作，有序推进两区融合档案工作。做好史志档案文化宣传工作，共向省地方志办公室报送信息39条，被采用24条，在全省县（市、区）中排名第一。

【党史工作】 2021年，区党史方志办与高港电视节目中心合作拍摄12集系列宣传片《红色档案见证高港红色历史》，在高港电视台连续播出，有关内容在“泰州高新发布”微信公众号播出。组织编印《高港区红色故事》，为各地各部门学习地方党史提供参考材料。组织全区党史知识竞赛和全区红色微党课评选等活动。组织人员参加泰州医药高新区党工委、高港区委宣讲团，举办党史专题宣讲和专题讲座共45场。参与和服务庆祝中国共产党成立100周年系列活动。组织红色档案资料、乡镇企业档案资料征集活动，在区档案馆布置乡镇企业档案史料陈列展、红色档案史料陈列展，开展爱国主义教育。配合市党史方志办编纂《中共泰州历史人物传》。校对、补充《中共泰州历史大事记》涉及高港的内容。组织力量对57万字的《中共高港地方史（1997—2016）》稿件进行修改、完善、统稿，形成30余万字的新一轮稿件。

【名镇名村志编纂】 2021年，区党史方志办按照初审、复审、终审、验收“三审一验收”程序指导承编单位编纂名镇名村志。组织第一主笔对有关志稿进行统稿，帮助做好验收、出版各项工作。完成《白马镇志》《寺巷街道志》《凤凰街道志》《乔杨社区志》《引江社区志》5部志书出版发行任务。9月，举行《白马镇志》《乔杨社区志》首发式。

【年鉴编纂】 2021年，《高港年鉴（2020）》获评2021年全省年鉴质量评审一等年鉴（最高等次）。《高港年鉴（2021）》被省地方志办公室确定为2021年度省级精品年鉴培育单位。做好《高港年鉴（2021）》编纂工作。举办全区年鉴业务培训班，完成编辑、统稿、校对、设计、出版等工作。完成《江苏年鉴》《泰州年鉴》供稿任务。区党政办印发关于做好大事记编写工作的通知，大事记工作由原高港区覆盖到原泰州医药高新区。汇编《高港区大事记（2017.1—2021.6）》。区党史方志办大事记工作经验总结在11月全省即时性记录编纂工作交流推进会暨年鉴培训班上作书面交流。

【档案馆建设】 2021年，区党史方志办完成区档案馆智能化建设、档案设备和办公家具采购、档案馆展厅布展、档案信息管理系统升级工作，区档案馆全面投入使用，面积扩大到4200平方米。以档案馆业务建设评价为契机，提高档案馆管理水平。将有关婚姻档案、出生医学证明档案、脱贫攻坚档案接收进馆。组织档案扫描工作，新扫描20万页。建成市、区档案馆民生档案共享利用平台。开通长三角异地查

2021年出版的5部名镇名村志 区党史方志办 供图

档系统，开通“江苏智慧人社”App，接待异地查档。区档案馆全年接待查档752次。

【档案业务指导】 2021年，区扶贫办、区档案局、区档案馆联合举办泰州医药高新区、高港区精准扶贫档案管理业务培训班。区档案局、区档案馆指导区级机关部门（单位）加强档案室建设。指导有关医院做好出生医学证明档案工作。印发《关于做好“两区”融合期间档案管理和处置工作的通知》。做好两区融合档案专班有关工作，与市档案局、档案馆沟通，明确融合前泰州医药高新区档案流向。两区融合后，到区卫生健康委、区司法局、区工业和科技创新局、区市场监管局调研指导两区融合档案工作。

【史志档案文化宣传】 2021年，区党史方志办开展国际档案日宣传，向领导干部发送档案宣传短信，利用微信群面向领导干部宣传中办、国办印发的《“十四五”全国档案事业发展规划》，开展“档案话百年”征文活动。全年向中央、省、市、区级各类业务主管部门报送各类信息50余条。《这里没有海，却是人民海军的诞生地》《高港区的乡镇企业》《引江社区的水乡地域风情》等在“方志江苏”“记忆泰州”微信公众号上刊载。《树立大档案工作理念，提高全区档案工作水平》被省档案学会评为优秀奖。《高港区党史“三卷本”编写实践探索》在《党史资料与研究》刊载，《江东明珠，美好高港》在《泰州通讯》刊载，《关于“绍兴十年，泰州州治曾一度移至泰兴沙上”考》等文章在《泰州记忆》刊载。区党史方志办被省地方志办公室评为2021年度全省地方志系统政务信息报送先进集体和全省方志文化宣传工作先进集体，1人获评全省地方志系统政务信息报送先进个人和全省方志文化宣传工作先进个人。

【乡镇企业档案史料和红色档案史料陈列展】 2月起，区党史方志办组织开展乡镇企业档案资料和红色档案资料征集工作。12月，完成区档案馆乡镇企业档案史料陈列展和红色档案史料陈列展布展工作。其中，高港区乡镇企业档案史料陈列展共展出图片166幅、实物68件，分为乡镇企业风采录、高港区现有工业企业风采录两个部分，反映扬子江药业集团、虹雨集团、江苏郁金香集团有限公司、江苏能建机电实业集团有限公司、泰州市银杏织锦有限公司等企业的发展历程和高港区工业经济发展现状。高港区红色档案史料陈列展共展出图片40幅、实物29件，包括赵鑫源烈士使用过的日记本、《栾长明诗选》、老战士许维的立功手册等珍贵实物，反映革命前辈、革命群众的英勇事迹和人民海军诞生、佴家庄战斗等重大事件。（高蓓蓓）

老干部工作

【概况】 2021年，泰州医药高新区（高港区）有离休干部14人，平均年龄93岁。其中，90周岁以上11人，85~89周岁3人。副乡科级以上退休干部338人，其中，副县处级以上退休干部28人，正乡科级退休干部167人，副乡科级退休干部143人。有区级机关、镇街、社区老干部党支部76个。泰州医药高新区（高港区）获泰州市老干部工作绩效考核一等奖。常郭武、薛春兰获评江苏省百佳离退休干部党员，夏荣泉、徐海林、李葛敏、顾宪章、陈根红、陈雪梅、陆伟明、杨必胜获评泰州市离退休干部优秀共产党员，张宏山、孔德笳、栾咸芝、毛锦珠、杨兆海、袁来红获评泰州市离退休干部优秀党务工作者；许庄街道许庄老干部党支部、口岸街道新城社区老干部党支部、野徐镇仲联社区老干部党支部、寺巷街道龙凤社区老干部党支部获评泰州市离退休干部先进基层党组织。

【离退休干部党建工作】 2021年，泰州医药高新区（高港区）深化“六有一提升”达标创优和“星级化”目标建设，推进离退休干部党建工作。组织学习习近平总书记在庆祝中国共产党成立100周年大会上的重要讲话，推进党史学习教育。组织老干部参观红色教育基地，收听收看全国、全省离退休干部网上专题报告会。全年举办理论研讨4次，开展党史专题讲座和主题党日活动2次，形成调研报告5篇。举办“光荣在党50年”纪念章颁发仪式和“我看建党百年新成就”、庆祝中国共产党成立100周年主题征文、党史知识线上竞答系列活动，吸引1000余名老干部参与其中，有3篇征文获江苏省三等奖，20名老干部获泰州市个人优胜奖。开展“一支部一特色、一支部一品牌”建设，选树凤凰街道、寺巷街道龙凤社区、刁铺街道圩岸社区、永安洲镇“夕阳红”等一批基层离退休干部党建示范点，涌现口岸街道新城社区“余庆工作室”、许庄街道马厂社区“蔡阿姨维权工作室”和寺巷街道军甫社区“万年青”等特色党建品牌。“‘四字法’推动老干部党史学习教育”的做法被“老干部之家”网站和“江苏老干部”App宣传报道，“探索‘党建+’新模式，推动离退休干部党建工作融入中心、服务大局”的做法被“老干部之家”网站宣传推介；胡庄镇“积极探索‘激活红色细胞、推进网格治理’党建联盟新模式”的做法被“老干部之家”网站、《中国火炬》杂志、“江苏老干部”App等媒体宣传报道。

【老干部待遇落实】 2021年，区党工委（区委）老干部局向老干部赠阅《党的生活》《银潮》等报纸杂志，落实离退休干部阅读文件、参加重

刁铺街道老干部慰问抗疫一线人员

区党工委（区委）老干部局　供图

要会议和重大活动等制度。按照标准足额发放离休干部特需费、参观休养费、交通费、护理费、高龄护工费“五项补助”和住房补贴、改制破产企业离休干部月租补贴等。做好“江苏省离退休干部服务管理信息化平台”信息录入工作，健全完善老干部个人信息库。组织老干部健康检查，健全完善老干部健康档案。落实离休干部看病就医“三有一落实”工作，即有就医绿色通道、有家庭签约医生、有医疗特困帮扶机制，落实好离休干部提高享受医疗待遇政策。

【老干部活动】2021年，泰州医药高新区（高港区）实施“银发生辉”工程，采取“支部+”“党建+”等形式，在线注册银发志愿者506人。组织老干部走进学校、社区、企业，讲党史国史、发展故事、抗疫故事。组织老干部结对帮扶困境学生，协助开展“扣好人生第一粒扣子”“大手拉小手、永远跟党走”“老少共筑中国梦”等关心下一代主题活动8场、集中志愿服务活动40场。组织老干部开展邻里互助、倡导文明等活动，协调解决垃圾分类、绿植补种等问题12件次，举办道德讲堂4场。组织开展门球、乒乓球、象棋、垂钓、掼蛋、京剧等活动。（杨震宇）

对台工作

【服务台企与台胞】2021年，泰州医药高新区（高港区）对落户的50余个台资企业和150余名台商、台胞开展复工复产情况统计、台胞来泰管理服务和情况统计、涉台投诉求助案件统计、矛盾纠纷调处、台企专利品牌申报、安全生产工作调研、融资融券情况调研等各类调研服务活动。建立区党工委（区委）台办工作人员挂钩服务重大台资项目帮办制度，帮助台资企业解决实际问题。组织区内涉农台企参加“农林22条措施”政策咨询座谈会。举办“台商大讲坛活动”、企业家沙龙活动。台企泰州统一超商有限公司、广运农业生物科技（江苏）有限公司分别被省政府授予江苏省“紫峰奖”现代服务业领军企业奖、青年创业企业奖。帮助台胞台属办理子女高考加分手续，落实国家相关政策法规。

【涉台宣传】2021年，泰州医药高新区（高港区）在中国台湾网、江苏省委新闻网、江苏省台办网站报送各类涉台信息50余篇，被采用30余篇。邀请《新华日报》《泰州日报》等媒体采访拍摄台资企业复工复产、台商创新创业等有关情况。

【台企及台属公益活动】2021年，泰州医药高新区（高港区）开展台企“爱心助学，筑梦未来”帮扶捐助活动。泰州统实企业有限公司捐赠抗疫物资，助力疫情防控。区台属联谊会志愿者到口岸敬老院开展志愿服务活动。

（杨　鼎　曹　健）

泰州市高港区人民代表大会

综　述

【概况】 2021年，高港区召开人代会1次，人大常委会会议7次、主任会议8次，审议专项工作报告31件；开展视察、执法检查、专题询问和专题调研25次；作出决议决定20项，任免国家机关工作人员92人次；受理群众来信16件，接待群众来访25人次。因工作变动，调离本行政区域，终止区人大代表资格3人；补选区五届人大代表5人，应参加区五届人大五次会议的代表174人。换届选举选出区六届人大代表234人，因工作变动调离本行政区4人；因两区合并，增加省人大代表1人、市人大代表17人；因代表因病去世，全国人大代表资格自行终止1人。至年末，驻泰州医药高新区（高港区）的省人大代表4人、市人大代表47人，区人大代表230人。

【区人大换届选举】 依据《中华人民共和国全国人民代表大会和地方各级人民代表大会选举法》规定和省人大常委会决定，高港区第六届人民代表大会的代表名额为236个，分配到133个选区进行选举。12月15日，各选区依法选举产生区第六届人民代表大会代表234人。其中，妇女60人，占25.64%；非中共党员50人，占21.37%；工人、农民、专业技术人员102人，企业负责人40人，党政干部85人，解放军及其他7人；保留上届代表86人。代表知识结构有较大改善，大学本科以上的代表164人，占70.09%；大专文化的代表58人，占24.79%；中专及高中文化的代表10人，占4.27%；初中以下文化的代表2人，占0.85%。代表年龄更趋合理，35岁以下的代表29人，占12.39%；36岁至55岁的代表184人，占78.63%；56岁以上的代表21人，占8.97%。预留区第六届人民代表大会代表2人。区第五届人民代表大会代表资格审查委员会对各选区选举产生的234名代表的代表资格进行审查，认为234人当选代表符合宪法、法律规定的代表基本条件，选举程序符合法律规定的程序，不存在破坏选举和其他当选无效的违法行为，代表资格全部有效。

【民生实事票决制】 1月26日，区人大常委会组织代表视察2020年度区政府民生实事项目建设情况。7月20日，区五届人大五次会议组织代表观看2020年政府民生实事项目完成情况专题片，对2020年民生实事项目完成情况进行满意度测评，代表满意、基本满意率90.36%；票决产生2021年民生实事项目10件：加大教育惠民力度、提升医疗服务水平、提高养老保障能力、改善农村公共设施、方便人民群众出行、推进宜居城市建设、老旧小区改造提升、营造平安生活环境、打造体育健身服务圈、打通便民"最后一公里"。深化民生实事代表票决制工作，建立区人大代表联系监督2021年区政府民生实事票决项目机制，定期开展督查并发文通报。9月17日、12月7日，2次组织代表视察2021年区政府民生实事票决项目。10月8日，区五届人大常委会第三十二次会议听取和审议相关工作情况报告。至年末，五届人大五次会议上票决产生的民生实事项目全部完成。

【人事任免】 2021年，区人大常委会共任免国家机关工作人员92人次。在各项人事任免工作中，坚持依法按程序办事。坚持任前法律知识考试、拟任职人员向常委会作拟任职发言和任后颁发任命书、向宪法宣誓等制度。听取和审议孙跃、匡雄杰、李俊、余雨俊4名市人大代表的履职情况报告，并进行满意度测评。（焦卫华）

【区人大法制委员会工作】 3月2日，区五届人大法制委员会召开会议，研究制定2021年度区人大法制委员会工作计划。5月，组织部分区人大代表视察政法队伍建设情况。6月，调研一站式多元解纷和诉讼服务机制建设情况。7月，调研检察服务民营企业发展情况。9月，调研"八五"普法规划制定情况。（周来泉）

【区人大财政经济委员会工作】 4月21日，区五届人大财政经济委员会第十八次会议召开，传达学习省、市人大财经工作座谈会精神，总结2020年度区人大财政经济委员会工作，研究部署2021年工作安排；7月22日，区五届人大财政经济委员会第十九次会议召开，审查区政府“十四五”规划和二〇三五年远景目标纲要草案以及2021年计划、预算报告草案，讨论“十四五”规划和二〇三五年远景目标纲要及2021年计划、预算审查结果报告草案；7月29日，区五届人大财政经济委员会第二十次会议召开，讨论通过2020年度区级财政决算审查结果报告；12月30日，区五届人大财政经济委员会第二十一次会议召开，讨论通过区五届人大财政经济委员会工作报告。

4月，调研“园区吹哨、部门报到”工作机制；5月，调研全区国有资产管理情况；7月，调研全区上半年经济运行情况和2020年区级财政决算情况；10月，视察园区开展“三比一提升”行动情况；11月，调研审计查出问题整改工作情况；12月，调研2022年政府投资项目计划编制及2021年计划、预算预计执行和2022年计划、预算初步安排情况。（赵亚丹）

【区人大社会建设委员会工作】 3月15日，区五届人大社会建设委员会第四次全体会议召开，传达十三届全国人大四次会议精神，讨论区人大社会建设委员会2020年工作报告；4月1日，区五届人大社会建设委员会第五次全体会议召开，讨论通过2021年区人大社会建设委员会工作计划（草案）；7月2日，区五届人大社会建设委员会第六次全体会议召开，区人大常委会副主任上专题党课；11月2日，区五届人大社会建设委员会第七次全体会议召开，讨论《中华人民共和国退役军人保障法》（简称退役军人保障法）实施情况的执法检查报告（讨论稿）；12月31日，区五届人大社会建设委员会第八次会议召开，讨论《高港区五届人大社会建设委员会工作报告（讨论稿）》，交流工作体会及社会建设委员会工作建议。

5月，调研全区义务教育优质均衡发展情况；8月，视察体旅融合发展暨省运会泰州医药高新区（高港区）赛事筹备工作，调研乡村振兴战略实施两大课题（乡村文明提升、农村公共服务）任务；9月，调研“健康惠民一号工程”实施情况；9—11月，开展退役军人保障法实施情况执法检查。（凌晓娟）

重要会议

【区五届人大五次会议】 7月20—23日，区五届人大五次会议召开。应到代表174人，实到代表166人，列席108人。听取和审议区政府工作报告；审查和批准泰州医药高新区（高港区）国民经济和社会发展第十四个五年规划和二〇三五年远景目标纲要；审查和批准区2020年国民经济和社会发展计划执行情况与2021年计划草案的报告，批准区2021年国民经济和社会发展计划；审查和批准区2020年预算执行情况和2021年预算草案的报告，批准区2021年预算；听取和审议区人大常委会工作报告、区人民法院工作报告、区人民检察院工作报告；通过上述各项报告的决议。审议区2020年政府民生实事票决项目完成情况和2021年政府民生实事候选项目形成情况的报告，组织观看2020年政府民生实事项目完成情况专题片，并对项目完成情况进行满意度测评。补选任志强为区人大常委会主任、葛立网为区人大常委会副主任、肖志勇为区监察委员会主任。票决确定2021年区政府民生实事项目。（刘　俊）

【区五届人大常委会会议】 2021年，区五届人大常委会召开常委会会议7次。

区五届人大常委会第二十七次会议　1月13日召开，通过关于推迟召开区五届人大五次会议的决定。通过有关人事任免事项。

区五届人大常委会第二十八次会议　3月31日召开，通报区人大常委会2021年度工作议题安排。通过有关人事任免事项。

区五届人大常委会第二十九次

区五届人大五次会议表决现场　区党工委（区委）宣传和统战部　供图

会议 5月27日召开，听取和审议区政府关于2020年度环境状况和环境保护目标完成情况以及依法打好污染防治攻坚战情况的报告、关于统筹推进城乡义务教育优质均衡发展情况的报告、关于2020年国有资产管理情况的综合报告，听取市人大代表孙跃、匡雄杰、余雨俊、李俊等履职情况的报告，并对专项工作报告、履职情况报告进行满意度测评。通过有关人事任免事项。

区五届人大常委会第三十次会议 7月15日召开，初审泰州医药高新区（高港区）国民经济和社会发展第十四个五年规划和二〇三五年远景目标纲要（草案）、关于区2020年国民经济社会发展计划执行情况和2021年计划草案的报告、关于区2020年预算执行情况和2021年预算草案的报告、关于区2020年政府民生实事项目完成情况和2021年政府民生实事候选项目形成情况的报告、区人大常委会工作报告稿，审议确定2021年区政府民生实事候选项目，通过关于召开区五届人大五次会议的有关事项。通过有关人事任免事项。

区五届人大常委会第三十一次会议 7月27日召开。审议区人大常委会执法检查组关于检查《中华人民共和国固体废物污染环境防治法》（简称固体废物污染环境防治法）贯彻实施情况的报告，区政府关于2021年上半年国民经济社会发展计划执行情况的报告、关于2020年区本级决算和2021年上半年预算执行情况的报告、关于2020年区本级预算执行和其他财政收支情况的审计工作报告，区人民检察院关于服务民营企业发展工作情况的报告，审查和批准2020年区本级决算，对区政府和区人民检察院的专项工作报告进行满意度测评。

区五届人大常委会第三十二次会议 10月8日召开。听取和审议区政府关于乡村振兴战略实施情况的报告、区人大常委会专项工作评议领导小组关于乡村振兴战略实施情况专项工作评议情况的报告，区政府关于2021年民生实事项目推进情况的报告、关于“八五”普法规划制定情况的报告，通过关于开展第八个五年法治宣传教育的决议，表决通过区人大常委会规范性文件备案审查办法，关于全区区镇两级人民代表大会换届选举问题和镇人大代表名额的决定，关于设立高港区选举委员会和野徐镇、永安洲镇、白马镇、大泗镇、胡庄镇选举委员会的决定，对区政府的专项工作报告和有关部门乡村振兴战略实施情况进行满意度测评。

区五届人大常委会第三十三次会议 11月30日召开。听取和审议区人大常委会执法检查组关于检查退役军人保障法贯彻实施情况的报告，区政府关于审计查出问题整改情况的报告、关于代表建议办理工作情况的报告，通过关于召开区六届人大一次会议的决定，对区政府的专项工作报告和有关部门审计整改情况进行满意度测评，对代表建议办理工作情况进行专题询问。通过有关人事任免事项。（刘 俊）

【区五届人大常委会主任会议】 2021年，区五届人大常委会召开主任会议8次。

区五届人大常委会第四十二次主任会议 3月17日召开。听取区政府关于2021年政府投资项目计划编制情况的汇报，讨论通过区人大常委会2021年度工作要点，听取有关人事任免事项的说明。

区五届人大常委会第四十三次主任会议 5月26日召开。听取人事任免事项的说明。

区五届人大常委会第四十四次主任会议 6月29日召开。听取区人民法院关于一站式多元解纷和诉讼服务机制建设情况的汇报。

区五届人大常委会第四十五次主任会议 7月12日召开。听取区政府关于泰州医药高新区（高港区）国民经济和社会发展第十四个五年规划和二〇三五年远景目标纲要（草案）的汇报、关于区2020年国民经济社会发展计划执行情况和2021年计划（草案）的汇报、关于区2020年政府民生实事项目完成情况和2021年政府民生实事候选项目形成情况的汇报、关于区2020年预算执行情况和2021年预算（草案）的汇报、有关人事任免事项的说明，讨论区人大常委会、法制委员会、财经委员会和社会建设委员会工作报告稿。

区五届人大常委会第四十六次主任会议 9月18日召开。讨论区五届人大常委会第三十二次会议有关事项。

区五届人大常委会第四十七次主任会议 10月29日召开。听取区政府关于推进“健康惠民一号工程”情况的汇报，讨论通过关于推行“百姓小事”代表督办制工作的实施意见。

区五届人大常委会第四十八次主任会议 11月26日召开。听取人事任免事项的说明，讨论区五届人大常委会第三十三次会议的有关事项。

区五届人大常委会第四十九次主任会议 12月24日召开。听取区政府关于2022年政府投资项目计划编制情况的汇报，关于2021年国民经济社会发展计划预计执行情况和2022年计划（草案）的汇报，关于2021年政府民生实事项目完成情况和2022年政府民生实事候选项目形成情况的汇报，关于2021年区本级预算调整方案、2021年预算预计执行情况和2022年预算（草案）的汇报，听取有关人事任免事项的说明，讨论区人大常委会、法制委员会、财经委员会和社会建设委员会工作报告稿，传达贯彻全区领导干部大会精神。（刘 俊）

人大监督

【经济工作监督】 2021年，区人大常委会围绕推动经济高质量发展，初审区政府关于国民经济社会发展第十四个五年规划和二〇三五年远景目标纲要草案的报告，听取审议区政府2021年上半年国民经济社会发展计划执行情况的报告，初审区政府2021年国民经济社会发展计划执行情况和2022年计划草案的报告，重点督查园区改革发展和“三比一提升”行动实施情况，支持和推动政府坚持稳中求进工作总基调，加快推动结构转型、产业升级，促进经济持续健康发展。围绕深化预决算审查监督，听取审议区政府2020年区级决算及同级审计、2021年上半年预算执行、审计查出问题整改情况的报告，批准2020年区级决算，初审区政府2021年预算执行情况和2022年预算草案的报告，听取2022年政府投资项目情况的汇报，审议2020年国有资产管理情况综合报告，督促政府全面落实积极的财政政策，提升财政资源配置效率和财政资金使用绩效。稳步推进预算联网监督工作，进一步做好预算决算全口径、全过程实时监督，提升预算监督实效。

【民生事业监督】 2021年，区人大常委会围绕保障和改善民生，重点审议年度环境状况和环境保护目标完成情况以及依法打好污染防治攻坚战情况，听取审议义务教育优质均衡发展情况专项报告，上下联动检查固体废物污染环境防治法贯彻执行情况、评议乡村振兴战略实施情况、督查2021年民生实事项目建设情况，开展退役军人保障法执法检查，专题调研“健康惠民一号工程”推进情况，视察省运会泰州医药高新区（高港区）赛区筹备工作，推动补齐民生短板，不断提升人民生活品质。

【社会治理监督】 2021年，区人大常委会围绕推进治理体系和治理能力现代化，听取审议区政府“八五”普法规划制定情况并作出决议，重点审议区人民法院一站式多元解纷和诉讼服务机制建设情况、区人民检察院服务民营企业发展工作等专项报告，视察政法队伍建设情况，督促加大规范性文件备案审查力度，做好群众来信来访工作，不断提升区域治理法治化水平。配合上级人大开展立法调研、评估等活动，提出意见建议。

【执法检查】 5—7月，区人大常委会组成执法检查组，对全区贯彻实施固体废物污染环境防治法情况进行检查。5月上中旬，区政府和相关部门、各镇街组织自查自纠；6月3日，区人大常委会召开执法检查组全体会议，听取区政府及3个部门固体废物污染环境防治法贯彻实施情况的报告，对32个政府部门负责人、基层执法人员进行法律知识问卷调查；6月4日，组织开展集中执法检查，实地察看口岸街道东方明珠小区垃圾分类收集点、高港区药肥包装废弃物回收分拣中心、泰州鑫海科能新型材料有限公司、永安洲镇卫生院、扬子江药业集团有限公司、野徐镇幸福小区生活垃圾分类投放点、泰州市中西医结合医院、亚同环保水处理泰州有限公司、巨腾电子科技（泰州）有限公司、江苏联美生物能源有限公司等现场，了解固体废物污染环境防治工作情况；7月27日，区五届人大常委会第三十一次会议听取和审议执法检查组关于检查固体废物污染环境防治法贯彻实施情况的报告，建议区政府扣紧责任链条，形成有力协同；强化综合利用，促进源头减量；聚焦重点领域，规范危废管理；采取务实举措，推进垃圾处理；加强执法监管，提升能力水平。

9—11月，区人大常委会组成执法检查组，对全区贯彻实施退役军人保障法情况进行检查。10月11日，召开执法检查动员部署会，开展法律辅导。11月18日，组织开展集中执法检查，听取区政府专项工作情况汇报，分2组分别到相关镇街退役军人服务站、退役军人所办企业、胡庄镇史庄村退役军人尊崇展示馆、高港区烈士陵园等地检查，组织退役军人代表座谈，重点检查退役军人安置保障、教育培训、就业创业、抚恤优待等情况。11月30日，区五届人大常委会第三十三次会听取和审议区人大常委会执法检查组关于检查退役军人保障法贯彻实施情况的报告，建议区政府提高政治站位，强化使命担当；完善保障措施，提升保障效能；加强队伍建设，夯实基层基础。

【专项工作评议】 6—9月，区人大常委会组成专项工作评议组开展乡村振兴战略实施情况工作评议。6月15日，区人大常委会召开乡村振兴战略实施情况工作评议动员会，部署专项评议工作，印发工作评议方案，邀请市人大常委会农工委副主任作“推动实施乡村振兴战略，加快农业农村现代化建设步伐”专题辅导。6月中旬至7月中旬，区人大常委会负责人带队调研乡村振兴战略实施情况，区人大常委会相关工委结合工作情况同时开展专项调研，形成调研报告。9月初，评议工作组召开会议，听取各调研组调研情况汇报，听取代表意见建议征集等工作情况汇报。10月8日，区五届人大常委会第三十二次会议听取和审议区政府关于乡村振兴战略实施情况的报告、区人大常委会专项工作评议领导小组关于乡村振兴战略实施情况专项工作评议情况的报告，要求区政府坚持求真务实，把准乡村振兴规律；突出重点难点，扭住乡村振兴关键；聚焦薄弱环节，补齐乡村振兴短板；注重固本强基，夯实乡村振兴基础；强化要素支撑，激发乡村振兴活力；完善责任体系，保障乡村振兴实施。

【专题询问】 11月30日，区五届人大常委会第三十三次会议听取和审议区政府关于代表建议办理工作情况的报告，以联组审议的形式进行专题询问。区人大常委会组成人员和部分人大代表就管道燃气全覆盖，老鸦港闸、友谊闸提档升级，355省道高港段建设，金果路东延，安置房产权办理，提升基层公共卫生服务能力，扶持小微企业发展等方面进行询问，有关部门分别受询作答。询问后，区人大常委会形成审议意见，要求区政府提高政治站位、加强协同配合、提升办理质量。

（刘　俊）

人大代表工作

【代表视察】 5月21日，区人大常委会组织部分区人大代表视察政法队伍建设情况。代表们实地察看口岸街道派出所、口岸街道司法所、12309检察为民服务中心、区人民法院诉讼服务中心，听取区政府、区人民法院、区人民检察院关于政法队伍建设情况的汇报。建议坚持政治建警，注重业务强警；坚持内强素质，注重外树形象；坚持完善机制，注重提供保障。

9月17日，区人大常委会组织全体组成人员和部分区人大代表视察2021年区政府民生实事票决项目推进情况。组成人员和代表们实地察看通河路污水管网改造工程、港城花苑小区改造、高港实验小学和高港实验学校南门道路连通改造工程、东方明珠二期公租房工程、许庄街道社区卫生服务中心异地新建项目、胡庄镇胡庄社区阳光宴会厅、中心港河道疏浚整治工程、泰州医药高新区第一实验小学教室照明改造工程、新城荣樾幼儿园装修工程、江洲路南延项目、幸福小区改造、白马镇陈家村体育健身项目、大泗镇中心幼儿园异地重建项目。建议区政府聚焦目标，项目推进再提速；强化举措，项目管理再提效；及早准备，项目谋划再提质。

9月26日，区人大常委会组织部分市、区人大代表视察全区体旅融合发展暨省运会泰州医药高新区（高港区）赛区筹备工作。代表们实地察看凤栖湖景区攀岩场馆和山地自行车赛道建设情况，听取区政府专项工作情况汇报。建议区政府提高政治站位，切实加强对省运会筹备工作的组织领导；坚持以民为本，加快推进“体育为民突破行动”；推进体旅融合，助力经济社会高质量发展。

10月15日，区人大常委会组织部分市、区人大代表视察全区园区“三比一提升”行动实施情况。代表们实地察看江苏赛孚士生物技术有限公司抗体药物CDMO生产基地、江苏硕世生物科技股份有限公司泰州总部产业园、江苏瑞科生物技术股份有限公司新冠疫苗产业化项目3个项目现场，听取政府专项工作情况汇报。建议区政府坚持做强特色产业、始终做好项目建设、持续优化营商环境、不断深化园区改革。

12月7日，区人大常委会组织部分区人大代表视察2021年部分区政府民生实事项目实施情况。代表们实地察看健康大道污水管网、农村公路安全生命提升工程（唐家社区双清路）、周山河小学阳光厨房（食堂）、祥和花园一期改造、公安综合便民服务点（明珠街道服务点）、新城荣樾幼儿园装修工程、基层为民服务中心示范点（凤凰街道示范点）、口岸敬老院改造、公安综合便民服务点（口岸派出所）、田河幼儿园阳光厨房（食堂）、王营河东岸文体广场、生活垃圾分类省级达标小区建设（东方明珠）、高港实验小学东校区、许庄街道社区卫生服务中心异地新建等项目。要求区政府突出“抢”字为先、“好”字为要、“实”字为本，着力提升民生实事项目的完成质效。

【代表履职平台建设】 2021年，区人大常委会进一步规范乡镇（街道）“代表之家（站）”和村（社区）“代表工作室”等人大代表履职平台建设，对照“八有”标准，因地制宜，展现特色，在泰州医药高新区（高港区）全域范围内，按照《人大代表工作站（人大代表之家）建设和工

口岸街道“清风徐来”人大代表工作室　　口岸街道　供图

作规范》要求，联系指导部分新融入镇街开展代表履职平台标准化建设，为代表提供政府部门主要负责人约见及询问平台。就百姓关注的热点、难点及代表意见、建议办理情况开展专题询问，提高代表履职的针对性、实效性。开办区镇新一届人大代表初任培训班，邀请专家学者和全国人大代表授课，不断提高代表履职能力。

【“百姓小事”代表督办制】 2021年，区人大常委会研究总结“人大代表工作日”工作做法，结合各街道实际情况，探索建立“百姓小事”代表督办制。制定出台《关于推进“百姓小事”代表督办制工作的实施意见》，开展“办好‘百姓小事’·人大代表在行动”主题实践活动，全年累计办成各类“百姓小事”500余件。《建立“三项机制”办好“百姓小事”》《以“微实事”惠及“大民生”》《竭尽所能解决百姓小事》《创新实施“百姓小事”代表督办制，高港人大以百姓“微实事”提升民生“大幸福”》《人大代表频“出招” 百姓福祉再“加码”》等14篇文章被“学习强国”学习平台、《人民日报》海外网、新华网、“交汇点新闻”、江苏人大网、《人民代表报》、《人民与权力》、《泰州人大》、《泰州日报》等媒体推介，得到省人大常委会副主任曲福田的批示肯定。

【议案建议办理】 区五届人大五次会议及闭会期间，人大代表立足全区发展大局，积极建言献策，共提出建议、批评和意见86件（连同议案转成的建议）。区人大常委会坚持政府领导领办重点建议、人大领导调研督办、常委会各委办日常督促、人大代表广泛参与的工作机制，通过开展实地视察、审议专项报告、跟踪督办重点建议、满意度测评等方式，促进议案建议落地见效，所有建议全部按时优质、高效办理完毕，办复率、见面率、代表满意率均为100%。11月30日，区五届人大常委会第三十三次会议听取和审议区政府关于代表建议办理工作情况的报告。代表提出的“关于加大‘一路高畅’景观路安保建设的建议”“关于加快乡村振兴人才培养、助力高质量发展的建议”等议案建议得到有效办理，一批事关发展、涉及民生、代表群众普遍关注的问题得到较好解决。

2021年高港区五届人大五次会议议案建议一览表

表10

议案建议标题	提议案建议者
关于评定大型商业综合体消防安全等级的建议	曹　美
关于重建田河社区卫生服务中心病房楼的建议	刘春生
关于徐桥中沟河岸护坡、沿线路段浇筑的建议	周红生
关于江苏省口岸中学门口道路（港口路）提档升级的建议	戚伍小
关于规范管理临港园区大型车辆的建议	周红生
关于管道燃气全覆盖的建议	曹月华
关于南官河河道整治的相关建议	刘　俊
关于龙窝口社区污水管网未全覆盖的问题	虞继罗
关于解决老旧小区外墙砖脱落带来安全隐患的建议	于跃进
关于妥善安置龙窝口社区通江东路棚户区的建议	虞继罗
关于拓宽雅儒—范庄道路的建议	周　琴
关于老旧小区消防安全工作再整治再提升的建议	刘　俊
关于合理划分拆迁户子女学区的建议	毛　健
关于龙窝口社区老鸦港闸涵、友谊闸急需提档升级的建议	虞继罗
关于改造龙窝口社区水系、增加排水设施的建议	虞继罗
关于在南官河大桥东侧增设雨水管网的建议	虞继罗
关于基层医疗机构难以生存、需财政托底的问题	戴纪凤
关于增加村（社区）人居环境整治工作资金投入的建议	王海峰

续表10

议案建议标题	提议案建议者
关于规范农村建房审批,放宽农村宅基地建房面积标准的建议	王海峰
关于界牌社区引进污水管网进村入户项目的建议	孙萌钰
关于解决育才花苑老旧小区电梯加装工程问题的建议	张卫东
关于打通府前河与许庄河的建议	孙永忠
关于盘活村(社区)固定资产,壮大村集体经济的建议	孙萌钰
关于提高政府专项补贴资金,确保校车正常运营的建议	高国达
建议源头控减村居负担,重视遏制村居隐性债务增大的不良势头	乔向民
关于大型基本建设工程占地面积达5万平方米以上的土地储备(划拨)或建设工程考古调查勘探的建议	王小飞
关于改造同兴闸、幸福闸的建议	李兴兵
关于加快社区老年养护中心规划建设的建议	周义松
关于加强永安洲镇文胜河河道管护的建议	李文兰
关于切实提升全区基层公共卫生服务能力的建议	周　彬
关于加快幼儿园项目建设的建议	李　泽
建议加大对农村基础性建设的帮扶	于　祥
建议推进健康大道东延,启动355省道建设	于　祥
建议加强对泗白路、梁大线等交通路口的管控	杨学军
建议优化调整大泗镇重点发展区域管线	杨学军
建议适当调整新冠疫苗接种时间	栾中庆
建议加大对农村集体经济政策扶持和资金支持力度	于　涛
关于加快启动355省道高港段建设、推进金果路东延的建议	叶月琴
关于开展农村强、弱线缆、线杆整治的建议	季宝宏
关于实施"一路高畅"四好农村路项目(大泗—胡庄段)的建议	刘　勇
关于合理规划建设农村公厕的建议	孔德刚
关于加大农村人居环境整治保障力度的建议	栾春勇
关于优化53路公交线路、增设胡庄至泰州公交线路的建议	徐亚萍
关于实施农村道路维护改造项目的建议	徐亚萍
关于更换前进河、庄河两侧绿化树种的建议	陈　林
关于规范建设农村科普阵地的建议	陈　林
关于加大"一路高畅"景观路安保建设的建议	程　驰
关于加大对因病致贫困难群体帮扶力度的建议	陆　军
关于加快失保手续办理进度的建议	秦　鑫
关于推进中药科技园及南侧项目用地深度开发的建议	于祥等10人
关于整改老旧小区外墙及内部混乱线路的建议	刘俊等10人
关于解决龙窝口社区辖区船厂、船闸家属小区管理问题的建议	于跃进等10人

续表10

议案建议标题	提议案建议者
关于启动老啤酒厂地块规划建设的议案	孙永忠等10人
关于推进港口码头建设的建议	黄　伟
关于支持刁铺街道社区卫生服务中心配置CT等设备的议案	张卫东等10人
关于出台集装箱物流扶持政策的建议	黄伟、王振山、孙杰文
关于污水管网进村入户项目的建议	孙萌钰
关于进一步支持开发园区降低融资成本的建议	黄伟、陆军
关于建设高港区综合性训练基地的建议	李丹、朱平平
关于给予核心港区更大税收留成的建议	黄伟、孙忠厚
关于给予标房项目，特别是初创型项目特殊政策的建议	周义松、李兴兵
关于限制在乡镇居民拆迁安置居住区操办白事和全面禁止燃放烟花爆竹的建议	周彬、李文兰
关于对拆迁安置小区实施物业管理制度的建议	周彬、徐琴
关于加快安置房产权办理的建议	李兴兵、陆军
关于“亩均论英雄”改革工作推动大泗经济社会高质量发展的建议	杨学军等10人
关于加快乡村振兴人才培养、助力高质量发展的建议	季宝宏
关于提高学生公用经费，政府统筹负担学校水电气费用的建议	徐　琴
关于加强执法部门业务水平提升的建议	郭宏鹤
关于加强快审快结涉企案件力度，助推营商优化的建议	郭宏鹤
关于道路维护及两侧绿化整改提升的建议	李　泽
关于加快推进白马人民医院建设的建议	程　驰
关于盘活教育、卫生、供销社等部门闲置资产、资源的建议	窦新谋
关于解决商贩自销区问题的建议	周敏等10人
关于加强校地合作、充分发挥地方院校的科技支撑和智力支持的建议	曹小平等10人
关于扶持小微企业发展的建议	毛晓平
关于对江圣新村实施雨污分流的建议	常建云
关于尽快落实中兴旺铺、名仕雅居雨污分流下水管网改造的建议	李伟平
关于合理有效处置装潢垃圾的建议	周　敏
关于解决自来水厂水源问题的建议	戚俊宏
关于进一步完善泰州医药高新区（高港区）东部地区路网建设的建议	孟伯兰等10人
关于重新规划选址建设泰州市许庄中心幼儿园的建议	徐晓丽等10人
关于推动创新大道快速化改造的建议	乔向民等10人
科学制定绩效考核	高国达
关于统筹解决孔桥学校（泰州市孔桥初级中学和泰州市孔桥小学）公用经费严重不足的问题的建议	张志政
关于完善孔桥片区城市基础设施建设的建议	徐志辉
关于加快推进白马镇规划建设的建议	周明等10人

【"主任接待代表日"活动】 11月9—10日，区人大常委会负责人在大泗镇、刁铺街道、口岸街道人大代表工作站分别开展主任接待代表日活动，与代表面对面交流，征求2022年区政府民生实事项目的意见和建议、2022年监督议题、对"一府一委两院"以及人大工作的意见和建议。活动中，代表们提出有关道路交通安全隐患、河道管护整治等方面的意见和建议，经汇总整理共计6件，全部办理到位。

【"人大代表工作日"活动】 2021年，区人大常委会共组织开展"代表工作日"活动4次。征求选民对区人大常委会及"一府一委两院"工作的意见和建议，走访慰问基层困难群众。开展"五级代表回选区访选民，我为群众办实事"活动、"办好'百姓小事'·人大代表在行动"主题实践活动。向选民广泛征集2021年政府民生实事候选项目，组织代表回原选区向选民报告履职情况，听取选民建议，接受选民评议。传达学习习近平总书记在党史学习教育动员大会上的讲话和江苏省第十三届人民代表大会第四次会议精神。组织代表联系监督本片区范围内的2021年民生实事票决项目。全年参加活动的全国、省、市（区）人大代表480余人次，接待走访选民2010余人次，收集交办意见和建议190余条。（焦卫华）

人大自身建设

【人大常委会及机关建设】 2021年，区人大常委会推进机关党的建设，突出思想政治建设引领，深入贯彻落实《中国共产党党组工作条例》，强化组织保障，做到常委会党组、机关党组和机关党支部建设一体部署、融合推进，党建工作和业务工作统筹谋划、协同推进。高质高效开展党史学习教育，开展专题党课、专题研讨、参观红色教育基地、主题党日等活动。着力提升机关干部素能，开展"登高望远、创新争优"大讨论活动。加强学习型机关建设，成立区人大工作理论研究会，推行"每月一法"和执法检查前集体学法活动，提高人大干部政治素质、法治素养和工作水平。引导党员干部自觉投身"我为群众办实事"、"大走访大落实"、挂钩联系重点企业、文明城市创建等活动。加强机关作风建设，围绕区人大常委会重点议题，党组成员带头开展调查研究、建言献策、监督检查等工作。加强区人大各专门委员会、常委会各工作机构建设，健全完善议事规则和工作制度，支持和保障其依法行使职权、充分发挥作用。做好重要会议、重大活动、重点工作、基层人大特色工作和基层代表先进事迹的宣传报道，推介13名人大代表的履职风采，96篇稿件在市级以上媒体刊载。

2021年9月26日，白马镇人大组织部分区、镇两级人大代表视察"一路高畅"品牌公路建设及敬老院养老服务推进情况　　白马镇　供图

【镇街人大建设】 2021年，区人大常委会坚持常委会领导班子成员分片指导、各委办挂钩联系镇街人大制度，加强联系督导。各镇街人大依法履职、创新实践。永安洲镇建立国资管理报告制度，胡庄镇构建"网格+代表"管理模式，大泗镇实施建议督办调研、视察、评议"三联"机制，白马镇制定"双亮双晒双评"履职管理制度，野徐镇创新代表履职"联、访、议、办、评"五步工作法，口岸街道常态化开展部门工作评议，刁铺街道完善代表履职考核积分制管理办法，许庄街道组织代表接访、约访、下访"三访"活动。（刘　俊）

泰州医药高新技术产业开发区管理委员会 泰州市高港区人民政府

综 述

【概况】 2021年，泰州医药高新区（高港区）实现地区生产总值1106.86亿元，比上年增长11%，首次突破千亿元大关；完成一般公共预算收入100.54亿元、税收收入76.89亿元，分别增长11.8%、17.7%，增速均居全市首位，成为全市第一个公共预算收入过百亿元的板块；城乡居民人均可支配收入45214元，增长10.5%。

【政务信息】 2021年，区党政办共编发《政务通讯》29期，其中，专刊3期，普刊26期。上报信息300余条，其中，省用信息66条，市用信息18条，获国务院领导批示3件、省政府领导批示1件，信息总得分首次突破1600分。 （王 欢）

【专项督查】 2021年，区党政办关注经济社会发展的重要领域和热点难点问题，重点突出区管委会主任会议、区政府常务会议等重要会议决定事项以及领导交办事项，编发《督办通报》12期。完成人大代表建议、政协委员提案办理督查督办260件，对2017—2020年度所有B类建议提案进行"回头看"。做好人民来信督查办理工作，共办理408件。 （徐 阳）

【外事工作】 2021年，区党政办（区外事办）常态化推进涉外疫情防控。开展预防性海外领事保护宣传，做好涉外事件应急处置。帮助企业"走出去"，全年办理APEC商务旅行卡3张。 （王润环）

【政务公开】 2021年，区政府网站信息公开专栏发布各类政府信息1120条，开展意见征集13期，制作、发布政策简明问答20期，公开政府重要会议9期。印发《高港区2021年政务公开工作要点》，部署年度重点工作。根据《政务公开第三方评估指标》，调整完善信息公开栏目20余个。规范依申请公开办理程序，受理政府信息公开申请94件，所有申请件均按规定在法定期限内予以答复。常态化开展政务新媒体专题培训工作，关停注销政务新媒体7个，12个政务新媒体在"全国政务新媒体信息报送系统"中登记备案。开展"政府开放日"活动，宣讲惠民惠企政策，搭建政民沟通桥梁。

【政府网站建设】 2021年，区政府网站共发布各类动态信息7000余条，被市政府网站采用信息234条，省政府网站采用信息52条，及时转发国务院、省政府各类信息2000余条。制作"走进医博会"专题，在线直播开幕盛况，打造"线上医博会"。设置互动交流版块，搭建公众交流"直通车"，做好区长信箱转办工作，发布"12345"政务服务便民热线咨询类、建议类100余条。

【民生热线】 2021年，区"12345"政务服务便民热线受理各类诉求27694件，比上年增长14.70%，办结率100%。其中，省"12345"热线429件，市"12345"热线27265件。从诉求热点看，集中在城乡建设（3434件，占12.4%）、民生保障（3343件，占12.07%）、住房保障（2702件，占9.76%）、城市管理（2515件，占9.08%）、环境保护（2348件，占8.48%）等方面。从承办单位看，集中在口岸街道（4784件，占17.27%）、刁铺街道（2583件，占9.33%）、区住房城乡建设局（2178件，占7.86%）、区社会事业和退役军人事务局（2135件，占7.71%）、许庄街道（1940件，占7.01%）、大泗镇（1800件，占6.5%）等58个单位。受理市长信箱、区长信箱285件，区长公开电话206件。定期梳理分析市民投诉热点和办理情况，编发情况通报12期，领导批示重要事项7件。

【电子政务】 2021年，区电子政务中心累计发文5520件，办文5.79万件。规范数字证书实名制申请管理，制作各类CA数字证书140余个。按照省、市统一规划，优化网络结构，强化网络管理，提高网络业务承载能力，为各类业务应用数据传输提供支撑。推进政务服务事项目录编制和电子证照库建设，打通

"12345"、区长信箱、"高新民声"等诉求平台的数据壁垒，推进数字政府建设。（彭铁官）

重要会议

【概况】2021年，泰州医药高新区管委会（高港区政府）共召开区管委会主任会议（区政府常务会议）12次、主任（区长）办公会议9次、城乡规划委员会会议3次、专题会议31次。

【区管委会主任会议（区政府常务会议）】1月15日，区政府第三十次常务会议召开。会议传达学习《关于江苏省防范和惩治统计造假、弄虚作假督查工作规定》文件精神，研究并讨论《高港区2021年民生实事项目情况汇报》等相关事项。

3月25日，区政府第三十一次常务会议召开。会议传达学习中央关于法治中国、法治社会建设相关精神，听取《2020年度区法治政府建设情况汇报》等事项。

4月28日，区政府第三十二次常务会议召开。会议研究部署债务管理工作，讨论《关于全面加强危险化学品安全生产工作的实施意见》等事项。

6月16日，区政府第三十三次常务会议暨区安委会会议召开。会议深入学习贯彻习近平总书记对湖北十堰市燃气爆炸事故重要指示精神和李克强总理批示精神，认真落实省委书记娄勤俭批示要求和省安委会会议部署，传达贯彻市政府主要负责人关于安全生产工作的讲话精神，研究布置当前和下一阶段全区安全稳定工作。

7月12日，区政府第三十四次常务会议召开。会议讨论《区政府工作报告（讨论稿）》，听取《关于2020年国民经济社会发展计划预计执行情况和2021年计划（草案）》等事项。

8月11日，区政府第三十五次常务会议暨区政府党组（扩大）会议召开。会议传达学习习近平总书记在西藏考察时的重要讲话精神，讨论《关于全面推进乡村振兴着力加快农业农村现代化建设的实施意见》等事项。

9月8日，区政府第三十六次常务会议召开。会议传达学习习近平总书记在中央党校（国家行政学院）中青年干部培训班开班式上的重要讲话精神和省委十三届十次全会、市委五届十三次全会精神，研究部署有关工作；讨论并原则通过《高港区农村综合性改革试点试验实施意见》《泰州医药高新区（高港区）项目建设"三比一提升"考核实施办法》等事项。

10月13日，第一次区管委会主任会议（区政府常务会议）召开。会议传达学习习近平总书记在陕西榆林考察期间的重要讲话精神，讨论《泰州医药高新区（高港区）政府投资管理办法》等事项。

11月12日，第二次区管委会主任会议（区政府常务会议）召开。会议传达学习中共十九届六中全会精神、习近平总书记关于统计工作最新重要讲话指示精神、国家统计局查处典型案例的情况通报、省疫情防控工作领导小组会议精神，讨论泰州医药高新区（高港区）2021年工业经济专项考核办法、科技创新专项考核办法等事项，研究部署下一阶段全区安全生产工作。

12月16日，第三次区管委会主任会议（区政府常务会议）召开。会议传达学习中央经济工作会议、中共十九届六中全会精神，讨论《泰州医药高新区（高港区）自然资源和规划管理委员会议事规则（讨论稿）》等事项，研究部署下一阶段重点工作。

12月21日，第四次区管委会主任会议（区政府常务会议）召开。会议听取《2022年区政府民生实事项目情况汇报》，讨论《开展农村人居环境整治提升暨精致高新示范村（居）创建三年行动方案》等事项。

12月29日，第五次区管委会主任会议（区政府常务会议）召开。会议专题讨论《2022年政府工作报告（讨论稿）》。（黄月琴）

2021年泰州医药高新区管委会、高港区政府重要会议一览表

表11

会议类别	召开时间	主要内容
区管委会主任会议（区政府常务会议）	1月15日	讨论《高港区2021年民生实事项目情况汇报》等事项
	3月25日	传达学习中央关于法治中国、法治社会建设相关精神，听取《2020年度区法治政府建设情况汇报》等事项
	4月28日	研究部署债务管理工作，讨论《关于全面加强危险化学品安全生产工作的实施意见》等事项
	6月16日	研究安全生产工作，学习贯彻习近平总书记对湖北十堰市燃气爆炸事故重要指示精神和李克强总理批示精神，研究布置当前和下一阶段全区安全稳定工作
	7月12日	讨论《区政府工作报告（讨论稿）》、听取《关于2020年国民经济社会发展计划预计执行情况和2021年计划（草案）》等事项
	8月11日	传达学习习近平总书记在西藏考察时的重要讲话精神，讨论《关于全面推进乡村振兴着力加快农业农村现代化建设的实施意见》等事项

续表11

会议类别	召开时间	主要内容
区管委会主任会议（区政府常务会议）	9月8日	传达学习习近平总书记在中央党校（国家行政学院）中青年干部培训班开班式上的重要讲话精神，讨论《高港区农村综合性改革试点试验实施意见》等事项
	10月13日	传达学习习近平总书记在陕西榆林考察期间的重要讲话精神，讨论《泰州医药高新区（高港区）政府投资管理办法》等事项
	11月12日	讨论泰州医药高新区（高港区）2021年工业经济专项考核办法、科技创新专项考核办法等事项
	12月16日	讨论《泰州医药高新区（高港区）自然资源和规划管理委员会议事规则（讨论稿）》等事项
	12月21日	讨论《泰州医药高新区（高港区）国有企业高质量发展考核实施方案》等事项
	12月29日	专题讨论《2022年政府工作报告（讨论稿）》
主任（区长）办公会议	1月15日	研究关于缴纳2020年报批项目耕地占用税等事项
	3月25日	研究关于鼓励企业外地员工春节期间留泰过节补贴审核等事项
	4月28日	研究关于调整区行政审批局“一办两中心”、政务分中心窗口审批人员月度考核奖等事项
	8月11日	研究关于拨付覆盖拉网式农村环境综合整治项目尾款等事项
	9月8日	研究关于2021年泰州医药高新区（高港区）体育为民突破行动经费等事项
	10月13日	研究关于申请土壤重点监管单位周边土壤和地下水监测资金等事项
	11月12日	研究关于申请报废及新购置环卫车辆的请示等事项
	12月16日	研究关于泰州医药高新区（高港区）城乡网格化服务管理费用等事项
	12月21日	研究关于商请开展2021年疫情防控资金审计等事项
专题会议	1月11日	协调泰州港经济开发区、泰州港核心港区、白马镇、大泗镇、城投公司、引江公司相关事宜
	1月12日	协调关于高港实验学校、高港实验小学南门道路连通改造项目等有关问题
	1月14日	协调泰州口岸船舶有限公司恢复修船项目事宜
	1月14日	协调关于统之幸料理袋生产与加工、益海稻谷深加工二期等5个工业投资项目评估问题
	1月15日	协调关于曼德电子地块调整相关事宜
	1月29日	协调关于泰州口岸船舶有限公司利用伟业拆船码头参与砂石作业相关事宜
	2月4日	协调关于泰州内河港市区港永安洲作业区古马干河PC码头工程项目评估问题
	2月5日	协调关于泰州口岸船舶有限公司现场服务交办事项
	2月5日	协调关于扬子江圣森制药项目涉及永安洲镇永兴社区进保问题
	3月4日	协调关于城建重点项目任务清单制定等有关问题
	3月12日	协调关于临港经济园、泰州港核心港区、大泗镇、创鸿公司相关事宜
	3月22日	协调关于临港经济园债务化解相关问题
	3月22日	协调关于2021年城建重点项目计划编制等有关问题
	3月23日	协调关于国有建设用地使用权供应问题
	3月22日、23日	协调关于区城投公司放弃中交泰州投资建设有限公司股份优先购买权等有关问题
	4月6日	协调关于部分城建重点项目“四方责任”清单编制等有关问题
	4月14日	协调关于圣森生物制药、风电齿轮箱传动部件等5个工业投资项目评估问题
	4月20日	协调关于白马镇、大泗镇、胡庄镇平台公司提级管理问题
	4月23日	协调关于高港区冷链物流（农资）配送中心项目建设等有关问题
	5月12日	协调关于区现代农业产业园区市级财政资金项目结余资金使用问题
	5月25日	协调关于医学及安防射线探测材料等2个工业投资项目评估问题

续表11

会议类别	召开时间	主要内容
专题会议	5月31日	协调关于王营社区新华组、新民组征地补偿及人口安置等问题
	6月22日	协调关于田河初级中学、柴墟河南侧、益海粮油拟征用地块林地征占用报批等问题
	6月25日	研究关于省运会击剑人才引进相关问题
	7月7日	协调关于盘活引江公司项目资金及下达专项转移支付问题
	7月20日	协调关于长城汽车项目等有关问题
	7月27日	协调关于高港实验小学、高港实验学校南门道路连通改造工程路基方案变更等问题
	8月13日	协调关于国有建设用地使用权供应问题
城乡规划委员会会议	1月8日	研究国土空间总体规划近期实施方案编制等事项
	3月25日	研究泰州港核心港区控制性详细规划调整等有关事项
	7月23日	研究田河小学拟征用地规划红线等事项

民生实事项目

【概况】 2021年，泰州医药高新区（高港区）共实施民生实事人大票决项目10大类，分别为加大教育惠民力度、提升医疗服务水平、提高养老保障能力、改善农村公共设施、方便人民群众出行、推进宜居城市建设、老旧小区改造提升、营造平安生活环境、打造体育健身服务圈、打通便民“最后一公里”，包括具体项目26个。至年末，各项目顺利完成年度目标任务。

【加大教育惠民力度】 实施大泗中心幼儿园异地重建项目，完成新城荣樾幼儿园装修工程。责任单位为区教育局、大泗镇。至年末，完成大泗中心幼儿园建设，占地面积8830平方米，建筑面积5710平方米，办学规模5轨15个班；完成新城荣樾幼儿园装修，占地面积5620平方米，建筑面积4339平方米，办学规模4轨12个班。

建设高港实验小学东校区，6轨36班，总用地面积4.2万平方米，总建筑面积1.96万平方米，建设目标为2021年完成主体工程量的60%。责任单位为区教育局。至年末，2号教学楼和3号艺体东楼完成结构混凝土主体施工，4号艺体西楼、风雨操场、食堂14.5米梁柱浇筑和钢结构预埋完成，一层墙体砌筑结束。

推进学校集团化办学，组建5个教育集团。责任单位为区教育局。至年末，组建东方明珠幼儿园教育集团、高港实验小学教育集团、高港实验学校教育集团、泰州市凤凰小学教育集团（泰州市周山河小学）、泰州医药城实验小学教育集团5个教育集团，各教育集团常态化开展教育教学工作。

加强学生近视防控，改造提升4所义务教育学校教室照明。责任单位为区教育局。至年末，完成太湖路小学、扬子江小学、永安洲小学、扬子江初中4所学校教室照明改造。

【提升医疗服务水平】 实施“健康惠民一号工程”，为全区居民免费提供幽门螺旋杆菌和肠癌早期筛查服务。责任单位为区卫生健康委。至年末，完成合格样本10.17万例。

实施许庄街道社区卫生服务中心异地重建项目。用地面积约1公顷，建筑面积约8500平方米，新设床位45张。责任单位为区卫生健康委、许庄街道。至年末，建成5层

泰州市高港实验小学东校区　　区住房城乡建设局　供图

主楼、3层配套楼房及设施。

【提高养老保障能力】 完成特殊困难老年人家庭适老化改造275户，对特困老年人家庭进行厨房、居室、地面、卫生间、康复辅助器适配等改造。责任单位为区社会事业和退役军人事务局。至年末，项目完工并完成审计验收。

新建、改建农村区域性养老服务中心2所、失能（失智）特困老年人集中供养服务机构1所。责任单位为区社会事业和退役军人事务局。至年末，完成白马敬老院、口岸敬老院和区老年养护院升级改造。

【改善农村公共设施】 实施中型灌区续建配套与节水改造工程，疏浚整治干支渠7条。责任单位为区农业农村局。至年末，完成许庄河、中心港、肖崇中沟、单庄河、杨营中沟、大寨河、红星河7条河道疏浚整治，累计完成护岸长24.36千米、绿化面积约24万平方米。

实施高标准农田建设项目，建设许庄街道高标准农田333.33公顷，主要建设泵站、渠道、涵洞、机耕桥、机耕路等农田基础设施，主要涉及许庄街道乔杨社区和钱赵村。责任单位为区农业农村局。至年末，建成电灌站4座、桥梁3座、涵洞32座、硬质渠道3.3千米、机耕路9.7千米。

【方便人民群众出行】 实施农村公路安全生命提升工程，增设农村公路交通安全设施479处。责任单位为泰州医药高新区交通分局。至年末，项目已完工。涉及4个街道和1个乡镇，涉及路段共计167条，总里程达278千米，其中安防工程实施里程75千米，已增设农村公路交安设施479处。

完成江洲路南延（扬子港桥—永定西路段），全长400米。责任单位为区住房城乡建设局。至年末，项目完工。

实施高港实验小学、高港实验学校南门道路连通改造工程，按照城市道路支干道建设标准改造，全长约150米。责任单位为区机关事务服务中心。至年末，项目完工，拆除建筑4幢，迁移配电设施6座，新建高港实验学校配电房1所，改造道路280米，连通道路150米。

【推进宜居城市建设】 实施东方明珠二期公租房工程，共326套，面积约2.3万平方米。责任单位为区住房城乡建设局、泰州引江城市开发建设有限公司。至年末，完成东方明珠二期54、55栋楼共326套房的装修任务。

实施棚户区改造工程，新开工棚户区（城中村）改造10万平方米。责任单位为区住房城乡建设局。至年末，完成凤凰街道杨庄社区、寺巷街道二桥社区、口岸街道城东社区棚改搬迁，合计完成协议签订515户、拆除面积15.35万平方米。

实施王营河东岸文体广场项目，占地面积约5.7万平方米，增设健身步道、健身广场、儿童活动场所、文化小品等。责任单位为区住房城乡建设局。至年末，完成健身步道约3800米、绿化整改约5.7万平方米、沿河栏杆改造约2200米、文化小品节点改造和2个景观墙提升，新建儿童活动场所1处、健身场地1处、景观桥2座。

实施城区3个片区污水管网改造工程，新建、改建健康大道、高港大道、通河路等污水管网5.2千米。责任单位为区住房城乡建设局。至年末，完成医药园区污水转输及泵站改造、健康大道泵站转输、高港大道（通港路）及通河路等污水管网改造工程，长度共9.5千米。

新增生活垃圾分类省级达标小区24个。责任单位为区住房城乡建设局。至年末，建成垃圾分类达标小区33个，其中，省级达标24个，市级达标9个。

新建、改建公厕2座。责任单位为区住房城乡建设局。至年末，新建刁东路公厕1座，升级改造海仑路公厕1座。

【老旧小区改造提升】 对港城花苑、工商税务家属区、扬子江家属区、幸福小区、祥和花园一期5个小区实施雨污分流改造，配套实施道路、绿化恢复和停车位增设等工程。责任单位为区住房城乡建设局。至年末，港城花苑已完成雨污水管网改造1200米、沥青路面摊铺约8000平方米，新增车位500个、景观路灯约80盏，新建党建文化广场、休闲广场各1座。工商税务家属区实施门头出新，完成雨污水管道铺设330米、墙面及楼道翻新约4400平方米、路面出新1560平方米，更换落水管630米，新增外墙线槽140米，建设楼道告示栏、垃圾分类站。扬子江家属区完成墙面及楼道翻新约6800平方米，更换落水管620米，新增外墙线槽350米，建设门卫室、车棚、楼道告示栏、垃圾分类站。幸福小区完成全部18栋楼周边及小区主次干道雨污分流改造、路面硬质化恢复和停车位增设。祥和花园一期完成全部20栋楼周边及小区主次干道雨污分流改造、路面硬质化恢复、停车位增设和公共厕所改造。

【营造平安生活环境】 推进城市公共安全，组织全区开展标准地址二维码门牌管理专项行动。责任单位为区公安分局。经核实确认，全区共需安装标准地址二维码门牌23.59万个，至年末，完成全部安装任务。

打造城区3公里公安综合便民服务圈，依托城区派出所、警务站、社区警务室等，设立服务点20个，为群众就近提供户政、车驾管、出入境等部分高频服务。责任单位为区公安分局。至年末，建成明珠街道综治中心、高港公安综合审批服务中心等20个公安综合便民服务点。

【打造体育健身服务圈】 完善15分钟城乡健身圈，新建改建全民健身点35处。责任单位为区党工委（区委）宣传和统战部。至年末，建成刁铺街道明发社区、白马镇陈家村等35处全民健身点。

推动全民健身中心体育场免费向社会开放，全民健身中心体育馆、体育文创中心体育馆分时段低收费开放。责任单位为区党工委（区委）宣传和统战部。至年末，高港区全民健身中心室外场所实现免费向社会开放，综合馆、游泳馆实行分时段低收费开放，其中，护士节、教师节、妇女节、全民健身日当天免费对相关人群开放；泰州医药高新区体育文创中心通过微信公众号预约场馆服务，实行分时段低收费开放。

【打通便民“最后一公里”】 建成基层为民服务中心示范点12个。责任单位为区行政审批局。至年末，建成12个为民服务中心示范点，实现镇街全覆盖。

建成标准化农村（社区）集体聚餐“阳光宴会厅”8个、智慧农贸市场“阳光菜篮子”2个、“阳光厨房（食堂）”100个。责任单位为区市场监管局。至年末，完成寺巷街道三野社区、口岸街道田河社区等9个“阳光宴会厅”建设；建成泰州市天鲜农贸市场、泰州市川裕农贸市场（胡庄市场）2个智慧农贸市场，通过“阳光菜篮子”达标验收；接入阳光平台，建成“阳光厨房（食堂）”207个。　（谢丽丽）

行政审批

【概况】 2021年，泰州医药高新技术产业开发区行政审批局和泰州市高港区行政审批局合并，组建泰州医药高新技术产业开发区（泰州市高港区）行政审批局（简称区行政审批局），为区管委会（区政府）职能机构，副处级，挂区政务服务管理办公室牌子。原下属参公事业单位泰州市高港区政务服务中心更名为泰州医药高新技术产业开发区（泰州市高港区）政务服务中心（简称区政务服务中心），机构规格仍为相当正科级，公益一类事业单位。整合原下属全额事业单位泰州医药高新技术产业开发区政务服务中心、泰州市高港区公共资源交易中心的职责，组建泰州医药高新技术产业开发区（泰州市高港区）公共资源交易中心（简称区公共资源交易中心），机构规格相当正科级，公益一类事业单位。全年区行政审批局办理施工许可99件，商品房预售许可26件，建筑业企业资质440件，二手房网签2207件，商品房租赁332件，审图合格证46份，项目核准8件，项目备案759件，节能审查252件，项目环评136件，组织联合会商15次，组织专家评审会18次，食品经营许可139件，新登记各类型企业2041户，变更登记各类型企业2220户次，迁入、迁出253户次，注销各类企业1950户，药品零售经营许可新办21户，第三类医疗器械经营许可474件，第二类医疗器械经营备案417件，第一类医疗器械产品备案892件，第一类医疗器械生产备案148件，执业药师注册127件。

【“四联合”改革】 4月，区政府印发《高港区工程建设项目审批“四联合”工作机制》，全面推行项目审批联合会商、联合踏勘、联合验收、联动服务“四联合”。对涉及环境风险和安全隐患比较大、选址敏感等建设项目开展联合会商，对需要两个及以上单位到项目建设现场实地踏勘的实施联合踏勘，对工程所涉及的规划、消防、档案等验收事项开展联合验收，推行纵向市、区、园区（镇街）三级统筹协调、横向职能部门密切协作配合的联动服务模式，形成“职责明确、信息对称、衔接顺畅、协同高效”的工作机制。全年办理“四联合”项目7个。

【“告知承诺制”改革】 5月，区政府印发《推行工程建设项目“告知承诺制”实施办法（试行）》，对全区重点民生和省（市）重大项目推行“告知承诺”，将社会信用体系建设与工程建设项目审批制度改革创新结合，形成“政府定标准、企业作承诺、过程强监管、信用有褒惩”项目审批新模式，实现由“先批后建”向“先建后验”转变，实现重大工程建设项目开工“零等待”，提高项目审批服务效率，激发市场主体活力。全年办理“告知承诺制”项目16个。

【企业开办标准化建设】 2021年，区行政审批局联合市行政审批局在全省率先起草编制企业开办团体标准《企业开办专区服务规范》（T/TZAS 001—2021），10月15日正式发布，并在全市同步推进实施，持续压缩企业开办时间，提供便捷高效的企业开办服务。

【“一件事一次办”改革】 2021年，区行政审批局制定出台医疗器械、药品等领域“一件事一次办”实施方案。线下打造“一件事一次办”服务专区，将窗口服务延伸至镇街为民服务中心，构建“镇街前台指导申请、部门后台分类审批”的服务格局。线上推行全程电子化，构建跨部门综合业务平台，上线包含“我要开药店”等43个“一件事”，为办事者提供“一点式”办理入口，实现多部门联审联办、全程网办。

【“跨区域通办”改革】 2021年，区行政审批局梳理形成企业开办、不动产登记、社保、医疗等办事频率高、需求量大的“跨区域通办”事项130项，以“统一标准、相互授权、异地受理、远程办理、协同联动”为原则，通过“线上+线下”融合服务，推行同一事项“无差别受理、同标准办理”，实现企业、群众“办事不出门、服务零距离”。其中，与山东、新疆等地建立“跨省通办”战略协作关系，确定跨省通办事项清单63项，包括企业开办、不动产登记等与群众生活密切相关的事项。全年办理“跨区域通办”事项1万余件。

【“一业一证”改革】2021年，区行政审批局在药品经营、人力资源、文化领域、医疗器械经营等行业探索试行“一业一证”改革，将市场主体进入特定行业经营涉及的多张许可证整合为一张行业综合许可证，申请人只需到一个窗口，提交一套材料，进行一次现场核查，即可完成事项的办理，大幅降低行业准入成本，实现一次告知、一表申请、一窗受理、一证准营。全年发放行业综合许可证215张。

【“互联网+政务服务”建设】2021年，区行政审批局按照“四级四同”要求，组织区级部门核对确认江苏政务服务网事项清单，实时认领新增事项，动态更新办事指南。优化升级政务服务旗舰店，建设老年人服务专栏。根据应归尽归原则，常态化开展电子证照数据归集、“互联网+监管”目录清单认领、监管行为数据报送等工作。依托政务服务管理平台，将“好差评”评价系统延伸至镇（街道）、村（社区），实现区级、镇（街道）、村（社区）三级政务服务中心全覆盖。全年归集电子证照目录清单116类，电子证照数据16.69万件，认领监管目录清单281项，监管行为覆盖率100%，产生“好差评”办件评价206.43万条，好评率100%。

【基层政务服务体系建设】2021年，区行政审批局推进镇街为民服务中心标准化建设，完善大厅功能区域和便民设施，打造“全科窗口”，推进公安、科技创新等公用服务事项进驻。刁铺街道、永安洲镇、大泗镇完成24小时自助服务区建设，为办事者提供政务服务、人社、燃气、水费等自助服务。探索将市民卡充值、换卡等7项高频事项延伸至基层为民服务中心办理，在全市率先实现市民卡“全城通办”。

【重大项目审批服务】2021年，区行政审批局持续深化“全科店小二”服务，推行“‘清单式’精细化管理、‘专班式’个性化服务、‘集成式’定制化帮办”服务模式，建立项目“一企一卡”、服务“小专班”，定期梳理“红黄绿”项目进度报表，有效保障项目审批快速推进。全年组织项目会商15次，完成会商项目18个，组织现场办公会、远程视频会等活动10余次，走访蓝思精密（泰州）有限公司、扬子江药业集团、长城汽车股份有限公司泰州分公司等企业30余个，上门服务100余次，70余个项目形成“一企一卡”。

【政府采购】2021年，区公共资源交易中心推进“互联网+政府采购”建设，完成全市首个全流程线上“不见面开标”项目（泰州市高港实验小学校服采购），交易“不见面”项目占比达96%。全年共完成政府采购项目36项（集中采购23项，分散采购13项），政府采购预算19459.58万元，实际采购交易金额17984.83万元，节约资金1474.75万元，资金节约率7.6%。（张明东）

机关事务管理

【概况】2021年，区党政办（机关事务服务中心）有序完成融合改革涉改部门办公用房调整，持续推进办公用房管理“一张网”建设。全面推行公务用车“四定”管理，探索公务出行梯度保障机制建设。组织动员节约型机关创建，线上线下结合开展节能宣传周、全国低碳日等活动。做好会议、活动的保障工作，助力优化全区营商环境。健全人防、物防、技防相结合的安全保卫机制。

【工程项目建设】2021年，区党政办（机关事务服务中心）承建工程项目11个，分别是区全民健身中心辅助道路连通改造重点工程项目1个，区纪（工）委监委业务技术用房附楼局部装修改造等常规工程项目7个，区退役军人服务中心装修改造等零星维修改造项目3个，总投资约1400万元。其中区全民健身中心辅助道路连通改造工程为区民生实事项目。

【机关资产管理】2021年，区党政办（机关事务服务中心）对全区党政机关的固定资产开展新一轮的统计，全面理清存量固定资产底盘。启动区级公物仓建设，实现闲置资产共享共用，累计入库资产180余件。规范和加强机关固定资产管理，配合审核处置区市场监管局、区统计局等部门资产224.05万元。

【公务用车管理】2021年，区党政办（机关事务服务中心）将泰州医药高新区、高港区212辆公务用车纳入“一个平台”集中统一管理。全面推行“四定”管理，严格参照执行泰州市级定点加油、保险、租赁有关要求，规范完成7个区级公车定点维修企业招标工作。探索推进“驻点车辆优先、统管车辆应急、租赁车辆补充”的梯度保障机制建设，统管车辆利用率提高20%。

【办公用房管理】2021年，全区共调整办公用房面积约1.6万平方米。持续推进党政机关办公用房管理“一张网”建设，实现全区机关办公用房资源集中统一管理，提升管理效能，增强监督制约。

【机关后勤服务】2021年，区党政办（机关事务服务中心）配合完成区级机关核酸检测演练3次。做好餐饮保障、会议服务等关键环节，防范聚集风险。做好两区融合办公保障，配合完成27个部门（单位）办公地点搬迁工作，调配、维修桌椅等160余件（套）。配合举办各类会议1950余场次。保障机关应急公务、机要通信、接待调研等出行5000余次。落实综治联防责任，配合公安、信访等部门接待群众上访。落实安全管理责任，完成水、电、气维修4300余次；引进红外测温、人脸识别等智能设备，健全人防、物防、技防相结合的安全保卫机制，推进平安机关建设。（刘贤臣）

信　访

【概况】 2021年，区信访局共接待到区上访256批、395人次，受理人民来信744件，受理上级交办和领导批示件42件。跟踪督办区委办流转群众致市委书记来信28件，受理复查案件5件。重复信访治理专项工作国家信访局交办58件、报结58件。报结省以上交办城乡建设领域信访问题47件。全区阳光信访信息系统共受理信访件873件，网上信访登记605件。

【领导干部接访下访】 2021年，区党政联席会议4次专题研究信访工作，听取信访工作汇报。实行区党政领导干部提级包案，每名领导挂钩一件重点信访事项。聚焦"百日攻坚"重点攻坚信访事项，在省交办基础上，对照排梳重点问题13个，逐一落实领导包案、成立工作专班。区党政领导接访下访170批，化解信访问题165批。

【信访工作标准化建设】 2021年，区信访局加强对交办件及纳入"最多访一次"信访件的跟踪指导，提醒各镇街重视矛盾化解，重点做好信访群众的思想疏导工作，提高初信初访化解率。开展信访积案化解优秀案例评选和信访系统业务技能竞赛。加强日常网上巡查督促。全区阳光信访信息系统共受理信访件873件，信访部门、责任单位及时受理率均达100%，按期办结率100%；信访部门、责任单位参评率均达100%；信访部门、责任单位满意率分别为81.03%、72.71%；网上信访登记605件，网上信访占比88.32%，信访标准化率100%。

（王夏年）

对口支援与合作

【对口支援陕西咸阳市淳化县】 3月9日，淳化县党政代表团到泰州医药高新区（高港区）参观考察，两地召开对口协作联席会议。10月22日，泰州医药高新区（高港区）与淳化县举行对口协作协议视频签约仪式，两地共16个镇街（园区）、20个村（社区）签订对口协作和经济合作协议。11月27日，泰州医药高新区（高港区）代表团赴淳化县对接交流，在淳化县召开对口协作暨全面推进乡村振兴联席会，签订《对口协作和乡村振兴战略框架协议》，为淳化县捐赠对口帮扶资金100万元。全年共选派党政干部4人（2人轮换）、支教支医支农人员18人到淳化县挂职帮扶，8个镇街（园区）、10个社区、4所学校、2所医院分别与淳化县有关方建立结对帮扶关系，支持淳化县各类援助资金2020余万元，其中，苏陕协作资金1700万元，区、镇额外援助资金200万元，村（社区）、社会组织、企业个人累计捐赠各类社会帮扶资金120余万元，帮助淳化县向东部地区销售特色农副产品超870万元。

【援藏援疆工作】 6月1—2日，新疆伊犁州党政代表团到泰州医药高新区（高港区）考察，实地察看长城汽车股份有限公司泰州分公司、扬子江药业集团等处。12月上旬，西藏曲水县党政代表团到泰州医药高新区（高港区）考察。江苏省口岸中学新疆部共设12个班，学生496人，包含汉族、回族、维吾尔族、哈萨克族等11个民族。（谢丽丽）

【医疗卫生对口支援】 2021年，泰州医药高新区（高港区）选派14名医护专家到陕西省淳化县开展医疗卫生对口支援，帮助淳化县人民医院、中医院提升外科、心内科、肿瘤科、检验科、针灸推拿科、临床护理的诊疗能力和管理水平。接受淳化县到泰州医药高新区（高港区）挂职交流医护人员7人，安排泰州市中西医结合医院、泰州市第三人民医院、高港中医院市级重点专科主任进行一对一专家带教。

（赵亚萍）

【淳化农副产品销售】 12月31日，区商务局配合淳化县商务局、淳化县农业农村局，协助淳化啧啧棒农业有限公司江苏泰州高港区淳化农特产品配送中心（位于咸阳消费帮促馆内）开展"迎双节、抗疫保畅——淳化特色农产品网络销售活动"。活动分别在淳化县、泰州医药高新区（高港区）开展，区内组织直播4场，上架淳化特色农特产品10余种，线上销售农副产品约1300单，实现销售5万余元。2021年，淳化农特产品配送中心开展直播带货活动10余场，销售淳化"马栏红"苹果、周至猕猴桃、淳化荞面饸饹等农副产品，共销售扶贫产品676.72万元、特色农副产品1248.02万元。

（周　洪）

政协泰州市高港区委员会

综　述

【概况】 2021年，政协泰州市高港区第五届委员会共有界别19个，包括中共、工商联、无党派人士、工会、共青团、妇联、侨联、台联、文艺、新闻、教育、体育、医药卫生、农业和农村、经济、少数民族、宗教、科技、特邀。区政协委员161人，其中，退出委员8人，增补委员5人。在泰州医药高新区（高港区）的市政协委员34人。区政协党组有书记1人、党组副书记2人、党组成员4人（不包括书记、副书记）。区政协机关党组有成员5人，其中书记1人。区政协常务委员会有主席1人、副主席5人、常委24人。区政协有内设机构6个，分别为办公室、提案委、学习文史委、经济城乡建设委、科教文卫体委、社会法制委。全年区政协召开全体会议1次、常委会议5次、主席会议3次，共讨论通过事宜30项；收到委员提案210件，立案150件，所立提案全部办复，委员满意率和基本满意率100%，表彰优秀提案15件；开展调研10次，形成调研报告10篇；组织视察、议政活动4次，提出意见、建议12条。（朱　娟）

【文史编研】 2021年，区政协围绕1983—1991年政治、经济、文化、教育、卫生、社会生活等内容，编撰《高港文史》（第十辑），计53篇近28万字。召开高港区历史文化研究会理事会（扩大）会议，举办“高港治所考”研讨会，编撰历史文化系列丛书《千年高港县治考》《千年柴墟岳文化》。组织“新大明轮事件”专家研讨等活动。先后在《泰州日报》《泰州晚报》《钟山风雨》《大江南北》《新周刊》《江苏老龄》等报刊发表高港文史资料近14万字。邀请中国佛教协会副会长、江苏省佛教协会会长、寿胜寺住持心澄法师，评论家、作家、书法家王干等文化界知名人士，在寿胜寺开展“王干禅文化”研讨活动。6—7月，开展文史资料“进学校、进机关、进社区、进企业”活动。（李文华）

【界别作用发挥】 2021年，中共界别联合刁铺街道开展“闲置资产‘活起来’，乡村振兴‘香起来’”协商议事活动；工商联界别联合胡庄镇开展“擦亮‘江水清沙’品牌，富足养殖户口袋”协商议事活动；农业和农村、工会、共青团、妇联界别联合白马镇开展“把脉农旅融合，助推乡村振兴”协商议事活动，助力乡村振兴；经济界别开展“推进‘健康惠民一号工程’”协商议事活动，医疗卫生、文艺、新闻、教育、体育界别与许庄街道联合开展“提高‘两癌’检查工作质效”协商议事活

2021年9月26日，区政协农业和农村、工会、共青团、妇联界别联合白马镇开展“把脉农旅融合，助推乡村振兴”协商议事活动　　白马镇　供图

动，关注群众健康；科技界别联合大泗镇开展“加快推进医疗器械产业转型和创新发展”协商议事活动，助推大泗医疗器械产业发展；无党派界别联合口岸街道开展“舰艇文化园开园事项”协商议事活动；特邀、少数民族、宗教、侨联、台联界别联合永安洲镇开展“疏港一路交通安全隐患整改”协商议事活动。

【“有事好商量”协商议事工作】2021年，区政协巩固提升“有事好商量”协商议事工作。4月7日，区政协召开五届十八次常委会会议暨“有事好商量”巩固提升年活动部署会。5月10日，召开“有事好商量”巩固提升年活动推进会暨召集人培训会。5—6月，集中开展“界别协商与基层协商融合互促协商议事月”和“村规民约立起来，人情新风树起来”专题协商议事活动。9月，开展“有事好商量·民生专题协商议事月”暨“‘七一’讲话·协商议事室委员来宣讲”活动。全年开展议事活动310场次，累计7596人次参与，推动解决民生问题287个，“学习强国”学习平台、“交汇点新闻”移动客户端、新华网等媒体宣传报道相关活动信息200余条次。召开“有事好商量”两区融合专题问政建言议事会，建议争取优质资源向高新区集聚倾斜、特区建设需要特殊政策；组织部分政协委员、群众代表与区住房城乡建设局、口岸街道、江苏大江建设工程有限公司、口岸街道蔡滩社区及新城社区主要负责人召开文明城市创建工作“现场议事会”；针对部分政协委员反映江苏省口岸中学放学时段交通拥堵问题，以“四不两直”方式召开“路灯下的议事会”，组织部分委员与学校、交警、教育、住建（城管）、口岸街道等单位和部门负责人开展议事活动。《人民政协报》、《人民日报》（海外版）、新华网、央广网、“江苏政协”微信公众号和《江苏政协》杂志等媒体报道。邀请区老年书画协会成员召开“文化促融合”协商议事，在泰州海军舰艇文化园召开“千年一曲 厚泽两高”——区政协“做深做实‘春江花月夜’大文章”研讨协商会。《人民政协报》头版头条报道的《大江东去——江苏“有事好商量”制度化探索启示录》，多处采用区政协协商议事工作案例和工作经验。口岸街道引江社区“传承发扬孝文化，村规民约树新风”“有事好商量”协商议事案例入选省政协《“有事好商量”案例汇编》。刁铺街道指导泰州鑫联诚润生物技术有限公司开展的“联企助企行动”协商议事活动入选省政协《“有事好商量·民生专题协商议事月”典型案例选编》。政协委员毛庆武文章《做好一名负责任的召集人》入选省政协《“有事好

2021年9月23日，区政协召开文明城市创建路边议事会

区政协办　供图

2021年3月17日，永安洲镇政协委员活动小组开展一季度“政协委员工作日”活动，组织政协委员走进农贸市场，视察农贸市场电子信息系统改造项目

永安洲镇　供图

商量 我是召集人”协商议事室召集人心得体会》。

【“政协委员工作日”活动】 2021年，区政协分别于2月、8月、11月组织开展“政协委员工作日”活动。通过调研视察、座谈走访等形式，宣传中共十九届六中全会、习近平总书记系列重要讲话精神，帮助村（社区）理清工作思路，听取基层群众对政协工作的建议。结合大走访大落实新风行动、挂钩扶贫等要求，开展调查研究，听取基层意见建议，撰写提案，反映社情民意信息。围绕事关群众切身利益的急难愁盼问题，组织委员开展“有事好商量”协商议事活动，助力办成“百件小事”。以社情民意信息等形式，向区委、区政府反映建议100余条。到镇（街道）、村（社区）开展“送服务、送政策”和“送医送药”下乡镇、进社区义诊活动；组织慰问贫困群众，参与爱心募捐活动。

【交流联谊活动】 2021年，区政协接待到区内考察的省政协调研组以及广东、广西、浙江、河北、安徽等省内外兄弟政协单位25批次。做好《人民政协报》调研、省政协调研组“有事好商量”协商议事工作调研等的组织、接待工作，配合市政协在高港区召开五届六十五次主席会议，开展“走进委员”活动、“促进园区高质量发展”等调研活动。区政协之友联谊会组织到兴化开展参观考察活动，举办“重阳早茶议事会”，组织区政协委员参加全市政协机关乒乓球友谊赛。（朱 娟）

重要会议

【区政协五届五次会议】 7月19—21日，区政协五届五次会议召开。应到委员161人，实到155人。会议听取并讨论泰州医药高新区党工委、高港区委主要负责人的讲话；听取并审议区政协主席所作的常委会工作报告和区政协副主席所作的提案工作情况报告；列席区五届人大五次会议，听取并讨论政府工作报告。泰州医药高新区党工委、高港区委主要负责人，泰州医药高新区管委会、高港区政府主要负责人等区领导到会听取委员大会发言，3名副区长对委员发言作出回应。会议补选陈志斌为政协高港区第五届委员会副主席，沈虹振为政协高港区第五届委员会秘书长。会议表彰2020年度政协工作优秀镇（街道）、优秀政协委员和五届四次会议以来的优秀提案，通过区政协五届五次会议决议。

【区五届政协常委会会议】 2021年，区五届政协共召开常委会会议5次。

五届十八次常委会会议 4月7日召开。传达学习全国两会精神以及市政协“有事好商量”巩固提升年活动推进会精神，通过区政协2021年度工作要点、协商计划和区政协委员调整事项，2020年度优秀政协委员、政协工作优秀镇（街道）、区政协五届四次会议以来优秀提案表彰名单，2020年度区政协社情民意信息先进个人及先进集体表彰名单和稿费发放方案。部署2021年政协工作及“有事好商量”提升年活动。

五届十九次常委会会议 7月15日召开。传达学习区党工委（扩大）会议暨区委五届七次全会精神，通过关于召开区政协五届五次会议的决定、会议日程（草案）、区政协五届常委会工作报告、区政协五届常委会关于五届四次会议以来提案工作情况的报告及报告人，通过区政协决议起草委员会、提案审查委员会成员调整方案、区政协五届五次会议分组及召集人名单。通过人事任免和委员调整事项。

五届二十次常委会会议 7月19日召开。听取区委关于政协人事安排的说明，协商候选人建议名单和监票、计票人员建议名单。

五届二十一次常委会会议 7月21日召开。听取各组讨论泰州医药高新区党工委、高港区委主要负责人讲话，政府工作报告，政协常委会工作报告，提案工作情况报告，会议决议（草案）及酝酿候选人和监票、计票人员建议名单的情况。

五届二十二次常委会会议 12月17日召开。听取全区经济社会发展情况通报、区政协五届五次会议以来提案办理情况通报以及相关承办单位办理提案情况的汇报。泰州医药高新区管委会、高港区政府主要负责人出席会议，听取委员意见，提出工作要求。部分常委、委员建言献策。对民生类重点提案办理质量进行民主测评。

【区五届政协主席会议】 2021年，区五届政协共召开主席会议3次。

五届十八次主席会议 4月7日召开。通过区政协2021年度工作要点、协商计划和区政协委员调整事项，2020年度优秀政协委员、政协工作优秀镇（街道）、区政协五届四次会议以来优秀提案表彰名单，2020年度区政协社情民意信息先进个人及先进集体表彰名单和稿费发放方案。通过区政协五届十八次常委会会议方案。

五届十九次主席会议 7月15日召开。通过关于召开区政协五届五次会议的决定、会议日程（草案）、区政协五届常委会工作报告、区政协五届常委会关于五届四次会议以来提案工作情况的报告及报告人，通过区政协决议起草委员会及提案审查委员会成员调整方案、区政协五届五次会议分组及召集人名单、区政协五届十九次常委会会议方案。通过人事任免和委员调整事项。

五届二十次主席（扩大）会议 10月18日召开。开展“三走进、促融合”（政协工作走进园区、走进镇街、走进企业，促进工作融合、思想融合、人心融合）活动，主席会议成员、政协相关委办负责人实地走访江苏科成有色金属新材料有限公司、寺巷街道和电子信息产业园，听取产业融合、社会治理、创新转型、文明创建等方面情况汇报并建言献策。（朱 娟）

协商议政

【委员议政】 2月20日，区政协组织16名政协委员与区住房城乡建设局、区城管局、区文化体育和旅游局、区民宗局、区公安分局、区交通分局、区消防大队、交警高港大队、区城投公司、区网管中心、口岸街道、刁铺街道召开“产城融合中的城市管理进步”协商议政会。建议突出规划建设引领、突出管理方式创新、突出健全相关机制。

9月17日，区政协社会法制委组织10名政协委员与区财政局、区社会事业和退役军人事务局、区住房城乡建设局、区卫生健康委、高港医保分局以及口岸街道、永安洲镇召开养老服务体系建设工作“回头看”暨委员议政会。建议坚持系统谋划、统筹规划，坚持改革创新、推陈出新，坚持共同履责、服务尽责。

10月29日，区政协经济城乡建设委组织10名政协委员与区住房城乡建设局、高港自然资源和规划分局、口岸街道召开城市绿化提档升级委员议政会。建议坚持统筹规划，着力提升城市绿化整体水平；突出精品意识，致力推动城市绿化提档升级；强化精细管理，努力提高城市绿化管养质效。

【专题调研】 4—6月，区政协围绕推进公共法律服务体系建设工作开展专题调研，形成《关于推进公共法律服务体系建设工作情况的调研报告》。指出公共法律服务基层基础建设比较薄弱、经费保障仍有欠账、联动协作工作机制需要完善等问题。建议突出强基固本，进一步优化公共法律服务队伍；突出多措并举，进一步健全公共法律服务保障机制；突出服务便捷，进一步推进公共法律服务平台建设；突出均衡发展，进一步提升公共法律服务管理水平。

6—7月，区政协围绕新区开发中文化发掘开展专题调研，形成《新区开发中文化发掘的思考与建议》。指出文化定位不高、文化元素流失、文化发掘乏力、文化脉络模糊、文化开发低效等问题。建议把思想文化化为发展恒力、把文脉守护当作历史责任、把文化传播视为品牌战略、用数字创意重塑文化产业、用市场手段拉升文化生态。

6—7月，区政协围绕优化营商环境工作开展专题调研，形成《关于优化营商环境的调研报告》。指出政务环境改善还有较大提升空间、惠企政策的落实有待进一步提升、企业融资难融资贵问题依然突出等问题。建议聚焦高效便利，进一步优化政务环境；聚焦融资难题，进一步优化金融环境；聚焦增强获得感，进一步优化政策环境。

7—8月，区政协围绕公益诉讼工作开展专题调研，形成《关于我区公益诉讼工作情况的调研报告》。指出宣传力度较弱，社会认知度、部门参与度不高；人员力量薄弱，队伍的整体专业化程度不高；配套支撑保障不足的情况较为突出；案件类型单一且数量不均衡等问题。建议找准切入点，全力服务保障两区融合发展大局；打好宣传牌，营造众知众推公益诉讼良好氛围；夯实基本功，进一步加强公益诉讼队伍自身建设；聚焦抓联动、抓投入、抓案源，全面提升公益诉讼办案工作整体质效。

8—9月，区政协围绕“进一步集聚人才，促进作用发挥”开展专题调研，形成《关于“进一步集聚人才，促进作用发挥”的调研报告》。指出人才结构有待进一步优化、政策奖励有待进一步提升、政策适用有待进一步整合、服务生态有待进一步优厚等问题。建议优厚政策奖补招引人才、做强特色产业聚集人才、发展职业教育培育人才、提升城市能级留住人才、多元工作格局用好人才。

9—10月，区政协围绕全区义务教育学校建设开展专题调研，形成《关于全区义务教育学校建设情况的调研报告》。指出建设步伐还需进一步加快、内涵发展还需进一步提升、名师群体还需进一步扩容、保障力度还需进一步加大等问题。建议扩大优质化供给、推进集团化办学、打造专业化队伍、建设协同化生态。

10—11月，区政协围绕财政金融支持实体经济开展专题调研，形成《关于财政金融支持实体经济的调研报告》。指出企业融资渠道单一，直接融资利用率偏低；部分企业风险意识差，企业管理不规范；新型金融业态发展滞后与实体经济发展要求之间存在矛盾；金融机构经营方向与实体经济发展融资需要之间存在矛盾；金融机构资金供给与实体经济发展融资特质之间存在矛盾；奖补资金效益有待提高；产业基金运作有待加强；融资担保机构建设有待提高等问题。建议着力解决区域内企业质态提升，扩大直接融资规模；深入营造良好金融环境，为企业发展提供优质金融服务；优化整合各类财政政策，发挥财政资金的节约集约效应，提高财政资金使用效益。

10—11月，区政协围绕旅游业融合发展开展专题调研，形成《关于高港旅游业融合发展的调研报告》。指出文化底蕴有待挖掘、基础设施配套有待提升、资源有待加大整合力度等问题。建议强化设计，推进全域旅游新发展；深挖文化，增添全域旅游新魅力；完善政策，提升全域旅游新环境；提升服务，完善全域旅游新体验。

10—11月，区政协围绕加快泰州国际集装箱港口发展开展专题调研，形成《关于加快泰州国际集装箱港口发展的调研报告》。指出基础配套设施有待进一步完善、航线航班数量偏少竞争力不强、同质化竞争加剧港口资源浪费、政策扶持力度有待进一步加强等问题。建议创新港口开发建设体制机制、加大集装箱码头资源整合力度、加大港口基础设施建设投入力度、多渠道加密航班开辟航线、加大政策扶持力度。

10—11月，区政协围绕基层社会治理工作开展专题调研，形成《关于基层社会治理工作情况调研报告》。建议围绕规范基层治理"一网格"，推进网格高效运行；围绕建强指挥调度"一中心"，推进实战实用实效；围绕打造综合执法"一队伍"，推进资源下沉联动。

【视察活动】 5月25日，区政协组织8名政协委员考察银川黄河军事文化博览园。年内，邀请海军转业退役干部士兵、社区群众代表等视察建设中的泰州海军舰艇文化园，听取情况介绍，开展座谈讨论。建议强化市级政府层面推动，形成泰州旅游新势力；强化区级政府政策扶持，提升高港旅游影响力；强化文旅体制机制建设，形成各大景区凝聚力。 （朱 娟）

民主监督

【提案工作】 2021年，区政协共收到提案210件，经审查立案150件。至年末，提案全部办理结束，委员满意率100%。已经解决和已被采纳的95件，占63.3%；列入计划逐步解决的51件，占34%；尚不具备落实条件的4件，占2.7%。

2021年高港区政协优秀提案一览表

表12

提案号	提案人	案　由
2155144	叶俊东、蒋震宇	加快推进医药高新区与高港区大健康产业融合发展
2155007	永安洲镇委员活动小组	深化国有企业改革，推进实体化经营
2155109	毛庆武、张长荣	整合资源，倾心打造全域旅游新亮点
2155032	左祥生	加快培育园区龙头企业和产业集群
2155106	何经天、都兴宇	启动实施农村人居环境整治提升五年行动
2155114	薛荣明	提高道路交通管理水平
2150030	张亚芳	补齐农村公共卫生短板，巩固脱贫攻坚成果
2155036	卢国平	推进高港综合物流园物流业高质量发展
2155054	薛雨生	加快发展职业教育培训
2155019	都兴宇	强化镇街一级安监环保属地责任
2155084	印　江	加强拆迁安置小区管理工作
2155119	朱宏俊、蔡卿、永安洲镇委员活动小组	持续深入推进校外培训机构治理
2155129	周鑫科	进一步加强海军舰艇文化园建设
2155140	张长荣	创新基层卫生人才管理
2155150	沈建、蔡晶	关于解决省口岸中学门前道路拥堵的建议

【社情民意信息】 2021年，区政协编发《社情民意信息》190期，其中，被全国政协《每日社情》采用8期，省政协采用11期，市政协采用16期，区领导批示13期。收集和反映"综合施策推进长江大保护工作""重视解决制药行业'卡脖子'问题"等社情民意信息190条。区政协被市政协评为信息工作先进单位二等奖，周昌军、王欢被市政协办评为信息工作先进个人，王欢等24人被评为高港区政协社情民意

信息工作先进个人。 （朱 娟）

政协自身建设

【思想政治引领】 1月下旬，区政协围绕贯彻落实“扪心三问”开展大讨论活动。9月，区政协在全区政协系统开展“‘七一’讲话·协商议事室委员来宣讲”活动。9月下旬，召开泰州医药高新区（高港区）基层政协工作培训会，60余名园区党务工作分管负责人、镇（街道）政协工作分管负责人及工作人员参加培训。10月中旬，召开“登高望远、创新争优”大讨论活动动员部署会，区政协机关干部、常委、镇街分管负责人代表作表态发言。印发《致全区广大政协委员的一封信》，召开“防疫抗疫与两高融合两手抓、两不误、两促进”专题议事会，广大政协委员积极参与防疫抗疫。组织撰写理论文章，其中《突出凝心聚力，发挥独特优势，为推动两区高质量融合发展汇聚磅礴力量》等5篇理论调研文章被《江苏政协》《泰州政协》刊发。《高港新闻》播报政协委员履职活动70余次。区政协微信公众号发布信息200余条。

【政协党的建设】 2月下旬，区政协在“微高港政协”微信公众号开设“党史知识学习”专栏，每周发布党史知识。3月起，开展党史学习教育，组织开展“学百年党史，开时代新篇”党史专题宣讲、专题党课，举行“学党史、悟思想”“学党史、办实事”“学党史、开新局”学习研讨交流，召开党史学习教育专题组织生活会，组织政协委员宣讲习近平总书记在庆祝中国共产党成立100周年大会上的讲话30余场。开展“庆百年，送温暖，感党恩”慰问活动。举办庆祝中国共产党成立100周年书画摄影展，评选表彰一等奖3名、二等奖5名、三等奖7名、优胜奖26名。区政协党组、区政协机关党组、区政协机关党支部、镇街党员委员活动小组组织部分党员委员和政协委员到常州革命烈士纪念馆开展“缅怀革命先烈、永远跟党走”主题党日活动。走进高港区人民检察院开展“登高望远强素能、创新争优立新功”主题党日暨党风廉政教育活动。

【“活力政协”建设】 2021年，区政协印发《关于在全区政协委员中开展“牢记嘱托、担当作为、争先创优、多做贡献”主题活动的通知》。组织机关、镇（街道）政协工作女性工作者在胡庄镇开展“活力政协·新时代新女性新作为”主题活动。印发《高港区政协“三荟”聚“高才”实施方案》，召开“活力政协·‘三荟’英才同心携手共促发展”联谊建言会，泰州医药高新区党工委、高港区委主要负责人出席并讲话，聘请15名高层次人才、企业家为区政协“三荟一库”（“政协群英荟”“知名人士荟”“菁英人士荟”和“界别专家咨询库”）首批经济发展咨询专家，部分专家、企业家代表及相关园区、职能部门负责人围绕“如何留得住高层次人才”进行座谈交流、建言献策。

【“书香政协”建设】 2021年，区政协创新开展“书香政协·诗书高港”系列活动。5月，邀请文化名人研讨推介《春江花月夜》，启动“书香政协·诗书高港”讲坛，举办“诗书高港·《春江花月夜》”现场赏析会，组织委员和群众观摩文艺片《建筑师》首映式。召开筹建高港籍画家李显作品特藏室调研座谈会，组织李显作品回乡布展活动。6月，启动“书香政协助力乡村文化振兴”系列活动，在全区建立“政协书吧”184个，赠阅书籍5000余册。12月上旬，召开共建“书香政协”议事会，与《泰州晚报》协商联合开展“书香政协·‘坡子街’走进‘两高’”活动相关事宜。各镇街委员活动小组开展相关活动90余场次，其中，口岸街道委员活动小组开展“书香政协·助力乡村文化振兴”暨全民阅读推广活动，永安洲镇委员活动小组开展“书香政协·委员悦享”读书分享会，大泗镇委员活动小组开展“书香政协，阅读经典”读书活动，胡庄镇委员活动小组开展“书香政协·讲述红色故事传承红色基因”分享会、“书香政协，童心向党”及政协委员进校园宣讲活动。 （朱 娟）

纪检监察

综 述

【概况】 2021年，泰州医药高新区（高港区）纪检监察组织共设区纪（工）委监委机关1个、园区纪工委2个、镇（街道）纪（工）委12个、区委巡察办公室1个及巡察组4个、派驻纪检监察组12个。各级纪检监察组织共立案212件，采取留置措施10人，将涉嫌职务犯罪人员9人移送司法机关处理。

【政治监督】 2021年，区纪（工）委监委聚焦重大决策部署，严查粮食购销领域“靠粮吃粮”乱象，给予党纪政务处分6人，移送司法机关处理1人。开展“疫+4”专项监督工作（“疫”即持续抓好常态化疫情防控监督工作，“4”即围绕安全生产、社会稳定、生态环保、党风廉政建设4项重点工作开展督查），处理党员干部45人。对区、镇、村三级换届情况进行全程监督，完成4批次、68名人选廉政意见回复工作。加强对“两高融合”改革期间各党政机构执行政治纪律、组织纪律和财经纪律等情况的监督检查，给予党纪政务处分3人。

【派驻监督】 2021年，区纪（工）委监委统筹纪律监督、监察监督、派驻监督、巡察监督“四项监督”，出台《关于“室组地”贯通协同工作的实施意见（试行）》[“室”“组”“地”分别指区纪（工）委机关各室，派驻纪检监察组，园区、镇（街道）纪（工）委]，建立“室组”联动监督、“室组地”联合办案机制，将12个派驻组划分为4个联组片区，实行力量统一调配。针对安全生产培训、失地农民保险、医疗卫生等重大复杂涉众案件，“室组地”人员分组协作，同步开展初步核实工作；针对职务违法犯罪案件，以“委领导包案、室抓总、组地协同”的方式合作。

区纪（工）委监委开展疫情防控工作监督检查

区纪（工）委监委 供图

【纪检监察工作品牌创建】 2021年，区纪（工）委监委开展“三色清风卡”制度试点工作，制定出台《泰州医药高新区（高港区）纪检监察监督“三色清风卡”实施方案（试行）》，全年累计发放“清风卡”49张，其中，“关爱卡”40张、“提醒卡”6张、“警示卡”3张，涉及区管干部14人，相关做法获市纪委主要领导批示肯定。深挖“一张票”“烟酒券”背后的“四风”隐形变异问题，给予党纪政务处分22人。开展护航营商环境高地专项监督，收集意见建议278条，推动相关职能部门出台制度4条，帮助159个企业解决问题168项，移交相关问题线索4条。

［区纪（工）委监委］

监督检查

【概况】 2021年，区纪（工）委监委查处群众身边不正之风和腐败问题65起98人，其中，给予党纪政务处分48人。查处违反中央八项规定精神问题82起，批评教育帮助和处理115人，其中给予党纪政务处分68人，通报曝光典型案例19批次27起。

【监督执纪“四种形态”】 2021年，全区实践运用监督执纪“四种形态”539人次，其中，“第一种形态”340人次，“第二种形态”151人次，“第三种形态”14人次，“第四种形态”34人次。

【专项治理】 2021年，区纪（工）委监委开展医疗卫生领域专项治理，以中药材采购管理为切口，查办医疗卫生领域违纪违法案件19件，给予党纪政务处分19人，移送司法机关处理3人，收缴违纪违法所得340余万元。开展安全生产培训领域专项整治，立案审查调查28人，移送司法机关处理1人。开展违规办理被征地农民社会保障问题专项治理，发现问题351个，立案审查调查4人，追缴保障金263.64万元。开展村庄生活污水治理工程质量专项督查，发现并整改质量问题和隐患1466个，群众满意度达97.5%。

［区纪（工）委监委］

泰州医药高新区（高港区）“三色清风卡”工作部署会

区纪（工）委监委　供图

“好巴士1号线”特色廉洁主题公交专线　　区纪（工）委监委　供图

审查调查

【概况】 2021年，全区各级纪检监察组织受理信访举报270件次，比上年下降22.4%，转立案52件次。立案212件，给予党纪政务处分195人，涉及科级干部17人，采取留置措施10人，移送司法机关处理9人，挽回直接经济损失501.8万元。

【监察调查】 2021年，区纪（工）委监委持续深化落实问题线索“红黄蓝”标色评级管理机制，提高线索分办工作规范化水平，精准处置各类问题线索286件，分办177件。出台《关于进一步加强纪律检查建议和监察建议运用工作的实施意见》，针对典型案件暴露的制度和管理漏洞，向相关单位提出纪检监察建议21份。建立“一案一剖析、一案一反馈、一案一治理”机制，召开医疗卫生、疫情防控2个领域专题警示教育大会。　［区纪（工）委监委］

党风廉政建设

【“两个责任”落实】 2021年，区纪（工）委监委协助区党工委（区委）持续深化全面从严治党，明确主体责任和监督责任共4类30项清单任务。坚持“清单化+责任化+项目化”三化一体工作思路，以“三张清单”定责、“记实留痕”督责、“一案双查”问责，实施党内问责33人，问责党组织2个，下发专题通报6期。对落实主体责任不力的26人进行责任追究，其中党纪处分9人。

【廉政教育】 2021年，区纪（工）委监委在中央和省、市各级媒体用稿30余篇，其中在《中国纪检监察报》刊登文章9篇。“清新高新”微信公众号推送信息136期、400余条，“泰州医药高新区（高港区）廉政网”同步更新。打造“好巴士1号线”特色廉洁主题公交专线，深挖大泗镇“莲廉”文化和华润雪花啤酒（泰州）有限公司“廉润雪花”等品牌，打造廉洁文化示范点和景观10处，5000余人接受现场廉政教育。召开全区党员干部警示教育千人大会，分区、镇、村三级在相关行业领域开展联合警示教育会议70余场次，组织财会税务工作人员旁听职务犯罪案庭审5场次。

［区纪（工）委监委］

巡视巡察

【概况】 2021年，泰州医药高新区（高港区）接受省纪委对巡视高港反馈问题整改情况的质效评估，完成省委巡视整改收官。配合做好市委涉粮问题巡察专项巡察工作。开展五届区委第十二轮巡察工作，对6个单位开展巡察“回头看”，对1个单位开展常规巡察，实现区委巡察“全覆盖”，巡察共发现问题234个。巡审联动对9个国有企业开展专项督查，发现问题190个。启动六届区委第一轮巡察，对永安洲镇开展巡察。

【上级巡视巡察反馈问题整改】 2021年，泰州医药高新区（高港区）针对省委巡视高港反馈指出的6个方面40个问题，区委研究确定具体整改措施138条，全部整改到位。年初，整理省委巡视整改资料档案222盒，制定问题整改成效表138份和具体人具体事整改成效表85份，实地察看涉及问题整改地点37个。2月26日，接受省纪委对巡视高港整改情况的质效评估。区委巡察办从3月中旬至4月中旬对高港区落实上级巡视巡察反馈问题整改情况进行“回头看”，全面梳理涉及高港的上级巡视巡察反馈问题整改问题清单、任务清单、责任清单，并制定相对应的整改成效表，形成专题报告，发现存在问题20条。

【巡察监督】 4—5月，区委巡察办配合市委第十一轮巡察，对白马镇白马社区、前进村开展提级巡察“回头看”。5月下旬，启动五届区委第十二轮巡察工作，成立4个巡察组对胡庄镇、区人民检察院、区教育局、区卫生健康委、区水利局、江苏大江建设工程有限公司6个单位开展巡察“回头看”，对泰州引江城市开发建设有限公司开展常规巡察，实现区委巡察“全覆盖”，巡察共发现问题234个。开展国企专项督查，巡审联动对9个国有企业开展专项督查，巡察共发现问题190个。10月，市委联动巡察组对泰州医药高新区（高港区）开展涉粮问题专项巡察，区委巡察办做好驻点服务保障工作。12月，市委第三巡察指导督导组对泰州医药高新区（高港区）开展为期20天的巡察指导督导工作，区委巡察办做好统筹协调、服务保障相关工作，配合指导督导组做好资料调阅、业务培训、实地走访、个人访谈、听取汇报等工作。

【督促整改】 3—4月，区委巡察机构按照《区委巡察整改督查评估办法》，组织对五届区委前九轮巡察反馈满一年的34个党组织的整改工作开展集中督查评估，通过实地走访、资料审核、群众测评等方式对整改质效进行全面评估，形成专题报告及各单位发现问题清单，发现各单位在整改中存在的各类问题246条，及时反馈督促限时整改。出台《关于进一步加强党委推动巡察整改工作的实施办法》，加强区委对巡察整改工作的全面领导，将整改反馈、日常监督、评议表决、成果运用等环节细化，明确被巡察单位的区分管领导在巡察整改中的责任，形成“双交办、双点评”的工作机制。根据巡察整改“双交办、双点评”要求，区委第十二轮巡察的巡察整改意见交办区分管领导，区分管领导出席巡察反馈会，并对巡察整改提出要求。该办法被市委巡察办《巡察工作情况》专刊推介。

（区委巡察办）

民主党派　群众团体

民主党派

【概况】 2021年，泰州医药高新区（高港区）有民主党派成员415人，其中，民革58人，民盟65人，民建80人，民进15人，农工党137人，致公党13人，九三学社47人。有3个基层委员会，分别为民革泰州医药高新区（高港区）基层委员会、民盟泰州医药高新区（高港区）基层委员会、民建泰州医药高新区（高港区）基层委员会；有2个总支，分别为农工党高港总支、农工党泰州医药高新区总支；有4个支部，分别为民进高港支部、致公党泰州医药高新区（高港区）支部、九三学社高港支社、九三学社泰州医药高新区支社。

【民革泰州医药高新区（高港区）基层委员会】 2021年，民革泰州医药高新区（高港区）基层委员会成立，下设民革泰州医药高新区（高港区）一、二、三、四支部，共有党员58人，其中，区人大代表1人，区政协委员8人，全年新发展党员2人，新增发展对象6人。创成民革泰州医药高新区（高港区）"中山博爱之家"，被民革中央评为全国"优秀民革党员之家"。开展"不忘合作初心，继续携手前进"主题教育活动，组织党员赴茅山新四军纪念馆、新四军黄桥战役纪念馆、淮安周恩来纪念馆参观学习。《关于解决口岸街道龙圣小区黑臭水体问题的建议》和《解决省口岸中学门前道路拥堵的建议》2篇提案被区政协定为重点提案，沈建、蔡晶被评为区优秀政协委员。

【民盟泰州医药高新区（高港区）基层委员会】 2021年，民盟泰州医药高新区（高港区）基层委员会成立，共有盟员65人，其中，市、区政协委员13人，市、区人大代表2人。全年形成调研报告3篇、社情民意9篇。开展"不忘合作初心，继续携手前进"专题教育活动，加强民盟优良传统教育，组织盟员参观爱国主义教育基地梅园新村纪念馆。开展送健康到社区义诊活动5场，为3000余名老年人进行体检，组织盟员参加庆祝中国共产党成立100周年书画比赛活动。

【民建泰州医药高新区（高港区）基层委员会】 2021年，民建泰州医药高新区（高港区）基层委员会成立，共有会员80人，其中，市、区政协委员17人，区人大代表1人。全年撰写调研报告1篇，提交提案和社情民意16篇。组织开展"遏制结核，健康校园"行动、民法典专题讲座、"人人享有糖尿病健康管理"主题宣传活动等活动，组织会员在"七一"、"八一"和重阳节期间开展慰问活动。会员侯先栋向敬老院捐款10余万元；会员王祖奎向寿胜寺捐款20余万元；会员秦勇峰援助西藏建设，捐出价值140余万元的装配式建筑。

【民进高港支部】 2021年，民进高港支部共有会员15人，其中，区政协委员2人。开展"不忘合作初心，继续携手前进"主题教育活动，组织会员赴盐城新四军纪念馆参观学习。会员撰写提案《关于让地方非遗文化走进校园的建议》和《关于中学少数民族学生统战工作的调研报告》。

【农工党高港总支】 2021年，农工党高港总支共有党员53人，其中，区政协委员3人，政协特约信息员1人。组织党员学习《中国共产党统一战线工作条例》、中共十九届六中全会精神。组织开展"学党史，进社区""送医下乡，送法下乡"等活动。

【农工党泰州医药高新区总支】 2021年，农工党泰州医药高新区总支新发展党员8人，共有党员84人，其中，区政协委员10人，区人大代表1人。建成泰州医药高新区总支农工之家、医药园区支部农工之家，泰州医药高新区总支"农工之家"创成省级"示范农工之家"。组织党员赴南京祭扫农工党创始人邓演达烈士墓、参观泰兴市新四军黄桥战役纪念馆，组织突击队员支援南京全员核酸检测工作，主委王春香获江苏省劳动模范称号。党员共报送社情民意20篇，调研报告获得农工党江苏省委立项1篇，获得农工党江苏省委2021年“美丽江苏”联合调研征文三等奖1篇，转为省政协提案1篇。

【致公党泰州医药高新区（高港区）支部】 2021年，致公党高港支部更名为致公党泰州医药高新区（高港区）支部，共有党员13人，其中市、区政协委员3人。组织党员围绕高港区幼儿园高质量发展问题及对策展开调研，形成调研报告。联合农工党高港总支开展“童心向党，文化传承”党史宣讲进社区活动。

【九三学社高港支社】 2021年，九三学社高港支社完成换届，共有社员24人，其中，区政协委员6人，市人大代表1人，区人大常委会委员1人。联合泰州市慈善联合会举办“同心润苗”泰州医药高新区（高港区）公益慈善书画展活动。会员撰写《改造刁铺大转盘的建议》《规范基层组织证明材料的出具》等提案和《关于当前民事一审案件庭审程序改革的调研报告》。

【九三学社泰州医药高新区支社】 2021年，九三学社泰州医药高新区支社共有社员23人，其中，区政协委员3人，市人大代表1人，区人大代表1人。召开座谈会，组织社员学习《中国共产党统一战线工作条例》等内容。组织社员参加九三学社泰州市委调研和信息工作座谈会。

（徐永强　党红交）

区总工会

【概况】 2021年，全区新增独立工会60个，入会职工1540人。至年末，累计建立工会组织830个，其中，独立企业工会595个，系统、直属单位工会39个，村（社区）联合工会92个，村、社区独立工会86个，行业（产业）工会联合会4个，园区、镇（街道）总工会14个。全年建成规范工会30个、模范工会22个、示范工会8个，创成市级百佳示范工会6个。表彰区级工会工作先进集体6个。央视新闻、“学习强国”学习平台、新华社、央广网和《工人日报》《新华日报》《江苏工人报》《泰州日报》等媒体报道区工会工作信息70余篇。区总工会获评泰州市文明单位。

【工会组织建设】 2021年，区总工会推进货车司机、快递员、保安员、商场信息员、护工护理员、家政服务员、网约送餐员、房产中介员“八大员”群体建会入会。顺丰、中通、圆通、韵达、百世等快递企业全部建会，覆盖从业人员2300余人。美团外卖（快递员）独立建会，泰州市金盾保安服务有限公司高港分公司职工（保安员）在总部入会，其余群体职工（货车司机、护工护理员、家政服务员、商场信息员、房产中介员）在镇街、园区或联合工会就近入会。新增独立建会小微企业58个，新建联合工会覆盖小企业130余个。做好会员数据录入工作，录入会员数据6.7万条。

【先进表彰】 3月，区总工会发文表彰高港区五一巾帼标兵岗和五一巾帼标兵，泰州东田电子有限公司成品车间等20个集体被评为高港区五一巾帼标兵岗，董静等20人被评为高港区五一巾帼标兵。

4月，省委、省政府发文表彰劳动模范和先进工作者，严海锦、张海霞（女）、王春香（女）、张竹山、孙玉龙被评为江苏省劳动模范，汪羽、张玉成被评为江苏省先进工作者。

4月，市总工会发文表彰泰州市五一劳动奖状、奖章和工人先锋号。泰州市银杏织锦有限公司等4个单位获泰州市五一劳动奖状，马小高等10人获泰州市五一劳动奖章，长城汽车股份有限公司泰州分公司品质技术班等16个单位被评为泰州市“工人先锋号”。

5月，区委宣传部、区总工会发文表彰2021年度高港区“最美职工”，卜永新等10人获高港区“最美职工”称号，于利芹等10人获高港区“最美职工”提名奖。

【职工思想政治教育】 2021年，区总工会开展“学党史、温党情、颂

2021年5月13日，区总工会在江苏省高港中等专业学校开展劳模工匠进校园宣讲活动

区总工会　供图

党恩”系列活动10余场次，参加人数1500人次。举办“四史”专题知识竞赛、有奖竞答活动，实行“学习强国”晒分、“月讲月考”制度。组织开展“我是党的螺丝钉”大讲堂3场、“劳模工匠进校园，思政老师进企业”巡回宣讲1场、“永远跟党走·劳动创造幸福”基层主题报告会5场，累计参加人数1500人次。先后组织200余名工会干部、职工代表到泰州劳模事迹展览馆等教育基地参观学习。在“泰高新职工之家”微信公众号开设“党史学习”专栏，推出“永远跟党走——了不起的劳动者”系列报道。举办全区“同心向党，强区有我”演讲大赛，37人报名参赛，11人被评为优胜者。开展“登高望远再出发，创新争优开新局”主题系列活动，围绕“登高望远怎么看、创新争优怎么干”开展讨论交流，组织参观泰州海军舰艇文化园，组织开展“领融聚力”主题趣味素质拓展活动。

2021年6月7日，区总工会在天禄湖公园举办高层次人才红色健步走活动　区总工会　供图

【职工素质提升】2021年，区总工会推进产业工人队伍建设改革，开展生物医药产业集群产改三年专项攻坚行动，兑付产业工人赋能成长奖补资金200余万元。开展劳动技能竞赛，涉及电工、汽车维修工、中式烹调师等14个工种，500余名职工参赛。举办“圆梦高新”创咖汇，区党工委（区委）主要负责人与创新创业人才、企业家代表座谈交流。举办第五届大学生创新创业暨“创响江苏”选拔赛，参赛项目涉及医疗科技、文化传媒、现代农业、环保科技、中药养生等领域，评选表彰大学生组、社会组优秀创业项目共12个。

【职工文化活动】2021年，区总工会在天禄湖公园举办“逐梦高新区·健行百万步”高层次人才红色健步走活动，100余名高层次人才参加。举办“生如夏花·缘聚高新”和“缘聚爱情海，只为遇见你”单身青年联谊活动，180名青年职工参加。园区、镇街等基层工会举办红色歌曲演唱比赛、迎省运活动、趣味运动会等文体活动10余场次，区总工会对基层工会文体活动给予补助18.36万元。免费向基层工会赠送书籍4000余册，赠阅《工人日报》《江苏工人报》等工会报纸杂志1700余份。

【职工劳动保护】2021年，区总工会常态化推进“安康杯”竞赛，评选表彰“安全隐患随手拍”优秀作品25篇，其中4篇作品获市级表彰，区总工会获优秀组织奖。评选表彰安全微故事视频作品8件，举行安全生产宣讲和应急演练活动10场。成立工会劳动领域维护政治安全工作领导小组，建立工作台账“周报告”制度。微视频《让安全从心出发》被全国厂务公开协调小组办公室通报表扬，是泰州市唯一上榜作品。推进“一室一日一单一网一会”五位一体劳动保护监督新机制，全域推广安全生产专题职代会。

【职工维权】2021年，区总工会发挥“一站一室一网三员”维权体系作用，打造职工维权快速通道。承办市“五一”劳动法治宣传服务月活动，开展普法及工会劳动法律监督“四季行”活动20余场次，发放普法书籍2800余册、宣传资料1200余份，接待咨询300人次。

【工资集体协商】2021年，区总工会实施“能级工资+”集体协商，鼓励企业或行业根据实际自选动作，创造协商特色，丰富协商内涵，提升协商质效，形成多劳者多得、技高者多得、贡献突出者多得的良性竞争机制。通过以点带面、示范推进，在60余个企业以及绳网吊索具等行业建立“能级工资”集体协商机制，打造揭榜挂帅、安全赋能、创新激励等“能级工资+”品牌，协商做法在全省作经验交流。获评全市能级工资集体协商十佳典型案例2个、全市集体协商工作示范单位3个。

【职工帮扶】11月19日，区总工会开展“我为群众办实事之送岗位助业行动”网上就业招聘会，直播时长近2小时，8个企业发布500余个就业岗位，观看总人数突破20万人次。出台“平台招聘职工留任奖励办法”，对在“工会双向选择平台”达成就业的职工，根据入职年限给予2000~3000元的奖励。年内，开展“送清凉、送安全、送法律”夏季“三送”活动，筹集资金60余万元，

2021年8月9日，区总工会开展夏季“三送”活动　　区总工会　供图

送出“清凉大礼包”5000余份。开展“金秋助学”活动，帮助13名困难职工子女圆大学梦，每人发放5000元助学金。开展“送温暖”活动，慰问劳动模范、老党员450余人。筹资30余万元，帮扶困难职工65人，疫情防控期间发放物价补贴、临时补助、专项帮扶、物资等，向4名深度困难职工每人发放1万元大病救助金。举办“公益暑托班”，为125名职工子女提供托管服务。“阳光互助互济”新增参保职工2981人，发放互助金440余人次，报销金额30余万元。送出新就业形态劳动者体检套餐130余份。

【女职工权益保护】2021年，区总工会升级打造女职工康乃馨服务站8个，组织女职工9857人参加免费体检或“两癌”筛查。3月，开展“情系女职工，法在你身边”法律宣传活动，共举办法律知识讲座、竞赛等活动12场。

【工会疫情防控】2021年，区总工会动员基层工会干部、劳模工匠、先进人物带头抗疫。以集中隔离观察人员为重点服务对象，开展“与您同在，‘疫’心相伴”心理健康服务，开通24小时心理服务热线，发布专线13个和分线18个，提供心理服务300余人次。开播心理健康系列网络直播10期，直播间设传扬泰文化、享抗疫故事、普心理知识、做有氧运动、征“微小心愿”5个互动环节，累计观看量达200余万人次，为90余名医学观察人员实现“微心愿”。开展就地过年职工“六个一”关爱服务行动，即发出一封倡议书、送上一份大礼包、共享一顿年夜饭、组织一次安全宣传、提供一些健康服务、举行一系列维权活动。各园区（镇街）总工会分别开展节前“送温暖”活动，走访慰问留企过年职工近2000人，送去防疫物品、慰问金以及大米、食用油、牛奶等慰问品。

【“揭榜挂帅”工作机制】2021年，区总工会在全省工会系统率先推行“揭榜挂帅”工作机制。通过设榜选帅、揭榜挂帅、论功行赏3个环节，帮助企业破解“卡脖子”技术难题。首批试点产生各类创新成果和发明创造40余项，全部创新成果被纳入区“创新成果储备银行”，产生经济效益近7500万元。其中，3个项目入选市职工十大科技创新成果、先进操作法、发明专利，4个工作室成为市示范性劳模（工匠）创新工作室。区总工会筹集100万元成立“职工创新成果奖励基金会”，评选表彰“揭榜挂帅”创新成果30项。

【服务新就业形态劳动者】2021年，区总工会在全省率先打造智能化“一点回忆”劳动者驿站20个，提供24小时自助服务，服务覆盖约10万人群。依托驿站开展送思想文化行动、送关爱暖心行动、送技能建功行动、送岗位助业行动、送健康安泰行动、送安全平安行动、送法律维权行动、送服务保障行动“八大服务行动”。赠送职工大礼包6000余份、爱心早餐8000余份，送出体检套餐100余份，提供法律维权服务近300人次、心理咨询200余人次。全市“新就业形态劳动者温暖行动”现场会、全市户外劳动者驿站建设研讨座谈会在泰州医药高新区（高港区）召开。　（隆四清）

团区委

【概况】2021年，全区新发展团员435人，团员总数11105人。全区有基层团（工）委25个，团总支79个，团支部1245个，团干部1955人，其中专职团干部6人。有各级少先队组织618个，少先队员25611人。江苏硕世生物科技股份有限公司行政人事部获第20届全国青年文明号称号，刁铺街道圩岸社区共青团书房获2021年度江苏省青年书香号称号，“青春向社区报到，建设青年参与基层社会治理新模式”和“组建‘红色青骑兵’，‘青言青语’讲党史”分获2021年度全省共青团工作“10100”创新创优优秀项目一等奖、三等奖。

【团、队组织建设】2021年，团区委新发展团员435人，其中，学校领域405人，社会领域30人。推动毕业生团员学社衔接工作，完成转接团员1272人。联合泰州职业技术学院开办“青马工程”高校班，纳入培养计划95人。完成5个镇团委和145个村（社区）团组织换届工作。举办全区基层团干部和“两新”团组织书记培训班，覆盖全区所有直属团组织负责人、村（社区）团干部和50名“两新”团组织书记。全年新增社会领域团组织126个。通过支部自评、上级考评、团工委抽查，对全区1185个团（总）支部进行对标定级。新增“青年之家”4个，累计建成“青年之家”18个。“青年之家”云平台发布活动621个，签到人数52603人，转发人数40916人。团代表联络站和联青服务站累计进站团代表58人，设置专项小组5个，全年开展活动70余场，联系团支部82个、团员青年2456人。每月开展联青服务站集中服务日活动。全区各中小学校实现“分批入队”“红领巾争章”工作全覆盖。江苏省口岸中学团委被评为江苏省五四红旗团委，泰州市永安洲实验初级中学团支部、泰州市高港区大泗镇霍堡村团支部被评为江苏省五四红旗团支部，永安洲镇党群工作局王垚被评为江苏省优秀共青团员。年内，泰州市永安洲实验小学梁梦漪获江苏省优秀少先队员称号，泰州市高港实验小学少先队大队获江苏省优秀少先队集体少先队大队称号，泰州市高港实验小学六（7）中队获江苏省优秀少先队集体少先队中队称号。

【青少年思想引领】 2021年，团区委在“团聚高港”微信公众号“百年风华·青读时光”栏目推送党史读物荐读100期。组建“红色青骑兵”队伍，选拔50名优秀青少年组建“红色青骑兵”，成员包括青年党员、共青团员、少先队员等，6月9日，在泰州海军舰艇文化园举行泰州医药高新区、高港区“学党史、强信念、跟党走”主题团日活动暨党史宣讲“红色青骑兵”出征大会。全年“红色青骑兵”开展党史宣讲超100场次，服务青少年5000人次。优化市级青年学习社线路（“筑梦高新 医路同行”青年学习社线路），对接泰州海军舰艇文化园，融入红色剧本杀、情景剧微演绎、微团课等内容，为青少年提供红色文化体验。组织青少年2300人次到青年学习社及线路进行党史学习教育69场次。组织全区少先队员学习党史，学习习近平给新安小学少先队员回信精神。开展“红领巾爱学习”网上主题队课活动。组织少先队辅导员、少先队员参加“回信记心间，争做好队员”泰州市第二届少先队礼仪大赛、泰州市少先队辅导员少先队活动辅导技能展示大赛等。组织青年教师参与“菁菁杯”第六届泰州市中学中职学校“请党放心，强国有我”微团课大赛。开展2021年度高港区“最美职校生”“最美中学生”评选活动，授予2名中职生“最美职校生”称号，授予20名中学生“最美中学生”称号。艾美康淮生物制药（江苏）有限公司总经理崔伟、江苏康为世纪生物科技股份有限公司副总经理庄志华、江苏省泰州市高港区合家欢家庭农场农场主郭美娟被评为江苏好青年，泰州市中西医结合医院肺病科主任颜小明获江苏好青年提名奖。

【青年创业就业】 2021年，团区委举办项目路演2场，60个项目或企业、8个私募股权投资基金投资合伙人参加。举办留学人员走进泰州留学人员创业园、一线主管能力提升专项班、生物医药领域发展趋势及技术产业前景管理高级研修班等活动，共855人参加。摸排课题需求5个，通过“新创力”攀峰行动（泰州站）现场发布，中国科学院大连化学物理研究所中国医药城生物医药创新研究院与江苏苏中药业集团生物制药有限公司达成需求匹配并签约。组织24名80后博士加入凤城青年博士联谊会，市、区联动实施十大项目。摸排“新农菁英”人才61人、农产品18款、见习计划岗位20个，统筹资源帮助青农人才提升技能、发展业务，开展“青绘乡村”活动2场、助农直播2场，带动消费1.51万元。面向全区党政机关、金融、非公企业、国有企业、社会组织、村（社区）、科研平台、医疗卫生、法律服务等类别单位征集见习岗位700余个，全国100余所高校的200余名高新高港籍高校学生参加活动。开展“青许高新，律动青春”暑期实践主题活动，组织260名青年学生观看红色影片，参观特色产业项目，开展主题志愿活动，参与课

2021年，团区委开展“青许高新，律动青春”暑期实践主题活动。图为组织青年学生参观特色产业项目　　团区委　供图

改造后的梦想小屋　　区党工委（区委）宣传和统战部　供图

题调研。承办泰州市“百校千企万岗”2021年江苏大学就业帮扶集中行动暨“直播荐岗”第二场活动，推荐相关岗位100余个，1.4万人次观看直播。

【青年志愿服务】 2021年，团区委实施社区青春行动，带动机关团员青年、行业青年骨干、高校青年学生、新兴领域青年、社会组织青年社工、青年商户和青年企业家1000余人到10个试点社区，开展志愿服务活动。成立“港城青骑”快递、外卖从业青年志愿者服务队等青年社会组织，以及以国际跳棋、街舞等兴趣爱好为主导的青年社群。举办舞蹈、音乐、茶艺、汉服、历史、露营、咖啡等“造浪计划”系列活动7场。开展新冠肺炎疫情防控、“濯清高新”文明城市创建随手拍、“江洲行者”长江大保护、“垃圾分类——青春助力”、公益风险防控、“青春助老”、“童伴成长”等志愿服务活动30余场，服务时长超10万小时。227名各级团干、1100名青年加入青年志愿者队伍，包括青年学生、个体老板、滴滴司机等，开展高速卡口执勤、核酸检测采样、疫苗接种等新冠肺炎疫情防控工作。

【青少年权益维护】 2021年，团区委实施“梦想改造+”关爱计划，完成全区50间梦想小屋的改造任务，围绕小屋后期关爱建立“1+3+6”的关爱帮扶体系，即在“1”间小屋的基础上，为困境青少年配备“1名团干+1名志愿者+1名教师妈妈”的结伴团队，常态化实施“暑托班”“公益夏令营”“暖冬行动”“微心愿”“诵读学传”“素质拓展”6个关爱活动项目。探索实施校地共建关爱项目“给梦想‘+’翅膀，带你向未来飞翔”，大学生志愿者为孩子们录制关爱心理视频，寄送“蓝信封”关爱信件，开展团体心理辅导课，带领孩子们参观大学校园。联合区人民检察院、区人民法院、区司法局等职能部门，开展“开学法治第一课”“预防性侵”“检爱同行，共护未来”“暑期安全法治”“反诈进校园”“远离毒品，珍爱生命”等主题巡讲活动40余场，覆盖青少年2600人次。举办“小候鸟”公益暑托班，开设办班点10个，为困境青少年儿童、留守儿童、外来务工人员子女等群体提供多样化课程，覆盖青少年200余人。深化“‘橙’光护航”活动品牌建设，联合司法部门开展“青春与法同行，亲子携手成长”帮教活动，为全区6名未成年社区矫正对象和违法犯罪未成年人送上“暖心大礼包”，讲授微型法治课，开展团体心理辅导。（赵绮婷）

区妇联

【概况】 2021年，泰州医药高新区（高港区）有园区、镇街妇联18个，村（社区）妇联145个，机关事业单位妇联24个，基层妇联干部200人。区妇联获第三届江苏省女性融媒体创意大赛优秀组织奖。

【妇联组织建设】 2021年，泰州医药高新区（高港区）巩固镇街妇联区域化建设和村（社区）妇联组织建设成果，推动基层妇联换届与村（社区）“两委”换届同步，选优配齐配强妇联干部队伍，推进女性成员及妇联主席100%进村（社区）“两委”。全区新成立华润置地（泰州）物业有限公司、万象城商圈、凤凰街道雅兰仕、凤凰街道丽缘社等“两新”领域妇联组织4个。举办基层妇联干部履职能力提升培训班，培训基层妇联干部170人。组织雅兰社24名社员参加“让家更有力量”家庭教育户外研学。在社区妇女儿童之家开展“服务一小时、高‘兴’你我他”——“减压舒心伊小时”活动7场，面向社区职业女性、亲子家庭、中老年妇女等不同群体，开设乐活减压、成长赋能、亲子融洽、情绪调适和身心健康等课堂，组织“亲子运动怡心情”“老少重阳聚，中华孝道传”“新女性，绘生活”等特色活动。

【妇女思想教育】 2021年，区妇联开展党史学习教育，组织妇联干部到周恩来纪念馆开展红色实境教育，举办“她说——学百年党史，当巾帼先锋”红色经典读书分享会、“百年传承，预见未来”女企业家庆祝中国共产党成立100周年暨党史学习教

2021年9月15日，区文明办、区妇联、区供销社举办“创建文明城市，共建美好家园”道德讲堂总堂活动　　区妇联　供图

2021年11月25日，区妇联在明发广场举办“反对家庭暴力，呵护美好生活”“11·25”反家暴日主题宣传活动　　区妇联　供图

育主题活动、“引领家庭心向党，践行文明新风尚”活动。推进党史学习教育进基层家庭，邀请全国“五好家庭”成员徐勤生讲述毛泽东及其家庭成员的感人故事。开展“百年党史我来说”宣讲活动，展示爱党爱国、敬业奉献的新时代女性风采。举办“创建文明城市，共建美好家园”道德讲堂总堂活动，普及深化全国文明城市创建应知应会知识。

【巾帼建功活动】 2021年，区妇联通过岗位练兵、岗村结对、岗岗交流等实践活动，打造各部门、各行业、各领域的精品岗。新创成全国巾帼文明岗1个、省级巾帼文明岗1个、市级巾帼文明岗5个、区级巾帼文明岗47个。联合人社等部门举办泰州医药高新区第五届大学生创业大赛，涌现一批优秀女大学生创业创新项目。举办农村妇女劳动力转移培训、好苏嫂家政技能培训、新农人提素增能培训等职业技能培训26期，培训妇女2680人。培植省级巾帼示范基地2个，分别是江苏逸秋农业科技发展有限公司、泰州凤栖湖农场；市级巾帼示范基地3个，分别是江苏百达农业有限公司、江苏海来亦购网络科技有限公司、高港区富民农场。

【妇女权益维护】 2021年，区妇联宣传普及《中华人民共和国民法典》《中华人民共和国妇女权益保障法》《中华人民共和国反家庭暴力法》等法律知识，举办“11·25”反家暴日主题宣传活动暨平安家庭建设推进会。举办“让爱回家”关爱受家暴女性身心健康讲座，开展“和谐校园，健康同行”预防儿童受性侵心理关爱服务活动3场，1700余名未成年人参与活动。联合区见义勇为协会、区公安分局对全市首例举报家庭暴力行为进行表彰奖励。建立市级示范标准化家事调解工作室12个，吸纳法律工作者、心理咨询师、基层妇联干部、网格员等加入家事调解员队伍。举办基层妇联干部调解工作培训班，全年接待处理来信来访来电32件。

【家庭文明建设】 2021年，区妇联表彰区级“最美家庭”“五好家庭”“家庭好角色”300户。田冬娜家庭获评全国“最美家庭”，吴和兰、李正、丁金娥、蒋继龙4户家庭获评江苏省“最美家庭”。妇女节，举办“画巾帼初心、绘两高未来”亲子绘画活动，共有60组家庭通过画笔展示巾帼风采。国际家庭日，组织100余组家庭开展“美好一家，快乐出发”亲子跑活动。开展“美好一家，快乐传递”故事分享活动。征集“好家风好家训好家规”87条，定制精美家风书签。推进“泰美小院”建设，邀请专家、女能人开展庭院花卉种养技术等实用技能培训。推动“美丽庭院”向“美丽经济”转化，打造许庄街道蔡庄村“一方‘蔡’园”品牌。

【巾帼志愿服务】 2021年，区妇联推进“巾帼文明·在你身边”志愿服务活动，在扶贫助困、权益维护、

2021年2月26日，口岸街道徐庄村巾帼志愿者为空巢独居老人包元宵
区妇联 供图

法治宣传、家庭教育、环保宣教、健康生活等领域开展巾帼志愿服务32场次。组建巾帼防疫志愿服务队，参与疫情防控工作。组建心理健康服务团队，开通24小时“安心逸心”公益心理服务热线，缓解隔离人员心理焦虑。慰问重要交通卡口和社区防控一线志愿者，关爱扬州市在泰隔离人员。授予高港区人民检察院第二检察部等37个岗组高港区“巾帼文明岗”称号。

【关爱妇女儿童】 2021年，区妇联开展“把爱带回家”春节“四送”（送家风故事、送家教服务、送法治安全、送社会关爱）活动10余场，慰问贫困妇女和困境儿童328人，发放慰问金16.55万元。开展“牵手成长，成就未来”关爱困境中考、高考学生活动，向24名学生发放助学金3.75万元及开学大礼包。“99公益日”期间，发动妇联干部、女企业家及各界爱心人士向省妇女儿童基金会捐款40.67万元。组织1.9万余名机关企事业单位适龄妇女参加免费“两癌”筛查。

【“三全”社区家庭教育】 2021年，区妇联联合高港区人民检察院开展亲职教育，案例“督促监护令和家庭教育指导同向发力，共同提升监护监督实效”被省人民检察院、省妇联列为涉案未成年人家庭教育指导工作典型案例。组织宣传《中华人民共和国家庭教育促进法》。利用全区17个“三全”试点村（社区）和26个市级社会化家庭教育指导中心阵地，组织家庭教育志愿者开展“家教巡讲进社区”活动15场。组织撰写“栀子花讲堂”13篇，开展“美好一家”快乐系列、“重拾怀旧游戏，穿越父母童年”及“橙黄橘绿秋收时，且学且思促成长”等特色主题活动150余场。

（陈 媛）

区科协

【概况】 2021年，原高港区有各类区级科技学会组织26个、园区科协3个、镇街科协7个、村（社区）科普协会91个、企业科协122个，中国科技志愿网注册志愿者860人。原泰州医药高新区所辖园区、镇街尚未建立科协组织。区科协被省科协评为“县级科协创新发展能力提升计划”优秀组织单位（综合工作先进单位）。

【服务企业发展】 2021年，区科协打造“汇创新”品牌，服务企业发展。围绕汽车整车制造及零部件产业科技创新、转型升级需求，对接中国汽车工程学会，举办中国汽车工程学会泰州市汽车产业技术交流和合作对接活动，参与承办2021中国（泰州）汽车产业创新发展大会。围绕中小型企业科技人才需求，对接省复合材料学会、省力学会、省营养学会等省级学会和中科院、南京大学、东南大学、河海大学等院校科协，开展“对接+技术巡诊”活动。加强科技信息推广应用工作，举办创新方法专题培训。依托泰州学院博士科技服务团等本土科技服务团队力量，建立本土化科技服务体系。全年形成江苏大力神吊装设备有限公司《重视信息成果转化、提升自主创新水平》等典型案例5个，新增江苏力之创特种装备制造有限公司、江苏兴洲工矿设备有限公司等企业用户10个，江苏默乐生物科技股份有限公司科协被省、市科协评为示范企业科协。

【服务科技工作者】 2021年，区科协举办第五个“全国科技工作者日”活动，邀请市委党校副校长作党史专题报告、省科协调宣部副部长作业务培训。举办科技工作者专场法治报告会。开展“砥砺奋进跟党走、建功立业新时代”主题竞赛活动，通报表扬18个优秀基层科协组织、21名优秀科技工作者。培植先进典型，扬子江药业集团有限公司王德国、泰州市第三人民医院史爱梅被评为泰州市2021年度最美科技工作者；扬子江药业集团有限公司肖志超、江苏硕世生物科技股份有限公司范东颖被确定为2021年度泰州市“凤城英才”青年科技人才托举工程资助培育对象。深化科技工作者服务关爱活动，走访慰问优

2021年6月1日，高港区举办2021年度“全国科技工作者日”主题活动
区科协　供图

秀、困难和老有所为科技工作者71人次。

【全域科普】 2021年，区科协建立完善应急科普工作机制，线上推送官方权威科普知识，线下分发科普挂图宣传资料，普及新冠肺炎疫情防控知识。深化与省科普服务中心的合作共建，录制并推送“做好个人健康管理，应对流行性疾病防控”等科普节目。推动科普画廊、科普讲堂、科普活动室、科普文化公园、科普文化广场、社区科普馆、农村科普角等科普阵地建设。开展科普教育基地督查评估工作，实行动态管理、末位淘汰。开展科普进社区、进农村、进学校、进企业、进机关“五进”活动近80场次。开展“科普宣传周”和“全国科普日”活动。实施科普惠农工程、基层科普行动计划，大泗镇霍堡村、永安洲镇东江社区被确定为泰州市2021年度科普惠农助力乡村振兴试点村，获批基层科普行动计划奖补项目。举办青少年科技创新大赛、科技有奖征文、机器人竞赛和金钥匙科技竞赛。在农村中小学校开展“趣味科学润童心、科技体验零距离”活动。在孔桥初级中学、口岸实验小学等学校举办科学家精神宣讲报告会。获评泰州市第七届青少年科技创新市长奖提名奖2个、优秀科技辅导员2人，口岸实验小学“E”未来科技社团被评为全市优秀青少年科技社团。

【海智活动】 9月28日，泰州医药高新区（高港区）以“江海相连、海智通泰”为主题，举办2021海智·日本博协科创对接活动，促成日本华侨华人博士协会（简称日本博协）与泰州港经济开发区管委会共建海智计划创新创业服务基地，选聘首席专家（工程师）7人。10月25日，举办中国科协北美（硅谷）海智创新基地2021海智·助力中国医药名城产业创新发展对接交流活动，选聘首席专家（工程师）9人。与日本博协、北美（硅谷）海智基地的合作共建均被中国科协列入2021年度海智重点资助项目。高港区海智工作基地被省科协评为优秀省级海智工作基地。

【“讲理想、比贡献”竞赛】 2021年，泰州亿丰达电器有限公司“船用断路器的研发、生产”等20个项目参加泰州市“讲理想、比贡献”竞赛并获立项。蜂巢蔚领动力科技（江苏）有限公司“超高速离心无油燃料电池空压机研发”、泰州市榕兴医疗用品股份有限公司“三溴酚泌敷料的研发”、泰州苏中天线集团有限公司“车载移动5G多功能组合双天线关键技术的研发及产业化”、扬子江药业集团有限公司“新型镇痛药物地佐辛类似物的研究”4个项目被市科协评为“讲理想、比贡献”竞赛优秀项目，蜂巢蔚领动力科技（江苏）有限公司王向军、泰州市榕兴医疗用品股份有限公司陈达永、泰州苏中天线集团有限公司朱其乐、扬子江药业集团有限公司顾

科普大篷车进校园活动　　区科协　供图

阳被市科协评为“讲理想、比贡献”竞赛先进个人。（陈　群）

区侨联

【概况】 2021年，原高港区有华侨、华人230余人（不含侨二代、侨三代），主要分布在北美、欧洲、东亚、南亚、大洋洲等地区，侨眷属700余人。江苏江洲农业科技发展有限公司在安哥拉设有海外侨务工作联络站。

【基层侨联组织建设】 6月，区侨联制定《泰州市高港区侨联关于基层侨联组织建设的实施意见》。10月，成立全市首个镇级侨联组织泰州市永安洲镇侨界联合会。中国医药城通过江苏省侨联新侨创新创业基地验收。

【侨界思想教育】 2021年，区侨联组织开展高港区侨界庆祝中国共产党成立100周年系列活动，开展“侨连你我·侨心向党”侨界党史学习教育，举办“侨连你我”法治大讲堂活动。组织侨界人士及侨务工作人员参观泰州单声珍藏文物馆。通过“高港区侨胞之家”微信群等向归侨侨眷、海外侨胞宣传国家和家乡的发展与变化。

【侨界服务】 2021年，区侨联完成江苏省侨情数据库的同步更新工作。走访调研益海（泰州）粮油工业有限公司、丸庄金龙鱼（泰州）食品工业有限公司、江苏荣天化工集团有限公司，了解侨资企业发展情况，宣传投资政策。开展送温暖活动，看望慰问孤寡、病残侨眷。中秋及春节前夕，走访慰问各镇街侨眷。通过“高港区侨胞之家”微信群发布并邮寄慰问信。帮助2名侨胞解决邻里矛盾。印制《侨法宣传手册》，增设侨法宣传角，举办侨法宣传活动。（张　文）

区工商联

【概况】 2021年，区工商联下辖商会19个，其中，镇商会6个，街道商会5个，园区商会1个，行业商会2个，异地商会5个。新发展会员230人，共有工商联会员单位1689个，其中，企业会员1659人，个人会员30人。区工商联被全国工商联办公厅评为2020—2021年度全国“五好”县级工商联，被中华工商时报社评为江苏省构筑民营经济舆论阵地先进单位，被省工商联评为2021年度全省民营企业调查点工作先进单位。

【商会组织建设】 2021年，区工商联成立工商联总商会党支部，在全省工商联系统率先实现基层商会党组织、民政登记、统战联络员和纪检联络员队伍、省级“四好”基层商会100%全覆盖。在全市率先成立中小微企业委员会。口岸街道、刁铺街道、许庄街道、永安洲镇、白马镇、大泗镇、胡庄镇7个镇街商会全部完成换届，明珠街道、凤凰街道、寺巷街道、野徐镇、滨江工业园5个镇街（园区）商会完成组建，生物医药产业园区、电子信息产业园区商会筹建中。

【区工商联（总商会）第六次代表大会】 12月31日，泰州市高港区工商业联合会（总商会）第六次会员代表大会召开，选举产生第六届执行委员会委员131人，其中，常委51人，主席（会长）1人，常务副主席（副会长）1人，副主席（兼秘书长）1人，兼职副主席12人，专职副会长1人，兼职副会长10人，聘请名誉会长1人。

【参政议政】 2021年，区工商联组织工商联界别政协委员走访视察会员企业，围绕“擦亮江水清沙品牌，富足养殖户口袋”进行协商议事，组织协商议事月活动。引导工商联界别政协委员和会员代表撰写提案、社情民意。举办“高港区企业家沙龙”活动2期，梳理上报企业提出的问题建议，得到区领导重视和批示，解决问题2个。开展江苏省区域民营经济营商环境调查问卷工作，发放调查问卷213份。

【思想政治教育】 2021年，区工商联在工商联系统开展党史学习教

2021年11月5日，泰州医药高新区（高港区）举办企业家沙龙暨民营企业家大讲堂活动

区工商联　供图

育。制定工商联领导干部学习计划。举办以民法典宣讲、“产业链+法律服务”为主题的“高港民营企业家大讲堂”系列讲座2场，累计培训200余人次。举办民营企业调查点联络员培训班，建立民营企业调查点60个。通过《中华工商时报》、“学习强国”学习平台、《泰州商界》会刊、微信公众号和商会网站等媒体平台，宣传基层商（协）会工作亮点和非公有制经济人士投身光彩事业、转型升级的先进事迹30余个。脱贫攻坚战、共抗疫情系列工作被全国、省、市媒体宣传。开展“永远跟党走”文艺会演和以“厚植爱国情，奋进新时代”“缅怀先烈，不忘初心”为主题的理想信念教育实践活动。举办中共十九届六中全会精神宣讲非公经济专场活动。

【服务会员企业】 2021年，区工商联在全市工商联商会系统中聘请民商事调解人员，推动构建“社会调解优先，法院诉讼断后”的递进式矛盾纠纷分层过滤体系。成立民营企业监测点和“商会+法院”协调机制，协调解决会员矛盾纠纷3起。开展送政策到会员企业活动，印发政策读本150余份。开展上规模民营企业调查、民营企业履行社会责任调研和营商环境第三方评估。

【光彩事业】 2021年，区工商联组织开展“共走振兴路”万企联万村活动，组织各园区、镇街民营企业家开展金秋助学、光彩圆梦、名校优生奖励等各类助学活动，捐赠各类助学资金80余万元。完成东西部扶贫协作对口帮扶计划，投入帮扶资金25万余元。组织会员企业捐赠款物80余万元。组织民营企业家向对口支援的西部地区捐献疫情防控物资，累计向陕西淳化、新疆昭苏捐献新冠检测试剂盒4.5万件，价值50余万元。 （严 菲）

区文联

【文联组织】 2021年，区文联下辖书法家协会、作家协会、摄影家协会、诗词楹联协会、音乐舞蹈家协会、老年书画协会、美术家协会，共有会员371人。其中，书法家协会81人，国家级会员3人，省级会员9人，市级会员16人；作家协会30人，省级会员2人，市级会员5人；诗词楹联协会35人，国家级会员2人，省级会员6人，市级会员9人；摄影家协会45人，国家级会员2人，省级会员6人，市级会员16人；音乐舞蹈家协会55人，省级会员3人，市级会员8人；老年书画协会58人，省级会员5人，市级会员10人；美术家协会67人，省级会员5人，市级会员18人。

【作品参展与获奖】 2021年，曹明德花鸟画作品入选第十五届中国郑板桥艺术节——“一枝一叶总关情”全国中国画花鸟画邀请展。3月，万周刚作品《美好家园》《上寨印象》参加“绿水青山·金山银山”第二届全国中青年美术家邀请展。11月，《记忆邑沙》入围全国第六届中国画线描艺术展。祁秋实作品《烈火英雄》获江苏省青年美协“青春梦享”新人展新人奖，作品《严阵以待》入围江苏省第八届新人美术作品展。李展、刘子眉作品入围江苏省第八届新人美术作品展。

【中国摄影报全国摄影拉力赛泰州高港站活动】 5月15日，“星火传承，映照时代”2021中国摄影报全国摄影拉力赛江苏省第一站——泰州高港站活动举办。活动由中国摄影报社、泰州医药高新区党工委宣传部、高港区委宣传部主办，泰州市港城建设投资发展有限公司承办，泰州市摄影家协会、高港区摄影家协会协办。活动举行授旗仪式，中国摄影报社副社长向区摄影家协会授予拉力赛旗帜。江苏省摄影家协会主席围绕人文摄影作专题讲座。活动宣布入选“星火传承，映照时代”2021中国摄影报全国摄影拉力赛泰州高港站的20幅作品名单，其中高港区摄影爱好者作品2幅，入选作品在《中国摄影报》刊登。 （高卫东）

区残联

【概况】 2021年，全区有各类残疾人13050人。其中，视力残疾2081人，肢体残疾人6595人，听力残疾1389人，言语残疾人182人，智力残疾1152人，精神残疾834人，多重残疾817人。有镇（街道）残联12个。

【残联组织建设】 2021年，区残联召开残联改革任务推进会，制定改革重点任务职责分工表，对残联改革任务逐项进行分解，明确改革任务的责任科室、责任人和时间节点。完善和落实党委领导、政府负责的残疾人工作领导体制，充分发挥区残疾人工作委员会职能作用，建立专题会议制度，不定期召开会议研究残疾人工作重大问题。举办残联系统工作人员培训班，邀请省残联维权处处长专题讲授无障碍设施的侵权责任、无障碍环境建设法规政策及实施情况和《江苏省残疾人保障条例》。

【残疾人社会保障】 2021年，区残联共审核办证残疾人8512人次，全区享受困难生活补贴残疾人4755人、护理补贴残疾人3757人。为212名低保家庭残疾人办理城乡居民基本养老保险补贴续保，为13050名持证残疾人购买意外伤害保险104.32万元。投入资金4.5万余元，帮助13户低收入残疾人家庭实施无障碍改造。为50余名残疾学生及残疾人家庭子女发放教育专项补贴26万元。为15名自主创业和个体就业残疾人发放专项补贴7.7万元。

【残疾人康复服务】 2021年，区残联为348名残疾儿童办理康复转介手续，发放康复训练补贴。为135名残疾人发放辅助器具，拨付资金28.1万元。为27名贫困白内障患者实施免费复明手术，帮助3名精神病患者办理慢病医保，为86名贫困精神病患者给予免费送药服务。通过政府采购流程为3个残疾儿童康复机构安装并启用监管系统。全区残疾人康复服务率达到90%以上。

【残疾人就业创业】 2021年，区残联联合市残联开展“就业帮扶，同心圆梦”残疾人就业直通招聘活动，组织15名残疾人实地参观用人单位。开展“皂”就幸福——残疾人DIY居家创业实训班、抖音短视频直播电商创业培训班和糕点制作等技能培训班。累计培训270人次。组织26名残疾人参加“互联网+中药香包”制作就业创业线上培训班。组织1名残疾人参加全省残疾妇女居家客服线上培训，并签订劳动合同。组织3名残疾人参加泰州市2021年度盲人保健按摩师培训班。开展35岁以下失业、就业困难高校残疾人毕业生摸底调查。新增残疾人实名制就业74人。

【残疾人证智能化】 2021年，区残联采购智能证卡打印机2台、智能卡8000张、台式电脑2台，与区公安分局对接，做好残疾人身份证照片数据信息导出工作，完成7000余张智能卡数据的上传、制卡和发放，实现全区第三代残疾人证（智能化）全覆盖。

【评残服务】 2021年，区残联为全区长期卧病的肢体残疾人等提供上门评残服务，共服务肢体残疾人89人，精神残疾人58人，其中年龄最大的108岁。

【公益助残】 2021年，区残联联合区福利基金会继续实施“阳光浴室”“圆梦行动”公益助残项目，向全区392名残疾人及其家庭赠送太阳能热水器22台、电视机70台、洗衣机127台、电风扇41台、电饭煲62台、微波炉125台，累计金额22万余元。

2021年6月8日，区残联举办抖音短视频直播电商创业培训班

区残联　供图

【残疾人居家托养】 2021年，区残联按照困难优先、先重后轻的原则，推进残疾人居家托养工作，重点保障低保、建档立卡、低保边缘户等困难残疾人家庭的重度残疾人。在口岸街道、明珠街道试点，为39名残疾人提供居家托养服务，其中，精神残疾二级9人，肢体残疾一级2人，肢体残疾二级6人，智力残疾二级10人，智力残疾三级9人，智力残疾四级3人。

【残疾人文体活动】 2021年，区残联推荐3名盲人朗读爱好者、4名残疾人书画爱好者参加市残联盲人朗读培训班和书画培训班。选拔3名残疾人运动员参加2021年泰州市残疾人乒乓球公开赛。组织6名残疾儿童和6名健全儿童参加“党旗下，与特殊小天使同行”网络文化主题活动。

【残疾人维权】 2021年，区残联加强宣传教育，提高残疾人维权能力。借助“全国助残日”，与区司法局在口岸街道新城社区开展法治宣传周活动，宣传《中华人民共和国残疾人保障法》和《江苏省残疾人保障条例》等法律法规，发放宣传材料100余份，现场解答群众咨询10余例。按季度开展区残联机关干部下基层活动，了解残疾人需求。全年接待残疾人来访18人次，答复率100%；受理、答复“12345”网上信访投诉69件，答复率100%。

【戴陈村“残疾人之家”升级】 2021年，区残联与胡庄镇戴陈村党支部共同实施该村“残疾人之家”升级项目。吸引资金8万元，新建厂房，设置残疾人就业专岗13个。综合开展日间照料、康复训练、文化体育、教育培训、法治维权等服务，共有在托人员26人。戴陈村“残疾人之家”获得市残联拨付运行经费6万元，区残联配套经费6.25万元。

（尚建南）

区红十字会

【概况】2021年，原高港区有红十字基层组织38个，红十字会员9018人，其中青少年会员7644人，注册志愿者339人。红十字会捐款收入180.01万元，支出169.24万元。继续开展“红十字博爱万人捐”活动，募集社会捐款97.55万元。组织救护培训52场次，完成普及性救护培训6211人次，初级救护培训702人次。发放助医助学助困资金103.61万元。有72名志愿者采集血样。召开区红十字会二届五次理事扩大会。新建红十字博爱家园3个，其中白马镇陈家村红十字博爱家园获评省级优秀博爱家园。在口岸雕花楼景区建成全区首个国家AAAA级旅游景区红十字救护站。被《中国红十字报》用稿3篇，《江苏红十字报》用稿3篇，省红十字会网站用稿151篇，《泰州日报》等系统外市级以上主流媒体用稿9篇。

【区红十字会捐赠收支】2021年，区红十字会捐款收入180.01万元。其中，“博爱万人捐”捐款97.55万元，“高港区馨语爱心服务队”志愿者定向助学款8.25万元，4个台资企业捐资助学款5.7万元，庆祝中国共产党成立100周年企业爱心捐款定向许庄街道30万元，定向河南水灾捐款3.64万元，定向捐赠医疗设备8万元，抗击新冠肺炎疫情捐款2.2万元、捐物20.33万元，省红十字会“博爱光明行”项目经费4.34万元。“红十字博爱万人捐”，区级机关28.7万元，占29.42%；各镇街45.59万元，占46.73%；文卫系统16.74万元，占17.16%；其他单位和个人6.52万元，占6.69%。捐款支出169.24万元。其中，助医支出0.4万元，助困支出69.26万元，助学支出33.95万元，支援对口帮扶陕西淳化县4所学校生物实验室项目15万元，抗击新冠肺炎疫情捐款支出2.2万元、捐物支出20.33万元，定向捐赠医疗设备1台支出8万元，其他支出20.1万元。

【红十字青少年工作】2021年，区红十字会组织泰州市口岸中心小学、泰州市口岸实验学校参加第二届泰州市学校红十字应急救护知识与技能竞赛，1人获个人三等奖，1人获个人优秀奖。开展省、市红十字示范学校创建活动，泰州市扬子江初级中学获评江苏省红十字示范学校，泰州市许庄初级中学获评泰州市红十字示范学校。

【红十字应急救援】2021年，区红十字会与区应急管理局签订《防灾减灾联动工作机制合作协议》，制定完善自然灾害、突发公共卫生事件应急预案。与泰州市邮政局签订物资储备协议和应急物流协议。参与江苏省青少年自行车（山地、公路）锦标赛、“全民迎省运，畅游水天堂”2项赛事活动保障工作，参与爱情海欢乐田园、逸秋果园2个景区有关活动保障工作。

【公益性应急救护培训】2021年，区红十字会明确各镇街、各部门年度应急救护培训工作任务。全年完成初级救护培训702人，完成市交目标任务117%；普及救护培训6211人，完成市交目标任务108.21%。

【助医活动】2021年，区红十字会关爱女性健康项目支出4人次、0.4万元，累计救助贫困女性患者392人次、24.42万元。

【助困活动】2021年，区红十字会开展“红十字博爱送万家”活动，救助611人，支出30.55万元，将省红十字会下拨的价值5.76万元的物资发放给困难群众。定向救助特困群众8人，支出4.7万元。救助口岸街道特困群众1人，支出0.3万元。救助永安洲镇特困群众1人，支出0.2万元。应急救助59人，支出11.8万元。少儿大病救助2人，支出1.2万元。重阳节慰问老人46人，支出0.51万元。庆祝中国共产党成立100周年企业爱心捐款定向资助许庄街道256人，支出20万元。

【助学活动】2021年，区红十字会资助孤儿20人，发放助学款6万元。高港区“馨语爱心服务队”志愿者定向助学款资助学生73人次，发放助学款8.25万元。定向胡庄初中捐款4万元。4个台资企业捐资助学22人，支出5.7万元。庆祝中国共产党成立100周年企业爱心捐款定向许庄街道贫困学生41人，支出10万元。

【造血干细胞捐献】2021年，区红十字会为72名造血干细胞志愿者采集血样。完成再动员19例，完成高分辨6例，进入体检阶段4例。中国人体器官捐献管理中心“捐献志愿登记”系统报名登记人数286人。年末，建成“爱心献血屋”，并投入使用。

【红十字志愿服务】2021年，区红十字会组织“馨语爱心服务队”志愿者走进刁铺敬老院、白马敬老院，开展关爱老人志愿服务活动。组织红十字应急救援队对原泰州医药高新区3所学校、原高港区4所学校开展“秋学期校园消杀”活动，保障校园环境安全。（孙晓红）

法治 军事

政法委与综治工作

【平安建设】 网格化社会治理 2021年，泰州医药高新区（高港区）制定网格化服务管理工作考核办法和《全区城乡网格化服务管理办法实施意见》，健全完善网格员队伍聘用、奖惩、考核、退出及经费保障等机制。依托综治视联网会议系统平台开展常态化业务培训，举办第二期网格学院业务骨干培训。在全区范围内打造“飘扬网格队旗，彰显基层治理担当”网格服务品牌。推动“平安前哨”建设，建成一级指挥室2个、“平安前哨”工作站5个。评选表彰年度“最美网格员”46人。全区共划分1057个网格，其中，城市网格213个，农村网格754个，专属网格90个，配备网格员、网格长1672人。打造多元共治体系，推动部门力量下沉下移、社会力量多元共治，健全“网格报告、镇街吹哨、部门报到”工作机制；加快推进网格化社会治理与数字化城管、“12345”热线、监管执法、应急管理、公共服务等领域协调联动，推动网格事项上报、受理、流转、办结、反馈闭环运行。

平安创建 组织黄赌毒、非法集资、扰乱市场秩序违法犯罪专项整治。开展平安企业、平安金融、平安寄递、平安水域、平安交通等20项行业领域系列平安建设。

智慧技防 将全区136个住宅小区、70所学校全部纳入新一代“雪亮工程”，启动智慧技防小区和智慧技防校园建设。由区党工委（区委）政法委牵头组织公安、住建、教育、财政、行政审批等部门和相关街道实施，完成现场勘查、确定方案设计单位、编制可行性研究报告、采购招标等方面工作。

“一镇一街一品”项目打造 推动各镇街立足自身特点和优势，结合群众需求和基层治理难点，打造“一镇一街一品”基层社会治理项目。大泗镇以“六无”村（社区）创建为抓手，创新信访工作模式，有效化解一批历史遗留矛盾和信访积案；刁铺街道创新开发“智慧社区”小程序，设立居民基础信息库、社区通知、议题广场、服务管理、社区政务等模块；胡庄镇探索“建设服务阵地、推进网格治理”新模式。10月18日，《泰州日报》头版头条以《高新区（高港区）构建基层治理新模式》为题进行宣传报道。

扫黑除恶专项斗争 建立健全综合治理机制、环境净化机制、队伍管理机制、扫黑除恶专项斗争群众举报涉黑涉恶犯罪线索奖励办法（试行）、全区公安机关派出所滚动排查涉黑涉恶线索工作制度。组织区公安分局等部门对农村地区涉黑涉恶违法犯罪实施精准惩治，排查农村地区非法集资、贷款诈骗、信用

2021年9月13日，泰州医药高新区（高港区）智慧技防小区和校园建设设计方案汇报会暨工作推进会召开　　区党工委（区委）政法委　供图

卡犯罪等经济犯罪线索。深化“六无”村（社区）创建，做好矛盾纠纷排查化解、涉黑涉恶线索摸排、治安巡逻防范、防诈宣传、安全隐患排查治理、特殊人群服务管理等各项基础性工作。围绕“促进特殊人群融入社会，预防和减少犯罪”目标，做好特殊人群服务管理工作。

（张云龙　秦　涛）

【法治建设】 依法行政　2021年，泰州医药高新区（高港区）全面落实依法决策制度，对事关民生或对经济社会发展有较大影响的重大行政决策事项，严格落实公众参与、专家论证、风险评估、合法性审查和集体讨论决定等法定程序。从人大代表、政法部门、律师中聘任人员，组成执法司法评议团成员。

法治监督　组织开展“百案评查”活动，坚持查改结合，推动提高办案质量。

法学课题研究　共收到课题33项，根据评审结果，对12项重点课题、9项一般课题予以结项。

【政法队伍教育整顿】 2021年，泰州医药高新区（高港区）围绕“学习教育、查纠整改、总结提升”三个环节、“筑牢政治忠诚、清除害群之马、整治顽瘴痼疾、弘扬英模精神”四项任务，开展政法队伍教育整顿。组织填录自查事项报告表3轮1710人次，撰写“政治忠诚”专题剖析材料459篇，召开专题民主生活会12次、组织生活会48次，完成谈话1185人次。区党工委（区委）成立由党政主要负责人任双组长的工作领导小组。全区举行英模事迹报告会、廉政教育报告会、警示教育大会，开展“三个规定”“四长”大宣讲，签署领导干部公开承诺书300余份，向案件当事人发放“三个规定”监督卡1970余份。公开顽瘴痼疾整治清单及监督举报电话，召开征求意见座谈会2次，听取意见建议，建立健全长效机制。融合开展“我为群众办实事”实践活动和“‘两在两同’建新功、‘三比三争’开新篇”行动，推动解决一批群众困难和诉求。教育整顿成效位居全市首位，政法队伍满意率为98.41%，列全市第一。

（王小军　林广玉）

公　安

【概况】 2021年，泰州市公安局医药高新区分局（高港分局）（简称区公安分局）完成重大安保任务；严格落实常态化疫情防控措施，持续保持“零输入、零感染”的良好局面；组织开展重点人员管控和公共安全监管攻坚战，全区未发生重大涉稳案（事）件和事故，社会经济发展大局持续平稳。破获刑事案件1111件，破获“八类”案件10件，抓获刑事作案嫌疑人1197人。打掉3个电信网络诈骗重大团伙，挽回群众损失260余万元。建立“3公里公安综合便民服务圈”，推进派出所综合服务窗口建设，下放37项服务事项至基层派出所窗口，警务服务

第十二届中国（泰州）国际医药博览会安保　　区公安分区　供图

野徐镇康居社区警务室　　区公安分局　供图

24小时全天候在线。探索实施警务运行机制改革，在全市率先试点智能接处警模式，擦亮“警务小哥”招牌。打造康居新城全生态智慧社区、24小时新青年警务驿站、平安前哨指挥室等一批创新品牌，康居新城全生态智慧社区被评为全省2021年度智慧技防建设典型。钱忠荣被公安部、中华全国总工会联合评为全国公安机关成绩突出个人，获全省政法系统先进典型称号。

【刑事犯罪侦查】 2021年，区公安分局共破获刑事案件1111件，破获“八类”案件10件，抓获刑事作案成员1197人。全年破获涉网黑恶犯罪25起，抓获犯罪嫌疑人44人；侦办非法吸收公众存款案件2件，抓获涉案犯罪嫌疑人8人，公诉6人；破获通信网络诈骗案件444件，其中公安部挂牌案件1件，抓获犯罪嫌疑人186人，止付7600余次，冻结涉案银行卡5万余张，冻结涉案资金3000余万元，挽回群众经济损失260余万元。检查易制毒化学品企业379个次，下发整改通知书20余份，处罚违规化学品企业6个。

【经济犯罪侦查】 2021年，区公安分局破获经济犯罪案件12件，公诉11人，挽回经济损失100万元。侦办非法吸收公众存款案件10件，抓获涉案犯罪嫌疑人7人，刑事拘留7人。开展联合执法行动，对涉嫌非法集资宣传、超范围经营的违法违规行为，进行现场纠正，约谈相关单位6个、关停2个。

【治安管理】 2021年，区公安分局对辖区181个娱乐服务场所采取分类分级管控，其中，A级场所123个，B级场所43个，C级场所15个。全年查处违法违规经营场所85个，其中，责令整改85个，停业整顿8个。查处发生在场所内的治安、刑事案件107件，其中涉娼案件18件，治安处罚27人，刑事处罚1人，整改不符合规定的硬件设施50处，升级改造视频监控，在各类场所主要出入口增装人脸识别相机，规范场所保安24人。对全区19个寄递物流企业、6个寄递分拨中心、160个寄递网点和2130名从业人员全部实现在档在册、常态管控。与寄递物流业单位签订安全责任状。会同邮政管理部门开展联合执法5次，整改安全隐患11处。对全区158个涉危险化学品单位实行分类分级管控。加大烟花爆竹禁放和非法枪爆物品收缴力度，排查整改安全隐患18处，制发限期整改通知书2份，收缴烟花爆竹267箱。开展“蛟龙行动”“三无船舶整治”“打击非法捕捞”“打击非法采砂”等执法专项行动，共查处无证驾驶机动船舶行政案件5件，处罚5人，查处水上消防违法行政案件5件，处罚5人。通过海事AIS系统核查船舶行驶轨迹，对不符合放行条件的船舶予以劝返，共核查船舶6442艘次、人员11848人次。

【流动人口管理】 2021年，区公安分局采集流动人口115308人、出租房屋7141户，注销流动人口164333人、出租房屋2680户，变更流动人口74711人、出租房屋11989户。

【出入境管理】 2021年，区公安分局受理出国境申请1442人次，其中，电子护照119人次，港澳台申请1323人次。共办理境外人员住宿登记2514人次，其中，外国人1587人次，港澳台居民927人次。全年未发生群众投诉、违规违法办理出入境证件事件。查处涉外行政案件8件，侦办刑事案件1件，公诉41人；核查国边境犯罪线索4件；走访企业26个，核实境外投资企业13个。8个派出所完成综合服务窗口建设。

【网络安全保卫】 2021年，区公安分局开展网上秩序整治行动，办理主侦案件11件，办理网络行政案件120件，抓获违法犯罪嫌疑人178人。加强对全区重要信息网络系统的安全检查，检查重要信息系统49个，其中，网络新媒体10个，网吧33个。

【110接处警】 2021年，区公安分局共接报总警情数49837起，其中，刑事类警情3981起，行政类警情9119起，交通类警情73起，火灾类警情256起，求助类警情12293起，举报投诉类警情1960起，纠纷类警情14375起，其他非警务类警情7780起。（刘　然）

【道路交通安全管理】 2021年，泰州市公安局交通警察支队医药高新区大队（简称交警医药高新区大队）平均每日出动警力96人次，警车46辆次，现场查处各类交通违法行为5.4万余起，现场查处工程运输车辆系列交通违法行为6000余起，查处货车超载600余起，查获非法营运电动三四轮车980余辆次，现场查处行人非机动车违法行为3.5万余起，查获饮酒驾驶89起、醉酒驾驶71起。辖区交通事故共接处警18413起，受理一般事故比上年减少26.67%，死亡人数持平，受伤人数减少58.88%。（殷　飞）

泰州市公安局交通警察支队高港大队（简称交警高港大队）查纠各类交通违法行为149320起，其中机动车违法行为87394起，非机动车、行人违法行为60474起；查获酒后驾驶276起。辖区交通事故共接处警12972起，受理一般事故起数比上年下降9.38%，死亡人数与上年齐平，受伤人数下降21.67%。完成春运、“五一”、端午、高考、中考等交通安全保卫任务。（王阿林）

交通安全隐患治理　交警医药高新区大队开展“平安交通”创建活动，加强重点企业源头监管。专门抽调民警2人、辅警3人，成立源头监管工作专班。开展见底排查行动7次，每月对重点车辆、驾驶人进行滚动排查、隐患清零，确保对辖区重点运输企业做到底数清、情况明、基础实、台账全。全年召开源头监管例会10次，到客货运企业检查93次，开展车辆和驾驶员隐患数据核查7155次，电话督促7541次，上门排查43次，督促重点车辆年检903辆，督促重点驾驶员审验654人、当月换证441人、当月清分24人，注销重点车辆63辆。加强交通安全隐患排查整改，按照民警包区域、辅警包路段要求，组织对各自责任区内的道路隐患和交通标志标线、信号灯等交通安全设施进行巡查，发现新增隐患点和设施损坏、缺失的及时采取先期管控措施，分析研判事故多发点段，按照“一点一策”制定整改方案，进行整改、维护。坚持常态管理和集中整治相结合，开展工程运输车整治、货车超限超载整治、校车及接送学生车辆整治等各类专项整治行动。

（殷　飞）

交警高港大队推动警力上路，全面完善早晚高峰岗制度，从严查处各类违法行为。强化重点违法行为查处。加大电动自行车、行人违法行为的查处力度。开展专项整治，对酒驾、醉驾实行零容忍。联合交通运输部门，落实24小时驻站制度，常态化组织开展治超联合执法行动，对超限超载严重的地区和路段，不定期组织流动执法。对有超限超载行为的运输车辆、驾驶人、货运企业、承运人（源头企业）实行“一超四罚”制度。与道路运输企业及重点场所负责人签订安全承诺书，落实企业、场所交通安全主体责任。发挥市、区两级道路交通安全生产专委会的作用，加强跨领域、跨部门重要工作的统筹推进和组织协调。运用“平安交通”创建考核手段，推动各镇街、园区、部门加强协作共治，实施疏港一路、梁大线改造，推进“一村一交通辅警”建设。（王阿林）

交通安全宣传教育　交警医药高新区大队结合交通安全“百日整治”、“一盔一带”等整治行动，开展交通安全宣传。在各级新闻媒体发布重点违法警示案例。在省、市级新闻媒体发布新闻48篇，省、市、区微信及微博平台发布新闻20余篇。组建女子宣传队到明珠街道西湖翠苑社区、野徐镇康居社区、凤凰街道双河社区等社区，泰州市中科院幼儿园、泰州市寺巷小学等学校，唐泽交通器材（泰州）有限公司等企业开展交通安全宣传。全年开展宣讲活动40余次，发放头盔600余个、小纪念品1000余份，举办交通安全宣传教育讲座8场。加强“一栏一标语”交通安全宣传阵地建设。在100余个住宅小区和学校、企业等重点点位布置宣传提示站牌，宣传交通安全相关内容。

（殷　飞）

交警高港大队依托辖区7个镇街的54个村（社区）交通安全劝导站，每周组织开展集中劝导行动，突出“一早一晚”时间段，加大对面包车超员、电动三四轮车违法载人、电动自行车不戴头盔等违法行为的宣传劝导。突出开展“零酒驾”创建和幼儿园接送学生家长交通安全教育。发动交警中队、派出所警力、网格员开展“一村一警、全警宣传”农村交通安全走访行动和“敲门行动”，全面排查基层风险隐患，增强农村地区群众交通安全意识。

（王阿林）

交警服务　交警医药高新区大队创设远程执法服务中心，具有轻微事故远程快处、一般事故远程调解、一般程序远程处罚三大功能，节省一线民警精力和当事人时间。5月28日，江苏省公安厅交警总队组织全省交警系统到交警医药高新区大队观摩学习，进行推广。完成“一村一交通辅警”建设，由中队民警分片包干，中队辅警1人包干1个社区。制定交警医药高新区大队《网格化管理各级工作职责》《网格化管理考核办法》和《驻村交通辅警工作职责》。建成“一村一辅警”工作站40个，全部落实驻村辅警。

（殷　飞）

检　察

·泰州医药高新区人民检察院·

【概况】 2021年，泰州医药高新区人民检察院共审结审查逮捕案件44件52人，审查起诉案件207件255人。对12人依法作出不逮捕决定，对46人依法作出不起诉决定；对241名被告人适用认罪认罚从宽制度，适用率94.88%。依法提前介入、引导侦查25次，监督立案10人，监督撤案19人，纠正漏捕2人，监督各类执行不当34人。办理民事监督案件77件，办理各类行政案件15件。发出审判程序违法和执行监督案件检察建议33份，全部被采纳；发出再审检察建议6件，均获改判；提请泰州市人民检察院抗诉的4件案件，全部获改判。1人在全省民事检察业务竞赛中获评全省民事检察优秀办案能手；1人被评为全省检察机关“守正有为检察人”；1人被评为全省检察机关未成年人检察业务标兵，并获法治宣讲单项奖。

【刑事检察】 2021年，泰州医药高新区人民检察院打击长江鳗鱼苗非法捕捞、收购、贩卖“全链条”，保护“水中软黄金”的做法被央视专题报道。依法对部委联合挂牌督办的跨国侵犯著作权案等重大有影响案件提起公诉。办理的刘甲、刘乙（代称）等人恶势力犯罪集团犯罪侦查活动监督案被最高人民检察院评为“十大优秀侦查活动监督案例”。在2件侵犯商业秘密案中，引导公安机关侦查取证，监督公安机关以侵犯商业秘密罪立案侦查。在办理全国扫黄打非办、最高人民检察院、公安部、国家版权局四部委联合挂牌督办的侵犯著作权一案中，通过补充侦查追加优酷、爱奇艺等4个被害单位。推进扫黑除恶工作常态化，与公安机关就村（社区）“两委”人员联审、犯罪预防等协商建立长效机制，对33名村（社区）“两委”换届候选人进行资格把关。

【民事行政检察】 2021年，泰州医药高新区人民检察院加强民法典宣传和适用，根据新规定，办理全国首例未成年人精神损害赔偿支持起诉案件，帮助获得赔偿6万元。人民陪审员违规参审专项监督活动，被市人民检察院发文推广。1件破产监督案件被评为全省检察机关破产监督典型案例，1份不支持监督文书被评为全省优秀法律文书。开展土地执法领域非诉执行监督专项行动，发现监督线索26条，发出类案检察建议4份。办理的1件行政检察监督案件被江苏省人民检察院评为全省检察机关“十佳行政检察监督案件”。办理的曹某某涉嫌非法行医案被评为全省检察机关人民监督工作典型案例、全省“作出不起诉决定后移送主管机关处理”典型案例。

【公益诉讼检察】 2021年，泰州医药高新区人民检察院在食品安全、生态环境等7个领域办理公益诉讼案件74件。开展古盐运河水环境整治，督促职能部门开展“水岸同治”，被评为全国检察机关技术支持公益诉讼典型案例。保护红色资源，开展烈士纪念设施管理保护公益诉讼专项行动，联合职能部门跨省将牺牲70年的烈士之墓迁回烈士陵园的做法被中央媒体宣传报道。

【大健康产业检察护航行动】 2021年，泰州医药高新区人民检察院做好全市涉大健康产业案件集中管辖工作，组织开展“深入贯彻十九届六中全会精神，推动高新检察转型发展”主题活动。组建企业服务专员队伍，为11个重点企业提供“一对一”服务。在第十二届中国（泰州）国际医药博览会期间举办医药知识产权法治保护论坛，国家知识产权局、省人民检察院、同济大学、华东政法大学以及市执法司法机关、医药企业代表40余人参加会议，泰州市中级人民法院、市人民检察院、市公安局、市司法局、市场监管局、江苏省药监局泰州检查分局6个单位签订《加强医药知识产权协同保护框架协议》。在全市率先开展民营企业合规管理，对涉及伪造国家机关证件罪的1个企业跟踪合规整改2次。结合办案向被害企业发出《法律风险提示函》7份，帮助企业建章立制、堵塞漏洞。

【社会治理风险防控】 2021年，泰州医药高新区人民检察院主动参与市域社会治理，结合司法办案发出治理类检察建议12份。开展“精准普法月月行”活动，深入镇街、社区普法23次。拍摄反诈骗短视频，获全国“金融检察微课堂”大赛优秀奖。加强未成年人保护，针对宾馆违规接纳未满十六周岁未成年人入住的问题，推动职能部门开展专项整治。注重以案释法，在“全国放鱼日”与泰州高新区人民法院联合将庭审开到渔民聚集的永安洲镇东江社区，现场宣传长江禁捕政策，放流苗种6万余尾。与高港区人民检察院共同撰写犯罪形势分析报告，供区党工委决策参考。

【外部监督】 2021年，泰州医药高新区人民检察院接受人大监督和政协民主监督，中层以上干部与人大代表、政协委员“一对一”联络，通过定期走访、检察开放日、征求意见座谈会等形式，常态化开展联络。加强对司法办案监督，邀请人大代表、政协委员、人民监督员、律师等17人次旁听庭审、评议案件、公开听证答复。深化检务公开，以案件信息公开网、微博微信、门户网站等为载体，公开重大案件信息449条、程序性信息398条、生效法律文书256份。召开新闻发布会2次，公布政法队伍教育整顿工作成效。

（王洪坤）

2021年6月6日，由泰州市农业农村局主办，如皋市人民法院、泰州医药高新区人民检察院协办的泰州市2021年全国“放鱼日”同步增殖放流活动在长江高港段举行 泰州医药高新区人民检察院 供图

·高港区人民检察院·

【概况】2021年，高港区人民检察院受理审查逮捕案件30件41人、公诉案件119件219人。开展认罪认罚控辩协商听取意见同步录音录像工作，适用率100%。办结控告案件10件、刑事申诉案件4件。办理民事检察案件63件、行政检察案件3件、公益诉讼案件112件。高港区人民检察院被评为全市政法系统先进集体。1人获评全国检察机关扫黑除恶优秀个人，1人获评江苏省“三八”红旗手，1人获评全省检察机关“守正有为检察人”。

【护航经济发展】2021年，高港区人民检察院突出惩治破坏市场经济秩序的犯罪，依法办理非法吸收公众存款、集资诈骗等破坏市场经济秩序犯罪案件7件38人。针对1名社区矫正对象的企业生产地与经营销售地不一致的情形，依法建议社区矫正机构简化请假外出审批程序、扩大活动范围，推动社区矫正机构优化因经营活动外出的审批手续。探索开展“企业公益损害风险防控”试点工作，以“污染防治、安全生产、农民工权益保护”为重点，依托陈新公益保护工作室平台，与环保、人社、住建等部门联动，到11个化工企业、18个建筑工地、21个劳动密集型企业，帮助企业落实污染防治责任、消除安全生产隐患、防范欠薪涉罪风险。探索“志愿者+网格化”公益损害风险防控协作机制，与团区委联合聘请6名青年志愿者观察员，以“检察蓝+志愿红+环保绿”方式，定向参与民营企业的风险防控工作19次。全年制发检察建议73份，把法律监督的效果由个案向社会治理的各个领域扩展。践行检察为民宗旨，规范涉检信访接待，依托“12309”检察为民服务中心，妥善办理群众来信来访案件110件，7日内回复率、3个月办理结果答复率均为100%。

【刑事检察】2021年，高港区人民检察院受理审查逮捕案件30件41人，一审公诉案件119件219人。依法提前介入公安机关侦查案件12件，介入并指导侦查机关办理1件零口供盗抢案。规范行使自行补充侦查权，依法办理杨某某抢劫金店案、陆某某诈骗案等案件。履行审前主导责任，继续保持刑事案件负面评价指标零数据。立案监督判处有期徒刑刑罚采纳率、侦查活动违法监督采纳率、刑事审判活动违法监督采纳率均为100%。监督立案2件，监督撤案3人，纠正遗漏起诉同案犯3人，发出《纠正违法通知书》8份。审判监督取得新进展，提请抗诉1件，发出《纠正违法通知书》1份。

【民事检察】2021年，高港区人民检察院受理民事裁判监督案件8件，发出民事再审监督案件6件；受理民事审判违法监督案件11件，发出民事审判违法监督检察建议8份；受理民事执行活动监督案件15件，发出民事执行监督检察建议11份；受理支持起诉案件18件，提起支持起诉18件，支持胡某某等8名农民工起诉追索劳动报酬案被最高人民检察院《涉农检察指导性案例实务指引》收录。依法开展虚假诉讼专项监督，办理的魏某合同虚假诉讼监督案入选省人民检察院6部优秀案例。强化民事检察监督刚性，办理的李某某申请裁判结果监督案被《检察日报》和最高人民检察院微信公众号报道。

【行政检察】2021年，高港区人民检察院加强行政非诉执行监督，通过现场走访、调取卷宗等方式，对发现的国土领域非诉执行案件存在的问题发出检察建议4份，全部得到采纳。参与行政争议诉源治理，常态化开展行政争议实质性化解工作，应邀介入2件民营企业涉嫌排放污水行政争议案件，提出不予和减轻处罚意见，得到采纳。

【公益诉讼检察】2021年，高港区人民检察院依法办理各类公益诉讼案件104件，制发公益诉讼诉前检察建议34份，依法提起3件公益诉讼案件，办理民法典实施后全省检察机关首例适用污染环境惩罚性赔偿条款案件，督促被告单位向泰州市环境公益诉讼资金账户缴纳生态环境修复费用及惩罚性赔偿金14

2021年11月17日，高港区人民检察院开展反诈宣传进校园活动

高港区人民检察院　供图

万余元。办理的钟某某等11人侵犯公民个人信息刑事附带民事公益诉讼案入选省人民检察院2021年公告案例、最高人民检察院公民个人信息保护典型案例。注重规范线索评估、公益巡查、检察建议的发出等办案环节。

【未成年人综合保护】 2021年，高港区人民检察院探索实施“督促监护令+家庭教育指导”机制，督促6名未成年人的父母正确承担家庭监护职责，相关做法被《检察日报》报道，受邀在全国检察机关专题研讨会上交流发言；受理的周某甲、周某乙（代称）等人盗窃案被全省涉案未成年人家庭教育指导工作新闻发布会重点发布介绍；受理的张某（代称）等人寻衅滋事案被评为全省检察机关优秀帮教案例。常态化开展“汤姐姐法治课堂”巡讲活动，开展“暑期安全法治巡讲”“开学第一课”“儿童防性侵自我保护”等主题普法授课，受众学生3000余人，相关做法被央广网、“学习强国”等平台宣传报道。

【司法救助】 2021年，高港区人民检察院坚持“应救尽救”原则，将涉法涉诉信访、民事监督等案件纳入到司法救助范围。全年开展救助22件，发放救助金45.5万元。通过调查取证，依法支持8名农民工起诉追索劳动报酬128万元，保障农民工工资从司法拍卖款中优先清偿，该案获评2021年度全省民事检察支持起诉典型案例，被最高人民检察院《涉农检察指导性案例实务指引》收录，被《检察日报》整版报道。

【外部监督】 2021年，高港区人民检察院专题向区人大常委会报告服务保障民营企业发展工作情况，对照审议意见，落实改进。召开座谈会，向区政协汇报公益诉讼检察工作，共同开展“登高望远强素能、创新争优立新功”主题党日活动。及时会办政协委员关于“规范涉企执法行为，营造良好法治营商环境”的提案。落实“开门搞整顿”的要求，召开政法队伍教育整顿座谈会3次，向社会通报队伍教育整顿的目标任务、整治情况和为民办实事项目等情况。完善人民监督员对检察办案活动的外部监督机制，组织案件公开审查、公开听证等检务公开活动15次。构建良性互动的检律关系，优化律师阅卷服务流程，提供电子卷宗阅卷60次，实现律师阅卷“一次也不用跑”的目标。

【检务公开】 2021年，高港区人民检察院严格执行案件信息公开制度，主动在12309中国检察网、最高人民检察院门户网站等平台发布重要性案件信息238件，公开案件程序性信息312条、法律文书155份。召开2次新闻发布会，向社会各界通报检察工作情况，提升司法办案透明度。加大检察工作宣传力度，依托高港检察“两微一端”发布宣传微信、普法视频、工作动态等500余条。　（孙伦步）

法　院

·泰州医药高新区人民法院·

【概况】 2021年，泰州医药高新区人民法院受理各类案件8136件，办结6945件，比上年分别上升14.69%和8.57%；案件结收比93.32%。其中，受理刑事案件247件，审结235件；受理民商事案件4288件，审结3527件；受理执行案件2868件，执结2613件。发送司法建议23篇。6个集体和25名个人受到区级以上表彰，泰州医药高新区人民法院被江苏省高级人民法院评为全省优秀法院、全省法院党建工作先进集体。

【刑事审判】 2021年，泰州医药高新区人民法院审结故意伤害、强奸、抢劫、聚众斗殴等犯罪案件15件19人。审结涉毒品、涉黄、涉赌博类案件16件36人。审结涉互联网犯罪2件9人。审结受贿、行贿等职务类犯罪3件4人。审结侵犯知识产权刑事案件4件12人。贯彻落实认罪认罚从宽处理制度，认罪认罚适用率达97.2%。判处罪犯361人，判处上缴国库财产刑1838.74万元，判处退赔被害人、单位778.17万元，判处没收个人全部财产1人，判处追缴违法所得1397.88万元。依法审结被告人胡某某（代称）扰乱国家机关工作秩序案、中央扫黄打非办督办的被告人王某某（代称）侵犯著作权案及陈某某（代称）等人销售伪劣产品案。

【民商事审判】 2021年，泰州医药高新区人民法院依法审结建设工程项目案件121件。审结涉泰州周山河房地产开发有限公司、泰州高新置业有限公司等10余个房地产开发企业商品房屋买卖合同纠纷案件127件，涉案金额5400.34万元。审结各类房屋租赁案件78件。审结知识产权案件332件，判处赔偿金计466.31万元。审结劳动争议案件52件。审结破产案件2件。到企业开展走访服务，加强劳动法律法规宣传，进社区进工厂，针对劳动争议实务开展法律讲座。审结医疗事故案件、侵权类案件5件。开展“套路贷”虚假诉讼专项治理，新收民间借贷案件比上年减少58.9%。线上开庭55件，调解、撤诉结案23件。

【行政审判】 2021年，泰州医药高新区人民法院审结行政诉讼案件381件、行政赔偿案件15件、非诉行审案件137件。其中，行政诉讼案件判决142件，行政机关一审判决败诉51件，判决案件败诉率为35.9%；以调解撤诉方式结案83件，占行政诉讼案件结案总数的21.7%。发布行政审判白皮书1份，开展新行政处罚法理解与适用讲座4期，提高涉讼行政机关行政执法和行政应诉能力。

【案件执行】 2021年，泰州医药高新区人民法院首次执行案件新收1775件，结案1661件。有财产可供执行法定期限结案率为100%，并列全省第一，执结率91.1%，执行到位3.1亿元。首次执行12个关键指标中5个指标位居全市第一。移送执转破案件38件。审理执转破案件、清算案件33件，审结26件。执结涉各国有平台公司案件15件，执行到位700万元；执结涉园区企业案件43件，执行到位4300万元。围绕民生专项执行，共开展集中执行12次，出动干警126人次，入户搜查68次，执行到位标的168万元，执结率93.15%，到位率26.1%。

【司法警务】 2021年，泰州医药高新区人民法院深入推进司法警察队伍规范化建设，落实专用囚车、专用囚车库、专用羁押通道、专用电梯、专用桌椅、专用卫生间、羁押室、监控室、警用装备室、枪弹室建设规范要求，优化司法警察警力配置，完善警务保障制度机制，常态化开展实战化训练活动，保障司法警务安全。完成刑事案件庭审值庭297次，押解被告人351人，累计出警872人次。协助集中执行42次，出警457人次。安检当事人23720人，查获违禁物品26件，收缴管制刀具6把。

【"类个人破产"工作】 2021年，泰州医药高新区人民法院创新案件审理机制，将"类个人破产"被申请人诚信考察贯穿于债务清理程序始终，建立类个人破产管理人制度，形成债权人意思自治与执行实施权相结合的清算事项确定规则，探索推进个人及其出资一人公司融合清算。依法办理的吉某某"类个人破产"及投资企业合并清算案入选全省法院"类个人破产"典型案例。

2021年12月31日，泰州医药高新区人民法院举办家事审判新闻发布会

泰州医药高新区人民法院　供图

试点经验被省高级人民法院推广，相关工作举措被省级主流媒体广泛报道。

【司法为民】 2021年，泰州医药高新区人民法院推动集约高效、便民利民的"一站式"服务，改造诉讼服务中心，完善24小时自助服务功能，受理跨域立案28件，网上立案率100%。依法审结涉民生案件2501件。开展"我为群众办实事"活动，深化"断卡"守护财产安全行动、涉民生专项执行行动、"法律五进"宣讲行动、"金法槌"志愿服务群众、帮扶救助特困群体等10项民生实事专项行动。深化家事审判品牌建设，维护弱势群众的合法权益。依法制裁恶意欠薪行为，帮助劳动者追回报酬366.12万元。开展民法典进社区、企业、校园等普法活动46场，开辟《说法一分钟》普法栏目，发布法官问答短视频11条。

【诉源治理】 2021年，泰州医药高新区人民法院完善"大数据+网格化+铁脚板"治理模式和诉讼与非诉讼对接机制，聘请退休法官、退休干部参与诉前调解，调解案件1803件。探索构建民事调解递进机制，推动完善"社会调解优先，法院诉讼断后"的递进式矛盾纠纷分层过滤体系，强化与行业部门联动，做优做实道路交通、劳动争议、物业管理、金融保险等类型化行业诉调对接体系。通过矛盾纠纷源头化解，实现民事一审新收案件数稳中有降。结合非集中管辖法院派员参与集中管辖法院行政审判工作机制，与行政审判管辖区内4个法院的派出专员均建立互动机制，在泰兴率先设立行政争议多元调处中心。

【审判改革】 2021年，泰州医药高新区人民法院继续深化落实"审理者裁判、裁判者负责"改革要求，细化各类司法人员权责清单，有效嵌入审务督察机制，实现多层次闭环监管体系。发挥引领示范作用，实现院庭长办案常态化、实质化，全年共办结案件4135件，占结案总数的60%。完善法官业绩考核评价体系，落实差异化绩效考核机制，提升工作效能。　（时菁菁）

·高港区人民法院·

【概况】 2021年，高港区人民法院受理各类案件5643件，审理、执结5127件，比上年分别上升10.43%、8.78%。其中，受理刑事案件175件，审结169件；受理民商事案件2926件，审结2596件；受理执行案件2329件，执结2174件。10个集体、29名个人获上级表彰。高港区人民法院审委会委员、立案庭庭长何芬获“中国好人”称号。1名干警获评全省法院党建工作先进个人

【刑事审判】 2021年，高港区人民法院判处故意伤害、抢劫等暴力犯罪案件4件4人。审结李某某等7人非法吸收公众存款案。惩治危害食品药品安全犯罪3件15人。依法判处职务犯罪案件10件12人，邀请党员干部旁听庭审，接受廉政教育。持续开展扫黑除恶专项斗争。对审判执行中发现的涉套路贷虚假诉讼相关线索及时移交公安侦查，全年累计移送83件。落实“三书一函”工作，发出司法建议4条，促进源头治理、综合治理。制定扫黑除恶六项长效机制，巩固专项斗争成果，该经验做法被《江苏法治报》报道。1名干警被评为市扫黑除恶先进个人。

【民商事审判】 2021年，高港区人民法院妥善审结婚姻家庭、教育医疗、劳动就业等各类涉民生案件2661件。放大“法暖夕阳”品牌效应，赡养纠纷调处案例被中央电视台报道。创新离异家庭未成年子女成长关怀联动机制，有4名未成年人纳入帮扶范畴。开展“我为群众办实事”“‘两在两同’建新功”活动，集中推出20项便民利民措施，及时为群众和企业排忧解难。依法缓减免诉讼费115.88万元，发放救助金16.7万元。规范执行案件移送破产审查程序，移送执转破案件42件。发挥府院联动机制效能，协调建立破产案件经费保障制度，办结破产案件30件。指导监督泰州口岸船舶有限公司及其关联公司重整计划有序执行，被《新华日报》《人民法院报》等主流媒体报道。开展涉民营企业积案集中攻坚行动，办结涉民营企业案件163件，执行到位7476.97万元。

【案件执行】 2021年，高港区人民法院案件执结率达93.22%。完善综合治理执行难工作联席会议机制，构建“大执行”工作格局。联合公安部门共建机动车辆线上查控平台，破解“查人找物”难题。开展根治欠薪专项行动，为231名农民工追回欠薪344.9万元。组织实施“跟着法官‘抓老赖’”直播活动，95.7万人在线观看。推进司法网拍，成交金额1.06亿元。

【司法便民】 2021年，高港区人民法院依托江苏移动微法院、诉讼服务网等，办理网上立案2627件。升级跨域立案诉讼服务，办理跨域立案32件。在全市率先开通律师绿色通道“一码通”系统，推广律师服务平台立案及应用，辖区内39名律师完成注册，80%以上的律师通过该平台进行立案。到村、社区开展巡回审判、普法宣传，就地化解矛盾纠纷20余件。强化诉讼与非诉讼对接，发挥驻院调解员的作用，将396起纠纷化解在诉前。推进“道交一体化”平台运行，成功调解交通事故损害赔偿案件176件。开展“司法护企”专项行动，推广设立“法律诊所”，拓宽法企互动通道。联合区工商联，在许庄街道、永安洲镇设立商会调解工作室，以“商会调解+司法确认”模式成功化解纠纷40余起，被《中华工商时报》报道。

【司法改革】 完善繁简分流机制　2021年，高港区人民法院按照“1名员额法官+1名法官助理+1名书记员”模式，组建专业化速裁小组3个，畅通民商事案件快审通道，适用小额诉讼、简易程序等审结案件1818件，案件平均审理天数降至29.65天。推进轻微刑事案件速裁，简案结案周期平均缩至6天。

刑事诉讼改革　推进以审判为中心的刑事诉讼制度改革，全面落实最高人民法院印发的《人民法院办理刑事案件庭前会议规程（试行）》《人民法院办理刑事案件排除非法证据规程（试行）》和《人民法院办理刑事案件第一审普通程序法庭调查规程（试行）》“三项规程”，防止冤假错案。落实认罪认罚从宽制度，审结认罪认罚案件155件，服判息诉率100%。落实刑事案件律师辩护全覆盖，为44名被告人指定辩护人。

智慧法院建设　建成数字审委会会议室，提升审委会智能化水平。推动电子卷宗随案同步生成和深度应用，探索“无纸质卷宗+无书记员”庭审方式，实现全流程无纸化、智能化办案。借助泰州市中级人民法院“集中送达中心”，利用“信息跑路+邮政跑腿”模式破解送达难问题，电子送达率63.1%。智慧法院相关做法被《江苏法治报》专题报道，获区委主要负责人批示肯定。

（王晓伟）

司法行政

【全面依法治区工作】 2021年，泰州医药高新区（高港区）系统部署全国法治政府建设示范区创建工作，统筹建立工作专班，将指标任务分解到各相关部门。7月，高港区被省委全面依法治省委员会办公室评为争创全国法治政府建设示范市县活动先进地区。全区145个村（社区）均开展“援法议事”活动，刁铺街道圩岸社区、野徐镇康居社区被省委全面依法治省委员会办公室确认为全省城乡基层援法议事范例。11月30日，召开区党工委（区委）全面依法治区委员会第一次会议，泰州医药高新区党工委、高港区委主要负责人主持会议。会议讨论通过泰州医药高新区党工委（高

港区委）全面依法治区委员会组成人员名单和全面依法治区工作会议方案，审议通过《法治泰州医药高新区（高港区）建设规划（2021—2025年）》。12月16日，召开区党工委（区委）全面依法治区工作会议，泰州医药高新区党工委、高港区委主要负责人出席并讲话，泰州医药高新区管委会、高港区政府主要负责人作2021年法治建设工作报告，刁铺街道、区市场监管局就党政主要负责人履行推进法治建设第一责任人职责作述职报告，凤凰街道作表态发言。

【法治政府建设】 行政法规工作　2021年，区司法局审核全区政策性文件40余件，对省、市各类文件征求意见稿12件提出修改建议。开展涉及长江流域保护、行政处罚以及涉企奖补政策的清理，废止1件，宣布失效3件，拟修改1件。审查工程建设、技术服务、政府采购等各类政府合同、协议、招标文件79件，提出修改意见370余条，有效防范法律风险。

行政复议与行政诉讼案件办理　完成受理、审理、决定“三集中”行政复议体制改革，全年受理审查行政复议案件20件。行政诉讼案件行政机关负责人出庭应诉率100%，全区执法投诉数和以高港区政府为被告的行政诉讼案件败诉数均为零。

公正文明执法　实现各项执法种类和依据全部上网公示、执法人员统一管理、执法全过程进行记录，规范归档保存相关卷宗。健全执法监督机制，制定年度行政执法监督工作计划，对食品卫生健康、安全生产、生态环境保护等重点领域开展行政执法督察。实施行政执法检查登记备案制度，各行政执法部门将涉企例行检查、日常巡查编入年度行政执法检查计划，和检查结果一并报送备案审查。同一行政执法机关对同一企业同一事项的行政执法检查一年不得超过两次，从源头上控制执法检查频次。推进行政处罚“三张清单”制度。印发《全面推行涉企轻微违法行为不予处罚和一般违法行为从轻减轻处罚清单实施意见》，压缩自由裁量空间，坚持轻微违法首次不罚，最大限度减少执法办案对企业正常生产经营造成的负面影响。

【法治宣传教育】 普法责任落实　2021年，泰州医药高新区（高港区）制定年度法治宣传工作要点，推动实施“谁执法谁普法”标准化建设，细化调整年度《区级机关部门普法工作责任清单》，发放重要工作提示单79份，重点任务督办单21份，开展国家机关“谁执法谁普法”履职评议，有效压实普法责任。完善“以案释法”“媒体公益普法”工作机制，强化部门联动，持续开展“以案释法基层行”活动，开展巡展、巡映、巡讲活动320余场次，向社会发布典型案例200余个，择优上报各类典型案例34个。

重点对象普法　将法治教育纳入全区干部教育培训年度计划，突出抓好习近平法治思想、宪法法律和党内法规的学习教育，落实《高港区领导干部学法清单制度》，完善领导干部带头学法制度，将习近平法治思想列入各级党委（党组）中心组年度学习计划和领导干部年度学法清单内容。推动领导干部年度述职实现讲职责、讲规矩、讲法治“三同时，三结合”，提升领导干部运用法治思维的能力。以“法伴暑期”“青少年法治宣传教育月”为契机，开展“新学期法治教育第一课”、中小学生法治征文比赛、校园“法治大讲堂”、模拟法庭进校园、优秀法治文化作品征集等活动，健全机关、学校、家庭、社会“四位一体”的青少年法治教育网络。重视企业经营管理者和新市民普法，开展“农民工学法活动周”、民法典进企业等各类法治宣传活动70余场次，法律培训50余场，参训人数达6000余人，发放各类宣传资料1万余册。

民主法治示范村（社区）建设　将民主法治示范村（社区）建设纳入乡村振兴战略，实行动态管理。制定印发《高港区省级民主法治示范村（社区）建设质效提升专项行动实施方案》，按照省、市控制创建率的要求，开展全面复核，强化督查指导，对16个不符合条件的村（社区）进行撤销或注销。组织开展第15批省级民主法治示范村（社区）创建申报和全国民主法治示范村（社区）实地评估工作。实施“法律明白人”优成长计划，经过遴选和逐级审核，在全区959个网格配备1730名“法律明白人”，实现综合网格全覆盖。制作《高港区公共法律服务进网格读本》《民法典画册》《法律明白人读本》等系列宣传资料，加强“法律明白人”培训，进一步提升基层社会治理法治化水平。泰州医药高新区（高港区）共创成国家级民主法治示范村（社区）2个，分别为口岸街道引江社区和蔡滩社区，创成省级民主法治示范村（社区）67个。

法治文化建设　以“画时代”普法项目推进为引导，推进法治宣传教育社会化、专业化，鼓励普法类社会组织吸纳新媒体人才，帮助指导基层普法志愿者提升法治文化品位和创作技能。组织参加国家、省、市法治动漫微视频征集和网上巡映活动，创作和征集各类法治微视频26个、法治书画70幅、法治剧本5个，运用“高港区普法志愿者协会”抖音账号发布法治微视频50余部。

“八五”普法启动　成立区“八五”普法规划制定小组，开展调研和“八五”普法金点子征集活动，征集各类建议78条，其中4条建议获市级认可。拟定区“八五”普法规划（草案），通过区管委会主任会议（区政府常务会议）讨论，区五届人大常委会第三十二次会议通过《关于开展第八个五年法治宣传教育的决议》。12月4日，结合“12·4”国家宪法日主题宣传，举行2021年“法治宣传月”暨“八五”普法启动仪式。

民法典主题宣传活动 组织开展“民法典宣传月”活动，围绕《中华人民共和国民法典》宣传、农民工权益保护、《中华人民共和国长江保护法》实施等重要主题开展联动普法，同步实施“美好生活·法典相伴”主题宣传、民法典联动宣传教育“十进”、民法典宣讲基层行等系列活动，印发民法典漫画读本5000余本，制作普法微视频7部，在刁铺街道设立首个民法典驿站和民法典楼道文化墙。

【公共法律服务体系建设】 2021年，泰州医药高新区（高港区）组织开展“法援惠民生·点援超市基层行”活动，深化“援润港城”法援惠民生品牌建设，出台法律援助便民措施。开展法律援助律师担任村（社区）法律顾问试点工作，深化“援润港城”法援惠民生品牌建设，开展司法行政审批告知承诺制试点工作。全年办理法律援助案件648件、各类公证6000余件、律师执业申请及换证等承诺制审批业务项目28件，提供法律咨询2000余人次，组织开展重大宣传活动52次。创新“产业链+法律服务”活动，营造法治化营商环境。在泰州医药高新区CMC大楼社会管理服务中心建成中国医药城法律服务产业园，总面积800余平方米，分为标识导视区（智慧法律服务自助机）、生物医药与新型医疗器械产业链服务中心、产业链名律师工作室、企业法治讲堂4个功能区。在泰州港经济开发区国家级科技企业孵化器内建设氢燃料电池汽车产业链法律服务中心。组建生物医药与新型医疗器械、氢燃料电池汽车、高技术船舶三大“产业链+法律服务”联盟，成员单位涵盖上海、南京等地行业协会、科研机构和律师事务所。成立小微企业法治护航团，继续开展公共法律服务进园区、进企业活动。

【人民调解】 2021年，全区各级各类调解组织化解各类社会矛盾纠纷1.1万余件，调处成功率逾99%，为当事人避免或挽回经济损失3000余万元，其中非正常死亡等重大复杂案40余件，调处成功率100%。全区99%以上的矛盾纠纷化解在基层一线和专业性行业性调解组织，基本实现矛盾不上交目标。推动化解信访积案，防止民转刑案件。化解重点医疗纠纷5件，保持重大医疗纠纷低发态势。创新冷静期婚姻“3+2+N”工作法，即实施现场调解、自行调解、线上调解三大调解模式，开展社区跟踪调解、办理离婚登记跟踪服务，推动全区离婚登记率比上年下降23.8%。推广应用“苏解纷”小程序，《让群众“快享”司法服务 泰州医药高新区（高港区）“三注重”宣传推广“苏解纷”》信息被《新华日报》“交汇点新闻”采用。

【基层司法所分类建设】 2021年，区司法局根据省司法厅出台的司法所分类建设标准，将全区司法所分为大、中、小型司法所建设。根据市司法局“枫桥式”司法所建设方案，分别将口岸司法所、永安洲司法所、白马司法所作为大、中、小型“枫桥式”司法所建设对象。《“硬核”推进司法所分类建设》《扎实推进司法所分类建设》等工作信息被省司法厅网站采用。

【社区矫正与安置帮教】 2021年，泰州医药高新区（高港区）规范社区矫正工作体制，实现区、镇街两级社区矫正委员会全覆盖。给予社区矫正执法大队赋码发证，探索在社区矫正机构使用警务辅助人员。明确司法所接受委托承担社区矫正工作事项。出台《关于村（居）民委员会协助做好社区矫正工作实施意见》。开展社区矫正安全隐患排查整治、社区矫正案件质量专项评查和社区矫正“三类”案件联合检查。细化社区矫正对象外出管理制度，健全社区矫正中心律师值班制度，落实社区矫正中心对假释、暂予监外执行和重点对象实行加强型管控。开展社区矫正对象考核奖惩管理工作，对社区矫正对象落实分类管理、分级处遇。依据社区矫正教育帮扶工作指引，择优购买社区矫正服务，实施普遍教育、分类教育、个别教育“三项教育”，开展入矫整训，分段、分级集中教育和针对性损害修复等工作。开展“智慧矫正中心”创建工作，完成网络升级改造、设备前期组合、指挥系统建设，优化应用平台建设，加强平台数据集成，实现数据共享、数据分析、数据研判、管理功能集成化、一体化，区社区矫正中心创成江苏省首批“智慧矫正中心”。全区接收社区矫正对象255人，解除社区矫正211人，无一脱管、漏管和重新犯罪。衔接刑满释放人员235人，落实帮教235人，帮教率和安置率均达100%。至年末，在册社区矫正对象240人，安置帮教对象1480人。年内，高港区司法局社区矫正工作科（执法大队）获评省级社区矫正工作先进集体。

【公证事务】 2021年，江苏省泰州市祥泰公证处共办理公证事项6092件，办证量比上年增长39.63%。所办公证无有效投诉事件，公证卷宗合格率连续5年在省、市卷宗质量检查中达到100%，3篇案例入选司法部案例库。8月，在泰州医药高新区公共法律服务中心设立公证业务服务窗口，受理公证事项，接受公证咨询，共受理公证事项300余件，涉及房产委托、继承、保全证据等公证事项。

【律师事务】 2021年，全区共有律师事务所15个（个人所1个，合伙所14个），律师152人（专职律师108人、公职律师42人、法援律师2人）。全年共办理各类案件3330余件。推进审查起诉阶段律师辩护试点工作，综合运用质量评估、案件检查等措施强化法律援助案件质量管理。全年新增公职律师2人。引导全区律师参加“产业链+法律服务”、公共法律服务进园区（进企业）、进村入户大走访等相关活动。

（蒋 浩）

人民武装

【概况】 2021年，区人武部以新时代强军目标为引领，做好军事训练、应急救援、民兵整组、兵员征集、双拥共建等工作。许庄街道、野徐镇、胡庄镇武装部代表全区接受泰州军分区规范化建设年终考评，沿江街道、白马镇武装部代表泰州迎接省军区年终考评，均取得优异成绩。

【军事训练】 2021年，区人武部突出全员参训、分类施训和联演联训，实现训练成绩稳步提升。组织4名新任职专职武装部长参加省资格认证培训，考核优良率100%。指导各镇街应急排自主开展基础课目普训，组织区应急连及应急排骨干开展集中轮训，考核优良率90%。选拔1名民兵代表泰州参加全省“四会”教练员比武竞赛。12月6日，高港区市属应急营直属饮食保障排代表泰州迎接省军区年度党管武装和民兵工作综合考评，考核成绩排名居全省前列。

【民兵应急救援】 2021年周边城市发生新冠肺炎疫情后，区人武部启动应急预案，按照“主动用兵、规范用兵”要求，累计出动民兵2000余人次参与防控行动。6月中上旬，承办泰州市防汛抗洪军地联演。7月，针对汛情变化，日均出动民兵60余人，完成城区排涝、大堤巡护等任务。

【民兵整组】 2021年，区人武部开展民兵潜力数据调查，对重点潜力进行核实。贯彻全省民兵工作会议精神，及时调整民兵工作领导小组，下发民兵整组实施意见，指导各镇街、区直有关部门、国有企业完成普通民兵和基干民兵整组任务，全区新质力量编组全部落实到位，实现专业分队关键人员对口率达100%，退伍军人比例、党团员比例等指标达到上级规定要求。10月29日，区民兵应急连和大泗民兵应急排迎接省军区民兵工作专项考评，获得361分的好成绩，进入全市第一方阵。

【征兵工作】 2021年，区人武部针对大学毕业生指标倍增的新要求，制定筹划部署、宣传发动、初检初审、体检政考、役前训练、定兵送兵“六步走”工作计划，在工作推进中突出疫情防控、毕业生征集、廉洁征兵3个重点。拓展运用微信、微博、抖音等新媒体平台开展征兵宣传。与区卫生健康委协作，按照“全封闭、小流量、严防护”的要求做好体检站疫情防控，共组织全员核酸检测6次，实施14天封闭式管理，确保“零感染”。及时更换和续聘廉洁征兵监督员，组织专题培训，联合区纪委进行专项督导。完成全年新兵征集任务，保持连续24年无责任退兵。

（区人武部）

人民防空

【概况】 2021年，泰州市民防局高港办事处（简称高港人防办）坚持“长期准备、重点建设、平战结合”方针，贯彻与经济社会相协调，与城市建设相结合，与防灾、救灾和处置突发事件相兼容原则，坚持防空防灾一体化。持续推进人防工作，开展民防知识教育，加强民防基础设施建设。建成社区民防工作站35个，实现主城区社区民防工作全覆盖。

【人防行政审批】 2021年，高港人防办依法开展人防行政审批工作，在人防工程结建审批工作中，按照《中华人民共和国人民防空法》和相关法规政策的要求，贯彻“应建必建，应收尽收”的原则，严把人防工程审批关，收缴率达100%。配合市民防局完善相关配套制度，出台《关于明确工程建设项目审批制度改革有关事项的通知》，明确泰州医药高新区（高港区）项目审批受理权限；出台《联合审图管理办法》《联合验收管理办法》，将人防设计审查和工程验收分别纳入联合审图与联合验收范围；出台《“多测合一”管理办法》，将人防面积测绘纳入“多测合一”范围。加快工程建设项目审批管理信息化系统和“阳光人防”信息化监管系统建设和应用。

【防空警报试鸣】 2021年，高港人防办组织开展“9·18”全省统一防空警报试鸣。防空警报鸣36秒，停24秒，连续3分钟；空袭警报鸣6秒，停6秒，连续3分钟。解除警报连续鸣3分钟。鸣响率100%，音响覆盖率95%以上。

（陈 诚）

园区　街区

生物医药产业园区

【概况】 生物医药产业园区管理机构为泰州医药高新区（高港区）医药产业园管理办公室。2021年，实现一般公共预算收入13.22亿元，比上年增长42.9%；工业入库税收10.54亿元；净增税收1000万元以上企业10个，纳税超1000万元企业24个；实现工业开票150亿元、医药产业开票293亿元、全口径开票368.6亿元，分别增长32.7%、26.1%、20.5%；新增规模以上工业企业14个，完成规模以上工业总产值139.26亿元，增长25.7%。有高新技术企业72个，在库规模以上工业企业59个。协议利用外资和港澳台资0.99亿美元，实际利用外资和港澳台资0.84亿美元。进出口总额7.48亿美元，其中，进口5.1亿美元，出口2.38亿美元。

【项目招引】 2021年，生物医药产业园区新签约5亿元人民币以上项目22个，3000万美元以上项目4个。总投资20亿元人民币的中慧元通生物科技有限公司疫苗产业化项目、总投资10.16亿元人民币的艾美康淮生物制药（江苏）有限公司创新疫苗产业化项目、总投资5亿元人民币的金普诺安生物科技（泰州）有限公司疫苗产业化项目、总投资5亿元人民币的江苏默乐生物科技股份有限公司产业化基地项目、总投资5亿元人民币的卡文迪许（泰州）生物工程技术有限公司项目和总投资3000万美元的阿斯利康药业（中国）有限公司安达唐药品生产项目等一批重大项目签约落户。

【项目建设】 2021年，生物医药产业园区新开工5亿元人民币以上项目7个，3000万美元以上项目1个。总投资15.96亿元人民币的江苏泰康生物医药有限公司抗体药物中试产业化项目、总投资8.45亿元人民币的江苏金迪克生物技术股份有限公司新型四价流感病毒裂解疫苗项目、总投资6.57亿元人民币的泰州海和药业有限公司泰州海和药业药品生产基地项目、总投资6亿元

中国医药城标准厂房区　　泰州华信药业投资有限公司　供图

人民币的泰州复旦张江药业有限公司药品生产项目、总投资5亿元人民币的泰州博莱得利生物科技有限公司宠物生物制品与保健品生产项目、总投资5亿元人民币的江苏康为世纪生物科技股份有限公司医疗器械及生物检测试剂产业化项目和总投资3000万美元的阿斯利康药业（中国）有限公司药品制剂生产线技术改造项目等一批重大项目开工建设。新竣工5亿元人民币以上项目6个。总投资15.29亿元人民币的江苏赛孚士生物技术有限公司抗体药物CDMO（在医药领域定制研发生产，是一种新型研发生产外包模式）生产基地、总投资7.38亿元人民币的江苏硕世生物科技股份有限公司泰州总部产业园项目、总投资5亿元人民币的江苏瑞科生物技术股份有限公司新冠疫苗产业化项目和总投资1亿美元的安若维他药业泰州有限公司药品制剂生产项目等一批重大项目竣工建成。

【主导产业】 抗体药产业 2021年，泰州迈博太科药业有限公司注射用英夫利西单抗获批上市，成为国内首个获批上市的英夫利西单抗生物类似药，也是泰州市首个治疗用生物制品，中国医药城抗体企业获得抗体类药品临床批件的产品达18个。江苏赛孚士生物技术有限公司抗体药物CDMO生产基地项目投入运营。至年末，生物医药产业园区共有抗体药产业企业2个。

疫苗产业 江苏瑞科生物技术股份有限公司第二代新冠疫苗取得药品生产许可证，成为园区第5个获得生产许可证的人用疫苗企业。园区有5个人用疫苗企业取得药品生产许可证，占全省的5/9、全国的1/9。中国医药城是国家唯一的新型疫苗及特异性诊断试剂产业集聚发展试点，集聚人用疫苗企业10个、动物疫苗企业4个，拥有各类疫苗产品近50种。疫苗产业规模以上企业年产值19.6亿元。

诊断试剂及高端医疗器械产业 在南京、扬州新冠肺炎疫情防控中，江苏硕世生物科技股份有限公司、江苏康为世纪生物科技股份有限公司等企业第一时间派驻技术力量，投入使用“祝融”检测车、方舱实验室、全自动提取仪等自主研发设备。园区企业累计支援抗疫前线新冠病毒检测试剂盒1.5亿人份。2021年，生物医药产业园区有诊断试剂及高端医疗器械产业企业近400个，其中投产企业170余个，企业总数占全省的13%，其中诊断试剂企业数占全省的20%以上。诊断试剂及高端医疗器械产业规模以上企业年产值42.5亿元。

化学药新型制剂产业 以阿斯利康药业（中国）有限公司、泰州复旦张江药业有限公司、江苏亚虹医药科技股份有限公司、亿腾药业（泰州）有限公司、江苏汇伦制药有限公司为代表的创新药研发和生产企业，在心脑血管疾病、光动力药物、抗肿瘤等重点领域实现创新品种的产业化，形成以新靶点抗肿瘤研发为核心的化学药创新药研发和产业化体系。江苏汇伦制药有限公司研发的“注射用西维来司他钠”是国内首个可以改善新冠肺炎造成的急性肺损伤的药物。江苏华泰晨光药业有限公司的复方止痛药正式获批，成为该品种国内首个仿制药。2021年，生物医药产业园区有化学药新型制剂产业规模以上企业8个，年产值39.5亿元。

特医配方食品产业 中国医药城是中国营养保健食品协会授予的特殊食品产业集群示范基地，集聚雀巢健康科学（中国）有限公司、鲲鱼健康药业江苏有限公司、石药集团中诺药业（泰州）有限公司等一批特医配方食品研发生产企业。雀巢健康科学（中国）有限公司研发的“佳膳佳立畅”取得国内首张特医全营养配方食品注册证书。鲲鱼健康药业江苏有限公司“拜妥优”特医全营养配方食品、石药集团中诺药业（泰州）有限公司“葆棠华”特医碳水化合物组件配方食品相继获批产品注册证。2021年，生物医药产业园区有特医配方食品产业规模以上企业6个，年产值16.1亿元。

【新药产业化】 2021年，生物医药产业园区新获药品注册批件25张，比上年增长25%，药物临床试验批件12张；新获药品生产许可证12张，通过药品GMP符合性检查16次；新获二类、三类医疗器械注册证共173张、医疗器械生产许可证9张；新获食品生产许可证1张、保健食品注册证与备案证38张、特医配方食品注册证2张；新获化妆品生产许可证1张、备案凭证77张。至年末，园区在研和申报的一类新药达80个，取得临床批件52个，4个一类新药产品获批投产，获得一类新药生产批件8张；43个药品生产企业取得生产许可证，24个企业的73条生产线通过GMP认证（检查）投产，获得药物临床试验批件196张、药品注册批件168张；已投产医疗器械生产企业170个，现有医疗器械注册证及备案证2795张，其中二类、三类注册证1013张；取得食品生产许可证20张（其中特殊食品类7张），保健食品注册证与备案证184张，特医配方食品注册证3张；取得化妆品生产许可证8张、备案凭证392张。

【平台建设】 2021年，北大医学部（泰州）医药健康产业创新中心成立，开辟临床试验和科研项目在泰州落地转化的新通道。ICGEB泰州区域研究中心、中科院大化所生物医药创新研究院、东南大学生物医药与医疗器械研究院、复旦大学泰州健康科学研究院、中国科学院大学泰州创新医疗产业平台五大重大创新载体加快建设。

【科技创新】 2021年，生物医药产业园区规模以上企业研发投入达

7.5亿元，比上年增长97.3%；新增发明专利授权数80件，有效发明专利465件；新获批国家级高新技术企业26个、省级孵化器1个、省级工程技术研究中心6个、省创新型百强企业1个。江苏泰康生物医药有限公司、江苏硕世生物科技股份有限公司、江苏中慧元通生物科技股份有限公司3个项目获得江苏省科技成果转化专项资金，全市仅此3个；江苏荃信生物医药股份有限公司、江苏百英生物科技有限公司、江苏瑞科生物技术股份有限公司3个企业入围省“潜在独角兽”企业，全市仅此3个；江苏大同盟制药有限公司、江苏邦士医疗科技有限公司、江苏硕世生物科技股份有限公司、江苏康为世纪生物科技股份有限公司等11个企业入围省“瞪羚”企业，占全市近70%。

【高端人才引进】 2021年，生物医药产业园区新引进硕士以上高层次人才367人，其中，国家级人才11人，省级人才20人。年内，入选国家级人才计划3人、省“双创计划”4人、省“留学回国先进个人奖”2人。园区累计引进生物医药类海内外高层次人才4300余人，柔性引进两院院士10人，集聚国家级高端专家60人，在地申报江苏省“双创”人才134人、“113医药人才特别计划”各类高层次人才1369人。

【赛孚士生物开业】 4月24日，江苏赛孚士生物技术有限公司（简称赛孚士生物）正式开业。江苏赛孚士生物技术有限公司CDMO生产基地项目为2019年江苏省重大项目，从开工到试运行仅16个月，总投资近15.29亿元，占地面积5.8万平方米，建成4条2000升商业化规模原液生产线、1条预充式注射器制剂灌装线与1条西林瓶制剂灌装线，完成原液与制剂GMP生产所必需的系统和设备验证，并取得药品生产许可证。2021年，公司实现销售6.23亿元。二期项目全部建设完成后，年产值将突破30亿元。

【医药园区疫苗工程中心改革】 5月13日，泰州医药高新区党工委会会议研究并原则通过医药园区疫苗工程中心改革方案。医药园区疫苗工程中心于2011年10月投入运营，是集疫苗研发、中试工艺开发、检验检测、临床评价、菌毒种保藏等功能于一体的综合性技术孵化和产品转化中心。2012年9月，被省发展改革委认定为江苏省新型疫苗应用工程中心，也是国家发展改革委批复的全国唯一新型疫苗及特异性诊断试剂集聚区试点的支撑性平台。疫苗工程中心吸引江苏普诺维生物技术有限责任公司、江苏核泰生物有限公司、江苏泰普瑞生物技术有限公司等一批项目落户，促进江苏康淮生物科技有限公司、江苏中慧元通生物科技股份有限公司、江苏瑞科生物技术股份有限公司等一批企业的发展。此次疫苗工程中心改革，重点复制和放大孵化器运营管理成功的经验，提升创新服务能力，支撑产业发展；围绕园区产业发展需要，聚焦新型疫苗等创新生物药和高端医疗器械（尤其是诊断试剂）研发服务与投融资协同，建成跨区联动、覆盖全生命周期的“一站式”孵化转化的专业创新平台。改革后的疫苗工程中心按照“政府管资本、团队管运营”的基本原则，坚持市场化运营、专业化管理、实体化运作，自负盈亏，主要业务包括项目孵化、技术服务、产品开发、股权投资、教育实训。

【迈博太科药业英夫利西单抗获批上市】 6月28日，泰州迈博太科药业有限公司（简称迈博太科药业）与科兴生物制药订立独家许可协议，向科兴生物制药授出有关于除中国大陆、日本、欧洲及北美以外的所有国家及地区开发及商业化CMAB008的独家许可。根据协议约定：第一个和第二个完整销售年度合计销售目标不低于20万支；第三个完整销售年度起，年度销售目标不低于20万支/年。7月14日，国家药品监督管理局政务服务平台显示，泰州迈博太科药业有限公司CMAB008类停（注射用英夫利西单抗，国药准字S20210025）获批签发。泰州迈博太科药业有限公司是港股上市公司迈博药业集团于2015年2月在中国医药城注册成立的主要从事创新抗体药物研发和产业化的高新技术企业。此次获批上市的英夫利西单抗生物类似药主要用于治疗成人溃疡性结肠炎、强

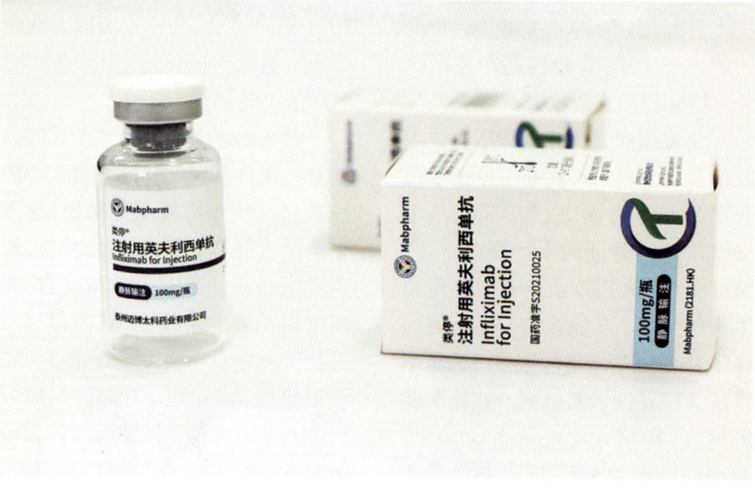

泰州迈博太科药业有限公司生产的注射用英夫利西单抗

区工业和科技创新局 供图

直性脊柱炎、类风湿关节炎、成人及6岁以上儿童克罗恩病、瘘管性克罗恩病、银屑病6种自身免疫性疾病。

【江苏安必生获得药品生产许可证】 7月，江苏安必生制药有限公司（简称江苏安必生）通过江苏省药品监督管理局的全面审核，获批药品生产许可证，标志着该企业4条生产线均达到药品商业化生产要求。江苏安必生是上海安必生于2019年10月在中国医药城注册成立的一家集药品研发和生产于一体的制药公司，具备膜控型缓控释技术、骨架型缓控释技术、渗透泵技术、长效注射剂制剂技术等多项先进制剂技术和制造能力，专注研发、制造高端缓控释制剂产品。此次江苏安必生获批的药品生产许可证是A、C双证，A证企业为自行生产的药品上市许可持有人，生产范围为片剂、硬胶囊剂、颗粒剂、栓剂；C证企业即接受委托的药品生产企业，根据药品上市许可人制度，上海安必生将产品委托给江苏安必生生产。首批投产的4条生产线分别为年产片剂2.5亿片、硬胶囊剂1亿粒、颗粒剂4000万袋、栓剂2250万枚。

【硕世生物抗疫服务】 7月20日，南京打响新冠肺炎疫情阻击战。江苏硕世生物科技股份有限公司（简称硕世生物）第一时间派出志愿者，出动移动核酸检测车、方舱核酸检测实验室，全力驰援南京。7月21日深夜，硕世生物紧急协调可满足100余万人份需求的采样管运至南京，及时分发到有关采样点。硕世生物还联合合作伙伴，共计派出100余名志愿者，支援南京核酸检测及保障服务。7月22日晚11时，硕世生物3台方舱核酸检测实验室抵达南京江北国际医院。经过5个小时的紧张调试、仪器安装、试运行等工作，23日上午8时，3台方舱实验室投入使用。同时，硕世生物2辆移动核酸检测车也开抵南京。硕世生物在南京江宁体育中心、鼓楼医院江北国际医院共设置2个车载式和6个方舱核酸检测实验室，日核酸检测能力可达50万人份。同时，企业加紧生产核酸检测试剂及配套检测仪器，核酸检测试剂日产能达200万人份，保障南京、全省及全国各地的核酸检测需求。企业检测仪器的日产能也达到50台。

【医药企业上市】 8月2日，江苏金迪克生物技术股份有限公司在科创板挂牌上市，至此，生物医药产业园区挂牌上市的医药企业有4个，其中，泰州迈博太科药业有限公司和江苏亚盛医药开发有限公司在港交所上市，江苏硕世生物科技股份有限公司和江苏金迪克生物技术股份有限公司在科创板上市。年内，江苏亚虹医药科技股份有限公司获批在科创板上市，江苏瑞科生物技术股份有限公司获批在港交所上市，江苏康为世纪生物科技股份有限公司科创板发行上市（首发）获“上交所”受理。

【瑞科生物开发新冠疫苗】 2020年5月，江苏瑞科生物技术股份有限公司（简称瑞科生物）联合江苏省疾控中心、泰州医药高新区共同开发新型新冠疫苗。研发团队总结第一代新冠疫苗的经验，综合运用多项先进平台技术对疫苗技术方案进行优化，使ReCOV疫苗具备安全性好、免疫原性强、对德尔塔等突变株有很好的交叉保护效果及产能易放大、生产成本低、制剂稳定性好、可在室温储存运输等一系列综合优势。2021年11月12日，瑞科生物公布其新一代重组双组分新冠疫苗ReCOV在新西兰开展的首次人体试验的阶段性结果。该疫苗在各年龄组均显示良好的安全性和耐受性，20微克即可诱导高水平新冠病毒中和抗体，不低于目前国际一流水平，从而预示其在预防新冠病毒引起的感染和疾病方面具有较好潜力。

【臻悦生物打通肿瘤伴随诊断重要环节】 2021年，臻悦生物科技江苏有限公司（简称臻悦生物）研发的生信分析技术“肿瘤基因检测数据管理软件”通过江苏省药品监督管理局审批，获得医疗器械产品注册证（苏械注准20212211534）。该数据管理软件的获批，打通臻悦生物“NGS全流程自动化”IVD整体解决方案的重要一环。该软件与2月臻悦生物获批的国内首款结直肠癌的NGS伴随诊断试剂盒配套使用，临床上用于对结直肠癌的福尔马林固定石蜡包埋组织样本的基因突变情况进行检测，可以更加精准地对检测结果进行数据分析，实现精准检测、精准诊断、精准治疗。

【荃信生物银屑病药物启动3期临床试验】 2021年，江苏荃信生物医药有限公司（简称荃信生物）与杭州中美华东制药有限公司合作开发的银屑病药物——QX001S项目在天津医科大学总医院开展3期临床试验，完成首例受试者入组及给药。荃信生物专注于自免和过敏领域的抗体药物研发，形成10余个创新品种的产品线，覆盖银屑病、特应性皮炎、强直性脊柱炎、炎症性肠病、系统性红斑狼疮、哮喘等疾病领域，QX001S为该公司首个进入3期临床试验的产品。 （许文欣）

化学新材料产业园区

【概况】 化学新材料产业园区管理机构为泰州医药高新区（高港区）滨江工业园管理办公室。2021年，化学新材料产业园区完成规模以上工业总产值289.77亿元，比上年增长22.57%；完成征收期一般纳税人开票销售278.01亿元，增长35.65%；完成固定资产投资55.13亿元，其中，工业投资39.03亿元，高技术投资10.95亿元；完成工业入库税收28.75亿元，一般公共预算收入5.64亿元，其中税收收入3.24亿元。实际利用外资和港澳台资3965万美元。进出口总额1.98亿美元，其中，进口0.11亿美元，出口1.87亿美元。新增规模以上工业企业2个。盘活低效闲置土地30.08公顷，亩均税收38.77万元。

【项目招引】 2021年，化学新材料产业园区签约1亿元人民币或1000万美元以上项目32个，包括泰州市比特福新材料有限公司投资3000万美元的高端药品食品包装材料项目、苏州康福美医疗器械有限公司投资1.8亿元人民币的医用包装新材料项目、江苏雷特铂沃新能源有限公司投资1000万美元的相变储能新能源材料项目等，投资总额125.28亿元人民币。其中，“三比一提升”项目11个，包括江苏海邦新材料有限公司投资11亿元人民币的丙纶短纤维材料项目、江苏高泓新材料有限公司投资3500万美元的年产10000吨食品包装可降解材料项目、泰州千石倡新材料科技有限公司投资5亿元人民币的年产240万吨光伏新材料项目。新签约项目中，新材料项目26个。江苏安靠能源装备有限公司投资1.2亿元人民币的智能蓄电池储能模块项目、泰州市比特福新材料有限公司投资3000万美元的高端药品食品包装材料项目实现当年签约、当年建设、当年投产。

【项目建设】 2021年，化学新材料产业园区新开工项目10个，包括小壹卫生材料科技江苏有限公司大健康卫生护理材料项目、江苏海慈生物药业有限公司FDA中试研发项目和泰州高港港务有限公司4号、5号、6号通用泊位技术改造项目等，投资总额31.5亿元。其中，“三比一提升”项目4个，包括江苏海邦新材料有限公司丙纶短纤维材料项目，泰州金泰环保热电有限公司年产70万立方米加气混凝土制品项目，泰州金马建设工程有限公司年产20万吨沥青混凝土路面材料、100万吨水稳、15万吨高钙粉、6万立方米预应力空心板梁项目，江苏高泓新材料有限公司可降解材料项目。新竣工项目6个，包括中海油气（泰州）石化有限公司重油制烯烃联合装置重交沥青整合技术改造项目、江苏富华新型材料科技有限公司WPC复合材料生产线技改项目、开来湿克威防水科技江苏有限公司年产4500万平方米防水卷材项目，投资总额22.6亿元。其中，“三比一提升”项目4个，包括中海油气（泰州）石化有限公司重油制烯烃联合装置重交沥青整合技术改造项目，江苏江港新材料科技发展有限公司高性能复合材料产业化基地项目，中油佳汇新材料科技泰州有限公司年产6500万平方米防水卷材、20000吨防水砂浆项目，江苏鸿赞蜂窝科技有限公司蜂窝轻量化复合材料生产项目。

化学新材料产业园区　　化学新材料产业园区　供图

【主导产业】 化学新材料产业园区主导产业为石化及新材料产业，重点企业包括中海油气（泰州）石化有限公司、江苏海阳锦纶新材料有限公司、中海泰州特种油科技有限公司、江苏富华新型材料科技有限公司等近20个。2021年，园区石化及新材料产业实现国税开票销售220.81亿元，占园区全部工业开票销售的79.43%。依托龙头企业中海油气（泰州）石化有限公司重点发展高端润滑油，初步夯实润滑油产业基础。中海油气（泰州）石化有限公司润滑油系列产品得到央企、国企及大型终端企业广泛采用，在电力用油、内燃机油/工业油、基础油、化工工艺用油4个用油方向实现快速突破，全年销售量达45万吨；电力用油抢占高端变压器油市场，成为与昆仑牌变压器油齐名的品牌；内燃机油/工业油市场，与全国众多知名企业达成商用战略合作协议。年内，成功开发全系列基础油产品，成为可以稳定供应高品质基础油产品的企业；与知名企业和科研机构联合研究开发推广高端食品级白油（疫苗白油）、PS白油、SEBS白油等高端产品，并制定企业专属标准，是当前国内唯一有条件全面替代进口的生产企业。

【科技创新】 2021年，江苏三瑞生物技术有限公司获批省级工程技术研究中心，滨江大健康新材料科创空间成为2021年泰州市唯一成功入选省级众创空间的机构。完成规模以上工业企业研发投入4.72亿元，规模以上工业研发机构有效建有率100%，发明专利拥有量122件，技术合同成交额5亿元，市级孵育计划项目立项2个。获批科技型中小企业34个、高新技术企业4个、市“双创”计划2项。全年引进留学回国人员3人，硕士及以上或副高及以上高层次人才65人。

【安全生产】 2021年，化学新材料产业园区深化安全生产三年专项整治，制定园区层面26项重点工作任务清单、重点行业领域59项重点工作任务清单。组织开展“百团进百万企业千万员工”宣讲活动，向76个企业开展17次宣讲服务。压紧压实企业第一责任人责任，推动企业严格落实安全生产主体责任重点事项20项清单。出台《安全生产负面清单管理办法》，整治安全生产违法行为；推行“安全管家”服务，加强企业隐患排查整治。开展“保安全，迎华诞”安全生产百日攻坚行动。

【环境保护】 2021年，化学新材料产业园区围绕改善大气、水、土环境质量目标，推进污染防治攻坚战和“健康长江泰州行动”。全年完成市交整治提升项目2个，区交整治提升项目13个；突出问题整改取得实效，省级环保督察交办2项整改事项、4件信访完成销号材料上报，市级交办中海特种油危废仓库规划手续问题完成销号闭环；持续推进化工产业环保整治，整改化工集中区升级反馈问题，专业污水处理厂改造项目完成方案评审，区域规划环评完成内审，污染物排放限值限量管理实施方案、突发水污染事件三级防控体系建设方案完成编制；建立完善污水处理收费机制。

（吴　俊）

电子信息产业园区

【概况】 电子信息产业园区管理机构为泰州医药高新区（高港区）电子信息产业园管理办公室[挂泰州医药高新区（高港区）综合保税区管理办公室牌子]。2021年，电子信息产业园区完成地区生产总值120亿元，比上年增长16%；规模以上工业总产值320亿元，增长26%；一般公共预算收入11.87亿元，增长23.64%；固定资产投资80.2亿元，其中工业投资64亿元；实际利用外资和港澳台资1.08亿美元，增长103%；进出口总额14.56亿美元，其中，进口9.59亿美元，出口4.97亿美元；完成限额以上贸易额164亿元，增长50%。园区拥有规模以上工业企业89个、规模以上服务业企业36个、工业战略性新兴产业企业34个。盘活提升低效闲置工业用地60.92公顷。修编园区国土空间总体规划。

【项目建设】 2021年，电子信息产业园区新签约1亿元以上项目55个，新开工1亿元以上项目14个。新竣工5亿元人民币和3000万美元以上项目4个。总投资50亿元人民币的蓝思精密（泰州）有限公司三园项目落户并入围2022年江苏省重大项目名单。推行全市首例工业项目土地出让“双信地”模式，助推总投资1.5亿美元的巨腾电子科技（泰州）有限公司四期项目“交地即发证”“拿地即开工”。

【主导产业】 电子信息产业　2021年，电子信息产业园区依托蓝思精密（泰州）有限公司、巨腾电子科技（泰州）有限公司、纬创资通（泰州）有限公司等重点企业，延伸电子信息产业链，促进电子信息产业产值倍增。重点围绕电子产品防护零部件、高端显示、半导体制造装备、医疗电子等开展共性关键技术攻关，引领产业发展。蓝思精密（泰州）有限公司[含蓝思旺精密（泰州）有限公司]、巨腾电子科技（泰州）有限公司、纬创资通（泰州）有限公司累计完成工业产值221亿元，占园区规模以上工业总产值的70%。

高端装备制造产业　依托国家火炬泰州医药高新区智能电力装备制造特色产业基地，综合运用要素供应、政策引导、以才引资等方式，促进产业集聚，延长产业链条，推动高端装备制造产业升级。重点发展

电子信息产业园区　　电子信息产业园区　供图

新型电力装备中的储能设备、输变电成套设备，大健康领域的制药、医疗、康养装备，新能源汽车关键零部件。代表企业有江苏南瑞泰事达电气有限公司、江苏安方电力科技有限公司、泰州新源电工器材有限公司、泰州神舟传动科技有限公司、泰州市航宇电器有限公司等。

现代服务业　加快泰州综合保税区转型升级，提升外贸综合服务水平，重点推进现代物流、跨境电商、网购保税进口产业发展。优化泰州国际汽车城产业布局，发展汽车市场服务产业，建成全国二手车交易服务平台。2021年，园区完成现代服务业产值27.2亿元。

高端装备制造产业园区

高端装备制造产业园区　供图

【生态建设】 2021年，电子信息产业园区围绕污染防治攻坚战目标任务清单，以留学生创业园为中心全面开展排查，制定"一企一策"，推进环境治理。关停或搬迁涉气企业5个，完成废气不达标企业设施整改8个，退出涉气工序的"散乱污"企业22个。

【安全生产】 2021年，电子信息产业园区推进"三年大灶"专项整治，分解落实10项重点工作和45项重点行业领域任务，持续排查检查"九小场所"、"小化工"、"散乱污"企业，完成227个工贸企业风险上报。完成督导交办的36条问题隐患整改闭环。全年下达限期整改通知283份，开展到期隐患复查246个次，完成整改复查1539条，整改率100%。

（周剑锋）

高端装备制造产业园区

【概况】 高端装备制造产业园区依托江苏泰州港经济开发区发展相关产业，其管理机构为江苏泰州港经济开发区管理办公室。2021年，高端装备制造产业园区实现地区生产总值98.18亿元，比上年增长41.8%；工业企业开票销售260.99亿元，增长193.6%，增幅居全区第一；工业企业入库税收5.3亿元，增长16%；完成一般公共预算收入7.09亿元，增长89.4%。江苏泰州港经济开发区连续三年位列全省省级开发区前五强，领跑苏中、苏北。

（张　曼）

【项目招引】 2021年，高端装备制造产业园区新签约1亿元以上项目50个，其中5亿元人民币或3000万美元以上项目10个，包括长城汽车股份有限公司泰州分公司扩建26574平方米焊装二车间和涂装二车间项目、泰州市金海运船用设备有限公司高端海洋工程装备项目、泰州大自然家居有限公司新增年产200万平方米橱衣柜项目等；10亿元人民币或1亿美元以上项目4个，包括江苏苏萨食品有限公司年产10万吨植物蛋白饮料生产项目、统之幸食品（江苏）有限公司年产3480万箱料理包项目等。实际利用外资和港澳台资8580万美元。

（郭　军）

【项目建设】 2021年，高端装备制造产业园区新开工5亿元人民币或3000万美元以上项目9个，包括总投资12.2亿元人民币的曼德汽车零部件（泰州）有限公司年产30万台（套）汽车线束、30万台（套）汽车空调项目，总投资5.2亿元人民币的曼德光电（泰州）有限公司年产30万套汽车灯具项目，长城汽车股份有限公司泰州分公司扩建总投资5.3亿元人民币的焊装、涂装车间新上全自动生产线项目等。新竣工5亿元人民币以上项目7个，包括长城汽车股份有限公司泰州分公司整车项目、诺博汽车零部件（泰州）有限公司年产12万台（套）汽车内外饰项目、精诚工科汽车零部件（泰州）有限公司年产25万台（套）车身冲焊件及汽车底盘项目等。统之幸食品（江苏）有限公司、泰州大自然家居有限公司、精诚工科汽车零部件（泰州）有限公司、长城汽车股份有限公司泰州分公司等启动二期项目建设。精诚工科汽车零部件（泰州）有限公司底盘项目、诺博汽车零部件（泰州）有限公司内外饰项目、曼德汽车零部件（泰州）有限公司灯具项目等核心配套零部件项目相继竣工投产达效。　（郭　军）

【主导产业】 2021年，高端装备制造产业园区以高端装备制造、大健康产业为主导产业。以长城汽车股份有限公司泰州分公司为龙头企业的高端装备制造业发展迅猛，集聚有一定规模的企业50余个。一季度，精诚工科汽车零部件（泰州）有限公司、诺博汽车零部件（泰州）有限公司、曼德汽车零部件（泰州）有限公司和曼德光电（泰州）有限公司开票销售分别达19978万元、13306万元、6076万元和3076万元，晋级为规模以上工业企业。全年高端装备制造业实现开票销售194.59亿元，比上年增长573.04%，占园区全部工业开票销售总额的74.56%，占比比上年提高42.01个百分点。其中，汽车整车及零部件产业实现开票销售155亿元，长城汽车股份有限公司泰州分公司汽车整车年产量13.5万辆。依托泰州医药高新区大健康产业优势，围绕健康食品饮品深耕细作，华润雪花啤酒（泰州）有限公司、泰州统实企业有限公司、统之幸食品（江苏）有限公司、江苏苏萨食品有限公司、江苏康贝宠物食品有限公司、广运农业生物科技（江苏）有限公司等企业实现加速发展。全年食品饮料产业开票销售超55亿元，税收超3亿元。（张 曼）

【科技创新与转型升级】 2021年，高端装备制造产业园区组织申报高新技术企业36个，为企业上争项目资金1887万元。累计实施技改项目19个、产学研合作项目15个，新建校企联盟6个。对优质项目兑现厂房租金返还、高管人才个税减免等政策，共发放1200余万元。引进国家级人才2人，成功申报省“双创”人才1人、市“双创”人才2人。累计完成盘活低效闲置土地15.89公顷，亩均税收增加114%。泰州润杰物流安全装备科技有限公司、泰州友润电子科技股份有限公司分别被认定为国家级、省级“专精特新”小巨人企业，泰州大自然德森堡木业有限公司创成省级工艺设计中心，泰州大自然家居有限公司、精诚工科汽车零部件（泰州）有限公司创成省级示范智能车间。（唐 彪）

【基础设施建设】 2021年，高端装备制造产业园区的电子信息产业园综合楼（科技孵化器三期）、高港高新区华创电子信息产业园、高港高新区中小企业集约区标准厂房二期、江苏星徽精密科技有限公司二期厂房等项目主体竣工，进行配套施工中。完成6个安置小区配套充电桩车棚建设、恒元城小区消防改造、明发小区内部道路新建、长城汽车股份有限公司泰州分公司周边雨污分流改造等工程，累计投入资金超1500万元。（张远沉）

【生态建设】 2021年，高端装备产业制造园区强化江苏省危险废物全生命周期监控系统规范运行，严格落实经营许可、识别标识、危险废物管理计划、申报登记、转移联单、应急预案备案等制度，形成覆盖危险废物产生、收集、贮存、转移、运输、利用、处置等全过程的监管体系。全年完成40个产废企业的危废全生命周期系统上报工作。指导江苏鹏翎胶管有限公司、泰州大自然德森堡木业有限公司2个企业完成VOCs“一企一策”综合整治方案编制，采取“监管+帮扶”模式，邀请专家现场参与方案指导、评审工作，从无组织排放控制、污染治理、精细化管控等方面为企业做好VOCs治理提供意见与建议。完成省级工业园区污染物排放限值限量实施方案编制工作。乔杨社区、三旗营社区2个空气监测站投入使用并与省生态环境厅联网。（陈 鹭）

【安全生产】 2021年，高端装备制造产业园区推进“三年大灶”专项整治行动，对危化品使用企业开展摸底排查，指导上报审核99个次，上报确认53个次。全年召开安全生产专题会议6次、企业座谈会2次，开展主体责任专题培训2次、宣讲培训13次，受众2000余人。开展专项检查17次，督查企业209个次，排查隐患847条，全部闭环整改。配合国务院安委会督导和省、市、区安全生产督导考核巡查工作，反馈问题均整改到位。（智立安）

【社会事业】 2021年，高端装备制造产业园区结合“我为群众办实事”活动，完成小区消防改造、河道截污、扬尘管控、后街背巷垃圾处置等项目。统筹做好疫情防控和社会稳定工作，协调处理各类工伤事故及劳资纠纷20余起，帮助企业解决36名外来务工子女就学问题。（梅 园）

【长城汽车泰州公司建设5G标杆工厂】 4月8日，长城汽车股份有限公司泰州分公司与泰州联通公司签署5G战略合作协议。双方以5G、物联网、云计算、大数据、人工智能、边缘计算、AR/VR等信息技术应用为支撑，推进长城汽车泰州园区基础设施网络化、建设管理精细化、服务功能专业化和产业发展智能化，将长城汽车泰州公司打造成“中国汽车行业5G标杆工厂”。

【蜂巢能源动力电池包产品下线】 6月8日，蜂巢能源科技有限公司泰州分公司动力电池包（PACK）产品下线。该项目为长城汽车核心零部件配套项目，已完成投资1.47亿元，规划年产能10万套，采用自动检测、无人搬运车传输、智能化物流等工艺和技术。全年动力电池包出货总量3.8万套。（杨海滨 杨 艳）

【长城汽车泰州基地招商推介会】 7月3日，泰州医药高新区（高港区）在河北保定举行2021年长城汽车江苏泰州基地招商推介会。区有关领导分别围绕泰州医药高新区（高港区）城市印象、产业生态、投资环境作推介。向蒋传飞、王月等7名企业家颁发“招商大使”聘书。

（杨海滨）

【中进医疗泰州项目签约落户】 9月29日，中进医疗泰州项目签约仪式在高端装备制造产业园区举行。该项目为高端医疗康复设备制造项目，投资主体为常州中进医疗器材股份有限公司，总投资5000万美元，计划用地4.4公顷，主要生产制造高端轮椅、助浴等康复设备。

（许桂兰 杨 艳）

【中国（泰州）汽车产业创新发展大会】 10月15日，由泰州市政府、中国汽车工程学会主办的2021中国（泰州）汽车产业创新发展大会在中国医药城会展交易中心召开。大会以“精准领航、数智驱动”为主题，采取“学术+产业”“整车+零部件”“企业+专家”形式，围绕泰州汽车产业企业需求，推动企业与国内知名汽车整车及零部件头部企业对接与合作，促进汽车产业做大做强。中国汽车工程学会与泰州市政府签订战略合作协议，将在引进汽车产业领域高端人才、共建“中汽学会科技服务站”、开展产业价值链高端领域合作等方面加强合作。15个长城汽车股份有限公司泰州分公司配套供应商项目举行签约仪式，包含汽车核心零部件产业园、40万片6英寸碳化硅衬底片、汽车底盘精密件加工等项目，总投资30亿元。长城汽车股份有限公司泰州分公司、江苏追日汽车同步器有限公司等5个企业与相关专家签订协同创新合作协议。现场发布《泰州港经济开发区新能源汽车产业发展规划（2021—2025）》，根据规划，泰州港经济开发区将构建“一极两圈三层”发展新格局，打造完备的产业“生态圈”。即以长城汽车整车项目为核心增长极；以长城汽车泰州基地为中心，打造半径5千米的先进装备制造圈，半径10千米的汽车“新四化”（电动化、网联化、智能化、共享化）圈；形成整车制造核心层，关键零部件配套紧密层，科技研发、汽车金融、汽车保险、共享出行等辐射层。

（郭 军）

【扩大就业奖励办法】 5月，泰州港经济开发区出台《关于支持企业扩大就业的奖励办法》，支持辖区规模以上企业、高新技术企业、重大项目扩大就业，缓解用工困难，保障正常生产经营。该政策对帮助企业招工的人力资源公司、职技院校、中介公司以及区域外人社部门给予相应奖励。对于总投资5亿元人民币或3000万美元以上项目、总投资10亿元人民币或1亿美元以上项目，分别按600元/人、800元/人标准进行奖励。重点围绕“亩均税收论英雄”导向，设定年纳税20万元/亩及以上的企业和年纳税10万元/亩及以上的企业，分别按100%、50%的比例兑现上述各项奖励，鼓励企业加大员工招聘，优化人才结构。全年累计兑现补贴31万元。

（杨正伟）

港口物流产业园区

【概况】 港口物流产业园区管理机构为泰州医药高新区（高港区）港口物流产业园管理办公室。2021年，港口物流产业园区实现地区生产总值140亿元，工业企业一般纳税人开票销售470亿元，一般公共预算收入3.22亿元，全社会固定资产投资79.11亿元，服务业增加值62.24亿元，高新技术产业产值45.79亿元。协议利用外资和港澳台资5012.5万美元，实际到账8646.71万美元。自营进出口总额11.05亿美元，其中，进口8.29亿美元，出口2.76亿美元。

【项目建设】 2021年，港口物流产业园区签约1亿元人民币以上项目50个，开工1亿元人民币以上项目13个，其中，5亿元人民币或3000万美元以上项目4个，分别为总投资50.88亿元人民币的圣森生物制药（剂）项目、总投资13.08亿元人民币的龙凤堂四期中药生产项目、总投资5亿元人民币的米柯乳业年产60000吨乳制品及6000吨饮料生产项目以及总投资3000万美元的丸庄益海高端天然酿造酱油二期项目。圣森生物制药（剂）项目作为2021年沿江地区新增的50亿元人民币以上新开工项目，于4月进行基础设施建设。通过市认定竣工项目3个，其中，5亿元人民币以上新竣工项目2个，分别为总投资5亿元人民币的龙凤堂提取2号车间及相关辅助设施建设项目和总投资10.44亿元人民币的鑫玛科技智能制造产业园项目；3000万美元外资和港澳台资项目1个，为总投资3000万美元的年产15万吨发酵豆粕项目。

【主导产业】 临港产业 以“物流+贸易+加工”为主体，其中，临江物贸形成以港口物流、大宗商品加工贸易为主导，多式联运、集装箱运输为补充的发展格局，集聚江苏港瑞供应链管理有限公司、江苏晋和电力燃料有限公司、正丰国际贸易（江苏）有限公司、泰州国际集装箱码头有限公司、泰州永安港务有限公司、江苏海企化工仓储股份有限公司、泰州益嘉物流有限公司等加工、贸易、物流企业。泰州高港综合物流园曾获得省重点物流基地、省级示范物流园区、省级现代服务业集聚区等荣誉称号，连续4年获评全国优秀物流园区。粮油食品产业依托全国进境粮食指定口岸——泰州港、江苏省粮食物流产业园以及益海（泰州）粮油工业有限公司、江苏汇福蛋白科技有限公司等粮油深加工企业，向高附加值产品攀升。装备制造产业集聚泰州三福船舶工程有限公司、江苏能建机电实业集团有限公司等企业，向特种船舶、新能源船舶、海工方向转型升级。

大健康产业　依托扬子江药业集团江苏龙凤堂中药有限公司、扬子江药业集团江苏海济药业有限公司、江苏护佑健康科技有限公司、圣森生物制药有限公司等医药企业，向高端原料药、保健品、高端制剂、中成药方向拓展。推进泰州市华永医药投资有限公司公共服务平台建设，打造创新药和高端辅料的研发平台、原料药技术转移平台和CDMO等平台，构建中药及保健品、化学药、生物药“三药并举”的大健康产业集聚区。

创新型经济产业　以“平台+智造”为主体，集聚江苏中科指南车机器人科技有限公司、泰州润骐防务科技有限公司等科技型企业43个。与中科院自动化研究所智能制造研发中心、中国科学院泰州应用技术研发及产业化中心开展战略合作，打造省级重大科创载体项目——中科院泰州智能制造创新中心，争创国家级科技企业孵化器，加快培育一批独角兽企业、瞪羚企业。

【科技创新】 2021年，港口物流产业园区完成中小型科技企业入库备案116个。高新技术产业产值占规模以上工业产值比重12.7%。研发投入占地区生产总值比重2.06%。技术交易合同成交额占地区生产总值的0.83%。签订科技产学研合作项目16项。新增发明授权专利77件。扬子江药业集团江苏龙凤堂中药有限公司、江苏佳强照明电器有限公司、富彤化学有限公司、江苏能建机电实业集团有限公司、江苏金环试验设备有限公司、泰州市博泰电子有限公司、江苏海企化工仓储股份有限公司、江苏惠利生物科技有限公司、泰州高意诚复合材料有限公司、泰州市旺灵绝缘材料厂、江苏东旷包装制品有限责任公司、泰州市金鼎电子有限公司12个企业被认定为省高新技术企业。泰州高意诚复合材料有限公司、江苏东旷包装制品有限责任公司、泰州市炎川金属材料有限公司、江苏瑞畅复合材料有限公司、江苏安氟隆科技有限公司、泰州合创金属科技有限公司6个企业被认定为省后备高新技术企业。新认定市级以上研发机构2个，其中，省级工程技术研究中心1个（扬子江药业集团江苏龙凤堂中药有限公司），市级工程技术研究中心1个（江苏佳强照明电器有限公司）；新认定建设市级以上科技支撑项目2个（泰州丰汇农业科技有限公司、富彤化学有限公司）；新认定市级孵育计划项目4个（江苏智慧优视电子科技有限公司、泰州高意诚复合材料有限公司、江苏东宇墙纸有限公司、江苏永胜海洋工程有限公司）。

【港口管理】 2021年，泰州国际集装箱码头完成吞吐量32.01万标准箱；完成营业收入7376万元，增长4.9%。全年完成散货装卸量132.67万吨。开通泰州港—盘锦港内贸直航航线、武汉港—泰州港—日韩港口外贸直航航线，实现泰州港开港后集装箱内外贸直航航线零的突破。全年运营进出口13个航次。泰州永安港务有限公司创成省重点物流企业，园区共有省重点物流企业5个（江苏海企化工仓储股份有限公司、江苏正德物流有限公司、泰州国际集装箱码头有限公司、泰州永安港务有限公司、泰州益嘉物流有限公司），在全区排名第一。高港综合物流园被省发展改革委评为2021年度江苏省物流行业先进集体，成为新成立的江苏省物流产业促进会常务理事单位。年内，高港综合物流园再次获评全国优秀物流园区。

【服务业】 2021年，港口物流产业园区完成服务业增加值62.24亿元，比上年增长10.8%，服务业增加值占地区生产总值比重46.42%，增长2.84个百分点。完成服务业产业投资14.11亿元；完成限额以上批零住餐销售总额342.35亿元，增长25.7%；限额以上消费品零售总额4.42亿元，增长42.3%。全年发放服务业引导资金874.32万元；新培育规模以上服务业企业4个、限额以上批零住餐企业13个。

【中科院泰州高新技术产业高港孵化园揭牌】 5月14日，中科院泰州高新技术产业高港孵化园揭牌仪式暨2021年中科院—泰州产业化成果洽谈会活动在泰州天德湖宾馆举行。揭牌仪式上，氢燃料电池四合一控制器、高能电子束焊接式蓄能

泰州国际集装箱码头二期　　永安洲镇　供图

器产业化等10个项目签约。洽谈会上，中科院沈阳自动化所，沈阳金属所、过程所、理化所，北京自动所等发布相关成果。各研究所专家与企业面对面，围绕院企项目合作及企业发展的痛点、堵点、难点开展交流，为企业解决技术瓶颈问题、提升创新能力献策。

【国内首艘64TEU内河绿色智能集装箱船下水】 6月26日，国内首艘64TEU内河绿色智能集装箱船“国创号”下水仪式在泰州三福船舶工程有限公司举行。“国创号”64TEU内河绿色智能集装箱船是2018年度国家重点研发计划“综合交通运输与智能交通”专项示范项目，由国网电动汽车服务有限公司与泰州三福船舶工程有限公司共同承担，总吨位994吨。该船将运营于浙江安吉至上海航线，集成直流电力推进系统、集装箱式移动电源等众多创新技术，是中国首艘自主设计研发建造、拥有自主知识产权的内河纯电池动力集装箱船，在设计制造过程中，形成50余项知识产权和多项行业标准。在全国水运交通领域创下多项第一：第一艘纯电池动力集装箱船，第一艘采用船电分离换电模式的电动船舶，第一艘采用无轴轮缘推进系统、智能船舶辅助驾驶系统的内河船舶，第一艘获得绿色船舶三级认证的内河船舶。

（蒋　颖）

临港经济园

【概况】 2021年，临港经济园实现地区生产总值181.72亿元，比上年增长10.5%。规模以上工业总产值167.1亿元，增长28.41%。工业战略性新兴产业产值86.76亿元，占工业总产值比重51.91%。固定资产投资91.33亿元，增长19.41%，其中，制造业投资58.15亿元，增长42.55%，高技术产业投资25.43亿元，增长110.69%。有高新技术企业24个，高新技术产业产值68.76亿元，增长12.6%。一般纳税人开票销售159.5亿元，增长14.8%。工业企业净入库税收3.1亿元。完成限额以上贸易额403.6亿元，增长4.72%。

临港经济园标准厂房区　　临港经济园　供图

【项目建设】 2021年，临港经济园新开工5亿元以上项目3个，包括利德年产8万吨海上风电塔筒项目，泰船重工年产25000吨海洋工程装备、15000吨大型钢结构及桥梁制造项目，创新电子年精加工2000万套多屏支架项目；新开工1亿元以上项目（不含5亿元以上项目）9个，包括汇锦电子三期年产600万台电视底座项目，东方力神年产1900吨圆套织带项目，扬子江高端注射剂关键技术产业化项目，其红电子汽车线束项目，苏骏纺织年产1亿平方米基布、5000万平方米衬布项目，榕兴年产3500万片生物质多功能医用敷料技术改造项目，中升之星年销售1200台、维修保养5400台奔驰车项目，昆仑光源新增年产2000吨高性能高温、精密合金技改项目，年产50万套电子元器件设备技术改造项目。新竣工5亿元以上项目3个，包括凤栖湖景观区项目，扬子江固、液体制剂技术改造项目，扬子江新药研发及人才培育基地项目。新签约1亿元以上项目50个，其中5亿元以上项目19个。持续升级全科“店小二”便利化服务，开展全流程帮办、代办，优化营商环境。

【主导产业】 2021年，临港经济园致力于发展高端装备制造、医药及高性能医疗器械、现代服务业三大主导产业。依托长城汽车股份有限公司泰州分公司、泰州三福船舶工程有限公司等龙头企业，以汽车、船舶两大产业集群为牵引，以新能源汽车及零部件、特种船舶装备产业为支撑，以汽车传动、汽车电子、消防设备、高压电器、起重装备、船舶配件等产业为新增长点，打造高端装备制造产业集聚区。集聚泰州苏中天线集团有限公司、江苏天华索具有限公司、江苏钜能链条有限公司、江苏铁佑德液压科技有限公司等30余个知名企业。发展医药及高性能医疗器械产业，打造以扬子江药业集团为龙头，江苏凯威药用包装有限公司、泰州市榕兴医疗用品股份有限公司等企业为配套的产业体系。推进大院大所及人才集聚工程，围绕重点产业引进相关领域知名高校、科研院所等创新资源，建成吉林大学泰州汽车动力传动研究院、汽车零部件检测中心、国家级特种防护用品检测中心、省级计量测绘检测中心，以及圆通、中通、安能集散中心等产业配套服务平台。

【科技创新与转型升级】 2021年，江苏正申索具有限公司成功申报省级企业技术中心，泰州三福船舶工程有限公司成功申报省级工程研究中心。全年招引高层次人才126人。泰州市榕兴医疗用品股份有限公司、泰州汇锦电子有限公司、泰州市贝斯特精铸机械有限公司3个企业的人才入选市"双创"项目。开展各类人才培训700余人次，新增发明专利58件。设置21个基层服务类岗位，用于开展"风还巢"高校学生暑期实践。引进教育部"蓝火计划"4名博士生人才入驻辖区企业。泰州苏中天线集团有限公司、江苏昆仑光源材料有限公司获批国家级"专精特新"小巨人企业。扬子江药业集团江苏制药股份有限公司获批省绿色工厂。江苏凯威药用包装有限公司获批省级四星上云企业。全年为企业上争转型升级资金760万元。 （张元浩）

数据产业园区

【概况】 泰州数据产业园区是泰州市集聚发展互联网经济和大健康数据产业的专业园区。2010年11月，经省委编办批准，泰州医药高新区整合江苏省泰州留学人员创业园、泰州市软件园的资源，组建泰州数据产业园区。园区曾获得中国（泰州）云计算基地、全国最具发展潜力园区、全国医药特色产业园区、江苏省国际服务外包示范区、江苏省特色产业园区、江苏省现代服务业集聚区、江苏省电子商务示范基地、江苏省软件和信息服务产业园、江苏省小企业创业基地等荣誉称号。

数据大厦　　　　泰州华信药业投资有限公司　供图

2021年，数据产业园区实现财政收入1.04亿元，比上年增长114%；完成业务收入82.2亿元，增长30%；限额以上零售业商品销售总额5442万元，增长105%；限额以上批发业商品销售总额30.87亿元，增长34%；限额以上住宿业营业额1743万元，增长40%；软件和信息业营业收入3.82亿元，增长33%；租赁和商务服务业营业收入1.66亿元，增长179%；科学研究和技术服务业营业收入2.13亿元，增长112%；建筑业总产值13.9亿元，增长212%。被省商务厅评为2021—2022年度电子商务示范基地、江苏省服务外包示范区。

【新兴领域项目招引】 2021年，数据产业园区围绕医疗健康大数据主导产业，由招商引资向选商选资转变，重点招引智慧医疗、精准健康、远程诊疗、智能穿戴设备等新兴领域。全年实际入驻项目63个，新签约1亿元以上项目8个，包括总投资5亿元的与中国电信合作共建云下汇金（云计算中心）项目、年开票销售2亿元的海康威视项目、优特利科技服务平台、泰州移动5G创新中心以及抖音江苏区域授权的短视频直播基地等项目。

【创新发展】 至2021年年末，数据产业园区入驻企业江苏首佳信息科技有限公司、泰州起点医疗科技有限公司、江苏智慧智能软件科技有限公司等共获批专利及软著62项；中能锂电科技泰州有限公司、江苏万视无忧智能科技有限公司、江苏北斗天汇物联网科技有限公司、江苏中泽电气自动化有限公司、泰州市青之峰网络科技有限公司等35个企业获批国家科技型中小企业；泰州联迪信息系统有限公司、泰州赛星电子有限公司、江苏中泽电气自动化有限公司等8个企业完成知识产权贯标备案，江苏首佳信息科技有限公司完成知识产权贯标认定；江苏创越医疗科技有限公司和中能锂电科技泰州有限公司分别与江苏海洋大学、南京晓庄学院达成产学研合作协议；江苏诚泰测绘科技有限公司、中能锂电科技泰州有限公司、江苏北斗天霖信息科技有限公司3个企业获批国家高新技术企业。中能锂电科技泰州有限公司获评第十届中国创新创业大赛全国赛"创新创业50强"企业。泰州起点医疗科技有限公司一研发项目获批省重点农业研发项目，是2021年泰州市唯一入选项目。

【基础设施建设】 2021年，数据产业园区完成“精彩家园”158工程数据园段绿化景观提升、数据园四期扇形地块绿化提升改造施工。加快完善数据园四期配套设施，完成周边市政道路及绿化施工，年内投入使用。推进数据园五期项目建设，施工至主体结构3层。

【营商环境】 2021年，数据产业园区建立领导挂钩、部门联络规模以上企业制度，落实新落户1亿元以上项目“店小二”跟进、“管家式”服务。发挥首贷中心、信保基金等机构作用，化解中小微企业订单少、融资难等问题。发挥楼宇经济优势，加快谋划腾笼换鸟、空间盘活，对低效产出企业逐家梳理，提高楼宇利用效率，保障优质项目空间需求。完善国企主业清单，做好组织架构优化和业务板块重组，提升国企市场化经营能力。泰州通泰投资有限公司实现营业收入4.3亿元，完成融资27.93亿元；江苏云联经贸发展有限公司新增工程项目27个，项目产值超2100万元；泰州通泰日航酒店有限公司完成收入1222.85万元；泰州通泰后勤服务有限公司收取房租、物业费870.58万元。通过选派机关骨干、社会公开招聘、提供转业士官选岗等方式，配齐配优国有企业领导班子、壮大业务人才队伍、充实纪检监察力量。全面推行政策发布宣传、项目申报、成效评估平台化运作。在市场开拓、技术创新、能力提升等方面，帮助企业争取扶持政策、奖补资金支持。

（张　宁）

周山河街区

【概况】 2007年12月，泰州市委、市政府研究决定，成立泰州市周山河街区管理委员会，负责周山河街区开发、建设和管理工作。2010年，周山河街区划归泰州医药高新区管理。2021年12月，泰州市委、市政府研究决定，撤销泰州市周山河街区管理委员会。

【招商服务】 2021年，周山河街区对接中国低碳网、中国民贸一乡一品产业促进中心、中国建筑材料流通协会三大平台资源，寻求在碳交易、地方乡村产业、新材料方面的项目机会。完成1亿元签约项目5个，完成“三比一提升”竣工项目1个。加强跟踪中天养老项目、金通万达项目的开工进程。做好上市地块的后监管工作，就辖区内已上市和即将上市的开发项目，对涉及规划、建设、环保、防疫及安全生产等有关问题进行会办协调，签订监管协议，明确处理意见，落实相关责任。

【项目建设】 2021年，周山河街区以迎接省运会为契机，加大道路、管网等基础设施建设，完善城市功能，提升新城综合承载力。续建淮河路（海陵路—泰州大道段），拓宽惠山路（海军路—淮河路段），年内建成通车。规划设计引凤路跨周山

周山河夜景　　区党工委（区委）宣传和统战部　供图

河大桥及引凤路拓宽项目。做好东谢路、银杏北路、玄武湖路、钟山路、西周港路、太湖路、周山河路财务决算审计工作。继续推动锦绣双河城二期安置区建设，督促泰州市深业投资发展有限公司加快建设进度，启动高铁新城安置区前期工作。协调海陵南路（海军路—姜高路段）移交工作。完成周山河小学和周山河初中的移交工作，完成教学设备的采购验收。完成凤凰小学、双河初中（塘湾中学）的固定资产移交手续。开工建设凤凰小学南校区、海军大道南侧幼儿园、泰州市人民医院南侧幼儿园。6月，华润万象城正式营业。

【矛盾化解】 2021年，周山河街区处理相关拆迁安置矛盾问题，推进凤凰街道社区集体资产置换凤凰曦城东组团配套用房结算工作，继续协调化解回迁安置历史遗留等矛盾问题。督促、协调泰州市深业投资发展有限公司加快凤凰曦城、锦绣双河城和凤凰三居苑安置区、东谢欣园安置区不动产权证办理工作。做好"12345"服务热线、市长信箱等办理，办结率和满意度均为100%。

【安全生产工作】 2021年，周山河街区研究制定安全生产重点工作清单，稳步推进三年安全生产专项整治活动，开展"百日攻坚"行动、"保安全、迎华诞"安全生产专项检查、小化工专项排查等工作。开展"百团进百万企业千万员工"宣讲活动；安全生产月期间，对泰州市深业投资发展有限公司项目和东谢欣园门面房租户开展建筑安全和消防安全的专项宣传活动。定期对街区范围内的工程进行安全专项检查，对有安全隐患的问题限期整改，共处理一般隐患17处，党政领导挂钩重大隐患5条，全部整改完毕，整改率100%。

高教园区

【概况】 泰州高教园区成立于2004年3月，2010年11月划归泰州医药高新区代管。2021年，泰州高教园区内有泰州学院、南京理工大学泰州科技学院、南京师范大学泰州学院、江苏农牧科技职业学院4所高校。4所高校共有1万余名毕业生离校，1.3万余名秋季新生报到。

【高校疫情防控】 2021年，泰州高教园区建立疫情日报制度，及时掌握员工健康状况，严格排查风险地区来泰返泰人员。与各高校开展疫情防控联合演练，先后投入近100万元安装人脸识别系统，组织大规模集中消毒12次，协助高校完成近5万人次的疫苗接种和核酸检测工作。针对高校开学人员流动大、隐患多、防控难的实际，成立物资储备组，科学计算，快速采购，先后投入近20万元购买口罩、额温枪、消毒液。

【项目建设】 2021年，泰州学院二期工程主体全部封顶，内装工程一标段完成工程量的30%，二标段完成工程量的50%。投入约1500万元用于校内暑期维修。4月初，泰州高教园区成立春晖初中项目建设工作专班，做好前期准备工作；年内，完成该地块的杆线迁移、方案设计等工作。

【资产管理】 2021年，泰州高教投资发展有限公司及下属国有企业实现经营性收入1.35亿元，比上年增长22.91%；累计融资36.46亿元。

【泰州高教园区创新创业园】 2021年，泰州高教园区创新创业园举办泰州市第七届蜂鸟青年创业大赛、3次沙龙和1次线上招聘会。引进高层次人才89人，完成率162%。

（泰州高教园区）

主导产业

大健康产业

【概况】 泰州医药高新区（高港区）大健康产业主要包括医药产业和粮油食品产业。医药产业代表企业有扬子江药业集团、阿斯利康药业（中国）有限公司、江苏硕世生物科技股份有限公司、江苏瑞科生物技术股份有限公司、江苏康为世纪生物科技股份有限公司、江苏金迪克生物技术股份有限公司等，除扬子江药业集团外，其他企业主要集聚于生物医药产业园区。粮油食品产业代表企业有益海（泰州）粮油工业有限公司、江苏汇福蛋白科技有限公司、泰州统实企业有限公司、华润雪花啤酒（泰州）有限公司、江苏苏萨食品有限公司、统之幸食品（江苏）有限公司等，主要集聚于高端装备制造产业园区、港口物流产业园区。2021年，全区大健康产业实现产值891.21亿元、利润103.14亿元，比上年分别增长14%、4.7%，有规模以上企业96个。

（区工业和科技创新局）

【阿斯利康药业（中国）有限公司】 成立于2011年6月，位于药城大道88号，总部位于英国伦敦。专注于研发、生产及营销处方类药品，重点关注肿瘤、心血管、肾脏及代谢、呼吸及免疫疾病领域。阿斯利康泰州供应基地坐落在泰州中国医药城，总投资3亿美元，是阿斯利康在中国单体投资最大的项目。泰州供应基地向中国及世界供应固体口服制剂，总产能60亿片，主要产品为可定、倍他乐克、波依定及帮备。员工人数约260人。阿斯利康泰州基地于2012年1月开工，2014年9月投产供货中国市场，2017年7月实现供货欧洲市场。2021年，阿斯利康泰州供应基地总产值达30亿元，入库税额2.16亿元。

（区工业和科技创新局）

【江苏硕世生物科技股份有限公司】 成立于2010年4月，位于药城大道837号。以分子诊断技术为核心，是集高端诊断试剂、仪器、第三方医学检验服务、互联网医疗服务于一体的国家高新技术企业。公司为国内分子诊断行业的标杆企业，于2019年12月在上海证券交易所科创板上市，股票代码688399。2021年，实现销售28.39亿元、税收4.1亿元。 （区工业和科技创新局）

【江苏瑞科生物技术股份有限公司】 成立于2012年5月，位于中国医药城疫苗工程中心内，注册资本4.48亿元。打造蛋白工程、新型佐剂、免疫评价等核心技术平台，布局重组新冠疫苗、九价宫颈癌疫苗、二价宫颈癌疫苗、重组带状疱疹疫苗等系列产品管线。在胡润研究院发布的2021全球独角兽榜中，公司排名全球第614位、国内生物科技行业第6位。 （许文欣）

江苏瑞科生物技术股份有限公司 区党工委（区委）宣传和统战部 供图

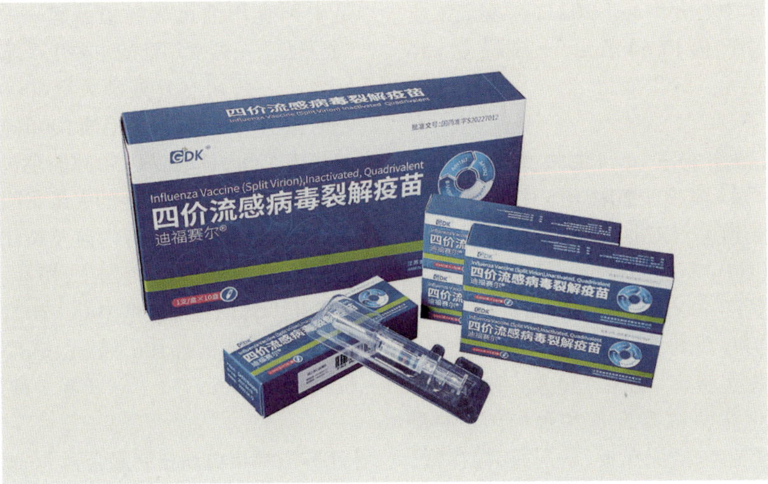

江苏金迪克生物技术股份有限公司生产的四价流感病毒裂解疫苗

生物医药产业园区 供图

【江苏勃林格殷格翰生物制品有限公司】 成立于2012年5月，位于中国医药城祥泰路297号，注册资本5000万美元，占地面积12.07公顷。主要从事动物疫苗生产，总投资8500万欧元。主要产品为兽用疫苗产品，有蓝福莱及菌伪净2个猪用疫苗取得生产批文，并于2019年正式投产。2021年，实现产值8亿元、税收7218万元。（许文欣）

【江苏金迪克生物技术股份有限公司】 成立于2008年12月，位于中国医药城郁金路12号，注册资本8800万元，系集人用疫苗研发、生产、经营和服务于一体的生物高科技企业。公司首期项目投资3.5亿元，建成四价流感病毒裂解疫苗、冻干人用狂犬病疫苗车间。2019年，四价流感病毒裂解疫苗上市销售。2020年11月，投资8.45亿元启动四价流感疫苗二期产业化项目。公司产品管线实现对流感、狂犬病、水痘、带状疱疹和肺炎5种传染性疾病预防的覆盖。2021年，实现产值9.8亿元。（许文欣）

【江苏康为世纪生物科技股份有限公司】 成立于2010年9月，位于药城大道1号，主要从事高附加值、高技术含量的生物试剂、临床诊断试剂、医疗器械产品的研发与生产，为全球科研院所、高等院校、基因检测、体外诊断、食品检测、农业分子育种等用户提供创新型生物产品。占地面积近2万平方米，职工400余人，为国家高新技术企业、科技型中小企业、江苏省瞪羚企业、江苏省民营科技企业。2021年，江苏康为世纪生物科技股份有限公司医疗器械及生物检测试剂产业化项目开工建设，占地面积2.87万平方米，项目建成后，形成年产原料酶10亿单位、样本采集保存3000万人份、核酸提取纯化试剂1000万人份、核酸检测试剂500万人份的生产能力。2021年，实现产值2.48亿元、销售2.33亿元、利润9314万元。（许文欣）

【石药集团中诺药业（泰州）有限公司】 成立于2011年8月，位于药城大道816号，注册资本1.7亿元，为石药集团全资子公司。占地面积11.55公顷。定位为石药集团营销中心和生产基地，获批特殊医学用途配方食品1个、保健食品78种、食品11类和食品添加剂的生产许可1类。生产基地选用自动化设备，设有保健食品、食品固体制剂、软胶囊、口服液和特医食品等生产线。产品涵盖保健食品、功能性食品、特医食品、医疗器械、特色中药、创新药品等。年生产能力片剂30亿片、软胶囊10亿粒、胶囊5亿粒、粉剂10亿袋、口服液1亿支。2021年，实现产值1.45亿元、销售1.1亿元、利润886万元。（许文欣）

【鲲鱼健康药业江苏有限公司】 成立于2017年6月，位于泰州大道363号，注册资本3.4亿元，是以特殊医学用途配方食品与功能性保健食品研发生产为主的技术型服务公司，大健康产业运营一站式解决方案提供商。先期已建设6000平方米的透明工厂式智慧生产平台，覆盖常用口服固体剂型的生产需求。旗下的B端技术资源合作平台以突出产品力为核心，向大健康产业相关的技术研究单位、中小企业提供实验技术支持、技术申报、全项检测、商品化开发等技术服务，同时对接下游C端市场资源，培育产品市场价值。2021年，实现销售1361万元。（许文欣）

【雀巢健康科学（中国）有限公司】 成立于2013年1月，位于药城大道359号，注册资本3264万美元，由瑞士雀巢健康科学有限公司投资成立，是雀巢集团在亚太地区设立的第一个液态特医食品生产基地，也是国内首个特医全营养配方食品液体制剂工厂。占地面积13.33公顷，投资超过10亿元。2019年7月，雀巢健康科学中国产品创新中心研发的液体特殊医学用途全营养配方食品“佳膳佳立畅”获得产品注册证，这是首款获得注册证的国产特殊医学用途全营养配方食品。2019年11月，雀巢健康科学中国产品创新中心在中国医药城落成。2021年，实现产值12.36亿元、销售12.37亿元、利润1.1亿元。（许文欣）

【扬子江药业集团江苏龙凤堂中药有限公司】 成立于2013年8月，位于永安洲镇龙凤堂西路9号。占地面积29.68公顷，有员工1200余人，从事中药材种植、中成药生产、质检、研发、销售及物流等经营业务。主要产品有胃苏颗粒、荜铃胃痛颗粒、蓝芩口服液、黄芪精口服液、神曲消食口服液等。建有中药整体物流系统、机器人投料系统和生产执行系统。获批并实施工业和信息化部儿童专用中药新药神曲消食口服液的产业化项目、中药流程制造智能工厂新模式应用项目，以及国家标准委中药流程智能制造国家高新技术产业标准化试点项目。有260余个品种、600余个规格的产品上市。2021年，获省科技进步三等奖，被评为江苏省高新技术企业。实现开票销售13.68亿元，入库税收4657万元。（蒋 颖）

【江苏海慈生物药业有限公司】 成立于2004年，位于沿江街道泰镇路8号，系扬子江药业集团全资子公司，集团化学原料药研发、中试和生产基地，产品主要服务集团制剂产品。占地面积30.67公顷，总投资约13亿元。有35个品种通过新版GMP认证，40余个产品满足国外药典标准，23项产品获国家发明专利，30项产品获省级高新技术产品认定，获国际QC论文金奖3项、国内QC论文一等奖46项。2020年，企业技术中心被认定为国家企业技术中心分中心。2021年，实现工业总产值17.64亿元，上缴税金3.86亿元。（吴 俊）

【泰州鑫联诚润生物技术有限公司】 成立于2016年5月，位于刁铺街道民营工业园内。从事体外诊断（IVD）行业耗材的生产、制造。固定资产4000万元。占地面积1.5公顷，拥有PCR实验室、化学实验室、微生物实验室。职工150人。有全自动化注塑机等设备20台（套）。主要产品包括深孔板、试剂瓶、保存管、PCR管、离心管、摇瓶、血清瓶、抽提管、细菌培养皿、滴瓶、移液器吸头、一次性使用取样器/采样器，兼营核酸提取仪、血液复苏仪、离心机、摇床、混匀仪、PCR工作站。产品出口美国、德国、英国、日本、韩国、澳大利亚、俄罗斯、比利时等国家。通过CE、GMP、FDA、ISO 13485等体系认证。2021年，实现产值1.66亿元、销售1.48亿元、利润1650万元，出口创汇755.2万美元。

（区工业和科技创新局）

【益海（泰州）粮油工业有限公司】 成立于2006年12月，位于永安洲镇疏港北路1号，由新加坡丰益国际公司独资兴建，主要从事大豆、菜籽等农产品的生产加工、仓储及销售，是中国食用油市场畅销品牌——“金龙鱼”系列食用油的主要生产基地之一。公司有日处理大豆6000吨的榨油车间、日处理毛油1000吨的精炼车间、日罐装1250吨的小包装车间、日生产2600吨的大米车间等，同时还配套建设有内河及长江岸线码头，形成集生产加工、贸易、中转于一体的粮油集散中心。2021年，实现开票销售106.9亿元，入库税收4512万元。（蒋 颖）

【江苏汇福蛋白科技有限公司】 成立于2014年3月，位于永安洲镇疏港北路西侧，系汇福粮油集团全资子公司，由饲料蛋白科技、油脂科技、粮食物流等公司组成，占地面积28.33公顷，总投资30亿元，年加工大豆400万吨，年产饲料蛋白320万吨、食用植物油80万吨、膨化玉米100万吨、膨化大豆20万吨、生物肽30万吨。2021年，实现开票销售137.8亿元，入库税收5038万元。

（蒋 颖）

【统之幸食品（江苏）有限公司】 成立于2016年，位于许庄街道永盛路29号。日商独资企业，注册资本8200万元。占地面积3.91公顷。主要研发和生产食品调味料、食品用香精、方便菜肴等产品，是统一企业（中国）投资有限公司的战略合作伙伴及协同创新重要基地。食品香精的生产采用MES信息化管理系统，对投入原料的重量、批号、品名等信息自动识别、记录。方便菜肴生产系统采用日本东洋自动包装机、中国台湾水浴式高温高压杀菌釜、日本安立自动化重量选别机、金属探测机及X光机，实现产品全检。2020年11月19日，二期项目签约。2021年，实现开票销售4.84亿元、利税8348.88万元。（区工业和科技创新局）

【泰州统实企业有限公司】 成立于2012年，位于许庄街道永平路301号，由台湾统一实业股份有限公司

江苏海慈生物药业有限公司　　化学新材料产业园区　供图

投资兴建，注册资金3000万美元，投资总额9000万美元。占地面积18.27公顷，员工390人。主要产品为茶饮料、果汁饮料等。先后通过ISO 9001、ISO 22000体系认证和国家包材检测中心认证，通过两化融合管理体系评定。公司无菌二线车间于2019年创成江苏省示范智能车间。2021年，实现开票销售6.5亿元，纳税5318万元。

（区工业和科技创新局）

【江苏苏萨食品有限公司】 成立于2014年，位于创新大道58号，由广东苏萨食品集团投资建设。项目一期用地8公顷。2021年8月10日，江苏苏萨食品有限公司二期项目签约，项目总投资10亿元，用地6.73公顷，新上年产10万吨植物蛋白饮料无菌灌装生产线8条。2021年，实现开票销售8.3亿元，纳税超4000万元。 （陈卫国 杨 艳）

高端装备制造产业

【概况】 泰州医药高新区（高港区）高端装备制造产业代表企业有长城汽车股份有限公司泰州分公司、泰州三福船舶工程有限公司、万向精工江苏有限公司、蜂巢智行传动系统（江苏）有限公司、精诚工科汽车零部件（泰州）有限公司等，主要集聚于高端装备制造产业园区和临港经济园。2021年，全区高端装备制造产业实现产值370.7亿元、利润4.08亿元，比上年分别增长117.6%、1164.7%，有规模以上企业91个。

（区工业和科技创新局）

【长城汽车股份有限公司泰州分公司】 由保定市长城控股集团有限公司投资新建，位于通江东路666号。项目总投资48.6亿元，占地面积48.47公顷，建筑面积21.6万平方米，规划年产能为20万辆整车。项目于2019年2月20日正式签约，同年11月11日开工，2020年10月22日量产。引进德国、意大利、瑞典、日本等先进生产设备2000余台（套），车间自动化率100%，具备多车型、多平台、柔性化共线生产能力。2021年，实现开票销售119.9亿元。 （区工业和科技创新局）

【精诚工科汽车零部件（泰州）有限公司】 成立于2019年9月，位于通江东路666-3号。项目一期总投资15亿元，占地面积8.33公顷，建筑面积9.2万平方米，主要生产汽车底盘、车身冲焊件等核心零部件产品。客户群体有长城、捷豹、路虎、特斯拉等汽车品牌。12月3日，精诚工科汽车零部件（泰州）有限公司二期项目开工，项目总投资1亿元，占地面积1.8公顷，建成后具备年产6万台（套）汽车底盘及排气系统生产能力。2021年，实现开票销售13.5亿元，纳税近2000万元。

（杨海滨 杨 艳）

【蜂巢智行传动系统（江苏）有限公司】 成立于2020年1月，位于通江东路666-8号，为蜂巢易创传动板

长城汽车股份有限公司泰州分公司生产线 区发展改革委 供图

精诚工科汽车零部件（泰州）有限公司生产线

高端装备制造产业园区 供图

块子公司，主要从事变速器的核心零部件——液压控制模块和双离合器模块的研发和生产，主要搭载于自动变速器、混动变速器。工厂占地面积1.2公顷，总投资10.54亿元。2021年3月20日，举行双模块产品下线仪式。2021年，实现开票销售3.6亿元。（杨海滨　杨　艳）

【万向精工江苏有限公司】 成立于2010年，位于许庄街道永进路19号，系浙江万向精工有限公司全资子公司。主要开发生产"WGC""万向 WANXIANG"牌汽车轮毂轴承单元（第一代、第二代、第三代带 ABS 电子速度传感器）、汽车轮毂轴承等汽车零部件产品。获授权实用新型专利19项，其中发明专利3项。曾获得高新技术企业、省级民营科技企业、江苏省两化融合管理体系贯标试点企业、国家级两化融合管理体系贯标示范企业等荣誉称号。2021年，实现营业收入6.36亿元、利税1.19亿元。

（区工业和科技创新局）

【泰州苏中天线集团有限公司】 成立于1986年，位于口岸街道江平东路1号，注册资金8880万元。1994年开始从事汽车天线的研发、设计、生产、销售。曾获得江苏省高新技术企业、国家发改委汽车电子高技术产业化基地、第三批"专精特新"小巨人企业等荣誉称号，承担省、市科技成果转化资金资助项目。拥有江苏省级车载信息天线放大器智能生产车间，是江苏省首批五星级上云企业。主要产品为汽车天线，年产量1500万支。2021年，实现主营业务收入3.1亿元、利税6300万元。

（区工业和科技创新局）

【泰州三福船舶工程有限公司】 系一级Ⅰ类钢质一般船舶生产企业。拥有口岸、永安两大造船基地。2014年首批入围工信部船舶企业白名单，拥有江苏省企业技术中心、江苏省工程技术研究中心、江苏省企业院士工作站等研发平台。获得江苏省高新技术企业、江苏省工业设计示范企业、江苏省两化融合示范企业、江苏省五星级数字企业、江苏省知识产权管理示范先进单位等荣誉称号。通过质量、环境、职业健康安全、能源、信息化管理体系认证。年生产能力100万载重吨。（张元浩）

【海上风电塔筒项目投产】 3月28日，位于临港经济园的湖南利德金属结构有限责任公司华东分公司海上风电塔筒项目投产。该项目计划投资5.6亿元，租用泰州口岸船舶有限公司中航厂区场地4公顷、厂房8万平方米，新上2条海塔生产线，用于海上风电塔筒、管桩等海工钢结构生产。项目建成后，年产钢结构制品8万吨以上。

（区工业和科技创新局）

石化及新材料产业

【概况】 泰州医药高新区（高港区）石化及新材料产业代表企业有中海油气（泰州）石化有限公司、江苏海阳锦纶新材料有限公司、泰州市天润合成化工有限公司、江苏省瑞丰高分子材料有限公司、富彤化学有限公司等，主要集聚于化学新材料产业园区和永安洲镇。2021年，全区石化及新材料产业实现产值295.46亿元，比上年增长24.1%，利润总额5.59亿元，有规模以上企业47个。（区工业和科技创新局）

【中海油气（泰州）石化有限公司】 位于沿江街道海油路1号，2007年由中海石油炼化有限责任公司（中国海洋石油集团有限公司下属公司）收购江苏中海华东燃油化工有限公司后更名组建。2016年，公司投资102亿元的一体化项目（当时泰州市单体投资最大的项目）建成投产，成为全国唯一同时拥有环烷基和石蜡基润滑油加氢装置的炼油基地；2018年，吸收合并原中海沥青（泰州）有限责任公司和泰州东联化工有限公司，在海油系统内率先完成混合所有制改革。公司原（料）油加工能力720万吨/年，主要产品包括国Ⅴ柴油、润滑油基础油、甲乙酮、MTBE、溶剂油料、苯、甲苯、混合二甲苯、重芳烃、石油焦等，产品年产量约490万吨。公司拥有油品码头2座，分别为通江油品码头和东联油品码头，通江油品码头位于泰州港高港港区内，设计年通过能力270万吨；东联油品码

中海油气（泰州）石化有限公司　　化学新材料产业园区　供图

头位于长江下游口岸直水道左岸、引江河口下游，由原泰州港务集团有限公司集装箱码头改建而成，设计年通过能力200万吨。2021年，公司谋划实施总投资35亿元的高端润滑油、特种油国产化升级项目，实现工业总产值193.4亿元、利润2.77亿元，上缴税金22.94亿元。

（吴 俊）

【江苏海阳锦纶新材料有限公司】 成立于2013年3月，位于沿江街道创汇路2号，为海阳科技股份有限公司控股子公司，专业从事锦纶6切片、浸胶帘子布等锦纶系列产品生产和销售。占地面积21.67公顷。总投资12亿元的40万吨/年锦纶切片项目一期于2015年竣工投产，二期于2019年竣工投产。建有院士工作站和工程技术研究中心，拥有国家实用新型专利10余项。公司是全国锦纶制造行业前三甲。2021年，实现工业总产值24.78亿元、利润2693万元，上缴税金2068万元。

（吴 俊）

【江苏省瑞丰高分子材料有限公司】 成立于2008年，位于永安洲镇规划路6号。有大专以上学历29人，工程师2人。主要从事醋酸甲酯的研发与生产。产品采用独特的合成法生产，纯度99.99%以上，酸和醇含量低，满足树脂、油墨、涂料、胶黏剂以及生物医药行业的溶剂需求。产品出口欧洲、美国、拉美、日本、韩国、东南亚等国家和地区。2021年，实现主营业务收入1.59亿元、利润152万元。

（区工业和科技创新局）

【泰州市天润合成化工有限公司】 成立于2002年，位于永安洲镇裕兴路1号。占地面积12公顷，有高分子材料工程师8人。主要从事树脂的研发与生产，有模压、拉挤、防腐、船用等系列树脂及胶衣。产品出口澳大利亚、新加坡、越南、埃及等国家。"永兴天润"商标为泰州市著名商标。2021年，实现主营业务收入4.11亿元、利润1217万元。企业研发中心被评定为市级研发中心。

（区工业和科技创新局）

【泰州市永昌化工有限公司】 成立于2003年，位于永安洲镇马船路2号。注册资本500万元，占地面积1公顷。专业生产三氯化磷、三氯氧磷、亚磷酸及盐酸等化工产品。建有年产2.1万吨三氯化磷、5000吨三氯氧磷、2.5万吨亚磷酸及副产9万吨盐酸生产装置。2021年，实现主营业务收入2.7亿元、利润3993.67万元。

（区工业和科技创新局）

电子信息产业

【概况】 泰州医药高新区（高港区）电子信息产业代表企业有蓝思精密（泰州）有限公司、巨腾电子科技（泰州）有限公司、纬创资通（泰州）有限公司、泰州市创新电子有限公司、泰州汇锦电子有限公司等，主要集聚于电子信息产业园区、临港经济园和永安洲镇。2021年，全区电子信息产业实现产值258.19亿元，比上年增长27.8%，利润总额5.02亿元，有规模以上企业24个。

（区工业和科技创新局）

【蓝思精密（泰州）有限公司】 系主要从事研发、生产、销售高端视窗触控防护玻璃面板、触控模组及视窗触控防护新材料的上市公司。2020年，蓝思科技收购可成科技旗下的可胜科技（泰州）有限公司、可利科技（泰州）有限公司。2021年2月，收购后的可胜科技（泰州）有限公司更名为蓝思旺精密（泰州）有限公司，可利科技（泰州）有限公司更名为蓝思精密（泰州）有限公司。2021年4月，因公司战略发展和经营管理需要，蓝思精密（泰州）有限公司吸收合并蓝思旺精密（泰州）有限公司。2021年，实现产值113.52亿元、税收4.2亿元。年内，公司新投资50亿元，回收原瑞璟新能源低效利用项目土地17.13公顷，上马消费类电子产品精密部件扩能项目，打造"蓝思三园"。"蓝思三园"项目购置CNC数控加工中心、ABB研磨机、钻孔机等主要生产设备1.07万台（套），建成后将形成年产消费类电子产品合金制品3300万件的生产规模，预计年新增开票销售56亿元、纳税8.4亿元。

（周剑锋）

蓝思精密（泰州）有限公司 寺巷街道 供图

【巨腾电子科技（泰州）有限公司】成立于2016年4月，由台湾巨腾集团投资建立，总投资5.9亿美元，主要生产笔记本电脑、平板电脑和其他手持装置金属机壳。2021年，投资1.5亿美元，新建精密模具加工制造项目，用地面积6.33公顷，建成后将形成3万套模具、2万套治具、1万套检具、1万套挂具的年产能。2021年，实现产值61.49亿元、税收1.01亿元。（周剑锋）

【纬创资通（泰州）有限公司】成立于2009年8月，位于泰州综合保税区内。主要从事LED触控屏、背光模组等产品的生产和销售。共架设11条液晶屏、触控屏生产线，满载可达每月302万片。2021年，实现产值29.41亿元、税收0.11亿元。（周剑锋）

【泰州市创新电子有限公司】成立于2001年，位于口岸街道友谊港路189号。注册资本3000万元，专业从事液晶显示器支架的研发与制造。曾获得国家高新技术企业、国家科技小巨人企业、国家知识产权优势企业等荣誉称号。公司研发中心被认定为江苏省显示器支架系统工程技术中心、江苏省企业技术中心、江苏省重点研发机构。职工总数998人，其中各类技术人才233人。拥有授权专利182项，其中发明专利25项。企业资信等级为AAA。2021年，实现销售收入12.76亿元、利税1.6亿元。（区工业和科技创新局）

【泰州汇锦电子有限公司】成立于2011年，位于口岸街道临港大道199号。注册资本6000万元，固定资产9500万元，占地面积8公顷，员工550人。建有注塑车间、压铸车间、冲压车间、办公楼、研发中心、检测中心。专业从事液晶显示器底座、支架等产品生产，主要为海信、创维、三星、大宇、康冠、富士康、冠捷、仁宝、LG等知名厂商配套，国内市场占有率35%。有自动化铝合金压铸机、自动化注塑机、精密冲床、慢走丝切割机、加工中心、三坐标测量仪、高低温测试机、光谱仪等生产及检测设备300余台（套）。通过ISO 9001：2008质量管理体系、ISO 14001：2004环境管理体系、OHSAS 18001：2007职业健康安全管理体系、ISO/TS 16949：2009质量管理体系、两化融合管理体系认证，系高新技术企业。建有省、市级研发中心，研发团队80人，获得发明、实用型、外观专利40余项。与南京理工大学、南京航空航天大学等国内知名院校开展模具设计、开发、使用等专项合作。2021年，完成营业额3亿元。（区工业和科技创新局）

泰州汇锦电子有限公司　　口岸街道　供图

【泰州市旺灵绝缘材料厂】成立于1984年，位于永安洲镇马船东路8号。总资产1.63亿元，拥有员工230人。拥有微波材料覆铜箔板专业化生产线，主要产品为高性能毫米级覆铜箔板系列。市场占有率位列国内生产覆铜箔板企业前列。曾获得江苏省高新技术企业、江苏省民营科技企业、江苏省科技型中小企业等荣誉称号。建有江苏省企业技术中心、江苏省高频微波复合材料工程技术研究中心、中科院泰州应用技术研究及产业化中心高频微波复合材料分中心、江苏省高频高速纳米陶瓷微波复合材料工程研究中心、江苏省聚合物功能复合材料工程研究中心。2021年，企业研发投入8291万元，实现销售1亿元、利润1708万元、税收92万元。（区工业和科技创新局）

【泰州市博泰电子有限公司】成立于2005年，位于永安洲镇马船路10号。总资产1.19亿元，职工136人。拥有印制电路板专业化生产线，主要产品为微波高频电路板系列，市场占有率位列国内生产高频电路板企业的前列，主要用于移动通信、汽车电子等领域。曾获得江苏省高新技术企业、江苏省民营科技企业、江苏省科技型中小企业、江苏省企业知识产权管理标准化示范单位、江苏省两化融合转型升级示范企业、江苏省管理创新示范企业等荣誉称号。建有江苏省企业技术中心、江苏省微波高频多层电路板工程技术研究中心、江苏省博士后创新实践基地。2021年，企业研发投入1317万元，实现销售8994万元、利润846万元。（区工业和科技创新局）

扬子江药业集团

综 述

【概况】 2021年，扬子江药业集团获得“EFQM 全球奖”（欧洲质量奖）；在2020年度中国医药工业百强榜上位居第2名；跻身江苏省民营企业制造业100强第9位、中国民营企业500强第77位；蝉联全国医药行业质量管理成果评比一等奖总数第1名，实现“十七连冠”。

【企业党建】 2021年，扬子江药业集团党委深入开展党史学习教育，学习贯彻中共十九届六中全会精神和省、市党代会精神。组织党委班子瞻仰南湖红船，党员干部“重走长征路”，观看电影《长津湖》。举办大合唱比赛、入党宣誓、军训会操、演讲比赛等主题活动。开展创建劳模工匠“创新工作室”、征集员工“金点子”、长跑、八段锦等职工活动。扬子江药业集团党委《把党的“三大优势”转化为企业发展动力》被全国党建研究会评为全国非公企业党组织发挥实质作用“最佳实践”。

【社会贡献】 2月1—3日，扬子江药业集团组织党员干部到全区7个镇街开展“访贫问苦”活动，共走访慰问289户困难群众，送去米、油等生活用品和慰问金。7月，河南遭遇特大暴雨灾害，扬子江药业集团第一时间捐赠2000万元款物，河南省慈善总会专门向集团发感谢信。集团全力支持江苏省第20届运动会，倡导全民健身运动。12月31日，扬子江药业集团旗下陕西唐盛医药有限公司通过陕西省卫健委向陕西省红十字会捐赠价值136万元的防疫药品与医疗设备，向西安、咸阳、渭南等地多所医疗机构赠送近200万元的医疗防护用品和抗病毒药品，用于疫情防控、应急救护、购置防疫和应急设备等。扬子江药业集团累计向疫情一线及各大医院捐赠防护用品、药品及爱心款近1亿元，被全国工商联评为抗击新冠肺炎疫情先进民营企业。

2021年7月26日，扬子江药业集团捐赠的药品启程驰援河南

扬子江药业集团 供图

【扬子江药业集团成立50周年大会暨2021年年终工作会议】 12月31日，扬子江药业集团召开成立50周年大会暨2021年年终工作会议。泰州市委、市政府，泰州医药高新区党工委（高港区委）、区管委会（区政府）有关领导出席。泰州市委主要负责人作重要讲话，希望扬子江药业能够进一步弘扬老一辈扬子江人的创业精神，主动融入全市医药产业大格局，借势两区融合新机遇，加快创新研发，致力转型发展，把创新放在集团战略的突出位置，更大决心突破传统路径，更加注重研发投入，更加注重发挥人才作用，持之以恒打造“百年老店”；要抓品牌提

扬子江药业集团首个自主研发的化学药品1类新药注射用磷酸左奥硝唑酯二钠获批上市　扬子江药业集团　供图

升，提升内涵发展，不断完善现代化管理制度，诚实守信经营。集团党委书记、董事长、总经理徐浩宇作工作报告。集团班子成员、各职能部门负责人，受表彰的先进集体和先进个人等参加会议。

（扬子江药业集团）

药品研发

【概况】 2021年，扬子江药业集团加快研发转型，整合研发资源，加大创新布局。与武汉滨会生物科技股份有限公司、迈威（上海）生物科技股份有限公司等知名研发企业签约合作。重点围绕肿瘤及自身免疫产品布局生物药，为后续生物药可持续发展做好准备。

【创新药研发】 2021年，扬子江药业集团布局前沿创新技术，启动抗体偶联、溶瘤病毒技术产品研发。集团首个自主研发的化学药1类新药注射用磷酸左奥硝唑酯二钠获批上市，多个项目处于临床研究阶段。

【仿制药质量和疗效一致性评价】 2021年，扬子江药业集团聚焦首仿、高端制剂发力，获生产批件29个（39个品规），通过一致性评价19个，其中2个为首家过评。

【中药研发】 2021年，扬子江药业集团中药在研创新药6个，其中，过敏性鼻炎品种获批，结肠炎品种完成申报临床，多个项目在临床阶段；引进生产批件2个、临床经验方7个。

【首个化学药品1类新药获批上市】 2021年，扬子江药业集团自主研发的注射用磷酸左奥硝唑酯二钠获批上市。这是扬子江药业集团获批上市的首个国产化学药品1类新药。企业自2008年10月申报临床，2019年8月申报生产受理，2019年11月被纳入优先审评。

（扬子江药业集团）

质量管理

【概况】 2021年，扬子江药业集团统一所有子公司管理基本要求，实施对标提升行动，筑牢合规运营基石。深入开展“质量月”“安全月”活动，推行“首席质量官”“首席安环官”评选。通过签订“军令状”、攻关竞赛推动问题解决，在行业内形成PDE（允许暴露限度）和BU（粉体均匀性研究）技术高地。起草的《中药智能制造技术规程》成为江苏省地方标准。

【“质量月”“安全月”活动】 2月26日—3月29日，扬子江药业集团开展第四十五次“质量品牌·安全环保月”活动。各部门及子公司围绕“高标准引领、高质量发展”活动主题，全面抓严抓实质量、品牌、安全、环保工作，发现、剖析、解决突出矛盾和问题。各子公司深入推行“首席质量官”制度，把控生产全过程精益管理，组织产品质量隐患排查，开展产品质量攻关成果竞赛。活动期间，集团质量品牌部组建5支检查队伍，对各子公司开展现场质态检查，针对检查中发现的问题进行分析并提出改进措施，结合优秀的做法进行详细讲解。集团安全环保部对各子公司运行质态进行审计和检查。集团第一版《扬子江药业集团安全管理红线》发布。各单位组织安全意识教育、安环知识和技能培训。各子公司重点围绕废气治理专项提升、排污许可证运行管理等工作，推进企业环保工作合规运行。9月，开展第四十六次“质量月”活动，以“增强责任心，提升大质量”为主题，组织开展一系列活动。各模块以问题为导向，抓紧、抓实、抓细各项工作，聚焦生产质量、研发立项、合规运营、管理服务等方面存在的问题，持续改进提升。研发、经营、三产模块均首次将泰州外子公司纳入活动范围，结合各单位发展现状，因地制宜、紧扣节点、全面推进各项工作，在打造优质研发立项、管控经营质态、推动精益运营管理等方面取得阶段性成效。

【首获“欧洲质量奖”】 3月4日，扬子江药业集团有限公司获2021年“欧洲质量奖”，系全省首个、全国医药行业首个获奖企业。该奖项由欧洲委员会、欧洲质量组织（EOQ）和欧洲质量基金组织共同发起，自1992年起每年颁发一次，在全球范围内对展示出卓越质量的企业进行认可。扬子江药业集团先后2次荣获中国质量奖提名奖。

【实现全国医药行业QC成果一等奖总数“十七连冠”】10月21—22日，由中国医药质量管理协会主办的第42次全国医药行业质量管理（QC）小组成果发表交流会在浙江宁波召开。扬子江药业集团以102项QC成果一等奖的成绩再次获得第1名，实现全国医药行业QC成果一等奖总数“十七连冠”。

（扬子江药业集团）

经营质态

【概况】2021年，扬子江药业集团注重合规建设，整顿、规范经营行为，加强新品种、独家品种的推广和新业务发展，经营运行质态总体良好。在国家第四批、第五批带量采购中，集团分别有8个、10个品种中选。有2个品种进入2021版国家医保目录。企业化药物警戒体系建设成效明显，被评为全国药品不良反应监测评价优秀单位。

【销售支持】2021年，扬子江药业集团实行产品分类管理，推进循证医学证据收集发展，完成一级指南与共识9篇，发表SCI文章9篇，为产品学术推广提供循证支持。

（扬子江药业集团）

集团化管理

【概况】2021年，扬子江药业集团推进集团化管理改革落地，新成立集团生产运营部，对13个生产型工厂统一协调管理，选好配齐各工厂核心岗位人员。贯彻高质量发展的要求，各部门、各工厂坚持客户导向、目标导向、问题导向和结果导向，着力积能蓄势、提质增效，形成协同效应。各生产工厂充分发挥各自地域和资源优势，推进集约化、精益化管理，做到经验共享、教训互鉴。

【子公司发展】2021年，扬子江药业集团有限公司加强供应链管理，推行产线融合，对公用系统实施“去车间化”改革，高效保障集采产品供货；对2020—2021年新获批的品种从多维度识别并控制风险，确保产品“获批即上市”且质量稳定；保障原料药自研自给，抓好源头降本，助力制剂快速上市；通过澳大利亚TGA认证，获首张“国际通行证”。南京海陵药业有限公司推行“一品一策”降低成本，4个拳头产品成本显著下降。加快新品上市，江苏紫龙药业有限公司、苏州海岸药业有限公司分别获批5个、3个品种并投产。四川海蓉药业有限公司、四川海汇药业有限公司共有5个产品获批，并通过ISO 13485体系欧盟认证；中药饮片销售连续3年翻番。广州海瑞药业有限公司成为广州开发区纳税额第2位的医药企业。江苏龙凤堂中药有限公司入选“中成药企业百强”，5个中药品种上榜“临床价值中药品牌榜”。加速生物药布局，圣森生物制药有限公司完成2000升产线连线试机的目标，形成自主研发和CMO/CDMO平台，打造完整产业链，引进2个Ⅲ期临床阶段的1类创新药。（扬子江药业集团）

扬子江药业集团总部　　扬子江药业集团 供图

开放型经济

港口·口岸

·泰州港高港港区·

【概况】 2021年，泰州港高港港区（含高港作业区、杨湾作业区、永安作业区）有长江泊位14个，其中万吨级泊位10个，堆场面积64万平方米。港口有各类装卸机械300余台（套），最大起吊能力40吨，具备件杂、散货货物的装卸能力，接卸钢铁、铁矿、煤炭、粮食等境内外主要大宗贸易货种近20个，与40余个国家的港口有运输往来。港口货物吞吐量首次突破5000万吨，完成5165万吨。泰州国际集装箱码头完成集装箱吞吐量32.01万标准箱。泰州港务集团有限公司实现营业收入3.5亿元，比上年增长22%。

【港口建设】 2021年，泰州港务集团有限公司完成杨湾作业区办公楼重新装修、进港道路沥青铺设，以及职工停车场建设。杨湾作业区改建工程完成航道、海事的通航安全评审，推进环境评价等审批工作，杨湾作业区500吨级散货码头完成环保审批。永安作业区粮食码头改造工程完成全部单项审批工作，报交通运输部审批。

【港口经营】 2021年，泰州港务集团有限公司完成装卸自然吨2010万吨，比上年增长11%。利用长江江苏段全面取缔水上过驳作业的契机，从企业治理、工艺流程、货源组织等方面提前做好整体安排，拓展砂石业务。全年完成以砂石为主的非金属矿自然吨456万吨。

泰州港高港港区永安作业区　　泰州港务集团有限公司　供图

【港口管理】 2021年，泰州港务集团有限公司落实安全生产责任制，推进安全标准化建设，及时排查、整改安全隐患。落实疫情防控措施，在永安作业区、杨湾作业区设立专班，服务核酸检测2.8万人次。建立环保设施维护保障制度，规范环保设施的操作流程管理，加强生产现场清洁、防尘、固体废物处理的规范管理。

【技术革新】 2021年，泰州港务集团有限公司主导完成船舱监控系统、皮带机防尘改造、煤斗行走轮改造等项目。集团工会联合相关部门在全港推进技术革新“揭榜挂帅”活动，杨湾作业区、永安作业区技术人员根据生产实际提出技术改造项目7个。（季　玲）

【泰州国际集装箱码头一期工程对外开放】 5月29日，经省政府批准，泰州国际集装箱码头一期工程正式对外开放，标志着泰州国际集装箱码头可以直接靠泊国际航线船舶，对于进一步增强泰州港市场竞争力，提升泰州港战略地位，推动泰州市外向型经济的发展具有重要意义。泰州国际集装箱码头有限公司是泰州港核心港区控股的国有公司，其万吨级集装箱码头是泰州市长江岸线第一座集装箱专业码头，可供5万吨级集装箱船舶停靠作业。码头一期工程于2015年投入试运行，2017年3月通过竣工验收，并取得港口经营许可。

【泰州港靠泊4万吨级集装箱货轮】 4月14日，盘锦港至泰州港内贸直航集装箱货轮“珠城鑫舟”号安全停靠泰州港集装箱码头，系泰州港新航线开辟后首次靠泊4万吨级集装箱货轮。泰州港积极推进港港、港航、港企合作，先后开通泰州港至上海外高桥、洋山港集装箱精品航线，开通集装箱支线班轮航线50余条，其中，内贸支线航班28条，外贸支线航班23条，航线辐射全国沿海沿江各个区域及世界各地。（蒋　颖）

·泰州综合保税区·

【概况】 前身为泰州出口加工区，2010年4月28日经国务院批准设立，总规划面积1.76平方千米，2015年5月经国务院批准整合优化为综合保税区，是全市唯一的海关特殊监管区。泰州综合保税区具有功能全、政策优、通关快等优势，可开展加工制造、保税研发、跨境贸易、仓储物流等多种业务，入驻企业享受保税、退税、免税等多种税收优惠政策。区内货物24小时通关，建有各类标准厂房23万平方米、保税仓库14万平方米、进口商品展示交易中心3万平方米。2019年，获批国家增值税“一般纳税人”资格试点。2021年，泰州综合保税区完成进出口贸易额12.6亿美元，比上年增长78.5%。搭建全国首个生物医药保税研发监管平台，推动保税研发业态规范化发展。与泰州国大健康管理有限公司共同举办首届中国（泰州）健康医疗大数据高峰论坛。拓展跨境贸易电商业务、保税进口“1210”业务以及“9710”“9810”B2B出口业务，均顺利突破首单。在海关总署2020年全国综合保税区绩效评估中，泰州综合保税区实现进位升级，全国排名较上一年度前移14位。

【获批江苏自贸试验区联动创新发展区】 6月4日，全省自贸试验区联动创新发展区工作会议在南京召开。会上，宣布57个江苏自贸试验区联动创新发展区名单，泰州医药高新技术产业开发区（含泰州综合保税区）成功获批，并作为联创区代表进行发言。江苏省自由贸易试验区工作办公室出台《支持中国（江苏）自由贸易试验区联动创新发展区建设若干措施》，从支持复制推广自贸试验区经验做法、支持加快构建现代产业体系、支持建设高水平开放平台、支持更好服务和融入国家重大战略、强化组织保障5个方面制定20条政策措施，推动联创区与自贸试验区联动改革、联动创新、联动发展。泰州医药高新区（高港区）以此为契机，深入开展生物医药产业领域先行先试，探索形成生物医药产业开放创新发展的特色路径。

【跨境电子商务出口海外仓落地】 9月3日，泰州润元机电科技发展有限公司价值6万美元的户外用品在

泰州综合保税区生物医药保税研发中心　电子信息产业园区　供图

泰州综合保税区跨境电商监管中心

区党工委（区委）宣传和统战部　供图

泰州综合保税区完成通关放行，被装至集装箱运送至该公司在美国威斯康星州的海外仓，再由海外仓送达境外购买者手中，标志着全市跨境电商出口海外仓新业态正式落地。跨境电子商务出口海外仓为跨境电商的一种新模式，具有物流成本低、送达时效快、库存周转迅速等特点，企业根据海外市场需求情况，先将货物批量出口至海外仓库，再通过跨境电商平台实现交易后，从海外仓库直接发货给境外购买者。市商务局、泰州海关、泰州综合保税区开展政策推介，从政策解读、适用范围、业务流程等方面全流程辅导企业开展跨境电商业务。选取泰州润元机电科技发展有限公司为全市首个试点企业，指导其精准用好政策、抢抓订单，并实施线上审批免交纸质单证，帮助企业解决操作中遇到的注册、备案和申报等环节的问题。（周剑锋）

·海关·

【概况】2021年，泰州海关驻泰兴办事处监管一科共监管进出口货运总量897.74万吨，比上年增长19%。其中，进口货运量794.41万吨，增长6%；出口货运量103.32万吨，增长31%。监管进出口集装箱65948个标准箱，下降16%。其中，进口7178个标准箱，下降25%；出口58770个标准箱，下降15%。监管进出境船舶873艘次，增长10%。其中，进境433艘次，增长11%；出境440艘次，增长10%。泰州海关驻泰兴办事处查验一科共查验进出口货物802票，其中，集装箱货物82票，大宗散货液体化工品720票。共查获58票，移交缉私部门一般案件1件。运用H986大型集装箱检查设备开展机检5931自然箱，日均机检24自然箱。

【进出境船舶疫情防控】2021年，泰州海关驻泰兴办事处监管一科对入境船舶522艘次、出境船舶703艘次，进出境船员22465人次、换班船员989人次进行检疫查验和医学巡查工作。其中，入境船舶来自疫情高风险国家403艘次，对所有船舶登临检疫，所有船员实施体温监测和医学巡查，成功处置船员核酸阳性1例、染疫嫌疑船员2例、船员急性阑尾炎1例、船员突发手外伤2例、船员小中风1例、船员胸闷呼吸困难1例、船员死亡1例等事件。检疫处理船舶428艘次，对1艘染疫船舶、2艘染疫嫌疑船舶进行消毒处理，对425艘来自非洲猪瘟等动植物疫区船舶的生活垃圾、泔水等进行除害处理。（陈　雨）

·边防检查·

【概况】泰州出入境边防检查站主要承担长江沿线高港段24千米岸线、10座对外开放码头、16个泊位的边防检查任务。2021年，监管船舶771艘次、船员15272人次，检查上、下轮人员5105人次，利用“绿色通道”紧急救助伤病船员2次。排查并推送涉疫人员信息827条，完成833名中国籍船员换班勤务，完成2名染疫船员疫情处置勤务，处置1名船员在疫情期间冒充内贸船员擅自登陆事件。联合海事、长航等部门开展行动14次，依法查处违法违规案件4件、涉嫌走私案件1件。

【执勤管理】2021年，泰州出入境边防检查站执勤一队制定《勤务规范流程细则》，运行一级指挥室综合指挥调度、二级执勤警力单元格分配模式，3个执勤小组优化警力配置，落实队领导带勤、分组执勤、处突援勤“三勤”机制。在2个开放码头设立前沿警务室，实行远散码头联动管理、港池锚地联合巡航、非法入境联合打击“三联”机制。参加泰州医药高新区（高港区）疫情防控指挥部专题研讨会19次，严格上下轮人员闭环管理，督促企业、船方加强自管。编制常见案情办理指导手册1份，开展普法学习5期。开展开门纳谏、边检推介、法治宣传、警地共建等活动17次，走访辖区涉外企业5个，发放宣传单126份，征求意见建议7条，服务新船出口7艘。服务驻地经济发展，相关做法被“江苏边检”视频号、“江苏边检”微博客户端、“江苏边检”微信公众号、《中国移民管理报》和地方新闻媒体报道。（贲呈祥）

经贸合作

·进出口贸易·

【概况】 2021年，泰州医药高新区（高港区）完成进出口总额39.66亿美元，比上年增长26%，进出口总额跃居全市第二。其中，出口总额19.81亿美元，增长62.4%；进口总额19.85亿美元，增长3%。受国际大豆价格上涨、疫情导致引航员不足等影响，粮油企业大豆进口总额5.98亿美元，下降27%。

【服务外包】 2021年，泰州医药高新区（高港区）完成服务外包执行额2.83亿美元，其中离岸服务外包执行额1.43亿美元。

【"广交会"参展】 受疫情影响，第129届中国进出口商品交易会（简称"广交会"）在网上举办，展期10天；第130届线上线下融合举办，总展期20天。全区共有15个外贸企业参展，主要产品包含墙纸、餐厨用具、汽车轮毂、冷柜、吊索具、羽毛工艺品、绣花线、纺织面料等。

【中国国际进口博览会采购】 11月5—10日，第四届中国国际进口博览会在国家会展中心（上海）举行。全区各园区、镇街近200个企业、620余名专业采购人员报名参加进博会，采购商品主要涉及粮油食品、医疗器械、高端装备制造等，累计完成进口采购近5500万美元。

（詹　绛）

·招商引资·

【概况】 2021年，泰州医药高新区（高港区）新签约1亿元人民币或1000万美元以上项目406个，总投资1108.73亿元人民币。其中，内资项目373个，总投资1023.19亿元人民币；外资和港澳台资项目33个，总投资13.16亿美元；5亿元人民币或3000万美元以上项目115个，总投资777.56亿元人民币。

【招商活动】 2021年，泰州医药高新区（高港区）组织参加市招商活动2次，举办区级招商活动2次。5月，参加长三角两岸企业家溱湖论坛，签约1个项目；参加泰州市"走进深圳"系列活动，全区11个项目集中签约。7月，借助长城汽车科技节平台，举办2021年长城汽车江苏泰州基地招商推介会。10月，组织泰州港经济开发区参加合肥全国汽配交易会，举行汽车科技产业园主题推介活动。

【利用外资和港澳台资】 2021年，泰州医药高新区（高港区）新批外商和港澳台商投资企业22个，其中制造业项目7个，占比超过30%。协议利用外资和港澳台资8.54亿美元，实际利用外资和港澳台资3.86亿美元，总投资3000万美元以上项目19个。（蒋　进　殷　晨）

·境外经济技术合作·

【概况】 2021年，泰州医药高新区（高港区）新增境外投资项目4个，目标完成率全市第一。受新冠疫情影响，全年未发生境外工程承包。

【境外投资项目】 2021年，泰州医药高新区（高港区）新增境外投资项目4个，分别是泰州市创新电子有限公司在越南设立的越南创新电子有限公司，增加投资100万美元；江苏硕士生物科技股份有限公司在中国香港设立的硕世生物香港有限公司，协议总投资200万美元；泰州市百英生物科技有限公司在美国设立的泰州市百英生物科技有限公司美国分公司，协议总投资1万美元；泰州鑫灵塑料制品有限公司在中国香港设立的鑫灵（香港）新材料有限公司，协议总投资200万美元。

（詹　绛）

农 业

综 述

【概况】2021年，泰州医药高新区（高港区）实现农业总产值24.19亿元。其中，种植业产值18.2亿元，林业产值0.16亿元，畜牧业产值2.37亿元，渔业产值2.11亿元，农林牧渔服务业产值1.35亿元。全年粮食总产量11.2万吨，种植面积16356公顷。农村居民人均可支配收入2.86万元，比上年增长11.36%。培育新型职业农民900人，培育高素质农民450人。新认定农业产业化省级示范联合体3个，新增省级农业龙头企业1个，新增市级农业龙头企业7个。新增年投资额1000万元以上农业农村重大项目19个，完成投资7.8亿元。获得2021年度乡村振兴实绩考核全省县（市、涉农区）综合排名第一等次，全市农业农村工作第一等次，获批全国率先基本实现主要农作物生产全程机械化示范区、全省农业生产全程全面机械化示范县、江苏省“平安农机”示范县、国家级节水型社会达标区。

（华琳琳）

【农业产业化】2021年，泰州医药高新区（高港区）上争省级现代农业发展专项资金，支持优势特色主导产业转型升级，支持新型农业经营主体培育，立项实施项目21个（2020年度18个、2021年度第一批3个）。年度招引新建投资额1000万元以上的种植类、2000万元以上的养殖类、3000万元以上的农产品加工类规模项目35个，其中亿元以上农业重大项目6个，农业利用外资和港澳台资1178万美元。完成19个年度投资1000万元以上的省级农业农村重大项目建设，年内完成投资7.8亿元。新认定泰州市农产品加工集中示范区1个（泰州市高港区永安洲农产品加工集中区）；新认定泰州市农业产业化联合体3个（泰州市高港区西来原羊业农业产业化联合体、泰州市高港区上膳源绿色果蔬农业产业化联合体、泰州市高港区福兔面粉农业产业化联合体）；新增省级农业龙头企业1个（江苏康贝宠物食品有限公司）；新增市级农业龙头企业7个（江苏律诚生态农业观光有限公司、江苏芸乐农业科技有限公司、泰州市光普现代农业科技有限公司、泰州市东浦水产养殖有限公司、泰州统一超商有限公司、泰州高港牧原农牧有限公司及江苏锦泽原生物科技有限公司）。新认定泰州市“一村一品”示范村1个（永安洲镇东江社区）。全区市级及以上农业龙头企业保有量增至34个，其中省级以上农业龙头企业5个。

（刘 姗）

【高标准农田建设】2021年，全区实施高标准农田建设项目1个，治理面积66.7公顷，涉及胡庄镇汪群社区，总投资197.5万元，均为财政资金。项目区共建设一体化电灌站1座、涵洞7座、暗渠0.85千米、混凝土路1.41千米，低压管道灌溉11.33公顷。

（徐秋月）

【农产品质量安全】2021年，全区新认证绿色食品16个、有机农产品97个，胡庄镇、口岸街道、许庄街道、大泗镇建设省级绿色优质小麦基地共计6696公顷，种植业绿色优质农产品比重为71.96%。全区414个农产品经营主体纳入省农产品质量安全追溯平台监管，生产主体的上市农产品全部打印合格证或者追溯码，全年共打印合格证31.56万张，打印标签主体占比100%，开展巡查检查2100个次，巡查主体占比100%，抽检果蔬等农产品样品速测4.4万批次，抽检覆盖率100%。胡庄镇农产品质量安全监管站入选《2021年度全省日常监管巡查100家先进乡镇监管站名录》，泰州市高港区光普家庭农场、江苏西来原生态农业有限公司、泰州垄上行生态农业有限公司、江苏上膳源生态农业发展有限公司、泰州市高港区亚民农场入选《2021年度全省农产品质量追溯领先主体1000家名录》。江苏西来原生态农业有限公司的“西来原”牌湖羊、水果入选江苏省农业品牌目录（产品品牌），获评泰州市最美绿色食品企业。江苏上膳

源生态农业发展有限公司、泰州市杏都葡萄专业合作社和江苏西来原生态农业有限公司获评泰州知名农产品品牌。 （王义超）

【农业保险】 2021年，全区农业保险（含涉农保险）保费总额1365.76万元，三大主粮（稻、麦、油菜）种植覆盖面80%以上。政策性农业保险保费除农户承担的197.31万元外，其余全部由各级财政承担。全年赔付总额665.48万元。 （桂 婷）

【农业安全生产】 2021年，泰州医药高新区（高港区）组织、落实农水领域安全生产大检查，共排查、整改一般安全隐患1008条。与第三方联合编制《农业安全生产指导手册》，结合“安全生产月”、党员固定学习日、“三下乡”和行业安全培训，组织观看《生命重于泰山》安全生产专题片。 （潘 峰）

种植业

【概况】 2021年，泰州医药高新区（高港区）实现种植业产值18.2亿元。粮食作物面积16356公顷，比上年增长23%，总产量11.2万吨，增长21.3%；油料作物面积1987.7公顷，增长24%，总产量6549吨，增长23%；果蔬种植面积5833公顷，增长24%，总产量20.96万吨，增长12.87%。种植的粮食作物主要为水稻和小麦。水稻主推品种为南粳5055、南粳9108，占比96%，辅以泰州水稻品种泰香粳1402，机插率95%。小麦主推品种为宁麦13，搭配苏隆128、镇麦12，种植方式以机条播为主。经济作物主要有油菜籽、花生和果蔬（含菜用瓜和瓜果类）。油菜主推品种为德核杂8号、秦优11和秦优10号，以十边隙地直播为主，占60%。蔬菜主要有茄果类、叶菜类、葱蒜类、根茎类。果品类主要有桃、葡萄、梨、草莓、西瓜等。

【粮食作物】 2021年，全区夏粮生产形势偏好，苗情素质高于往年，气候条件整体适宜，1月的寒流影响不大，越冬期气温走高，中后期天气比较得力，4月末和5月的暴风强降雨对产量略有影响，与产量较大丰收的上年相比略减，但销售价格走高，农户增收明显。夏粮生产面积7980公顷，比上年增长24.5%；每公顷产5628.2千克，降低1.8%；总产量4.49万吨，增长22.3%。小麦种植面积7560公顷，增长24%；每公顷产5717千克，降低1%；总产量4.32万吨，增长22.8%。秋粮生产面积8376公顷，总产量6.71万吨。秋粮生长期间，天气条件有利有弊，前差后优，水稻苗期受积温影响，生长前慢后快。中期总积温适宜，绝对高温日数少。后期晴热，灌浆结实快。水稻种植面积6026公顷，增长23.2%；每公顷产9338千克，降低0.5%；总产量5.62万吨，增长23%。优质食味性稻米占比96%，居全市前列。

凤栖湖农场水稻收割 区党工委（区委）宣传和统战部 供图

【经济作物】 2021年，全区油菜籽种植面积1194.6公顷，比上年增长37.16%；总产量3470吨，增长34.97%。花生种植面积774.6公顷，增长8.5%；总产量3030吨，增长12%。蔬菜种植面积5533公顷，增长17 %；总产量19.9万吨，增长13.1%。瓜果种植面积300.7公顷，增长13.47%；总产量1.06万吨，增长11.9%。花卉种植面积51公顷，与上年持平。在第三届江苏“好西（甜）瓜”品鉴推介活动中，凤栖湖农场选送的玉菇甜瓜获评省级甜瓜好品牌特等奖，江苏上膳源生态农业发展有限公司选送的苏梦6号西瓜获评省级小果型西瓜好品牌金奖。

【种植业财政补贴】 2021年，全区继续实施农业支持保护补贴政策，耕地地力保护补助面积8460公顷，发放标准为每公顷1800元，全区补助1522.8万元。发放实际种粮农民一次性补贴13457公顷，发放标准为每公顷217.2元，全区补助292.3万元。发放稻谷补贴725.3万元。通过实施绿色防控项目、各类耕地保护项目等，为农业种植大户、规模经营主体发放各类新型绿色生产物资价值约70万元。

【高产增效万亩示范片】 2021年，全区建有水稻绿色高效创建示范片3个，其中，胡庄镇、大泗镇、口岸街道各1个，核心示范方面积311公顷，示范片种植主体以规模经营大户为主，涉及12个新型经营主体，辐射带动周边生产。种植品种以南粳9108、南粳5055为主，辅以泰州水稻品种泰香粳1402，主要推广水稻机插秧、秸秆全量还田技术、病虫专业化防治技术、测土配方施肥技术。口岸街道示范片获评市级A级方。（施菊琴）

畜牧业

【概况】2021年，泰州医药高新区（高港区）实现畜牧业总产值2.37亿元、增加值1.18亿元。全区生猪存栏3.96万头、出栏7.1万头，家禽存栏34.47万羽、出栏44.27万羽，肉羊存栏1.2万只、出栏1.13万只。有畜禽规模养殖场64个，其中，省级19个，市级12个，区级33个。全区生猪大中型规模养殖场比重为97.63%，比上年提高0.38个百分点。

【畜禽遗传资源普查】2021年，泰州医药高新区（高港区）按照省、市畜禽遗传资源普查工作要求，开展普查专题培训、入户登记、信息填报、数据自查、专家实地核查等工作，完成第三次全国畜禽遗传资源普查工作任务。共调查行政村（社区）132个，普查出资源品种1个（湖羊），群体数量3768只，其中，能繁母畜3003只，种公畜111只。

【动物疫病防控】2021年，泰州医药高新区（高港区）共检测牲畜口蹄疫免疫抗体365份、高致病性禽流感1320份、高致病性猪蓝耳病169份、猪瘟169份、新城疫425份、小反刍兽疫156份，全区牲畜口蹄疫、高致病性禽流感等重大动物疫病抗体检测合格率均超过省、市规定的标准。检测O型口蹄疫病原学样品50份、小反刍兽疫病原学样品50份、高致病性禽流感病原学样品50份，检测结果均为阴性。监测羊布病3143份、血吸虫病65份。开展流行病学调查工作，实地调查畜禽养殖场（户）32个，察看生猪1.36万头、羊8100只、鸡9.85万羽。开展“学百年党史・担兽医使命・办为民实事”系列活动，在全区组织实施犬类狂犬病集中免疫百日行动，共免疫犬4559只。

【非洲猪瘟防控】2021年，泰州医药高新区（高港区）从严落实落细非洲猪瘟常态化防控措施，印发非洲猪瘟防控知识宣传资料200余份，增强生猪养殖场（户）防控意识。对非洲猪瘟防控实行网格化管理，全区共设有网格数13个，211个生猪养殖场户全部纳入网格化监管。组织开展严厉打击非洲猪瘟假疫苗有关违法行为专项行动，共发放宣传资料200余份，累计出动排查人员97人次，排查科研机构（兽医实验室）6个次、兽药生产企业4个次、兽药经营企业2个次，排查生猪养殖场（户）130个次。开展非洲猪瘟专项监测工作，共检测非洲猪瘟病原学样品220份。对港盛农贸市场、大润发超市及口岸农贸市场等处的猪肉销售环节开展非洲猪瘟风险评估监测，共采集监测猪肉、猪肝及环境样品16份。开展5轮清洗消毒突击行动和灭蚊灭蝇灭鼠暨清洗消毒专项行动，共使用消毒药4.5吨，消毒场点3512个次、消毒面积401.5万平方米；使用灭蚊灭蝇灭鼠药物440千克，灭害场点1266个次，灭害面积52.92万平方米。开展打击违法违规调运生猪行为百日巩固行动，共检查生猪运输车辆23车，严防输入性疫情，保障生猪稳产保供。

【动物检疫监督】2021年，泰州医药高新区（高港区）未发生动物及其产品安全事件。完成养殖环节“瘦肉精”集中监测抽样432份，结果均为阴性。共检疫畜禽8.3万头（羽、只）。强化养殖环节病死动物无害化处理监管，无害化处理病死猪282头。

【畜禽屠宰监管】2021年，泰州医药高新区（高港区）加强牛羊屠宰监管工作，发放牛羊屠宰管理告知书100余份，开展联合执法检查2次、监督检查6次，出动执法人员24人次。加强生猪屠宰监管工作，开展执法323次，出动执法人员646人次，未发现违法行为。（王小斌）

渔　业

【概况】2021年，泰州医药高新区（高港区）水产养殖面积692公顷，

永安洲镇东江社区河豚养殖基地　　永安洲镇　供图

总产量4805吨，实现渔业总产值2.11亿元。区水产站在胡庄镇宗林村、田野村，永安洲镇东江社区建立水生动物疫病测报点3个，全年未发生重大水生动物疫病。深入推进水产养殖尾水达标治理，在胡庄镇宗林村、永安洲镇东江社区建立达标排放示范点各1个。推进用药减量示范基地建设，建立面积3.33公顷以上示范基地3个，示范推广面积18.67公顷。

【渔业安全管理】 2021年，泰州医药高新区（高港区）落实渔业安全生产责任制，开展“安全生产月”宣传教育活动、安全生产消防应急演练、渔业安全生产培训。开展渔业安全检查30余次，发放安全宣传资料230余份，全年无渔业安全生产事故。 （马荣刚）

农业机械化

【概况】 2021年，泰州医药高新区（高港区）推广各类新型农机具144台（套），报废更新农机具8台，使用农机购置补贴资金195.67万元。全区农机总动力15.87万千瓦。水稻、小麦耕种收综合机械化水平分别达97.9%、97.2%。泰州医药高新区（高港区）创成全国率先基本实现主要农作物生产全程机械化示范区、江苏省“平安农机”示范县。

【水稻种植机械化】 2021年，泰州医药高新区（高港区）新增高速插秧机18台（套），水稻机插率95%。0.2公顷以上育秧秧池面积70.86公顷。

【农机安全监理】 2021年，泰州医药高新区（高港区）落实农机安全生产责任制，开展省级平安农机示范区创建工作，组织农机安全事故应急演练。注册登记联合收割机11台、拖拉机24台，年检拖拉机180台、收割机108台，注销长期脱检收割机97台、拖拉机117台。投保各类农机政策性保险278份。

【特色农业机械化】 2021年，泰州医药高新区（高港区）承办泰州市农业生产机械化智能化特色化应用推广暨全过程无人作业试验成果展示会，成功申报省级农机装备项目“高效肉羊养殖机械装备与技术推广应用”，首批获评省农业生产全程全面机械化示范县创建试点。全区特色农业机械化水平达59.3%。 （赵 荣）

农业园区

【概况】 2021年，泰州医药高新区（高港区）有市级以上现代农业产业园区6个。其中，省级农业产业园区1个（江苏省高港现代农业产业园区），市级农业产业园区5个（胡庄镇蔬菜园艺产业园区、大泗镇生态种养产业园、白马镇现代农业园、泰州市高港区胡庄粮食生产现代化示范园、高港区大泗镇中药文化观光园）。市级以上园区规划面积1.44万公顷。

【省级示范园申报】 2021年，根据省农业农村厅、省财政厅《关于“十四五”江苏现代农业产业高质量发展示范园建设工作的指导意见》，对照省农业农村厅《关于做好“十四五”省级现代农业产业高质量发展示范园项目储备及2021年度项目申报推荐工作的通知》要求，区农业农村局指导江苏省高港现代农业产业园区立足农业发展基础，聚焦粮食稳产保供，围绕以糯稻为主的水稻产业编制示范园建设储备项目上报泰州市，通过市级推荐，进入省级审核程序。 （傅谕文）

农业项目建设

【概况】 2021年，全区新招引农业规模项目35个，其中总投资5000万元以上项目15个，年度累计到资27.34亿元。全年共有4大类19个（含续建项目2个）项目被列入省农业农村重大项目考核，当年实际完成投资7.79亿元，比上年增长19%。成立以区委、区政府分管领导任组长的高港区农业农村重大项目推进工作领导小组。建立农业农村重大项目联席会议制度、挂钩联系工作推进机制及“一对一”联系服务制度。

【农业项目集中开工】 3月24日，省委、省政府举行全省农业农村重大项目建设现场推进会，泰州市分会场设在高港区刁铺街道“爱情海欢乐田园综合体项目”建设现场。高港区9个项目参加集中开工，总投资12.09亿元，项目涵盖稳产保供、要害工程、绿色发展、产业融合和乡村建设5个方面，包括总投资10亿元的爱情海欢乐田园综合体项目，总投资1300万元的葡萄种植、高档水果培育项目，总投资1500万元的乐太公司速冻年糕生产线建设项目，总投资2100万元的银杏果深加工项目，总投资2545万元的引江社区特色田园乡村建设项目，总投资1200万元的牧原公司生猪养殖配套环保工程项目，总投资1250万元的高港现代农业产业园区生产、初加工、冷链物流扩建及智慧农业平台建设项目，总投资9800万元的高港灌区续建配套与节水改造项目，高港区智慧农业示范推广中心建设项目。 （傅谕文）

农业企业选介

【江苏康贝宠物食品有限公司】 成立于2010年1月，位于许庄街道创业大道，是佩蒂动物营养科技股份有限公司全资子公司，主要生产狗咬胶、肉制品、鸟食、小动物食品、烘焙五大系列产品。曾获得农业产业化市级龙头企业、农业产业化省级重点龙头企业、江苏省出口农产品示范基地等荣誉称号。拥有“CPET”“PEIDI”国外品牌，“禾仕嘉”“齿能”“贝家”等国内品牌，自主品牌“PEIDI”获江苏省名牌产品称号。通过ISO9001:2008质量管理体系、HACCP 22000食品安全管理体系、GMP药品质量管理体系、WCA企业社会责任体系、ISO 14000环境管理体系等认证，产品远销美国、日本、欧盟、韩国等国家和地区。2021年，实现销售收入1.41亿元。

【江苏律诚生态农业观光有限公司】成立于2020年8月，位于胡庄镇，拥有苗木基地36.67公顷，经营榉树、红叶石楠、金森球、海桐球、枫杨、栾树、广玉兰、紫薇、火棘球、金叶女贞球、红叶女贞球等20余个品种。公司聘请专家为技术指导，将畜禽养殖销售、果蔬种植、彩色树种观光休闲功能集于一体，实现全智能化灌溉。2021年，销售收入突破1100万元。

【江苏芸乐农业科技有限公司】成立于2018年4月，位于白马镇，注册资本500万元。公司逐步健全农业生产社会化服务体系，打造为农服务综合平台，完善农业生产基础设施，为全镇提供信息咨询、机插秧、植保、粮食烘干、农作物秸秆处理等服务，销售农药、化肥等农业物资。2021年，公司总资产1129万元。

【泰州市光普现代农业科技有限公司】成立于2018年4月，位于大泗镇。公司与高校院所合作，在大泗镇流转土地18.33公顷，建设盆栽蔬菜生产大棚。曾获得江苏省星创天地、泰州市巾帼现代农业科技示范基地、泰州市绿色示范基地等荣誉称号。“光普”商标为泰州市名牌商标。2021年，公司总资产780万元。

【泰州市东浦水产养殖有限公司】成立于2015年9月，位于永安洲镇，主要从事水产品养殖、销售。自建水产养殖基地4.33公顷，拥有水产专业养殖技术团队2个、水产品深加工团队1个、销售团队1个。发展特色鱼苗，养殖河豚、澳洲淡水小青龙、大闸蟹、鮰鱼、胭脂鱼等水产品。2021年，实现销售收入1726万元。

【泰州统一超商有限公司】成立于2015年11月，位于许庄街道，注册资本6000万元，总投资2.4亿元。公司属于台湾统一集团流通业板块，主要经营范围包括食品仓储、装卸、加工、包装、配送（不含道路运输）、信息处理服务、国内货运代理业务，以及利用计算机网络管理经营物流业务等。通过ISO 9001质量管理体系、IFS食品安全体系、ISO 45001职业安全健康体系认证，中国物流AAA认证，中国五星级仓储认证。曾获批江苏省重点物流企业。2021年，实现交易额6689万元。

【泰州高港牧原农牧有限公司】成立于2020年6月，位于胡庄镇，主营生猪饲养及销售，是牧原食品股份有限公司全资控股子公司。占地面积5.33公顷，项目于2020年7月开始施工，建设保育舍、育肥舍，配套辅助工程及公共工程，购置主要设备，前期总投资3737.67万元，2020年10月竣工并投入使用，形成年存栏2万头、年出栏5万头的养殖规模。2021年，实现销售收入3523万元。

【江苏锦泽原生物科技有限公司】成立于2019年2月，位于大泗镇，注册资本1200万元。主要从事羊、犬、猪等实验动物的繁殖、饲养、研究、开发、销售和相关技术服务，为国内外医疗科研机构和医药企业提供实验动物。公司基地建有动物房7幢，其中标准实验动物房3幢。2021年，实现销售收入1008万元。

（刘　姗）

工业　建筑业

工　业

【概况】 2021年，泰州医药高新区（高港区）征收期工业一般纳税人开票销售、工业净入库税金分别完成1981.55亿元、96.27亿元，比上年分别增长32.9%、41.7%；规模以上工业产值2098.78亿元，增长29.4%；规模以上工业增加值529.2亿元，增长15.1%；战略性新兴产业产值占规模以上工业总产值55.7%。大健康、高端装备制造、石化及新材料、电子信息四大主导产业共实现产值1815.56亿元，增长30.41%；利润总额117.83亿元，有规模以上企业258个。全区净增规模以上工业企业46个。工业投资完成454.6亿元，占全市比重为27.42%。成功申报省工业设计中心1个（泰州大自然德森堡木业有限公司）。新增省级以上“专精特新”小巨人企业15个，其中，泰州苏中天线集团有限公司、江苏昆仑光源材料有限公司、泰州润杰物流安全装备科技有限公司获批国家“专精特新”小巨人企业。

【工业项目建设】 2021年，全区实施5亿元以上工业投资项目54个，总投资额达499.6亿元。其中，新建项目24个，投资额198.45亿元；技改项目30个，投资额301.16亿元。总投资50.89亿元的圣森生物制药、总投资50亿元的蓝思精密消费类电子产品精密部件等重大工业投资项目进展顺利。

【智能制造】 2021年，全区新增省级智能工厂1个（扬子江药业集团有限公司）、省级智能制造示范车间24个、市级智能制造示范车间42个。通过星级上云评审企业61个，其中四星上云企业7个。益海（泰州）粮油工业有限公司获评全国首批两化融合管理体系贯标2.0升级版AAA级企业（泰州唯一），泰州大自然家居有限公司、泰州大自然德森堡木业有限公司、泰州三福船舶工程有限公司通过2.0版本AA级评定，泰州鸿安消防设备有限公司、江苏洁乐医用敷料有限公司等19个企业通过1.0版贯标评定。新增市级工业互联网标杆工厂6个、5G+工业互联网示范项目2个。

【工业企业“亩均论英雄”改革】 2021年，泰州医药高新区（高港区）成立“亩均论英雄”改革工作领导小组，由区管委会（区政府）主要领导担任组长，定期研究推进改革工作。制定出台三年（2021—2023年）行动指南，明确三年的盘活任务和园区、镇街亩均税收同比增长目标。以园区、镇街为单位，综合考虑空间规划、用地面积、近三年（2018—2020年）亩均税收等要素，绘制产业发展基础信息图，实行红、黄、绿、蓝四色管理。坚持引导盘活和倒逼退出相结合，精准制定盘活方案，做到“一企一策”“一地一策”。全区共完成盘活改造提升土地86宗、面积592.7公顷，亩均税收增长38%。

【工业企业疫情防控】 2021年，区工业和科技创新局牵头做好企业组疫情防控工作。注重加强成员单位与属地的协同推进，发挥企业驻厂员（联络员）履职作用，促进各项防控措施落实落细落地。疫情防控企业组共开展督查指导81个批次，累计抽查企业762个次，检查发现问题的，及时跟踪督促整改到位。组织排查工业企业来自中高风险地区人员1人、停靠码头船舶286艘、来自敏感地区人员2119人、境外返回人员2人，均按要求落实管控措施；排查25个次工业企业进口货物40批次，均按要求落实检测消杀措施；推动驻厂员（联络员）及重点企业人员核酸检测2683人次。

【企业纾困减负】 2021年，全区发放疫情期间留泰人员补贴416.73万元，惠及外地职工5337人；推进供给侧结构性改革，按照政策落实清单要求，组织相关部门减轻企业在用工、物流、税费、融资等方面的运营成本，为实体经济降本减负约17.47亿元。（区工业和科技创新局）

【国家能源集团泰州发电有限公司】2021年，国家能源集团泰州发电有限公司共有员工390人，其中，专业技术人员54人，技能人员243人，应届大学毕业生5人。全年发电量完成221.88亿千瓦时，平均售电均价388.31元/千千瓦时（不含税）。入厂标煤单价完成727.19元/吨（不含税）。供电煤耗完成274.22克/千瓦时，发电厂用电率完成1.37%。供热量完成207.02万吨，完成固弃物销售130.9万吨。实现营业收入79.21亿元，利润总额3.65亿元。年内，国家能源集团泰州发电有限公司获评江苏省劳动关系和谐企业、江苏省火电企业能效水平对标活动标杆电厂，获得江苏省绿色制造科技进步奖二等奖。

安全环保　全年未发生人身、设备和环境污染事故。形成包括26项重点任务在内的《“八强化、八提升”清单》，至年末全部完成。修订安全生产类制度12个。健全全员安全生产责任制，逐级签订安全环保责任书，做好专项督导，推进可视化监控系统建设。完成应急预案编修和应急能力评估工作，开展液氨蒸发器泄漏、全厂停电等专项应急演练26场。印发《安全文明生产区域化保持实施方案》，将厂区划为18个区块73个责任区，完成1号机组C级、3号机组B级检修，实现修后一次启动成功。全员参与安全教育培训超5000人次。

提质增效　完成发电量221.88亿千瓦时，超目标责任状25.88亿千瓦时。持续拓展市场，向泰兴方向供热平均流量提升到70吨/小时，峰值提升到147吨/小时，10月25日，公司日对外供热量达8216吨，创历史新高。提升供热质量，加强厂内外热网运维监督，有序完成泰州国泰热力有限公司、泰州江东热力有限公司管网消缺。完成固弃物销售130.9万吨，实现销售收入1.51亿元，创历史新高。有力保障沪苏湖高铁、靖江—江阴长江隧道等重点工程电力供应。接卸煤炭1058.99万吨，比上年增加29.65%，创历史新高。紧盯市场行情，适时进行波段操作，掺烧经济煤305.54万吨。争取环境保护和节能节水专用设备抵免所得税、研发费用企业所得税税前加计扣除等政策红利，实现税费优惠减免。

科技创新　全年获专利授权26项，其中，发明专利2项，实用新型专利24项；新增受理专利20项，其中，发明专利4项，实用新型专利16项。员工在核心期刊发表论文5篇。二次再热超超临界机组性能深度诊断关键技术研发及应用项目获中国电力科学技术进步奖三等奖，大型燃煤电站低成本脱硫废水零排放关键技术及应用项目获国家能源集团公司科技进步三等奖，电站P91管道安全性评价及寿命预测项目获江苏省电力科学技术进步奖二等奖，改进型干式排渣机项目获省部属企业科技创新成果一等奖和省能源电力企业职工优秀创新成果一等奖。QC成果获水利电力协会二等奖1项，国家能源集团公司二等奖2项，省电力行业协会一等奖2项、二等奖4项。皮带机无人巡检和状态检修等3个项目完成验收。适应全煤种的2000吨国产无人值守螺旋式卸船机研制及工程示范项目完成整体研发设计和施工方案设计审查，进入生产制造阶段。二氧化碳捕集与资源化能源化利用技术研究及示范项目于年初获国家能源集团公司立项批复，完成国家发改委可再生能源发展和煤炭清洁高效利用关键核心技术攻关项目“揭榜挂帅”申报和江苏省碳达峰碳中和重大科技示范工程申报，初步设计审查工作完成，开展施工图编制和设备招标采购。（朱韵潇）

国家能源集团泰州发电有限公司外景

国家能源集团泰州发电有限公司　供图

【泰州杨湾海螺水泥有限责任公司】成立于2002年6月，位于沿江街道泰高路2号，系海螺集团安徽海螺水泥股份公司全资子公司。占地面积18.67公顷，总投资约7亿元。拥有水泥粉磨生产线4条，年总产能600万吨。内设水泥化验室，产品通过ISO 9001国际质量管理体系认证。拥有自用码头1座，设计年吞吐量1000万吨。公司生产的水泥主要销往泰州、扬州地区，应用于公路、桥梁、铁路等重点工程和民用建筑建设。2021年，公司推动建设总投资约5亿元的1号、2号水泥磨技改项目，对原生产线进行节能改造，对配套工程进行适应性改造，改造后磨机台时产量可提高至每小时260吨，水泥粉磨工序电耗下降至每小时27千瓦时，每年节约电费成本约2000万

泰州杨湾海螺水泥有限责任公司 化学新材料产业园区 供图

元。实现工业总产值15.56亿元、利润2.3亿元,上缴税金7843万元。

【泰州金泰环保热电有限公司】 成立于2002年,位于化学新材料产业园区内。占地面积约20公顷,有员工300余人。公司主营供热、发电业务,以及绿色建材产品的生产与销售,为泰州医药高新区(高港区)提供热能和电力供应,为省内建筑行业提供绿色、环保板材产品。曾获评全国模范职工小家、江苏省工人先锋号。2021年,供气量超200万吨,售电量超2亿千瓦时。

(吴 俊)

【江苏明浩新能源发展有限公司】 成立于2012年,位于永安洲镇马船路南侧。注册资本1亿元,占地面积4公顷。建成日产量350吨燃料油生产装置,油品罐区仓储库容3.5万吨,有油罐车10辆、油船5条。年处置废矿物油1万吨,设有1000立方米废矿物油专用储罐2个,为市内重点企业配套处置废油。主要产品有燃料油、润滑油、船舶用油、锅炉用油、沥青。与中石油、中石化、中海油、中国远洋公司等大型国企有长期业务往来。为安全生产三级标准化企业,江苏省质量、服务、诚信AAA级企业,通过ISO 9001质量管理体系认证。

【江苏鸿泰环保科技有限公司】 成立于2008年,位于许庄街道创业大道312号。占地面积1.53公顷,固定资产1100万元。员工60人,其中专业技术人员35人。主要生产经营家居及酒店等室内装潢墙纸,版本涵盖现代、欧式、中式、乡村、简约、油画等多种风格,材质肌理均为天然材质型。通过ISO 9001质量体系认证和中国绿色、环保、节能建材产品认证。

【江苏能建机电实业集团有限公司】 成立于1984年,位于永安洲镇永安南路8号。专业从事电站检修作业平台、滤油机、空气干燥机、智能过电压保护装置、蓝宝石晶片、升降机、水冷壁管防腐耐磨、特种铝型材、建筑铝模板、医疗器械等的研发及制造。占地面积8.2公顷,注册资金1亿元,总资产3.5亿元,具有国家特种设备生产许可资质、建筑施工资质、医疗器械生产许可资质。是全国五大锅炉生产企业的检修平台定点配套单位。拥有发明专利15项,实用新型专利56项,软件著作权2项。建有江苏省博士后创新实践基地、江苏省研究生工作站、江苏省企业技术中心、江苏省工程技术研究中心、泰州工程技术研究中心等研发平台,与燕山大学、河海大学常州分校、东南大学、大连理工大学、江苏大学、南京航空航天大学、南京师范大学等建立产学研联合体。曾获得江苏省高新技术企业、国家标准化良好行为AAAA企业、省“重合同、守信用”企业、江苏省四星级上云企业、江苏省“高精特新”小巨人企业、江苏省民营科技企业、江苏省创新型企业、江苏省两化融合试点企业、江苏省知识产权管理标准化示范企业等荣誉称号。“远亚”“苏安”商标为省著名商标。

【江苏安奇正特种车辆装备有限公司】 成立于2011年,位于口岸街道远东大道南侧新乔路西侧。专业生产消防车、消防器材、消防装备、无人消防机,销售进口消防车、进口消防器材、特种消防车、特种消防器材、消防船舶等产品,成为中国国电等大型企业的指定供应商。拥有实用新型、发明专利30余项。通过ISO 9001质量管理体系、ISO 14001环境管理体系和ISO 18001职业健康管理体系认证,为国家级高新技术企业。2021年,实现销售5436.24万元。

【江苏中信吊索具有限公司】 成立于2009年4月,位于许庄街道创业大道299号。注册资本1.18亿元,占地面积1.53万平方米,拥有员工26人,年产吊索具类产品3600吨,集研制、开发、生产吊索具产品于一体。产品运用于石化、电力、船舶、铁路等领域,远销马来西亚、新加坡、日本、美国、印度尼西亚等国家。2021年,实现开票销售3705万元,纳税77.19万元。

【江苏正申索具有限公司】 成立于2001年,位于口岸街道龙港路188号。注册资本1.08亿元,职工总数629人。主要生产、设计、开发钢丝绳索具、吊装带、吊梁三大系列产品,主要用户为首钢、中国一重、三一重工、南车集团、上海港务集团、上海电气集团、东方电气集团、中石化等国内大型企业。公司为江苏省高新技术企业、泰州市“专精特新”小巨人企业，建有江苏省企业技术中心、泰州市工程技术研究中心。2021年，实现销售1.43亿元。

【泰州市三江消防器材有限公司】成立于2002年，位于寺巷街道人民路249号，有4个生产厂区，占地面积16万平方米。专业生产各类消防器材、消防装备，提供消防工程的设计和施工服务，是集消防产品科研、开发、生产、销售、服务于一体的高新技术企业。“沱雨”商标为江苏省著名商标。建有省级工程技术研究中心和省级企业技术中心，是中国消防协会、江苏省消防协会会员单位。2021年，实现营业收入1.54亿元、利税0.08亿元。

【泰州日顺电器发展有限公司】成立于1994年，位于寺巷街道姜高大道880号。初名上海迅达仪表机电有限公司，1994年生产加工、代理销售电线。2001年，更名为上海日顺电子器材有限公司。2004年，更名为泰州日顺电器发展有限公司。建有泰州市（日顺）电线电缆材料工程技术研究中心。公司先后通过ISO 9000、ISO 14001、TS 16949体系认证。主要生产加工销售电线、电缆、绝缘套管、家电连接件、办公用品连接件、通信设备连接件、汽车部件连接件等。产品应用于航空、通信、仪器仪表、计算机、汽车、家电等行业。公司有员工148人，拥有专利32项，其中，发明专利6项、实用新型专利22项、外观设计4项。2021年，实现营业收入2.2亿元、利税0.21亿元。

【泰州荣生轴业制造有限公司】成立于2003年，位于寺巷街道姜高路南侧，公司前身是温州荣生摩托车部件厂，由于长期与泰州春兰、LG等公司合作，搬迁至泰州。主要开发生产线性压缩机缸体和活塞、NR机体汽缸和曲轴、MTA曲轴和轴套及NS活塞和连杆等重要运动零部件产品。获授权实用新型专利8项，其中发明专利1项。2021年，实现营业收入约2600万元，纳税约100万元。（区工业和科技创新局）

说明：此处企业选介为四大主导产业以外的企业。

建筑业

【概况】2021年，泰州医药高新区（高港区）完成建筑业总产值861.1亿元，比上年增长8.55%。完成出省施工产值434亿元，增长12.92%，境外营业额761万美元；完成工程结算收入759.21亿元，增长67.95%；利润总额46.67亿元，增长76.65%。完成本地区入库税收17.41亿元，增长10.06%。新增规模以上建筑业企业24个。创成市级文明工地22个、江苏省星级工地20个，全区纳入监管的110个工程项目实现全年安全平稳生产。

【建筑企业】2021年，全区新增建筑资质企业20个，其中，一级资质企业5个，二级资质企业15个。全区累计有建筑资质企业445个，其中，一级资质企业31个，二级资质企业164个。全区有年产值超1亿元的建筑企业61个，其中，10亿元以上20亿元以下企业10个，20亿元以上30亿元以下企业5个，30亿元以上50亿元以下企业1个，50亿元以上企业4个。

【建筑装饰企业】2021年，全区有在当地注册建筑装饰企业108个，其中一级资质企业14个。全区建筑装饰企业年产值12.15亿元，从业人员4715人。

【建筑队伍】2021年，全区建筑业从业人数31.16万人，境外施工人数125人。全年受理建筑系统职业能力提升补贴、高级职称晋升补贴71人次，发放补贴2.24万元；组织“A、B、C三类人员”报名培训考试，新评定初、中、高级职称582人次。

【建筑市场开拓】2021年，全区建筑业企业继续拓展省内外市场。江苏大江建设工程有限公司中标深圳百果园科技大厦和竹坑第一工业区及老围片区项目，柳州中海天钻二期、三期项目，中海南宁半山一号项目，大江品牌进驻广西、成都等地。江苏三泰建设工程有限公司在省外承建黑龙江哈尔滨中能建设绥化清洁能源有限公司农林生物质热电联产项目和山西宁武县华润宁武低热值煤发电项目脱硫系统建设工程，开拓南通、宿迁等省内市场。江苏临港建设有限公司继续承接宿迁泗阳东方红郡地块项目。

【建筑业市场监管信息平台】2021年，泰州医药高新区（高港区）继续推进“泰州市建筑市场监管与信用信息一体化工作平台”应用，完善、更新入库企业信息。全区入库建筑企业208个，信用平台信息达标率100%。（程　刚）

【建筑质量管理】2021年，全区建筑企业共获得中国建筑工程装饰奖2项、省优工程4项、市优工程24项。获得省级QC奖6项、发明专利3项、实用新型专利23项。入选2021年省建筑产业现代化（装配式建筑）示范工程2个，省建筑产业现代化（BIM技术应用）示范工程1个。江苏广源幕墙工程有限公司参建的中城建第十三工程局总部大楼工程获国家优质工程奖，江苏扬桩金源管业有限公司入选2021年省建筑产业现代化示范基地，江苏中江装配式建筑科技股份有限公司入选2021年省建筑产业现代化（新型建筑工业化）创新基地。

2021年泰州医药高新区(高港区)省级以上优质、示范工程一览表

表13

类别	工程名称	承建企业
国家优质工程奖	中城建第十三工程局总部大楼工程	江苏广源幕墙工程有限公司
中国建筑工程装饰奖	复旦大学泰州健康科学研究院办公大楼装饰装修工程	双建建设股份有限公司
	张地2014-A01号地块商务(办公)、商业用房项目幕墙工程	双建建设股份有限公司
江苏省优质工程奖“扬子杯”	泰州经济开发区总部经济园一期新建工程——1号楼、2号楼、3号楼、D1号地下室	江苏竣翔建设发展有限公司
	周山汇水花园2.3期1～6号、25～26号楼	正太集团有限公司
	泰州市金融服务区幕墙二标段	江苏广源幕墙装饰工程有限公司
	泰州市中心血站和泰州市急救中心	泰州市腾飞建筑安装工程有限公司、江苏泰建建设集团有限公司
省建筑产业现代化(装配式建筑)示范工程	天禄湖国际大酒店(一期)项目A1、A3区	泰州华康投资有限公司
	南韵家园二期A区34号住宅、地下室	深圳金鑫绿建股份有限公司
省建筑产业现代化(BIM技术应用)示范工程	泰州医药高新区体育文创中心项目商务办公中心A栋省建安总部大楼工程	江苏省建安建设集团有限公司

【建筑施工管理】 2021年,全区共有纳入监管的新建工程项目113个,总施工面积217.24万平方米,工程造价501.61亿元。召开安全例会18次,举办现场安全集中咨询活动2次、安全宣讲4次、安全培训4次,发放安全宣传手册4000余份,布置安全生产警示标语和举报奖励公告400余处。组织节后复工、扬尘整治、起重机械、深基坑及高支模、脚手架工程、施工消防等专项检查12次,下发隐患整改通知书467份、停工整改通知书36份。约谈参建单位项目负责人10人,集中约谈项目7次,移交区城建监察大队查处案件15例,通报批评项目19个,对20个企业扣除信用分。配合市住房城乡建设局开展在建工程项目综合大检查2次,对预拌混凝土企业进行专项督查考核1次。全区建筑工地围挡设置率100%,施工道路硬化率100%,规模以上工程车辆冲洗平台设置率100%,渣土密闭运输率100%,裸土覆盖率98%,建筑工地整治达标率98%。

【建筑行业农民工工资保障】 2021年,区质量安全监督站共受理建筑行业农民工工资上访案件32件,涉及农民工170人,帮助追回拖欠农民工工资150万元。 (王 斐)

【江苏三泰建设工程有限公司】 前身为1983年成立的泰兴县刁铺建筑安装工程公司。取得建筑工程总承包一级资质、建筑装修装饰工程专业承包一级资质、市政公用工程施工总承包二级资质、钢结构工程专业承包二级资质。2021年,完成建筑业总产值40.34亿元,工程结算收入36.35亿元,创利税3.79亿元,入选泰州市建筑业综合实力三十强企业。

【江苏华泰建设工程有限公司】 成立于1996年12月,拥有建筑工程施工总承包一级资质、对外承包工程经营资质。连续多年被评为江苏省建筑行业竞争力百强企业。拥有8万平方米的后方基地和科技创业基地。2021年,完成建筑业总产值80.25亿元,工程结算收入72.12亿元,创利税6.61亿元,入选泰州市建筑业最具成长性企业。

【泰州宝厦建设工程有限公司】 系由泰州市交通产业集团下属子公司江苏中泰建发建设集团有限公司与江苏宸业建设工程有限公司共同出资成立的国有控股公司。成立于2016年12月,注册资本1亿元。获得建筑工程总承包一级资质。2021年,完成建筑业总产值19.45亿元,工程结算收入17.51亿元,创利税1.27亿元,入选泰州市建筑业综合实力三十强企业。 (程 刚)

服务业

金融业

·金融管理与服务·

【概况】 至2021年年末，全区共有各类金融机构86个，其中，银行机构20个，保险机构38个，证券机构4个，小额贷款公司11个，融资担保机构3个，融资租赁机构2个，商业保理机构3个，典当行5个。年内，建设银行泰州分行、招商银行泰州分行、苏州农商行泰州分行由海陵区搬迁至泰州医药高新区（高港区）；全区首个招引落户的市分行级金融机构渤海银行泰州分行于10月16日开业。至年末，银行机构人民币各项存款余额1312.7亿元、贷款余额982.1亿元，比年初分别增长60.6亿元、141.8亿元。保费收入48.22亿元，比年初下降1.44亿元。

【金融行业监管】 2021年，泰州医药高新区（高港区）建立金融机构一企一档制度，完善监管档案。落实会商制度，严把地方金融从业机构注册设立入口关，核查股东资金合法合规性。采取约谈、警告、整改、劝其退市、司法移送等措施，对各类机构加强监督。对6个小额贷款公司、1个典当行开展现场审计工作，对2个小额贷款公司、1个典当行和1个商业保理公司进行“双随机、一公开”检查。

【企业融资服务】 2021年，区金融监管局牵头举办江苏亚盛医药开发有限公司、江苏长泰药业有限公司2场专场金融路演活动，联合招商银行泰州分行举办生物医药企业金融主题沙龙活动，联合交通银行泰州分行举办生物医药企业投融资路演暨“交银科创贷”产品发布会，举办政银企对接会、金融惠企政银保企对接活动，联合中信银行高港支行举办银政企战略合作签约仪式，解决企业信贷融资难、融资贵的问题，帮助企业搭建与社会资本沟通合作的桥梁。至年末，全区共有6945个企业注册上线产融平台，累计解决企业融资需求91.5亿元。

【企业上市】 3月24日，泰州医药高新区、高港区企业挂牌上市工作推进会召开，会议现场发放2020年度企业挂牌上市扶持资金券共计1478.14万元。10月23日，在第十二届中国（泰州）国际医药博览会开幕式上，中国医药城上市企业联盟正式成立，上市企业联盟由15个上市企业、拟上市企业联合组建。年内，江苏金迪克生物技术股份有限公司在科创板上市，江苏亚虹医药科技股份有限公司获证监会科创板IPO注册同意，江苏瑞科生物技术股份有限公司上市申请获证监会批准发行H股，江苏康为世纪生物科技有限公司科创板上市申请获“上交所”受理，泰州市柯普尼通讯设备有限公司上市申请获美国证券委员会受理，江苏默乐生物科技股份有限公司进入江苏证监局辅导期备案，江苏荃信生物医药股份有限公司完成股份制改造。至2021年年末，全区共有上市企业4个（泰州迈博太科药业有限公司和江苏亚盛医药开发有限公司在港交所上市，江苏硕世生物科技股份有限公司和江苏金迪克生物技术股份有限公司在科创板上市）、过会企业2个、交易所在审企业2个、证监局在辅企业1个，“新三板”挂牌企业13个。

【产业基金投资】 2021年，泰州医药高新区（高港区）新设立政府产业链风险投资基金1支，为泰州新滨江康健新材料产业投资合伙企业（有限合伙）。市、区两级联合筹建规模30亿元的医药产业引导基金，形成《关于泰州医药高新区（高港区）医药产业引导基金组建设想》报市政府。全区共有政府控股的基金管理公司4个（泰州中国医药城新药基金管理有限公司、泰州中国医药城融健达创业投资管理有限公司、泰州华鑫创业投资管理有限公司、江苏瑞鸿基金管理有限公司）；国有控股或参股基金22支，总规模128.9亿元，其中，母基金2支，天使投资基金1支，创业投资直投基金4支，股权投资基金15支。

【金融风险防范】 2021年，泰州医药高新区（高港区）开展农民资金互助社清理清退工作，4个农民资金互助社社员互助金余额实现清零。开展防范非法金融活动集中宣传月和“服务一小时”专项行动，共组织防范非法集资主题宣讲活动25次，张贴海报500余张，发放宣传画册3000余份，受众群体4000余人，收集风险线索103条，走访民间投融资机构40余个。 （张　弛）

·银行与保险·

【平安银行股份有限公司泰州分行】 成立于2016年6月，位于青年南路39号。2021年，分行各项贷款余额43.02亿元，较年初增加10.91亿元，增长33.97%。其中，公司贷款余额31.45亿元，比年初增加9.85亿元，增长45.57%；个人贷款余额11.57亿元，较年初增加1.06亿元，增长10.1%。至年末，各项存款余额48.96亿元，较年初增加8.59亿元，增长21.28%。其中，单位存款余额42.83亿元，较年初增加8.2亿元，增长23.68%；储蓄存款余额6.13亿元，较年初增加0.39亿元，增长22.62%。

扶持小微企业　普惠小微贷款6.4亿元，较年初增加1亿元，贷款增长18.53%。全年普惠小微首贷户合计434户，投放贷款1.7亿元。

支持制造业发展　制造业贷款余额2亿元，较年初增加0.6亿元，增长42.88%。其中，制造业信用贷款1.6亿元，较年初增加1.1亿元。

（唐　琴）

江苏苏州农村商业银行股份有限公司泰州分行　凤凰街道　供图

【江苏苏州农村商业银行股份有限公司泰州分行】 成立于2015年1月，经中国银保监会泰州监管分局批准，原名江苏吴江农村商业银行股份有限公司泰州分行，2019年3月变更为现名，位于永定东路288-8号泰州金融广场。下辖海陵支行、泰兴支行、姜堰支行、兴化支行4个支行和1个分行营业部。至2021年12月，共有信贷客户近3000户，贷款余额54.72亿元。其中，公司客户450户，贷款余额42.4亿元；零售客户2500户，贷款余额12.32亿元。 （陈菲菲）

【渤海银行股份有限公司泰州分行】 2021年10月开业，位于药城大道788号，为泰州医药高新区（高港区）招引的首个市分行级金融机构。至年末，分行各项存款余额7.8亿元，贷款余额8.48亿元。注重使用“渤税贷”“渤业贷”及“房抵快贷”等产品，加强对市内制造业及民营企业的金融服务，缓解企业疫情期间资金压力。 （严文渊）

【中国工商银行股份有限公司泰州高港支行】 至年末，支行本外币各项存款余额69.23亿元，较年初新增4.94亿元；本外币各项贷款余额34.39亿元，较年初新增11.55亿元。共有营业网点4个，自助银行5个。全年投放项目贷款10.44亿元，普惠贷款（人行降准口径）余额4.37亿元，个人贷款余额6.95亿元，其中住房贷款余额3.31亿元。成功上线“国有建设用地使用权网上交易保证金”托管项目，营销高港地区工业用地拍卖项目2户。取得“扬子江药业集团业务员业务保证金缴费系统”项目的独家开发权，于11月正式上线。 （王　懿）

【中国农业银行股份有限公司泰州高新支行】 2021年5月，原泰州高港支行与泰州新区支行合并，成立中国农业银行股份有限公司泰州高新支行。

资产业务　至年末，本外币各项贷款余额112.68亿元，比年初净增22.69亿元，其中法人贷款净增12.52亿元；个人贷款净增7.55亿元，外币贷款净增1258万美元。全年制造业贷款净增3.98亿元，涉农贷款净增2.35亿元；投放小微企业贷款12.7亿元、农户贷款5.8亿元、经营贷款5.5亿元。

负债业务　组织首季综合营销活动、“季季争先”、“比学赶超”等营销竞赛活动。至年末，本外币各项存款日均余额160.54亿元，比年初增加10.38亿元。其中，人民币储蓄存款日均增量8.24亿元，对公存款日均增量2.46亿元。

中间业务　实现营业净收入4.61亿元，比同期增加8031万元；实现拨备前利润3.83亿元，增加8351万元；实现中间业务收入10549万元，增加939万元。 （赵　晨）

【中国银行股份有限公司泰州高港支行】 至年末，支行本外币存款（含表内）日均余额79.29亿元，较年初上升14.63亿元，其中，公司存款余额53.64亿元，储蓄存款余额25.65亿元。人民币贷款日均余额35.64亿元，较年初上升0.96亿元，其中，公司贷款余额28.3亿元，个人消费贷款余额7.34亿元。对区域内重点客户进行授信支持，和重点企业扬子江药业集团有限公司、长城汽车股份有限公司泰州分公司、江苏汇福蛋白科技有限公司、益海（泰州）粮油工业有限公司、蓝思精密（泰州）有限公司、国家能源集团泰州发电有限公司等保持业务合作。发挥支行外汇业务专长，为区域内的外汇外贸企业提供专业服务。（张安文）

【中国建设银行股份有限公司泰州医药高新区支行】 成立于2010年，位于药城大道1号（科技大厦）1楼西侧。至2021年年末，支行本外币一般性存款48亿元，比年初增加7.29亿元，贷款余额44亿元，账面利润1.26亿元。（李　慧）

【交通银行股份有限公司泰州高港支行】 至年末，支行各项存款余额36.43亿元，较上年新增2.83亿元。普惠客户累计99户，新增22户；普惠贷款余额4.33亿元，新增发放1.43亿元。（李　华）

【招商银行股份有限公司泰州高港支行】 至年末，支行各项存款余额8.23亿元，贷款余额1.1亿元。针对优质客户，推出"闪电贷""小微贷"等一系列产品。推出"丰润人生"系列、"增利"系列等特色产品。至年末，资产管理量新增6300万元。（季　蕾）

【中信银行股份有限公司泰州高港支行】 至年末，支行各项存款余额36.45亿元，各项贷款余额18.56亿元；实现国际收付汇量7407万美元，结售汇业务7231.58万美元。全年资产业务不良率为零。支持中小微企业，服务实体经济，推出"关税e贷""商票e贷""科创e贷"等线上普惠金融产品。（中信银行泰州高港支行）

【中国邮政储蓄银行股份有限公司泰州市高港支行】 至年末，支行各项存款余额7.95亿元，贷款余额22.76亿元。（邮储银行高港支行）

【上海浦东发展银行股份有限公司泰州高港支行】 至年末，支行各项存款余额9.79亿元，其中储蓄存款余额1.88亿元；各项贷款余额9.77亿元，其中零售贷款余额3.71亿元。个人金融资产3.32亿元，较年初增长1.2亿元。（浦发银行高港支行）

【江苏银行股份有限公司泰州高港支行】 至年末，支行各项存款余额59.35亿元，比年初增加6.27亿元，其中，储蓄存款比年初增加1.01亿元，公司存款比年初增加5.26亿元。各项贷款余额57.24亿元，较年初新增1.3亿元，其中，个人贷款余额6.75亿元，比年初新增0.89亿元，公司贷款余额50.49亿元，比年初新增0.41亿元，实现净利润1.74亿元。小微企业普惠贷款余额4.9亿元，较年初新增投放64户、金额1.16亿元。发挥"人才贷""小微贷""随e贷"等纯信用产品的优势和特点，攻关重点"专精特新"企业和优质制造型企业。通过"大走访大调研大对接"专项活动，提升首贷户、主办行客户等低杠杆客户占比。对优质纳税、政府扶持的重点企业进行走访，为小微企业复工复产提供金融支持。（汪　俊）

【江苏泰州农村商业银行股份有限公司】 至年末，泰州医药高新区（高港区）辖区内所有支行各项存款余额94.94亿元，各项贷款余额54.29亿元。通过"凤凰贷款""手机银行授信""精英贷""抗疫贷"等产品，帮助中小企业实现线上申请、审批、放宽。丰富适合小微企业、普惠客户的"微企易贷""小微贷""苏农贷""苏科贷"等特色贷款产品。采取贷款展期、调整还款方案、无还本续贷等"一户一策"纾困解难方案，缓解客户资金压力。降低银行业务办理手续费，适当降低小微企业贷款利率。主动对接与民生相关客户、国际贸易客户，为其匹配适合的融资产品。授信时剔除企业受疫情影响经营数据，确保企业信贷准入。（泰州农商行）

【南京银行股份有限公司泰州高港支行】 至年末，支行本外币各项存款余额36.15亿元，其中，企业存款余额27.14亿元，储蓄存款余额9.01亿元；贷款余额37.86亿元，其中，公司贷款余额35.64亿元，个人类贷款余额2.22亿元。至2021年，在高港地区共落地投贷联动客户3单。通过"鑫人才"投放信用贷款1000万元，解决企业担保难的问题。利用"鑫转贷"方式办理企业贷款2500万元，方便企业无本转贷。通过"增额保"产品投放贷款1500万元，解决企业抵押金额不足问题，放大贷款额度。（张　平）

【江苏江阴农村商业银行高港支行】 至年末，支行实现存款余额4.97亿元，其中，对公存款余额3.7亿元，对私存款余额1.27亿元。加强对重点企业、成长型小微企业的信贷投放，推出"结算贷""优享贷""余抵贷"等特色信贷产品。贷款余额6.98亿元，其中，短期贷款余额4.89亿元，中长期贷款余额2.09亿元。推出普惠贷款"无忧贷"产品，根据借款主体纳税情况，向合法生产经营、双证抵押在支行的小微企业、个体工商户或个人发放信用贷款。（严秋卓）

【中国人民财产保险股份有限公司泰州市分公司高港营业部】 2021年，高港营业部完成全险种保费9170万元。完成车险保费4371万元，比上年减少17.3%；个非业务保费251万元，增长43.1%；商团业务保费1356万元，增长5.4%；大病保险保费2261万元，减少11.6%；农险保费931万元，增长11.7%。实现表结利润230万元。（季　丹）

旅游业

【概况】2021年，泰州医药高新区（高港区）共接待游客239.1万人次，实现旅游总收入3203.75万元。全区有国家AAAA级旅游景区2个，国家AAA级旅游景区5个，省工业旅游区4个，全国乡村旅游重点村1个，旅行社10个。全年旅游行业无安全生产事故。

2021年泰州医药高新区（高港区）省级以上旅游景区、工业旅游区、乡村旅游区一览表

表14

类　别	景区名称	级别	地　址
国家A级旅游景区	口岸雕花楼景区	AAAA	口岸街道金港南路五一桥南侧
	天德湖公园	AAAA	海军东路
	中国人民解放军海军诞生地纪念馆	AAA	白马镇
	白马文化旅游区	AAA	白马镇野黄线白马庙
	泰州市本草养生景区（江苏中药科技园）	AAA	大泗镇泗白路8号
	泰州市凤栖湖景区	AAA	口岸街道张马社区
	引江河风景区	AAA	泰州引江河高港枢纽
省工业旅游区	世泽雕艺文化旅游区	—	野黄线东50米
	中国医药城工业旅游区	—	中国医药城
	江苏蜂奥生物科技有限公司工业旅游区	—	健康大道803号G53幢3层西侧
	扬子江药业集团工业旅游区	—	扬子江药业集团总部
全国乡村旅游重点村	白马镇陈家村	—	白马镇陈家村

【旅游项目建设】2021年，全区共实施文化旅游项目19个，其中，续建项目11个，包括住宿餐饮项目2个、景区项目2个、乡村旅游项目1个、文旅综合体项目1个、旅游医疗健康与养生养老项目1个、在线旅游与智慧旅游项目1个、文化创意设计项目2个、其他项目1个；竣工项目8个，包括景区项目1个、乡村旅游项目2个、旅游医疗健康与养生养老项目1个、在线旅游与智慧旅游项目1个、文化创意设计项目3个。19个文化旅游项目总投资55.78亿元，年内完成投资14.19亿元。（廖成林）

【旅游品牌创建】2021年，白马镇陈家村创成全国乡村旅游重点村，口岸雕花楼景区柴墟古街入选省级首批旅游休闲街区。高港江鲜烹饪技艺传人袁国湘参加2021年“品质生活，泰州味道”地标美食大赛暨烹饪职业技能竞赛，地标菜白汁河豚、松茸鮰鱼狮子头、紫姜虎尾牡丹虾获金奖。口岸传统风筝传人孙书鸿参加“乡村振兴杯”苏州首届农民风筝邀请赛，获最佳造型奖、最佳

口岸雕花楼景区俯瞰　　口岸街道　供图

人气奖、最佳制作奖。

【旅游公共服务】 2021年，泰州医药高新区（高港区）推进旅游标识牌规范管理和旅游厕所建设，建立旅游标识牌名录库和巡查台账。新建AA级标准旅游厕所2座（泰州海军舰艇文化园旅游厕所、爱情海欢乐田园旅游厕所）。

【旅游推介】 2021年，泰州医药高新区（高港区）组织景区、旅游文创企业赴武汉、合肥开展泰州文化旅游推介。组织凤栖湖景区赴澳门参加第九届澳门国际旅游（产业）博览会。组织景区、非遗传承代表赴苏州参加泰州文化旅游推介会。组织口岸雕花楼景区、凤栖湖景区、泰州城色文化传媒有限公司参加第三届大运河文化旅游博览会。通过电梯户内框架海报媒体、抖音视频、杭州地铁、上海地铁、腾讯网络联合投放广告项目，对全区旅游形象进行整体宣传。与非凡影视签订协议，为抖音官方账号“高港文旅”定期拍摄推送宣传视频。

【旅游节庆活动】 2021年，泰州医药高新区（高港区）举办旅游节庆活动10余次，包括在刁铺街道爱情海欢乐田园承办泰州市乡村旅游节暨爱情海欢乐田园开园仪式，在口岸中心小学开展非遗进校园元宵节活动，在口岸雕花楼景区举办中国旅游日宣传活动暨雕花楼景区消夏美食啤酒节启动仪式，在口岸雕花楼景区开展“太空文化”星光夜市活动。

【爱情海欢乐田园景区建成】 爱情海欢乐田园综合体项目由江苏景顺文化旅游产业发展有限公司投资建设，总占地面积180公顷，是一二三产业融合发展的特色田园综合体，其中，一产为玫瑰种植，二产为玫瑰加工、研发，三产为乡村旅游景区。一期项目56公顷的乡村旅游景区于2021年10月1日对外开放，国庆期间累计接待游客达10万人次。景区主要分为欢乐田园、亲子乐园、动物王国三大板块，以及空港花田区、爱情海婚纱摄影区、亲子研学区（活力拓展区）、动物自驾区、萌宠动物观赏区五大区域。景区有飞机VR体验、花海小火车、漂移卡丁车、越野沙滩车、高空自行车、马术俱乐部、七彩滑道、玻璃水滑、亲子乐园、萌宠动物观赏、动物王国自驾等项目。全年接待游客约20万人次。

【泰州海军舰艇文化园建成】 泰州海军舰艇文化园位于永安洲镇，东至锦江路，西至长江，南至建桥路，北至生态红线边界（港池），紧邻S35泰州长江公路大桥东南侧。建设范围16.67公顷，其中，“三舰一艇”（881洪泽湖号综合补给舰、108西宁号导弹驱逐舰、515厦门号导弹护卫舰和274常规动力潜艇）的港池游览区16公顷，入口停车场0.67公顷。项目总投资约4000万元，主要用于“三舰一艇”的维修，实施港池续建和江堤绿化提升工程，建设游客中心、停车场、舰艇内部布展和导览系统等，均已完工。2021年10月1日，对外营业。至年末，共接待游客约7万人次。

（仲　明）

延伸阅读：泰州海军舰艇文化园“三舰一艇”

881洪泽湖号综合补给舰是中国自主设计建造的第一代综合补给舰，1979年9月下水，1980年列编服役，航迹遍布五大洲、三大洋，26个国家的29个港口，总航程33万余海里，先后执行重大战训任务1000余次，创下中国海军舰艇编队“首次环球航行”“首次通过巴拿马运河”等16项纪录，被誉为“中华补给第一舰”。

108西宁号导弹驱逐舰为旅大051型驱逐舰的第7艘舰，由大连造船厂制造，1980年6月正式编入海军北海舰队服役，参加南太平洋运载火箭飞行试验。1996年8月，随112哈尔滨号导弹驱逐舰组成编队，出访朝鲜。2009年，参加庆祝中国人民解放军海军成立60周年海上阅兵式，在检阅外国舰艇的阅兵式上担任基准舰，外国军舰沿着108西宁舰排成一列接受检阅。2013年9月退役。

515厦门号导弹护卫舰原名“济南舰”，1986年改名为“厦门舰”，053H型导弹护卫舰。1975年10月下水，同年12月服役于东海舰队，加入人民海军战斗序列，多次出色完成战备训练、护渔护航、巡逻监视、演习演练等任务。2013年8月退役。

274潜艇为首批国产33型常规动力攻击型潜艇，于1975年4月下水，同年12月服役，32年后退役。该潜艇船体呈流线型，艇内层分布为7个舱室。

房地产业

【概况】 2021年，全区共有房地产开发企业75个，完成房地产开发投资110.3亿元。南韵家园、阳光家园等项目基本建成。虹雨商城、吉祥园等项目开工建设。新建商品房成交8233套、119.5万平方米，普通住宅成交均价13498.29元/平方米。

【房地产开发项目】 明发业勤园41～45栋、31～38栋　位于高港大道西侧，解放东路北侧，环港大道南侧。由明发集团泰州房地产开发有限公司投资建设。占地面积1.19公顷，建筑面积19.11万平方米，总投资12亿元，年内竣工。

南韵家园三期　位于春城路南侧，王营河西侧，由泰州恒建置业有限公司投资建设。占地面积1.4公顷，建筑面积2.1万平方米，总投资1.55亿元，年内竣工。

阳光家园　位于丰岸路东侧，金港北路西侧，许河路北侧，由江苏跃隆房地产开发有限公司投资建设。占地面积6.16公顷，建筑面积16.49万平方米，总投资5.83亿元，年内竣工。

百合花园　位于御园路东侧，海陵南路西侧，永定快速路北侧，由江苏理想置业有限公司投资建设。占地面积0.23公顷，建筑面积1.99万平方米，总投资1.19亿元，年内竣工。

熙郡汇水　位于天虹路东侧，江州南路西侧，永定西路路北侧，由泰州市申和房地产开发有限公司投资建设。占地面积4.4公顷，建筑面积12万平方米，总投资10.1亿元，年内在建。

官河湾　位于江州南路东侧，南官河西侧，高港路南侧，由泰州华诚金晟置业有限公司投资建设。占地面积5.28公顷，建筑面积11.62万平方米，总投资12亿元，年内在建。

金通桃李园　位于鼓楼南路东侧，惠山路西侧，淮河东路北侧，由泰州海通置业有限公司投资建设。占地面积14.08公顷，建筑面积39.56万平方米，总投资51.01亿元。至年末，b地块住宅全部封顶，其余住宅施工中，商业用房暂未开工。

和风雅居　位于春风路北侧，丰岸路东侧，鼓楼南路西侧，由江苏赛福瑞企业管理有限公司投资建设。占地面积1.01公顷，建筑面积1.09万平方米，总投资1.84亿元，年内在建。

金茂府　位于海陵路东侧，紫金路西侧，周山河路北侧，由泰州城投房地产开发有限公司投资建设。占地面积30.78公顷，建筑面积70.29万平方米，总投资80.59亿元，年内在建。

君启雅苑　位于栖霞山路西侧，钟山路北侧，由泰州市弘居房地产开发有限公司投资建设。占地面积8.11公顷，建筑面积21.23万平方米，总投资24.13亿元，年内在建。

栖凤园　位于周山河路北侧，太湖路南侧，由泰州市弘居房地产开发有限公司投资建设。占地面积11.78公顷，建筑面积21万平方米，总投资26.73亿元，年内在建。

金通桃花源　位于引凤路东侧，东风快速路西侧，永定快速路北侧，由泰州海湖置业有限公司投资建设。占地面积15.23公顷，建筑面积37.07万平方米，总投资36.6亿元，该项目1～3栋、5～12栋、15～19栋完工，住宅其余楼栋封顶，商业正在施工。

盛雅园　位于华欣路东侧，海陵南路西侧，仲野路南侧，由泰州华盛投资开发有限公司投资建设。占地面积6.6公顷，建筑面积17万平方米，总投资15亿元，1～8栋完工。

华润国际花园　位于鼓楼南路东侧，海陵路西侧，洪泽湖路北侧，由华润置地（泰州）有限公司投资建设。占地面积28.36公顷，建筑面积124.38万平方米，总投资48.74亿元，年内在建。

锦绣四季　位于江州南路西侧，鲍中路北侧，由大华泰州投资发展有限公司投资建设。占地面积7.7公顷，建筑面积16万平方米，总投资26亿元，年内在建。

文旅和园　位于凤凰西路18号，天虹路西侧，吴洲路东侧，由泰州市文旅置业有限公司投资建设。占地面积4.2公顷，建筑面积7.6万平方米，总投资7.5亿元，2021年6月竣工。

山河原著　位于前进河东侧，永定快速路北侧，由泰州市领航房地产开发有限公司投资建设。占地面积6.66公顷，建筑面积17.81万平方米，总投资21.23亿元，年内在建。

天禄湖花园　位于海陵南路东侧，仲联路西侧，药城大道北侧，由泰州华盛投资开发有限公司投资建设。占地面积12.2公顷，建筑面积31万平方米，总投资25亿元，1栋、4～25栋完工。

山望花园　位于天虹路东侧，江州南路西侧，高港路北侧，由泰州润通房地产开发有限公司投资建设。占地面积7.3公顷，建筑面积22.5万平方米，总投资26.3亿元，年内在建。

东方温莎小镇花园四期　位于泰州大道西侧，药城大道北侧，口泰路东侧，由江苏华联东方置业有限公司投资建设。占地面积7.47公顷，建筑面积18.87万平方米。总投资15.07亿元，125～127栋、

天禄湖花园　　泰州华信药业投资有限公司　供图

135～140栋、143栋、147～151栋完工，141～142栋出地面，128～134栋主体至17层。

金通海棠湾　位于南官河东侧，青年南路西侧，永兴路北侧，由江苏金文置业有限公司投资建设。占地面积12.23公顷，建筑面积30.49万平方米，总投资27.8亿元，主体全部封顶。

【房产管理】 2021年，全区办理房地产预销售许可事项26件，批准预销售面积112.35万平方米。完成房地产交易9233宗。做好直管公房、既有房屋安全排查和白蚁防治等工作。

【物业管理】 2021年，全区有物业企业80个。归集专项维修资金2438.19万元，其中，住宅专项维修资金2167.23万元，电梯消防专项维修资金270.96万元，核准使用专项维修资金85.88万元。督促住宅小区物业服务单位做好疫情防控工作。强化"党建引领"，部署开展物业管理星级标准提升工作，实现全区住宅区物业管理服务全面提质，创成党建引领物业管理服务工作省级示范点1个（世茂河滨）、市级示范点8个（华润国际、龙凤家园、康居新城东苑、御园、鑫港花苑、三鑫嘉苑、水岸帝景、美岸栖庭）。推进老旧小区加装电梯工作，全年加装电梯40部。加强"透明物业"建设，部署住宅小区收费标准、服务标准、服务内容"三公开"，组织人事、财务收支、工作信息"三透明"。强化行业监管，落实"四不两直"常态化检查、督查，建立物业服务企业"红黑榜"。健全完善物业纠纷诉前联动化解和审调结合机制，实现物业服务纠纷有效预防和及时化解。妥善处置物业服务、房地产开发、中介服务矛盾诉求和咨询求助855件，其中，"12345"热线801件、市长信箱6件、求助40件。

（魏国涛）

城市综合体

【概况】 2021年，泰州医药高新区（高港区）有大型城市综合体3个，包括华润万象城、泰州天虹购物中心、教育教学区邻里中心。

【泰州万象城】 位于永定东路南侧，鼓楼南路西侧，海陵南路东侧，于2021年6月25日开业。总建筑面积18.3万平方米，主体地上3层（局部4层），地下2层，商业租赁面积6.4万平方米，拥有停车位近1400个。涵盖3大商业空间（A、B、C馆），4大特色主题区（儿童主题区、连廊主题区、牙蜜市集主题区、mamacare母婴旗舰中心），10种业态分布（零售、餐饮、儿童、配饰、家用、个护、超市、生活精品、数码、娱乐），超过300个知名品牌入驻。开业3天营业额超5000万元，开业初期日均客流量10万人次，全年月均营业额9000万元。

（刘　喆）

【泰州天虹购物中心】 位于泰州大道与药城大道交会处，于2019年12月29日开业，共有4层，经营面积近6万平方米，地上停车场1.5万平方米、停车位500余个。共有餐饮"YES！街"、亲子主题街区"儿童小镇"、RUN LIKE运动街区3个街区。有职工800余人，入驻商户120余个。

（徐　颖）

市场建设

【批发零售业】 2021年，泰州医药高新区（高港区）完成批发业销售额1283亿元，比上年增长20%；完成零售业销售额267.98亿元，增长15.5%。全区在库限额以上批发零售单位505个。

【商品市场】 2021年，泰州医药高新区（高港区）有各类商品交易市场27个，其中，农贸市场19个，小商品市场1个，专业市场7个。

泰州国际汽车城　位于泰州大道309号。以汽车贸易为产业主导，入驻商户200余个，其中4S店32个，涵盖奔驰、宝马、奥迪、捷豹、路虎、林肯、沃尔沃、大众等众多国内外一线品牌；配套建有4万平方米的汽车用品市场和4.2万平方米的室内二手车交易市场，从业人员8000余人。2021年，销售额达103.88亿元，比上年增长20.77%，实现税收约1亿元。

泰州名流国际家居博览中心　位于东风南路和永定东路交会处，

泰州名流国际家居博览中心　　凤凰街道　供图

于2011年12月建成开业，地下1层，地上5层，占地面积6万平方米，总建筑面积约16万平方米，投资总额6亿元。经改造商场一至五层原有家居建材类门店调整至中心位置，外圈门店改造成临街店铺，用于引进餐饮、酒店、大型百货、购物超市、儿童娱乐、影院、休闲网咖、KTV等服务业项目。2021年，引入顾家家居、索菲亚全屋定制、芝华士等一线家居品牌。

泰州红星美凯龙国际家居生活广场 位于创业大道与泰州大道交会处，2013年7月14日开业，总建筑面积6.29万平方米，营业面积4.45万平方米，采用第八代水晶魔方 shopping mall 结构，全玻璃外观造型。入驻商户200余个，汇集家居、建材、装饰品牌近300个，集中展示和直销家居精品数万款，经营类别齐全。2021年，商场营业额约1亿元。

【成品油市场监管】 2021年，泰州医药高新区（高港区）有37个加油站（点）通过成品油零售经营批准证书年检，其中，中石化21个（水上加油点1个），中石油3个，中海油1个，社会加油站8个。全区所有加油站均完成双层油罐改造，二阶油气回收装置全部安装到位，实现规范化管理。

【农贸市场】 2021年，泰州医药高新区（高港区）完成新建农贸市场验收1个，至年末，全区共有星级农贸市场19个，实现各园区（镇街）标准化农贸市场覆盖率100%，标准化农贸市场达标率100%。其中，三星级农贸市场11个，二星级农贸市场4个，一星级农贸市场4个。

【再生资源回收专项整治】 2021年，泰州医药高新区（高港区）开展再生资源回收专项整治工作，组织各类检查80余次，出动人员260余人次，检查再生资源经营单位137个次，其中"四不两直"监督抽查44个次。

【新增"泰州老字号"1个】 8月，经市老字号专家评审组评审，扬子江药业集团江苏龙凤堂中药有限公司被认定为第三批"泰州老字号"。全区共有"泰州老字号"4个，另外3个分别是泰州市高港区大泗镇延龄牛肉馆、江苏世泽艺术品有限公司、泰州市红五星食品有限公司。

（周　洪　徐　颖）

住宿餐饮业

【概况】 2021年，泰州医药高新区（高港区）完成住宿业营业额4.43亿元，餐饮业营业额20.67亿元。有限额以上住宿餐饮企业108个。

【世茂泰州茂御酒店】 位于泰州大道329号，拥有客房和套房262间以及御咖啡西餐厅、御珍轩中餐厅、大宴会厅、大堂吧、健身房、游泳池等设施。

【泰州天德湖宾馆】 位于天德湖畔，建筑面积8万平方米，按五星级标准设计建造，拥有客房288间、3000个餐位的多功能厅、宴会厅、自助餐厅、包厢等设施。温泉区面积近2万平方米，拥有室外温泉、室内温泉及休闲区域，温泉泡池40余个。

【泰州万怡酒店】 位于三新路788号，有客房313间。设有2间享有自然采光的无柱式宴会大厅，面积分别为1080平方米和430平方米。有7个多功能会议室，面积共1930平方米。万荟轩全日制餐厅有208个席位。行政酒廊位于酒店22层，可同时接待54人。2021年，酒店营业额2284万元。

【泰州中国医药城假日酒店】 位于健康大道805号，有客房192间。2021年，酒店营业额844万元。

【泰州维景国际大酒店】 位于港城路与扬子江路交会处，由泰州市港城建设投资发展有限公司投资建设，并委托中国旅游集团酒店运营有限公司全权经营管理。是集客房、餐饮、康乐、会议、健身、娱乐于一体的五星级标准酒店。共有地上24层、地下2层。总建筑面积约4.5万平方米，有客房338间（套）、餐厅5间、会务及康体水疗中心等设施。2021年，酒店营业额2838万元。

【泰州海燕金陵精选酒店】 由扬子江药业集团投资兴建、南京金陵酒店管理有限公司经营管理的综合

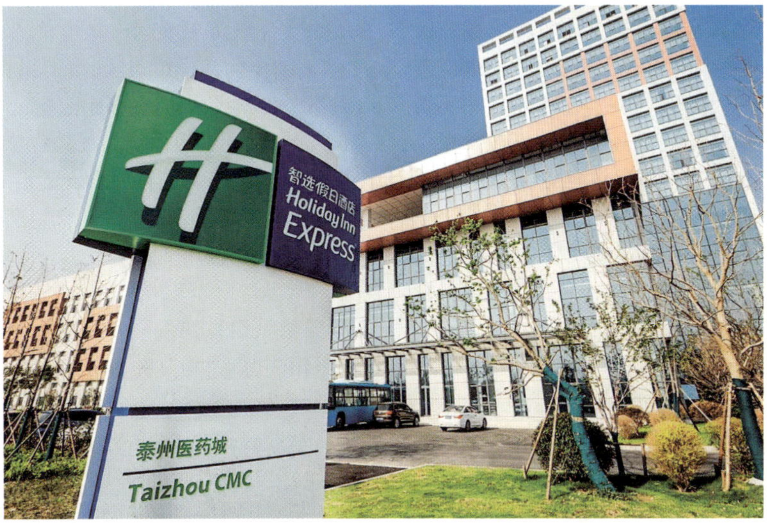

泰州中国医药城假日酒店　　区商务局　供图

性商务会议和宴会酒店。有面积46平方米以上的宽敞客房240余间，包括行政套房、行政客房及豪华房。有宴会包间40余间，可同时容纳3800余人同时就餐。有会议室17个，最大的多功能厅可容纳3000人。2021年，酒店营业额1767万元。

（周　洪）

粮食购销

【概况】 2021年，泰州医药高新区（高港区）组织开展夏秋两季粮食收购、稻谷补贴发放、粮食购销领域腐败问题专项整治、世界粮食日宣传等工作，落实地方储备粮、成品粮油储备任务。全区涉粮企业原粮收购15.36万吨，其中，收购小麦7482吨，收购粳稻14.61万吨。原粮贸易销售117.21万吨，其中，小麦贸易销售1.93万吨，粳稻贸易销售115.28万吨。

【地方储备粮管理】 2021年，泰州医药高新区（高港区）出台地方储备粮贷款意见，协调区级储备粮贷款资金额度，确保地方储备粮收购资金充足。督促承储企业完成地方储备粮的轮换工作。

【粮食应急保障】 2021年，泰州医药高新区（高港区）建立粮食应急保障体系，与13个日供应能力不低于0.5吨的商场超市签订应急保供协议，进行应急供应网点授牌。

【粮食质量安全检测】 2021年，区发展改革委制定《2021年全区粮食质量安全监测方案》，组织全区基层粮库质检人员参加泰州市小麦质量指标检测比对活动，定期开展小麦、稻谷样品采集及国有企业原粮收购、库存品质检测工作。至年末，政策性粮食质量抽检合格率指标与海陵、姜堰、兴化并列泰州市第一。

【粮食购销领域腐败问题专项整治】 10月，区发展改革委成立推进粮食购销领域腐败问题专项整治工作领导小组，组织开展全区粮食购销领域腐败问题专项整治工作，重点检查基层企业突出主责主业，执行国家粮食收购、销售、存储政策等情况，对排查发现的风险隐患和问题，建立问题台账，分类治理，边查边改、立行立改，明确整改措施、时限和责任人，督促检查问题整改落实。结合上级巡察反馈整改意见，制定整改方案，落实整改措施39条。

【世界粮食日宣传】 10月17日，市发展改革委、区发展改革委、区农业农村局、区教育局、区工业和科技创新局、区妇联及部分粮油企业在高港大润发广场开展泰州市第41个世界粮食日和全国粮食安全宣传周活动，展销本土优质粮油产品，宣传粮食安全主题，发出爱粮节粮倡议。

（戚湘群）

供销合作

【概况】 至2021年，区供销社建成镇级供销社7个、村级供销社4个，农业专业合作社（联合社）24个，农村综合服务社93个，社有企业11个，初步构建成覆盖区、镇街、村（社区）的三级为农服务网络体系。2021年，全区供销系统实现销售总额30.9亿元，连锁销售额5.85亿元，农副产品购进额7.23亿元，农副产品市场交易额12.22亿元。

【基层供销组织建设】 2021年，全区供销系统新增为农服务综合体1个（永安洲镇东江为农服务综合体），专业合作社1个（胡庄镇江水清沙螃蟹养殖专业合作社），完成永安洲供销社改造提升。全区农业社会化服务面积4813.33公顷。永安洲供销社建立东江社区为民服务中心，具有社区养老助餐服务、快递超市、日用品超市、特色农产品（河豚）文化建设等功能。刁铺供销社破题社区供销社建设难题，建成明发万人社区便民服务中心。口岸街道引江农产品展销中心打造春、夏、秋、冬4个展板，增设电商直播功能，加强项目宣传，拓宽产品销路。

【为农服务体系建设】 2021年，区供销社下属3个现代农业综合服务中心主动承担统防统治、秸秆回收、包装废弃物回收等任务，形成农业部门主管和供销合作社具体实施的农业社会化服务组织架构。统筹社有企业、基层社、专业合作社资源，提供解决种源难题、农机维修保养、农产品网络销售等为农服务。胡庄供销社牵头成立江水清沙螃蟹养殖专业合作社，指导蟹农统一育苗、销售。推行供销绿色生态服务，建成标准化区级药肥集中采购统一配供及包装废弃物回收中心。全年集中配供农药3吨，回收药肥包装废弃物198万只，处置废弃物20吨，回收率90%以上，处置率100%，《新华日报》、新华网先后专题报道，泰州市副市长批示推广。白马镇黄河现代农业综合服务中心引进复合型秸秆打包机，全年回收秸秆6000余吨。

【社有企业管理】 2021年，区供销社将社有企业烟花公司变更为全资企业泰州市高港区润港供销有限公司，实现政企分开、社企分开，完善“三重一大”、薪酬方案、财务管理等制度，提升社有资产运营效率。

【农资与农产品保供】 2021年，区供销社到社有企业中的便民服务中心和蔬菜批发市场调研疫情防控和保供稳价工作。新冠肺炎疫情期间，社有企业供应大米、面粉、食用油、蔬菜等生产生活用品30余吨，供应口罩、酒精、消毒液、体温枪约1.3万件。区供销系统整合形成包括1个区级农资配送中心、18个农资配送配供网点的农资服务网络，采取电话预约、微信订购、线上销售、配送上门等多种服务方式，为全区农户和新型农业经营主体提供农资订购服务。春耕期间，区供销系统共配供复合肥约3200吨、各类农药约65吨。

【冷链物流配送中心项目】 2021年，区供销社推动区冷链物流配送中心项目建设，落实清单式管理机制，取得区发展改革委项目建议书和可行性报告批复，总平面图经泰州市国土空间规划设计院审核通过，图纸设计基本完成。该项目入选江苏省供销社农业社会化服务和农村现代流通项目库。

（陈　巍）

电子商务

【概况】 2021年，全区开展农村电商培训944人次，农村电商线上销售额5.83亿元，其中，农产品线上交易额1.71亿元，比上年增长36.82%。落实“区农业十条”农产品流通销售奖申报工作，泰州泗润米业有限公司、江苏上膳源生态农业发展有限公司、江苏西来原生态农业有限公司3个单位获得支持；落实市、区电子商务专项扶持资金项目，支持电子商务示范创建项目2个。

（周　洪）

【农村电子商务】 2021年，泰州医药高新区（高港区）将农产品线上销售等奖补政策纳入《高港区关于加快推进农业农村高质量发展的若干政策意见（试行）》。开展“百家电商助农销售”活动，动员名特优农产品参加高港区农民丰收节直播、胡庄美食节、农产品展销会等活动，拓宽农产品上行渠道。区供销社党支部与中国移动通信泰州分公司党支部签订“党建和创”协议，开设高港农特产品“电商直播”活动。

（陈　巍）

中国医药城会展中心　　泰州华信药业投资有限公司　供图

会展业

【概况】 2021年，全区有会展中心1个，为中国医药城会展交易中心。

【中国医药城会展交易中心】 位于泰州大道388号。具有展览展示、专业交易、国际会议、综合配套等功能。会展中心室内展览面积4万平方米，有主会议厅2990平方米、停车位1318个、会议室18间。2021年，共接待会议、活动94场。

（中国医药城会展交易中心）

物流业

【概况】 2021年，泰州医药高新区（高港区）有规模以上现代物流企业53个，实现营业收入62.3亿元。

2021年泰州医药高新区（高港区）规模以上现代物流企业名录

泰州中瑞物流有限公司
泰州圆通速递有限公司
江苏泰高高速公路有限公司
泰州稳强船舶服务有限公司
江苏泰州大桥有限公司
泰州嘉航海运有限公司
泰州市锦泰货运代理有限公司
享运科技物流（泰州）有限公司
泰州港务集团有限公司
泰州顺丰运输有限公司
泰州长丰海运有限公司
泰州高远物流有限公司
泰州统一超商有限公司
泰州韵达电子商务有限公司
泰州天恒物流有限公司
江苏科畅供应链管理有限责任公司
泰州市润成运输有限公司
泰州市润阳土石方工程有限公司
泰州市飞鹿客运有限公司
泰州市华通船务有限公司
泰州市长运汽车运输有限公司
泰州申燃航运有限公司
中国邮政集团有限公司泰州市分公司
泰州远东国际船舶代理有限公司
江苏永信船务有限公司

江苏鑫耀运输有限公司
江苏皇成供应链管理有限公司
江苏省粮食集团泰州粮食收储有限公司
泰州市通江油品装卸有限公司
泰州海泰油品装卸有限公司
泰州高港港务有限公司
泰州杨湾益嘉港务有限公司
江苏正德物流有限公司
泰州扬子江船务有限公司
泰州益嘉物流有限公司
泰州港盛船务有限公司
泰州泰高集装箱综合物流有限公司
泰州益友船务代理有限公司
泰州益海码头有限公司
江苏海企化工仓储股份有限公司
泰州永安港务有限公司
泰州华盛物流有限公司
泰州东田船舶代理有限公司
泰州东港货运有限公司
江苏悦禾物流科技有限公司
泰州国际集装箱码头有限公司
泰州汇福长荣物流有限公司
江苏优力博国际物流有限公司
泰州鸿宇国际货运代理有限公司
大泗医疗器械物流有限公司
泰州外轮代理有限公司
泰州中外运物流有限公司
泰州中外运船务代理有限公司

【泰州永安港务有限公司获评省重点物流企业】 2021年，泰州永安港务有限公司被认定为省级重点物流企业，并被纳入省级物流企业目录。泰州永安港务有限公司位于高港综合物流园内，主要装卸粮油、件杂货及散货，是泰州沿江单体码头中规模最大、通过能力最大的作业区。该公司实施“前港后厂”物流新模式，先后与益海（泰州）粮油工业有限公司、江苏汇福油脂科技有限公司等大型粮油企业达成战略合作，发展以粮食为主的绿色货源，成为粮食年进口量500余万吨的粮食中转基地。（苏 辉）

邮政·通信

·邮政·

【概况】 2021年，原高港区共有快递分拨中心6个、快递公司12个、网点200余个，从业人员1500余人。全年快递业务量5226.98万件，比上年增长58.13%，同城、异地、国际及港澳台快递业务量分别占全部快递业务量的8.29%、91.6%和0.11%。快递业务收入9.06亿元，增长30.75%，同城、异地、国际及港澳台业务收入分别占全部快递收入的4.09%、70.03%和0.87%。高港区寄递纠纷人民调解委员会共受理平台、电话等快递矛盾纠纷投诉38起，成功调处38起，调处成功率100%。收到交管部门各类违章通知53起，高港区邮政管理局通知到每一起的违规快递员和网点负责人，逐一进行约谈，分析查找原因，按规章制度给出处理参考意见。

【邮政发展服务】 2021年，高港区邮政管理局开展“守护安全，畅通消费”和“3·15”主题宣传活动，联合高港电视节目中心到顺丰、百世网点录制《邮件包裹瘦身，践行绿色理念》节目。成立“港城轻骑队”，发放《推生态高港，行绿色邮政》倡议书3000余份。联合区总工会开展赠送“冬日暖心大礼包”等“暖蜂行动”。在各快递企业开展“听故事、学党史”读书会，“11·9”消防宣传、“12·4”宪法宣传、安全生产培训等活动，开展职业技能培训，组织职称评选。

【邮政监管】 2021年，高港区邮政管理局督促各寄递企业落实主体责任，严格执行“收寄验视、实名寄递、过机安检”三项制度。联合公安、消防、红十字会等部门开展安全、消防、救助等演练，加大联合检查、专项检查力度。指导寄递企业做好新冠疫情防控和复工复产工作。监督企业制定旺季时段安全预警方案，确保特殊时期、节日节点寄递渠道安全畅通。配合市邮政管理局组织检查3次，与市邮政公司联合检查2次。检查邮政网点30余处、快递网点10余处。配合公安禁毒部门在高港韵达分拨中心建立江苏省寄递渠道毒品查缉泰州站。

（嵇晓东）

·通信·

【电信】 2021年，中国电信股份有限公司泰州分公司双高（高新、高港）区局（简称区电信局）完成主营收入2.25亿元，业务收入增幅16.8%，新兴业务收入0.49亿元，业务收入增幅46.2%。新开服务网点11个。

业务发展 为泰州医药高新区（高港区）16.7万用户提供移动通信服务，电信天翼用户较上年年末提升0.147万户，移动手机业务网间份额提升1.65%。为泰州医药高新区（高港区）10.5万户家庭、企业提供宽带服务，宽带用户提升0.57万户。为泰州医药高新区（高港区）7.55万户家庭、企业提供电视接入服务，电视用户提升0.39万户。

服务疫情防控 为政府、医院、企业等建设云保安系统50余套，提供体温筛查设备70余套，助力政府、企业单位复工复产，多次参与新冠疫情核酸检测保障工作。

推进家庭数字信息化 电信宽带平均带宽达274 M，较上年年末提升110 M。电信宽带中千兆宽带占比达12.2%，助力家庭宽带无线组网，适配各类数字家庭使用场景，提升家庭数字信息化，电信宽带全屋WiFi渗透率47.4%。

助力企业云改数改 签约实施5G项目4个，智慧景区2个，智慧园区、社区各1个，中海油气（泰州）石化有限公司和江苏富华新型材料科技有限公司入选省级产业转型升级5G+工业互联网补贴项目(泰州仅此2个),中海油气(泰州)石化有限公司和国家能源集团泰州发电有限公司入选泰州市5G+工业互联网标杆项目(泰州共3个)。

适老化服务　建成适老化服务门店及户外劳动者港湾36个,建设无障碍通道30个,组织适老微课堂70场次,开展"党建翼联进社区"、"关爱老人翼路同行"(走进鲍徐养老院)等活动。　(夏　勤)

【移动通信】2021年,中国移动通信集团江苏有限公司泰州分公司高港营销中心(简称高港移动)用户规模达25万户,运营收入超过2.3亿元,比上年增长4%。

网络建设　累计建设5G基站45个,700M站点59个,完成原高港区沿江地区及建制乡镇5G全覆盖。对省运会主场馆体育公园利用室外2.6G+4.9G宏站立体组网,打造立体全覆盖的4G/5G网络。利用5G室分别完成泰州职业技术学院新校区、南京中医药大学翰林学院宿舍楼及主要教学楼覆盖,完成长城汽车股份有限公司泰州分公司、泰州市第三人民医院等重要集团5G室内覆盖。解决网络弱覆盖13处,解决弱覆盖小区问题27个。结合政府民生工程,完成6个地下室及188部电梯覆盖。新增覆盖小区(行政村)27个,新增宽带FTTH端口4万余个,基本实现标准小区全覆盖,99%以上小区和村(社区)实现宽带接入。新购节点机房3处,千兆宽带用户达4167户。

宽带业务发展　新增覆盖小区(行政村、沿街)91个,新增覆盖用户17814户,实现小区、沿街、行政村全覆盖,宽带总覆盖17.34万户。全年宽带用户净增7258户,带宽500M以上用户占比62%,互联网电视净增10380户。

企业事业单位和集团业务发展　拥有政府、金融、卫生、交通及企业用户23万人,集团客户服务满意度99.8%。加大全区网络建设,全年新增签订专网专线、一网通2700余条,范围覆盖原高港区7个镇街,产生收入30余万元。参与惠民工程建设,拓展公安"雪亮工程"一期改造项目、政法委云视讯、国土卫士等民生项目。　(王　艳)

居民服务业

【理发业】2021年,泰州医药高新区(高港区)新增理发及美容业个体户177户,包括高港区春日桃绘美容美体店、泰州医药高新区天妃阁美容院、高港区美学理发店、泰州医药高新区康居理发店等。累计有经注册的理发及美容业公司23个、个体户881户。

【洗浴业】2021年,泰州医药高新区(高港区)新注册洗浴业个体户121户,包括高港区丁师傅养生馆、泰州医药高新区清清足道馆、泰州医药高新区天天足浴店、高港区爱欣足疗店。累计有经注册的洗浴业公司37个、个体户500户。

【中介业】2021年,泰州医药高新区(高港区)新注册房地产中介服务公司57个,包括泰州恒房不动产经纪有限公司、泰州安诺房产有限公司、泰州仁居房产经纪有限公司。新增房地产中介个体户5户。累计有经注册的房产中介公司168个、个体户77户。

【广告业】2021年,泰州医药高新区(高港区)新注册广告业公司81个,包括泰州朗星广告装饰有限公司、泰州恩泽文化发展有限公司、泰州市江月广告设计有限公司等。新增个体户36户,包括高港区富维万广告经营部、泰州医药高新区康桥广告工作室、高港区铭江广告经营部等。累计有经注册的广告业公司489个、个体户252户。

【家政服务】2021年,泰州医药高新区(高港区)新注册家政服务公司37个,包括泰州市高港区名瑶家政服务有限公司、泰州市桂珍家政服务有限公司、泰州凯兰家政服务有限公司等。新增个体户9户,包括高港区家佳保洁服务部、泰州医药高新区爱泰净家政服务店、高港区孙氏家政服务中心等。累计有经注册的家政服务公司60个、个体户51户。

【信息咨询】2021年,泰州医药高新区(高港区)新注册信息咨询公司275个,包括泰州市米通工程咨询服务有限公司、江苏仁丰工程咨询有限公司、泰州雨雨大信息咨询服务有限公司等。新增个体户326户,包括高港区佩佩企业管理服务部、高港区玉胜市场营销服务中心、泰州医药高新区天勇医药咨询服务部等。累计有经注册的信息咨询公司1275个、个体户1478户。

(孔　芳)

科 技

综 述

【概况】 2021年，泰州医药高新区（高港区）实现高新技术产业产值1055.95亿元。新增高新技术企业75个。全社会研发投入占地区生产总值的3.37%。新增省科学技术奖3项，其中，一等奖1项，三等奖2项。新建“校企联盟”11个，签订产学研合作协议60项。新增省级企业研发机构11个、市工程技术研究机构8个，市科技公共服务平台1个，24个企业的工程技术研究中心在市级绩效评估中获优秀等次。新增国家级“众创空间”1个、省级“众创空间”1个，获批市级科技支撑计划项目14项，市级孵育计划项目19项，新增省级“星创天地”1个。

【科技成果】 在2021年度江苏省科学技术奖励评审中，泰州医药高新区（高港区）共有3个项目获奖，其中，江苏泰州大桥有限公司参与完成的大跨钢桥疲劳损伤诊断与修复关键技术及应用项目获评省科学技术一等奖，江苏默乐生物科技股份有限公司完成的常见重要感染性疾病高通量检测技术的开发及应用项目、扬子江药业集团江苏龙凤堂中药有限公司完成的中药提取智能制造关键技术及产业化项目获评省科学技术三等奖。在2021年度泰州市科技创新奖评审中，全区共有9个项目获奖，其中，一等奖2项，二等奖3项，三等奖4项。

（刘孟娜 周 静）

2021年泰州医药高新区（高港区）获省、市科学技术奖情况一览表

表15

奖项	项目名称	完成单位
江苏省科学技术一等奖	大跨钢桥疲劳损伤诊断与修复关键技术及应用	江苏泰州大桥有限公司等
江苏省科学技术三等奖	常见重要感染性疾病高通量检测技术的开发及应用	江苏默乐生物科技股份有限公司
	中药提取智能制造关键技术及产业化	扬子江药业集团江苏龙凤堂中药有限公司
泰州市科技创新奖一等奖	非危废污泥深度处理高效节能智能化成套装备研发及产业化	江苏康泰环保股份有限公司
	HPV 检测系统	江苏硕世生物科技股份有限公司
泰州市科技创新奖二等奖	高制动性防水免维护工程机械单级驱动桥总成研发及产业化	泰州神舟传动科技有限公司
	泰州市食管癌相关危险因素识别和防控策略谋划	复旦大学泰州健康科学研究院
	超薄超细鳞片状锌粉（锌片）制备新技术	江苏科成有色金属新材料有限公司
泰州市科技创新奖三等奖	车载移动4G多功能组合双天线关键技术	泰州苏中天线集团有限公司
	超薄宽幅 PTFE 功能薄膜的研发与应用	江苏泰氟隆科技有限公司
	常见重要感染性疾病高通量检测技术的开发及应用	江苏默乐生物科技股份有限公司
	强效镇静药盐酸右美托咪定及注射液的产业化研究	扬子江药业集团有限公司

科技研发机构

【概况】 2021年，泰州医药高新区（高港区）新增省级工程技术研究中心11个，全区累计有省级工程技术研究中心50个。新增市级工程技术研究中心8个。泰州市博泰电子有限公司的江苏省微波高频多层电路板工程技术研究中心等24个企业的工程技术研究中心在市级研发机构绩效评估中获优秀等次。泰州市金衡建筑材料检测有限公司承担的泰州市建筑材料检测服务科技公共服务平台获批泰州市科技公共服务平台。全区有投入运营的新型研发机构7个，分别是中科院大化所泰州生物医药创新研究院（泰州医药城国科化物生物医药科技有限公司）、东南大学泰州医疗器械研究院、国际遗传工程和生物技术中心（ICGEB）中国区域研究中心、复旦健康研究院、中国科学院泰州研究院（泰州国大健康管理有限公司）、哈尔滨工业大学泰州研究院、中科院自动化研究所泰州智能制造研究院。

2021年泰州医药高新区（高港区）新增科技研发机构一览表

表16

类别	机构名称	承担企业
省级工程技术研究中心	江苏省中药全生命周期质量控制工程技术研究中心	扬子江药业集团江苏龙凤堂中药有限公司
	江苏省（友润）引性框架工程技术研究中心	泰州友润电子科技股份有限公司
	江苏省（华威特）动物疫苗工程技术研究中心	华威特（江苏）生物制药有限公司
	江苏省（海王）健康食品工程技术研究中心	江苏海王健康生物科技有限公司
	江苏省同位素医学应用工程技术研究中心	江苏华亘泰来生物科技有限公司
	江苏省（复旦张江）药物创新工程技术研究中心	泰州复旦张江药业有限公司
	江苏省（戴格诺思）诊断试剂工程技术研究中心	江苏戴格诺思生物技术有限公司
	江苏省创伤快速修复材料工程技术研究中心	江苏诺瓦立医疗用品有限公司
	江苏省（九洲）精细化工助剂工程技术研究中心	江苏九洲环保技术有限公司
	江苏省（锦竹）工业用布工程技术研究中心	江苏锦竹工业用布有限公司
	江苏省海上撤离系统工程技术研究中心	江苏海宁船用器材厂有限公司
市级工程技术研究中心	泰州市高性能智能家居精密功能件工程技术研究中心	江苏星徽精密科技有限公司
	泰州市军工弹体专用吊索具工程技术研究中心	泰州市宏达工矿安全部件有限公司
	泰州市高速重载传动链条工程技术研究中心	江苏大力神链传动有限公司
	泰州市多功能夹持型起重吊具工程技术研究中心	江苏正申索具有限公司
	泰州市 LED 柔性灯芯柱工程技术研究中心	江苏佳强照明电器有限公司
	泰州市多肽药物分离纯化工程技术研究中心、	江苏耀海生物技术有限公司
	泰州市单人份化学发光平台工程技术研究中心	泰州泽成生物技术有限公司
	泰州市创新药及高端制剂工程技术研究中心	江苏长泰药业有限公司

【复旦健康研究院】 成立于2007年7月。有人员72人，其中，研发人员24人，高级职称9人，博士11人，硕士7人。研发场地面积1.14万平方米，研发设备近500台（套），原值5500万元。2021年，分别与山东大学齐鲁医院、泰州市人民医院建立战略合作关系。签署横向合作协议15项，合同金额累计355万元。协助市科技局完成一轮复旦大学相关成果对接工作，洽谈复旦大学表型组研究院代谢组检测项目。获批泰州市创新人才项目3项，获江苏省博士创新实践基地资质。与复旦大学、蚌埠医学院、泰州职业技术学院联合培养学生39人。申请发明专利3件、实用新型专利3件、软件著作权15项。

【中科院大化所泰州生物医药创新研究院】 成立于2016年9月，运营主体为泰州医药城国科化物生物医药科技有限公司。有人员60人，其中，研发人员53人，高级职称8人，博士15人，硕士10人。研发场地

中科院大化所泰州生物医药创新研究院　　区工业和科技创新局　供图

东南大学泰州生物医药与医疗器械研究院实验室

区工业和科技创新局　供图

面积6000平方米，研发设备619台（套），原值5282.68万元。2021年，横向课题立项55项，完成45项，在研10项。纵向课题立项13 项，完成7项，在研6项。自主课题立项5项，完成2项，在研3项。新申请发明专利6件，申请商标9件，获授权发明专利1件。

【东南大学泰州生物医药与医疗器械研究院】 成立于2018年2月，运营主体为东南大学泰州生物医药与医疗器械研究院。有人员13人，其中，研发人员9人，高级职称1人，硕士5人。研发场地面积3700平方米，研发设备130台（套），原值1750万元。2021年，新开展研发项目3项，新申报专利10个，获授权专利8个。与6个企业或院所开展项目合作或服务。举办泰州医博会分论坛及各类沙龙、会议、交流等活动30余场。吸引7个企业入孵研究院，其中江苏艾庐光电科技有限公司、闻客医学科技泰州有限公司分别获泰州市双创大赛二、三等奖。

【哈尔滨工业大学泰州研究院】 成立于2018年10月，运营主体为哈工大泰州创新科技研究院有限公司。有人员 17人，其中，研发人员4人，高级职称3人，博士1人，硕士3人（柔性引进16人，其中，博士9人，硕士7人）。车载碳纤维高压氢气瓶项目研发场地面积100平方米，高硅铝/梯度高硅铝合金电子封装项目研发场地面积170平方米。2021年，申请发明专利39件，获授权发明专利19件。孵化衍生企业2个。

【中科院自动化研究所泰州智能制造研究院】 成立于2018年11月，运营主体为江苏中科智能制造研究院有限公司。有人员66人，其中，研发人员46人，高级职称8人，博士8人，硕士6人。研发场地面积7000平方米，研发设备130台（套），原值131万元。2021年，研究院通过“智库”汇聚人才，聘请行业专家，为扬子江药业集团、长城汽车股份有限公司泰州分公司、泰州润骐防务科技有限公司等企业制定创新发展实施方案，实现科研管理、标准规范的精细化。开展智能制造推广，举办主题活动10余场次，包括中科院专家巡诊活动、泰州市科技辅导员培训活动等。

【中国科学院泰州研究院】 成立于2019年12月，运营主体为泰州国大健康管理有限公司。有人员34人，其中，研发人员9人，高级职称4人，博士3人，硕士6人。研究院以泰州及江苏省人群为对象，构建全民全生命周期健康管理系统；积累健康医疗及生物信息大数据，为江苏医药企业及相关产业提供数据分析服务。泰州国科医学检验实验室于2020年8月完成建造并投入使用，完成3700余万元的设备采购及安装，开展精准医学样本检测服务和研究开发工作，成为全国第一个生物医药保税研发实验室。

【ICGEB 中国区域研究中心】 成立于2020年9月，运营主体为国际遗传工程和生物技术中心泰州区域研究中心。有人员19人，其中，研发人员16人，高级职称5人，博士6人，硕士9人，另外引进美国、伊朗、印度等国家的外籍博士4人。实验室面积3000平方米，研发设备100余台（套），原值300万元。2021年，开展人乳头状瘤病毒（HPV）、新冠病毒、膀胱癌诊断和精准治疗、分枝杆菌抗药性等多项研究。在建RNA技术平台、生物计算平台，拟建超分辨影像和结构分析平台、生物大分子相互作用检测平台。与生物医药产业园区的分子诊断、疫苗公司合作，完成诊断检测试剂盒和疫苗研究成果从研究到成果转化的桥接。中心与来自南开大学、中国药科大学、南京中医药大学的3名教授开展课题合作，联合培养博士、硕士研究生5人。全年发表研究论文7篇，申请发明专利2项。 （徐辉宇）

科技管理与服务

【科技计划】 2021年，全区共获批各级各类科技计划项目61项。新增省级“众创空间”1个、省级孵化器1个、省级“星创天地”1个、省级农业科技型企业1个、省科技副总1人、省科技成果转化3项、省级重点研发计划6项、省基础研究计划1项、省国际合作计划1项。市科技基础设施建设计划21项，获得资助763万元。市级科技支撑项目21项，获得资助745万元。市级孵育计划19项，获得资助540万元。市级重大科技成果转化资金项目5项，获得资助1200万元。市级孵育计划19项，获得资助520万元。

2021年泰州医药高新区（高港区）科技计划项目一览表

表17

计划类别	项目名称	承担单位	奖励资金（万元）
省级孵化器	泰州医药高新区医药创业服务中心	江苏华创医药研发平台管理有限公司	—
省级“众创空间”	滨江大健康新材料科创空间	中创科技孵化器泰州有限公司	—
省级“星创天地”	泰州市有机蔬菜星创天地	江苏上膳源生态农业发展有限公司	—
省农业科技型企业	—	扬子江药业集团江苏龙凤堂中药有限公司	—
省科技成果转化	重组全人源抗RANKL单克隆抗体注射液研发及产业化	江苏泰康生物医药有限公司	1000
	四价流感病毒亚单位疫苗的研发及产业化项目	江苏中慧元通生物科技有限公司	800
	高准确性新冠等呼吸道病毒的核酸分子诊断POCT平台的研发及产业化	江苏硕世生物科技股份有限公司	1000
省科技副总	夏泽龙	江苏天和地理信息有限公司	—
省级重点研发计划（社会发展）项目	盐酸特拉唑嗪胶囊一致性评价研究	扬子江药业集团江苏制药股份有限公司	100
	疫苗评价关键技术研究及应用示范	泰州疫苗临床研究中心	300
	基于多组学数据的认知障碍早期识别关键技术研究	复旦大学泰州健康科学研究院	50
	一类新药c-Met抑制剂谷美替尼的开发及商业化生产	泰州海和药业有限公司	100
省重点研发计划（现代农业）项目	社会化服务后补助（西来原农业星创天地）	江苏西来原生态农业有限公司	25
	生猪绿色高效规模化养殖的免疫防控关键技术研发	泰州起点医疗科技有限公司	50
省基础研究计划项目	基于“AhR分子靶点—免疫调节效应”的板蓝根吲哚类生物碱抗病毒早期感染的药效物质基础与作用机制研究	南京中医药大学翰林学院	10
省国际合作	新型抗耐药菌感染化学创新药的联合研发及产业化	扬子江药业集团有限公司	80

续表17

计划类别	项目名称	承担单位	奖励资金（万元）
市级科技支撑计划（农业）	暗纹东方鲀小瓜虫病综合防治技术研发	泰州丰汇农业科技有限公司	20
	温室苗床高效智能化巡检补苗作业关键技术研究	江苏汉扬农业科技有限公司	20
	湖羊规模化高效精准饲养技术集成与示范	江苏西来原生态农业有限公司	20
	特征菌群结构介导的眼部健康产品开发关键技术研究	艾兰得营养品泰州有限公司	20
市级科技支撑计划（社会发展）	基于直接免疫荧光技术的PD-L检测用试剂盒开发和应用	阿里生物技术泰州有限公司	15
	用于乳腺癌治疗的新型双特异性抗体药物的分子设计与工艺开发	江苏华泰疫苗工程技术研究有限公司	15
	骨钙素检测试剂盒（化学发光法）	江苏奥雅生物科技有限公司	5
市级科技支撑（产业关键技术研发）	新型双向阻尼式垂直门体用精密铰链关键工艺技术研发	江苏星徽精密科技有限公司	50
	新型环保有机磷阻燃剂系列产品的研发及产业化	富彤化学有限公司	50
	减速伞关键技术研发	泰州市佳源机带有限公司	50
	RXR-YM95000D-A型消防排烟灭火机器人的研发	江苏安凯隆消防装备实业有限公司	50
	轨道运输专用GR/UHMWPE复合纤维制品关键技术研发	江苏天华索具有限公司	50
	基于人眼空间光场跟踪的自由立体视频转换播放系统的研发	泰州汇锦电子有限公司	40
	小直径超细晶铜镁合金导体关键材料及其工艺技术研究	泰州德诚精密线材科技有限公司	50
	引线框架用高性能铜合金异形带制备工艺的研发	泰州麒润电子有限公司	50
	涤长丝高速缝纫线无水硅蜡油功能整理剂的关键制备技术的研发及应用	泰州万诺纺织科技有限公司	50
	经皮神经电刺激仪项目的研发	江苏爱源医疗科技股份有限公司	40
	面向“玲龙一号”的小型移动式核反应堆燃料转运装置推链驱动系统的研究	江苏英孚机器人有限公司	50
	药用皂苷资源共性关键技术研发	泰州医药城国科化物生物医药科技有限公司	50
	面向大厚度超精密加工的电火花线切割闭环取样技术的研发	泰州龙芯微电子技术有限公司	50
	精密五轴智能数控电火花线切割机床的研发	泰州市雄峰机械有限公司	50
市级孵育计划	基于多元融合的多姿态可调节专用吊具的研发	泰州市宏达工矿安全部件有限公司	20
	舰船通风系统用光圈式调风门的关键技术研发	江苏永胜海洋工程有限公司	30
	充换电一体化平台系统项目的研发	江苏智慧优视电子科技有限公司	30
	5G基站用超薄型低介电低密度复合材料天线防护外罩	泰州高意诚复合材料有限公司	30
	新型防霉抗菌防水阻燃环保墙纸的研发	江苏东宇墙纸有限公司	30

续表17

计划类别	项目名称	承担单位	奖励资金（万元）
市级孵育计划	麻醉科专用一次性空气过滤器套组的研发	泰州市美诺医疗器械有限公司	30
	基于物联网的节能型一体化智能温控机组的研发	江苏欧莱特新能源科技有限公司	30
	多元梯度功能材料激光增材制造关键技术及设备的研究	江苏三帝康复科技有限公司	30
	基于新冠肺炎救治用具有缓释抗菌功能医用泡沫敷料的研发	江苏洁乐医用敷料有限公司	30
	Niraparib 侧链的研发	江苏辛巴生物医药有限公司	30
	表面含聚氨基酸共聚物的抗菌导尿管项目的研发	泰州度博迈医疗器械有限公司	30
	具有单向导湿功能织物项目的研发	泰州市高新非织造布有限公司	30
	特异性免疫犬血液蛋白制品的研发	泰州博莱得利生物科技有限公司	30
	新一代便携式体成分代谢营养检测分析仪的研发	江苏康爱营养科技有限责任公司	30
	基于智能识别的全自动阴道分泌物分析仪的研发	江苏佰思瑞生物科技有限公司	30
	用于口腔种植骨增量技术的人工骨材料	华魁科技泰州有限公司	20
	基于物联网的车用火情探测及S型气溶胶自动灭火系统	泰州瑞道材料科技有限公司	30
	用于5G设备的混杂纤维复合材料的结构设计与应用研发	泰州光丽光电科技有限公司	20
	精准定位、通信和导航功能的北斗双模一体机	江苏北斗天汇物联网科技有限公司	30
市级重大科技成果转化资金项目	车载移动5G多功能组织双天线关键技术的研发及产业化	泰州苏中天线集团有限公司	250
	水胶体油纱敷料的研发及产业化	泰州市榕兴医疗用品股份有限公司	200
	低温等离子射频手术系统研发及产业化	江苏邦士医疗有限公司	250
	新型冠状病毒（SARS-CoV-2）IgG/IgM 磁微粒化学发光诊断试剂盒研发及产业化	泰州泽成生物技术有限公司	250
	3.5MW 低排放静音燃气轮机车载移动电站研发及产业化	泰州锋陵特种电站装备有限公司	250

【产学研合作】 2021年，全区共征集企业技术需求57项，新建校企联盟11个，签订产学研合作协议60项。邀请中科院专家教授赴园区开展“技术巡诊”活动，现场解决企业在人工智能和装备自动化领域的技术难题12项。联合教育部科技发展中心开展2021年蓝火博士团高港分团驻企服务活动，选派20名高校博士生到12个企业开展驻企服务。

【科技金融服务】 2021年，全区共有19个企业获得“苏科贷”贷款计8000万元。其中，江苏益玛生物科技有限公司获贷金额500万元，泰州福声电子科技有限公司获贷金额200万元，泰州市万达轮业制造有限公司获贷金额500万元，阿里生物技术泰州有限公司获贷金额300万元，泰州市昊鑫电力器具有限公司获贷金额300万元，泰州圣斯泰科汽车部件有限公司获贷金额100万元，江苏圣琪双金属材料有限公司获贷金额500万元，江苏智慧优视电子科技有限公司获贷金额200万元，泰州市宏达工矿安全部件有限公司获贷金额300万元，江苏慧峰仁和环保科技有限公司获贷金额500万元，江苏天华索具有限公司获贷金额300万元，江苏九龙消防科技有限公司获贷金额150万元，泰州库宝制冷设备制造有限公司获贷金额200万元，泰州光丽光电科技有限公司获贷金额300万元，泰州凯瑞电子有限公司获贷金额250万元，江苏凯威药用包装有限公司获贷金额400万元，江苏昆仑光源材料有限公司获贷金额700万元，泰州汇锦电子有限公司获贷金额

1300万元，泰州市三江消防器材有限公司获贷金额1000万元。

【新增省级"众创空间"1个】2021年，泰州医药高新区"滨江大健康新材料科创空间"入选2021年度省"众创空间"备案名单。该"众创空间"占地面积1500平方米，拥有创业工位35个，设立500万元种子资金，搭建人才引进、项目申报、创业投资等孵化服务平台。累计入驻初创企业8个、创业团队3个。

【新增省级"星创天地"1个】12月，省科技厅公布第五批"星创天地"名单，江苏上膳源生态农业发展有限公司承担的泰州市上膳源有机蔬菜"星创天地"名列其中。全区累计有国家级"星创天地"2个、省级"星创天地"10个。（周　静　王　媛）

高新技术产业

【概况】2021年，全区新增省级高新技术企业75个、省级高新技术企业培育入库56个、省级民营科技型企业36个。全区实现高新技术产业产值1055.95亿元，占规模以上工业产值的50.31%。

2021年泰州医药高新区（高港区）新增各类科技企业一览表

表18

类别	企业名称
省级高新技术企业	江苏昆仑光源材料有限公司
	泰州市贝斯特精铸机械有限公司
	泰州德诚精密线材科技有限公司
	江苏凯威药用包装有限公司
	泰州苏中天线集团有限公司
	泰州超人汽车电子有限公司
	泰州市佳源机带有限公司
	泰州市榕兴医疗用品股份有限公司
	江苏海企化工仓储股份有限公司
	泰州高意诚复合材料有限公司
	江苏金环试验设备有限公司
	江苏佳强照明电器有限公司
	扬子江药业集团江苏龙凤堂中药有限公司
	富彤化学有限公司
	江苏惠利生物科技有限公司
	泰州市旺灵绝缘材料厂
	泰州市金鼎电子有限公司
	江苏东旷包装制品有限责任公司
	泰州市博泰电子有限公司
	江苏能建机电实业集团有限公司
	泰州市常泰电子有限公司
	江苏神驰机电有限公司
	泰州晟禾水处理设备制造有限公司
	泰州润杰物流安全装备科技有限公司
	泰州市昊鑫电力机具有限公司
	江苏固泰建筑材料科技有限公司

续表18

类别	企业名称
省级高新技术企业	泰州市东方传动技术有限公司
	江苏建声影视设备研制有限公司
	江苏迈邦生物科技有限公司
	泰州市天海金源防务科技有限公司
	江苏伟禾生物科技有限公司
	江苏百宁盈创医疗科技有限公司
	江苏普罗诺生物科技有限公司
	江苏金迪克生物技术股份有限公司
	江苏美时医疗技术有限公司
	江苏大同盟制药有限公司
	华威特（江苏）生物制药有限公司
	江苏爱源医疗科技股份有限公司
	江苏荃信生物医药有限公司
	江苏西典药用辅料有限公司
	瑞莱生物科技江苏有限公司
	泰州复旦张江药业有限公司
	江苏嘉肽生物技术有限公司
	泰州博莱得利生物科技有限公司
	江苏一米生物科技有限公司
	江苏长泰药业有限公司
	江苏英孚机器人有限公司
	泰州迈博太科药业有限公司
	江苏诺瓦立医疗用品有限公司
	江苏康为世纪生物科技股份有限公司
	泰州健为医学检验实验有限公司
	江苏戴格诺思生物技术有限公司
	江苏蜂奥生物科技有限公司
	江苏中科生命科学研究有限公司
	江苏南瑞泰事达电气有限公司
	泰州光丽光电科技有限公司
	泰州敬道电力工程有限公司
	泰州神舟传动科技有限公司
	江苏凯恩特机械设备制造有限公司
	江苏江豪发电机组有限公司

续表18

类别	企业名称
省级高新技术企业	海普电器有限公司
	泰州市国瑞汽车部件有限公司
	江苏海阳锦纶新材料有限公司
	江苏富华新型材料科技有限公司
	泰州市三定新材料科技有限公司
	扬子江药业集团江苏海慈生物药业有限公司
	泰州海达塑胶包装有限公司
	泰州日顺电器发展有限公司
	中能锂电科技泰州有限公司
	江苏诚泰测绘科技有限公司
	江苏北斗天霖信息技术有限公司
	江苏连峰信息科技发展有限公司
	泰州领晟电子科技有限公司
	泰州市科健电炉电器有限公司
	江苏锦竹工业用布有限公司
省级高新技术企业培育入库企业	泰州市江畔压延有限公司
	江苏新西贝机电有限公司
	江苏苏心遮阳科技有限公司
	江苏铁佑德液压科技有限公司
	江苏瑞畅复合材料有限公司
	江苏安氟龙科技有限公司
	泰州高意诚复合材料有限公司
	泰州合创金属科技有限公司
	江苏东旷包装制品有限责任公司
	泰州市炎川金属材料有限公司
	泰州铭建精机模具有限公司
	统之幸食品（江苏）有限公司
	江苏法思特食品安全技术服务有限公司
	泰州新测检测科技有限公司
	江苏力之创特种装备制造有限公司
	泰州鼎恒环保科技有限公司
	泰州凯瑞电子有限公司
	泰州市政锋注塑有限公司
	泰州市瑞美新材料科技有限公司

续表18

类别	企业名称
省级高新技术企业培育入库企业	江苏海港成套设备安装有限公司
	江苏爱华泰克医疗器械有限公司
	江苏迈威康新药研发有限公司
	江苏美通制药有限公司
	泰州博莱得利生物科技有限公司
	江苏诺鬲生物科技有限公司
	江苏百宁盈创医疗科技有限公司
	江苏荃信生物医药股份有限公司
	江苏伟禾生物科技有限公司
	石药集团中诺药业（泰州）有限公司
	泰州莱赛医疗器械有限公司
	江苏春帆生物科技有限公司
	江苏伊士嘉医疗科技有限公司
	江苏一米生物科技有限公司
	江苏西典药用辅料有限公司
	江苏科泰岩土工程有限公司
	江苏江豪发电机组有限公司
	泰州光丽光电科技有限公司
	博瑞（江苏）环保设备有限公司
	泰州特科塑料技术有限公司
	泰州百颗星铝业科技有限公司
	润祁科技集团有限公司
	泰州铸鼎新材料制造有限公司
	泰州市三定新材料科技有限公司
	泰州利广瑞新材料科技有限公司
	江苏中江装配式建筑科技股份有限公司
	震赛智能科技江苏有限公司
	江苏新嘉高科建材有限公司
	泰州左岸信息科技有限公司
	泰州诺盟新材料科技有限公司
	江苏鸿诚环保新材料有限公司
	泰州億达彩印包装有限公司
	泰州宏达印染机械有限公司
	泰州市双逸体育器材有限公司

续表18

类别	企业名称
省级高新技术企业培育入库企业	泰州市春城建材机械厂
	泰州市华通消防装备厂有限公司
	江苏北斗天霖信息技术有限公司
省级民营科技型企业	江苏美艺舞台设备工程有限公司
	泰州市榕兴医疗用品股份有限公司
	泰州凯瑞电子有限公司
	泰州市常泰电子有限公司
	泰州浙华机械精锻有限公司
	江苏奥斯塔能源科技有限公司
	江苏荣美液压设备制造有限公司
	蜂巢蔚领动力科技（江苏）有限公司
	江苏佳强照明电器有限公司
	江苏禾祁知识产权服务有限公司
	江苏智慧优视电子科技有限公司
	江苏康泰环保装备有限公司
	江苏圣琪双金属材料有限公司
	江苏中盛医学诊断试剂有限公司
	泰州朵儿智能科技有限公司
	江苏耀海生物制药有限公司
	江苏泰德医药有限公司
	江苏邦士医疗科技有限公司
	江苏鸿诚环保新材料有限公司
	江苏金迪克生物技术股份有限公司
	江苏瑞阳医疗科技有限公司
	江苏安泰生物技术有限公司
	江苏嘉肽生物技术有限公司
	江苏卫蓝医疗科技有限公司
	江苏盈科生物制药有限公司
	江苏鼎为云智能科技有限公司
	泰州龙谷信息科技有限公司
	江苏伟禾生物科技有限公司
	泰州联鑫电子科技有限公司
	江苏承康医用设备有限公司
	江苏康为世纪生物科技股份有限公司

续表18

类别	企业名称
省级民营科技型企业	江苏美凤力医疗科技有限公司
	泰州博莱得利生物科技有限公司
	江苏上昂建筑科技有限公司
	泰州市三江消防器材有限公司
	江苏百宁盈创医疗科技有限公司

【科技企业孵化器】 2021年，泰州医药高新区（高港区）建有科技企业孵化器11个（专业孵化器4个、综合性孵化器7个），其中，国家级3个，省级7个，市级1个，孵化面积52.87万平方米，在孵企业超400个。国家级科技企业孵化器中，泰州市高新技术创业服务中心累计毕业企业251个，年末在孵企业107个；泰州市高港区高新技术创业服务中心累计毕业企业219个，年末在孵企业88个；江苏华创医药研发平台管理有限公司属于生物医药与医疗器械类专业孵化器，累计毕业企业96个，当年毕业企业9个，其中高新技术企业4个，年末在孵企业44个。

（陈 燕）

气 象

【公共气象服务】 2021年，区气象局共发布常规气象预报2040次，每周一发布"一周天气"公报共48期，发布重要天气报告26期、各类专题服务材料32期，公报内容包括最新天气变化、天气过程防灾减灾建议、夏收夏种及秋收秋种意见等。春运、春节、清明、"五一"、端午、中考、高考等重要节点发布天气公报34期。各重要农事阶段的气象服务，共发布小麦赤霉病防治、春耕春播、夏收夏种、秋收秋种等农事气象服务专报21份，发布农业气象提醒短信20次，出具气象服务证明20份。

【气象防灾减灾】 2021年，区气象局发布各类预警信号76次。其中，大风蓝色预警信号7次、大风黄色预警信号2次，雷暴黄色预警信号6次、雷暴橙色预警信号2次，雷暴大风黄色预警信号18次，台风蓝色预警信号4次、台风黄色预警信号2次，高温黄色预警信号3次、高温橙色预警信号2次，大雾黄色预警信号6次、大雾橙色预警信号2次，寒潮蓝色预警信号2次、寒潮黄色预警信号3次、寒潮橙色预警信号3次，暴雨蓝色预警信号4次、暴雨黄色预警信号8次、暴雨橙色预警信号2次。应对"4·30"强对流天气，4月26日起，向区委、区政府发布天气公报2期、大风警报2次、工作提醒1次，提供短信预报服务5次，发布大风黄色预警信号2条。应对"7·28"强降水，发布预警信号11次、重要天气报告6份。

【气象灾害风险普查】 主要包括台风、暴雨、干旱、大风、冰雹、雪灾、低温、高温和雷电9种灾害普查。2021年，区气象局走访水利、应急、农保等部门，查阅历史资料和地方志、年鉴等，获得地方灾情记录120条，获得基础性统计资料。查阅泰州有气象观测记录以来的历史资料及灾情上报资料，获得灾情记录数据55条。在省气象局下发的历史气象因子资料基础上，完成影响灾害的历史气象因子资料复核工作。年内，基本完成历史气象灾情收集、录入和上报工作。

【防雷安全监管】 2021年，区气象局开展节日期间安全检查、安全生产专项整治行动等防雷安全监管工作。对全区44个重点监管企业完成46次全覆盖安全检查，排查出安全隐患8处，全部整改到位。

【气象科普宣传】 2021年，区气象局暂停各类现场科普活动，开展网络科普宣传。"3·23"世界气象日，通过微博转发主题宣传片，在电视台开展宣传活动。以视频或图片等形式对暴雨、大风、雷电、寒潮等灾害性天气进行科普宣传。

（汤 钰 言文峰）

经济管理

宏观经济管理

【“十四五”规划编制】 2021年年初，泰州医药高新区、高港区组建“十四五”规划联合编制小组，重新组织走访调研、收集资料、内部会商、起草撰写等工作。3—6月，区发展改革委牵头组织开展多轮规划公开征求意见，推动规划文本修改完善。7月20日，《泰州医药高新区（高港区）国民经济和社会发展第十四个五年规划和二〇三五年远景目标纲要》经泰州市高港区五届人大五次会议审议通过。10月，泰州医药高新区（高港区）召开“十四五”专项规划编制推进会，明确全区专项规划计划，共30篇，其中，园区重点规划5篇，部门重点规划10篇，部门一般规划15篇。

【产业发展谋划】 2021年，区发展改革委调研金融、贸易、物流、汽车产业等领域，形成专题调研材料6篇，《泰州医药高新区生产性服务业发展思路研究》入选2021年度全市发改系统重点调研课题。制定出台《医药高新区（高港区）社会主义现代化建设实施方案》，总结形成20篇现代化建设经验案例，6篇被推荐参加省级评选。组织全区218个规模以上企业参与融入苏锡常都市圈企业问卷调查，梳理重点园区、相关部门与上海、苏锡常等都市圈的合作事项及成效，探索区域合作新模式。服务泰州医药高新区（高港区）五大园区产业规划和产业链图谱编制，推动生物医药、化工新材料、电子信息、现代物流等重点产业对标行业先进水平，实现强链延链补链。

【推动服务业发展】 2021年，泰州医药高新区（高港区）实现服务业增加值481.87亿元，比上年增长10%，服务业增加值占地区生产总值比重为43.5%。租赁和商务服务业营业收入46.1亿元，增长76.8%，增速位列全市第二；科学研究和技术服务业营业收入26.8亿元，增长88.8%，增速位列全市第一。华润万象城等商业综合体开业。总投资20亿元的凤城·悦天地项目建设稳步推进。

【投资项目审批】 2021年，区发展改革委完成政府投资项目审批90件，其中，项目建议书批复41件，可行性研究报告批复49件。

【地方政府专项债券申报】 2021年，区发展改革委继续组织申报地方政府专项债券，泰州港综合提升三期工程、高港实验幼儿园、海军舰艇文化公园一期、康居南侧地块保障性安置房二期4个项目共计发行专项债券6.5亿元。

【新冠肺炎疫情防控物资保供】 2021年，区发展改革委多次召开全区疫情防控物资储备工作推进会，制定印发《疫情防控物资保障应急预案》，根据疫情防护主要物资需求情况，合理安排应急防疫物资采购计划，及时调配物资充足交通卡口一线，保障疫情防护物资需求。

【油气输送管道与电力安全】 2021年，区发展改革委制定油气输送管道与电力安全工作方案，成立工作组，与企业签订安全生产责任书，定期召开工作推进会议。开展联合检查3次，召开联席会议2次，开展部门电力安全检查2次、油气输送管道安全检查2次，隐患整改率100%。落实信息报送制度和安全生产工作周报制，实行重大节假日和重大活动巡线情况日报制。 （吴桂明）

财　政

【概况】 2021年，泰州医药高新区（高港区）完成一般公共预算收入100.54亿元，比上年增长11.8%，总量、增量、增幅均位列全市第一。其中，税收收入76.89亿元，增长17.7%，超全市平均增幅42.7%。减免、缓征各类税费约26.65亿元，税收达1000万元企业新增至143个。统筹使用上级各类专项资金，配套安排

"四个十条"（工业十条、创新十条、人才十条、开放十条）等奖补资金3.75亿元。"泰信保"放款7.9亿元，服务中小微企业166个。投入涉农资金4.1亿元，上争转移支付1.2亿元。

【民生资金投入】 2021年，全区教育、社保、医疗等民生支出64.69亿元，占一般公共预算支出的75.7%。安排学校建设、教育设备等资金1.23亿元，增发教师上下班交通补贴，上调教师奖励性绩效标准。安排"健康惠民一号工程"资金0.5亿元、基层医疗卫生及基本药物制度改革补助1亿元，支持泰州市第三人民医院、基层卫生院等项目建设。安排疫苗接种、核酸检测等防疫资金0.48亿元。城乡居民医保补助提高到每人每年700元，基础养老金标准提高到每人每月216元，城乡低保标准提高到每人每月740元，新增特困人员护理补贴。足额保障扫黑除恶、安全生产、"雪亮工程"和全国文明典范城市创建等工作经费。发放耕地地力保护补贴、实际种粮农民一次性补贴、稻谷补贴等0.28亿元，整改财政领域涉粮巡察反馈问题，维护粮食安全。

【政府采购管理】 2021年，全年政府采购预算11440.9万元，实际采购金额10610.37万元，节约财政资金830.52万元。根据财政部及省、市文件精神，结合本地实际出台政府集中采购目录及采购限额标准，通过目录清单规范政府采购行为，落实采购人的主体责任。推进"互联网+政府采购"工程建设，政府采购交易系统正式运营。政府绿色采购考核指标连续五年高于省、市80%的要求。全年完成政府购买服务项目16个，实际采购金额6528.63万元，节约财政资金108.86万元。

【预算绩效管理】 2022年，区财政局实施零基预算，集中财力办大事。推进预算管理一体化建设，实现指标、支付、核算的全覆盖。加强预算执行监控，建立财政资金提示、提醒、监管"三张函"制度，加快支出进度，提高资金使用效率。出台"五不得五严禁"规定，严肃财经纪律，压降一般性支出和"三公"经费0.31亿元，全面规范津补贴发放工作。全年自评价或主管部门评价项目680个、涉及资金32.8亿元，财政重点评价项目32个、涉及资金4.2亿元，推动绩效目标与预算申报、审核、批复"三个同步"。

【政府债务管理】 2021年，区财政局完成债务化解既定目标，高港区顺利"由红降橙"，泰州医药高新区债务率大幅降低。优化债务领导小组职责，形成债务处置、债券上争、督查推进、组织协调的闭环管理。实体化运作区债务办，对园区、镇街国有企业实行提级监管。建立"一债一档、一笔一档"债务管理机制，防止资金"断链"。开展高息债务"削峰"行动，大幅降低融资成本。

【会计管理】 2021年，全区参加网络会计继续教育2892人次，办理会计人员继续教育减免199件。4月底前完成全区11个代理记账机构的年度备案工作。6月，开展2020年度内控报告编报工作。7月，完成全区131个行政事业单位内控报告的汇总上报工作。11月，组织大中型企事业单位财务主管、财政部门业务骨干3人到上海国家会计学院进行为期5天的大中型企事业单位总会计师素质提升工程培训。全年会计专业技术资格初级考试报名人数771人，通过132人；会计专业技术资格中级会计考试报名人数548人，通过76人；发放会计专业技术资格证书208本。 （曹舒扬）

税 务

【概况】 2021年，国家税务总局泰州医药高新技术产业开发区税务局（简称泰州医药高新区税务局）组织入库各项收入120.68亿元。其中，组织入库税收收入96.63亿元，比上年增长52.43%；地方一般公共财政预算收入40.72亿元，增长25.31%，两者增幅保持全市第一；组织入库非税收入24.05亿元；非税收入中，社会保险缴费20.75亿元。全年风险应对总成效8557.51万元。

2021年6月23日，高港区税务局在泰州海军舰艇文化园开展"礼赞百年，税心向党"主题活动 高港区税务局 供图

国家税务总局泰州市高港区税务局（简称高港区税务局）累计组织入库税收收入69.5亿元，比上年增加4.93亿元，增长7.64%，其中，组织入库一般公共预算税收收入36.18亿元，增加3.31亿元，增长10.07%；征收社保费15.46亿元，非税收入2.18亿元。

【税收征管改革】 2021年，泰州医药高新区税务局建立税源分级分类管理机制，推送风险应对、数据核查等任务173户次、信息1367条。全年清理欠税157户，金额合计558万元。开展增值税专票电子化扩围工作。实现土地闲置费、城镇垃圾处理费非税收入有序划转和后续管理。融入地方网格化管理体系和数字政府建设，推动税收治理的数字化转型。

高港区税务局根据征管改革要求，终止与各镇人民政府、街道办事处签订的委托代征协议，新设办税延伸点2个。发挥大数据核心驱动和风险管理导向作用，聚焦数据产品应用、提示提醒策略运用等重点工作，推动税收大数据和风险管理工作。全年完成风险应对任务117户，总成效5621.9万元，户均成效48万元。出台《泰州医药高新区（高港区）城镇垃圾处理费征管方案》。

【减税降费】 2021年，泰州医药高新区税务局建立完善工作机制，基本实现集中办公实体化、辅导精准化、服务数字化、退税联动化，提高普惠性税费“减免退缓”办理效率。全年“减免退缓”各类税费22.15亿元，其中，出口退税10.81亿元，留抵退税4.45亿元，缓征制造业中小企业税款5200万元。

高港区税务局落实落细各项税费优惠政策，释放政策红利，减轻市场主体负担。坚持应减尽减，办理资源、福利企业、疫情减免等税收优惠退税8631条，合计7.33亿元。落实制造业中小微企业缓缴政策，全区累计享受缓缴8283万元。

【税收营商环境】 2021年，泰州医药高新区税务局纳税申报时长缩短，留抵退税办结时长指标居全市第2位，新办套餐在16分钟以内办结，企业注销手续80%以上可当场办结。推进“非接触式”办税服务，开展“一企来”“春雨润苗”专项行动，相关做法被中央主流媒体和地方媒体专题报道20余次，被国家税务总局网站刊发2次。推出“税费服务体验师”挑刺服务。探索长三角一体化跨区协作，完成全市首笔长三角跨省迁移业务。开展“惠汽行动”等各类特色专题活动10余次，服务各类纳税人缴费人5000余人次，受到纳税人表扬5次。

高港区税务局推广“线上办税一揽子提升”方案，提高电子税务局、“江苏税务”App使用率，打造以非接触式办税为主、实体办税厅兜底的办税服务新格局，“江苏税务”App企业覆盖率达97.66%。加强对纳税人辅导，保障纳税人申报便利、退税便捷。做好基础设施及办税设备的日常维护和优化工作。充实办税服务厅关键岗位力量，优化业务流程，新办企业套餐10分钟内办结，留抵退税1日内完成，纳税申报时长较年初缩短50%以上，办税服务厅办理满意度99%以上。推进泰州市同城通办及“一口进、一口出”工作，组建后台审核审批团队。开展“我为纳税人缴费人办实事暨便民办税春风行动”，解决纳税人急难愁盼各项问题，提升纳税人办税便利度与满意度。利用泰税云、微信等新媒体及实体渠道，加强新政策的宣传辅导。（李星灿　董璐琳）

审　计

【概况】 2021年，区审计局组织实施审计项目11个，其中由审计署、省、市统一组织实施或委托项目7个，出具审计报告和审计决定书5份、行政指导建议书7份，向区领导报送审计要情、审计专报9份。审计整改促进财政资金及时缴库3.3亿元，分配拨付资金3043.04万元，规范管理资金1604.22万元，追回财政资金2188.34万元，完善制度、办法12项。

【政策跟踪审计】 2021年，区审计局对全区政府隐性债务化解工作进行跟踪审计。选派人员参加全市土壤污染防治专项审计调查，加强土壤污染预防及监督管理。

【财政审计】 2021年，区审计局对区本级、区级部门（高港区财政局、水利局、退役军人事务局、工信局、科技局）、永安洲镇2019年度预算执行和其他财政收支情况实施审计，规范预算管理，维护财经纪律，提高公共资金使用效益。

【经济责任审计】 2021年，区审计局对海陵区人民法院主要负责人实施经济责任审计，促进领导干部推动所在部门、单位科学发展，规范权力运行，推进党风廉政建设。

【专项审计】 2021年，区审计局围绕保障和改善民生、重大项目投资、开发园区改革等重点领域，安排区中小学教育经费管理使用情况专项审计调查、区开发园区创新转型发展专项审计调查、社会保险基金审计、区基本建设和基础设施项目利用社会审计报告质量专项审计调查、市及区民生工程实施情况专项审计调查。在规范财政运行、提升招引质效、促进转型升级、规范工程收费等方面发挥作用。

【国有企业审计】 2021年，区审计局组织对全区19个国有集团公司企业进行清产核资，摸清企业家底，揭示风险隐患，维护国有资产安全，促进国有企业规范管理，助力国有企业改革。

【固定资产投资审计】 2021年，区审计局对泰州市第三人民医院装修改造工程、向阳路雨污水管道改造工程、2020年度胡庄镇高标准农田建设项目等66个工程项目进行造价审核；组织中介机构对在建的雕花楼二期、高港大道地下管廊、疏港南路工程等9个项目实施造价跟踪审核。已审结的项目净核减工程造价14681.6万元，核减率18.39%；对泰州学院二期等5个项目开展全过程跟踪审计，节约投资金额3045万元；结算审核青年公寓二期、南京中医药大学翰林学院改造等6个项目，核减工程造价4.32亿元。

（翟衍琳）

统　计

【概况】 2021年，泰州医药高新区（高港区）加快统计体制、统计数据、统计服务“一体化进程”，组织开展住户调查、人口抽样调查、劳动力调查、粮食测产等统计调查，优化统计服务，加强统计基层基础建设和统计法治建设，为真实反映全区经济社会发展态势、服务高质量发展提供统计保障。区统计局发布《2021年医药高新区（高港区）国民经济和社会发展统计公报》，发行《高港统计年鉴（2021）》。全年撰写统计专报25期、各类统计分析17篇。

【统计调查】 住户调查　2021年，泰州医药高新区（高港区）稳步推进住户调查工作，注重业务培训和访户指导，全年电子记账率97.5%。泰州医药高新区（高港区）全体居民人均可支配收入45214元，比上年增长10.5%，其中，城镇居民人均可支配收入54990元，增长9.8%，农村居民人均可支配收入28582元，增长11.4%。

区统计局到许庄街道三旗营社区进行住户调查　　区统计局　供图

人口抽样调查　9—11月，全国统一开展1‰人口抽样调查，泰州医药高新区（高港区）样本点涉及9个镇街、22个村（社区）、113个调查小区。依据第七次全国人口普查划定的调查小区地域界限，采取“统一管理、分工协作、分级负责、共同参与”的核查方式，做好样本信息核实、业务技术指导员及调查人员选聘与管理、宣传动员及调查摸底、PDA数据采集报送、质量控制和事后质量抽查、数据处理和评估推算、分析研究等工作。

劳动力调查　共抽样7个镇街、10个调查社区，调查家庭1920户。通过调查，及时、准确地反映全区城乡劳动力资源状况，以及就业和失业人口的数量、结构和分布，为政府制定和调整就业政策、改善宏观调控、加强就业服务提供依据。

粮食测产　对全区15个遥感测量面积点进行春夏播和秋冬播遥感测量工作，对8个粮食测产点进行夏、秋粮测产工作，审核汇总并上报测产数据，由省调查队评估反馈全区的粮食播种面积及粮食产量。全区粮食面积16.36千公顷，总产11.2万吨，其中，夏粮播种面积7.98千公顷，秋粮播种面积8.38千公顷。

【统计服务】 新增规模以上企业工作　2021年，“新增规上企业单位数”被纳入各条线、板块重点考核指标。区统计局根据2020年度工业企业开票销售额等数据，开展规模以下企业走访调查，筛选出一批成长性好、生产经营稳健、发展前景广阔的工业企业，建立工业“小升规”后备企业信息库。对拟培育企业按照生产、销售、用工、效益等方面的情况进行类别划分，宣传“小升规”企业扶持政策，支持、鼓励和引导企业做强做优，对能够顺利上规的企业做好服务指导，对重点培育类企业做好实时监测，协调解决企业在上规过程中存在的问题。每月定期对企业进行调查研究，根据企业变动情况对“小升规”后备企业信息库进行实时更新、跟踪监管，加快规模以上工业企业培育，做好规模以下企业进规工作。区统计局加强新增规模以上企业的分析和预警预测，撰写的2篇专报被区党政主要领导批示4次，分管领导批示1次。全年新增规模以上企业326个，全市排名第2位。

经济形势监测预警　全区“四上”企业每月定期报送当月预报数，每月25日区统计局分行业汇总“四上”企业的产值、销售收入、贸易额、商品房销售面积等数据。联网直报平台开网后，密切监测企业上报数据，每日下午汇总当日企业上报数据及上报进度，对总体数据、占比较大的行业数据和重点企业数据进行趋势性分析，及时监测预警。每月定期对经济形势进行研判分析，剖析经济运行中存在的问题，点出板块、部门下一步需要关注的事项。

重点指标专题分析　邀请市统计局负责人及专业处室负责人，围绕GDP核算、高质量考核等统计业务知识，召开专题座谈会，沟通交流，答疑解惑。围绕新增规模以上企业、固定资产投资、规模以上工业增加值等重点指标，加强横向纵向比较，实行每月、每季动态跟踪、重点盯防、及时预警，形成统计快讯。有1篇文章被《中国信息报》刊登，8篇信息被省以上媒体采用，19篇分析被区领导批示。

【统计基层基础建设】2021年，泰州医药高新区（高港区）在原泰州医药高新区5个镇街增设统计站。出台《关于进一步加强医药高新区（高港区）统计工作的意见》，明确完善统计管理体制机制、健全统计执法监督机制、加强部门统计规范管理、夯实统计基层基础建设、强化统计队伍建设等方面的具体要求。在全区单项考核中增设统计工作专项考核，重点从组织领导、基层基础、统计业务、贡献份额四方面进行考核。

统计规范化建设　推进区级统计机构、部门、园区、镇（街道）、村（社区）、企业"六位一体"统计规范化建设，设置园区统计机构，实行镇街统计站垂直管理。制定《2021年全区统计规范化创建方案》，落实专门场地、专职人员、专业素质、专项经费"四专"要求，所有统计站（统计科）均配备3名以上统计人员，所有村（社区）配备专职统计协管员。召开全区统计规范化建设现场会。严格落实村（社区）统计协管员、联网直报企业统计人员登记备案机制，新增备案统计协管员54人，备案更新13人。完成100个企业的规范化"回头看"和15个园区、镇街统计站规范化"回头看"，现场提出整改要求。开展新增联网直报企业的规范化验收工作。全年验收新增联网直报企业125个，验收率100%、合格率100%。

统计质量　修订完善《统计数据全程质量管理实施办法》，加强数据采集、审核、汇总、上报、存储等全程质量控制。修订完善各专业数据评估办法，增强数据科学性。

【统计法治】2021年，区统计局按照《防范和惩治统计造假、弄虚作假督察工作规定》要求，对省统计局随机抽取的18个联网直报企业组织开展"双随机"执法检查，检查情况良好，不存在虚报、瞒报问题。开展防范和惩治统计造假、弄虚作假专项治理工作，重点开展联网直报单位数据质量核查和违规文件排查，防范统计违纪违法行为，提高统计数据质量。推进"八五"普法工作，编印、发放《统计法律法规宣传手册》《统计法律法规读本（普法手册）》。组织领导干部和系统人员专题学习《中华人民共和国统计法实施条例》《防范和惩治统计造假、弄虚作假督察工作规定》，通报统计违法案件情况。（张　浩）

市场监督管理

·综　述·

【概况】2021年，泰州医药高新区（高港区）新增企业5918户，注册资本224.8亿元，从业人数2.23万人，其中，有限责任公司5426户，个人独资企业492户。新增农民专业合作社3个，成员出资总额620万元。新增个体商户6203户，从业人员9406人，注册资本10.7亿元。至年末，全区登记企业3.17万户，注册资本4379.46亿元；个体工商户5.29万户，注册资本80.61亿元；农民专业合作社185个，注册资本5.28亿元。共有食品生产企业74个、食品小作坊103个、食品销售单位3050个、餐饮服务单位2517个、特殊食品经营单位554个、药品零售企业215个（连锁门店117个、单体药店98个）、互联网药品信息服务单位1个；有疾病预防控制中心1个，疫苗接种单位14个，医疗机构17个，社会办诊所、门诊部39个，卫生室（所）、医务室、护理站15个，村卫生室93个，第三方实验室8个，医疗器械网络销售单位117个，医疗器械经营企业1623个（医疗器械批发企业1394个，医疗器械零售企业229个）；化妆品经营企业72个，化妆品使用单位112个。全区各类特种设备使用单位2165个，在用特种设备数量1.98万台（套），其中，电梯7477台、压力容器8374台、锅炉152台、起重机械1968台、场内机动车辆1852台，压力管道1215千米。广告经营单位485户，其中，私营企业469户，内资公司16户，个体工商户250户；从业人员3014人，广告经营额1.08亿元。

【市场监管行政执法规范化建设】2021年，区市场监管局严格落实行政执法规范化建设的各项要求，行政处罚案件100%经过法制审核，全年法制审核案件500余件；重大执法决定100%经过部门负责人讨论及法制审核双把关。组织召开案件审理会7次，集中审理案件200余件，重点审查食品减轻处罚案件及处罚额度2万元以上的重大行政处罚案件。开展行政执法案卷评查活动，评审案卷12份，着重对案件的主体适格、证据确凿、程序合法、文书制作、立卷归档等内容进行检查。受理行政复议9件，其中，驳回申请人行政复议申请7件，复议机关不予受理1件，申请人撤回1件。完成行政诉讼答辩1件，尚未审结，未发生行政复议、行政诉讼败诉案件。应行政相对人申请举行行政处罚案件听证会2次，听取行政相对人听证意见。

【稽查执法】 2021年，区市场监管局办理各类案件646件，罚没入库706.93万元，移送公安机关涉嫌非法添加有毒有害食品、制售假药、抽逃资本等各类涉罪案件36件，移送违法涉罪案件有价值线索10条，联合公安机关捣毁制假售假的黑窝点1个。对全区协会商会、殡葬中介机构、转供电主体进行专项检查，立案1起，罚没款20万元。查处假冒“牛栏山”二锅头等假酒商标侵权案8件，罚没金额4万元。联合公安机关侦办“5·12”某微商涉嫌生产、销售假冒“LV”女式手提包案，案件侦办中。

【抽样检验】 2021年，区市场监管局完成食品抽检4803批次，检出不合格食品103批次，对检出的不合格食品，依法采取下架、封存、召回、立案查处等措施。区食品安全快检中心和各市场监管分局快检室每月快检1100批次以上，全年食品快速检测1.56万批次，疑似阳性227批次，合格率为98.54%。做好不合格食品的后处理工作，将检测情况及分析依法进行公示。完成药品抽检120批次，其中，西药101批次，中药饮片19批次，检验结果全部合格。

【消费维权】 2021年，区市场监管局共收到各类投诉举报6661件，比上年增长10.07%，涉及疫情防护用品消费和服务、食品、药品、特种设备等领域，均在规定的时限内办结和回复，为消费者挽回经济损失900余万元，投诉调解成功率96%，消费者满意率97%以上。围绕“守护安全，畅通消费”主题，组织开展“3·15”线下主题活动，利用横幅和电子显示屏在各大型商场、超市、集贸市场等地段宣传“3·15”活动。配合区电视节目中心发布有关消费维权、消费警示系列报道6篇。

（谷昌财）

·工商行政管理·

【市场主体信用监管】 2021年，原泰州医药高新区企业年报率97.8%、原高港区企业年报率99.9%、农民专业合作社年报率100%。完成全区671户市场主体年报公示信息的抽查工作，抽查结果依法在全国企业信用信息公示系统中公示。组织开展娱乐场所、售卖野生动物、人力资源市场等25项跨部门“双随机”联合抽查，共有14个部门参加，累计检查262户。检查结果在国家企业信用信息公示系统上向社会公示。办理合同案件2件，罚没款合计0.62万元。江苏环宇水利水电工程有限公司、江苏荣鑫通用设备有限公司、江苏翔宇索具有限公司、江苏亚太吊具有限公司、泰州开源工程设计咨询监理有限公司获得江苏省重合同守信用企业称号。

【电商网络监管】 2021年，区市场监管局推进线上线下一体化监管。线上聚焦“6·18”“双十一”，发布网购消费提醒，组织开展网络交易监测监管专项行动。线下加大投诉处理、行政约谈等工作力度。全年办理网络案件18件，罚款总金额11.96万元。

【广告监管】 2021年，区市场监管局组织开展新冠疫情防控期间广告、涉及金融业务违法广告、广告监管领域“护苗助老”、教育培训机构广告排查、房地产开发企业广告监管等专项整治活动，线下检查户外广告1436条，线上监测互联网广告5315条，查处广告案件12件。组织辖区广告企业参加江苏省紫金奖·公益传播设计大赛，共报送平面类参赛作品19个和视频类参赛作品3个。完成2020—2021年度全国广告业统计工作。

【农贸市场监管】 2021年，区市场监管局印发《优化考核奖补机制推动农贸市场长效管理水平新提升工作方案》《“推动市场党建‘1234’模式提升长效管理服务水平”活动方案》。推动农贸市场长效管理，开展疫情防控、文明城市创建、卫生城市创建、长江禁渔、市场秩序整治等工作，拨付区级长效管理奖补资金200余万元。

农贸市场检查　　区市场监管局　供图

【公平竞争审查】 2021年，区市场监管局出台《涉公平竞争审查投诉举报处理办法》，对22个成员单位进行专项督查，全年审查文件67份，所有文件均未违反公平竞争审查各项标准。 （杨　君）

·质量技术监督管理·

【质量强区工作】 2021年，扬子江药业集团有限公司获2021年“欧洲质量奖”。江苏海企化工仓储股份有限公司、江苏蜂奥生物科技有限公司通过“江苏精品”认证评审，江苏宇马铝业有限公司获评省质量信用评价AA级企业，江苏荣鑫通用设备有限公司、泰州华威物业管理有限公司、江苏香江物业发展有限公司、泰州天德湖宾馆有限公司获“泰州品质”认证。万向精工江苏有限公司和长城汽车股份有限公司泰州分公司获得“首席质量官”证书。扬子江药业集团江苏海慈生物药业有限公司获泰州市2021年质量攻关项目成果一等奖，扬子江药业集团江苏龙凤堂中药有限公司、长城汽车股份有限公司泰州分公司获二等奖，万向精工江苏有限公司获三等奖。新增工业产品生产许可证获证企业2个，共有获证企业23个，其中，危险化学品获证企业2个，直接接触食品材料等相关产品获证企业16个，危险化学品包装物及容器获证企业1个，化肥获证企业1个。全年新增检测机构4个，共有各类检验检测中心48个，其中，省级以上质检中心2个，分别为国家精细化学品质量检验检测中心、江苏省特种安全防护产品质量监督检验中心。

【标准化工作】 2021年，江苏上膳源生态农业发展有限公司的有机食品——鲜食玉米栽培技术、泰州市保利大剧院管理有限公司的剧院服务、江苏禾祁知识产权信息科技有限公司的知识产权服务标准化试点项目通过验收。新立项市级服务业地方标准3项（《基层食品安全协助管理规范》《乡镇（街道）食品安全工作规范》《单位（学校）食堂餐饮节约管理规范》）。新立项市级农业地方标准3项（《暗纹东方鲀养殖技术规苑》《农村人居环境整治评价规范》《泰芋2号生产技术规程》）。江苏荣鑫通用设备有限公司等企业主导或参与制定国家标准、行业标准16个。泰州晟禾水处理设备制造有限公司、江苏海企化工仓储股份有限公司、江苏捷晨消防装备有限公司、江苏捷事达电气有限公司通过国家AAA标准化良好行为试点企业验收。4个企业获评泰州市专利标准融合创新示范企业，14个企业获评泰州市专利标准融合创新企业。

2021年泰州医药高新区（高港区）参与制定（修订）国家标准、行业标准、团体标准一览表

表19

标准号	标准名称	参与（负责）起草单位	发布时间
GB 9706.265-2021	医用电气设备第2-65部分：口内成像牙科X射线机的基本安全和基本性能专用要求	泰州中联医疗科技有限公司	2021-02-20
GB/T 39904-2021	区域品牌培育与建设指南	泰州医药高新技术产业开发区管理委员会	2021-03-09
YY/T 1416.5-2021	一次性使用人体静脉血样采集容器中添加剂量的测定方法第5部分：甘氨酸	江苏康为世纪生物科技有限公司	2021-03-09
YY/T 1416.6-2021	一次性使用人体静脉血样采集容器中添加剂量的测定方法第6部分：咪唑烷基脲	江苏康为世纪生物科技有限公司	2021-03-09
GB/T 39905-2021	区域品牌价值评价　产业集聚区	泰州医药高新技术产业开发区管理委员会	2021-03-09
GB/T 40089-2021	石油和天然气工业用钢丝绳　最低要求和验收条件	江苏荣鑫通用设备有限公司	2021-04-30
GB/T 6092-2021	直角尺	泰州市计量测试院	2021-05-21
GB/T 40066-2021	纳米技术　氧化石墨烯厚度测量　原子力显微镜法	泰州巨纳新能源有限公司	2021-05-21
GB/T 40071-2021	纳米技术　石墨烯相关二维材料的层数测量　光学对比度法	泰州巨纳新能源有限公司	2021-05-21
GB/T 1392-2021	船舶与海洋技术　甲板机械　舷梯绞车	泰州口岸船舶有限公司	2021-08-20

续表19

标准号	标准名称	参与（负责）起草单位	发布时间
GB/T 40450-2021	犬保定操作技术规范	江苏农牧科技职业学院	2021-08-20
GB/T 40452-2021	犬、猫静脉输液操作技术规范	江苏农牧科技职业学院	2021-08-20
GB/T 40449-2021	犬、猫绝育手术操作技术规范	江苏农牧科技职业学院	2021-08-30
GB/T 40823-2021	配电变电站用紧凑型成套设备（CEADS）	江苏南瑞泰事达电气有限公司	2021-10-11
GB/T 40835-2021	畜禽饲料安全评价　反刍动物饲料瘤胃降解率测定　牛饲养试验技术规程	江苏农牧科技职业学院	2021-10-11
GB/T 20241-2021	单板层积材	泰州科冕木业有限公司	2021-11-26

【计量工作】 2021年，区市场监管局开展春耕农资计量、节前超市商品定量包装及净含量等定量包装商品计量专项检查，控制商品过度包装行为。共抽检商品定量包装及商品量450批次，综合合格率为94.4%。开展重点领域的计量监督检查，检查加油（气）站52座、加油机及油气回收装置569件。检查粮食收购单位25个次、在用计量器具85台次。检查集贸市场18个、在用计量器具896台。检查物流快递企业80个、在用计量器具169件。检查眼镜制配场所24个、在用计量器具75台。检查在用可燃气体报警器2331台。检查能效水效标识产品经营户67个、产品464件。针对检查中发现的器具台账不完善、检定标签受损等行为，当场责令整改。完成计量合格确认企业19个，完成计量保证确认企业2个。江苏汇福油脂科技有限公司、江苏建源仪表有限公司通过AAA测量管理体系认证。

【特种设备安全监管】 安全专项整治　2021年，区市场监管局开展各类特种设备专项整治。推进“迎华诞、保安全”百日攻坚行动，检查企业170个，出动检查人员340人次，下达监察指令书93份，排查整改隐患461条。开展门式起重机专项检查，出动检查人员30人次，检查企业12个，下达监察指令书8份，排查整改各类隐患42条。开展城镇燃气专项整治，对4个燃气单位实施重点检查，出动检查人员36人次，检查单位18个次，排查整改隐患25条。对泰州永安港华燃气有限公司进行安全约谈，督促企业压实主体责任，完成泰州永安港华燃气有限公司71千米未经检验的中压燃气管道检验工作。完善“96333”电梯应急处置服务平台，全区6798台电梯全部安装“96333”标识牌。处理电梯相关投诉举报29件，处置满意率100%。深化气瓶专项整治，对全区3个液化气瓶充装单位（金马液化气站、泰州亚平洋液化气有限公司、凤凰液化气站）开展检查13次，排查整改各类隐患22条，清理逾期未检、报废气瓶2万余只。强化移动式压力容器的专项整治，对全区所有移动式压力容器使用单位开展检查2轮，督促各单位开展安全风险评估和隐患排查治理，整治使用超检验有效期移动式压力容器、作业人员无证卸载等违法行为，检查企业94个次，排查各类隐患66条。强化大型起重机械安全隐患治理，将全区5个造拆船企业列入重点监督检查对象，在夏季高温汛期期间、百日攻坚、大风暴雨等重点时段，共对5个造船企业开展安全隐患专项检查14次，排查整改各类安全隐患66条。突出重点行业领域特种设备整治，针对涉危化品企业使用的锅炉、压力容器、压力管道和人员聚集场所使用的电梯等设备开展风险隐患排查治理，共检查企业176个次，排查并整改各类隐患500余条。在安全生产专项整治期间，立案查处特种设备违法行为24起，罚没款70.5万元。多次对企业主体责任落实不到位、安全生产意识薄弱、隐患治理推进不力的企业负责人实施约谈，督促企业提高安全意识。

重大隐患整改　2021年，区市场监管局依法对泰州中航船舶重工有限公司擅自启用已停用、未经检验的10.3千米压力管道实施查封。联合江苏省特检院泰州分院对该公司压力管理提出整改方案，对该公司3.45千米氧气管道及2.25千米压缩空气管道进行检验，对1.98千米天然气管道及2.66千米丙烷管道进行降压使用（降至0.1兆帕以下），安装整定压力为0.1兆帕的安全阀，通过压力调整，将上述2条管道调整为一般设备，降低安全风险，该重大隐患于10月通过验收。中海泰州特种油科技有限公司的换热器及管道晃动安全隐患，江苏海阳锦纶新材料有限公司的压力容器超期安全隐患，经督促整改，于4月30日通过定期检验。泰州杨湾海螺水泥有限责任公司的3台使用年限达15年的起重机械如期完成整改和安全评估。江苏联美生物能源有限公司的蒸汽压力管道在限定时间完成检验和整改。

特种设备安全宣传　“3·15”、安全生产月期间，区市场监管局组织特种设备安全生产专委会成员单位走上街头、走进社区、走入企业宣传安全知识，发放宣传资料1.3万余份。开展落实企业安全生产主体责任“春风行动”、“百团进百万企业”及各类特种设备法律法规宣讲培训活动8次，督促企业对照清单，提升本质安全。开展特种设备安全知识涉企讲堂活动4场，培训企业240余个。6月，在江苏海企化工仓储股份有限公司组织开展压力管道泄漏应急演练。（杭庆彪）

·食品药品监督管理·

【食品安全监管】 食品生产企业监管 2021年，区市场监管局检查食品生产企业70个次、食品小作坊139个次，将检查情况及时录入省级食品生产监管信息系统，并对检查中发现的问题督促及时整改到位。结合日常监管重点及专项整治工作，开展食品生产企业、食品销售单位食品安全“双随机”检查，共抽查食品生产经营主体476个。督促企业建立公开承诺、自查报告制度，履行安全管理、风险管控、检验检测等食品安全主体责任。食品生产企业自查率和自查报告率均达100%，食品安全管理人员监督抽考覆盖率、合格率均达100%。

食品小作坊及农村食品市场监管 通过政府引导、政策支持、资金扶持、监督规范、技术服务等方式，为小作坊提供服务，鼓励、动员部分食品小作坊改善生产条件、提升质量安全管理水平。组织食品小作坊申创省级“名特优”小作坊，全年获评省级“名特优”小作坊4个。运用统一品牌、统一管理、统一标准、统一检验“四统一”工作法规范管理，引导小作坊加工区集聚发展，建成大泗霍堡牛肉小作坊集中加工区，20余个小作坊生产条件、管理水平得到提高，配套建设食品安全快检室、食品安全工作站，配备专职管理人员。引导农村食品市场规范经营、合理消费，建成农村食品规范化经营示范店10个。

餐饮服务单位监管 全区共有持证餐饮服务单位2517个，其中，特大型餐饮单位14个，大型餐饮单位100个，中型餐饮单位488个，小微型餐饮单位1632个；学校（含幼托机构）食堂72个，机关企事业单位食堂283个，养老机构食堂8个，医院食堂8个，工地食堂25个。实施餐饮服务单位量化分级管理和风险等级评定工作，加强餐饮服务食品安全监管。围绕管理体系、制度执行、安全措施、服务质量等10个方面，开展餐饮服务单位培优评优，建成“放心餐厅”18个。

特殊食品安全监管 组织开展特殊食品生产企业质量管理体系检查及保健食品专项清理整治、婴幼儿配方乳粉质量安全提升专项行动。共收集特殊食品生产企业质量管理体系自查报告8份，累计检查特殊食品生产企业8个次、特殊食品经营单位215个次，其中，特殊食品生产企业“双随机”检查1次、特殊食品经营单位“双随机”检查43个次，对检查发现的问题，责令企业立即改正。

食品安全“阳光系列”惠民工程 打造农村（社区）集体聚餐“阳光宴会厅”、智慧农贸市场“阳光菜篮子”、可视可感可评的“阳光食堂（厨房）”等系列惠民工程。全年建设农村（社区）集体聚餐“阳光宴会厅”12个、智慧农贸市场“阳光菜篮子”2个、“阳光食堂（厨房）”209个。

食品安全宣传与培训 开展食品安全宣传周活动、食品安全示范城市跟踪评价活动，共制作展板46块，发放食品安全宣传册4600余份。举办食品安全专题讲座4次，接受群众咨询380余人次。在微信公众号等媒体上发布食品安全消费提示12次。

规范食品自动售货机行业发展 起草《医药高新区（高港区）食品自动售货机销售食品管理暂行办法》，明确食品自动售货机许可和日常监督管理要求，弥补食品自动售货机业态的监管空白，促进食品自动售货机行业规范发展。

制定《乡镇（街道）食品安全工作规范》 区市场监管局牵头制定、颁布全省首个地市级《乡镇（街道）食品安全工作规范》，明确乡镇（街道）食品安全委员会、乡镇（街道）食品安全委员会办公室、乡镇（街道）食品安全协助管理员的设置、运作、职责、管理、经费保障、考核等内容。

【食品安全风险排查】 2021年，区市场监管局突出重点领域重点环节食品安全风险防控，强化乳制品、肉制品、调味品等重点领域风险隐患排查。开展肉制品、乳制品质量安全提升行动，通过飞行检查、日常监督检查、风险隐患排查等措施，加强对肉制品、乳制品生产企业监管，日常监督检查率达100%，电子追溯系统入网率100%。中型以上肉制品、乳制品生产企业全部通过HACCP或ISO 22000管理体系认证。开展“让群众吃上放心芝麻油、酿造酱油、酿造食醋”专项行动，对泰州市红五星食品有限公司、丸庄金龙鱼（泰州）食品工业有限公司等芝麻油、调味品生产企业开展专项排查，对原料采购、生产过程控制、出厂检验、标签标识等方面进行重点核查和规范指导，组织企业开展“生产放心芝麻油、酱油”公开承诺。

【进口冷链食品疫情防控】 2021年，泰州医药高新区（高港区）强化进口冷链食品疫情防控，全面摸排冷链食品经营单位329个（有冷库单位108个，涉及进口冷链食品单位63个，第三方冷链食品经营性冷库1个），从业人员1209人（涉及进口食品从业人员132人）。督促、指导进口冷链食品生产经营者严格落实索证索票、进货查验，无检验检疫证明、无核酸检测证明、无消毒证明、无溯源信息的不得生产加工和上市

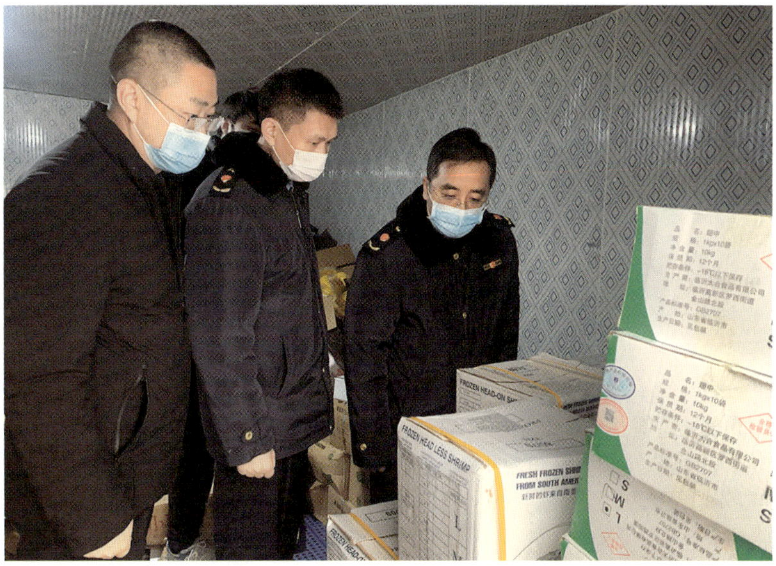

进口冷链食品检查　　区市场监管局　供图

销售，以及进口冷链类食品实行专用通道进货、专区存放、专区售卖，不得与其他食品混放贮存和销售等要求。对市域外进入区内的进口冷链食品进入集中监管仓进行预防性消毒和核酸检测，共进仓16批次，出库量187.21吨。督促全区进口冷链食品生产经营者注册使用省级进口冷链食品追溯系统，及时录入购进进口冷链食品信息。

【药品安全监管】 药品安全专项整治　2021年，区市场监管局组织开展春节前药械化质量安全专项检查、中药饮片专项整治、夏季冷藏药品专项检查、零售药店经营含兴奋剂药品专项检查、药品流通环节专项检查等专项行动，共收集自查报告207份，累计检查药品经营、使用单位355个次，出动执法人员718人次，立案1起，对检查发现的问题，责令企业立即改正。

“祥泰·品质药房”创建　经过专家组现场评定、公众网络投票、药店负责人集中答辩等程序，评选出泰州市五星级“祥泰·品质药房”3个、四星级“祥泰·品质药房”2个、三星级“祥泰·品质药房”3个。

疫苗使用环节监管　召开新冠病毒疫苗监管工作推进会，落实全面开展培训、全面签订质量承诺书、全面建立监管对象责任清单、全面组织监管对象开展自查报告、全面开展现场监督检查“五个全面”要求，强化新冠病毒疫苗储存、运输和预防接种中疫苗质量监管工作，确保疫苗购进、使用的全过程及各环节符合要求。共收集自查报告14份，检查疾控中心12个次、疫苗接种单位255个次。开展过期疫苗处置工作，向医疗废物集中处置单位移交过期疫苗1874支、总重14.02千克。

药品安全培训　在药店开展业务实训，以现场检查和培训指导相结合的方式，讲解药品检查过程的要点、检查方法、检查技巧和重点关注等内容。组织监管人员参加全市药品抽检和监管工作培训班、省药品监督管理局举办的药品不良反应监测系统及直报系统用户管理培训。

【零售药店疫情防控】 2021年，区市场监管局联合区药品零售行业协会印发《药品零售行业新冠肺炎卫生防护指南》，明确要求零售药店常态化、规范化做好工作人员的自身防护和营业场所的消毒等工作，指定专人督促所有进店人员落实“戴口罩+测体温+验双码”举措，对体温异常、健康码黄红码及行程码带星号的人员，第一时间上报区疾控中心。全区零售药店从业人员682人，除有接种禁忌外，其余在岗从业人员新冠疫苗接种率100%。利用电视台、微信公众号等新闻媒体及显示屏等形式宣传零售药店防疫防控工作要求、市民个人防护注意事项等信息。9月19日起，对零售药店从业人员开展核酸检测工作；至12月31日，全员完成3轮核酸检测，检测结果均为阴性。督促零售药店设立退烧药、止咳药、抗生素和抗病毒药品“四类药品”专区（柜），指定专人登记、核对身份信息，严格落实实名信息登记报告制度。启用智慧化防疫系统“零售药店疫情防控共享平台”，将药品登记“表格化统计”转变为“系统化推送”。顾客必须凭购买人及使用人的身份证方可购买相关药品。全年出动执法人员9987人次，检查零售药店4989个次，对防控措施落实不力的药店依法责令停业整改18个，立案查处4起，向区行政审批局、区医保分局抄告违规单位3个。

【化妆品安全监管】 2021年，区市场监管局检查各单位停售下架不合格批次化妆品情况。开展春节前化妆品安全飞行检查、儿童化妆品专项检查，共出动执法人员256人次，检查化妆品经营使用单位121个，立案查处13个。组织监管人员参加全市化妆品不良反应监测业务培训。开展“安全用妆，美丽有法”等公益宣传活动，免费接受咨询520余人次，义诊75人，发放宣传资料120余册。

【医疗器械安全监管】 医疗器械安全专项整治　2021年，区市场监管局开展医疗器械清网行动、新冠病毒检测试剂监督检查、医疗美容行业医疗器械专项检查、集中带量采购中选医疗器械质量监管、IVD（体外诊断）医疗器械批发企业专项检查、医疗器械质量安全风险隐患排查治理工作、装饰性平光隐形眼镜专项检查等专项行动，共收集各类自查报告1606份，出动执法人员2060人次，检查医疗器械经营使用单位1030个次，对检查发现的问题责令企业限期改正到位。

医疗器械线索协查　开展涉嫌销售不合格医疗器械和医疗器械网络监测线索核查工作，落实属地监管责任，保障医疗器械安全有效和公众用械安全。协查涉嫌销售不合格医疗器械单位1个，完成医疗器械网络监测1个。

医疗器械许可现场验收　共协助区行政审批局完成191个新开办三类医疗器械经营企业许可现场验收工作。

医疗器械安全培训　开展新《医疗器械监督管理条例》宣讲培训、医疗器械注册（备案）人实验室建设和管理培训、环氧乙烷灭菌确认培训、无源医疗器械专题培训等10项培训，参培人员超3000人次。

企业体系考核　外派检查员参加省、市市场监管局组织的2021年医疗器械生产企业体系考核102个次。

【医疗器械备案】 2021年，区市场监管局办理二类医疗器械经营备案296个，其中，首次备案174个，变更备案102个，补发备案2个，取消备案18个。所有服务事项按时办结率100%。

【药品和化妆品不良反应与医疗器械事件监测报告】 2021年，区市场监管局完成上报药品不良反应报告765份、化妆品不良反应报告68份、医疗器械不良事件报告275份，完成率分别达119%、136%和147%。完成医疗机构不良反应监测真实性核查2份。（谷昌财）

·知识产权管理·

【概况】 2021年，全区专利授权量4735件，其中发明专利授权量476件，比上年增长13.06%。有效发明专利量2354件，居泰州各市（区）首位，增长19.55%。每10亿元地区生产总值发明专利拥有量21.27件，增长10.5%。高维持年限发明专利量390件，增长27.87%。质押融资金额1.2亿元，增长436.8%。万企有效商标注册企业数为838件。共有全国驰名商标3件，分别为“扬子江”“护佑”和“唐泽”。江苏雅凯医疗科技有限公司、泰州市贝斯特精铸机械有限公司等157个企业为省地方标准《企业知识产权管理规范》贯标备案企业。江苏康为生物科技股份有限公司、江苏星徽精密科技有限公司等10个企业获批省知识产权贯标管理绩效评价合格单位。泰州市创新电子有限公司承担江苏省知识产权战略推进计划项目。泰州神舟传动科技有限公司、扬子江药业集团江苏龙凤堂中药有限公司等5个企业承担泰州市企业知识产权战略推进计划。江苏泰德医药有限公司、江苏保力装配式住宅工业有限公司等67个企业通过知识产权标准第三方认证。华威特（江苏）生物制药有限公司、泰州润骐防务科技有限公司等13个企业被认定为市“正版正货”承诺企业。江苏海川电气制造股份有限公司、江苏长泰药业有限公司获泰州市专利金奖，泰州驰骏智能设备有限公司、扬子江药业集团有限公司等6个企业获泰州市专利优秀奖。组织区级银企对接会，新增知识产权质押贷款15笔，融资金额1.2亿元。

2021年泰州医药高新区（高港区）知识产权计划立项情况一览表

表20

计划类别	承担单位
省知识产权贯标管理绩效评价合格单位	江苏康为生物科技股份有限公司
	江苏金迪克生物技术股份有限公司
	江苏泰德医药有限公司
	江苏长泰药业有限公司
	盛世东唐江苏生物科技有限公司
	江苏西典药用辅料有限公司
	江苏海王健康生物科技有限公司
	江苏尚美医疗器械有限公司
	泰州市三江消防器材有限公司
	江苏星徽精密科技有限公司

续表20

计划类别	承担单位
市企业知识产权战略推进计划	泰州神舟传动科技有限公司
	泰州市三江消防器材有限公司
	江苏硕世生物科技股份有限公司
	扬子江药业集团江苏龙凤堂中药有限公司
	泰州市佳源机带有限公司
市知识产权密集型企业	江苏鸿祺生物科技有限公司
	江苏康为世纪生物科技股份有限公司
	扬子江药业集团江苏龙凤堂中药有限公司
	江苏星徽精密科技有限公司
市“正版正货”承诺企业	华威特（江苏）生物制药有限公司
	泰州市德天体育科技有限公司
	江苏德克沃热力设备有限公司
	江苏昱邦医械科技有限公司
	江苏中盛医学诊断试剂有限公司
	江苏卫蓝医疗科技有限公司
	江苏耀海生物制药有限公司
	江苏康泰环保装备有限公司
	江苏益玛生物科技有限公司
	泰州德诚精密线材科技有限公司
	江苏维骏防务科技有限公司
	泰州润骐防务科技有限公司
	江苏永胜海洋工程有限公司
泰州市专利金奖	江苏海川电气制造股份有限公司
	江苏长泰药业有限公司
泰州市专利优秀奖	江苏农牧科技职业学院
	泰州驰骏智能设备有限公司
	江苏盈科生物制药有限公司
	江苏泰德医药有限公司
	扬子江药业集团有限公司
	江苏昆仑光源材料有限公司
省企业知识产权战略推进计划（一般）	泰州市创新电子有限公司

【知识产权宣传与培训】“3·15”消费者权益日、“4·26”世界知识产权日及全国知识产权宣传周期间，区市场监管局开展以“全面加强知识产权保护，推动构建新发展格局”为主题的宣传活动，现场发放资料200余份，开展医疗器械企业知识产权专题辅导。10月24日，举办第十二届泰州医博会“知识产

权助推医药产业高质量发展论坛”，邀请国家、省、市领导及专家、区大健康产业企业及其他市（区）企业代表100余人参会。组织人员参加省、市知识产权局举办的知识产权工程师培训、贯标内审员培训、企业高管知识产权涉外培训班、专利信息分析实战班等培训10余期，培训人员300余人次。（刘 湛）

价格管理

【市场价格监督检查】 2021年，区市场监管局围绕疫情及节假日期间生活必需品、交通旅游、商贸服务等领域民生价格监管，加大价格监督检查和巡查力度，确保民生价格基本稳定。开展转供电价格专项检查、涉企收费专项检查、机动车停放收费专项检查、普通商品房销售行为专项检查、行业协会商会乱收费专项清理整治、粮食市场秩序专项整治等专项检查工作。全年查处价格违法案件2件，罚没款计1.87万元。

【价格投诉举报】 2021年，区市场监督管理局共受理价格投诉举报34件，办结34件，协调退还消费者价款870元，办结率和回复率均达100%。（杨 君）

【居民阶梯气量】 自2021年12月1日用气量起，对家庭人口为4人及以下用户，一档年用气量调整为400（含）立方米以内，二档年用气量调整为400~1000（含）立方米，三档年用气量调整为1000立方米以上。居民阶梯气价政策其他内容不作调整，仍按相关规定执行。

【非居民用天然气价格】 4月1日—6月30日，泰州科思燃气有限公司非居民用天然气基准价格为2.79元/立方米，最高浮动幅度5.5%，泰州永安港华燃气有限公司非居民用天然气基准价格为2.91元/立方米，最高浮动幅度15%，下浮不限。

7月1日—10月31日，泰州科思燃气有限公司非居民用天然气销售基准价格为2.89元/立方米，最高浮动幅度5.5%，泰州永安港华燃气有限公司非居民用天然气销售基准价格为3.01元/立方米，最高浮动幅度15%，最高销售价格不得超过3.40元/立方米，下浮不限。

2021年11月1日至2022年3月31日，泰州科思燃气有限公司非居天然气销售基准价格为3.37元/立方米，最高浮动幅度5.5%，泰州永安港华燃气有限公司非居天然气销售基准价格为3.51元/立方米，最高浮动幅度15%，最高销售价格不得超过4.01元/立方米，下浮不限。

【泰州海军舰艇文化园门票（试行）价格】 自8月18日起，泰州海军舰艇文化园门票价格标准（试行）为40元/人·次，参观内容包含881洪泽湖号补给舰、108西宁号驱逐舰及515厦门号护卫舰；274潜艇参观价格（试行）为20元/人次。试行一年。

【阶段性降低企业用水用气价格】 7月20日—9月30日，对高港区服务业企业，包含商贸、住宿、餐饮、旅游、客运等企业，自来水基本水价降低0.1元/立方米，管道天然气价格降低0.05元/立方米。同时免收水费、燃气费欠费滞纳金。2021年一季度总投资额在1亿元及以上的新开工、新竣工、新投产的重大项目，2021年一季度自来水到户基本水价在现行价格基础上降低10%（不含污水处理费和水资源费）；天然气价格每立方米降低0.1元。

【热力价格联动】 自5月1日供热量起，江苏华裕公共设施管理服务有限公司核定热力销售价格为277元/吨。自2021年5月1日供热量起，鉴于2020年疫情影响，将2020年3—9月未计入联动的燃料采购成本纳入计算，江苏联美生物能源有限公司热力销售价格由242.5元/吨调整为255.8元/吨；执行半年联动机制，自2021年11月1日供热量起，热力销售价格由255.8元/吨调整为263.2元/吨。

【公租房租金】 自1月15日起，香樟湾52套公租房执行分档租金：人均住房建筑面积在15平方米以下的低保、特困家庭，租金标准为每月每平方米1.2元；人均月收入低于2000元（含）的低收入无房家庭，租金标准为每月每平方米6元；人均月收入处于2000（不含）至3200（含）元的中等偏下收入无房家庭及新就业和外来务工人员，租金标准为每月每平方米10元。

【商品房价格】 2021年，全区普通住宅共备案56批次，11层以上普通住宅备案均价16363元/平方米，11层以下普通住宅备案均价15841元/平方米，复式备案均价22298元/平方米，独立别墅备案均价24836元/平方米，双拼备案均价28489元/平方米，联排备案均价23956元/平方米，储藏室备案均价6211元/平方米，车位备案均价14.39万元/个，装修费用备案均价2698元/平方米。

【民办中小学学费价格】 自2021年秋学期起，民办中小学部分学费收费标准调整为：小学英才班10400元/生·学期，初中英才班12000元/生·学期，住宿费1500元/生·学期，小学英特班21400元/生·学期，初中英特班21900元/生·学期。

（区发展改革委）

自然资源管理

【用地保障】 2021年，泰州市自然资源和规划局泰州医药高新区分局（简称泰州医药高新区自然资源和规划分局）完成2个批次的用地报批，为泰州医药高新区2021年度村镇第1批次建设用地、泰州医药高新区2021年度村镇第3批次建设用地；完成1个单独选址项目的用地报批，为泰州市淮河路（泰高路—海陵路、东风路—灵山路）工程项目。面积共38.67公顷，安置失地农民193人。确定包含工业、三产、保障性住房、基础设施等在内的年度国有建设用地供应计划，认真组织实施。办理供地手续28宗，面积118.99公顷。开展工业用地准入评估工作，加大信息公示和批后监管力度。出让工业用地7个批次9个宗地，面积28.96公顷，合同总金额约1.12亿元。完成45宗土地交易鉴证初审。把好项目入口关，组织召开综合评估会3次，对8个项目32.27公顷工业用地进行评估。探索"政企互信+企业诚信"的"双信地"出让新模式，9月1日，泰州市"双信地"出让模式首宗工业用地"交地即发证""拿证即开工"仪式在巨腾电子（泰州）有限公司举行。

（杨松柏　黄　梅　成秀凤　吕　峰）

泰州市自然资源和规划局高港分局（简称高港自然资源和规划分局）结合重大项目建设需要，向省自然资源厅申请调整土地利用总体规划。共获批农转用征收批次（项目）6个，征收土地面积81.38公顷，其中，单独选址项目3个，为泰州同心110千伏输变电工程、泰州水生态调度控制工程、江苏港城污水处理有限公司，面积共26公顷；村镇批次3个，为高港区2020年度第1批次村镇建设用地、2021年度第2批次村镇建设用地、2021年度第4批次村镇建设用地，面积共55.38公顷。共获批农用地转用批次2个，为高港区2021年度第1批次村镇建设用地、高港区农村村民住宅第1批次，面积共37.16公顷。1个批次在申报中，为2019年度第2批次城市建设用地，面积15.62公顷。

（高港自然资源和规划分局）

【自然资源确权登记】 8月起，泰州医药高新区自然资源和规划分局开展区级河道凤凰河、赵泰支港自然资源确权登记工作，完成项目招投标、登记通告、登记单元划定和数据库建设工作。配合市自然资源和规划局开展自然资源调查试点和监测工作。开展原泰州医药高新区范围内4个测绘标志巡查工作。

（杨松柏　黄　梅　成秀凤　吕　峰）

高港自然资源和规划分局开展农村集体土地所有权更新汇交工作。采取"内业为主，外业为辅"的作业方式，完成9405宗的数据建库工作，形成汇交数据库，利用不动产统一登记发证系统开展登记发证工作。对原高港区范围内的宣堡港、南官河等水流自然资源所有权开展首次登记。

（高港自然资源和规划分局）

【不动产登记】 2021年，泰州医药高新区自然资源和规划分局实现个人成套房、单位不动产首次登记由"30个工作日"法定时限缩短为0.5个工作日内办结，转移登记、抵押登记缩短为0.5个工作日。泰州市首宗跨省不动产登记事项在泰州医药高新区不动产分中心办结。推动"房地一体"不动产确权登记全覆盖，新增凤凰街道秦蒋社区开展总登记工作。分批次制证，每半月对全区农村宅基地登记发证量实时更新。与安置区实施单位（部门）、安置区所在社区联动，在安置区内设置临时登记收件点，由不动产登记窗口与拆迁安置实施单位共同派员，统一收取拆迁户办证资料，再分批次交与泰州医药高新区自然资源和规划分局窗口后台集中系统录入、集中登记，最后统一收费发证。全年泰州医药高新区不动产登记分中心共受理各类登记16819件。

（杨松柏　黄　梅　成秀凤　吕　峰）

高港区不动产登记窗口共发放不动产权证书5486本，发放不动产登记证明6732本，发放房屋预告登记、预抵押登记证明2121份，出具各类不动产权属证明3998份，办理抵押权注销1847宗（户），办理查封业务582宗（户），办理解封业务107宗（户）。配合泰州市土地储备和不动产登记中心完成"互联网+不动产登记"品牌、"线上苏小登"等信息平台建设，实现全业务网上申请。在区内金融机构增设便民服务点，推动外网申请、内网审批的便民模式，推广电子证照的应用。与区住建部门联动，开通存量房资金监管业务，存量房转移登记和抵押登记合并办理全面实现0.5个工作日办结。推动不动产登记历史遗留问题的解决，为扬子江药业集团等企业的不动产登记难题提出解决方案并办理不动产证书。梳理未办理不动产登记的老小区19个，逐一分类汇总并针对性提出解决方案，解决龙湖美景小区、育才花苑小区的不动产首次登记。至年末，共受理农房不动产登记申请23720宗，登簿23228宗，不动产证书逐步发放中。共调查全区宅基地总宗地数54120宗，总面积1898.64公顷。所有宗地全部完成"房地一体"权籍调查。完成"房地一体"登记发证任务，共3077宗，实现"应登尽登"。

（高港自然资源和规划分局）

【地质灾害危险性区域评估】 2021年，泰州医药高新区自然资源和规划分局优化、完善网上办公平台，将开发区地质灾害危险性区域评估查询涉矿行政权力事项与土地农转用征收报批事项由"串联"向"并联"转变，变企业外部申请为部门内部流转，即时办结并推送至相关职能处室。免费为北沿江高铁项目方提供地质灾害危险性区域评估报告、压覆重要矿产资源调查报告和地质灾害防治规划等资料。

（杨松柏　黄　梅　成秀凤　吕　峰）

国有企业

综　述

【概况】 2021年，泰州医药高新区（高港区）国有资产统计范围的一级企业共9个，其中，区管理企业4个，分别是泰州国控投资集团有限公司、泰州华信药业投资有限公司（管理泰州医药高新技术产业投资发展有限公司）、江苏创鸿资产管理有限公司（泰州市港城建设投资发展有限公司）（管理泰州市凯明城市建设有限公司、下辖江苏大江建设工程有限公司）、泰州引江城市开发建设有限公司；委托园区管委会管理企业5个，分别是泰州鑫泰集团有限公司、泰州市新滨江开发有限责任公司（管理泰州润江建设发展有限公司）、泰州医药城控股集团有限公司（暂）（整合东方、华诚、通泰等公司）、泰州市高港高新区开发建设有限责任公司、江苏泰州港核心港区投资有限公司。另外有园区提级管理企业4个，分别是泰州医药高新区华融资产经营有限公司、江苏华为医药物流有限公司、江苏华泰疫苗工程技术研究有限公司、泰州医药高新区华银金融投资有限公司。至2021年年末，全区国有企业资产总额3694.2亿元，比上年增长8.6%；实现营业收入204.09亿元，增长19.77%；利润总额21亿元；资产负债率总体保持在合理区间。

【国有企业改革与管理】 2021年，区财政局以国企改革三年行动为主线，完成改革任务62项，完成率95.3%，位居全市前列。获准成立区国资办党工委，拟订加强国企党建、“党建入章”指引、党组前置议事等规范性文件，进一步加强党的领导。新增审批事项目录、规范资产处理、经营收益收缴、投资监督管理等制度16项，建立健全国资监督。实施人才强企工程，选聘领导人员16人，选用机关干部6人。开展“三定三建”改革，即以主业定框架优化重组、以需求定人员吐故纳新、以业绩定薪酬奖惩分明，建科学规范的管理体系，建精简高效的运营模式，建切实有效的风险防范机制，12个一级企业压缩三级管理，5个全民所有制企业改革到位。

（凌晓君）

【泰州国控投资集团有限公司成立】 7月，泰州国控投资集团有限公司（简称泰州国投）正式成立，由泰州市政府100%控股，注册资本30亿元，位于泰州医药高新技术产业开发区高新写字楼12楼。后期将把泰州华信药业投资集团有限公司和江苏创鸿资产管理有限公司股权100%划入。按照市政府“实体化、市场化、公司化”的要求，泰州国投主要服务于泰州医药高新区（高港区）城市建设、运营，开展投债、股权投资、不良资产处置等金融业务，服务全市人力资源产业。

（泰州国投）

泰州华信药业投资有限公司

【概况】 泰州华信药业投资有限公司（简称华信公司）成立于2005年，注册资本73亿元，是由泰州市政府出资组建、泰州医药高新区（高港区）管理的国有公司。主要承担泰州医药高新区（高港区）基础设施、重点项目的投资建设任务，主营业务为医药康养产业、基础设施开发运营、城市商业服务等。公司的国际评级为BBB-，国内评级为AA+。有江苏华为医药物流有限公司、泰州华盛投资开发有限公司、泰州高新区康居建设开发有限公司、泰州信康建设有限公司、泰州万豪绿化工程有限公司、泰州中国医药城资产管理有限公司6个子公司。2021年，公司资产总额843.53亿元，实现营业收入44.32亿元，比上年增长34.83%，利润5.69亿元，增长5.57%。

【项目建设】 2021年，泰州高新区康居建设开发有限公司自建、代建市政工程及保障房项目39个，总投资70.78亿元。至年末，康居邻里中心、天禄湖国际大酒店、孵化基地等市、区重点房建项目，雅茶路、福康路及代建的部分老旧小区改造项目均达序时进度，重点市政项目鲍中路、灵芝路、南塘路等均已完工。康居邻里中心项目获评江苏省建筑施工标准化星级工地，康泽西苑和医药园区六期厂房获评市“梅兰杯”优质工程奖，中国医药城会展交易中心获评“泰州市十大优秀建筑”。泰州万豪绿化工程有限公司建设的精彩家园“158工程”、医博会环境整治、生态园林城市创建、省运会环境营造等20余个项目均按考核节点完成；在苗圃基地引进法国梧桐、石榴树等成型快的苗木500余株，并扩繁真柏、本麦冬、迷迭香等品种树木20万株；实施绿植租摆项目30项，摆放绿植约3200盆，包括医博会开幕式场景布置、CMC大楼、江苏硕世生物科技股份有限公司等项目；加入江苏农水集团绿化工程供应商库，与3个平台公司签署战略合作协议，搭建信息共享平台，推进业务深入合作。

泰州华信药业投资有限公司投资建设的精准医疗孵化基地和天禄湖国际大酒店项目

泰州华信药业投资有限公司　供图

【投资开发】 2021年，华信公司完成泰地储告〔2021〕2-1号地块6.96公顷土地协议转出让挂牌上市工作，摘得泰地储告〔2021〕16-3号地块、泰地储告〔2021〕17-1号地块并完成续缴出让金缴纳。完成嘉福大酒店及寺巷小学资产评估、野徐集镇棚户区全面排查和改造计划制定等项目前期工作。泰州华盛投资开发有限公司全年销售房屋429套，销售额11.26亿元，回款12.21亿元；天禄湖花园和盛雅园项目均按序时进度稳步推进。泰州华盛投资开发有限公司入选2020年江苏省房地产开发行业诚信企业名录，获评2020年度泰州市区房地产开发A级信用企业，公司建设的香樟湾小区获评省级宜居示范居住区，天禄湖花园项目获评2020年度“泰州市区十大影响力楼盘”，盛雅园项目获评“泰州楼盘品牌形象展示大比拼”一等奖。

泰州华信药业投资有限公司投资建设的盛雅园项目

泰州华信药业投资有限公司　供图

【融资工作】 2021年，华信公司累计完成融资309.99亿元。累计发行债券28期，发行规模达135.63亿元。5月28日，在第七届中国资产证券化论坛年会暨第五届CNABS年会上，华信公司“德邦—医药高新—联易融系列项目”获“企业资产证券化——最受市场关注产品奖”。利用隐性债务置换贷款和发行债券等低成本融资方式置换信托、租赁等高成本贷款，节省融资成本。

【改革转型】 共建共享合作运营成果　2021年，华信公司围绕大健康产业投资运营这一主业，强化与生物医药产业园区及其他平台的沟通对接，建立资源储备库并定期更新，跟踪拟上市企业。3月，公司与泰州医药高新区华融资产经营有限公司完成资产委托管理交接，通过资产委托经营管理模式提高国有资产的专业化运营程度。

依法依规投资项目　共对接有价值的投资项目12个，其中经公司党委会和董事会审议通过5个，项目涵盖物业、广告、新能源、大健康产业等领域。根据公司整体发展思路及拟投资项目的特点，对特级施工企业混改等5个拟投资项目进行投资方案设计，内容包括投资规模、投资回报率、投资回收期及风险预测等。通过公开择优的方式确定物业公司和广告公司2个股权投资项目，组织对合作意向方进行调研、论证，评估投资的市场价值，出具投资项目的可行性报告，对合作意向方进行财务、法律的尽职调查，全面评估企业的投资价值和投资风险。

经营管控　组织各经营性子公司编制年度目标责任书，启动公司管控体系建设，拟定管控体系建设方案，定期召开经营分析会。严格落实经理层成员任期制和契约化管理工作，按照“一企一策、一年一定”原则，通过沟通、调研等方式对子公司的经营计划进行核实。对混改子公司，组织召开外派人员竞聘会，制定外派人员管理办法，明确其工作职责及考核办法等。作为华信公司开展贸易经销业务的主体，泰州信康建设有限公司坚持营收和利润并重，逐步减少利润较低材料的销售量，开拓利润较高的石材、铝材、PE排水管道等经营新品种，全年完成营业收入23.4亿元、利润2200万元。（李明华）

泰州引江城市开发建设有限公司

【概况】泰州引江城市开发建设有限公司（简称引江公司）成立于2016年11月，注册资本7.45亿元。2019年8月，根据国企改革方案要求，升级为区级平台公司。公司主营业务为“一主两线”，即以房产投资开发（安置房、保障房、商品房）建设为主业，以工程建设（社会事业、园林绿化、市政水利等工程）、社会服务（文体旅游、农业发展、养老和残疾人服务等产品）为两线，下属企业有泰州市江隆建设工程管理有限公司、泰州市嘉木园林绿化有限公司、泰州华雅建设工程有限公司、泰州春江文化旅游有限公司、泰州源航体育产业发展有限公司、泰州市兴港农业科技发展有限公司、泰州天颐养老服务有限公司等14个。

泰州引江城市开发建设有限公司投资建设的柴墟幼儿园

区教育局　供图

【项目建设】2021年，引江公司在建项目24个，总投资约40亿元，建筑面积83万平方米。新开工项目5个，其中，塘湾幼儿园和食堂综合体年末前进场施工，高港实验小学东部校区完成60%工程量，白马幼儿园、实验幼儿园主体工程封顶。荣樾幼儿园、环溪小学、刁铺卫生院、柴墟幼儿园等14个项目竣工交付。12月21日，竞得水岸景城三期地块，用地面积8.19万平方米，规划总建筑面积为22.21万平方米，设计总户数1268户，规划停车位1683个。创成泰州市建筑施工安全生产标准化工地1个，泰州市优质结构工程2个。

【投融资工作】2021年，引江公司共获批城市更新改造贷款15亿元，筹措22亿资金完成环溪花园及水岸景城三期土地上市摘牌。整顿并规范专项债券资金使用，政府债券资金使用率达91.26%。化解政府隐性债务4151.85万元。

【企业改革发展】2021年，引江公司推进国企改革三年行动方案，53项工作完成率96.71%，3个子公司经营层契约化达序时进度，4个企业全民所有制改革完成，改组成立泰州市江隆建设工程管理有限公司，专门负责项目建设和房地产开发。全面优化公司产业布局。通过人员整合、政策支持、项目扶持等方式，促进下属企业发展。泰州海军舰艇文化园在国庆节开园，全年接待游客10万人次；区老年养护院于9月开始运营；源航体育游泳馆全年接待3万余人次；泰州华雅建设工程有限公司实施项目11个，完成产值2254万元，比上年增长16.78%；泰州市嘉木园林绿化有限公司实施项目16个，完成产值2271万元，增长30%。（李云霞）

泰州市港城建设投资发展有限公司

【概况】泰州市港城建设投资发展有限公司（简称区城投公司）主要

泰州市港城建设投资发展有限公司投资建设的凤栖湖攀岩场地 泰州市港城建设投资发展有限公司 供图

从事政府授权范围内的国有资产经营、资产运作、房屋建筑工程施工、房地产开发经营、城市基础设施建设工程施工、土地管理、旅游景点经营管理、园区开发、驾驶员培训、热力供应等。2021年，区城投公司加快城市项目建设，做好实体经营，加强工程监管，严控债务规模。

【市政项目建设】 2021年，区城投公司加快推进城市改造项目建设。江苏港城污水处理有限公司三期扩建工程确定参建单位；资金投入约7600万元的乡镇污水处理设施及配套管网建设工程完工，基本实现乡镇镇区污水管网全覆盖。凤栖湖景区承办省运会攀岩项目测试赛，投资约1000万元的攀岩运动场地通过竣工验收；泰州市港城绿化工程有限公司、泰州市嘉昊市政园林工程有限公司共完成绿化市政项目17个，完成城区主要道路绿化、苗圃养护共310.62万平方米，完成口岸街道王营社区二期土地上市、凤栖湖绿化改造、231省道抢修、扬子江南路交安提升等工程项目。

【资产保值增值】 2021年，泰州市港城驾驶员培训有限公司完成3.64万人次的考试任务，总收入1500万元，在全市驾培行业位居第一。泰州市富康融资担保有限公司全年新增担保28笔，担保金额超1亿元。泰州江东热力有限公司完成产值19250万元，净利润约1010万元。江苏港城污水处理有限公司胡庄分公司进入调试运营阶段。

【工程监管】 2021年，区城投公司执行招投标等制度，规范项目管理各项环节。加强内部管理，制定工程项目明细，安排专人对所有投资项目相关信息一一登记，保留相应的电子佐证材料，并定期核对保证数据的及时性、准确性，确保工程质量、安全和进度；加强管理和审查建设项目的工程概算、预算和竣工财务决算，进行跟踪审计，层层审核把关，降低工程建设成本。

【债务控制】 2021年，江苏创鸿资产管理有限公司发行债券类产品75.1亿元，其中8月公开发行公司债券5亿元，发行利率3.62%。全年未新增融资成本超8%的债务，偿还非标债务62.06亿元，非标比例大幅下降。

（区城投公司）

江苏大江建设工程有限公司

【概况】 江苏大江建设工程有限公司始建于1997年8月，注册资本2.5亿元。有各类技术人员300余人，其中，高级工程师14人，中级职称73人，拥有长期劳务合作职工约2000余人。建有建筑业企业省级技术研发中心。落实银行授信5亿元，达成净资产超3亿元。2021年，公司实现营业收入16.05亿元，营业利润5977.37万元，上缴上年度资本收益1217.39万元，完成纳税4698.79万元。

【市场开拓】 2021年，江苏大江建设工程有限公司成立成都分公司。江苏大江建设工程有限公司江苏公

江苏大江建设工程有限公司承建的成都华建锦院项目

江苏大江建设工程有限公司　供图

司裂变成泰州分公司与苏南分公司，泰州分公司开拓泰州、南京以及安徽市场，苏南分公司开辟苏锡常和浙江市场。北京分公司向京津冀市场转移。深圳分公司中标深圳百果园科技大厦和竹坑第一工业区及老围片区项目。广西分公司承接柳州中海天钻三期、绿城杨柳郡十期项目。广西分公司参与广西交通投资集团共同开发的22万平方米柳州卧龙湖绿城小镇项目的投标。拓展与知名央企的合作，依托中海集团洽谈淄博20万平方米中海铂悦府和潍坊25万平方米中海寰宇天下项目；成功进入保利供应商名录。

【工程质量】 2021年，江苏大江建设工程有限公司加强施工过程控制，推进标准化施工，规范安全、质量管理。深圳分公司沙浦艺展中心项目争创国优项目。北京分公司包头恒大名都项目三期获内蒙古自治区工程建设优秀QC小组一等奖和包头市建设工程质量“金鹿杯”奖。深圳分公司艺展天地展示中心项目获2021年度广东省建设工程金匠奖和广东省建设工程优质奖。泰州长城汽车整车项目通过全国钢结构“金钢奖”优质工程验收。创市优质工程奖5项。创省级标准化文明示范工地1项、市级标准化文明示范工地4项。

【新技术运用】 2021年，江苏大江建设工程有限公司泰州长城汽车整车项目1万平方米大面积、大跨度高空整体提升技术申报国家级工法和专利。北京分公司在望京府项目中使用BIM地下综合管线综合排布技术。深圳锦绣大地厂区Ⅰ期获得广东省新技术应用示范工程奖。广西分公司《新型预埋螺栓可拆卸式外脚手架连墙件施工工法》获广西壮族自治区省级工法。泰州分公司《一种可调节的基坑支护结构》、广西分公司《一种新型可拆卸式外脚手架连墙件》申报国家实用新型专利。全年获得省级工法1项、省QC成果奖3项、省新技术应用示范工程1项、省优秀施工方案奖1项。取得实用新型专利3项。

【企业改革】 2021年，江苏大江建设工程有限公司成立国企改革三年行动领导小组，建立完善党组织前置研究讨论重大经营管理事项清单、企业信息公开制度；调整公司董事会和监事会，择优推荐公司董事、监事，建立以外部董事占多数的董事会，明确公司党组织、董事会和经营层权责，形成权责法定、权责透明、协调运转、有效制衡的现代法人治理结构。对标先进单位，完善规章制度和《资产经营责任制考核办法》。

【风险管控】 2021年，江苏大江建设工程有限公司持续做好风险管控，对信誉度不高、资金有限的房企审慎合作，对在建的工程项目进一步加大结算收款力度，保障国有资产不流失。超前预判恒大在深圳和珠海的项目风险，停工在手的2个恒大项目，通过多轮谈判，落实项目的结算与索赔，及时有效化解危机。全年收取洪兴建材城现金工程款2000万元，抵偿房产约4300万元，完成部分抵偿房产的网签手续。推动内部审计，提升年终审计的权威性、独立性、针对性和有效性，对工程结算、劳务结算、材料采购、验收等全环节、全过程进行细致查验。以泛微OA系统上线为契机，每月公布各分公司的材料、劳务分包和专业分包价格。针对各分公司可能出现的管理漏洞，成立专项检查组，对各分公司内控管理进行检查。

（刘　岩　薛文杰）

城市建设

城市规划

【国土空间分区规划编制】 2021年，泰州医药高新区自然资源和规划分局、高港自然资源和规划分局共同做好泰州医药高新区（高港区）国土空间分区规划编制工作。了解地方、条线发展需求，收集现状基础资料。在前期国家级生态红线评估调整方案的基础上，完成城镇开发边界、永久基本农田保护红线、生态保护红线三条控制线划定初步方案。开展生产力布局研究，系统梳理既有生产力要素基础、科学评价生产力布局。合理引导重点产业平台空间布局与重点专项产业发展，确定产业空间的控制性及引导性土地利用指标。12月，形成泰州市国土空间总体规划泰州医药高新区（高港区）分区规划（2021—2035）阶段性成果。编制过程中形成《泰州医药高新区（高港区）城镇开发边界划定报告》《泰州医药高新区流量指标申请实施评估方案》《泰州市高港区流量指标申请实施评估方案》。

【国土空间规划近期实施方案编制】 2021年，泰州医药高新区自然资源和规划分局、高港自然资源和规划分局以《泰州市高港区土地利用总体规划（2006—2020年）》为基础，结合矛盾图斑一致性处理、优化布局存量空间规模等新要求，落实预支空间规模指标及三条控制线等国土空间规划相关刚性管控要求，完成《泰州市高港区国土空间规划近期实施方案》（简称近期实施方案），纳入正在编制的国土空间分区规划。在近期实施方案中，优先安排近期即将实施涉农产业、特色田园乡村建设、村庄公共服务设施等项目用地需求，梳理产业项目、基础设施项目、民生工程项目、生态环保项目用地共240.98公顷，其中新增建设用地需求212.74公顷，其余在区内进行存量空间优化。

【土地征收成片开发方案编制】 2021年，泰州医药高新区自然资源和规划分局完成泰州医药高新区土地征收成片开发方案的编制工作。共有9个片区，总面积为1771.79公顷，拟征收土地面积为469.12公顷。公开征求社会意见和农村集体经济组织成员、人大代表、政协委员、专家学者意见，完善成果文本、图表和附件等材料，6月通过省自然资源厅组织的专家评审，8月经省政府批准后启用。

高港区政府组织编制《泰州市高港区2022-01号土地征收成片开发方案》，共包含5个开发片区，其中，高港区3个片区，泰州医药高新区代管范围内2个片区，成片开发范围土地面积共计935.55公顷。方案以符合公共利益需要为前提，对成片开发范围内基础设施、公共服务设施等公益性用地进行合理安排，明确开发建设内容、实施期限和年度实施计划，开展经济、社会、生态效益评估，制定具体的实施保障措施。

【控制性详细规划】 原泰州医药高新区编制有寺巷街区、明珠街区、野徐镇东片区、野徐镇西片区、滨江工业园区、泰州综合保税区、医药园区西部片区、医药园区西南片区、医药教学区、塘湾街区、周山河街区等区域控制性详细规划。2021年，泰州医药高新区自然资源和规划分局开展周山河街区、滨江工业园区等园（街）区共16幅控规图则调整工作，获市政府批准。

高港自然资源和规划分局结合扬子江药业集团江苏龙凤堂中药有限公司、疏港三路、江苏港城污水处理有限公司三期等重大产业项目、基础设施工程建设，以及圣森生物制药有限公司、鸿兴路西延等项目规划落地需求，开展永安洲镇（核心港区）控制性详细规划编制工作调整，调整方案获市政府批准。服务长城汽车股份有限公司泰州分公司项目投产达效，开展许庄街道控制性详细规划编制工作调整，调整方案获市政府批准。研究土地开发经营地块布局，开展口岸街道控制性详细规划编制工作调整，调整方案获市政府批准。

【生态管控区域调整】 2021年，高港自然资源和规划分局根据《省政府办公厅关于印发江苏省生态空间管控区域调整管理办法的通知》，按照“功能不降低、面积不减少、性质不改变”的要求，对泰州医药高新区（高港区）生态空间管控区域进行空间置换，完成《泰州医药高新区（高港区）生态空间管控区域调整方案》编制。方案上报省交通运输厅、省水利厅等9个部门审核。

【规划服务】 2021年，泰州医药高新区自然资源和规划分局严格按照权限，做好建设用地预审和选址意见审查，办理建设项目用地预审15宗，面积30.17公顷。出具各类红线52件、规划条件6件，办理选址方案17件、道路方案2件，发放建设工程规划许可证3本，完成工业项目方案审查29宗、工业项目工程规划许可17宗。

高港自然资源和规划分局服务重大产业项目建设，在国土空间规划近期实施方案编制中落实项目用地需求。明确项目容积率、建筑退让、建筑布局等规划技术要求，为建设单位开展项目规划方案设计提供设计依据。向市自然资源和规划局请示、报告，研究供地矛盾下的项目推进途径，保障圣森生物制药有限公司项目顺利实施。共获批用地90.35公顷，保障圣森生物制药有限公司、同心变电站、高港实验小学东校区、变电站等项目的用地需求。完成土地征收成片开发方案编制工作，获省政府批复。总面积1461.36公顷，拟征收集体土地面积322.45公顷。严格控制新增用地供应，规范土地供应程序，发布工业用地出让公告3个，共3宗27.4公顷，收取出让金1.17亿元，保障长城汽车股份有限公司泰州分公司配套项目及泰州苏中天线集团有限公司项目用地，实现“交地即发证”，帮助企业缩短审批时间。上争经营性用地上市计划，优选存量、批而未供地块进行挂牌出让，督促平台公司开展上市前土地平整和各类调查、评估工作，全年共挂牌出让经营性用地8宗，面积48.74公顷，收取出让金37.35亿元。创新改革土地供应，开展土地征收、出让方案、出让公告“三审合一”工作。圣森生物制药有限公司项目作为首宗“三审合一”试点项目，同步将土地征收、出让方案、出让公告等事项上报市政府审批，全部手续的审批时间跨度由原来最低60个工作日压缩到20个工作日左右。

（泰州医药高新区自然资源和规划分局　高港自然资源和规划分局）

宜居之城　　区党工委（区委）宣传和统战部　供图

城市更新

【城建项目建设】 2021年，泰州医药高新区（高港区）实施城建重点项目148个，计划总投资332亿元。其中，完成灵芝路（祥泰路—南官河西路）、南塘路（祥泰路—南官河西路）、鲍中路（泰州大道—江州南路）、疏港公路（疏港南路）、明发区间路（扬子江路—刁东中沟路）等12个交通和城市道路项目，完成唐家社区穿庄河截污治理工程、东风路污水泵站管网接入工程、南塘路污水提升泵站及管网工程、健康大道泵站改造及新建压力管道工程、胡庄镇污水处理厂改造及管网配套工程、白马镇污水管网工程、大泗集镇污水管网工程、雕花楼景区一期污水管网改造工程等27个水污染治理项目，完成滨江工业园区生态绿化工程（南官河景观绿化四期、长江景观绿化三期）、国家生态园林城市提升工程、城市综合整治提升项目（含“精彩家园”158工程）等17个园林绿化项目，有序推进港城路及市民广场提升改造工程、高港大道城市化改造及地下综合管廊工程、马永路西延工程等6个交通和城市道路项目，有序推进凤凰小学南校区、泰州学院二期工程、环溪小学及环溪初级中学、泰州市第三人民医院改造提升工程等22个社会事业项目，有序推进康居社区南侧地块保障性安置房二期（康泽东苑）、香兰湾保障性安置房项目、东方明珠二期公租房装修工程、王营河东岸沿河景观提升工程、康和花园综合整治改造工程、老旧小区综合整治项目等15个民生保障和人居环境项目。

香兰湾保障性安置房项目　位于明珠街道范围内，南临春风路，北与春之声别墅区相邻，东临南官河，西临明珠花园小区。总建筑面积5.36万平方米，其中，地上4.41万平方米，地下0.95万平方米。共建安置房6栋150套、公寓楼3栋120套。项目总投资1.7亿元，2019年10月开工建设，2021年11月竣工。

环溪小学环溪初级中学项目　位于刁铺街道环溪东路北侧，刁东路东侧。设置规模为小学6轨36班，初中6轨18班，占地面积6公顷，建筑面积3.3万平方米。项目总投资1.3亿元，2020年5月开工建设，2021年6月竣工，9月投入使用。

康居社区南侧地块保障性安置房二期（康泽东苑）项目　位于野徐镇福康路以南、春晖路以东、药城大道以北、春兰路以西。项目占地面积14.23万平方米，总建筑面积41.48万平方米，其中，地上28.39万平方米，地下13.08万平方米。共分为两个标段，一标段（东区）占地面积7.1万平方米，总建筑面积21.09万平方米，项目总投资约13.2亿元；二标段（西区）占地面积7.13万平方米，总建筑面积20.39万平方米，项目总投资约13.3亿元。

国际精准健康中心特色医疗区项目　位于野徐镇解家舍路北侧、鼓楼南路东侧，规划用地面积5.46公顷，规划总建筑面积约12.6万平方米，其中，地上建筑面积约8万平方米，地下建筑面积约4.6万平方米。项目分两期进行建设，其中，一期规划用地面积2.82公顷，规划总建筑面积约6.4万平方米；二期规划用地面积2.64公顷，规划总建筑面积约6.2万平方米。该项目根据医疗建筑特性，建设标准化医疗用房，具有通用性、配套性、集约性等特点，主要为各类中小型医疗健康服务企业集聚发展提供租赁使用，项目总投资约10亿元。

康居邻里中心项目　位于野徐镇福康路北侧、春晖路西侧，总占地面积3.17万平方米，总建筑面积7.67万平方米，其中，地上建筑面积5.78万平方米，地下建筑面积1.89万平方米。主要分为酒店、社区、商业3个功能区。

港城路及市民广场提升改造工程　位于口岸街道，港城路改造范围西起腾龙桥，东至高港大道，全长2.67千米，红线宽度为60米。改造内容包括道路路面升级、交通安全管理设施改造、交叉口渠化及公交站台改造、架空线路入地、人行道及周边改造提升、重要节点景观提升、沿线绿化、道路照明改造等。市民广场位于港城路（府东路—府西路段）南北两侧，占地规模4.5万平方米，改造内容为绿化景观、配套设施、周边道路等。其中，北广场以保留的现状雕塑和水池为中心，设置中心观景草坪，同时新增单向流线组织的车行道以满足车行需求；南广场设置满足市民活动与集散需求的活动区、儿童游憩区及林荫休憩区。

高港实验小学东校区项目　位于春港路以北，天逸名邸以东，蔡圩河以南，总用地面积4.19万平方米，总建筑面积1.96万平方米，拟建学校规模为6轨36班。项目主要建设2栋4层教学楼、2栋艺体综合楼（东楼4层、西楼2层）、1栋2层风雨操场和食堂，配套建设门卫室、书屋、消控室、配电房，新建室外篮球场、足球场、300米标准跑道等。项目采用EPC模式建设，中标价为8280.56万元。项目于2021年9月开工建设，年内在建。　（朱海明）

环溪小学环溪初级中学项目　　刁铺街道　供图

【城市道路建设】 2021年，泰州医药高新区（高港区）建设城市及园区主次干道20条约19.27千米，完成投资18.7亿元。灵芝路（祥泰路—南官河西路）、南塘路（祥泰路—南官河西路）、鲍中路（泰州大道—江州南路）、疏港公路（疏港南路）、明发区间路（扬子江路—刁东中沟路）等建成通车，福康路（海陵路—仲联路）、惠山路拓宽、高港大道城市化改造、马永路西延等工程有序推进。

鲍中路（泰州大道—江州南路）　位于明珠街道范围内，西起江州南路，东至泰州大道，全长715米。道路工程采用沥青路面，道路红线35米，双向四车道，设计速度40千米/小时；桥梁总长149米，桥宽35米，桥梁上部结构采用预应力混凝土连续箱梁，下部结构采用双柱式直立桥墩。由泰州华诚医学投资集团有限公司出资建设，工程总造价8000万元，工期730天，2021年8月建成通车。

南塘路(祥泰路—南官河西路) 西起祥泰路,东至南官河西路,新建道路长约620米,宽32米,机非分隔带绿化各宽1.5米;横跨庙湾河建设桥梁1座,河口宽约30米,配套实施路灯、给排水、侧分带绿化、交通设施等基础设施工程。项目总投资3500万元,2020年开工建设,2021年6月建成通车。

疏港公路(疏港南路) 北起建桥路,南至同兴路,新建道路长5700米、宽50米,总用地28.47公顷(含古马干河特大桥),包含雨污水管、路灯、弱电管道、绿化等配套设施建设。项目总投资13亿元,2018年开工建设,2021年12月建成通车。 (朱海明)

【市政公用设施建设与维护】 2021年,泰州医药高新区(高港区)投入10.82亿元,用于全区市政公用设施建设及维护。完成城区雨水管道疏通、老旧小区雨污分流、城区河道控源截污等工程。修复路面约1万平方米、道板约8000平方米,清掏雨水篦子约3000只,疏通雨污水管网16千米,维修隐患消防栓120处,补缺井盖360只,维修损坏护栏约3600米。市政设施完好率95%以上,处理高港区数字化城管市政维修案例4628件,处理率100%,反馈率100%。

路灯管护 日常管护城区路灯16067杆(25829盏)、景观灯1363盏、高杆灯871盏,配电箱102组、专用变压器89组、专用台式变压器17台、控制箱77台、三遥运行77台。更换路灯1200盏、箱式变电箱27台、地下乳白管1840米、地下电缆4760米、中华灯灯罩77只、景观灯PC灯罩9只。更换波纹管283米、护套线143米,镀锌钢管及塑料管126米。更换电箱门2个、门盖20个。紧急处理敷设电缆1875米,更换井盖114处,维修控制箱(交流接触器、时控、保险丝、单匹开关、漏电保护器)294个、基础笼33个、铜鼻26个,维修变电箱27台,更换路灯杆式变压器1台、箱式变电箱4台、台式变压器2台,补装灯杆33盏。处理数字化城管反映问题76件,处理“12345”热线反映问题31件,处理交通事故撞毁路灯10处,回复率100%,处置率100%。路灯设施完好率95%以上,主要干道亮化良好率99%以上。

黑臭水体长效管护 配合“河长制”工作,对完成整治的14条黑臭水体进行长效管护。

污水管网建设 完成通港路污水管网、医药园区污水转输及泵站改造、生产制造区南塘路污水泵站与管道改造、江州南路两侧商铺雨污分流改造工程,新增污水管网5.2千米。

燃气行业管理 定期对辖区内燃气企业开展安全检查,实现全区燃气生产零事故。全年新增管道燃气配套用户6201户,其中老旧小区居民用户89户。 (张 庆)

【城市绿化】 2021年,全区新增绿地面积362.7万平方米,其中,公园绿地101.8万平方米,附属绿地190.4万平方米,防护绿地70.5万平方米,绿化覆盖率40.3%。新建南官河西路、王营河绿化带等绿化工程,完成“精·彩家园”品质绿化158工程(泰州市组织实施的100个重要节点、50条道路河道沿线、8个核心片区的景观绿化提升工程)及原泰州医药高新区城市主干道周边环境提升等市、区两级重点景观工程。 (徐 咏)

【老旧小区改造】 2021年,泰州医药高新区(高港区)围绕群众反映强烈的水、电、气、路、消防、安防、绿化、环卫、公共照明、机动车停车位、电动车集中充电设施等问题,启动实施幸福小区、康和花园、祥和花园(一期)、祥和花园(二期)、龙凤家园、东方温莎小镇、杰盛俊园、左岸名都、世茂河滨花园、港城花苑、工商税务家属区和扬子江家属区共12个老旧小区整治改造,年内完成幸福小区、祥和花园(一期)、港城花苑、工商税务家属区和扬子江家属区5个老旧小区的改造项目。 (魏国涛)

城市管理

【概况】 2021年,泰州医药高新区(高港区)全面开展“党建+路长制”工作,加强辖区内主次干道、农贸市场以及学校周边的流动摊点和占道经营管理,开展广告店招美化行动,规范管理渣土运输,持续推进停车场建设,完成多个路段的共享单车站点新增。开展“治顽疾,迎省运”环境整治百日攻坚行动,实行城区主次干道深度保洁,以省运会重要道路、节点及赛场周边为重点,除隐患、治乱象、清积案、树精品。

【市容秩序专项治理】 2021年,泰州医药高新区(高港区)开展“迎省运、治顽疾”环境整治百日攻坚行动,拆除海陵南路、鼓楼南路、凤凰路、东风路高架、春港路、扬子江路等道路违规广告、店招标牌83处,清理主次干道和后街背巷的“僵尸车”49辆,完善城市道路交通安全标识标线100余处,整改“城市飞线”16处,集中整治沿街卷帘门33处,清理小广告2600余处。整治农贸市场、重点商圈、学校周边等区域流动摊点200余处、出店经营400余处。签订市容环卫责任状9404户,签订率100%。推进“党建+路长制”路段达135条。查处人行道违停机动车6500余辆。

【城乡卫生管理】 2021年,区市容环境卫生管理中心对城区主次干道实行深度保洁,形成“道路清扫车为主、人工清扫保洁为辅、洒水车定时作业降尘”的保洁模式,主次干道基本实现全天候保洁、无缝隙覆盖，建成区机扫率95%以上。新建刁东路公厕1座，改建海伦路公厕1座。开展城乡生活垃圾一体化处理工作，及时收集各镇街的生活垃圾，统一密闭运输至泰州垃圾焚烧发电厂进行无害化处理，全年处理量15.95万吨，投入处置费1562.42万元、运输费1293.12万元，无害化处理率100%。

【垃圾分类】2021年，区住房城乡建设局在35个小区开展“三定一撤”试点工作，推行生活垃圾定时、定点、定人分类投放管理工作模式，通过积分换物的奖励手段，提升小区垃圾分类管理质效。在永安洲镇新建面积约100平方米的有害垃圾暂存点，根据不同类别和管理要求设置有害垃圾收集桶，确保有害垃圾得到安全存储。全年建成城区垃圾分类小区60个、省级垃圾分类达标小区17个、市级垃圾分类达标小区25个、垃圾分类单位271个、公共区域垃圾分类设施3968组，共清运处置城乡生活垃圾15.95万吨，其中，城市餐厨废弃物处置量1.95万吨，处理率100%；城市建筑垃圾资源化处置量4.97万吨，资源化利用率100%。

【停车便利化】2021年，区住房城乡建设局完成凤栖湖生态停车场等项目建设，新增公共停车位877个，对城区部分道路临时停车泊位进行重新划线，共划设1109个；在凤栖湖景区出入口、长城汽车股份有限公司泰州分公司周边等路段新增共享单车站点14个，做好公共自行车项目退出工作，先后退卡1000余张。（姚　翔）

【违法建设治理】2021年，全区共拆除违法建设159处，总面积20326.98平方米，其中，新生违建85处，面积8975.59平方米；历史违建74处，面积11351.39平方米。新生违法建设发现率100%，拆除率98%以上。

【城市管理行政执法】2021年，区城管局实施行政执法公示制度，依靠部门网站、政务服务窗口等，依法及时向社会公开有关行政执法信息；推进执法全过程记录制度，通过文字、音像等方式，对行政执法活动进行记录并归档，每月对中队案件文书制作和音像保存记录情况进行考评；推行重大执法决定法制审核制度，所有一般程序行政处罚案件均实行法制审核，做到“一案一卷一审”，22起重大行政处罚案件报区城管局领导集体研究决定。开展“双随机一公开”事中事后监管工作，完成5个抽查事项、9个抽查任务、111个市场监管主体的抽查，及时公示结果。完成“互联网+监管”事项的认领与监管行为数据的采集，除无监管对象事项外，监管行为覆盖率100%。立案查处一般程序案件109件，结案109件，入账罚款金额合计58.4万元。全年未发生行政诉讼（复议）案件，无行政行为经复议、诉讼被撤销、变更、确认违法或者责令履职。（孙　伟）

【数字城管】2021年，区城管局数字城管平台上报、受理、派遣各类城市管理问题信息47738件，立案47549件，各专业部门应处理案件47384件，其中部门反馈47384件、办结47247件，月度平均结案率为99.72%。开展省运会有关点线环境整治和文明城市创建督查24次，配合做好“迎省运、治顽疾”环境整治百日攻坚行动，向有关单位交办问题1500余起。（申宝忠）

交　通

【概况】2021年，原高港区公路总里程723.36千米。其中，按技术等级分，一级公路84.82千米，二级公路93.28千米，三级公路69.22千米，四级公路476.04千米；按行政等级分，国道23.04千米，省道27.29千米，县道133.83千米，乡道263.42千米，村道275.78千米。公路桥梁313座。有过江通道1个（泰州长江公路大桥）、汽渡1个（高港汽渡）、通航船闸2座。公路客运总量393.8万人次。共有公交线路24条，营运车辆242辆，线路总长567千米，日运营1054趟次。（魏　晶）

【疫情交通管控】2021年，泰州市交通运输局医药高新区分局（简称泰州医药高新区交通分局）做好泰州医药城高速出入口和大泗高速出入口的管控工作。协调、组织泰州医药高新区（高港区）相关镇街、交警部门、卫生部门在泰州医药城和大泗出入口组成联合管控点，24小时不间断对所有进出车辆和人员进行检查，落实“逢车必查，逢人必检”要求。落实重要农村公路道口的管控工作。组织公安、交警和滨江工业园区、寺巷街道、明珠街道设置6个与扬州市交界的农村地区道路管控点，7月27日—9月8日，共检查车辆7600辆、人员9960人，移交企业1748人，劝返人员834人，未发现体温异常人员。

（泰州医药高新区交通分局）

7月下旬，由南京禄口机场引发的新冠疫情发展迅猛，泰州市交通运输局高港分局（简称高港交通分局）牵头落实疫情交通管控措施，在泰镇高速泰州大桥互通出口及G345高港大桥设置卡点，对中高风险地区来泰车辆和人员实施交通管控工作。共检查车辆21.91万辆、29.27万人。其中，扬州等地或其他中高风险地区来泰车辆1.6万辆、2.19万人，劝返车辆3863辆、4785人。协助市新冠肺炎疫情防控工作领导小组交通管控组落实境外来泰人员接驳点选址工作，仅用36小时便建成接驳点。配合市相关部门建立火车站管控点，11月26日—12月26日，共检查中高风险地区返回高港人员3292人，其中，核酸检测报告阴性放行1726人，无核酸检测报告送检1402人，临时安置29人，劝返135人。根据泰州医药高新区（高港区）新冠肺炎疫情防控工作领导小组《关于建立区疫情防控工作领导小组“外防输入”联防联控机制的通知》要求，泰州医药高新区交通分局、高港交通分局为水路口岸疫情防控协调组组长单位。高港交通分局召开高港区水路口岸疫情防控工作部署会，制定《高港区“外防输入”联防联控机制水路口岸疫情防控协调组成员单位工作职责》。境内码头靠泊外轮356艘次，口岸疫情防控协调组累计协助泰州益友船务代理有限公司、泰州外轮代理有限公司等公司完成船员换班43批次401人。（魏　晶）

【交通项目建设】 2021年，泰州医药高新区交通分局配合市交通局和设计单位做好北沿江高铁前期准备、被交道路、方案设计等工作。协调做好盐泰锡常宜铁路的社会稳定风险评估工作，配合做好盐泰锡常宜铁路对蓝思精密（泰州）有限公司环境影响评价工作。配合做好姜高路二期S321南延的可行性研究、设计等工作。配合做好健康大道、药城大道东延，健康大道与长江大道搭建等路网规划建设工作。协调泰州医药高新区（高港区）各平台公司做好农村公路新建项目的立项、工程可行性研究、招投标等前期准备工作。

（泰州医药高新区交通分局）

高港交通分局推进高港大道改扩建工程，完成高港大道地下管廊工程主体结构及管廊内部机电工程的安装和附属工程的扫尾工作，推进泰州长江公路大桥至长江大道段老路提升改造工作。全年完成交通项目投资近2.5亿元。（魏　晶）

【公交线路优化】 2021年，泰州医药高新区交通分局与市交投公司对接，做好公交线路优化调整工作。协调市交通局公交服务中心、永安行科技股份有限公司泰州分公司等部门、企业，推进共享汽车和共享单车布局布点优化工作。

（泰州医药高新区交通分局）

【交通安全生产】 2021年，泰州医药高新区交通分局联合市交通局执法支队加大对泰州医药高新区危化品运输企业的检查力度。联合市交通局执法支队、交警医药高新区大队加大对违法超员、货车超载、无牌无证等交通违法行为的检查力度。配合市交通局港航中心对泰州医药高新区4~7级航道上船舶碰撞桥梁进行隐患排查，按照一桥一档建立桥梁档案。推进泰州医药高新区华阳码头的整治进度，配合寺巷街道做好华阳码头的拆迁工作。配合市交通局执法支队、泰州医药高新区生态环境分局等单位做好内河码头的扬尘、污染物排放等监管工作。

（泰州医药高新区交通分局）

高港交通分局建立安全生产工作领导小组，明确主要负责人、部门负责人的安全生产责任。加强恶劣天气应急处置，结合行业生产发展和环境形势的变化，对各项制度、应急保畅预案进行梳理、修订、完善。突发事件发生后，第一时间赶赴现场，进行抢修抢险工作。对全区公路、桥梁进行全面巡查，对重点部位进行安全督查，对农村公路生命防护工程进行专项检查，对部分损坏设施进行更换。开展农村公路桥梁安全隐患排查整治工作，对四、五类桥梁进行维修加固和交通管制。

（魏　晶）

水　利

·综述·

【概况】 2021年，泰州医药高新区（高港区）投资8000余万元，实施城区水利项目。投资8105.5万元，实施农村河道疏浚整治工程。投资2110万元，实施长江堤防能力提升项目。深化河长制工作，打造2条区级、12条乡级、31条村级幸福河湖。全面开展河道专项整治，区级以上骨干河道“两违”问题在全省率先通过销号验收。开展新一轮河湖和水利工程管理范围划定工作，完成3条国普河道和39条高港灌区支渠的划界工作。

【水利基础设施建设】 2021年，泰州医药高新区（高港区）完善水利规划体系，编制《泰州医药高新区（高港区）“十四五”水利发展规划》和《高港区水利基础设施空间布局规划》。总投资8000余万元，整治古马干河高港段4.5千米，完成南塘中沟（南官河—祥泰路段）整治、庙湾河新开工程，组织实施双庆河活水工程以及北徐庄河整治工程。投资4806万元，实施高港灌区续建配套与节水改造项目，疏浚整治河道7条16.61千米，新建护岸24.36千米。投资2552万元，实施高港区2020年度村庄河道疏浚整治活水工程，疏浚整治村庄河道56条，拆坝建桥、建涵91座。投资747.49万元，实施高港区中央财政小型农田水利重点县项目增补项目，整治河道3.12千米，拆建涵闸1座，新建泵站、箱涵、涵洞各2座。（杨　帆）

·泰州引江河建设与管理·

【概况】 2021年，江苏省泰州引江河管理处统筹推进工程管理、防汛抗旱、河湖监管、船闸通航等工作。创成省级法治文化建设示范点。1人获评全国水旱灾害防御工作先进个人，1人获全国水利技能大奖，1人获省级党史知识竞赛一等奖。“河湖岸线工程监管信息化系统应用研究”“河长制下泰州引江河—里下河腹部地区多目标输水调控技术研究”分别获2021年度江苏省水利科技进步二等奖、三等奖。

【工程管护】 2021年，江苏省泰州引江河管理处做好工程巡视检查和维修养护，确保工程设备设施完好。按期完成18个维修养护、6个防汛项目，完成引江口门安全工作塔建设。泰州引江河高港枢纽闸站下游段左岸堤防应急加固工程于12月初开工。修订岗位安全生产责任清单104个、安全生产制度43项、各类预案36项，开展演练8次。定期开展危险源辨识工作，管控率100%。开展安全监督检查自查20次，接受省水利厅督查6次，水利部督查1次，整改率100%。在全国水安将军趣味知识竞赛中，获优秀集体奖，2人获个人奖；在全省水利安全生产知识竞赛中，获单位组织奖，17人获个人奖。

【防汛防旱抢险】 2021年，江苏省泰州引江河管理处共执行调度指令42次，高港枢纽常态化大流量引水292天计44.74亿立方米，抽排里下河涝水4.1亿立方米，向通南地区送水2.43亿立方米，拉马河闸开闸引水1752万立方米。台风“烟花”影响期间，江苏省泰州引江河管理处抢险队赶赴淮安市洪泽区、泰州市海陵区抢排城区积水9.16万立方米。

【船闸通航】 2021年，江苏省泰州引江河管理处优化高港船闸运行调度流程，完善登记信息化和申报诚信化。高港船闸应对新冠肺炎疫情防控和船舶大型化压力，与三峡船闸实施精准调度研究，高港船闸每闸次船舶吨位提升4%。放行单机船12.43万艘、船队1445个，船舶通航量再创新高。

【河湖管理】 2021年，江苏省泰州引江河管理处参与审查河湖管理范围内的工程建设项目方案和防洪评价报告，加强在建项目监管。联合市、县两级管理单位巡查里下河湖区800余次，查处重大涉湖违法行为4起。组织编印《里下河湖区管理动态》、编制湖泊管理年报，为省水利厅和涉湖地方政府部门决策提供参考。深化里下河湖区网格化管理，推动涉湖违法行为查处，开展问题整改验收销号，对盐城市境内里下河湖区和通榆河、泰东河保护范围内120个违法点整改情况进行销号验收。推进里下河湖区退圩还湖，监督指导宝应、兴化、盐都、阜宁、姜堰7个县（市、区）的湖泊湖荡退圩还湖工程，新增自由水面13.57平方千米。根据省河长办工作部署，对常州市各市（区）的36个河湖“两违”问题、对泰州市各市（区）的216个河湖“两违”问题的整治情况进行现场抽查复核。参与里下河地区“清剿水葫芦，改善水环境”联保共治专项行动。推进里下河湖区、引江河、通榆河、泰东河“一湖三河”遥感监测，以及射阳湖、大纵湖、泰州引江河、通榆河“两湖两河”水生态监测等项目实施，建设泰州引江河电子一张图系统。开展泰州引江河两岸陆域巡查和水域巡查，运用无人机、网格化管理系统等科技手段巡河，依法督查涉河水事违法行为20余件。完成泰州、江都两地关于泰州引江河河道原交叉管理区域遗留问题交接工作。

【水政执法】 2021年，江苏省泰州引江河管理处开展水行政执法技能竞赛，提升水政队员素质能力。与地方渔政开展禁渔专项联合执法，打击违法捕鱼行为。全年收缴各类渔具20余件，放生渔获物200余千克，移交渔政部门查处案件4件。开展联合巡江7次，发现1艘非法运砂船舶，由长航公安部门立案查处。开展普法宣传活动10余场，发放各种宣传资料、宣传品3000余份。按照省水政总队要求，到泰州、南通两地开展“清四乱”复查工作，完成泰州市13个点、南通市11个点“清四乱”复查工作。（王昕炜　万　静）

泰州引江河高港枢纽　　区党工委（区委）宣传和统战部　供图

乡村振兴

综 述

【概况】 2021年，区党工委会议（区委常委会会议）、区管委会主任会议（区政府常务会议）、农村工作领导小组会议多次研究部署乡村振兴工作。6月，高港区乡村振兴局挂牌成立，9月，更名为泰州医药高新区（高港区）乡村振兴局。出台《关于全面推进乡村振兴着力加快农业农村现代化建设的实施意见》《2021年医药高新区（高港区）乡村振兴专项考核办法》等文件，分解落实工作任务。健全财政支农投入稳定增长机制，本级当年农林水支出预算3.06亿元。以省级现代农业产业园为主体，建立“镇园合一”管理模式，探索市场化运营模式，争创省级现代农业产业示范园。围绕“一园一特色、一园一主导产业”，组织修编农业园区规划。运用互联网、物联网、大数据、人工智能等现代信息技术，打造数字化、智慧化农业园区。建立区领导挂钩农业农村重大项目机制。实施农业龙头企业“双倍增”行动，新增市级以上农业龙头企业8个，保有量34个。创成市级农业产业化联合体3个。强化农业经营主体指导服务，提升家庭农场和农民合作社运行质量。严格执行“区、镇、村”三级网格监管，巩固国家农产品质量安全县创建成果，全区绿色优质农产品比重达71.96%。提升乡村休闲旅游发展质态，休闲农业综合收入增长12%。启动实施农村人居环境整治提升五年行动。落实“河湖长制”“断面长制”，疏浚整治村庄河道56条，建成幸福河湖37条。白马镇陈家村创成全国乡村旅游重点村，许庄街道蔡庄村蔡庄、白马镇陈家村凹口创成省级特色田园乡村，永安洲镇东江社区、胡庄镇宗林村创成市级特色田园乡村，美丽宜居乡村建成率80%。开展城乡公共基础设施共建共享共管工作，获批市级农村公共基础设施管护机制落实试点。完成75个规划发展自然村生活污水治理一期工程，启动实施总投资3.6亿元的行政村污水治理二期工程。推进“四好农村路”建设，创成“四好农村路”全国示范区。推进富民强村行动，出台《开展富民强村帮促行动接续推进乡村全面振兴的实施方案》，开展新一轮帮促对象认定和帮促体系建设。发展都市休闲观光、农创文旅融合、生产生活服务等多种业态，带动农民就近就地就业。持续推进农村综合改革，获批全国农村综合性改革试点试验区。

（华琳琳）

【数字农业农村建设】 2021年，全区新增市级数字农业农村基地2个，分别为泰州丰汇农业科技有限公司、泰州泗润米业有限公司。江苏

口岸街道引江社区泰州润都农业供销有限公司 口岸街道引江社区 供图

汉扬农业科技有限公司的“基于物联网的果园设施研究与应用”入选江苏省数字农业农村新技术新产品新模式优秀案例。上争省以上转移支付资金，建设区级农业农村大数据平台。11月，一期项目建设完毕，相关涉农数据及时上行至“苏农云”，实现数据的互联互通。（李　丹）

农村经济

【概况】2021年，泰州医药高新区（高港区）落实农村“一事一议”筹资财政奖补政策，有15个村（社区）实施“一事一议”，建设项目15个，项目全年预算额311.43万元，其中，省、市财政奖补226万元，村级筹资筹劳29.13万元，区级补助资金56.3万元。农村居民人均可支配收入2.86万元，增幅11.4%。

【新型农业经营主体建设】2021年，泰州医药高新区（高港区）加快各类经营主体的规范化建设。全区共录入家庭农场名录系统280个（含大户）。培育各级示范家庭农场110个，其中，省级示范家庭农场18个，市级示范家庭农场46个，区级示范家庭农场46个。新增由家庭农场参与的农业社会化服务组织1个。新增工商注册登记农民专业合作社3个，至年末，全区有农民合作社180个（不含资金互助合作社）。动态监测省、市、区级示范社，提升农民专业合作社示范社发展质量。区级以上示范社监测合格总数28个，其中，省级示范社3个，市级示范社17个，区级示范社8个。培育各级示范合作社17个，其中，市级示范社5个，区级示范社12个。

（桂　婷）

【农村集体经济】2021年年末，泰州医药高新区（高港区）农村集体资产总额41.3亿元，其中，流动资产25.16亿元，农业资产1320.8万元，长期资产5.29亿元，固定资产10.71亿元，其他资产18.64万元。全年村集体经济组织收入总额4.3亿元，村平均325.8万元，其中，村集体经济总收入50万～200万元的村（社区）46个，200万～500万元的村（社区）62个，500万～1000万元的村（社区）24个。集体经营收益50万元以上的经济强村60个，占45.5%。

【农村集体“三资”管理】2021年，泰州医药高新区（高港区）有序组织开展农村集体资金、资产、资源“三资”管理工作督查，开展专项督查1次、部门联合督查1次。规范开展“三资”预警处置工作，及时排查“三资”平台预警事项，区级机关通过“三资”平台向镇街发布督办事项12条。

【农村集体资产资源交易】2021年，泰州医药高新区（高港区）完善农村集体产权交易工作。在公告发布和交易报名阶段，指导交易双方在交易平台上进行相关操作，确保交易双方“无障碍”使用线上交易功能。针对农村产权交易项目信息杂、数据多的特点，进一步细化交易流程，实行“村填报、镇检查、区复查”的工作步骤，确保各个交易项目信息齐全。利用江苏省农村产权交易信息服务平台的数据统计功能，每月对项目数、成交额、交易面积等主要交易指标进行统计对比。结合数据变化和基层反馈情况，科学开展数据分析，提高农村集体产权交易的数量和质量。全区农村集体资产资源交易项目总数1331个（其中线上交易347个），成交总金额9264.12万元，土地类交易总面积802.67公顷，其他类交易总面积92608平方米。在2020年度省产权交易市场监测评价中，泰州医药高新区（高港区）在县（市、区）中排名第11名，刁铺街道、大泗镇在乡（镇、街道）中分别排名第43名、第73名。（白红果）

【乡村休闲旅游】2021年，泰州市高港区合家欢亲子休闲主题创意农园、泰州市高港区大马荷莲花主题创意农园获批江苏省主题创意农园，泰州市高港区上膳源泰州农场入围江苏省首批乡村休闲旅游农业农耕实践基地，泰州市高港区凤栖湖景区、泰州市高港区濒湖中医康养田园综合体入围江苏省首批乡村休闲旅游农业康美基地。大泗镇霍堡村入围泰州市首批乡村休闲旅游农业示范村。总投资约10亿元、年度投资超过2亿元的爱情海欢乐田园综合体项目完成年度投资计

爱情海欢乐田园景区　　区党工委（区委）宣传和统战部　供图

划，是泰州市年度投资规模最大的休闲旅游农业单体项目，国庆期间累计接待游客超10万人次。2021泰州·医药高新区（高港区）农民丰收节在大马水生植物园举行，以“泗水年华·晒丰收”为主题，展示民俗表演、中药养生、地方美食、人文美景等元素。（刘 岳）

【村企联建】 2021年，泰州医药高新区（高港区）围绕“万企联万村、共走振兴路”行动“两年有发展”新目标，按照项目化管理要求，将联建项目化、项目节点化、节点责任化，推动形成政府有力引导、企业有效参与、乡村高质发展的联建体系。所有项目计划总投资额13亿元，实际投资额3.02亿元，新增项目27个。全区联建项目累计增加村集体收入708.6万元，增加就业岗位1049个。刁铺街道环溪社区、万庄社区与江苏景顺文化旅游开发有限公司于2020年9月起开展联建开发花海项目，打造集农业生产、旅游、康养产业于一体的特色田园综合体。（桂 婷）

【富民强村帮促行动】 2021年，全区2065名低收入人口人均可支配收入达1.66万元，比上年增长17.56%；经济薄弱村村集体经营性总收入达4128.51万元，增长31.08%。与泰州市文旅集团建成区级消费帮促专馆1个，申报入选省、市消费帮促产品名录42个。大泗镇曹于村、北港村、马龙村、佴庄村及胡庄镇周马村、戴陈村成功申报2021年度市级财政资金扶持经济薄弱村发展项目，共获320万元财政奖补。出台《泰州医药高新区（高港区）就业帮促基地、就业帮促车间（加工点）认定管理暂行办法》，认定江苏宇马铝业有限公司、泰州凤栖湖农场、江苏林丰绿化工程有限公司、泰州市高港区许庄管营残疾人之家、泰州市高港亚民农场、泰州市青石包装科技有限公司组装车间及泰州市依泰食品有限公司等7个经营主体为就业帮促基地、帮促车间。投入财政资金142.49万元，为原建档立卡低收入人口购买健康扶贫补充保险和防贫综合险，其中，健康扶贫补充保险51.4万元，防贫综合险91.09万元。（曹丹丹）

农村改革

【第二轮土地承包到期后再延长三十年改革试点】 2021年，泰州医药高新区（高港区）落实农村基本经营制度，启动“第二轮土地承包到期后再延长三十年改革试点”工作。成立试点工作领导小组，建立联席会议制度和纠纷调处机制。组织开展3个试点村（社区）（口岸街道张马社区、大泗镇杨营村、胡庄镇史庄村）承包地调查摸底，通过座谈走访、调查问卷等形式，摸清农户承包地的现状、农户诉求、难点及可以接受的延包方式。调查共梳理出6类共性问题，提出初步解决方式。

【宅基地管理与改革】 2021年，泰州医药高新区（高港区）出台《关于加强全区农村宅基地管理工作的意见（试行）》。加强宅基地管理和改革，推进镇（涉农街道）建立宅基地联审联办机制。出台《泰州医药高新区（高港区）推进农村闲置宅基地和农房盘活利用改革工作的实施方案》，以“农旅结合、以农促旅、以旅强农”为发展路径，突出地方文化产业特色，持续开展闲置农房盘活利用工作。口岸街道、刁铺街道、许庄街道、大泗镇均因地制宜拓展乡村旅游经济的发展路径，通过第三产业带动第一、二产业，探索产业振兴与农民增收的路径方法。（桂 婷）

【农村集体产权制度改革】 2021年，泰州医药高新区（高港区）开展集体产权制度改革“回头看”工作，对354个村集体经济组织成员身份进行重新界定，清理不符合成员资格人员46人。实行股份经济合作社分红，全区实现分红的股份经济合作社56个，占42.4%。探索“政经分开”改革试点工作，印发《高港区农村“政经分开”改革试点工作方案（试行）》，口岸街道引江社区、徐庄村初步完成市级“政经分开”改革试点任务，基层自治组织和集体经济组织实行组织功能、组织成员、议事决策、资产管理、财务管理“五个分开”。（白红果）

镇村建设

【镇村概况】 至2021年年末，全区有建制镇5个、行政村40个、自然村105个。镇村户籍人口142978人，常住人口145890人。建制镇建成区面积28.58平方千米。

【农村危房改造】 2021年，全区完成农村危房改造20户，其中，修缮加固11户，翻建新建9户，拨付危房改造资金28.1万元。

【特色田园乡村建设】 2021年，全区继续推进省、市特色田园乡村创建工作，各创建村庄新建村口标识、道路、节点景观工程，实施为农服务综合体、亮化工程、村庄生活污水治理等项目。许庄街道蔡庄村蔡庄入选第六批次江苏省特色田园乡村，白马镇陈家村凹口入选第八批次江苏省特色田园乡村，加上2020年入选第五批次江苏省特色田园乡村的大泗镇霍堡村霍堡，全区共有省级特色田园乡村3个。永安洲镇东江社区、胡庄镇宗林村创成市级特色田园乡村，全区共有市级特色田园乡村4个。

【蔡庄村、陈家村创成省级特色田园乡村】 许庄街道蔡庄村蔡庄省级特色田园乡村建设工作于2019年启动，历经2年多的时间，总投入近3000万元，先后实施道路、桥梁、景观、水系等村庄提升项目。2020年，对蔡氏古民居进行一期修复改造、二期景观提升，引进航模协会，打造名家摄影工作室，筹备乡村画展，开设乡村影院。2021年4月，创建工作通过省住房和城乡建设厅专家组验收。5月，江苏省特色田园乡村建设工作联席会议公布第六批次江苏省特色田园乡村名单，许庄街道蔡庄村蔡庄入选。

白马镇陈家村先后投入近3000万元提升村庄基础设施建设，投入1000余万元建成彩凤路、田园路、彩凤桥等通村重要干道桥梁，以及游客服务中心、停车场、乡村集市等设施，在进村主要入口设立生态牌坊3处，安装路灯及景观灯近500盏。建成1500平方米的村党群服务中心、800平方米的村卫生室、800平方米的居家养老残疾人服务站。陈家村依托江苏逸夏果园有限公司、高港海诞农业“星创天地”探索“龙头企业+合作经济组织+基地+农户”的产业化经营模式，引导农民参与发展高效农业，通过出租土地、参与生产、集体分红增加收入。农产品年销售金额超过900万元。2021年12月，江苏省特色田园乡村建设工作联席会议公布第八批次江苏省特色田园乡村名单，白马镇陈家村凹口入选。（朱海明）

【农村人居环境整治】 2021，泰州医药高新区（高港区）参与起草制定泰州市地方标准《农村人居环境建设规范》，系江苏省第一个农村人居环境建设地方性标准。开展常态化村庄清洁行动，组织发动农村劳动力2.5万余人次，清理各类农村结余垃圾1.2万余吨，夏秋两季秸秆综合利用率达95%以上。对2013年以来使用财政资金改造的户厕进行全面摸排，累计摸排户厕10027座，发现问题户厕1060座，完成整改507座，其余全部纳入改造计划进行整改。疏浚整治村庄河道56条，拆坝建桥、涵76座。全区实现城乡环卫一体化和生活垃圾分类全覆盖，农村生活垃圾集中收运处理率和无害化率均达100%。农村人居环境整治典型做法被“全国农村人居环境整治”微信公众号、《江苏农村要情》等平台报道4次。统筹推进村庄生活污水治理，完成全区45个涉农行政村范围内的75个规划发展自然村生活污水治理，实现App系统远程管理操控污水处理设施。高港区在泰州市第一季度农村人居环境考核和中期评估中，均位列全市第一。（吉跃辉）

许庄街道蔡庄村　　许庄街道蔡庄村　供图

【村庄河道专项整治】 2021年，泰州医药高新区（高港区）推进村庄河道专项整治。4月，开展集中整治月活动，对辖区内村庄河道进行全面摸排，排查“三乱”“两违”问题共计344处，实行日通报制度，督促按序整改。至4月末，上报问题全部整改到位，同步开展河道整坡复绿工作。开展“三乱”“两违”专项整治“回头看”。（滕智超）

【农村生态河道建设】 2021年，泰州医药高新区（高港区）推进农村生态河道的建设，恢复河道排涝能力，促进水系流通，提高农村水环境质量。投入5809万元用于农村生态河道建设及长效管护工作，其中，投入4806万元（中央资金1657万元，其余由财政配套），建设农村生态河道6条。各镇街共投入500万元，建设农村生态河道22条。区级投入503万元用于农村河道长效管护工作。（邹　航）

【农村公路安防工程】 2021年，泰州医药高新区交通分局实施农村公路安防工程，总长约70千米。争取财政预算360万元用于安防工程建设，8月完成招投标工作，进入施工阶段，12月中下旬完工。共增设防撞护栏6872米，标志标牌705个（套），标线14326.2米，道口标准1051根，防抛网1512米。组织泰州医药高新区各镇街、园区开展农村公路桥梁安全隐患大排查，已排查的4座四类桥梁中，1座完成拆除，1座设置限高限载设施。开展农村公路自然灾害综合风险公路水路承灾体普查工作。制定泰州医药高新区交通运输自然灾害综合风险公路水路承灾体普查工作方案，开展数据采集与入库工作。对农村公路唐丰路、陈蒋路殷蒋段进行临水临河段安全隐患整改，设置防撞护栏等安全防护设施。（泰州医药高新区交通分局）

"一路高畅"彩虹桥　　区党工委（区委）宣传和统战部　供图

【"四好农村路"建设】2021年，高港交通分局建立健全农村公路管理养护长效机制，推动成立高港区农村公路"路长制"工作领导小组，出台泰州医药高新区（高港区）2021年度公路建设养护专项考核办法。投入600余万元用于县、乡、村道的道路维修、路域环境整治和道路两侧的绿化维护，全年制作农村公路"路长制"公示牌360块、桥梁公示牌193块。高港区"四好农村路"全国示范县创建工作通过省交通厅、交通部专家多轮评审。11月18日，交通部发布《关于2021年"四好农村路"全国示范创建结果的公示》，高港区入选"四好农村路"全国示范县。（魏　晶）

【"一路高畅"品牌公路】12月，"一路高畅"品牌公路一期工程白马大泗段（先导段）完成交工验收，建设总里程13.69千米。先导段以"一路高唱、水绿相伴、文化康养"为主题，围绕"水桥""绿道""文化"3个主题元素，串联沿途中国人民解放军海军诞生地纪念馆、白马庙、白马老行当园、逸夏果园、江苏中药科技园、西来园等景点，以农路建设带动旅游业和特色农业发展。全线按照四级公路标准建设，新建桥梁2座（秧田河桥、果园桥），同步实施绿化、驿站、景观、5G路灯等工程，项目总投资约6000万元。"一路高畅"品牌当选2021年度江苏优秀农村公路品牌，项目建设获评市交通局品质工程农村公路类第1名。（魏　晶）

老区建设与扶贫开发

【概况】2021年，高港区老区经济建设会、扶贫基金会、扶贫开发协会（简称区扶贫"三会"）推进基层组织建设，在原泰州医药高新区所辖的寺巷街道、明珠街道、凤凰街道、沿江街道、野徐镇建立分会，实现镇街分会全覆盖。组织召开区扶贫"三会"六届一次理事大会暨双先表彰大会。开展慈善公募活动，被省扶贫"三会"评为一等奖。实施各类扶贫开发项目30个，其中无息、贴息项目16个，安排扶贫帮困、项目贴息资金总额60余万元，其中"双百工程"资助特困生、贫困户256人（户）计31万元。形成调研宣传文章30余篇。

【区扶贫"三会"六届一次理事大会暨双先表彰大会】12月30日，区扶贫"三会"召开六届一次理事大会暨双先表彰大会。会议听取并同意区扶贫"三会"会长所作的工作报告，审议并通过《高港区老区经济建设会章程》《高港区扶贫基金会章程》《高港区扶贫开发协会章程》。选举出区扶贫"三会"六届理事会会长、副会长、秘书长。大会对区扶贫"三会"系统32个先进集体、35名先进个人、27名优秀扶贫志愿者进行表彰。

【扶贫资金募集与发放】2021年，全区共征集申报7个公募项目，成功获批后，在省扶贫基金会募捐系统线上运行。全区共获得线上捐款37.36万元，被省扶贫"三会"评为2021年度社会慈善公募业绩一等奖。各镇街分会利用镇村慈善互助会平台，筹集扶贫资金。全区新增扶贫资金210万元。到村组走访摸排，调整申报"双百工程"（资助全区100名以上的特困生和100户以上的贫困户）帮扶对象，开展访贫解困活动。开展"金秋走访、助学筑梦"行动，将16万余元助学金分别发放给108名学生。开展"送温暖、庆佳节"行动，将15万元助困资金发放给148户家庭。

【扶贫项目建设】2021年，区扶贫"三会"实施各类扶贫项目30个，其中无息、贴息项目16个，带动和帮扶213户低收入家庭劳动力就地就业，平均年收入2.5万元。区、镇街两级扶贫"三会"筹措资金10余万元，支持"乡村振兴联系点"加快发展。新增帮扶资金210万元，累计金额超过1500万元，增强镇街分会的帮扶能力。

【乡村振兴调研】2021年，区扶贫"三会"系统共组织撰写各类调研宣传文章30余篇，被中国老区、江苏老区等网站、刊物录用近20篇。综合调研报告《全面贯彻20字方针，努力推进乡村振兴》得到区党工委（区委）副书记肯定，调研报告《弘扬历史文化，建设乡风文明》得到区党工委委员、区委常委、宣传统战部部长批示。

（区老建会）

生态环境

环境质量

【空气环境质量】 2021年，原泰州医药高新区空气环境质量优109天，良好201天，轻度污染48天，中度污染5天，严重污染1天。空气质量优良率为85.2%。污染天气中，细颗粒物（$PM_{2.5}$）有14天超标，可吸入颗粒物（PM_{10}）有5天超标，臭氧（O_3）有35天超标。原高港区空气环境质量优90天，良好182天，轻度污染52天，中度污染2天，重度污染2天。空气质量优良率为82.9%。污染天气中，细颗粒物（$PM_{2.5}$）有12天超标，可吸入颗粒物（PM_{10}）有7天超标，臭氧（O_3）有37天超标。

二氧化硫（SO_2） 原泰州医药高新区平均浓度为7.5微克/立方米，较2020年上升11.9%，达到国家二级标准。原高港区平均浓度为7.5微克/立方米，较2020年上升38%，达到国家二级标准。

二氧化氮（NO_2） 原泰州医药高新区平均浓度为23.4微克/立方米，较2020年下降6%，达到国家二级标准。原高港区平均浓度为24.6微克/立方米，较2020年下降5%，达到国家二级标准。

可吸入颗粒物（PM_{10}） 原泰州医药高新区平均浓度为56.2微克/立方米，较2020年下降2.6%，达到国家二级标准。原高港区平均浓度为58微克/立方米，较2020年下降1.75%，达到国家二级标准。

细颗粒物（$PM_{2.5}$） 原泰州医药高新区平均浓度为32.5微克/立方米，较2020年下降10.5%，达到国家二级标准。原高港区平均浓度为32.2微克/立方米，较2019年下降10.5%，达到国家二级标准。

一氧化碳（CO） 原泰州医药高新区一氧化碳（CO-95per）浓度为1毫克/立方米，较2020年上升35.1%，达到国家二级标准。原高港区一氧化碳（CO-95per）浓度为0.66毫克/立方米，较2020年下降16.2%，达到国家二级标准。

臭氧（O_3） 原泰州医药高新区O_3-8-90per浓度为160微克/立方米，较2020年上升56.7%，达到国家二级标准。原高港区O_3-8-90per浓度为98.1微克/立方米，较2020年下降3.8%，达到国家二级标准。

【水环境质量】 饮用水源地 2021年，原泰州医药高新区备用饮用水源地——泰州市引江河备用水源地水质达标率、覆盖率均为100%。原高港区城区集中式饮用水源地——泰州市长江永安洲永正水源地水质达标率、覆盖率均为100%。

地表水 2021年，原泰州医药高新区2个地表水监测断面（南官河祥和大桥、引江河高港大桥）水质均达Ⅲ类以上，优于Ⅲ类标准达

长江岸线 口岸街道 供图

100%。原高港区2个地表水监测断面（南官河口岸闸、古马干河马甸闸西）水质保持优Ⅲ比例，达到100%的高质量发展考核要求。

【生态环境质量】 依据《生态环境状态评价技术规范（HJ 192—2015）》，泰州医药高新区（高港区）生态环境质量指数为62.19，处于良好状态。（胡志全　高竟明）

生态资源保护

·综述·

【生态文明建设示范创建】 2018年，原高港区被省生态环境厅命名为第一批省级生态文明建设示范县（市、区）。2018—2020年，围绕全市生态文明建设战略目标，完成"十三五"生态文明建设各项目标任务。高港区通过省生态环境厅组织的省级生态文明建设示范区复核，省级生态文明建设示范区称号有效期延续三年。大泗镇霍堡村被省生态环境厅命名为第四批江苏省生态文明建设示范村（社区）。

【环保项目上争】 2021年，原泰州医药高新区辖区内8个投保环境污染责任保险的重点企业获得绿色金融奖补资金10.74万元，资金均已拨付至相关企业。高港生态环境局组织各园区、镇街及相关企业申报环保项目，建立全区环保项目库，筛选其中2个项目进入省级环保项目库，3个项目进入市级专项资金库。全年上争各类环保资金165.42万元，其中，省、市专项资金160万元，绿色金融奖补资金5.42万元。（曹金丽　高竟明）

·水资源保护·

【节水型社会建设】 2021年，泰州医药高新区（高港区）创成国家级节水型社会达标区。全区创成节水型企业4个（泰州银杏织锦有限公司、泰州汇福粮油有限公司、江苏金迪克生物技术股份有限公司、江苏苏中药业集团生物制药有限公司），节水型学校2所（江苏省口岸中学、泰州第一外国语学校），节水型单位3个（泰州市第三人民医院、泰州世茂酒店有限公司茂御酒店、泰州市气象局），节水型小区3个（鸿翔御景、东方明珠、华润国际花园三期）。完成高港高新技术产业园区节水型工业园区创建方案编制。完成扬子江药业集团有限公司中水回用项目节水典型示范样板申报。完成泰州金泰环保热电有限公司水效领跑申报。完成企业、学校、单位等现场点准备及台账资料整理，通过水利部复核。

【取水项目管理】 2021年，全区新批益海（泰州）粮油工业有限公司地表水取水项目1个，发放电子取水许可证并接入水资源管理信息数据采集系统。非农自备水源企业均按月抄表计量，定期检查水表运行情况，做到年初有计划，年末有总结。对自备水源企业建立一证、一表、一卡、一牌管理的"四个一"管理制度，按月抄表存档，水资源费做到应收尽收。完成全区取水许可证的电子证照转换。（刘　虎）

【灌区配套设施建设】 2021年，泰州医药高新区（高港区）实施灌区续建配套与节水改造项目，总投资9800万元。计划用2年时间疏浚整治河道15条，疏浚长度34.48千米，新建护岸53.06千米。年内，投资4143万元，疏浚整治许庄河、中心港、肖崇中沟、单庄河、红星河、杨营中沟、大寨河7条河道16.61千米，新建护岸24.36千米，同步实施水土保持工程。

【水土保持监管】 2021年，泰州医药高新区（高港区）依法开展全区水土保持监管工作。对照水利部、省水利厅图斑信息，组织现场察看，对生产建设项目水土保持情况进行核查、认定。下发限期整改通知书，要求生产建设单位编制水土保持方案报告书或报告表。组织专家对生产建设项目水土保持方案报告书进行审查，督促其按要求办理行政审批手续，缴纳水土保持补偿费。全年发放24个生产建设项目的水土保持行政许可。全面完成2019—2020年部级、省级图斑销号工作。（邹　航）

【长江生态修复】 2021年，区发展改革委制定长江生态修复专项行动年度实施方案、推动长江经济带发展年度工作要点等文件。督促推进长江经济带生态环境问题整改和生态环境保护修复项目，一批长江经济带生态环境问题整改基本完成销号，高港汽渡周边环境综合整治、江苏港城污水处理厂三期等生态环境保护修复项目基本竣工，实施沿江绿化造林34.53公顷。（吴桂明）

【河长制工作】 2021年，区党工委（区委）、区管委会（区政府）召开专题会议部署河长制工作，解决涉河涉水的突出环境问题。编制《骨干河道2021年度河长制目标任务清单》《2021年度河长制工作考核细则（镇街）》等工作方案，修订《高港区河道长效管理实施意见》。区河长制工作办公室采取专项督查、专题督办交办等方式，对全区各类河道专项整治和长效管护等情况进行明察暗访。对幸福河湖建设进度明显滞后的责任主体下发通报2次，对涉河问题整改不彻底、管护不到位的镇街下发督办单、交办单15份。鼓励各镇街购入全自动清漂船，对已购买的镇街给予60%的财政奖补。17名区级河长共履职47次，148名镇级河长共履职2000余次，135名村级河长共履职8900余次。打造街道和社区两级河长工作站12个。利用高港电视节目中心、“泰州高新发布”微信公众号等新闻媒体，开展专题宣传报道150余次。典型案例及突出成效被“学习强国”学习平台、中国江苏网、《泰州日报》、“今日头条”、泰州电视台、市级微信公众号等媒体报道转载50余次。

【幸福河湖建设】 2021年，泰州医药高新区（高港区）与各镇街签订责任状，将幸福河湖建设列为区对镇街考核重点。投资10.4亿元，重点打造凤栖湖、天禄湖2个区级幸福湖。投资2200余万元，打造5条乡级、30条村级幸福河湖。

（滕智超）

【水政执法】 2021年，区水政监察大队共巡查232次，其中江上联合巡查121次。查结非法采运砂案件2件，非法移动案件1件，罚没款55万余元。加大涉砂案件的移送工作，共移送线索3条。开展长江河道采砂综合整治工作。开展“以案释法”基层行活动，市水政监察支队、区水政监察大队、长江航运公安局镇江分局泰州派出所、泰州引江河管理处、高港区人民检察院、长江采砂综合整治专办成员单位、沿江有关码头、造船企业等单位参加活动。

（徐　斌）

·土地资源保护·

【耕地保护】 2021年，泰州医药高新区自然资源和规划分局围绕城镇开发边界、永久基本农田保护红线、生态保护红线“三线”划定，运用第三次全国国土调查成果和最新卫星遥感影像，全面核实永久基本农田，进行整改补足。原泰州医药高新区现状永久基本农田1006.67公顷，其中长期稳定可利用耕地面积826.67公顷。按照基本农田保护政府目标责任制、基本农田保护动态巡查制度及基本农田监管体系，加强耕地保护工作，占补平衡严格按照“占一补一、占优补优”的原则落实到位。建立年度耕地卫片监督工作机制，对下发的疑似图斑，倒排工期，加快推进，按时完成摸排。全年制止“非粮化”行为2宗，面积5.33公顷。部、省、市共下发图斑981个、655.19公顷，因对疑似违法图斑处置及时，全年未有违法用地上报。

（杨松柏　凌华东）

高港自然资源和规划分局严格执行耕地保护政策，利用考核机制，落实区级政府对镇街耕地保护目标的责任传递，将耕地保有量、永久基本农田保护面积纳入年度国土资源保障的专项考核内容，开展年度耕地保护激励对镇、村的评价。遏制耕地“非农化”、防止“非粮化”，自然资源部下发高港区卫片监督图斑105个，面积21.76公顷。确认需整改图斑55个，面积14.1公顷。高港区自然资源和规划分局向各镇街分别下发《关于耕地卫片监督图斑建议整改的函》，要求属地履行好耕地保护主体责任，稳妥推进整改。共核查市自然资源和规划局下发监测图斑282个，总面积348.44公顷（其中，耕地207.67公顷，基本农田65.45公顷）；核查省级下发监测图斑52个，总面积47.76公顷（其中，耕地21.89公顷，基本农田9.87公顷）；核查部级下发监测图斑268个，总面积226.87公顷（其中，耕地面积123.06公顷，基本农田面积24.12公顷）。除部级第四季度卫片监测图斑进行核查外，剩余部、省两级核查图斑均未发现违法用地现象。

（高港自然资源和规划分局）

天禄湖公园生态步道　　区党工委（区委）宣传和统战部　供图

【土地资源执法监督】 2021年，泰州医药高新区自然资源和规划分局落实最严格的耕地保护制度，推进违法用地“清零”行动。编印耕地保护相关法律法规宣传资料1000余册，向基层党员干部和涉农社区发放。利用“慧眼守土”系统加强巡查，实行科室包镇街日常巡察制度，全年共巡查80余次。落实违法用地日报制度。组建2个专项检查组，采取座谈交流、交办督办和现场检查的形式，对5个镇街进行集中检查。拆除新增违法用地4宗、0.35公顷，存量违法用地14宗、3.54公顷。

（杨松柏　凌华东）

高港自然资源和规划分局共梳理2013—2020年违法违规用地问题51宗，面积78.76公顷。整改到位的项目49宗，总面积74.85公顷（其中耕地54.54公顷）；整改中的项目2宗，总面积3.91公顷。完成国家自然资源督察南京局下发的高港区“挖湖造景”问题图斑整改，宗数1个，面积26.97公顷，整改到位。

（高港自然资源和规划分局）

·森林资源与湿地资源保护·

【概况】 2021年，原泰州医药高新区新增绿化造林面积58.67公顷，森林抚育面积40公顷，四旁植树6.2万株，新建和完善农田林网控制面积133.33公顷。滨江生态公园项目等3个省级突出环境问题沿江涉林重点项目范围内已经建成草坪、树木、池塘等，建成林业绿化面积30.33公顷，通过省级销号复查。全年林业生产安全无事故。制止非法砍伐和野生动物非法养殖2例。结合“健康长江泰州行动”中排查的湿地生态修复的问题，滨江工业园区规划建设赵泰支港涵养净化提升工程，打造湿地生态缓冲区，完成赵泰支港二期湿地工程项目面积10公顷。

（吕　峰）

原高港区新增造林面积23.89公顷，完成森林抚育面积188.67公顷，新建及完善农田林网面积524.67公顷。全区林木覆盖率31.48%。许庄街道钱赵村、白马镇黄河村、大泗镇前进村和霍堡村创成省级绿美示范村。新建长江湿地福沙段湿地保护小区，湿地建设总面积513.43公顷，自然湿地保护率62.92%。全年成功救助动物4只，分别为红隼、鸿雁、夜鹭、池鹭。

（高港自然资源和规划分局）

【林业有害生物防治】 2021年，泰州医药高新区自然资源和规划分局加强平时巡查和监测，制定有害生物防治方案，划定重点监测区，重点对美国白蛾、杨舟蛾等危害大和易成灾的有害生物做到早发现、早报告、早防治。督促并指导相关地区做好有害生物防治工作，下发有害生物督促警示整改函4份，全区防治面积133.33公顷，未成灾。　（吕　峰）

高港自然资源和规划分局共布设30个美国白蛾监测点，根据监测情况进行地面防治，释放周氏啮小蜂2000个蜂蛹进行无害化防治。

（高港自然资源和规划分局）

【林地和林木采伐管理】 2021年，高港自然资源和规划分局强化林地用途管制，严格限制林地转为建设用地，严格控制林地转为其他农用地，实行林地占补平衡，保障林地资源总量只增不减。严格执行限额采伐、凭证采伐制度，全年获批林木采伐17.01公顷，其中征占用林地2.33公顷。

【林长制工作体系建立】 11月，第2次区管委会主任会议（区政府常务会议）审议通过《医药高新区（高港区）全面推行林长制工作的实施方案》。区党政办印发林长制实施方案，明确指导思想、基本原则、工作目标、管理范围、责任体系、工作职责、主要任务、进度安排和保障措施。泰州医药高新区（高港区）成立由区党工委（区委）、区管委会（区政府）主要负责人任“双组长”，区级14个部门主要负责人为成员的区林长制工作领导小组。构建“分级负责、全面覆盖、责任到人”的三级责任网络体系，设立区林长4名、镇级林长13名、村级林长82名、村级护林员836名。组建部门联络员和镇街、村居联系队伍，分解落实林长管护区域，确定管护范围和职责。

（高港自然资源和规划分局）

·渔业资源保护·

【概况】 6月9日，区禁捕退捕工作领导小组办公室印发《泰州市高港区长江流域禁捕长效管理机制实施方案》，完善区、镇、村三级禁捕网络责任体系，层层签订责任状，责任落实到人。长江护鱼员队伍实行24小时巡查制。严厉打击各类非法捕捞行为，全面取缔非法捕捞网具。区渔政执法大队组织执法检查201次，出动执法人员1675人次，出动执法车辆160次，水上巡查3000余千米。开展多部门联合执法行动8次。立案查处非法捕捞垂钓案件8件，清理违规网具89只。发放各类宣传资料1500份。

【涉渔“三无”船舶暨非法渔具拆解现场会】 5月27日，泰州市涉渔“三无”船舶暨非法渔具拆解现场会在高港区举办，现场拆解销毁“三无”船舶39艘、电鱼器及电瓶15套、禁用渔网具1500余张、垂钓器具400余件。

【增殖放流】 6月6日，区农业农村局配合市农业农村局在永安洲镇泰州渔政执法基地开展渔业增殖放流活动，共放流各类鱼种500余万尾，价值40万元。

【长江重点水域“四清四无”回头看专项行动】 6月18日，区农业农村局联合市渔政支队、区水利局、区公安分局、区交通分局等部门，开展长江重点水域“四清四无”回头看专项行动，维护长江禁捕秩序。巡查人员到长江高港段开展巡查，重点察看是否存在违规涉渔渔船、捕捞网具器具、捕捞垂钓人员等情况，对港口码头、港池港汊、江堤滩涂等区域停靠的船舶、快艇进行重点盘查，未发现涉渔违法行为。针对内河和陆上可能存在的“三无”船舶和非法捕捞现象进行巡查。（马荣刚）

节能减排

【污染物减排】 2021年，原泰州医药高新区完成水污染防治工程5个，分别为新建污水管网3千米、天禧玫瑰园小区雨污分流改造、龚庄河生活污水收集处理工程、唐家社区村庄生活污水截污工程和雅茶路（康居路—福康路）污水管网建设工程。全年化学需氧量、氨氮、总磷、总氮排放总量分别为200吨、15吨、30吨、3吨。原高港区完成水污染防治工程2个，为白马镇污水管网工程、通港路污水管网建设工程。全年化学需氧量、氨氮、总磷、总氮排放总量较2015年分别削减12%、12%、8%、8%。（胡志全　高竟明）

【能耗“双控”】 2021年，区发展改革委牵头实施能耗总量和强度“双控”管理，围绕重点用能企业能耗总量控制目标和月度用能计划，督促耗能高或超出上年度平均水平的企业分析原因并及时采取应对措施，一企一策降低能耗。开展工业企业能效综合利用评价，制定“保优压差”工作方案，优化完善全区有序用电方案，开展全社会节能节电倡议行动。组织开展钢铁去产能“回头看”、“地条钢”死灰复燃排查工作，对全区48个涉炉企业以及49台熔炼设备实行清单化管理。

（吴桂明）

【工业企业节能减排】 2021年，泰州医药高新区（高港区）加强节能降耗监测，开展节能和循环利用工作，挖潜收储节能指标。全年单位GDP能耗下降2.02%。对14个企业开展节能监察，完成5个企业的节能监测、6个企业的能源审计；对泰州杨湾海螺水泥有限责任公司、泰州三福船舶工程有限公司等5个企业分别进行能源管理体系认证和评价。益海（泰州）粮油工业有限公司成功申报国家级绿色工厂，扬子江药业集团江苏制药股份有限公司、江苏康贝宠物食品有限公司成功申报江苏省绿色工厂。

（区工业和科技创新局）

【公共机构节能】 2021年，区党政办（机关事务服务中心）推进节约型机关建设，全区11个单位申报节约型机关创建，1个单位创成省节能示范单位。开展节能培训，向全区公共机构发出节能倡议书和《关于进一步加强公共机构节能管理工作的通知》，督促、指导公共机构完善基础台账，及时准确统计上报能耗数据。开展“节能宣传周”等节能宣传活动，组织收看直播、在线访谈、有奖答题，参与人数达2400余人次。单位建筑面积能耗比上年下降16.94%。（刘贤臣）

环境污染防治

【水污染防治】 2021年，泰州医药高新区生态环境分局制定《泰州医药高新区南官河区域水环境整治提升工作方案》《泰州医药高新区汛期水质防范应对预案》。实施并完成5项水污染防治工程，保障国考断面水质稳定达标。开展入河排口整治。根据《南官河支河入河排口整治提升工作方案》，每旬组织对长泰河、生产河、小港河、双寿河、三十毛沟水质进行监测并将结果通报。整治入河排污口24个，其中23个整改到位。按照“一口一策”整治要求，推进老通扬运河入河排口整治，完成42个排口整治。根据《全域入河排污口排查整治实施方案》，以国省考断面上游7千米、下游3千米、沿河1千米汇水范围为重点开展排查，形成207个入河排口问题初步排查清单，年末前完成监测溯源工作。开展雨污分流改造工作。开展涉水工业企业污水处理提质增效工作，排查554个涉水工业企业，发现127个企业存在问题，全部完成工业企业内部雨污分流改造工作。实施杰盛俊园、左岸名都、世贸河滨、龙凤花园、祥和花园一期及二期、康和花园、东方小镇、幸福小区等9个雨污分流改造工作，其中祥和花园一期、幸福小区年末完成。医药园区1~5期标准厂房雨污分流改造工作完成招标，进场施工。实施水污染防治重点项目。开展区域水污染物平衡核算管理工作，通过专家评审并上报市生态环境局。南官河钢坝闸北侧和扬子港各1座水质自动监测设施建成并投入使用。狮子河、蚂蚁坝河、南塘中沟支流双向闸站工程进场施工，均完成80%工程量。完成狮子河、扬子港杜庄河以西段疏浚整治工作。（胡志全）

原高港区继续开展健康长江泰州行动，编制“健康长江泰州行动”专项行动年度实施方案，完成白马镇、大泗镇、通港路、通河路污水管网工程，建成通河路蓄水池1座；完成胡庄镇污水处理厂主体工程及配套管网建设。调度疫情防控废水检测工作，第一时间现场核实各隔离点防控物资的保障情况、污水处理情况、医疗废物的处置情况，委托第三方机构对各隔离点排放废水进行采样监测。做好汛期环境监测工作，根据上级统一调度要求，5—10月组织对永安洲镇盘头、天雨闸排涝站进行水质监测；每月对古马干河马甸闸西国考断面、南官河口岸闸省考断面沿线内河进行加密监测，严防断面水质出现波动。委

托第三方机构完成高港区水平衡方案编制工作，通过泰州市统一组织的专家评审。（高竞明）

【大气污染防治】2021年，泰州医药高新区生态环境分局制定《泰州医药高新区国控空气站点巩固提升方案》。实施并完成大气污染防治工程112项。开展监测溯源分析。针对颗粒物和挥发性有机物关键性指标，组织排查321个工业企业、771个餐饮单位、51个汽修单位的大气污染物排放情况，开展污染源来源解析，分析影响颗粒物和挥发性有机物的关键因素，提出管控措施。利用雷达扫射、走航监测车等对重点园区、重点区域持续开展挥发性有机物巡航监测，对巡航监测中出现的149个问题立即进行交办，督促问题整改。做好特殊时段管控。辖区内98个涉气排放企业制定并落实重污染天气错峰生产，48个涉气排放企业制定并落实重污染天气应急管控，有效削减特定时段有机污染物排放总量。9座加油站实施并完成3次油气回收改造，鼓励加油站通过优惠方式实行错峰加油和装卸油，减少高温时段挥发性有机物排放。开展重点区域治理。泰州市留学人员创业园标准厂房内部关闭涉气工业企业4个，对1千米范围内涉气工业企业4个废气治理设施进行升级改造。化学新材料产业园区组织专家对石化、化工、工业涂装、包装印刷等企业和挥发性有机液体储罐、槽罐车挥发性有机物排放和治理效果进行评估，制定园区挥发性有机物综合整治方案，列出18项整改措施，至年末完成17项。（胡志全）

高港生态环境局制定大气污染防治工程项目年度计划，共排定任务22项，全部完成。开展城区扬尘污染专项整治工作。督促、指导泰州大自然德森堡木业有限公司、扬子江药业集团江苏制药股份有限公司、扬子江药业集团江苏龙凤堂中药有限公司、江苏汇福油脂科技有限公司、江苏鹏翎胶管有限公司5个企业完成“一企一策”方案编制工作，扬子江药业集团江苏龙凤堂中药有限公司、泰州大自然德森堡木业有限公司、江苏鹏翎胶管有限公司通过专家评审。重新编制工业企业限停产应急管控清单，确定精准有效的减排措施。严格落实省、市预警要求，组织实施应急响应措施，降低重污染天气不利影响。推进工业企业稳定达标排放专项治理、扬尘污染专项治理、餐饮油烟整治“回头看”专项治理、机动车专项治理、秸秆禁烧专项治理5项大气环境专项治理。制定王营国控站点空气质量提升方案，组织对国控站点周边3千米范围进行全面排除，形成问题清单，逐一整治，逐一销号。（高竞明）

大气管控专项检查　　高港生态环境局　供图

【土壤污染防治】2021年，泰州医药高新区生态环境分局继续开展关闭退出化工企业环境风险隐患排查，3个关闭退出化工企业地块完成土壤及地下水环境污染状况调查。（宋秉法）

高港生态环境局完成永鑫、万丰地块土壤风险评估工作，划定并公示2个污染地块管控区域。开展4个重点土壤监管企业周边土壤和地下水监测工作。建立污染地块土壤环境信息共享互通机制，实现生态环境、工业、自然资源等部门间的信息共享。（高竞明）

【危险废物污染防治】2021年，泰州医药高新区生态环境分局开展危险废物安全生产专项整治工作，共检查企业105个，梳理问题134个，其中重大隐患1个，全部整治到位。开展危险废物规范化管理现场检查，对产生危险废物及经营危险废物企业按比例进行抽查并打分。推广江苏省危险废物全生命周期监控系统。全区218个危险废物产生单位、1个危险废物经营单位完成基本信息、管理计划填报和危险废物信息申报入库，4个市级视频联网单位完成监控系统联网。（宋秉法）

高港生态环境局成立固体危险废物管理工作专班，加强危险废物分级分类管理。落实企业主体责任，强化危险废物全过程管理，健全危险废物环境管理体系，对2019—2021年固定危险废物方面的违法犯罪案件线索进行梳理，加大对固定危险废物企业的检查力度，共检查企业危险废物仓库146个次，查处涉危废环境违法行为4件。督促企业加强危废仓库的规范化管理，完善各类标志标识，做好收集和网上申报，送有资质单位处置。

（高竟明）

【污染防治设施专项整治】 2021年，泰州医药高新区生态环境分局在脱硫脱硝、煤改气、挥发性有机物回收、污水处理、粉尘治理、RTO焚烧炉六类环境治理设施的审批过程中，督促企业对重点环保设施和项目进行安全风险辨识，及时向应急管理部门通报环境治理设施审批项目28件。共排查出重点环保设施165处，其中，脱硫脱硝10处，挥发性有机物回收67处，污水处理60处，粉尘治理17处，RTO焚烧炉11处，均开展安全风险辨识，完成年度目标任务。（尤俊杰）

高港生态环境局会同区应急管理局针对重点行业企业的脱硫脱硝、煤改气、挥发性有机物回收、污水处理、粉尘治理、RTO焚烧炉六类环境治理设施，开展隐患排查整治。共排查重点企业32个，其中有7个企业的污染防治设施未开展安全风险辨识，现场要求企业立即进行整改，全部整改到位。

（高竟明）

【全域入河排污口排查整治】 10月，泰州医药高新区生态环境分局启动泰州医药高新区全域入河排污口分类整治工作，委托第三方对以南官河口岸闸省考断面、南官河祥和大桥国考断面以及引江河高港大桥省考断面为基点的上游7千米、下游3公千米、两岸各1千米范围内进行排查，共排查出排口167个。11月8日，组织各镇街对排污口进行认领，协助开展排口监测、溯源工作。12月，编制全域入河排污口"一口一策"初步整治方案。（刘宇庭）

【长江入河排污口排查整治】 2021年，高港生态环境局持续推进长江入河排污口分类整治，47个取缔类排口前期在泰州市长江入河排污口分类整治监管平台上申请完成验收；剩余72个规范类及整治类排口，组织第三方检测机构进行验收检测，全部录入整治平台。至2021年12月初，完成全部119个长江入河排污口验收销号工作，对72个规范类及整治类排口组织专家进行验收，进行命名编码，生成标志牌。制定《高港区全域入河排污口排查整治工作方案》，成立工作专班，明确工作职责，统筹协调全域入河排污口排查整治工作。7月13日，召开高港区全域入河排污口排查整治工作启动会议。由泰州医药高新区生态环境分局牵头聘请省环保集团对泰州医药高新区（高港区）全域入河排口进行全面排查，9月24日进场开展排查，至年末完成排查、监测、溯源工作，按"一口一策"工作原则，逐一明确入河排污口整治要求，完成排污口分类整治方案，其中，整改类排口13个，规范类排口24个，无取缔类排口。

（高竟明）

【向环境污染宣战专项行动】 2021年，泰州医药高新区向环境污染宣战领导小组办公室分解落实"向环境污染宣战"年度重点工作目标任务，印发《泰州医药高新区深入打好污染防治攻坚战2021年度实施方案暨重点任务分工》。召开泰州医药高新区（高港区）深入打好污染防治攻坚战部署会议，及时传达上级精神，明确职责分工；召开泰州医药高新区深入打好污染防治攻坚战暨产业园区限值限量管理调度推进会，通报上半年污染防治攻坚战完成情况及存在问题，部署下半年相关工作。开展自查自纠，及时整改上级暗访曝光的问题。开展重点工作督查，下发督办函3件、督查通报22次。（胡志全）

原高港区成立以区委主要领导为组长的向环境污染宣战指挥部，召开打好污染防治攻坚战推进会等专题会议8次。3月18日，组织召开高港区向环境污染宣战指挥部会议，下发《高港区2021年度深入打好污染防治攻坚战实施方案》和市交目标任务。制定2021年向环境污染宣战目标任务分解表。推进各类环保督察交办问题整治销号，2016年中央环保督察交办整改事项3项，交办信访件14件，2018年中央环保督察"回头看"交办信访件9件，均完成整改销号；2019年省级环保督察交办整改事项6项，交办信访件事项27件，均完成整改、公示，通过区级相关部门销号后报市打好污染防治攻坚战指挥部办公室备案。制定《2021年高港区深入打好污染防治攻坚战考核考评办法》，细化分解工作任务至每个季度，对八大类67项考核指标，及时组织各园区、镇街及生态环境、住建等相关部门进行督查和"回头看"，确保各项目标任务的完成。全年下发督办函31件，曝光环境问题11个，一些区域性、行业性环境问题得到有效整治。在高港电视节目中心《深入打好污染防治攻坚战》栏目播出曝光新闻5期。编制简报14期，筛选报送各类信息105条。污染防治攻坚微电影《尘埃落定》获省打好污染防治攻坚战攻坚微电影特等奖第1名和泰州市社会主义核心价值观主题微电影二等奖，专题片《一着不让抓牢整治，全力打造最美岸线》获省打好污染防治攻坚战攻坚专题片三等奖。（高竟明）

【排污许可证核发与登记工作】 2021年，泰州医药高新区生态环境分局会同第三方专业技术人员及各园区、镇街召开排污许可登记工作培训会，对登记管理企业进行分类指导，解答企业在填报过程中遇到的问题。到各园区、镇街宣传排污许可制度相关法律知识，现场指导企业完成登记备案。全年完成33个行

业1300余个企业固定污染源排污许可证核发、登记工作，完成率100%。（聂　莉）

高港生态环境局以宣传和贯彻落实《排污许可管理条例》为契机，加大对企业的服务和管理力度，强化对排污许可企业的分类指导，解答企业在填报过程中遇到的问题。建立排污许可证申报管理QQ交流群。派出技术指导组到各园区、镇街，现场宣传排污许可制度的重要性及相关法律知识，指导企业完成登记备案。全年完成33个行业919个企业固定污染源排污许可证核发、登记工作，完成率100%。（高竟明）

【农业面源污染防治】 秸秆综合利用　2021年，全区建立健全“村收集、镇转运、区处理”的工作模式，全年收集利用秸秆3.22万余吨。采取“还田为主、收集发力、禁烧为辅”的方式，形成布局合理、多元利用的产业化格局。推进水稻机插秧、小麦机播在秸秆还田中的集成应用，全区产生秸秆总量10.74万吨，其中，小麦3.82万吨，水稻3.67万吨，其他农作物（油菜、大麦、花生、玉米、豆类等）3.25万吨，小麦、水稻秸秆基本实现全量化还田，其他农作物收集利用量3.22万吨，全区秸秆机械化还田率达97.62%，秸秆综合利用率达98.6%。全年发放各类秸秆综合利用奖补资金133.96万元。（余文娴）

化肥农药减量增效　全区药肥施用量较上年分别减少0.65和1.3个百分点。在口岸街道、刁铺街道、许庄街道、永安洲镇、白马镇、大泗镇、胡庄镇共设置农药使用监测点20个、肥料使用监测点24个，新增肥情调查户50户，组织监测点、调查员业务培训会议，开展药肥监测记录互查。在口岸街道、永安洲镇建立水稻绿色防控示范区，强化病虫监测和物理防治法。（施菊琴）

畜禽养殖污染整治　全区推进畜禽粪污资源化利用巩固提升行动，加强粪污资源化利用技术指导，畜禽粪污综合利用率和规模养殖场粪污处理设施装备配套率均达100%。组织实施省级畜禽粪污资源化利用整县推进项目，规模养殖场安装粪污资源化利用远程监控3个，省级财政资金支出率100%。（王小斌）

环境监督管理

【环境执法检查】 2021年，泰州医药高新区生态环境分局共形成执法记录786条，其中标准执法记录476条，快捷留痕310条，出动执法人员988人次，立案58件，查封扣押5件，行政拘留2件，刑事移送1件。下发行政处罚决定书51件，罚款406.82万元。出动执法人员108人次，对重点排污单位22个、一般排污单位32个进行“双随机”执法检查。对检查中发现的37个问题，现场提出整改要求。未发现有企业涉嫌环境违法行为。（夏恋秋）

高港生态环境局共形成执法记录493条，其中，标准执法记录431条，快捷留痕62条，出动执法人员975人次，立案32件，查封扣押6件，限产停产6件，行政拘留1件。下发行政处罚决定书19件，罚款392.73万元。出动执法人员178人次，对重点排污单位47个、一般排污单位42个进行“双随机”执法检查。对检查中发现的36个问题，现场提出整改要求，未发现有企业涉嫌环境违法行为。（高竟明）

【环境应急管理】 2021年，泰州医药高新区生态环境分局共接收突发环境事件应急预案52份，发放备案表52份，其中，重大风险级别企业1个，较大风险级别企业8个，一般风险级别企业43个。针对应急预案资料不全的，不予备案并及时告知企业需要补充的材料。针对应急预案即将到期或已经到期的企业，采取发放限期整改通知书和提醒函的形式，要求企业在期限内完成突发环境事件应急预案修编工作，共发放限期整改通知书3份、提醒函12份。（尤俊杰）

高港生态环境局完成67个企业的突发环境事件应急预案备案，其中，较大风险级别企业17个，重大风险级别企业5个，一般风险级别企业45个。指导30余个企业开展应急演练。新增国家环境应急预案电子备案系统，根据省生态环境厅要求，组织涉危涉重企业填报环境应急预案电子备案系统，上报涉危涉重企业名单34个。启动园区三级环境风险防控体系和重点河流“南阳实践”经验实施，完成高永化工区水污染事件三级防控体系的建设，形成与风险等级相匹配的应急物资保障能力，组织专家完成验收。（高竟明）

【专项督查】 2021年，高港生态环境局积极参与蓝天保卫战任务（生态环境部VOCs检查），对生态环境部帮扶督查交办的问题整改情况进行“回头看”，完成84个企业整改附件汇总、上传。对前期省生态环境厅第一环境监察专员办公室专项检查发现的问题进行督查，泰州市高能包装材料厂完成整改，对未完成整改的泰州奕博包装有限公司、泰州双木林全屋定制有限公司进行立案调查。对大气2号行动交办的江苏保力装配式住宅工业有限公司、江苏保力自动化科技有限公司、泰州市耐尔牵引胶带有限公司存在的问题进行立案查处。完成泰州市VOCs排放企业现场巡查问题交办件12件，组织执法人员进行现场核实，督促企业完成整改，对江苏安生手套有限公司违法行为立案查处。参与市生态环境局在全市范围内开展的生态环境“推磨式”排查，抽调

天德湖公园　　区党工委（区委）宣传和统战部　供图

4名执法人员成立现场检查组对海陵区开展排查，对“推磨式”排查交办的问题进行核实调查，对违法行为立案查处。（高竟明）

泰州医药高新区生态环境分局联合应急管理部门开展安全生产联合执法行动，共检查企业39个，发现隐患48条，其中，化工及危化品企业5个，存在隐患12条，现场下达限期整改通知书；其他企业11个，存在隐患36条，5条移交应急管理部门，31条隐患下达限期整改通知书，全部完成整改。（尤俊杰）

【生态环保宣传】 2021年，泰州医药高新区生态环境分局围绕“人与自然和谐共生”主题，联合寺巷街道办事处在寺巷街道康和社区广场举行“纪念第50个世界环境日暨江苏生态文明二十条宣传”活动，推广普及《江苏生态文明二十条》。全年在《新华日报》刊发报道6篇，刊发专版1个，在《江苏环境》杂志刊发报道1篇，在“学习强国”学习平台、“交汇点新闻”移动客户端、《泰州日报》等媒体刊发报道10篇。全年被“美苏263”微信公众号采用信息3条，被“泰州生态环境”微信公众号采用信息19条。攻坚微电影《不一样的烟火》、攻坚故事《用汗水守护蓝天碧水》均被江苏省打好污染防治攻坚战指挥部办公室评为2021年度攻坚宣传作品一等奖。（曹金丽）

高港生态环境局在《人民日报》全国党媒公共平台、中国环境新闻网、央广网、中国网生态中国频道、《新华日报》、“江苏生态环境”微信公众号、“新华泰州观察”微信公众号各刊发报道1篇，在“学习强国”学习平台、《中国环境报》各刊发报道2篇，在新华报业网刊发报道4篇，在“交汇点”移动新闻客户端刊发报道7篇。接受《新华日报》全媒体采访，《新华日报》整版报道《“群狼”作战斩获六连冠，四个维度踏上赶考路，奋力书写“两高”融合生态答卷》。面向社区、企业、机关，开展“牵手”泰州电厂活动、“政务诚信，你我共创”、走进泰州创新电子等宣传活动。开展“铆足‘牛劲儿’开好局，泰州高港生态环境局抓生态促发展”主题活动，印发、宣传《江苏生态文明二十条》，组织观看节能低碳公益宣传片。（高竟明）

【环保信访】 2021年，泰州医药高新区生态环境分局接到各类信访332件，其中，“12345”民生服务热线信访件256件，“12369”生态环境信访举报系统信访件7件，市级转办3件，网络及微信来件66件。信访问题主要集中在工业废气、工业噪声方面。各类信访的结案率和回复率均为100%，满意度达99%以上。（夏恋秋）

高港生态环境局共收到各类信访件619件，比上年下降30.8%，其中“12345”信访件570件。环境信访举报系统中，网络及微信来件35件，市级转办信访7件，省级交办7件。及时跟踪信访案件，无超期答复信访，结案率和回复率均为100%，满意度达94%以上。

（高竟明）

文化 体育

文化综述

【概况】 2021年，泰州医药高新区（高港区）围绕全面建成小康社会、新冠肺炎疫情防控、法治、廉政等主题，开展群众文艺创作活动，获江苏省第五届文华奖2项。组织文艺演出、艺术普及、戏曲进乡村、知识讲座等活动，服务群众200万余人次，人均接受文化场馆服务次数4.61次。发放"文化惠民券"资助演出金额302.9万元。组织"大江文化惠万家"等品牌文化活动，其中，"苏演院线"大江剧院演出12场，大江艺术团基层巡演15场。

【文化产业】 2021年，泰州医药高新区（高港区）组织申报省、市现代服务业（文化）发展专项资金，梅郎故里戏剧娃娃创意开发项目、柴墟"宝"系列文创产品项目、泰州忠义文化IP打造与推广、雅筑文化创意产业基地项目（二期）、"百梅争艳"戏曲文化新媒体传播平台、数字印刷与传统印刷融合发展6个项目获市级文化产业发展专项资金共计142.57万元。泰州医药高新区华融资产经营有限公司、江苏雅弗环保新材料科技有限公司、泰州纽科贸易有限公司、江苏凯博医疗器械有限公司4个新增规模以上文化企业共获得市级文化产业发展资金补助35万元。开展特色文化产业调研工作，对辖区内文化类企业进行梳理。全年新增规模以上文化企业25个。全区文化产业增加值占地区生产总值比重为4.2%。（徐　欣）

【文艺创作】 2021年，泰州医药高新区（高港区）组织精品文艺创作活动，编排打磨歌舞《爷爷的军功章》、歌曲《到人民中去》、歌曲《又唱〈跟你走〉》、淮剧《大喇叭开始广播啦》、小品《扶不扶》等。歌曲《又唱〈跟你走〉》、大型现代淮剧《大喇叭开始广播啦》获江苏省第五届文华奖优秀节目奖和优秀剧目奖。（武　莉）

文化设施

【区美术馆（书画院）】 2021年，泰州医药高新区（高港区）美术馆（书画院）围绕庆祝中国共产党成立100周年主题和抗击疫情主题共组织开展10场线下展览、14场线上展览、7场线上名师讲堂、9次巡展及1场学术性讲座。作品《老皮匠》获得2021"奋斗百年路，奋进新征程"——泰州市庆祝中国共产党成立100周年美术书法作品展最高奖，作品《杨根思》签约"百年江苏"重大历史题材创作，作品《夏至时节家家园》入选第五届江苏省文华奖参评作品，作品《山居图》获江苏省"廉廉看，我说我画"比赛优秀奖，作品《青绿山水》入选江苏省"致敬援鄂白衣勇士"作品展，作品《烈火英雄》获江苏省青年美协"青春梦享"新人展新人奖，作品《严阵以待》入选江苏省第八届新人美术作品展。画院画师祁秋实入选泰州市宣传文化系统"六个一批"人才培养对象，被泰州市文联评为"优秀文艺家"。（隋　东）

【区图书馆】 2021年，泰州医药高新区（高港区）图书馆新增图书1万册、报刊214种。全年接待读者29.4万人次。组织全区中小学生参加全省红领巾读书征文活动，1篇获省级二等奖，1篇获市级一等奖，3篇获市级三等奖。利用"泰州市高港区图书馆"微信公众号举办线上展览、名师讲坛、朗诵比赛、知识竞答及新书推荐活动。举办"童心的视界——文津图书奖少儿类图书推荐""好读书，读好书——名人荐书""中国共产党党史上的第一"等图片展，以及"百年党史铸辉煌，时代新人心向党"青少年党史学习教育讲座、"学党史，读经典"红色阅读活动、"奋斗百年路，启航新征程"寻访红色足迹活动、少儿手工制作活动。（姚家艳）

【区文化馆】 2021年，泰州医药高新区（高港区）文化馆搬至扬子江南路（泰州市扬子江初级中学东侧），建筑面积2420平方米，共3层，总投资300余万元。一楼大厅配备数字化设备、文化长廊、文化一体机；唱吧亭存有曲目8万首，支持无线点歌，可录音、直播并分享。二楼、三楼设有功能室8间，有舞蹈、器乐、曲艺排练室各1间，书法、美术等群众活动室4间，多功能厅1个，厅内灯光、音响等舞台设备齐全，可同时容纳观众126人，所有功能室提供场地预约服务。

（蔡　荀）

【城市书房】　2021年，“未来之城”城市书房改造后投入使用。该书房位于东方小镇邻里中心3楼，面积近500平方米，有藏书近1万册，读者可自助完成借阅证办理和图书借阅。至年末，全区共有城市书房3个（蔡滩社区城市书房、全民健身中心城市书房、“未来之城”城市书房），向读者免费开放。

“未来之城”城市书房　　区党工委（区委）宣传和统战部　供图

2021年6月11日，“苏演院线”大江剧院《百岁挂帅》专场演出举行

区党工委（区委）宣传和统战部　供图

【农家书屋】　2021年，全区共有农家书屋128个，合计藏书20.23万册，所有农家书屋均纳入总分馆制建设，与区图书馆实现通借通还。

（姚家艳）

【镇街宣传文化中心】　全区12个镇街宣传文化中心全部费对外开放。2021年，共组织文化活动2000余次，各类惠民演出300余场，服务群众130万余人次。

【村（社区）综合文化服务中心】　全区126个村（社区）综合文化服务中心免费对外开放。2021年，开展送戏、“文化惠民券”点单演出、体育健身等群众性文化活动。　（武　莉）

公共文化

【“苏演院线”大江剧院演出】　2021年，泰州医药高新区（高港区）共举办“苏演院线”大江剧院演出12场，分别是淮剧《三女抢板》、扬剧《马娘娘》、滑稽戏《苏州两公差》、话剧《开心茶楼》、扬剧《党的女儿》、扬剧《百岁挂帅》、民乐展演《在灿烂阳光下》、黄梅戏《玉天仙》、儿童剧《少年先锋团》（3场）、锡剧《刘胡兰》。观众近9000人次。

【大江艺术团“大美两高”巡演】　10月6—25日，大江艺术团在12个镇街及3个企业开展“大美两高”基层巡演活动15场，近万名观众观看演出。代表节目有说唱《追梦路上奔小康》、京歌伴舞《环溪舟中坐雨》、京歌伴舞《英雄梦想》、舞蹈《万花谷》等。

【文化惠民券资助演出】　2021年，全区文化惠民券资助演出金额共302.9万元，点单演出324场次，观众近50

2021年10月7日，大江艺术团“大美两高”基层巡演走进刁铺街道
区党工委（区委）宣传和统战部　供图

万人次。编排歌舞《爷爷的军功章》《到人民中去》和小品《扶不扶》等节目。举办文化惠民券精品剧目下基层点单演出5场次，分别为7月14日、7月15日的黄梅戏《玉天仙》，10月8日的锡剧《草民天子》，11月9日的淮剧《大喇叭开始广播啦》，12月9日的淮剧《牙痕记》。

【基层文艺团队优秀文艺节目调演】11月24日，泰州医药高新区（高港区）庆祝中国共产党成立100周年暨2021年基层文艺团队优秀文艺节目调演在高港大江剧院举行。共21支基层优秀文艺团队、28个节目参加调演。高港区京剧联谊会的独唱《爷爷的军功章》、口岸街道综合文化站的舞蹈《江畔手鼓颂高港》等4个节目获得一等奖，口岸街道综合文化站的舞蹈《欢欣起舞献给党》、高港区京剧联谊会的京歌伴舞《一面红旗迎风扬》等6个节目获得二等奖，高港区老年艺术团的舞蹈《红色记忆》、凤凰街道为民服务中心的舞蹈《幸福赞歌》等8个节目获得三等奖，胡庄镇综合文化站的表演唱《问路》、白马镇综合文化站的舞蹈《母亲是中华》等10个节目获得优秀表演奖。　（蔡　荀）

电视节目

【概况】2021年，高港电视节目中心更名为泰州医药高新区（高港区）全媒体中心。高港城市频道与泰州高清三套整合，播出范围扩大覆盖至泰州各市（区）。有记者、编辑、广播电视技术等各类专业技术人员28人。在泰州广播电视传媒集团（台）季度新闻评奖中获得一等奖2次、二等奖4次。8月，泰州医药高新区党工委会议（高港区委常委会会议）讨论并原则同意《医药高新区（高港区）“两中心、一平台”建设事宜》。“两中心、一平台”即新时代文明实践中心、融媒体中心、“学习强国”学习平台，于11月启动建设。

【电视演播】2021年，区全媒体中心聚焦中心工作和社会热点，开设《高港新闻》系列专栏。围绕庆祝中国共产党成立100周年、党史学习教育，推出《红色档案见证高港红色历史》《奋斗百年路，启航新征程》《学党史，办实事》等专栏，播发各类报道100余篇。围绕区第六次党代会提出的“聚力融合、聚焦发展，争当排头兵、建强核心区”目标，推出12集系列评论。摄制“两优一先”先进典型群谱专题片和《在党50年》短视频。开设《拥抱2021，新年新期盼》《为民办实事项目巡礼》《冲刺高考》《文明创建曝光台》《为民解难当先锋》等专栏20余档。依托《身边的美丽》专栏，衍生《巾帼风采》《劳模风采》《代表委员风采》等系列报道，播出相关节目120余篇。采制新冠肺炎疫情防控新闻150余条，制作疫情通告30余个、疫苗接种问答4条、公益广告4条。办好联办节目，采制《今日扬子江》12档、《法治天地》24档、《高港财政》54档。共对外发片200余条。其中，被《泰州新闻》头条和主题新闻采用20余条，被《新闻夜班车》《看泰州》《小范帮你忙》等栏目采用50余条。被省台用稿14篇。被央视用稿7篇，其中《新闻联播》2篇。

【电视节目安全保障】2021年，区全媒体中心节目生产和传输技术保障保持安全平稳，实现优质无事故。开展隐患排查，修复各类设备故障10余次。完成全国两会、中国共产党成立100周年和国庆期间等重要时段播出保障任务。对演播厅录制系统进行技术改造。根据新闻采访工作需要充实采编设备。（陈晓荣）

文化遗产保护

【文物保护】5月，泰州医药高新区（高港区）完成口岸雕花楼、泰昌生木号、龙泉池浴室、刁铺龙王庙4处文物保护单位建筑本体修缮工程，年末通过市文物专家验收。8月，省级文物保护单位口岸雕花楼获省文物局2021年文物保护专项资金100万元。启动省级文物安全综合管理实验区创建工作，聘请第三方江苏唯诚建设咨询有限公司建设文旅融合智慧平台以及各点位基础设施。开展文化体育旅游行业安全警示教育、消防演练暨行业业主培训约谈、口岸雕花楼景区消防安全演练暨消防安全知识培训等活动。联合市文物局、市公安局、市市场监管局等对口岸雕花楼景区文物场所进行安全生产专项检查。对口岸雕花楼、泰昌生木号、龙泉池、刁铺龙王庙文物修缮处进行安全生产工程专项检查。开展"五一"节期间景区安全生产专项检查和"保安全、迎华诞"特种设备安全生产百日攻坚行动督导检查。开展元旦、春节期间文物安全生产和疫情防控专项检查。

【非物质文化遗产保护】 2月26日，高港区教育局、高港区文化体育和旅游局、高港区非遗保护中心在泰州市口岸中心小学举办"福牛闹元宵 '非遗'庆团圆——我们的节日・元宵节"主题活动。年内，组织高港江鲜烹饪技艺传人参加在南京金元宝酒店举行的2021世界河豚大会"豚味世界——河豚美食烹饪大赛"。组织省、市级非遗项目宫灯、戴氏喉科、根雕、木雕、虎头鞋、砖雕等参加2021年泰州市文化和自然遗产日宣传展示活动。组织虎头鞋等非遗项目参加第三届大运河文化旅游博览会"运河城市文旅精品展"。雅妙河戴氏中医喉科疗法获省级非遗专项资金，戴永星、帅春燕、孙学仁等获省级非遗传人专项补助。组织开展"非遗进校园"实践案例申报，获江苏省非遗保护传承优秀实践案例。全区有省级非物质文化遗产名录项目4项、市级非物质文化遗产名录项目6项、区级非物质文化遗产名录项目9项，年内无新增。

【文化和自然遗产日活动】 6月4日，高港区文化体育和旅游局在高港中等专业学校举办"献礼建党百年，传承优秀文化"2021年高港区文化和自然遗产日宣传展示活动。通过讲座、实物、文物图片展、说唱表演、非遗技艺展示等形式，向学校师生展示地方文化遗产、民俗文化、非遗文化。展示一批新创作的红色文化非遗作品，如口岸虎头鞋传人邓小华缝制的红军鞋，高港根雕传人袁永亮创作的根雕《集结号》《火炬》，高港砖雕传人曹必生创作的砖雕《南湖红船》《大军过江》等。活动现场进行非遗进校园非遗传人签约仪式。 （仲 明）

高港宫灯 区党工委（区委）宣传和统战部 供图

文化市场管理

【文化市场安全检查】 2021年，泰州医药高新区（高港区）开展"保安全、迎华诞"文化市场安全生产百日攻坚行动，深入排查各类安全风险隐患，排查、整改安全隐患84个。开展旅游市场安全生产专项整治行动，重点检查旅行社旅游包车合同、旅行社责任险、旅行社电子合同签订等情况，整治旅游市场"不合理低价游"、擅自变更旅游行程、未经许可经营旅行社业务等突出问题，规范旅游市场经营秩序。开展危化品使用单位安全隐患排查，出动检查人员54人次，排查娱乐企业131个次，发现并整改危化品安全隐患38个。落实企业安全生产主体责任，与网吧、KTV、旅行社和星级饭店等34个单位签订安全生产责任书。组织各业主参加安全生产培训班2期和消防演练2次，结合行业特点分别对单位负责人进行约谈。开展行业安全隐患排查，定期开展日常检查，不定期开展专项抽查，多次组织开展联合检查，共排查一般安全生产隐患1013个，其中重大安全生产隐患2个，所有隐患全部整改到位。 （廖成林）

【文化执法行动】 2021年，泰州医药高新区（高港区）开展"扫黄打非""固边""净网""清源""秋风""护苗"等文化执法专项行动，累计出动348人次，检查相关单位88个次。

【电影事业】 2021年，泰州医药高新区（高港区）做好电影放映监管和平台数据报送工作。完成"送电影下乡"480场。建成大泗镇星河国际影院。争取中央补助地方国家电影事业发展专项资金2.5万元，争取省级放映国产电影奖励65.2万元。 （武 莉）

体　育

【概况】 2021年，泰州医药高新区（高港区）筹备第二十届江苏省运动会。推动公共体育设施建设，提高群众体育活动组织水平，满足人民群众日益增长的体育健身需求。城区“10分钟体育健身圈”进一步优化，农村“15分钟体育健身圈”基本建成。承办“高港杯”第七届全国象棋青年大师赛、江苏省青少年自行车（山地、公路）锦标赛、江苏省青少年跆拳道锦标赛、江苏省青少年空手道锦标赛等国家级、省级赛事。

【体育设施】 2021年，泰州医药高新区（高港区）全面完成体育为民突破一期行动，建成凤栖湖攀岩场地，完成全民健身中心击剑馆提档升级工作，打造凤栖湖体育公园、白马体育公园等一批公共体育设施，增加骑行道26.2千米、健身步道8千米、儿童设施12套、体育健身路径186套、笼式篮球场3个、笼式足球场1个、室外乒乓球桌21张，安装迎省运体育小品70处。聘请专业维护公司对体育健身器材进行管理维护。

泰州体育公园　位于泰州城市中轴线、天德湖公园以南地块，占地面积46.93公顷，总投资约24亿元，采用PPP建设模式。2018年10月开工建设，2021年年末主体工程竣工。主要包括1座3万人综合体育场、1座6000人体育馆、1座1500人游泳馆和1座全民健身馆。

泰州医药高新区体育文创中心　位于学院路与泰州大道交会处，紧邻泰州职业技术学院及南京中医药大学翰林学院，总建筑面积8.08万平方米（地上3.91万平方米，地下4.17万平方米）。拥有停车位1538个，其中，地上停车位286个，地下停车位1252个。由体育运动中心、商业文化中心2个部分组成。以体育及生活为定位，打造集体育健身、时尚餐饮、品质娱乐、新零售于一体的多业态、体验式体育文创综合体。体育运动主馆建筑面积3.12万平方米，涵盖篮球馆、足球场、网球场、羽毛球馆、壁球馆、乒乓球室、台球室等。南广场约6500平方米，拥有室外免费游乐区域。整体建筑外围环绕一圈总长约560米的健身步道。

高港全民健身中心　位于高港生态公园北部，占地面积约12万平方米，建筑面积约1万平方米，总投资约7亿元，集健身、文娱、休闲活动为一体。象棋广场建筑面积4000平方米，广场地面以中国象棋棋盘格式设置。综合运动馆建筑面积约5800平方米，内设乒乓球场、羽毛球场、瑜伽房、健身房等运动健身场所。恒温游泳馆建筑面积约3500平方米，馆内设有25米×21米恒温游泳池、400平方米少儿训练池和幼儿戏水池。足球场于2015年建成，总占地面积2926平方米，免费向市民开放。足球场西侧建有二代智能健身器材1套。户外篮球场设有4个场地，网球场设有2个场地。

泰州体育公园体育馆　　区党工委（区委）宣传和统战部　供图

【群众体育活动】 2021年，泰州医药高新区（高港区）组织开展“迎新年，迎省运”环湖（凤栖湖）长跑、第二届夕阳红门球交流展示、“全民迎省运，CMC 嗨起来”健身跑等群众体育活动，承办“颂歌献给党，永远跟党走，幸福舞起来”江苏省百万人广场健身舞大展演泰州分会场活动。　　（孙小军）

【青少年体育】 2021年，泰州医药高新区（高港区）完成“5621”体教融合项目学校布局。全面实施《学生体质健康标准》，加强对学生的体质监测。围绕省运会备战竞训，结合“双减”工作，在区内推广少儿体适能——趣味田径运动项目，在全区选拔运动员，组建市级少儿体适能——趣味田径队，配备专业师资力量及场地器材，开展集中训练。区教育局组织全区中小学眼保健操、跑操比赛和两区融合后首届中小学生田径运动会。协助组织初中体育学业水平考试、缓试工作，汇总九年级学生体育中考平时成绩。组织各初中学校实施《泰州市2021年初中毕业暨升学考试方案》中八年级学生体育平时成绩及等级评定工作。组队参加泰州市初中篮球、校园足球、乒乓球、田径比赛，高港实验初级中学女子篮球队获第2名，永安洲初级中学男子篮球队获第4名，大泗学校男子、女子足球队均获第3名，田河初级中学女子足球队获第5名，高港实验初级中学乒乓球队获女子团体第3名、男子团体第6名，扬子江初级中学田径代表队在泰州市田径比赛中有23人次被认定为国家三级运动员。

（孙小军 李 蓉 乔 磊）

【体育产业】 2021年，泰州医药高新区（高港区）体育产业快速发展，泰州市泳泰健身服务有限公司、泰州虹豪健身管理有限公司成功申报省级体育产业发展专项资金，泰州市鸿运体育器材有限公司、泰州飓风体育文化有限公司、江苏奥华体育健身器材有限公司成功申报市级体育产业发展专项资金。打造江苏皇仕堡健身管理有限公司省级体育产业基地，泰州市鸿运体育器材有限公司、泰州源航体育产业发展有限公司市级体育产业基地，以及野徐镇、大泗镇市级体育特色小镇。

【第二十届江苏省运动会筹备】 2021年，泰州医药高新区（高港区）根据融合后的领导分工、机构设置，重新调整《省运会执行委员会机构方案》，制定执委会"一办五组"（办公室、新闻宣传与市场开发组、综合保障组、赛事组织与备战参赛组、安全保卫组、场馆建设与运营管理组）工作任务清单，以及空手道、跆拳道、自行车（山地、公路）单项竞委会组织方案，成立各单项竞委会。泰州医药高新区体育文创中心、凤栖湖山地自行车赛道及攀岩馆等省运会涉赛场馆均全面完成建设，承办江苏省青少年自行车（山地、公路）、跆拳道、空手道等测试赛。组织竞训备战工作，通过集训和实战对抗，提升竞训夺金实力。开展省运会开幕式倒计时一周年、"体育迎省运"等系列文体活动。泰州医药高新区（高港区）自训项目有3个。趣味田径项目：为市队区办项目，在全区各小学及幼儿园选拔运动员，聘请6名体育教师为教练，在泰州市扬子江小学和泰州市康和小学集中训练，主要参加年龄组为7岁、8岁、9岁、10岁、11岁、12岁的个人全能项目，7~8岁、9~10岁组的个人全能团体和一级方程式项目。街舞项目，为社会办队，代表泰州医药高新区（高港区）参赛。网球项目：注册运动员15人。（孔小军）

2021年4月21—23日，"高港杯"第七届全国象棋青年大师赛在高港区举行。图为比赛现场　　　区党工委（区委）宣传和统战部　供图

【"高港杯"第七届全国象棋青年大师赛】 4月21—23日，"高港杯"第七届全国象棋青年大师赛在高港区举行。男子20名青年大师、女子8名青年大师分别进行7轮角逐。王天一第5次夺得男子组冠军，武俊强、孙逸阳分获男子组亚军、季军；吴可欣获女子组冠军（连续4届），沈思凡、董毓男分获女子组亚军、季军。

【江苏省青少年自行车（山地、公路）锦标赛】 5月25—27日，2021年江苏省青少年自行车（山地、公路）锦标赛在凤栖湖景区举行，无锡、常州、苏州、南通、连云港、淮安、徐州、盐城、宿迁以及泰州等地10支代表队160名运动员参加个人和团体项目。比赛赛道总长约5千米，包含公路赛段、桥梁和丘陵山地，其中，第20号技术点是整个赛段难度最大的部分，连续的爬坡、下坡、急转弯道和起伏障碍对于选手们的技术能力要求很高。淮安队的沈雅馨、徐州队的王雯莉分获女子甲组、乙组冠军，常州队的封帅获得男子甲组冠军，泰州队单文清获得男子乙组冠军。

【江苏省青少年跆拳道锦标赛】 7月5—9日，2021年江苏省青少年跆拳道锦标赛在泰州医药高新区体育文创中心举行。全省13个设区市的代表队共490名运动员、教练员参加比赛。比赛采取单淘汰制，共设33个级别。扬州市、宿迁市、南京市代表队位列金牌榜前三，泰州市代表队获得1金、3银、2铜。

【江苏省青少年空手道锦标赛】 7月12—16日，2021年江苏省青少年空手道锦标赛在泰州医药高新区体育文创中心举行。比赛共设甲、乙、丙3个组别，竞赛项目为组手项目、和型项目，全省13个设区市的代表队共289名运动员和教练员参加比赛。苏州市、南京市、无锡市代表队位列金牌榜前三，泰州市代表队获得3金、3银、4铜。（陈 静）

教　育

综　述

【概况】2021年，泰州医药高新区（高港区）有区管各级各类学校75所，其中，幼儿园42所，小学17所，初中12所，九年一贯制学校3所，中等专业学校1所。在校生45448人，其中，幼儿14578人，小学生22233人，初中生6688人，中职生1949人。专任教师3326人，其中，幼儿园969人，小学1314人，初中817人，中等专业学校226人。全区教育经费总投入11.49亿元，其中国家财政性教育投入9.97亿元。境内有市直小学1所、市直初中3所、市直普通高中4所、高等学校3所。

泰州医药高新区（高港区）学校名录

1.高等学校

南京中医药大学泰州校区

南京中医药大学翰林学院

泰州职业技术学院

2.市属学校

江苏省泰州中学

江苏省口岸中学

泰州市第三高级中学

泰州实验中学

江苏省泰州中学附属初级中学

泰州市凤凰初级中学

省泰中附中教育集团周山河初级中学

泰州市凤凰小学

3.中等专业学校

江苏省高港中等专业学校

4.九年一贯制学校

泰州市大泗学校

泰州市第一外国语学校（民办）

泰州市滨江实验学校（撤并、机构保留）

5.初级中学

泰州市鲍徐初级中学

泰州市野徐初级中学

泰州市扬子江初级中学

泰州市高港实验初级中学

泰州市环溪初级中学

泰州市孔桥初级中学

泰州市田河初级中学

泰州市许庄初级中学

泰州市永安洲初级中学

泰州市白马初级中学

泰州市胡庄初级中学

泰州市汪群初级中学

6.小学

泰州市周山河小学（泰州市寺巷小学）

泰州医药城实验小学

泰州市太湖路小学

泰州市野徐小学

泰州市塘湾小学

泰州市鲍徐小学

泰州市高港实验小学

泰州市环溪小学

泰州市扬子江小学

泰州市口岸小学

泰州市第一外国语学校　　区党工委（区委）宣传和统战部　供图

泰州市田河小学
泰州市许庄小学
泰州市永安洲小学
泰州市海军小学
泰州市孔桥小学
泰州市胡庄小学
泰州市汪群小学

7.公办幼儿园

泰州市太湖路幼儿园
泰州市绿地幼儿园
泰州市康居新城幼儿园
泰州市祥龙幼儿园
泰州市龙凤幼儿园
泰州市御园路幼儿园
泰州市寺巷幼儿园
泰州市塘湾幼儿园
泰州市东方明珠幼儿园
泰州市口岸幼儿园
泰州市田河幼儿园
泰州市环溪幼儿园
泰州市许庄幼儿园
泰州市永安洲幼儿园
泰州市白马幼儿园
泰州市胡庄幼儿园
泰州市汪群幼儿园
泰州市大泗幼儿园
泰州市柴墟幼儿园

8.民办幼儿园

泰州市蓝天实验幼儿园
泰州市世茂蓝天幼儿园
泰州市鲍徐中心幼儿园
泰州市盛唐实验幼儿园
泰州市永兴幼儿园
泰州市盛和幼儿园
泰州医药高新区凤凰艺术幼儿园
泰州市恒景大地幼儿园
泰州医药高新区希朗艺术幼儿园
泰州市寺巷镇新华幼儿园
泰州市红五星幼儿园
泰州市明珠幼儿园
泰州医药高新区东方幼儿园
泰州市第一外国语学校附属幼儿园
泰州医药高新区乐童幼儿园
泰州市高港区尚德智幼儿园
泰州市高港区小福龙幼儿园
泰州市高港区机关幼儿园
泰州市高港区水岸幼儿园
泰州市高港区格林幼儿园
泰州市高港区明发幼儿园
泰州市全泰堡幼儿园
泰州市高港区枫雅幼儿园

【教育经费】 2021年，泰州医药高新区（高港区）义务教育经费全部纳入区财政保障范围，义务教育生均公用经费按省定标准的110%执行，即小学每生每年770元，初中每生每年1100元，其中10%统筹经费向小规模学校和经济薄弱地区倾斜，对不足300人的按300人核拨。学前教育生均公用经费为每生每年770元，超过省定标准，达到小学标准。中职教育生均公用经费为每生每年1500元，达到省定标准。

【教育基础设施建设】 2021年，泰州医药高新区（高港区）完成胡庄幼儿园、大泗幼儿园、白马中学迁入海军小学合署办学、胡庄小学改造4个学校建设项目，开工建设高港中等专业学校、高港实验小学东校区、高港实验幼儿园、白马幼儿园、塘湾幼儿园5所学校，启动新口岸中学、高港实验初中、田河初中、田河小学、高港实验小学食堂综合体、口岸幼儿园、观澜天镜幼儿园7所学校建设项目，新增学位8870个。

【素质教育】 2021年，泰州医药高新区（高港区）深入推进素质教育，结合教育改革发展实际，以“立德树人”为核心，坚持德智体美劳“五育”并举，开展“感念党恩共育新人，携手前进共筑未来”素质教育“5+2”工程展示活动。在开齐开足国家基础课程的基础上，开发实施校本课程，满足学生个性化需求。开展各类仪式教育、节日活动、科技活动、研学活动，开展党史教育、红领巾寻访、品格养成、心理健康、遵纪守法、劳动技能、疫情防控、珍爱生命、生态文明等专题教育，引导书法、根雕、武术、风筝、抖空竹、虎头鞋等传统民俗文化活动走进校园。推进“大阅读”工作，做好“全国推普周”宣传活动，开展“中华经典”诵写讲系列活动，泰州高港实验小学获得2021年度泰州市“中华经典诵读”比赛中小学组特等奖第1名。举办两区融合后首届全区中小学生运动会和中小学生艺术展演、童话

泰州市高港实验小学庆祝六一儿童节活动

区党工委（区委）宣传和统战部 供图

泰州市海军小学开学第一课　　区党工委（区委）宣传和统战部　供图

剧、合唱、跑操比赛。组织学生参加各类竞赛比赛，获省一等奖3项、市特等奖1项、市一等奖15项，2人获得泰州市青少年科技创新市长奖提名奖。

【教育督导】2021年，泰州医药高新区（高港区）加强中小学幼儿园专兼职责任督学队伍建设，合理调整责任督学和督学责任区，修订《中小学、幼儿园综合工作考核细则》，建设“全领域、全口径、全支撑、全保障”督导体系。修订《中小学、幼儿园综合督导评估细则》，开展综合督导14次、常规挂牌督导240次，开展中小学体育工作、劳动教育专项督导4次。形成督导报告14篇、督学推介16篇。发布督导简报11期，通过微信公众号等平台开展督学督导宣传125篇。分片区组织中小学、幼儿园疫情防控驻校组到各学校开展专项督查20余次。在泰州市政府对各市（区）政府2021年度履行教育职责考核工作中，获得第1名。

【校园安全】2021年，泰州医药高新区（高港区）教育系统保持安全稳定零事故。召开安全生产宣讲活动3次，累计参训近500人次。印发《2021年全区教育系统平安建设和安全工作要点》《2021年度学校安全应急演练计划》，指导、督促学校聚焦教育领域安全重点和难点，突出做好治安防控、消防、校车等领域隐患整治。全年发现安全隐患1589条，其中区领导挂钩的重大隐患2条，整改完成1589条，整改率100%。推进学校危化品危废品专项治理，对全区学校危险化学药品和废液分类统计，委托专业公司妥善处置废弃危化品622千克。推进“智慧技防校园”建设，按照“因地制宜、利旧利现、实用实效”的原则，对47所公办学校开展“智慧技防校园”建设。改造升级原高港区所有校车车载监控系统。学校食堂视频监控全部联入泰州“明厨亮灶”监管平台，食堂食品安全保险购买率100%。按时完成泰州安全教育平台专题教育和演练，开展平安寒假、安全教育日等11项专题教育，定期发送周末安全提醒、节假日提醒，所有安全教育内容完成率100%。常态化开展应急演练。6批次362名教师参加泰州市教师安全素养线下培训，均取得培训合格证书。

（张　峰　王　昊　李　蓉　高　俊　徐筱艳　王网生　王文兵　于　斌）

【学校党建】2021年，区党工委（区委）教育工委严格落实抓基层党建主体责任，以高质量党建引领教育高质量发展。成立泰州市高港实验小学教育集团党总支，督促指导3个党（总）支部按期换届，规范支部建设，选优配强中小学校党组织书记5人。1月，召开区教育系统2020年度履行全面从严治党主体责任述职会，贯彻区底线工作责任落实会议精神，推动做好疫情防控及安全、稳定、环保、廉政“1+4”底线工作。2月，召开区教育系统警示教育暨安全生产工作会议。3月，召开区教育系统党史学习教育动员会。全区学校开展以红色为主题的歌咏比赛、红领巾研学、寻访老党员等活动，举办区教育系统“党史照我去奋斗”主题演讲比赛。举办学习贯彻中共十九届六中全会精神宣讲会，组建以学校党组织书记、思政课教师等为主体的宣讲团，进村入校宣讲党史、中共十九届六中全会精神50余场。全区中小学党史主题教育实践活动被中央电视台、“学习强国”学习平台、江苏教育电视台等媒体报道10余次。　（王　昊　毛建军）

学前教育

【概况】2021年，全区有幼儿园41所，其中，公办幼儿园18所，民办幼儿园23所（普惠性民办幼儿园12所）。在园幼儿14578人，教职工1762人，专任教师969人，教师持证上岗率100%，大专以上学历占比99.71%。全年招录全额事业编制教师7人，乡村男幼师2人。学前教育资源配置率87.26%，普惠性幼儿园覆盖率72.72%，公办园在园幼儿占比46.12%。

【幼小衔接】6月，泰州医药高新区（高港区）成为江苏省首批幼小衔接实验区。组建幼儿园、小学研究共

泰州市环溪幼儿园 刁铺街道 供图

同体18个。建立幼小衔接系列调查问卷样本、幼儿入学问题清单、幼儿入学指导手册、幼小衔接园本课程、幼小科学衔接指导手册等幼小衔接资源库，幼儿园将入学准备融于生活和游戏中。出台《幼小衔接小学“十个一”工作要求》，通过一份入学指南、一次衔接调研、一次家长会、一个全新环境、一个入学仪式、一周主题课程、一轮教学研究、一次教学展示、一批校园之星、一份持久的关爱，帮助一年级新生科学适应小学生活。

【优质幼儿园创建】 2021年，泰州市红五星幼儿园、泰州市鲍徐中心幼儿园通过江苏省优质幼儿园复审，泰州市龙凤幼儿园、泰州市祥龙幼儿园通过泰州市优质幼儿园评审。全区有省优质幼儿园32所、市优质幼儿园5所。

【泰州市绿地幼儿园】 位于泰州市绿地世纪城小区内，创办于2015年11月。2016年春学期正式投入使用，是上海绿地集团移交给教育部门使用管理的小区配套幼儿园。占地面积5072平方米，建筑面积3950平方米。曾获得江苏省优质幼儿园、江苏省体育特色幼儿园、江苏省餐饮质量安全示范食堂、泰州市课程游戏化基地、泰州市绿色幼儿园、泰州市平安校园、泰州市第一批普通学校融合教育资源中心等荣誉称号。2021年，有大、中、小班15个，在园幼儿578人，专任教师36人，其中在编教师13人。

【泰州市寺巷幼儿园】 位于寺巷街道祥和花园二期内，创办于1980年，原名泰州市寺巷中心幼儿园，为泰州市寺巷中心小学附属幼儿园。2019年7月，成为独立公办幼儿园，更名为泰州医药高新区寺巷中心幼儿园。2021年11月，更名为泰州市寺巷幼儿园。占地面积7364平方米，建筑8347平方米，户外活动场地8000平方米。曾获得江苏省优质幼儿园、江苏省巾帼文明示范岗、江苏省教师发展示范基地校、江苏省幼小衔接结对试点园、泰州市巾帼文明示范岗、泰州市巾帼建功先进集体、泰州市安全教育先进学校、泰州市交通安全先进学校、泰州市儿童青少年近视防控先进校、泰州市第二批融合教育资源中心、泰州市课程游戏化基地等荣誉称号。2021年，有大、中、小班14个，在园幼儿491人，专任教师35人，其中在编教师14人。

【泰州市口岸幼儿园】 创办于1957年2月，一园两址，本部于2021年8月从旧址搬迁至新建的柴墟幼儿园借址办学，位于口岸街道建设巷118号，分部位于口岸街道府后人家小区内。幼儿园占地面积8220平方米，建筑面积7747平方米。先后获得江苏省文明单位、江苏省优质幼儿园、江苏省平安校园、江苏省第四批课程游戏化项目园、泰州市“三八”红旗集体、泰州市“三八”红旗集体示范工作室、泰州市食品安全先进校、泰州市交通安全先进校、泰州市法治校园等荣誉称号。2021年，有大、中、小班21个，在园幼儿872人，专任教师61人，其中在编教师14人。

【泰州市大泗幼儿园】 位于大泗镇大泗社区11组，创办于2013年，原名泰州市大泗中心幼儿园。2021年12月，更名为泰州市大泗幼儿园。占地面积8830平方米，建筑5710平方米，户外活动场地3120平方米。曾获得全国足球特色幼儿园、全国足球特色示范园、江苏省优质幼儿园、泰州市平安校园、泰州市巾帼文明岗、泰州市绿色校园、泰州市交通安全先进学校、泰州市食品安全先进学校、泰州市节水型学校、泰州市课程游戏化建设基地、泰州市融合教育资源中心、泰州市青少年近视防控先进学校等荣誉称号。2021年，有大、中、小班9个，在园幼儿374人，专任教师27人，其中在编教师9人。

【泰州医药高新区东方幼儿园】 位于寺巷街道药城社区，创办于2014年10月，是“中国科学院幼儿园”体系的加盟民办幼儿园。占地面积9730平方米，建筑面积4879平方米，户外运动面积5950平方米。2021年，有大、中、小班18个，在园幼儿530人，专任教师38人。

【泰州市鲍徐中心幼儿园】 位于明珠街道鲍徐社区，创办于1981年。

建筑面积3044平方米，占地面积3467平方米，活动场地面积1930平方米。2021年，有大、中、小班6个，在园幼儿395人，专任教师14人。

【泰州市红五星幼儿园】 位于明珠街道天虹路88号，创办于2007年9月。占地面积4100平方米，建筑面积2485平方米，绿化面积650平方米。曾获得江苏省优质幼儿园、泰州市平安校园、泰州市社会组织管理工作先进单位等荣誉称号。2021年，有大、中、小班8个，在园幼儿219人，专任教师16人。

（李蓉 田倩）

义务教育

【概况】 2021年，全区有义务教育阶段学校31所。其中，小学17所，初中12所，九年一贯制学校2所。共有教学班711个，学生28921人，其中，小学生22233人，初中生6688人。专任教师2131人，其中，小学教师1314人，初中教师817人。做好进城务工人员子女、留守儿童和残疾儿童入学工作，保障适龄少年儿童接受义务教育的合法权益，义务教育入学率、巩固率均为100%。

【义务教育优质均衡发展】 2021年，根据义务教育学校标准化建设工程实施方案，建立标准化建设台账，推进义务教育“全面改薄”五年规划任务，加快学校标准化建设。深入实施素质教育，建设现代学校制度，依照标准规范学校管理。落实免试就近入学和均衡分班配师规定，保障随迁子女享受同城待遇，落实贫困学生资助政策，全区残疾儿童少年入学率100%，初中三年巩固率100%。

【课后延时服务】 2021年，全区义务教育学校继续推进学生课后延时服务。推行课后服务“5+2”模式，即学校每周5天、每天至少提供2小时课后服务，实现义务教育阶段学校100%开展课后延时服务、参与的学生100%自愿、各项保障措施100%到位。参与课后延时服务的教师1981人、学生25687人。建立“政府补助、家长分担”的经费保障机制，共发放教师课后延时服务补助经费1376万元。

【落实“双减”政策】 2021年，区教育局针对“双减”政策要求，出台《泰州医药高新区（高港区）义务教育阶段学校作业控量提质实施意见》，以闭环治理推进中小学生作业减负工作。《以作业改革撬动区域课改 推进“双减”工作》《以系统理念推动“减负提质”治理改革》2项“双减”工作实践经验入选江苏省典型案例，《以管理指南系统推进作业管理改革》入选泰州市十佳典型案例，泰州高港实验初级中学在泰州市“双减”课改现场会上作经验介绍。

【集团化办学】 2021年，泰州医药高新区（高港区）教育系统采取紧密型、单法人等模式，新组建紧密型教育集团2个，即高港实验小学教育集团（包括金港路校区、环溪校区）和高港实验学校教育集团（包括尚美校区、环溪校区、孔桥初中校区）。发挥“强校+弱校”“名校+新校”“城校+农校”的辐射作用，重点推进资源共享、活动联办、制度协同、内设机构整合等一体化办学。采取“市建区办、委托代管、集团管理”模式，实施江苏省泰州中学附属初级中学周山河初中、泰州市凤凰小学周山河小学的2个跨区域集团化办学，实行“师资互派、研训联动，管理融通、质量共抓，编制区给、区级补贴”的运行机制，建设具有较强竞争力、吸附力的优质学校。全区有教育集团（联盟）10个，其中，小学6个，初中4个，全区中小学全部参与集团化办学。

【江苏省泰州中学附属初级中学】 位于凤凰东路59号，引凤路以东，凤凰路以南，创建于1999年，原校址在江苏省泰州中学老校区。是直属市教育局管理的初中。占地面积8.98万平方米，建筑面积4.45万平方米，绿化面积3.85万平方米，学生运动场地面积2.5万平方米，各类教育教学设施齐备。先后获得江苏省文明单位、江苏省文明校园、江苏省平安校园、江苏省科学教育特色学

江苏省泰州中学附属初级中学 凤凰街道 供图

校、江苏省艺术教育特色学校、泰州市义务教育现代化学校、泰州市数字化校园、泰州市书法特色学校等荣誉称号。2021年，有教学班73个，学生3804人，教师311人。

【泰州市高港实验初级中学】 位于通港路2号，创办于2000年，2021年由泰州市高港实验学校更名为泰州市高港实验初级中学。占地面积5.8万平方米，建筑面积2.16万平方米。曾获得全国足球特色学校、江苏省教科研先进集体、江苏省健康促进学校（金牌）、省级绿色学校、江苏省青少年科技教育先进学校、江苏省平安校园、江苏省五四红旗团委、江苏省初中物理教学研究基地、江苏省精神文明建设工作先进单位、江苏省和谐校园、泰州市文明单位、泰州市义务教育管理标准示范校、泰州市实施素质教育先进学校、泰州市艺术特色学校等荣誉称号。2021年，有教学班33个，学生1559人，教师166人，其中市、区骨干教师45人。

【泰州市野徐初级中学】 位于野徐镇雅茶路，创办于1958年。2013年9月，迁至新校区，更名为泰州市康和实验中学，2021年恢复原校名泰州市野徐初级中学。占地面积3.1万平方米，建筑面积2万平方米，绿化面积1.82万平方米，教学及教辅用房4484平方米，有300米的环形跑道1个、篮球场7块。曾获得全国校园影视教育实验学校、江苏省智慧校园、江苏省示范家长学校、江苏省科学教育特色学校、江苏省科普教育基地、江苏省节水型校园、江苏省教科研先进集体等荣誉称号。2021年，有教学班10个，学生415人，教师60人，其中市、区级骨干教师20人。

【泰州市永安洲初级中学】 位于永安洲镇国学路，有60余年办学历史。占地面积2.79万平方米。曾获得全国五四红旗团支部等荣誉称号。2021年，有教学班12个，学生551人，教师66人，其中，高级教师27人，市、区级骨干教师29人。

【泰州医药城实验小学】 位于会展路与仲野路交会处，创办于2020年9月。占地面积4万平方米，建筑面积4万平方米。建设规模为6轨36个班，可容纳1620名学生。曾获得江苏省智慧校园示范校、泰州市"十佳书香校园"、泰州市文明校园、泰州市先进基层党组织、泰州市青年文明号等荣誉称号。2021年，有教学班20个，学生877人，教师52人，其中，省特级教师1人，市、区级骨干教师13人。

【泰州市凤凰小学】 位于引凤路和永兴路交会处，2014年由泰州市委、市政府决策新建，系泰州市教育局直属公办小学。占地面积4.99万平方米，建筑面积4.22万平方米。曾获得江苏省中小学心理健康教育特色学校、江苏省优秀少先队集体、江苏省节水型学校、江苏省教科研先进学校、泰州市文明校园、泰州市科技教育综合示范学校、泰州市传统文化特色校园、泰州市先进基层党组织等荣誉称号。2021年，有教学班90个，学生4530人，教师230人，其中市、区级骨干教师43人。

【泰州市太湖路小学】 位于太湖路和西谢路交叉口西南，创办于2013年，原名泰州市向阳小学。2015年，更名为泰州医药高新区第一实验小学。2021年，更名为泰州市太湖路小学。占地面积1.8万平方米。设计办学规模4轨、24个班。曾获得全国中小学课改先进学校、江苏省教育系统先进集体、江苏省优秀传统文化课程建设基地、江苏省文明校园、江苏省智慧校园、江苏省体育特色中小学、江苏省绿色学校、江苏省书法特色学校、江苏省校外辅导站活动基地、泰州市先进基层党组织、泰州市文明单位、泰州市数字化校园、泰州市青年文明号等荣誉称号。2021年，有教学班28个，学生1430人，教师71人，其中，省特级教师1人，市、区级骨干教师20人。

【泰州市口岸小学】 位于口岸街道春江路2号。学校始于清光绪年间的"崇化书院"，2018年10月由金港南路迁至现址。占地面积2.97万平方米，建筑面积1.92万平方米，有教学楼、实验室、报告厅、图书馆、

泰州市凤凰小学　　凤凰街道　供图

体育馆、食堂、300米运动场、植物园等配套设施。曾获得江苏省科技教育特色学校、江苏省首批中小学校书法教育示范学校、江苏省智慧校园示范校、泰州市“创新教育摇篮奖”、泰州市文明校园、泰州市传统文化特色学校等荣誉称号。2021年，有教学班39个，学生1901人，教师101人，其中市、区级骨干教师34人。（李 蓉 薛文斌）

普通高中教育

【概况】 2021年，全区有市直普通高中4所，其中，江苏省泰州中学、江苏省口岸中学、泰州市第三高级中学为四星级高中，泰州实验中学为三星级高中。在校学生8612人，教师905人。

【江苏省泰州中学】 位于海军东路669号，东到东风南路，西至惠山路，南临淮河路，北靠海军路。原址位于迎春西路，1999年8月，迁至迎春东路校区。2014年3月，江苏省泰州中学新校区开工建设，包括教学楼及办公楼、科技楼、体育馆、图文中心、食堂、学生公寓、大礼堂、弘文馆、国学苑、学术交流中心、体育场。2016年秋学期，整体搬迁至新校区。占地面积20.2万平方米，建筑面积5.9万平方米。学校为国家级示范高中、江苏省重点中学、江苏省四星级高中、江苏省首批示范高中。2021年，有教学班63个，学生2923人，教师269人，其中特级教师10人。

【江苏省口岸中学】 位于口岸街道港口路26号，创办于1926年。1996年，被确认为江苏省重点高级中学。1997年8月，成为泰州市教育局直管学校。1999年，初中部撤出。2001年，通过国家级示范高中评估验收。2003年，成为江苏省首批四星级高中。占地面积11.67万平方米，建筑面积6.09万平方米。校内有清源亭、岳飞像等历史文化景点36处。曾获得全国教育网络系统示范单位、全国民族团结进步模范集体、江苏省园林式单位、江苏省绿色学校、江苏省文明单位、江苏省文明校园、江苏省德育先进学校、江苏省实施素质教育先进学校、江苏省教科研先进集体等荣誉称号。2021年，有教学班55个，学生2705人，教师244人。

【泰州市第三高级中学】 位于刁铺街道校园路1号，创办于1942年，1959年迁至现址。2002年，被确认为江苏省重点高级中学。2005年，被确认为江苏省三星级高级中学。2018年，被确认为江苏省四星级高级中学。占地面积6.8万平方米，建筑面积2.1万平方米。教室、实验室、电教馆、图书馆、阅览室均参照江苏省教育现代化标准配置。有400米环形跑道运动场、足球场、篮球场、排球场、风雨操场等体育活动场地，以及学生公寓、师生食堂。建有假山喷泉、藤架荷池、亭台曲径等。曾获得中国教育改革创新示范校、全国教育科研先进单位、全国特色语文示范校、全国青少年校园足球特色学校、全国青少年校园篮球特色学校、全国五一劳动奖状、全国生态文明教育特色学校、江苏省德育先进学校等荣誉称号。2021年，有教学班33个，学生1603人，教师153人。

【泰州实验中学】 位于寺巷街道泰事达路3号，创办于1950年，原名泰县寺巷中学。2003年更名为泰州实验中学，同年被确定为泰州市重点高中；2005年被评为江苏省三星级高中；2006年上划为泰州市教育局直接管理，同年被确定为江苏省重点高级中学；2021年完成高中、初中分设，成为举办高中教育的独立法人单位。占地面积13.33万平方米，建筑面积3.75万平方米，教室、实验室、电教馆、图书馆、阅览室、体育馆均参照江苏省教育现代化标准配置。曾获得江苏省文明校园、江苏省五四红旗团支部、江苏省科学教育特色学校、江苏省教科研基地、泰州市文明单位、泰州市教学质量先进学校、泰州市教科研先进学校、泰州市国际化教育先进学校、泰州市素质教育“5+2”工程先进学校等荣誉称号。2021年，有教学班30个，学生1381人，教师139人。

（李松涛）

泰州实验中学　　寺巷街道　供图

职业教育

【概况】 2021年，全区有中等职业学校1所。有教学班39个，学生1949人。专任教师226人，其中，“双师型”教师123人，正高级讲师2人，省特级教师1人，区级以上骨干教师42人。

【江苏省高港中等专业学校】 创办于1983年，有许庄、孔桥两个校区，其中，许庄校区位于许庄街道三星南路1号，孔桥校区位于孔桥集镇。系首批国家级重点中等职业学校、江苏省四星级中等职业学校、江苏省高水平现代化职业学校、江苏省智慧校园、江苏省现代化示范性职业学校。占地面积15.53万平方米，建筑面积7.2万平方米。学校开设8大专业、12个专业化方向，拥有省级品牌专业3个，省级高水平实训基地2个，省级现代化专业群、实训基地各1个。（高 俊）

高等教育

【概况】 2021年，全区有高等学校3所，教职工946人，其中专任教师623人；全日制在校生15786人。

【南京中医药大学泰州校区】 位于医时路6号，于2020年秋季开始招生，办学类型为公办“双一流”本科院校。共建有6个本科专业和方向，涵盖2个学科门类。有教职工112人，其中，专任教师107人（全部为南京中医药大学外派上课教师），博士研究生86人，硕士研究生21人。全日制普通本科在校生1088人。

【南京中医药大学翰林学院】 位于学院路6号。前身是2002年3月由江苏省教育厅批准成立的南京中医药大学公有民办二级学院。2005年5月被教育部批准为独立学院。2010年9月，学院移址泰州市办学，为首个进驻中国医药城的全日制本科院校，也是全省高等教育综合改革试点独立学院之一。共建有26个本科专业和方向，涵盖医、管、理、工、经5个学科门类，具有相关专业独立的学士学位授予权、高校教师资格认定权和高校教师高级职称评审权。有教职工183人，其中专任教师73人。全日制普通本科在校生3507人，成人本科在校生21人。

泰州职业技术学院及南京中医药大学泰州校区、南京中医药大学翰林学院航拍图 区教育局 供图

【泰州职业技术学院】 位于天星路8号，创办于1998年3月，是全国第一批全日制高等职业技术院校，江苏省第一所冠以“职业技术学院”名称的院校，地级泰州市第一所普通高校。占地面积72.11万平方米。设有医学技术学院、机电技术学院、经济与管理学院、信息技术学院、药学院、建筑工程学院、艺术学院7个二级学院和马克思主义学院、基础科学部，设置专业44个。为江苏省示范性高职院校。曾获得江苏省文明校园、江苏省和谐校园、江苏省园林式学校、江苏省平安高校等荣誉称号。2021年，有教职员工651人，专任教师443人，其中，高级职称教师201人，正高级教师33人。各类全日制在校生11191人，成人学历教育在籍学生7946人，年均社会培训2万人次以上。（于 斌）

社会教育

【概况】 2021年，受疫情防控影响，全区社区教育采取线上线下相互结合形式，发动社区居民、青少年、老年人及各类人群参加各项培训活动。全年参培22.87万人次，参培率53.16%。区教育局职业教育与社会教育处被评为江苏省社会教育先进集体；徐佑国家庭教育名师工作室获省级立项，被纳入江苏省社区教育领军人才培养对象；2名教师获省级“能者为师”技能大赛优秀奖；口岸街道作为在线学习先进集体被江苏省社会教育服务指导中心表彰；胡庄镇社区教育中心编导文艺节目《一壶老酒》，获江苏省成人教育协会庆祝中国共产党成立100周年社区教育文艺成果展示二等奖。

【社区教育研究】 2021年，全区加强社区教育内涵建设和研究，独立承担或积极参与市级以上社区教育课题研究。白马镇社区教育中心王友传、李萍申报的《乡村振兴战略背景下，农村社区教育致力乡村治理的实践研究》国家级课题成功立项；王友传、陈娟主编的乡土教材《文明礼仪》被《全国社区教育乡土教程名录》收录，在全国农村成人教育展示平台展示。野徐镇社区教育中心徐佑国论文《小小志愿者服务队践行社会主义核心价值观的实践探索》《社会主义核心价值观融入青少年校外教育探索》分别发表于《中华志愿者》和《吉林教育》杂志。

【社区教育特色品牌】 2021年，全区各社区教育中心针对服务对象的学习需求，明确社区教育工作目标，科学设计社区教育工作方案，开发系列化教育培训课程、培训项目和多种学习资源，形成具有区域特色、产生广泛影响的社区教育项目。野徐镇“家长素质提升工程”获评2021年江苏省终身学习品牌，口岸街道“‘艺’享天年”获评江苏省社区教育特色品牌项目。

野徐镇家长素质提升工程 培育100人的家庭教育师资团队，开发种子、成长、进阶三级家长素质提升课程，开展节日节气、生活方式、家庭关系系列主题教育活动100余场，受益家长达3万余人次。2021年，被江苏省成人教育协会评为社区教育品牌项目。

口岸街道“‘艺’养天年” 至2021年年末，共开展公益培训56场、公益性文化惠民演出125场次。该项目引领下的百姓舞台成为群众学技艺、展风采、颂好人、赞家乡、品经典、引风尚的平台。先后获得世界排舞联赛金奖和省级广场舞、民间舞、健身秧歌各级别奖项。2021年，被江苏省成人教育协会评为社区教育品牌项目，被江苏省教育厅被为江苏省社区教育特色品牌项目。

【校外培训机构整治】 7月国务院出台《关于进一步减轻义务教育阶段学生作业负担和校外培训负担的意见》后，泰州医药高新区（高港区）规范和压减学科培训机构。至年末，大部分机构积极转型，近三分之一机构关停，全区学科类培训机构全部清零。 （高 俊）

教师队伍

【概况】 至2021年年末，全区在职在编教职工2593人（区管学校，下同），其中，中等职业学校233人，初中863人，小学1293人，幼儿园204人。全区有江苏省特级教师9人（其中正高级教师5人），江苏省特级教师后备人才10人。全区省级名师、特级教师、正高级教师占比5.16‰，位居全市前列。

【教师交流】 2021年，全区229名义务教育阶段专任教师参加交流，占符合交流条件专任教师的25.82%；64名骨干教师参加交流，占符合交流条件骨干教师的23.44%，均高于省定15%要求。

【教师培训】 2021年，区教师发展中心分别对2020年和2021年的新入职教师进行集中培训。成功申报中小学美术和初中英语省乡村骨干教师培育站，开展各项培训活动。完成“泰州教育生活云”高港小学英语、语文教师研修项目，继续实施区骨干校长教师高端研修项目。组织全区中小学、幼儿园教师参加江苏省中小学教师信息技术应用能力提升工程 2.0 专项培训活动。4月，组织全区中小学教师参加泰州市“关爱生命・心理健康教育”培训活动。5月，组织全区中小学校本研修负责人到南通考察学习。8月，组织开展暑期全员线上培训活动，全区2300名教师参加。在国家、省、市各级各类培训活动中，全区教师参培率、合格率均达100%，学时达标率100%。

【教学科研】 2021年，区教师发展中心刘亚芹申报的《基于互联网+的农村初中英语微课的研发及应用模式研究》获省教育研究成果二等奖。侯燕参与申报的《学会学习：培养小学生英语学习素养的实践研究》获省基础教育类教学成果一等奖，葛余常等申报的《微课“补丁”支持的深度学习教学路径实践》获省基础教育类教学成果二等奖，高港中等专业学校参与申报的《共建共享，协同育人：中高职专业一体化培养体系的创建和实践》获省职业教育类教学成果二等奖。全年新立项省规划课题10个（其中重点课题1个）、省教研课题8个（其中重点课题3个）。在江苏省教师培训学会组织的教学设计比赛中，获得省一等奖22人。在江苏省“师陶杯”论文评选中，获省一等奖2篇、省二等奖18篇。

【教学比赛】 2021年，全区教育系统获省级教学比赛一、二等奖9人次，市级教学比赛一等奖27人次。其中，泰州市高港实验初级中学教师孙洁获江苏省中小学青年教师教学竞赛一等奖，泰州市鲍徐初级中学教师金晓燕获江苏省初中化学优质课比赛一等奖，泰州市高港实验初级中学教师虞乐园获江苏省初中数学青年教师优质课评比一等奖，泰州市海军小学教师申慧敏获江苏省信息化教学能手大赛一等奖，区初中数学教师团队获泰州市解题大赛一等奖。 （王 琳 冯 宇）

卫生健康

医疗卫生机构

【概况】 2021年，全区共有各级各类医疗机构168个，其中，二级以上医院3个（中西结合医院1个，综合医院1个，中医院1个），建制镇街社区卫生服务中心（卫生院）14个，非建制镇街社区卫生服务中心（卫生院）3个，疾病预防控制中心、卫生监督所、妇幼保健计划生育服务中心各1个，民营医院2个，个体诊所3个，村卫生室93个。创成省级重点专科2个，市级重点专科13个、特色科室25个。全区医疗机构核定床位2266张，其中，泰州市中西医结合医院618张（实际开放417张），泰州市第三人民医院600张（实际开放400张），高港中医院310张（实际开放150张），乡镇卫生院（社区卫生服务中心）738张，民营医院55张。大型医疗设备中，有核磁共振仪3台、CT机7台，DSA（数字减影血管造影）机2台。有卫生专业技术人员1714人，乡村医生224人。其中，执业（助理）医师654人，注册护士1026人。在职职工中，高级职称人员占17%，中级职称人员占25.5%；本科学历人员1121人，占52%，研究生以上学历人员50人，约占2%。56周岁以上、41~55周岁、40周岁及以下分别占6%、38%、56%。

【泰州市第三人民医院】 始建于1958年，全民二级甲等综合性医院，是原高港区卫生行业医教研中心，泰州职业技术学院、甘肃医学院、芜湖医药卫生学校教学医院，江苏省助理全科医师培训基地。设有11个病区，一、二级临床医疗、医技科室43个，核定床位600张。创成全国基层胸痛中心，有5个市级重点专科（分别为心内科、消化内科、康复科、麻醉科，中医肛肠科）、1个市级重点专科建设单位（影像科）。能开展肿瘤插管化疗、重症胰腺炎治疗、妇科内镜诊疗、心血管疾病介入诊疗、肿瘤介入诊疗、冠状动脉造影和支架置入、各种内镜下治疗手术、钬激光、重症医学科连续性肾脏替代治疗（CRRT）等治疗。2021年，门急诊245124人次，住院10892人次。在职职工636人，其中，临床医技人员201人，药剂人员37人，护理人员256人；正高职称45人，副高职称84人，中级职称167人。完成6个新冠疫苗接种点保障任务。平均住院日、耗材比、药占比、抗菌药物使用率等质控指标逐渐下降并渐趋合理，共完成500余例特殊手术备案。1月起开展体外冲击波碎石，3月启动DSA技术，共开展DSA技术近300例。共发表论文52余篇，其中，核心论文1篇，统计源期刊1篇，SCI期刊1篇。老病房楼4~9楼完成改造并搬迁。完成新信息系统上线。

泰州市第三人民医院病房楼　　区卫生健康委　供图

泰州市中西医结合医院　　　　区卫生健康委　供图

【泰州市中西医结合医院】　前身为中外合资泰州普济医院，建成于2006年1月，为综合民营医院。2008年，由中国医药城收购，成立公办的中国医药城普济医院。2014年3月，更名为泰州市中西医结合医院，增挂“泰州市医药高新区人民医院”牌子。2017年6月，经国家中医药局批准成为三级乙等中西医结合医院。医院是泰州职业技术学院附属医院、南京中医药大学翰林学院教学医院、东南大学中大医院集团医院。占地面积10公顷，一期建筑面积8万平方米，一期核定床位618张。2021年，门急诊18.78万人次，收治住院病人9320人次。有员工584人，其中，临床医技人员188人，药剂人员30人，护理人员205人；正高级职称20人，副高级职称79人，中级职称174人。共发表论文44篇，其中统计源期刊2篇。

【泰州市高港中医院】　始建于1968年，系集医疗、预防、保健、康复为一体的二级甲等中医医院。为江苏省中医院协作单位、泰州市中医医联体副理事长单位，新型农村合作医疗保险、市直及乡镇两级基本医疗保险定点医院。总建筑面积1.5万余平方米，设置床位310张。设有急诊科、内科、儿科、外科、妇产科、骨伤科、针灸科、眼科、耳鼻咽喉科、治未病科等临床科室，以及检验、放射、B超、心电图、肺功能、内窥镜等医技科室。拥有磁共振、CT、DR、彩超、彩色经颅多普勒、五分类血球计数仪、全自动生化分析仪、电子胃镜、结肠镜、腹腔镜、阴道镜、利普刀、心电监护仪、移动式C形臂X射线机、关节镜、多功能麻醉机、自动熏蒸仪等医疗设备。儿科、针灸科、妇科、肛肠科为市中医重点专科。开展中医特色服务项目80余种，具有中医特色的医疗技术40余项。2021年，有职工224人，其中，临床医技人员90人，药剂人员18人，护理人员83人；正高级职称7人，副高级职称21人，中级职称45人。2021年，门急诊138674人次，住院4114人次。开展新技术8项，打造超声科、内分泌科、甲乳外科专科链，武心萍超声团队工作室成功落户。5月，成立泰州市急救中心高港中医院急救点。完成84286针次新冠疫苗接种和7万余人次核酸采样。

【泰州张勤眼科医院】 系按三级眼科标准建立的泰州市第一个眼科专科品牌医院，创办于2006年。开办海陵、高港、泰兴3个院区。医院拥有白内障、玻切手术设备，OCT眼部超声检查设备，德国蔡司手术专用显微镜，综合验光设备和验光室，视功能检查设备，儿童多功能低频电子治疗仪等。依托复旦大学附属眼耳鼻喉科医院、上海交通大学附属新华医院组建眼科专家团队，成立泰州市第一个儿童眼病科专科、近视激光治疗中心、早产儿视网膜病变筛查中心。2016年，成为上海交通大学附属新华医院泰州眼科基地。2021年，门急诊2.27万人次，收治住院病人1179人次。有员工60人，其中，临床医技人员6人，药剂人员3人，护理人员11人。

【泰州慕云中医医院】 位于金港中路336号。占地面积600余平方米，建筑面积2100平方米。2013年，被泰州市卫生局评为泰州市特色专科。系集中、西医儿科门诊和病房为一体的中医医院，主要设备有进口生化仪、彩超、微量元素检测仪、心电图、DR放射诊断仪等。2021年，门急诊8000余人次。编制床位20张，因疫情影响未开放床位。有卫生技术人员11人。

【口岸街道田河社区卫生服务中心（高港中医喉科医院）】 始建于1958年。设有中医喉科（省级特色科室）、内科、外科、五官科、妇产科、检验科、影像科等科室。开设病床30张，拥有光纤电子喉镜、胃肠镜、DR、五分类血球仪、生化分析仪、B超等诊疗设备。2021年，中心门急诊49424人次，住院781人次。有职工51人。中心特色科室雅妙河戴氏中医喉科门诊量共14283人次，占全院近1/3份额。消化内科作为中心新的市级特色专科，全年共做胃镜213例、肠镜82例。做好老年人体检、计划免疫、血地寄防、传染病防治等基本公共卫生工作。全年接种新冠肺炎疫苗61177针次。（区卫生健康委）

妇幼保健

【妇幼重大公共卫生服务项目】 "两癌"筛查 2021年，全区共完成宫颈癌筛查人数17497人，结案人数17497人，HPV检测人数17497人，阳性人数2164人，TCT检查人数1690人；乳腺癌筛查人数17574人，结案人数17574人。确诊宫颈癌6人、乳腺癌15人。

母婴阻断 完成孕产妇艾滋病、乙肝、梅毒检测2774例，其中住院分娩产妇检测335例。孕期梅毒感染孕产妇2例，乙肝表面抗原阳性孕妇15例；乙肝表面抗原检测阳性15人，所生婴儿均注射免费的乙肝免疫球蛋白。

叶酸补服 调动农村妇女在孕前和孕早期补服叶酸。全年增补叶酸妇女971人，服用依从率100%，增补叶酸知识知晓率100%。

【儿童健康管理】 2021年，泰州医药高新区（高港区）加强3岁以下儿童特别是体弱儿的筛选、随访，实行婴儿出生后产房建卡，增加高危新生儿访视次数。加强5岁以下儿童死亡监测及自动出院危重儿、严重缺陷儿的追踪、随访等工作。全区新生儿疾病筛查率99.71%、访视率99.71%，婴儿出生缺陷率2.99‰，新生儿死亡率1.82‰，婴儿死亡率2.18‰，5岁以下儿童死亡率2.18‰，无活产漏报；0~6岁儿童健康管理率99.63%，0~3岁儿童系统管理率97.3%，5岁以下儿童消瘦率0.63%。完成在园儿童的"六一"体检工作，共体检儿童12794人，入园新生健康档案建档率100%。

【孕产妇健康管理】 2021年，全区孕产妇总数2706人，其中，早孕建册2589人，早孕建册率95.68%；对孕产妇全程跟踪管理，保健覆盖率100%；孕产妇系统管理率94.51%；住院分娩2706人，分娩率100%，新法接生率100%；产后访视2706人，访视率100%；孕产妇死亡率为零。开展已婚妇女健康检查，实查43272人。

【孕前优生健康检查】 2021年，全区完成免费婚前医学检查1539对，婚前医学检查率95.12%，免费孕前优生健康检查1101对，任务完成率146%，筛查出高风险219人。

【母婴安全保障】 2021年，全区实施母婴安全行动提升计划，加强生育保健知识宣传，开展生育咨询评估服务，指导妇女科学备孕、适龄怀孕。落实医疗机构孕情报告责任，及时开展孕情登记，提高早孕建册率。推进孕产期全程预约诊疗，推行主管责任医师全程负责制，规范孕产期健康管理服务，提高产后访视和新生儿访视服务质量。

【出生缺陷综合防治】 2021年，全区完成免费产前筛查2702人、新生儿疾病筛查2741人、听力筛查2741人。

（田 荣）

疾病预防与控制

【新型冠状病毒肺炎防控】 2021年，全区规范处置新冠肺炎病例4例，物品涉疫事件5起，共排查管理密接25人、外地协查密接14起，次密接311人；接收协查函90次，发出协查函228次。进行冷链食品新冠病毒核酸应急采样检测48批次，共检测环境样本541个，食品样本599个，从业人员核酸检测1423人次，结果均为阴性。建有集中医学隔离场所14个。

医护人员为重点人员上门开展核酸检测　　　区卫生健康委　供图

【传染病防治】 传染病疫情报告管理　2021年，全区网络直报传染病乙类7种262例、丙类4种318例，比上年分别上升37.9%、38.9%。区、镇医疗卫生单位网上报卡完整率、准确率、及时率均为100%。

结核病防治　发现并登记活动性肺结核50例，网络报告率、转诊率、病人家属筛查率、追踪到位率、系统管理率均为100%。

艾滋病及性病防治　报告HIV抗体阳性1例，新增管理艾滋病、HIV抗体阳性9例。干预各类高危行为人群2462人次，开展检测128人。艾滋病、HIV抗体阳性100例，随访干预率100%，$CD4^{+}T$淋巴细胞免费检测率100%。新增抗病毒治疗9例，累计136例。

【禽流感疫情控制】 2021年，全区禽流感外环境监测实现镇街全覆盖。共采集样本140份，结果显示H_9N_2型30例，H_9（未分型）9例，H_9N_2混合H_7（未分型）1例，H_9N_2混合H_{10}（未分型）14例，阴性86例。

【血吸虫病防治】 2021年，全区查螺面积353.62万平方米（其中江滩140.49万平方米），未发现螺情。春、秋两季灭螺总面积88.32万平方米，使用50%氯硝柳胺1.92吨，未出现中毒事件。血清学查病2526人（血检2526人、粪检73人）、流动人口查病201人，血检共阳性1人，扩大化疗1人。救助晚期血吸虫病人11人，救助金额45667.5元。永安洲镇国家级血吸虫病监测点完成流动人群查病201人，间接血凝试验检测均为阴性。永安洲镇监测点中永兴社区、上桥社区调查点查螺面积26.23万平方米，未查出活螺。

【地方病防治】 2021年，全区监测居民户碘盐300份，检出不合格碘盐2份，非碘盐4份，碘盐合格率99.32%、覆盖率98.67%，合格碘盐食用率98%。碘营养监测学生200人、孕妇100人，儿童合格碘盐食用率98%，8~10周岁儿童未发现甲状腺肿大者，尿碘中位数为216微克/升；孕妇合格碘盐食用率98%，孕妇尿碘中位数为157.5微克/升。

【寄生虫病防治】 2021年，全区完成疟疾血检228人，有阳性1例。规范处置国外输入性恶性疟病例1例。

【预防接种和免疫规划】 2021年，全区累计接种新冠病毒疫苗52.52万剂，常住人口首针接种24.19万人，首针接种率93.54%，全程接种率86.62%。安全接种免疫规划疫苗11种38245剂次，适龄儿童接种一类疫苗12873人次，接种率99.48%，新生儿乙肝疫苗接种及时率95.11%。常规免疫接种率，卡介苗99.93%，脊灰第三剂99.75%，百白破第三剂99.85%，含麻疹成分第一剂99.79%，乙肝第三剂99.86%，A群流脑第二剂99.47%，乙脑第一剂99.91%，甲肝第二剂99.92%。报告疑似预防接种反应86起，其中，一般反应85起，异常反应1起。对30所托幼机构、学校开展预防接种证查验，新入托入学或转学学生4628人，补证率100%，补种率99.52%。报告急性弛缓性麻痹（AFP）排除病例2例，麻疹排除病例6例。举办预防接种相关人员上岗证暨新冠疫苗接种信息系统使用培训班、预防接种工作技能培训班，提升基层接种人员业务技能。

【慢性非传染疾病防治】 至2021年年末，全区居民电子健康档案建档44.48万份，建档率101.5%。当年更新档案34.98万份，档案更新率78.63%。建档高血压60708例、糖尿病17776例，高血压规范管理率68.89%、糖尿病规范管理率68.21%。当年网络报告死亡人口3373人，死亡报告率7.82‰；网络直报肿瘤1923例、心脑血管1798例。登记严重精神障碍患者2054人，报告患病率4.69‰，规范管理率98.3%。

【食源性疾病风险监测】 2021年，泰州医药高新区（高港区）开展食源性疾病监测工作，对食源性疾病监测与溯源系统中填报的数据进行审核及汇总。全年共审核病例321例，泰州市中西医结合医院完成病例填报162例，泰州市第三人民医院完成病例填报120例，其他各医疗卫生单位完成病例填报39例。

"健康惠民一号工程"样本检测　　区卫生健康委　供图

【健康惠民一号工程】 2021年，泰州医药高新区（高港区）全面实施"健康惠民一号工程"，主要筛查居民是否感染幽门螺杆菌，指导已感染人群进行精准用药，为患者减轻医疗负担。筛查采用粪便DNA检测技术。工程于3月开始实施，优先为军烈属、低保五保对象、建档立卡贫困户、优秀教师、医务人员及高危人群等对象进行样本采集。至年末，完成合格样本采集101519例。其中，幽门螺杆菌检测样本数101519例，检出阳性数41522例，阳性检出率40.9%；结直肠癌症早筛检测样本数101519例，便隐血检出阳性数3368例，阳性检出率3.32%。依据便潜血检测结果阳性和问卷调查提示高风险的人群全部进行结直肠癌基因甲基化检测的技术方案，从101519人中遴选出6674例进行甲基化检测，筛选出结直肠癌中高风险1473人，对甲基化检测结果高风险人群进行胃肠镜检查，做到早发现、早诊断，早治疗、早康复。将高风险人群纳入慢病管理，开展健康生活宣传教育，引导居民养成健康的生活习惯。

（区卫生健康委）

卫生监督

【概况】 2021年，全区发放各类公共场所卫生许可证266张，组织开展各类卫生监督执法检查26次，检查相关单位1409个次，查处各类违法案件14件，罚没款6万元。国家"双随机"抽查总数为211个，省"双随机"抽查总数为42个，共计253个，其中抽检任务数60个。完成全部抽查工作和抽检工作，将抽查结果和检测数据录入信息系统。

【医疗机构监管】 1月，区卫生监督所对全区93个各级各类医疗机构执业行为开展监督检查，其中，公立二级医院2个，民营医院2个，乡镇卫生院（中心）9个，个体诊所7个，中医备案诊所2个，村卫生室62个，医务室3个。与各医疗机构及乡村医生签订依法执业承诺书200余份，在各村（社区）张贴"打击非法行医告市民书"80余份。5月，对个体诊所、民营医院、疾病预防控制机构及敬老院护理站、村卫生室进行专项监督检查，共检查各类医疗机构74个。全区有新冠疫苗接种点9个。

【公共场所监管】 2021年，区卫生监督所在新冠肺炎疫情防控期间对各公共场所开展督查，对必须停止营业的影剧院、KTV、公共浴室、足疗店、美容店督促其关门停业；对宾馆、理发店、超市等公共场所提出佩戴口罩、测体温、查验实时行程码及苏康码的要求；对各单位消毒工作提出要求和建议，发放监督意见书300余份。开展美容行业的专项检查，主要检查经营场所有无卫生许可证、从业人员是否持有健康证、公共用品消毒设施设备是否能够正常运转，要求美容业主签订承诺书，不得开展医疗美容，在醒目位置张贴承诺书，公布投诉举报电话。结合卫生城市创建复审工作，对300余个小型公共场所单位进行督查，出动卫生监督员350余人次，发放公示牌300余份。对连锁酒店及中、大型住宿业经营单位共21个进行监督检查，针对检查中发现的问题，督促各单位逐条整改。

【学校卫生监管】 3月，区卫生监督所从组织保障、进出校门管理、健康监测、健康教育、环境卫生管理、食堂就餐管理、宿舍管理、落实手卫生、饮水卫生、家校沟通、快递收发点管理、工作人员防护、发生突发公共卫生事件时处置情况等方面，对各中小学和托幼机构开展疫情防控专项检查，共检查托幼机构19个、小学11所、中学10所，出动执法人员141人次，下达卫生监督意见书40份。

【职业与放射卫生监管】 2021年，区卫生监督所会同区卫生健康委职业卫生科继续推进粉尘职业危害三年专项整治活动，对2020年被查处的用人单位进行“回头看”，对存在问题的企业进行跟踪督办，确保整改闭环。制定职业卫生专项监督检查执法工作计划，对全区800余个用人单位进行筛选，确定112个用人单位为职业卫生国家“双随机”督查对象，年内完成督查工作。

【卫生行政执法】 2021年，区卫生监督所实行行政处罚共14例，结案12例，其中，医疗卫生行政处罚4例（2例未结案），公共场所行政处罚6例，传染病行政处罚1例，职业卫生行政处罚3例，处罚金额6.43万元。启动综合监管体系，对辖区医疗服务市场状况进行深入摸排，采取拉网式摸底排查、动态巡查。根据群众投诉举报线索，依法查处未取得医疗机构执业许可证擅自开展诊疗活动案件3件，没收药品医疗器械20余箱，其中，结案1件，移送公安机关假出具核酸报告案件1件。

（区卫生健康委）

健康促进

【控烟工作】 2021年，泰州医药高新区（高港区）推进无烟环境建设，在公共场所设置禁止吸烟标志，规定公共场所不得摆放烟具，发挥控烟监督员作用，做好劝阻吸烟工作。5月，对全区医疗机构开展控烟督查。组织参加“我为控烟发声”微信竞赛活动。

【健康教育】 2021年，泰州医药高新区（高港区）组织开展健康促进医院创建。推广运用“居民健康素养网上学习测评系统”。开展2021年泰州市城乡居民健康素养综合水平监测工作。开展卫生宣传日咨询义诊及健康素养巡讲活动，宣传疾病防控和新冠肺炎疫情应急健康知识。组织参加2021年泰州市健康促进和健康教育职业技能大赛。

【病媒生物防治】 2021年，泰州医药高新区（高港区）做好居民楼院、农贸市场、餐饮行业等场所的病媒生物防治工作，发放鼠药400千克、灭蟑毒饵1.25万袋。

【卫生创建】 4月2日，泰州医药高新区、高港区召开深化国家卫生城市创建工作领导小组会议，动员做好国家卫生城市创建复审迎检工作。4月25日，召开创建复审迎检工作培训会。5月11日和6月8日，先后召开深化国家卫生城市创建工作领导小组第一次工作例会、第二次工作例会。在“泰州高新发布”公众号发布创建倡议，在村（社区）设置宣传标语和宣传栏，利用沿街电子显示屏滚动播放宣传标语，在交通干道等重要点位制作大型广告牌、道旗、宣传牌等100余处。邀请专家就创建标准、检查方式、督查要点及注意事项等进行现场指导。成立督查组，加大对创建工作巡查力度，发现问题及时通报给各镇街。全年发布工作简报14期。助力泰州市通过国家卫生城市复审。刁铺街道、大泗镇创成国家卫生镇。口岸街道雅儒村、田河社区，许庄街道官沟社区、赵王社区、明河村、钱赵村、孔桥社区，大泗镇大泗社区、北港村、佴陈村、佴庄村、曹于村创成省级卫生村。白马镇陆家村创成省级健康村，口岸街道城东社区创成省级健康社区。

【学生健康监测】 2021年，泰州医药高新区（高港区）做好学生缺课监测工作。春学期当天上报率、非零报告率分别为96.15%、61.34%；秋学期当天上报率、非零报告率分别为98.16%、68.61%。春学期导致学生缺课的疾病前5位：感冒、气管炎和肺炎、水痘、风疹、麻疹；秋学期导致学生缺课的疾病前5位：感冒、气管炎和肺炎、水痘、风疹、麻疹。做好学生常见病监测工作。33所学校报送23746名学生的常见病监测数据（全部录入江苏省学生健康监测平台），监测覆盖率100%。全区学生视力不良率59.41%，恒牙龋齿率3.21%，生长迟缓率0.31%，轻度消瘦率2.97%，中重度消瘦率3%，超重率16.39%，肥胖率18.53%，血压偏高率17.04%。开展教学环境综合监测。完成大泗镇、口岸街道等地4所学校的环境卫生监测任务，覆盖率17.39%，按时录入江苏省学生健康监测平台。

【基本公共卫生服务项目绩效考核】 2021年，区卫生健康委联合区财政局每季度对基本公共卫生服务项目工作的数量、质量组织考核，及时下拨项目经费。足额发放区、镇两级乡村医生养老保险补助、离退休乡村医生补助和全区易肇事肇祸严重精神障碍患者的监护人以奖代补资金。

【家庭医生签约服务】 2021年，泰州医药高新区（高港区）发挥村级卫生机构的网底作用，把开展家庭医生签约服务作为落实国家基本公共卫生服务的重要措施。全区建立家庭医生服务团队107个，一般人群签约数24.72万人，签约率51.3%，重点人群签约11.46万人，签约率69.3%，建档立卡人群签约3151人，应签尽签率100%，全面完成市交目标任务。

（区卫生健康委）

医政管理

【概况】 2021年，泰州医药高新区（高港区）做好医疗机构常态化疫情防控工作。形成涵盖市、区、镇街三级医疗机构的医联体。泰州市第三人民医院影像科获评市级重点专科建设单位。寺巷街道社区卫生服务中心针灸科被评为江苏省基层医疗卫生机构特色专科。选派14名医护专家到陕西省淳化县开展医疗卫生对口支援，接收7名淳化县医护人员到泰州医药高新区（高港区）进修学习。

【医疗机构新冠肺炎疫情防控】 2021年，泰州医药高新区（高港区）做好医疗机构常态化疫情防控工作。组织医务人员参加感控知识培训，对医疗卫生人员实施全员培训，全年培训16042人次，培训内容包括新冠肺炎最新诊疗方案、医疗机构内预防与控制技术指南（第二版）、个人防护等相关内容。

核酸检测 组织各医疗机构开展核酸检测，住院患者和陪护人员核酸检测9528人次，医务人员核酸检测2431人次。完善全员核酸检测预案，全员核酸检测目标人群为48.13万人，由泰州市中西医结合医院、泰州市检测基地、第三方检测机构等单位24小时内完成全员核酸检测任务。

规范发热门诊管理 完成泰州市第三人民医院发热门诊启用工作，推进泰州市中西医结合医院发热门诊添置设施设备，完成泰州市第三人民医院发热门诊CT室改造。规范泰州市中西医结合医院及泰州市第三人民医院就诊流程，规范医务人员的个人防护，对留观病人实行单人单间。全区发热门诊共接诊发热患者2103人次，留观1213人，发现健康码、行程码异常人员54人。

【医联体建设】 2021年，泰州医药高新区（高港区）继续实行以泰州市人民医院为龙头，以泰州市第三人民医院为枢纽，以基层医疗单位为基点，形成包括泰州市人民医院—泰州市第三人民医院—大泗镇卫生院、永安洲镇卫生院、胡庄镇卫生院、许庄街道社区卫生服务中心等基层医疗机构的医联体。泰州市第三人民医院影像科获评市级重点专科建设单位。泰州市人民医院、泰州市中西医结合医院、泰州市第三人民医院专家团队在永安洲镇、大泗镇举行下基层大型义诊2次，社区科普讲课6次，服务群众约4000人。组织10名医疗专家定期对基层医疗机构进行技术扶持。全区向市外转诊4214人次，下转439人次。高港中医院启动甲乳、B超、内分泌专科链建设，带动甲乳外科、内分泌科等学科发展，“武心萍超声团队工作室”挂牌入驻。泰州市第三人民医院依托上海中山医院教授樊冰、泰州市人民医院院长朱莉及其团队运用DSA技术，月均心脏介入类手术30例以上。

【医疗质量管理】 2021年，区卫生健康委组织开展医疗机构常态化疫情防控感控工作督查，调查医疗机构感控专兼职人员的配备，督查医疗机构感控相关机制的建立与执行情况。开展不合理医疗检查专项治理行动，针对发现问题，要求及时整改。组织全区医疗机构参加泰州市组织的室间质控。开展急救知识培训，完成市下达的急救知识培训指标任务，接受市卫生健康委院前急救工作督查。制定民营医疗机构管理年方案，加强对民营医疗机构的管理。

【药事管理】 2021年，区卫生健康委完成“基层中医药监测网站”区级审核，报送“基层中医药‘十三五’中医药提升工程”总结材料。开展药品及医用耗材分级管理目录备案工作，开展药品耗材管理专项督查。迎接全国基层中医药工作先进单位复核。督促各单位建立院外会诊制度和患者自备药品管理制度。严格毒麻药品的管理，组织医务人员参加市级麻精药品的培训。及时报送短缺药品信息，建立药品库存预警机制，确保必要的库存使用量。制定医疗机构合理用药考核工作实施方案，全区12个基层医疗机构基本药物配备的品种和金额占比平均达70%以上，较省卫生健康委下达的基本药物配备比高15%。制定《医药高新区（高港区）中药饮片集采一体化实施方案》。

【体检工作】 2021年，区卫生健康委组织开展征兵体检、高校体检、事业单位招聘体检、高层次人才招聘体检，共完成11批次2600人次的体检任务。

【特色科室建设】 2021年，寺巷街道社区卫生服务中心针灸科被评为江苏省基层医疗卫生机构特色专科。永安洲镇卫生院、大泗镇卫生院糖尿病科被评为市级基层特色科室，田河社区卫生服务中心的消化内科被评为市级基层特色科室，寺巷街道社区卫生服务中心普外科被评为泰州市基层医疗卫生机构特色专科。永安洲镇卫生院糖尿病并发症筛查工作站被中国微循环学会江苏省基本公共卫生服务技术指导中心评定为江苏省基本公共卫生服务创新项目，被省卫生健康委确认为省级糖尿病筛查工作室。

【国债医疗设备采购】 2021年，区卫生健康委推进国债医疗设备采购工作，组建采购领导小组，组织召开设备调研论证会89次，设立采购项目105项，采购医疗设备190台（套）。

（赵亚萍）

人力资源

城乡就业

【概况】 2021年，泰州医药高新区（高港区）通过线上、线下相结合的方式，举办各类招聘活动48场次，提供就业岗位7000余个，达成就业意向4100余人次。全年城镇新增就业2.56万人，失业人员再就业1.32万人，城镇零就业家庭保持动态清零。城镇登记失业率1.7%，继续保持全市最低。

【援企稳岗行动】 2021年，全区应对疫情影响，落实失业保险支持企业稳定就业岗位政策，帮助企业减轻负担、稳定就业岗位。全年为区内4571个企业发放稳岗返还补贴5128万元。

【“春风行动”线上招聘】 2021年，全区组织开展“春风行动”线上招聘系列活动，累计发布招聘信息7000余条，参加网上招聘企业500个次，提供就业岗位7000余个，达成就业意向4100余人次。

【职业培训补贴】 2021年，全区共发放职业培训补贴支出3076万元，其中，以工代训补贴2251.92万元，补贴人数1.88万人；新型学徒制培训补贴121.6万元，补贴人数304人；职业技能鉴定补贴、安全技能提升培训补贴等其他职业培训补贴702.48万元，补贴人数5000余人。

【职业技能比赛】 9月30日、10月15日，2021年泰州医药高新区职业技能竞赛在泰州技师学院举办，竞赛工种及组别为育婴员（青年组、中年组）、保育员、中式烹调师、西式面点师（青年组、中年组）、茶艺师（青年组、中年组）、评茶员、养老护理员（青年组、中年组）、电工（青年组、中年组）、汽车维修工，各竞赛工种组别均设一等奖1名、二等奖2名、三等奖3名，评选产生泰州医药高新区技术能手、泰州医药高新区金牌工人共12人。10月7日，2021年泰州市乡土人才（木雕）技艺技能大赛在白马镇世泽雕艺园举行。竞赛项目为木雕理论知识和木雕制作实操竞赛，25名选手参赛竞逐，共评选产生一等奖1人、二等奖2人、三等奖3人、优秀奖8人。11月20—21日，第四届江苏省百万技能人才技能竞赛岗位练兵活动——“扬子江药业杯”2021年江苏省医药行业职业技能竞赛在泰州职业技术学院举办，全省医疗机构、药品流通企业、高职院校的110支代表队529名选手参加比赛，其中，职工组选手367人，学生组选手162人。

2021年10月7日，泰州市乡土人才（木雕）技艺技能大赛在白马镇世泽雕艺园举行　　区社会事业和退役军人事务局　供图

【离校未就业高校毕业生就业服务】 2021年，泰州医药高新区（高港区）对辖区内未就业高校毕业生开展走访摸排，摸清毕业生基本信息、就业意愿、服务需求，建立信息数据库，及时更新毕业生就业去向、享受帮扶政策等信息要素。对未就业的毕业生，提供职业规划、求职技巧等指导；对有培训需求的毕业生，针对性开展职业培训；对有创业意愿的毕业生，推荐适合的创业项目，提供咨询辅导、跟踪扶持、成果转化等服务；对建档立卡贫困家庭、零就业家庭、残疾和就业困难的少数民族毕业生，实施"一对一"重点帮扶，开展"送岗位"上门活动，做到就业服务率100%。及时兑现小微企业吸纳就业补贴政策，激励企业吸纳更多毕业生；鼓励高校毕业生围绕社区服务需求就业创业；发挥灵活就业人员社保补贴政策作用，支持高校毕业生依托各类平台在技术开发、内容付费、直播销售、网约配送等生产性、生活性服务业中实现灵活就业。 （李　玲）

创业富民

【概况】 2021年，全区发放富民创业贷款1.2亿元，新增创业人数1.35万人，支持成功自主创业5200人，创业带动就业1.7万人。

【创业培训】 2021年，全区为中高等院校毕业生（含毕业前2年在校大学生、职技校生）、返乡农民工、下岗失业人员、城乡未充分就业人员、留学回国人员、企业职工等提供免费创业培训。举办创业培训班23期，培训人员1058人，发放培训补贴62万元。

【大学生创业】 2021年，全区持续实施"大学生创业引领计划"，开展"大学生优秀创业项目"遴选活动，发挥创业指导团作用，为大学生创业项目提供咨询辅导、项目孵化、场地支持、政策优惠、业务帮办等服务。举办泰州医药高新区第五届大学生创新创业大赛暨"创响江苏"选拔赛，共有77个项目报名参赛，34个项目进入决赛，从获奖项目中择优推选参加泰州市第七届创业富民大赛暨第四届"创响江苏"大学生创业大赛，其中，2人获"十佳标兵奖"，2人获"十佳标兵提名奖"，获项目赛、专项赛一等奖1人，二等奖1人，优胜奖7人。全年发放大学生创业补贴50万元、创业担保贷款1000万元，引领大学生创业1887人。 （李　玲）

泰州市第七届创业富民大赛泰州医药高新区（高港区）获奖名单一览表

表21

标兵赛

主要负责人	公司名称	奖项
詹桂平	泰州星梦想艺术发展有限公司	十佳标兵
苏贤烨	泰州艺派文化传媒有限公司	
杜　钢	泰州市泰政教育科技有限公司	十佳标兵提名奖
吴振甫	泰州市三定新材料科技有限公司	

项目赛、专项赛

主要负责人	公司名称（参赛项目）	奖项
戴晓娟	新型合金材料的研发	一等奖
卢　鹏	无土栽培绿化产业	二等奖
李　鑫	"助凤展翅"计划	优胜奖
胡婉婷	靖江木艺——活态传承赋乡村	
娄　宇	泰州博予文化传媒有限公司	
刘英山	5G独立光电烟雾感应探测系统	
杨小芹	海陆多场景双源两用切割炬	
龚祖光	湿性愈合凝胶敷料	
刘建源	干式荧光免疫分析仪的研发	

人才开发

【人才招引】2021年，全区搭建“企业+高校”对接平台，通过线上、线下相结合的方式，解决企业用人和人才求职问题。线上开展名企直播带岗、网络校园招聘、校园空中双选会等活动，吸引更多高校毕业生到区内就业创业。线下与高等院校、劳务基地、人力资源服务机构、猎头公司等对接交流，开展校园招聘、订单送工、靶向洽谈、就业见习等活动。全年引进高层次人才1074人，其中留学回国人员99人。

【人才服务】2021年，全区发放人才购房券1315万元，兑付215万元。建立市级高校毕业生就业实践基地67个，提供就业见习岗位2100个，发放就业见习补贴291万元，高校毕业生留岗率超过80%。全面推行继续教育学时网上验证，为全区首次取得高级职称的37名专业技术人才发放奖励金19.1万元。落实区领导挂钩联系优秀人才、专家慰问、人才公寓、健康休养、体检等制度，帮助人才解决薪酬福利、家属就业、子女入学、医疗保障、住房保障等方面的实际问题，为8名博士后人员申报项目奖补资金48.42万元，为71名“凤城英才卡”持卡人才报销健身费用10.9万元，为36名专家进行健康体检。4月28日，市、区两级到长城汽车股份有限公司泰州分公司开展“职称服务进企业”活动，了解企业人才服务需求，进行职称政策宣传。

【人才培育】2021年，全区新增专业技术人才4370人，15人通过企业自主评审获得中级职称，4人通过高层次和急需紧缺人才高级职称考核认定绿色通道取得高级职称。建立泰州医药高新区（高港区）生物医药和大健康产业博士后创新联合体，新增省级博士后创新实践基地3个，引进博士后2人。白马镇世泽雕艺园的帅春燕乡土人才大师工作室（彩绘木雕）入选第二批省级乡土人才大师工作室。泰州丰汇农业科技有限公司创成泰州市乡土人才传承示范基地，泰州市高港区宏达蜜梨专业合作社创成泰州乡土人才大师工作室。

【职业技能等级证书评定】2021年，泰州医药高新区（高港区）在扬子江药业集团、益海（泰州）粮油工业有限公司、泰州港务集团有限公司、江苏富华新型材料科技有限公司推行企业职工技能等级证书制度，共有850名职工通过企业自主评价获得技能等级证书。全区新增高技能人才850人，每万名劳动力中高技能人才数1430人。

【“泰爱才”校园引才活动】2021年，泰州医药高新区（高港区）开展“走进本地高校、助力就业创业”人才专项活动，组织区内企业走进驻泰高校，为高校毕业生提供就业岗位。组织扬子江药业集团、长城汽车股份有限公司泰州分公司、江苏耀海生物制药有限公司、中海油气（泰州）石化有限公司等区内企业到西安、镇江、南京、贵州等地组织校园招聘，吸引6000余名高校毕业生参与岗位洽谈，近2000名求职者与相关企业达成意向。

【“凤栖高新，智创未来”百名高校学子园区行活动】5月29日，“凤栖高新，智创未来”百名高校学子园区行活动在泰州医药高新区、高港区举办。贵州医科大学、南京中医药大学翰林学院、泰州学院、泰州职业技术学院、泰州技师学院5所高校的170名学生根据所学专业和园区产业的匹配度，分为5组，分别到医药园区、泰州经济开发区、滨江工业园区、泰州港经济开发区、泰州港核心港区参观考察。

【“‘泰爱才’·党员服务进园区”暨驻泰高校园区行活动】6月23日，泰州市人才服务中心、高港区人力资源社会保障局、高港区台办在泰州港经济开发区联合举办“‘泰爱才’·党员服务进园区”暨驻泰高校园区行活动。泰州学院、南京理工大学泰州科技学院、南京师范大学泰州学院、泰州职业技术学院4所驻泰高校和园区的统之幸食品（江苏）有限公司、长城汽车股份有限公司泰州分公司、江苏苏萨食品有限公司、诺博汽车零部件（泰州）有限公司等10个企业代表参加活动。座谈会上，人社部门解读全市人才新政和凤城青年人才集聚计划，校企双方围绕高校毕业生就业见习、人才引进、人才联合培养、产学研融合等方面进行探讨交流，现场签订高校毕业生就业实践见习协议。举办企业人力资源经理人培训班，全区60个重点企业的人力资源经理参加。（李　玲）

人事管理

【事业单位招考】2021年，全区公开招聘中小学教师71人，幼师12人，医护人员19人。招聘工作全程接受纪检监察部门和社会监督，确保阳光招录、公平公正，招聘工作实现无事故和零差错、零投诉。

【事业单位人事管理】2021年，全区开展基层事业单位专业技术人员“定向设岗、定向评价、定向使用”工作，确定50个基层事业单位为“三定向”实施范围，对政府驻地以外的涉农街道事业单位定向设岗方案进行审核、备案，定向设岗48个，定向评价56人，定向使用33人。推进事业单位岗位设置和人员聘用工作，全区事业单位岗位聘用率100%，聘用合同签订率100%。

【事业单位年度考核】 2021年，泰州医药高新区（高港区）对全区事业单位工作人员开展年度考核，通过民主测评和实绩考核，管理岗位评出优秀120人，专业技术岗位评出优秀733人，工勤技能岗位评出优秀5人。

【工勤技能岗位管理】 2021年，泰州医药高新区（高港区）开展全区机关事业单位工勤技能岗位技术等级申报工作，其中，申报并通过等级工技术等级考评8人，申报并通过技师技术等级考评1人，申报高级技师技术等级考评6人。组织143名工勤人员参加继续教育培训。

【工资福利管理】 2021年，全区办理机关事业单位工作人员正常晋升及职务、职称、津补贴等工资变动核定6000余人次。办理机关事业单位退休人员一次性补贴35人。办理抚恤金及遗属生活困难补助55人。落实新冠肺炎疫情防控期间全区医疗卫生机构事业单位工作人员有关工资待遇，对全区新冠肺炎疫苗接种医疗卫生机构增核一次性工资绩效总量233.23万元，对5名一线医务人员发放临时性工作补助。义务教育学校、高中阶段学校按照当地事业单位绩效基准线分别核增10%、15%的奖励性绩效工资总量。落实提高乡镇工作补贴标准，从2021年1月起，全区800余名事业人员乡镇工作补贴调整并发放到位。 （李 玲）

维权服务

【农民工工资保障】 2021年，全区落实保障农民工工资支付制度，执行实名制管理和工资专用账户制度，推进欠薪治理。全年处理各类矛盾2420件，其中，“12333”劳动保障热线、“12345”民生服务热线等平台流转信访件1802件，国务院“根治欠薪进行时”反馈案件614件，“泰无聊”、微博、“小范帮你忙”等网络媒体欠薪线索4件。排查重大问题隐患15起，共为1100名农民工追讨工资1450万元。

【劳动保障监察】 2021年，区劳动监察大队共受理投诉举报案件346件，其中，“工资及执行最低工资标准”案件325件，“未缴纳社会保险”案件17件，“其他”案件4件，查处案件312件，按期结案率100%，无行政复议和行政诉讼。主动监察用人单位921户。劳动监察联动平台举报投诉动态录入率100%，联动平台案件按期运行率100%，咨询信息录入数4630条，一级网格运行率100%。调解407件简易劳资矛盾纠纷，指导服务用人单位3514个次，采集新增用人单位信息5964条。劳动保障监察专职监察人员持证在岗率100%。规模以上企业劳动合同签订率100%，已建工会企业集体合同签订率100%。

【劳动争议仲裁】 2021年，原高港区共处理各类劳动人事争议案件506件，涉及案件标的2180余万元，涉及人数520人。立案处理346件，不予受理49件，案外调解案件111件；立案处理的案件全部审结，按期结案率100%；结案案件中，调解、撤诉共194件，裁决152件（其中一裁终局63件），结合案外调解案件数，调解成功率66.74%；结案案件中劳动者胜诉28件，双方部分胜诉318件。

【和谐劳动关系创建】 2021年，全区组织开展劳动保障诚信企业、和谐劳动关系企业评选等活动。益海（泰州）粮油工业有限公司、江苏康贝宠物食品有限公司创成江苏省和谐劳动关系企业。泰州市益丰大药房连锁有限公司创成泰州市劳动关系和谐企业。扬子江药业集团有限公司等10个企业创成泰州市劳动保障诚信示范企业。 （李 玲）

社会保障

社会保险

【养老保险】 城镇职工基本养老保险 至2021年年末，原高港区城镇职工基本养老保险参保人数8.21万人，比上年增加9000人。其中，参保职工6.4万人（含参保农民工2533人），参保离退休人员1.81万人。缴费人数6.2万人。全年办理养老保险关系转移1226人次，办理到龄退休人员1149人，非因工丧失劳动能力提前退休19人，特殊工种提前退休47人。享受企业养老保险待遇1.86万人，人均养老金2156.62元/月。企业退休人员全部纳入社区管理，基本养老金按时足额发放率100%。全年城镇职工基本养老保险基金总收入74061万元，其中征缴收入71358万元；基金总支出123022万元，其中基本养老金支出47153万元；当期结余负48961万元，累计结余65330万元。

城乡居民基本养老保险 至2021年年末，原高港区城乡居民基本养老保险参保人数52523人。全区城乡居民基本养老保险基础养老金标准为每人216元/月，领取待遇人数为50126人，基础养老金发放率100%。全年城乡居民基本养老保险基金总收入26103万元，其中个人缴费收入 10004 万元；基金总支出19962万元；当期结余6141万元，累计结余54665万元。

机关事业单位养老保险 至2021年年末，原高港区机关事业单位养老保险参保单位241个，在职参保人数4636人，正常缴费人数4433人，退休人数2308人。归集机关事业单位职业年金5874.23万元，其中，存量缴费5861.39万元，虚账记实4.6万元，归集利息8.24万元。调整机关事业单位退休人员基本养老金，人均增加基本养老金226.41元，增幅约3.7%。全年机关事业单位养老保险基金总收入19616万元，其中征缴收入10828万元；基金总支出19461万元；当期结余155万元，累计结余1096万元。

原高港区被征地农民社会保障 至2021年年末，原高港区按《江苏省征地补偿和被征地农民生活保障办法》（省政府26号令）共办理基本生活保障40920人，其中，第二年龄段15074人（生活补助费标准为300元/月，领取3年），第三年龄段502人（生活补助费标准为350元/月，领取至第四年龄段），第四年龄段16603人（养老金标准为740元/月）。按《江苏省征地补偿与被征地农民社会保障办法》（省政府93号令）共办理社会保障人数16250人，其中，劳动年龄段9595人，养老年龄段5564人（养老金标准为814元/月）。原高港区共有退捕渔民388人，除去死亡人员6人，382人全部按照征地保障政策落实社会保障补贴。全年征收被征地农民社会保障资金19073万元，发放26007万元，累计结余114308万元。

原泰州医药高新区被征地农民社会保障 至2021年年末，原泰州医药高新区按《江苏省征地补偿和被征地农民生活保障办法》共办理基本生活保障61387人，其中，第二年龄段22455人（生活补助费标准为160元/月），第三年龄段15457人（生活补助费标准为200元/月），第四年龄段23475人（养老金标准为814元/月）。按《江苏省征地补偿与被征地农民社会保障办法》共办理社会保障人数540人，其中，劳动年龄段438人，养老年龄段102人（养老金标准为814元/月）。

【工伤保险】 2021年，原高港区推进超过法定退休年龄人员和实习生参保工伤保险，710名超龄就业人员和实习生被纳入工伤保障范围，至年末，原高港区工伤保险参保人数6.03万人。常态化开展“工伤预防进企业、进工地”系列宣传活动，全年完成工伤预防培训759人次。完成工伤认定案件479件，劳动能力鉴定案件253件（其中，达到伤残等级242件），完成工伤康复22人次；审核工伤一次性待遇505人次，定期待遇107人。全年工伤保险基金总收入1564万元，基金总支出2658万元，当期结余负1094万元，累计结余负644万元。

【补充工伤保险】 2021年，原高港区将新业态灵活就业人员、超过法定退休年龄的人员、在校实习生以及各类群众自治性组织聘（雇）用人员纳入补充工伤保险，解决工伤保险参保困难人群的职业风险难题，减轻用工单位经济负担。全年共有25个企业为符合参保条件的349名员工购买补充工伤保险。

【失业保险】 至2021年年末，原高港区失业保险参保人数49563人。全年失业保险基金总收入2640万元，基金总支出5037万元，当期结余负2397万元，累计结余360万元。

【城乡居民基本养老保险扶贫】 2021年，全区开展城乡居民基本养老保险扶贫工作，按照每人每年100元的标准，为符合条件的建档立卡低收入人口、低保对象、特困人员、重残等1684名人员代缴城乡居民养老保险，投入财政资金17.05万元。

【阶段性减免社会保险费】 2021年，针对新冠肺炎疫情影响，全区执行阶段性降低失业、工伤保险缴费费率，其中，失业保险按1%费率征收（单位0.5%，个人0.5%），工伤保险在执行行业基准费率的基础上，统一阶段性下调缴费费率50%。全年减免区内企业社会保险费7893万元。

【社保基金管理】 2021年，原高港区组织开展社会保险基金安全“警示教育月”活动，防止欺诈骗保、套保或挪用贪占社会保险基金等违法行为的发生。至年末，各项社会保险基金累计结余235115万元。

【社会保障信息化】 1月，江苏省人社一体化信息平台在区内上线，实现全区公共就业、社会保险（含养老、失业和工伤保险）、人事人才和劳动关系等人社业务板块在全省系统协同运行。8月，“工伤待遇一件事”平台上线启用，按照“一张表单、一套材料、一次申请”原则，将工伤医疗费用申领、一次性工亡补助金申领、丧葬补助金申领等10余项业务一并“打包办”。区、镇街、社区三级同时推进综合柜员制改革。将57项人社业务纳入综柜办理，将42项民生高频业务下放镇街和村居办理；突出网上服务大厅和App应用，第一批线上服务项目达177个。启动第三代社会保障卡（市民卡）试点换发工作。至年末，原高港区发放三代卡2.3万张，申领电子社保卡5.92万张；全区省社保卡持卡人数57.12万人，持卡率100%；为全区乡镇、街道及部分社区配备170台人社自助服务一体机，访问人数累计达130万人次。 （李　玲）

【医疗和生育保险】 2021年，泰州医药高新区（高港区）优化医保公共服务，实施综合柜员制服务“全市通办”，推行网上办、掌上办等“不见面”服务，推进国家医保一体化信息平台软件测试和上线运行。建成明珠街道为民服务中心、许庄街道为民服务中心2个“15分钟医保服务圈”市级示范点。推进扩面参保、基金管理、医保电子凭证激活等工作，做实做细基本医疗保险和生育保险市级统筹。落实泰州市医保扶贫救助政策，做好困难群体资助参保、监测预警、救助帮扶等工作，发挥托底保障作用，确保医疗救助对象县域内住院个人自付比例全部控制在政策范围内住院总费用10%以内。11月17日，泰州市医疗保障局高港分局更名为泰州市医疗保障局医药高新区（高港区）分局。

城镇职工基本医疗保险　至2021年年末，原高港区城镇职工医疗保险参保102411人，比上年增加9774人。其中，参保职工77742人，参保退休人员24669人。职工医保政策范围内住院报销比例达85.1%。

城乡居民基本医疗保险　2021年，原高港区城乡居民基本医疗保险个人缴费标准为一般居民每人每年400元，特困人员每人每年170元，学生儿童每人每年200元。财政补助标准提高到每人每年700元。至年末，城乡居民基本医疗保险参保134813人。门诊待遇享受548190人次，住院待遇享受21618人次，大病保险待遇享受39971人次。居民医保高港区内定点医疗机构政策范围内住院报销比例达70.3%。

生育保险　至2021年年末，原高港区生育保险参保58612人，其中女职工24360人。全年享受生育保险待遇1420人次，支付各项生育保险待遇1314万元。

医疗救助　2021年，原高港区资助困难群体参加城乡居民基本医疗保险5990人，落实资助参保资金196.44万元。医疗救助待遇享受33842人次，医疗救助基金支付649.73万元。建档立卡低收入人口医疗救助资金托底33人次、托底金额6535.28元，医疗机构托底直接结算19人次、托底金额14395.51元。新中国成立前入党的老党员享受医疗救助180人次，医疗救助金额4.09万元。 （于　慧）

社会救助

【最低生活保障】 7月，全区城乡低保标准从每人每月710元提高至740元，按时足额补差发放。全年向低保家庭23672户次、30223人次，发放生活保障金1654.61万元。

【特困人员供养】 7月，原泰州医药高新区特困人员标准从每人每月923元提高到962元；原高港区特困人员供养分散供养标准从每人每月923元提高到962元，集中供养标准从每人每月1015元提高到1058元。全年发放特困人员保障金4590人次计449.71万元。 （杨　倩）

【临时救助】 2021年，全区向符合临时救助条件的对象50人次发放临时救助金16.25万元。疫情防控期间，发放困难群众一次性价格补贴2878人次计28.78万元。紧急采购3万只“爱心”口罩，免费发放给城乡低保对象、特困供养人员、困境儿童（孤儿）等困难群众。 （杨国兵）

【慈善救助】 2021年，全区共募集各类慈善捐款112万元。开展“情暖江苏·爱在泰州”春节慰问活动，慰问家庭70户，发放慰问金7万元。开展“牵手贫困学子”福彩慈善助学项目，资助22人，资助金额11.31万元。 （马 娟）

社会福利

【老年人福利】 尊老金发放 2021年，全区按照“严格审核、及时增减、按时发放”的原则，加强对高龄老人尊老金发放的动态管理，全年发放尊老金2423万元，惠及1.7万余名老人。

养老机构升级改造 投入2000余万元，对口岸、刁铺、许庄、永安洲、白马、大泗、胡庄7个镇街敬老院和区老年养护院实施改造升级，完善消防、生活、医疗、康复、娱乐等功能设施，进行适老化改造。白马敬老院、口岸敬老院建成区域性养老服务中心。全区首个医养结合养老院在永安洲镇卫生院投入使用。

适老化改造 开展老年人家庭适老化改造，结合老年人身体状况及改造意愿实施具体项目，开展有效评估，进行合理设计，完成275户改造任务。 （韩 韫）

政府购买居家养老上门服务 继续为高龄、经济困难失能老年人提供“助餐、助洁、助浴、助行、助购”等居家上门服务，其中，政府补贴对象1429人，普惠对象17138人，服务总人数18567人，总投入727.57万元。全区接受居家养老上门服务老年人占比达14%以上。（王竹芳）

【儿童福利】 6月，高港区未成年人关爱保护委员会成立。7月，全区散居孤儿基本生活费标准从每人每月1704元提高至1776元。全年发放孤儿基本生活费180人次、33.95万元，发放困境儿童基本生活费6267人次、325.14万元。 （左雪晴）

【残疾人“两项补贴”】 7月，全区残疾人生活补贴标准从每人每月710元提高至740元。原高港区城镇重度残疾人护理补贴标准从每人每月120元提高至130元，农村重度残疾人护理补贴标准从每人每月80元提高至100元；原泰州医药高新区城乡重度残疾人护理补贴从每人每月120元提高至130元。全年发放“两项补贴”102941人次、3833万元。 （李 燕）

【福利彩票】 2021年，全区各类福利彩票累计销售2280万元，其中，电脑票销量1816万元，即开票销量464万元。“中福在线”即开型福利彩票停止销售。 （马 娟）

住房保障

【保障性住房建设】 2021年，全区新开工建设棚户区改造住房254套，总面积70.41万平方米，至年末基本建成。发放老职工一次性住房补贴30人共80.44万元，其中，镇街发放老职工一次性补贴24人共63.49万元，区级发放教职工一次性补贴6人共16.95万元。配租公租房38户，其中人才公寓12户，发放城镇中低收入家庭住房租赁补贴2户共1.2万元。 （魏国涛）

【住房公积金管理】 2021年，泰州市住房公积金管理中心高港分中心累计归集住房公积金5.2亿元，比上年增长8.27%。新开户单位75个，新增开户职工4867人，年末开户人数50041人，年利息转本金1831万元。全年发放个人住房贷款578户共1.39亿元，回收贷款1.27亿元，年末贷款余额9.56亿元，个人贷款逾期率为零，贷款抵押到位率97.56%。 （刘 芹）

建设中的环溪花园保障性住房项目　　　　区住房城乡建设局 供图

社会事务管理

人口服务

【母婴保健技术服务人员考核】 2021年，泰州医药高新区（高港区）组织开展母婴保健技术定期考核暨妇幼健康服务技能选拔赛活动，其中，医生类助产技术和计划生育技术服务考试合格30人，助产技术考试合格1人，计划生育技术服务考试合格18人；护理助产类考试合格20人。

【计划生育扶助资金发放】 2021年，泰州医药高新区（高港区）发放计划生育家庭奖励扶助资金2194.37万元，惠及23357人；发放计划生育家庭特别扶助资金839.1万元，惠及959人；发放持独生子女父母光荣证退休职工一次性奖励资金395.7万元，惠及1319人；发放持独生子女父母光荣证城镇非从业居民一次性奖励资金16.2万元，惠及54人；发放独生子女父母奖励资金16.63万元，惠及8317人。落实节育手术并发症人员生活补助制度，发放生活补助资金96.72万元，惠及403人。

【托育机构】 2021年，泰州医药高新区（高港区）累计创建普惠托育机构28个。其中，高港区枫雅托育有限公司、泰州医药高新区凤凰艺术幼儿园创成2021年省级普惠托育机构，泰州市溪园托育有限公司、泰州市爱悠教育培训有限公司创成2021年市级普惠托育机构。

【老龄健康】 2021年，泰州医药高新区（高港区）组织慰问42名百岁以上老人，发放慰问资金4.2万元。组织65岁及以上老年人健康体检5.95万人次，健康管理率73%以上。组织实施老年人运用智能技术专项普及培训工程，提供免费培训服务3700人次。（区卫生健康委）

【婚姻登记】 2021年，全区办理结婚登记3166对，比上年减少142对；离婚登记612对，减少320对；补发结婚证613对，减少17对；补发离婚证43对，减少15对。（张丽莹）

【殡葬管理】 2021年，全区落实惠民殡葬政策和生态葬要求，为3339名死亡人员免除基本丧葬服务费396万元。（曹 雪）

明珠街道银发腰鼓队　　明珠街道　供图

基层自治组织建设

【村（居）委会换届选举】 2020年12月，白马镇完成7个村（居）委会换届选举试点工作。2021年1月28—29日，原高港区完成其他6个镇街84个村（社区）的村（居）委会换届选举。原泰州医药高新区在完成野徐镇9个社区居委会换届选举试点的基础上，于2021年1月30—31日完成其他4个街道45个社区的居委会换届选举。全区145个村（居）委会均一次性成功完成换届选举，全区村（居）民委员会成员的平均年龄38岁，大专以上学历达82.5%，女性比例41.5%，学历、年龄、性别等结构性指标均达到省定标准。完成村（居）民代表、村（居）民组长、村（居）务监督委员会的推选工作，共推选产生村（居）民代表8579人、村（居）民小组组长3057人、村（居）务监督委员会成员696人。

【社区工作者薪酬待遇调整】 7月1日起，全区对纳入职业化管理的城市社区工作者薪酬待遇进行调整，上调城市社区工作者的薪酬计算基数、住房公积金缴费比例等，城市社区工作者每人每年增加薪酬待遇约2万元。

【基层民主管理】 5月13日，高港区民政局召开社区服务品牌创建培训会，组织开展“一社区一特色一品牌”创建活动。6月16日，评选产生第四届高港区“十佳”社区服务品牌10个。组织各村（社区）以楼幢、自然村或者村民小组为基本单元开展“微自治”试点，共获评市级“微自治”示范村（优秀）6个、基层治理示范（优秀）案例4个、示范村规民约（居民公约）4篇。

第四届高港区“十佳”社区服务品牌

胡庄镇汪群社区“‘汪’洋日月心 ‘群’爱夕阳行”

大泗镇二陈村“助农增收 跑出乡村振兴加速度”

永安洲镇永胜社区“相约夕阳红”

许庄街道管营村“阳光助残 有爱无碍”

刁铺街道圩岸社区“法润圩岸”

口岸街道新城社区“红心映新城”

口岸街道王营社区“警格+网格 共治共享”

大泗镇霍堡村“真情助残 爱在霍堡”

口岸街道柴墟社区“惠企惠柴墟 营商赢未来”

口岸街道口岸社区“‘三助’促老城区换新”

全市“微自治”十佳（优秀）村（社区）

野徐镇康居社区

许庄街道蔡庄村

永安洲镇东江社区

凤凰街道凤凰园社区

凤凰街道秦蒋社区

寺巷街道小王社区

全市基层治理十佳（优秀）案例

寺巷街道龙凤社区“情系空巢老人 让幸福不再孤单”

寺巷街道康和社区“服务睦邻——‘17880睦邻驿站’”

许庄街道官沟社区“‘远水’解‘近渴’，当好动迁居民‘娘家人’”

胡庄镇宗林村“红色小驿站，乡村治理大能量”

全市十佳（优秀）村规民约（居民公约）

口岸街道口岸社区居民公约

大泗镇霍堡村村民规约

明珠街道城南社区居民公约

明珠街道靳新社区居民公约

【社区综合服务中心建设】 2021年，全区推进社区基础设施达标建设，按照社区办公和活动用房每百户不少于30平方米且总面积不小于600平方米的标准，新建社区综合服务中心1个，改（扩）建6个。至年末，全区145个村（社区）实现社区综合服务中心全覆盖。 （陈 号）

社会组织管理

【概况】 2021年，全区新登记社会组织16个，其中，民办非企业单位6个、社会团体10个。至年末，全区登记社会组织总数920个，其中，社会团体522个，民办非企业单位395个，基金会3个。

2021年泰州医药高新区（高港区）新登记社会团体一览表

表22

单位名称	地址	主管单位	登记时间
泰州市高港区纸品收藏协会	金港中路666号圩岸社区党群服务中心二楼	高港区行政审批局	2021-01-04
泰州市高港区河蟹养殖技术协会	胡庄镇田野村田厦7组	高港区农业农村局	2021-01-27
泰州医药高新区野徐镇老龄协会	野徐镇康居社区党群服务中心三楼306室	泰州医药高新区卫生局	2021-04-02
泰州医药高新区明珠街道老龄协会	凤凰街道办事处附二楼201室	泰州医药高新区卫生局	2021-05-18
泰州医药高新区凤凰街道老龄协会	明珠街道办事处四楼409室	泰州医药高新区卫生局	2021-05-18
泰州医药高新区寺巷街道老龄协会	寺巷街道社区教育中心206室	泰州医药高新区卫生局	2021-05-27

2021年泰州医药高新区(高港区)新登记民办非企业单位一览表

表23

单位名称	地址	主管单位	登记时间
泰州市高港区刁铺大丰残疾人之家	刁铺街道大丰社区党群服务中心内	高港区残联	2021-01-25
泰州市高港区刁铺溪韵艺术团	高港区扬子江北路134号	高港区文化体育和旅游局	2021-05-18
泰州市高港区小橡树青少年研学拓展营	胡庄镇汪群集镇安康路8号	团区委	2021-06-25
泰州医药高新区(高港区)永安洲镇社会组织孵化中心	永安洲镇永安花苑44幢B栋	—	2021-11-05
泰州医药高新区(高港区)铁杆儿高尔夫球俱乐部	刁铺街道金港中路98号	泰州医药高新区(高港区)文化体育和旅游局	2021-12-21
泰州市高港区弘祥房屋征收实施中心	金港中路119号	泰州医药高新区(高港区)住房城乡建设局	2021-12-22
泰州医药高新区明珠街道祥龙社区优爱残疾人之家服务中心	明珠街道祥龙家园二期公建房二楼207室	—	2021-01-12
泰州医药高新区凤凰街道双河社区舒乐居家养老服务中心	凤凰街道双河社区党群服务中心113室	—	2021-04-07
泰州医药高新区乐晟社会工作服务中心	凤凰西路109号五楼506室	泰州医药高新区民政局	2021-05-31
泰州医药高新区凤凰街道振兴社区暖阳居家养老服务中心	凤凰街道原敬老院内101~109室	—	2021-11-25

【社会组织年检】 2021年，全区组织开展社会组织网上年检工作，符合年检条件的社会组织共有885个，参加年检579个，未参加年检306个，年检率65.42%。年检合格的177个，基本合格的402个。

【社会组织培育发展】 2021年，全区采取“以奖代补”形式，鼓励有条件的镇街建立社会组织孵化基地，为初创的社会组织提供组织运转、活动场地、人才队伍等方面支持。至年末，全区建成社会组织孵化基地5个，邀请省内外专家为社会组织开展专题培训7场。加大政府购买社会组织服务力度，投入资金114万元，资助社区公益服务项目19个。对取得社会工作职业证书的社会组织工作人员给予一次性奖补，奖补金额4.9万元，受益人数46人。 （张　锦）

地名管理

【概况】 2021年，全区命名住宅小区11个（红雨商铺、华樾花园、金铭雅园、锦绣四季小区、君启雅苑、力宝广场、山河原著花园、山望花园、香兰湾小区、映月璟园、映月兰庭），道路23条（成蹊路、安定路、金玉路、仁爱路、金九路、西堡路、大汪口巷、丹凤巷、薛家塔路、西泠路、钱庄路、小杜巷、勤学路、康和路、西徐路、沿江花苑、泗达路、恒泽路、泗荣路、周梓路、金岭路、桃李路、文和路）。完善地名公共服务工程，加强道路标牌的维护。白马庙入选全省首批百个红色地名。

【平安边界创建】 2021年，全区推进平安边界创建，分层次签订平安边界管理责任书，落实行政区域界线日常管理责任，加强界桩及其他标识物的管理。 （陈　娟）

退役军人事务

【思想政治工作】 2021年，全区推进退役军人服务中心（站）规范化建设，通过区、镇街两级退役军人服务中心（站）示范创建省级考核验收。构建“党建+退役军人”工作模式，全区成立镇街功能型退役军人党支部1个、村级退役军人党支部15个。组建村级老兵工作室4个，面向村民开展矛盾纠纷调解、政策宣传教育等工作。做好全区“兵支书”建档立卡工作。开展为立功受奖现役军人送喜报活动。开展“最美军嫂”评选活动，万凯君、马燕、马蔚、朱鑫、孙子茜、张瑾、袁媛、徐颖、顾溪羽、黄茜10人获评2021年度高港区“最美军嫂”。做好退役军人矛盾纠纷化解工作，及时解决退役军人的合理诉求。7月，中海油气（泰州）石化有限公司和扬子江药业集团有限公司被江苏省退役军人事务厅和江苏省总工会联合授予江苏省优秀“戎耀之家”称号。

【退役军人安置】 2021年，全区完成转业士官和计划分配军转干部移交安置工作。严格执行积分选岗制度，军转干部全部安置党政机关公务员岗位。2021年符合政府安排工作条件退役士兵事业单位安置比例达到53.33%。妥善安置接收退役义务兵、退役士官，发放自主就业一次性补助金。

【创业就业】 2021年，全区开展退役军人培训就业服务。广泛宣传各类培训政策，动员、组织自主就业退役士兵参加学历教育、技能培训和适应性培训，提升退役士兵自主就业能力。拓宽就业创业渠道，建立常态化联系制度，借助退役士兵微信交流群收集发布各类符合退役士兵特点的就业岗位信息，促进退役士兵就业。举办退役士兵专场招聘会3场，提供就业岗位529个，就业岗位涉及机械制造、电子装配、商贸餐饮等行业。全区2020年秋冬季退役士兵全部实现稳定就业。

【抚恤优待】 2021年，全区向优抚对象发放抚恤补助金1557.06万元。其中，为重点优抚对象发放抚恤补助1160.93万元，为老复员军人遗孀发放补助181万元，发放2020年度秋冬季退役士兵一次性经济补助金800余万元，发放春节慰问金269.42万元，为现役军人发放一次性奖励金，为优抚对象发放医疗保障金165.34万元，打卡发放企业军转干部定期补助、困难补助337万元。

【双拥创建】 2021年，泰州医药高新区（高港区）成立拥军优属拥政爱民（拥军支前军地协调）工作领导小组，区党工委（区委）主要领导担任组长，区人大、区政协履行监督职责，形成“一把手”负总责、党政军齐抓共管、成员单位各司其职、基层单位重点落实、社会组织积极参与的态势。开展新一轮省级双拥模范城迎检工作，通过省双拥模范城创建交叉互评。把国防教育和双拥宣传纳入国民教育体系和部队教育规划，纳入公民道德体系建设，以国防教育基地、大中小学校、各类新闻媒体为阵地，开展宣传教育活动。组织各大中小学校把国防教育列入教学计划，开设国防课，定期开展军训。泰州市海军小学利用教学楼走廊制作国防教育主题宣传画10余幅。打造高港区烈士陵园等革命思想教育基地暨国防教育基地近10个，投资8000余万元建设泰州海军舰艇文化园。在《新华日报》、《泰州日报》、《泰州晚报》、泰州电视台等媒体平台刊登、播发双拥文章近10篇。

【烈士纪念褒扬】 2021年，区社会事业和退役军人事务局联合市退役军人事务局到浙江岱山县寻找并接回殷步清烈士遗骸。清明节前后，区烈士陵园接待60余批次5000余人次祭扫，其中，学生4000余人次，机关、团体、社会各界人士1000余人次，烈士家属70余人次，对所有祭扫人员采用预约分批次祭扫的方式。

（秦丽莉）

白马镇退役军人志愿服务队　　区党工委（区委）宣传和统战部　供图

民族宗教事务

【概况】 2021年，泰州医药高新区（高港区）共有少数民族34个，户籍人口1682人，其中，以土家族、苗族、满族、壮族和回族居多。江苏省口岸中学新疆部有班级12个，学生496人。全区经批准设立的宗教活动场（处）所16处，其中，佛教场（处）所7处，道教场（处）所2处，基督教场（处）所7处；有宗教教职人员51人，其中，佛教9人，道教17人，基督教25人。

【民族宗教政策法规宣传】 2021年，泰州医药高新区（高港区）以民族宗教政策法规宣传月、法治宣传月等时间节点为契机，通过微信群、微信公众号、场所宣传栏，以及宣传进社区、进拉面店等活动，开展民族宗教政策法规宣传。通过中心组学习、专题培训等，做好党政领导干部、宗教工作干部、宗教界代表人士的学习培训。建设民族宗教政策法规宣传教育基地5处。

【民族团结进步】 2021年，泰州医药高新区（高港区）开展“民族团结一家亲”——“听党话，跟党走，美好生活有奔头”征文比赛和“读响民族团结好声音，一心跟党走”诵读比赛。组织江苏省口岸中学新疆部2018级全体学生走进口岸雕花楼景区，开展“五个认同”教育活动。在清真网点打造民族团结进步宣传站点3处。在高港生态公园打造石榴籽主题公园。协调外来流动经商少数民族同胞子女入学10人。组织走访慰问困难少数民族家庭，帮助解决实际问题。打造“筑梦港城一家亲”实践创新项目，被省委统战部网站和微信公众号推介。

【宗教活动场所建设】 2021年，泰州医药高新区（高港区）通过星级创建、平安建设等工作，提升宗教活动场所管理水平。对宗教活动场所安全生产情况进行检查，排查事故隐患和安全工作薄弱环节。邀请第三方房屋检测机构，对全区宗教活动场所建筑安全开展检测。开展宗教场所集中消防演练，提升场所人员应急处置能力。 （耿红喜）

关心下一代工作

【概况】 2021年，泰州医药高新区（高港区）有关工委组织539个，其中，区级关工委2个（泰州医药高新区关工委、高港区关工委），区直系统关工委4个，镇街关工委12个，村（社区）关工委145个，中小学、幼儿园关工委47个，民营企业关工委303个，镇街农经站关工委12个，派出所关爱工作站14个。村民小组（楼道）关工委联络员263人。从事关心下一代工作的“五老”志愿者5189人。在《中国火炬》杂志及其网站、《薪火》杂志、江苏少年网等媒体发表文章280余篇，高港区关工委张振余获评《中国火炬》杂志社2021年度优秀通讯员。高港区关工委被省关工委、省文明办评为江苏省关心下一代工作先进集体。

【青少年主题教育】 2021年，泰州医药高新区（高港区）关工委系统组织开展“颂建党百年、做时代新人”主题教育活动。编写《永远跟党走》青少年党史学习用书，5月上旬由区党工委（区委）党史学习教育领导小组办公室等部门联合印发。开展“党史报告进基层”活动，组建区级“五老”党史宣讲团，80余名“五老”参与，宣讲190余场，受众3.4万余人。编写《建党百年礼赞》快板词等艺术作品，在市、区范围内演出20余场。教育系统关工委引导师生制作《百年华诞百名师生讲百集党史故事》微视频108集，在校园网络发布。利用中国人民解放军海军诞生地纪念馆红色资源，开展“海魂育人”红色教育活动。在省“童心永向党、筑梦新辉煌”等主题演讲、书画、摄影、征文竞赛中，全区青少年获奖273人次。

【关爱青少年弱势群体】 2021年，泰州医药高新区（高港区）关工委系统联合民政等部门实施困境儿童“养治教康·成长护航”关爱服务十项行动，在生活保障、健康关爱、教育帮扶、困难慰问、知识宣传、法律援助、就业援助、文体专项、志愿帮扶和评选表彰10个方面提供全方位服务，全年投入扶贫帮困资金超100万元。创建“爱暖童心”品牌。开展“春风行动”，对特殊儿童实行挂钩帮扶。开展“点亮微心愿·助力微梦想”活动，为多名弱势群体学生筹资捐物。开展“金秋助学”行动，资助困难职工子女。8—9月，利用腾讯平台开展“99公益日”募捐活动，向56名困境青少年发放资助金31.5万元。

【预防青少年违法犯罪】 2021年，泰州医药高新区（高港区）关工委系统继续打造“法雨润苗”品牌，发挥法治副校长、宣传员、网格员的作用，强化法律知识教育，联系实际，以案释法，以法释案，做好全区预防减少青少年违法犯罪工作。退休老教师和律师组织“德法微课堂”到基层巡讲，受众2万余人次。各学校关工委开展“百师走访千生”活动，举办“家校发展论坛”，促进青少年学法守法。推进基层派出所关爱工作站三年提升行动，完善“网格+关工”创新机制，聘请34名退休老公安人员实施关爱、教育、保护服务。4月，高港区政法系统关工委在市培训会介绍“爱洒网格育新苗”工作经验。

【校外教育辅导站建设】 2021年，泰州医药高新区（高港区）关工委系统创新校外教育辅导站办站思路，注重贴近青少年，利用当地资源，优化课程建设。刁铺街道明发社区校外教育辅导站开设非遗、书画、影视及国际跳棋课程，许庄街道校外教育辅导站开设旅行研学、红色文化、农耕文化、粮油文化课程，胡庄镇校外教育辅导站开设“诗润童心”等课程，凤凰街道、寺巷街道校外教育辅导站开设艺术、科技体验特色课程。白马镇陆家村校外教育辅导站“童来童往，传承经典”国学诵读获评省优秀课程，泰州市海军小学校外教育辅导站海军文化特色课程建设项目在省教育厅评估中获得好评，泰州市汪群小学校外教育辅导站“翰墨树人，书法写志”项目获评省关工委校外教育辅导站优秀成果奖，泰州市高港实验小学校外教育辅导站“岐黄学园”项目获泰州市未成年人思想道德建设创新创优成果奖。高港区9个城市社区校外教育辅导站“优辅乐教暖童心”项目被泰州电视台两次采访报道。全区11名“五老”和在职教师获评2021年度泰州市校外教育优秀辅导员。全区有校外教育辅导站129个，校外教育辅导站工作人员258人。

【“双五好”创建】 2021年，泰州医药高新区（高港区）关工委系统组织开展“五好”关工委、“五好”五老建设活动。贯彻习近平关于关心下一代工作的重要指示精神和中办国办《关于加强新时代关心下一代工作委员会工作的意见》，年初，开展“践行嘱托，主动作为”大讨论活动。5月，组织“五老”到盐城新四军纪念馆参观学习。10—11月，组织“登高望远，创新创优”大讨论活动。实施“银发生辉”工程，“五老”持续参与社会治理、文明城市创建、“263”在行动、乡风文明建设等工作，永安洲镇永胜社区夕阳红工作队被评为泰州市志愿服务先进集体。寺巷街道、凤凰街道、口岸街道、刁铺街道、许庄街道、白马镇等镇街“五老”参加名镇名村志编纂工作。多名“五老”人员投身“三扶两创”，为乡村振兴作出贡献。近1000名“五老”参加全区疫情防控工作。全年18名“五老”获评省、市级各类先进个人，7个“五老”志愿服务分队和15名先进个人的事迹被市委老干部局《银发生辉夕阳红》、省关工委《“五老”赞歌》刊载。

（陈连龙　张振余）

泰州市口岸小学关工委组织少先队员开展“祝福祖国”主题教育活动　　区关工委　供图

应急管理

综 述

【概况】 2021年，泰州医药高新区（高港区）应急管理系统制定《泰州医药高新区（高港区）“十四五”应急管理体系和能力建设规划》，健全完善系统治理体系；加强安全生产监督管理，开展各类专项治理活动；开展全区应急资源调查和风险评估工作，科学编制应急救援预案，定期组织演练；建立应急救援物资储备制度，各类应急物资储备到位；建立4支专业应急救援队伍，加强应急值守工作，防火、防汛、防旱、防事故等工作步入规范化、制度化、常态化轨道。

【应急救援队伍】 2021年，泰州医药高新区（高港区）初步建立危化品处置、自来水抢修、市政工程抢修、电力抢修4支专业应急救援队伍。在全区范围内择优初选15名危化品突发事件应急专家。强化应急救援队伍技能提升，定期组织训练演练。

【应急救灾物资储备】 2021年，泰州医药高新区（高港区）应急救灾物资采用分布式存储，主要由区内各园区、镇街及相关部门按照各自职能，储备相应的应急物资，日常应急物资储备基本完善。

防汛抗旱应急救援物资储备 汛前足额储备“三袋”（草袋、麻袋、编织袋）8.69万只、木桩1340根、土工布1.19万平方米、块石2.5万吨、钢管9000米、应急排水泵29台（套）、打桩机2台、应急灯13台（套）、多功能移动照明工作灯2台、应急帐篷20顶，储备点主要在区人武部、区农业农村局、区住房城乡建设局、区供销社等部门。

事故灾难应急救援物资储备 统筹化学新材料产业园区、港口物流产业园区等重点园区物资储备工作，落实资金2066.4万元，储备18大类、121个品种的应急救援装备和救灾物资。

消防设备设施 消防综合应急资源由泰州医药高新区和高港区消防救援大队统一管理，有执勤车辆15辆，其中，水罐消防车3辆，泡沫消防车1辆，18吨重型泡沫消防车3辆，城市主战水罐消防车3辆，登高平台消防车3辆，抢险救援消防车2辆。共有个人防护装备1882件（套），抢险救援器材992件（套），抗溶性泡沫灭火药剂31吨，A类泡沫灭火药剂1.7吨。

【应急演练】 2021年，泰州医药高新区（高港区）开展区级专项应急预案演练12次，组织企业开展无脚本演练192次。在汛期开展防汛军

2021年12月14日，泰州医药高新区（高港区）在中海泰州特种油科技有限公司组织开展危险化学品泄漏火灾事故应急救援演练

区党工委（区委）宣传和统战部 供图

地联合实战化应急演练。3月23日，在扬子江药业集团江苏制药股份有限公司开展环保装置（RTO炉）爆燃事故应急救援演练。4—6月，结合压实危化品（化工）企业安全生产主体责任提升本质安全水平专项行动，对企业开展现场无组织应急救援拉练近40次。12月14日，在中海泰州特种油科技有限公司组织开展危险化学品泄漏火灾事故应急救援演练。

【应急预案编修】 2021年，全区完成《高港区突发事件总体应急预案》《高港区森林防灭火应急预案》《泰州市高港区一般生产安全事故应急预案》《泰州市高港区危险化学品生产安全事故专项应急预案》《泰州市高港区自然灾害救助应急预案》等21部区级应急预案的编修。

（朱 蓉）

安全生产

【安全生产责任制落实】 2021年，泰州医药高新区（高港区）制定《医药高新区党工委（高港区委）、区管委会（区政府）领导班子成员2021年安全生产重点工作清单》，严格落实“党政同责、一岗双责”。印发《2021年园（街）区党工委管委会、镇（街道）党（工）委政府（办事处）和安委会成员单位履行安全生产工作责任考核评价指标》，明确年度安全目标任务，强化督查考核。制定《关于明确有关行业领域安全生产监管职责的意见》，加强新行业、新业态安全监管工作，消除监管盲区。建立安全监管“吹哨人”体系，推进安全生产领域有奖举报。

【安全生产宣传与培训】 2021年，泰州医药高新区（高港区）围绕“深入学习宣传贯彻习近平总书记关于安全生产重要论述和对江苏工作重要指示要求”、新安全生产法等内容，分层分级推动“百团进百万企业千万员工”安全宣讲和新安全生产法宣传贯彻活动。区党政领导班子、安委会成员单位及园区（镇街）班子成员到基层和企业开展宣讲活动。全年累计开展宣讲150余场次，受众1.55万人次。举办各类安全生产培训班479场，培训“三项岗位”人员共5897人次，特种作业人员2330人、高危行业主要负责人63人、安全管理人员111人通过考试。

【安全发展示范城市创建】 2021年，区应急管理局统筹推进安全发展示范城市创建工作，在明珠街道鲍徐社区开展安全示范街区创建专项行动，全面摸清鲍徐社区“九小场所”各类安全隐患底数，建立综合统计表和营业执照图、门头情况图、铺内整体图、隐患问题图“一表四图”工作底册，分门别类明确整治标准，形成整治方案，推动整治到位。开展安全发展示范城市进社区系列活动，制作专题宣传视频3条，征集“城市安全名片”近900件。

【安全生产专项整治】 2021年，区应急管理局巩固拓展“一年小灶”成果，围绕全区39项、区重点行业领域98项和园（街）区、镇（街道）94项重点工作任务，深化安全生产专项整治行动。全年开展督导检查1198次，检查企业1268个次，排查、整治问题隐患42801条，罚没金额356.17万元。

【安全生产“百日攻坚”“百日会战”】 2021年，泰州医药高新区（高港区）根据全市统一部署，开展安全生产“迎华诞、保安全”“百日攻坚”和岁末年初“百日会战”行动。科学编制行动方案，在市级方案基础上，增加科研院所（研发企业）、学校（含高校）领域，落实安全管理责任和各项安全保障措施。按照“工作任务有清单、清单任务有问题、问题整改有措施、措施落实有责任”的要求，对各专项行动子方案和具体任务逐项细化明确，制定专项行动重点领域任务分工表和工作清单，梳理出全区各行业领域高危企业（生产经营单位）名单119个，明确责任人。全区“百日攻坚”行动共排查、整治隐患8645条，其中重大隐患25条，行政处罚71次，责令停产整顿单位9个，警示约谈单位18个，罚款414万元；“百日会战”行动共排查隐患549条，完成整改313条，行政处罚17次，责令停产整顿单位1个，警示约谈单位1个，移送司法机关4人，罚款25.89万元。

【安全生产“亮剑2号”专项执法行动】 2021年，区应急管理局组织开展泰州医药高新区（高港区）“亮剑2号”百日攻坚专项执法行动，重点针对危险化学品（化工）、金属冶炼、铝加工、粉尘涉爆、烟花爆竹批发、2019—2020年发生生产安全事故、第三方服务机构等150个企业单位，完成全部执法检查工作，立案处罚85起，重大处罚21起，其中处罚金额10万元以上3起；排查各类隐患1351条，出具文书1831件。

【粉尘涉爆企业安全监管】 2021年，全区共有粉尘涉爆企业104个，涉及铝镁粉尘企业15个，木粉尘企业21个，粮食粉尘企业11个，树脂粉尘企业47个，棉粉尘企业5个，其他粉尘企业5个，其中涉及铝镁粉尘和涉粉场所10人以上的重点粉尘涉爆企业共18个。根据粉尘涉爆三年专项执法行动要求，对照应急管理部6条重点执法检查事项，按照要求完成所有专项执法工作。结合泰州市应急管理局专项执法行动，对所有涉爆企业实行一次执法检查，重点粉尘涉爆企业增加一次全面检查。将17个涉及铝镁粉尘和涉粉场所10人以上的企业列入多部门联合安全检查计划，共检查问题隐患77条（含重大隐患7条），全部完成整改，发现违法违规涉粉企业1个，依法进行取缔，拆除设备。

【冶金等工贸行业安全生产专项整治】 2021年，区应急管理局开展冶金等工贸行业安全生产专项整治，开展“四不两直”、“双随机”、夜查、专项督查等活动406次，检查企业（单位）1479个，发现各类隐患11427个，其中重大生产安全事故隐患60个，全部完成整治。开展冶金等工贸行业安全生产重大隐患排查整改，完成自查的企业1017个，园区（镇街）检查企业224个，发现重大隐患14条，全部完成整改。全年立案查处企业53个，罚没金额约150万元，督促48个重点行业领域企业配备安全总监。

【涉炉企业安全生产专项治理】 2021年，全区共有涉炉企业39个，其中，1吨以上涉炉企业7个，中（工）频炉企业21个，通过专项整治，落实“炉长制”企业39个。通过验收复工企业39个，安装漏炉报警的企业33个（共安装127台），安装监控设施的企业33个，安装自动投料的企业1个，配备注册安全师的企业4个，“一企一册”“一炉一档”和设置“炉长制”公示牌全部完成，地方党政领导挂钩联系实现全覆盖。将所有中频炉企业列入市、区两级执法检查计划，对照中频炉验收标准的重点内容，逐企开展专项检查。将所有涉炉企业列入多部门联合安全检查计划，共检查问题隐患404条，全部完成整改。对39个涉炉企业开展专项治理“回头看”工作，重点检查炉体水温、水压、水流量、漏炉报警等设施有效性以及安全管理机构、现场定置化管理、较大风险上报等情况。

【烟花爆竹安全监管】 2021年，泰州医药高新区（高港区）组织应急管理、公安、市场监管等部门开展烟花爆竹联合检查，重点打击烟花爆竹私产、私销、私储、私运“四私”违法行为，依法查处私储烟花爆竹的经营单位1个。通过政府购买服务的方式，每季度聘请专家对烟花爆竹批发公司进行检查，每月对烟花爆竹零售经营单位进行抽查，共检查经营单位100个次，排查隐患90余条，均已整改到位。每月要求各镇街上报烟花爆竹安全监管统计表，掌握烟花爆竹安全监管情况。

【危险化学品安全监管】 2021年，泰州医药高新区（高港区）共事前立案查处危险化学品生产经营单位11个次，处罚金额50.2万元。推进危化品使用安全专项治理工作，排查、上报危化品使用单位2261个，全区累计排查危化品使用单位6478个次，排查一般隐患15369条，重大隐患1条，全部督促整改到位，立案查处40起，罚款金额累计104.33万元。开展压实企业安全生产主体责任专项行动，制定专题方案，对16个企业开展全覆盖专项检查，共发现问题隐患46个，累计记分82分，对5个记分达7分以上企业主要负责人进行约谈，督促1个记分11分企业在报纸公开道歉，对2个记分12分的化工企业督促做好关闭退出期间安全生产工作。采用政府购买服务的方式，聘请专家对照《江苏省化工（危险化学品）企业深度检查指导表》，对全区正常生产的危化品（化工）企业开展深度检查，督促闭环整改安全隐患241条。

【危化品使用专项整治】 2021年，区应急管理局制定《冶金等工业企业危险化学品使用安全专项治理行动方案》，建立相应机制，明确专人负责，督促企业按照要求抓好专项整治工作。以工业企业风险报告上报为底数，督促企业开展危化品使用网上申报，共录入单位683个。对所有未上报危化品使用的工贸企业开展现场核查，共核查企业1574个。组织3名专家对涉及重点监管危险工艺、涉氨制冷等的10个企业开展核查，共排查隐患95条，全部完成整改。

【食品加工企业专项整治】 2021年，全区共有食品加工企业49个，其中规模以上企业24个，全部完成工业企业风险报告，结合市、区两级执法检查以及第三方监督检查，先后开展有限空间作业、粉尘防爆、冷库、危化品使用等多轮专项治理。

【工业企业风险报告】 2021年，全区6166个工业企业开展风险报告工作，其中，风险申报企业2247个，注销企业3919个。其中，规模以上企业434个，风险申报企业432个，注销企业2个；规模以下企业5732个，风险申报企业1815个，注销企业3917个。6月，制定规模以上企业较大风险报告复核方案，主要采取线上复核与实地复核相结合的方式，督促各行业和各板块对规模以上工业企业安全生产风险系统填报情况进行逐一复核，筛选出填报不规范的企业，提出整改建议。共实地复核重点企业150个。结合各类检查，将工业企业风险报告作为重点内容列入专项检查。至年末，工业企业网上申报较大风险3468条，重大风险52条。

【安全生产标准化】 2021年，泰州医药高新区（高港区）有序推进安全生产标准化创建、评审工作。共上报创建二级标准化企业16个、三级标准化企业27个，通过标准化评审企业26个，其中，安全生产二级标准化企业8个，安全生产三级标准化企业20个。对30个重点企业开展安全标准化运行质量审计和企业主要履职评估工作，强化审计结果运行，对审计不通过的企业予以摘牌。年内，未有被摘牌的情况。

【安全生产执法】 2021年，区应急管理局制定安全监管执法年度工作计划，联合各园区（镇街）、相关部门采取联合检查、突击检查、明察暗访、随机抽查等方式，重点在危险化学品、粉尘涉爆、消防、油气长输管线、城镇燃气、建筑施工、特种设备等行业领域开展监督检查。全年共对334个生产经营单进行监督检查，排查各类安全隐患3175条，立案查处安全生产违法行为195起，事前行政处罚总额512.57万元，其中，5万~10万元重大行政处罚35起，10万元以上的重大行政处罚7起。（朱　蓉）

消　防

【概况】 泰州医药高新区消防救援大队成立于2003年。2021年，共有国家队消防队员29人，其中，干部12人，消防员17人，有政府专职消防队员41人。下设1个国家队（祥泰路消防救援站），1个政府专职消防队（滨江工业园政府专职消防队）和1个企业专职消防队（中海油企业专职消防队）。全年共接警330起，其中，火灾扑救111起，灾害事故抢险救援53起，社会救助147起，其他19起，出动消防车556辆次、消防人员2597人次。泰州医药高新区消防救援大队获得全省十佳基层大队、全省消防执法先进单位、全省消防安全专项整治先进单位、全市执法先进大队等荣誉称号。获全市战勤保障分队暨装备业务比武竞赛实战技能类第1名、防火岗位比武竞赛第1名、火灾案例评比第2名、年度执勤岗位练兵比武竞赛第2名、条令纲要学习月活动及队列会操第3名。（曹建军）

高港区消防救援大队有国家队消防队员30人，其中，干部14人，消防员16人，有政府专职消防队员18人。下设1个国家队（通港路消防救援站），1个政府专职消防队（永安洲镇政府专职消防队）和2个企业专职消防队（益海粮油企业专职消防队、海企仓储企业专职消防队）。全年共接警出动519起，抢救疏散被困人员103人，抢救财产价值1.88亿元。火灾起数202起，比上年下降3.6％，财产损失数1845.7万元，下降7.4%，未发生人员伤亡事故及重特大火灾事故。高港区消防救援大队党委被泰州市消防救援支队评为先进基层党组织。

（高港区消防救援大队）

【消防救援能力建设】 2021年，泰州医药高新区消防救援大队共开展“六熟悉”160个次、实战演练80个次，组织专职队、微型消防站、重点单位开展防火巡查、消防宣传和联防联训480次。构建地震、水域、高层、化工等专业救援队伍体系，10名队员取得省消防救援总队、市消防救援支队相关专业培训证书。完成东部消防站前期选址及方案设计工作，推进明珠街道、生物医药产业园区2个小型消防站建设。（曹建军）

高港区消防救援大队修订完善各类灾害事故灭火救援预案95份，完成重点单位制作三维建模84个，完成重点单位实战化熟悉演练184次，开展远距离、超高层供水测试12次，防火巡查单位260个。开展灭火救援、作战安全理论授课45次、火灾复盘8次、战评总结150次，2名指战员参与省消防救援总队比武竞赛。与泰州市第三人民医院建立应急救援协作机制，与17个联动单位签订战勤保障协议。投入50万元购置消防车1辆，投入54.45万元购置队员个人防护装备。投入1470万元，新建执勤楼、车库及室内训练场。开展战勤保障实战拉动演练5次，在全市应急救护技能比武竞赛中，永安洲镇政府专职消防救援队获第1名，通港路消防救援站获第4名；在全市战勤保障分队实战技能暨装备业务技能比武竞赛中，通港路消防救援站获第2名；在全市消防救援队伍冬训比武竞赛中，高港区消防救援大队获团体第2名，通港路消防救援站获团体第1名，永安洲镇政府专职消防救援队获团体第2名；在2021年度全市执勤岗位练兵比武竞赛中，高港区消防救援大队、永安洲镇政府专职消防救援队分别获得团体第1名。

（高港区消防救援大队）

【火灾隐患治理】 2021年，泰州医药高新区消防救援大队推广社会消防安全管理系统，在“泰州消防”微信公众号设置“红黑榜”。开展三年专项整治行动和“保安全、迎华诞”专项行动。打造大虹广场标杆样板大型商业综合体标准化管理，被江苏省消防救援总队向全省推广。打造鲍九路示范消防主题街，提升“九小场所”消防安全环境。香榭湾小区打造高层民用建筑消防安全管理试点小区，设置“安全码”。提请区管委会投入29万元安装联网监测系统，二级消防安全重点单位安装联网监测系统覆盖率100%。

（曹建军）

高港区消防救援大队发现重大火灾隐患4个，均已整改销案。召开重大火灾隐患单位约谈会8次，联合属地政府及主管部门开展现场指导10余次，明确各隐患单位整改责任主体。制定《高港区“九小场所”消防安全长效治理实施方案》，分阶段、分类别实施治理。成立镇街“九小场所”治理工作专班，每周在消防救援大队集中办公。编写“九小场所”检查要点手册9份，开展专题培训7场次，培训镇街工作人员400余人次。推动镇街落实专项资金30余万元，用于聘请第三方专家参与“九小场所”摸排。打造镇街“九小场所”消防安全治理示范街7条，设置各类宣传标语200余处，发放各类宣传图册7000余份。开展镇街“九小场所”治理质效督导考核。全区共摸排“九小场所”4300余个，发现各类消防隐患9900余处，发现违规住人1700余户，清理违规住人1400余户。（高港区消防救援大队）

【消防安全检查】 2021年，原泰州医药高新区共有高层建筑730栋，包含住宅建筑657栋、公共建筑73栋；二级重点单位161个，三级重点单位49个。全年泰州医药高新区消防救援大队检查社会单位2074个次，发现火灾隐患或违法行为4635处，督改4634处，下发责令改正通知书1908份，临时查封33处，责令“三停”单位9个，下发行政处罚决定书122份。 （曹建军）

高港区消防救援大队联合区有关行业部门开展人员密集场所、宾馆饭店、物流场所、旅游景区等行业领域消防安全联合检查，检查有关单位20个次，发现并督促整改各类消防安全隐患120余处。强化消防车通道和电动自行车消防安全治理，联合开展夜查行动3次，清理违规停放电动自行车和机动车60余辆，下发责令当场改正通知书30余份。联合区公安分局派出所每月开展执法检查，通报执法检查情况，开展派出所消防工作分析研判。全区派出所共检查单位3026个，发现隐患322处，行政处罚10起。开展高层民用建筑消防安全检查，推动住宅小区计划新建配备智能充电设施的室外停车棚40余座。开展校园消防安全联合检查，检查各类实验室、化学品储存库18余处，发现并移交督改各类安全隐患140余处。

（高港区消防救援大队）

【消防宣传】 2021年，泰州医药高新区消防救援大队开展“百名消防指挥长宣讲”活动4次，培养一批消防安全责任人、管理人和明白人。发动社区网格员、志愿者开展“敲门入户”式宣传1000余次，发放宣传单5万余份。组织社会车辆加装大喇叭，开展防火宣传踩街活动。打造示范主题广场，协调楼宇电视、户外LED显示屏参与消防宣传“亮屏”行动。“11·11”“12·12”电商节期间，利用快递包装张贴消防安全提示2万余份。 （曹建军）

高港区消防救援大队开展消防宣传进学校工作，筹备消防安全教材。完成行业部门和镇政府（街道办事处）负责人、重点单位消防安全责任人和管理人、消控室值班操作人员及微型消防站长、公安派出所专兼职消防民警、网格员等重点人群培训。在电梯屏播放消防宣传广告，电梯内张贴消防宣传海报。全区所有重点单位和人员密集场所均开展消防“三提示”。居民小区每周开展“三清三关”全提醒。各镇街分别打造示范消防主题街区。推进镇街、社区消防“四有”建设，完成消防工作站、志愿消防队伍、社区一体化微型消防站建设。泰州市东方明珠幼儿园、江苏省口岸中学、泰州市孔桥初级中学、泰州市口岸小学分别建设“防消宣”一体化示范微型消防站。（高港区消防救援大队）

防汛抗旱

【汛前检查及准备】 2021年，泰州医药高新区（高港区）开展水利工程安全大检查和长江水下地形测量，对发现的问题及时交办，列出防汛隐患整改责任清单，明确责任单位、责任人和整改完成时间。口岸街道、永安洲镇分别落实专业维修队伍、人员，对沿江闸站机械设备进行维修养护，确保工程运行安全。及时修订防洪、抗旱、防御台风、城市排水防涝应急响应等应急预案。成立各类防汛抢险突击队77支，队员2190人。6月11日，泰州医药高新区、高港区2021年防汛应急抢险军地联合演练在永安洲镇新街社区同心港南侧举行。6月25日，在长江杨湾段组织实施溃口性险情防汛实战演练。

【安全度汛】 2021年，泰州医药高新区（高港区）落实汛期24小时防汛值班制。值班人员按时到岗，负责值班信息上传下达，做好每天水情、雨情记录，并上传至高港区防汛工作微信群、QQ群。根据水情、雨情科学调度水利工程。当预报有暴雨时，科学合理利用江潮涨落，低潮时开闸抢低潮排水，预降内河水位；长江水位高时，开启排涝站排涝。梅雨期几次降水，均及时开机排涝和开闸排水，保持内河水位基本稳定，未有灾害损失。积极应对台风“烟花”，落实好预警、预报、会商研判、巡堤查险、防汛值守、水工程调度等工作。

【防汛应急减灾工程】 2021年，泰州医药高新区（高港区）实施长江堤防防洪能力提升工程，对泰州三福船舶工程有限公司永安厂区南院墙至泰兴界段5.76千米长江堤防进行提升加固，总投资约1390万元。实施长江永安港务码头段防护应急处理工程，对水下边坡进行平顺抛石护岸，总投资150万元。

（陈江华）

防震减灾

【概况】 至2021年，全区累计建成地震科普场馆1个、地震宏观测报点4个、固定应急避难场所5个。年内，野徐镇香榭社区创成国家级综合减灾示范社区，全区累计有国家级综合减灾示范社区3个。泰州市口岸小学创成国家级防震减灾科普示范学校。

【群防群测和防震减灾知识宣传】 2021年，泰州医药高新区（高港区）利用地震宏观测报点开展群测群防工作。在科普宣传周等时间节点，发放宣传资料，开展防震减灾科普咨询。对高港地震科普馆进行维护，举办地震科普宣传活动。维护区住房城乡建设局地震应急装备。

（丁 毅）

街道　镇

口岸街道

【概况】 2021年，口岸街道总面积50.71平方千米，耕地面积1605.67公顷。辖行政村6个、社区17个、村（居）民小组352个。户籍户数23062户，户籍人口70623人，常住人口92386人。全年实现地区生产总值181.72亿元，比上年增长10.5%。其中，第一产业增加值3.01亿元；第二产业增加值58.02亿元；第三产业增加值120.69亿元。固定资产投资91.33亿元，增长19.41%。进出口总额15969.77万美元。居民人均可支配收入增长22.96%。

（陈道中）

【经济建设】 2021年，口岸街道新开工5亿元以上项目3个，新开工1亿元以上项目9个；新竣工5亿元以上项目3个；新签约1亿元以上项目50个，其中5亿元以上项目19个。完成粮食播种面积2013.33公顷，粮食产量1.4万吨。完成水稻绿色高质高效示范片建设1个，面积133.33公顷。新建水产养殖农业物联网示范基地2个。绿色优质农产品种植面积933.33公顷，畜禽生态健康养殖比重达90%。泰州市凤栖湖农场参加第三届江苏“好西（甜）瓜”品鉴推介，获特等奖。共有规模以上工业企业46个，规模以上工业总产值167.1亿元。工业战略性新兴产业产值86.76亿元。完成一般纳税人开票销售159.5亿元。实现工业企业净入库税收3.1亿元。泰州苏中天线集团有限公司、江苏昆仑光源材料有限公司成功申报国家级专精特新“小巨人”企业。完成建筑业产值303.8亿元。新增资质以上建筑业企业3个，共有资质以上建筑业企业54个、规模以上建筑业企业42个。建筑业从业人员1万余人。完成服务业投资32.43亿元。实现限额以上贸易额403.64亿元。完成高技术产业投资25.43亿元，高新技术产业产值68.76亿元，增长12.6%。新增授权发明专利58件。

（王益平　徐　健　李美娟　李继新　汪　敏）

【人居环境】 2021年，口岸街道推进老旧小区改造工作，完成投资1447万元。投入近100万元，在王营、蔡滩、新城3个社区的9个居民小区开展垃圾分类省、市级达标小区创建工作。在9个居民小区选取13个点位，建设“三定一撤”垃圾分类收集房。总投资约450万元，对通河路片区进行雨污水管网改造。总投资约650万元，在小浏港河建设泵站1座，在河道北侧打桩、直立墙、栏杆施工，河道南侧自然刷坡。投入127.36万元，完成振兴路沥青路面修复、窨井及下水管道维修，以及育才路等道路维修。完成许陈河北侧棚户区改造项目，累计动迁安置172户。开展农村人居环境整治工作，对17个涉农村（社区）

口岸街道城区一角　　口岸街道　供图

进行全域巡查，整改问题9363条。疏浚整治村庄河道17条，新建农村生态河道4条，完成整改提升14条。打造张马中沟幸福河湖、引江社区3条村庄幸福河道，均通过验收。完成3个企业挥发性有机物综合治理任务。完成6台工业窑炉的排查和建档工作，完成17个餐饮店油烟在线监控安装并联网。开展危险废物专项检查，聘请专家对辖区内危废产生单位进行现场检查和整改指导，落实专人跟踪督促企业及时整改到位。委托第三方检测机构对辖区内长江入河排口进行水质检测，包括整治类和规范类共35个排口（其中1个排口因无出水，未能取样，最终有效取样排口为34个），检测结果逐一录入排污口管理平台。秸秆“双禁”和综合利用工作在全区名列前茅。（李继新 徐 健）

【社会建设】 教育 2021年，口岸街道区域有学校（幼儿园）12所。其中，高中1所，为江苏省口岸中学；初中2所，为泰州市扬子江初级中学、泰州市田河初级中学；小学3所，为泰州市口岸小学、泰州市扬子江小学、泰州市田河小学；公办幼儿园3所，为泰州市东方明珠幼儿园、泰州市口岸幼儿园、泰州市田河幼儿园；民办幼儿园3所，为泰州市高港区机关幼儿园、泰州市高港区小福龙幼儿园、泰州市高港区尚德智幼儿园。

文化体育 开展“传承百年历史，点燃奋斗之志”庆祝中国共产党成立100周年专题活动，举办红色电影赏析、红色文化户外拓展、红色文化讲座等活动。开展“悦读悦享，书香柴墟”全民阅读活动，送电影下乡72场，举办文艺演出66场。新增健身路径21处，全面建成“15分钟健身圈”。实现23个村（社区）基层综合文化服务中心全覆盖。

（栾 艳）

卫生健康 有公办医疗机构2个，分别是高港中医院和高港中医喉科医院。有村卫生室10个、社区卫生服务中心2个。创建省级卫生村2个（雅儒村、田河社区），省级健康社区1个（城东社区），省级健康企业1个（扬子江药业集团）。

（毛 燕 韩 钧）

社会生活 引进高层次人才120人，新增留学回国人员10人，引进高校毕业生800人。城镇新增就业人数1500人，新增高技能人才200人，开发公益性岗位7个。城乡居民基本医疗保险参保人数达33510人，城镇职工基本医疗保险参保人数净增921人，注册激活医保电子凭证33020人。口岸敬老院创建区域性养老服务中心，投入30余万元进行适老化改造。

（许世忠）

平安与法治建设 组织开展“百日维薪”、保护妇女权益等普法宣传活动，开展民法典、社区矫正法等法律进村居活动。设立“交通劝导点”13个。在23个村（社区）推行治安承包机制。以派出所勤务指挥中心为依托，构建平安前哨指挥室。打造王营社区“警官网格”、徐庄村“技防网格”和城东社区扬子江专属网格等特色品牌。建立扫黑除恶长效机制。落实安全生产责任制，对各行业领域生产经营单位开展检查242个次，排查、整改各类安全隐患634条。打造消防安全示范街1条（春港路）。

（栾凌峰 王 敏）

【政治建设】 基层党组织建设 2021年，口岸街道共有基层党组织204个，党员3304人。举办“我是党员、奋斗有我”党员主题轮训培训班。开展在职党员回居住社区“五带三星”活动，组建在职党员志愿服务队47支。共有9个企业参加“四同八助”党组织创建工作。更新村干部雁阵培育计划人选名册，确定“头雁”2人、“强雁”9人、“雏雁”36人。徐庄村党总支第一书记徐勤生获全国优秀党务工作者称号，引江社区党总支书记张竹山获全省优秀党务工作者称号。（李 婷）

宣传统战工作 开展融媒体集中走进口岸街道宣传报道活动。做好新闻宣传工作，全年在国家级媒体用稿52篇，省级媒体用稿70篇，市级媒体用稿63篇。开展党史学习教育。组织新进村（社区）“两委”班子成员以及预备党员等100余人到黄桥老区、杨根思烈士纪念馆等地参观学习。打造老干部红色“流

2021年9月27日，口岸街道举办“我是党员 奋斗有我”党员主题轮训培训班

口岸街道 供图

动课堂”，开展红色教育。开展文明实践活动40余场。专题召开研究宣传统战工作会议2次。完成口岸街道第十二届商会换届工作。非公经济人士捐赠物资20余万元。

（郭美娟）

纪检监察　全年党纪、政务立案16件，全部结案，给予党纪警告处分6人，政务警告处分6人，留党察看1人，开除党籍3人。利用组织换届、重要节日等关键节点，组织街道机关、村（社区）全体党员干部开展集中警示教育活动4次。在引江社区打造廉政文化长廊。制作上报优秀廉政文化文艺节目1个。（姚　浚）

人大工作　有市人大代表3人、区人大代表43人。全年组织人大代表召开政情通报会2次。人大代表换届选举共设立选区27个、选民登记站41个，登记选民67116人，选出区人大代表43人。每季度组织片区代表回选区开展“人大代表工作日”活动，试点开展“办好‘百姓小事’”，为基层解决百姓小事和难事50余件。（孙　杰）

街道办事处自身建设　执行民主集中制，坚持重大问题集体讨论、集体决定。组织学习法律、法规，提升干部依法执政的能力和水平。推行政务公开。街道为民服务中心有服务事项82个，全年办理事项1.47万件。全年接到区网管中心派发“12345”民生服务热线工单6000余件，按时办结率100%。（刘蒙蒙）

政协工作　口岸街道政协工委有委员39人，其中，市政协委员6人，区政协委员33人。开展“政协委员工作日”活动3次、“有事好商量”协商议事活动2次、专题协商议事活动69次。引江社区“传承发扬孝文化，村规民约树新风”“有事好商量”协商议事案例入选省政协典型案例选编。提交提案40余篇。

（郭美娟）

口岸街道引江社区相聚缘儿童乐园　　口岸街道引江社区　供图

【村（社区）简介】引江社区　由原天如、宁都2个村合并而成。区域面积4.5平方千米，耕地面积84.53公顷。有居民小组21个，户籍户数678户，户籍人口2520人。2021年，社区集体经济收入745.97万元，居民人均可支配收入35690元。打造引江社区乡村文化旅游示范区，对引江西路全线道路进行拓宽、铺设柏油路面、增加彩色健康步道、安装路灯；将原引江河堆土区纳入到社区乡村旅游建设中，打造堤岸绿化景观带；对赵天路进行道路拓宽、河道驳岸、亮化绿化等改造；建设农民大舞台、景观长廊，打造休闲娱乐景观带。引江社区获全国民主法治示范社区、江苏省生态文明建设示范社区等荣誉，社区党总支书记张竹山获评江苏省劳动模范、江苏省优秀党务工作者、江苏省“最美基层共产党员”。（张竹山）

新明社区　由原双新村及曹李村合并而成。区域面积3.5平方千米，耕地面积和水域面积共127.6公顷，蔬菜种植面积26.67公顷，鱼塘面积19.07公顷。有村民小组21个，户籍户数765户（含已拆迁284户），户籍人口2972人。2021年，社区集体经济收入200.44万元。对文胜河新五段进行护堤建路及水泵房的修葺。实施“活水”工程，清淤河道6条。（李　忠）

东南社区　由原红园村、太平村合并而成。区域面积1.5平方千米，耕地面积71.03公顷。社区下辖网格5个，有居民小组22个，户籍户数657户，户籍人口2648人。2021年，社区集体经济收入187.24万元。建成11组通组道路。

（陈开伦）

城南社区　区域面积2.5平方千米，耕地面积38.8公顷。有涉农小组17个、小区2个。常住户数1259户，常住人口4552人。2021年，社区集体经济收入175.18万元。修筑江圣组亨通入庄通道约200米，完成南北路及下水改造。

（李留华）

龙窝口社区　由原二闸村、龙口村、龙窝居委会合并而成。区域面积2.6平方千米，耕地面积46.67公顷，全部流转实施虾蟹养殖和高效农业种植。有居民小组30个，户籍户数1415户，户籍人口5411人。2021年，社区集体经济收入208万元。新增注册资金1000万元以上企业1个，新办个体工商户12户。对通江东路沿线约560米破损路面进行整体拓宽浇筑，新装路灯26盏。

（顾益民）

城东社区　区域面积2平方千米，耕地面积21.27公顷。有居民小组21个，居民小区3个，户籍户数1118户，户籍人口5137人。2021年，社区集体经济收入473.71万元。（许迎春）

王营社区　由原白杨树村和王营村合并而成。区域面积4.6平方千米。辖区有居民小区12个，常住人口1.64万人。东方明珠小区是全市规模最大的保障性住房小区。2021年，社区集体经济收入299.56万元。完成“两定一撤”垃圾分类亭的示范建设工作。（孙永平）

蔡滩社区　区域面积1.47平方千米，有居民小区16个。户籍户数4313户，户籍人口16212人。以三产服务业为主，有大型农贸市场、超市、商贸中心各1个，餐饮店164个，休闲中心7个。2021年，社区集体经济收入289.31万元。完成港城花苑小区改造。对12个老旧小区进行雨污水管网整体疏通。为美岸栖庭小区安装智能充电桩。（刘　俊）

口岸社区　区域面积4平方千米。有居民小组16个。户籍户数1410户，户籍人口4516人。社区下设一级网格4个。2021年，社区集体经济收入300.49万元。改造完善丰乐北村路灯线路，完成东兴街片区管道煤气安装准备工作。（赵庆晨）

田河社区　由原田河村和殷戚村合并而来。区域面积5平方千米，耕地面积92公顷。有居民小组22个，户籍户数832户，户籍人口2940人。设有网格12个。辖区企业以生产绳网带和吊索具为主。2021年，社区集体经济收入328.49万元。对7组至11组道路实施硬质化改造。（徐永根）

集成社区　由原栾庄村和集成村合并而成。区域面积2平方千米，耕地面积92.46公顷。有居民小组18个，户籍户数742户，户籍人口2578人，常住人口1325人。2021年，社区集体经济收入264.31万元。（孙丽俊）

戴集社区　由原戴东、戴西和戴集3个村合并而成。区域面积2.32平方千米，耕地面积116.2公顷，河沟面积33.47公顷，建设用地82.27公顷。有居民小组18个，户籍户数664户，户籍人口2190人。主要产业为传统农业、育雏、水产养殖等。2021年，社区集体经营性收入390万元。（戴　勇）

张马社区　由原南马村、张周村合并而成。区域面积2.1平方千米，耕地面积124.6公顷。有居民小组23个，户籍户数958户，户籍人口3475人。2021年，社区集体经营性收入163.36万元。对村庄内河道进行全面疏浚整治，新建泵房1座，拆坝建涵2座；对主干道张马线、唐张线进行路面拓宽和路肩硬化改造；安装LED路灯约100盏；新建党建小游园。（周爱琴）

朱营社区　区域面积0.72平方千米，耕地面积55.33公顷。有村民小组12个，户籍户数432户，户籍人口1484人。重点企业有江苏凯威药用包装有限公司。2021年，社区集体经济收入224.69万元。（徐竞峰）

柴墟社区　由原来口东居委会与口西居委会合并而成。划分为8个网格，有居民小组18个，户籍户数793户，户籍人口1627人，常住人口1895人，流动人口731人。驻社区单位12个。2021年，社区集体经济收入158.2万元。（王　毅）

新城社区　区域面积0.98平方千米。有居民小区12个，户籍户数2731户，户籍人口1.12万人。驻区单位有泰州市第三人民医院、泰州市口岸小学、大润发商业圈、海燕大酒店等。2021年，社区集体经济收入105.05万元。（薛余俊）

育才社区　由原育才居委会与口南居委会合并而成。区域面积0.9平方千米。共有网格8个，常住户1377户，常住人口3156人，户籍人口2591人。辖区内有国家AAAA级旅游景区口岸雕花楼景区、江苏省口岸中学。2021年，社区集体经济收入48.26万元。（徐少华）

大石村　由原乔岱村、大石村合并而成。区域面积2.6平方千米，耕地面积76.62公顷。有村民小组18个，户籍户数710户，户籍人口2642人。主要产业为传统农业和绳网带产业。2021年，社区集体经济收入161.15万元。完成福二路道路绿化工程。（张桂荣）

徐桥村　由原徐桥、凌港、广胜3个村合并而成。区域面积3平方千米，耕地面积199.87公顷。有村民小组20个，户籍户数951户，户籍人口3568人。主要产业为传统农业、

口岸街道朱营社区　　口岸街道　供图

特色农业和三产服务业。2021年，村集体经济收入239.53万元。建设阳光宴会厅约600平方米，安装路灯91盏，对徐桥片、广胜片10条河道开展疏浚整治。（周红生）

郎庄村　由原江干村、郎庄村合并而成。区域面积2.28平方千米，耕地面积117.07公顷。有村民小组20个，户籍户数662户，户籍人口2261人。主要产业为传统农业、花卉苗木及中药材种植。2021年，村集体经济收入313.18万元。被评为2018—2020年度泰州市文明村。（陈　明）

雅儒村　区域面积3平方千米，耕地面积107.67公顷。有村民小组14个，户籍户数695户，户籍人口2250人。主要产业为农业，特色农产品有润海生态大闸蟹和雅儒香米。2021年，村集体经济收入315.04万元。流转土地11.33公顷，引进迷迭香种植，建成迷迭香加工基地。被评为江苏省卫生村。（陈叶林）

吴楼村　由原吴楼村、李庄村合并而成。区域面积2.8平方千米，耕地面积139.93公顷。有村民小组19个，户籍户数745户，户籍人口2432人。2021年，村集体经济收入347.14万元。（叶建峰）

徐庄村　区域面积6.3平方千米，耕地113.33公顷。有村民小组29个，户籍户数843户，户籍人口3119人。2021年，村集体经营性收入608.84万元。完成高田改低田4公顷。在村南牌楼两侧的土坡栽种花生、油菜等植物，在道路两侧种植广玉兰、法青等绿植。村党总支第一书记徐勤生获全国优秀党务工作者称号。（宗礼胜）

刁铺街道

【概况】 2021年，刁铺街道总面积17.58平方千米，耕地面积431.91公顷。辖社区8个，居民小组103个。户籍户数7935户，户籍人口25205人，常住人口37084人。全年实现地区生产总值33.35亿元，比上年增长11.4%。其中，第一产业增加值1亿元，增长16.4%；第二产业增加值10.01亿元，增长9.4%；第三产业增加值22.34亿元，增长12.1%。一般公共预算收入1.11亿元。全社会固定资产投资47.27亿元。实际利用外资和港澳台资400万美元。（孙子茜）

【经济建设】 2021年，刁铺街道签约1亿元以上项目17个，总投资25亿元。开工建设1亿元以上项目3个。新竣工1亿元以上项目2个。实现农业总产值1.5亿元、增加值1亿元。利用农业“三资”2.92亿元。新增造林面积3.33公顷，四旁零星植树2万余株。建成省重大农业农村项目——爱情海欢乐田园综合体。实现工业总产值28.62亿元、销售60.21亿元、利税3.86亿元、利润2.62亿元。工业企业净入库税收1.11亿元，增长19.9%。工业技改投入15.6亿元，增长57.07%。共有建筑业企业18个，建筑业总产值60.57亿元，增长12.1%。实现服务业增加值22.34亿元，增长12.1%。共有规模以上服务业企业44个。服务业固定资产投资9.74亿元。实现高新技术产业产值13.24亿元，增长8.77%。新增有效发明专利拥有量134件。70个中小企业成功申报泰州市科技型中小企业项目。泰州市东方传动技术有限公司通过国家级高新技术企业复审。江苏追日汽车同步器有限公司获批成立省级技术中心。（陈　业　陈卫民　栾菊芳　栾　裕　陈子源）

【人居环境】 2021年，刁铺街道为区属重点工程提供服务保障，环溪花园保障房项目和高港大道改扩建顺利推进，环溪小学和环溪初中项目竣工并交付使用。协调推进通太社区、界牌社区农村生活污水治理二期项目施工。完成泰州市金科带业有限公司、泰州市保力工业皮带有限公司等企业挥发性有机化合物专项治理项目4个。完成2个涉及油烟单位治理项目以及7个企业共13台工业窑炉废气治理。严控工地、道路、码头堆场等重点区域扬尘污染，对露天堆场进行定期巡查，督促落实降尘、抑尘等管理措施。开展河道“两违三乱”整治，清理河坡乱垦乱种1.5万平方米，新增绿化6000平方米。开展黑臭河道整治

明发商业广场苏民福购物中心　刁铺街道　供图

"回头看"工作。推进河长工作站建设，建成刁铺街道、关桥社区标准化河长工作站2个。投入80余万元打造幸福河道4条（刁东河、观五河、河港河、三岔汪）。投入200余万元实施潘庄河、庄中河、赵庄南北河等6条村庄河道活水工程。

（孙永忠　时红俊　许江泰）

【社会建设】 教育　2021年，刁铺街道区域有学校9所，为泰州市第三高级中学、泰州市高港实验学校、泰州市环溪初级中学、泰州市高港实验小学、泰州市环溪小学、环溪幼儿园、明发幼儿园、水岸幼儿园、格林幼儿园。（张　静）

文化体育　举办文艺演出28场、文化惠民演出20场。创作原创歌曲《百年回望》，并编创舞蹈，获2021年泰州市"晨新奖"新创文艺节目调演比赛银奖。开展特色文化进校园进社区活动，举办报纸、火花、地方乡贤、书画作品等展览51次。邀请书画协会会员创作疫情防控书画作品，在疫苗接种点展览。举办广场舞、水兵舞培训和太极拳培训进社区活动，共培训约5000人次。组织人员参加全区八段锦、太极拳、广场舞等培训，共培训约400人次。组织100人参加江苏省"颂歌献给党，幸福舞起来"广场舞大展演。

（朱　颖）

卫生健康　刁铺街道社区卫生服务中心下辖社区卫生服务站8个，有工作人员68人，其中，卫生技术人员61人，副高级职称15人，中级职称23人。张卫东获评泰州市抗击新冠肺炎疫情先进个人。

（孙晓梅）

社会生活　城镇新增就业人数800人，新增创业人数600人，创业带动就业900人，支持成功自主创业150人。城镇职工养老保险参保人数净增68人，工伤保险参保人数净增69人，城乡居民基本养老保险参保人数4692人，城乡居民养老保险续缴费人数4256人。创成省级困境儿童和农村留守儿童关爱之家，创建刁铺街道慈善和社会工作站，创办泰州老年人大学分校。

（霍　惠）

平安与法治建设　打造综合型网格化治理中心，将8个社区、113个居民小组划分为78个网格（特殊网格3个），有网格工作人员157人。开展法治宣传活动32场次。圩岸社区通过省、市民主法治示范社区复核验收。化解各类矛盾纠纷929件。圩岸社区"四张清单"助力"援法议事"机制长效化的做法获评江苏省城乡基层援法议事范例。刁铺街道被评为2016—2020年全国依法治理创建活动先进单位。全年检查工贸企业421个次，排查、整改隐患3520条。

（薛　婵　张纪萍　钟鸣宇　朱艳玲）

刁铺街道社区卫生服务中心（高港第二人民医院）　刁铺街道　供图

【政治建设】 基层党组织建设　2021年，刁铺街道党工委下辖基层党组织48个，其中，党总支7个，党支部41个，共有党员1185人，其中新发展党员33人。街道党工委深入推进"我为群众办实事"活动，实施充电桩棚、赵庄河整治等民生实事项目10件。实施社区党群服务中心"规范+提升"工程，优化升级党建阵地6个。实施"刁塑高财生、铺就幸福路"基层党建书记项目，获全区基层党建"书记项目"金质奖。实施"环溪新干将"年轻干部培养计划。持续推进"小巷WE治"赋能行动，培养"全科社工"6人。

（吴　剧）

宣传统战工作　发挥中心组学习的示范带动作用，组织班子成员集中研讨4次。被中央电视台用稿1篇，新华网、央广网等央媒用稿27篇，江苏卫视用稿1篇，《新华日报》用稿3篇，"学习强国"学习平台用稿86篇，中国江苏网用稿50篇。圩岸社区被评为泰州市最美志愿服务社区。刁铺街道被评为泰州市深化文明城市创建工作先进集体。在明发社区打造微型"红色藏品陈列室"。开展"我的书屋·我的梦"农家书屋主题阅读活动。组织统战人士学习习近平总书记系列重要讲话精神。在泰州鑫联诚润生物技术有限公司打造"红石榴家园"。（薛倩云）

纪检监察　刁铺街道纪工委开展廉政警示教育5次，巡察整改群众评议工作2次，进行专项治理督查13次。督促新出台制度2项，查办各类违纪案件11件，给予开除党籍处分1人，党内严重警告处分1人，党内警告处分3人，政务记过处分1人，政务警告处分5人，运用

“第一种形态” 15人次。（徐晓莉）

人大工作 刁铺街道人大代表团共有市级人大代表1人、区级人大代表17人，聘请人大代表联络员7人。打造代表工作站，建立代表履职档案，发放代表联系卡，组织开展代表述职活动。走访接待选民650余人次，收集建议61件。（李　强）

街道办事处自身建设 统筹疫情防控和经济发展，做好“六稳”工作，落实“六保”任务。综合考核获全区第一等次。强化廉洁政府建设，及时公开政府信息，优化政务服务，办理建议提案26件。（韩　昱）

政协工作 政协刁铺街道工委共有政协委员18人。撰写提案13篇、社情民意10篇、文史稿件19篇。疫情防控期间，政协委员捐资捐物计5万余元。组织开展协商议事活动20余场，解决问题10余个。（薛倩云）

【村（社区）简介】 圩岸社区 区域面积1.5平方千米。区域内有高港生态公园、高港全民健身中心、泰州市高港实验初级中学、泰州市高港实验小学，有水岸帝景等3个住宅小区。常住人口1.15万人，户籍户数716户，户籍人口1712人。辖区有机关事业单位10个、共建单位8个，下设网格片区11个。2021年，在格林美郡5栋、6栋、7栋、9栋楼下建成充电桩。完成社区党群服务中心门前宣传栏改造工程。圩岸社区综合文化服务中心入选2021年度江苏省“最美公共文化空间”打造对象。被评为2019—2021年度省级文明社区。（李　露）

万庄社区 由原万庄、祥丰、陈吉3个村合并而成。区域面积4.7平方千米，耕地面积130.49公顷。居民小组18个，户籍户数938户，户籍人口3543人。2021年，社区集体经济收入197.01万元。围绕教学仪器、汽车配件等支柱产业，探索“支部+电商+农户”发展模式。与江苏省农科院合作，种植新品花生、宁紫薯。与江苏农牧科技职业学院合作，养殖万庄小香猪。改进万庄羊肉制作技艺，扩大万庄羊肉知名度。（陈　婷）

通太社区 区域面积3.6平方千米，耕地面积14.87公顷。有居民小组18个，户籍户数1614户，户籍人口4858人。有民营企业11个。2021年，社区集体经济收入176.92万元。在通太社区朱庄组、建设街和河港村添置健身器材。（杨福琴）

环溪社区 由原赵庄、镇丰、刁西3个村和环溪居委会合并而成。区域面积3.5平方千米，耕地面积74.33公顷。有居民小组21个，户籍户数1825户，户籍人口5332人，常住人口7436人。共有企业56个，主要产品为光伏电子产品、船用电器、医用耗材、气弹簧、羽毛工艺品、化妆品、实木制品等。2021年，社区集体经济收入104.15万元。新增解放西路健身器材1套，对赵庄后庄东西河开展专项整治，在陈西组、翟

刁铺街道圩岸社区党群服务中心　　刁铺街道　供图

刁铺街道明发社区三乐画屋　　刁铺街道　供图

庄组新建田间机耕路。（孙 佳）

关桥社区 区域面积3.2平方千米。有居民小组18个，住宅小区2个，户籍户数1050户，户籍人口4287人，常住人口3142人。下设网格片区9个。2021年，社区集体经济收入112.2万元。对潘庄河道进行综合整治，对观五河道进行河坡补绿、建设河边游园。（黄 璐）

明发社区 区域面积1.05平方千米。辖区内建有居民小区5个，明发商业综合体和明发商业中心2个商业广场，明发幼儿园、泰州市环溪小学和泰州市环溪初级中学3所学校。共有小区楼121栋，常住户数6419户，常住人口7224人，户籍人口614人。有党员33人，设置社区网格14个。2021年，社区集体经济收入37.08万元。在党群服务中心打造"汇智坊"文化空间。被评为泰州市文明社区。（霍宏武）

界牌社区 由原界牌、薛李2个村合并而成。区域面积1.88平方千米，耕地面积83.3公顷。居民小组12个，户籍户数574户，户籍人口2096人。2021年，社区集体经济收入72.7万元。（赵元元）

大丰社区 由原旭光、大丰、北栾3个村合并而成。区域面积2.9平方千米，耕地面积59公顷。有居民小组16个，户籍户数844户，户籍人口3134人，党员87人。有工业企业30个，主要产品为汽车同步器、教学教具。2021年，社区集体经济收入196.42万元。（薛亚秋）

许庄街道

【概况】 2021年，许庄街道总面积42.46平方千米，耕地面积1527.8公顷。辖村（社区）14个，其中，行政村4个、涉农社区9个、城市社区1个，村（居）民小组254个，户籍户数11707户，户籍人口38649人。全年实现地区生产总值56.97亿元，比上年增长7.2%。其中，第一产业增加值1.43亿元，增长1%；第二产业增加值15亿元，下降0.6%；第三产业增加值40.54亿元，增长10.4%。完成一般公共预算收入7500万元，增长10.6%。全社会固定资产投资38.43亿元，增长36.96%。新增市场主体10184个。居民人均可支配收入42390元，增长14%。蔡庄村通过江苏省特色田园乡村试点验收。（朱 芳）

【经济建设】 2021年，许庄街道开工1亿元以上项目3个，竣工1亿元以上项目2个。农业利用"三资"2.74亿元。辖区内有省级示范农场1个、市级示范农场6个、区级示范农场4个。新建农业物联网基地2个。2021年江苏省秋粮机收减损大比武活动（高港赛区）在农之梦家庭农场举行。规模以上工业实现利润3483万元、利税5030万元。完成工业企业一般纳税人开票销售14.5亿元，工业净入库税收4678万元。新增规模以上工业企业5个。完成工业技术改造项目50个，制造业投资23亿元。共有建筑业企业29个，建筑业总产值173.49亿元，增长2.9%。完成建筑业入库税收2.6亿元，增长5.65%。新增规模以上服务业企业8个，限额以上批零住餐企业19个，共有规模以上服务业、贸易业企业73个。服务业产业投资15.54亿元，增长56.84%。高新技术产业产值占规模以上工业产值41.18%。37个企业完成江苏省科技型中小企业入库。
（杨 刚 唐晓庆 唐为兵 徐 颖 刘朋生 杨新锋）

【人居环境】 2021年，许庄街道推行生活垃圾"住户分类、村居收集、街道转运、区级处置"模式，在各村（社区）共设立分类垃圾亭30座、分类垃圾桶760只、兑换超市13座。实施9个自然村的农村生活污水治理项目。对辖区内农村道路近140千米进行巡查、养护，新建、维修道路8445平方米。完成6个企业危险废物仓库检查及整改，关闭1个危险废物经营单位。开展固体废物规范管理整治，督促完成问题整改4个。完成5个企业废气处理装置安装。开展河道专项整治，对河道水面漂浮物、岸坡生活及建筑垃圾、沿河乱垦乱种等72处问题进行清理。打造集生态、休闲、文化体验于一体的幸福河湖4条（凤凰河、老中心港、幸福母亲河、王戚围庄河）。建设1个镇（街道）级和2个村（社区）级河长标准化工作站（凤凰河工作站，马厂社区工作站、蔡庄村工作站）。新增生态河道3条（青安中沟、大寨中沟、蔡圩河）。
（徐 颖 王茂东 张晓旭）

【社会建设】 教育 2021年，许庄街道区域共有学校7所，分别为江苏省高港中等专业学校、泰州市许庄初级中学、泰州市许庄小学、泰州市许庄幼儿园、泰州市孔桥初级中学、泰州市孔桥小学、泰州市金泰堡幼儿园。新泰州市许庄小学建成并投入使用，有教学楼、综合实验楼、食堂、风雨操场、行政楼等建筑。对泰州市许庄中心小学原培实楼进行装修改造，作为许庄初中教学楼使用，9月1日正式投入使用。
（朱小敏）

文化体育 组织开展惠民演出活动50场，公益电影放映48场。在14个村（社区）举行庆祝中国共产党成立100周年文艺巡演，举办"庆国庆迎重阳"文艺演出活动。举办书画、摄影、非物质文化遗产等展览进社区、进校园、进企业活动。3月，在许庄幼儿园举办全民健身趣味运动会，设有六人七足、短跑接力、"筷"乐搬家、欢乐拔河4个项目。村（社区）基层综合文化服务中心建成率达100%。有体育健身点92个，实现文体活动室、全民健身路径在村（社区）全覆盖，建成"10分钟体育健身圈"。（房 静）

卫生健康　设有社区卫生服务中心2个，为许庄街道社区卫生服务中心和许庄街道孔桥社区卫生服务中心，下辖村（社区）卫生室12个，共有医护职工96人，核定病床80张。2个社区卫生服务中心接种新冠疫苗88438人次。许庄街道社区卫生服务中心通过江苏省"优质服务基层行"推荐标准现场复核验收，被国家卫生健康委通报表扬，创成江苏省社区医院。12月，许庄街道社区卫生服务中心新院完成内部装修。许庄街道办事处唐艳梅获泰州市抗击新冠肺炎疫情先进个人称号。（张　静）

社会生活　新增就业1500人，新增农村劳动力转移114人，帮助城乡就业困难人员就业125人，支持成功自主创业338人，新增创业1044人，创业带动就业1673人。推进城乡居民基本养老保险续缴费工作，续缴费人数达7276人，续缴费率93.65%。城乡居民基本医疗保险参保19610人。完成183户246人低保户、60户108人低保边缘户的动态管理工作。投入20余万元完成"管营残疾人之家"升级改造工作。（王晓娟）

平安与法治建设　许庄街道网格化治理中心开展法律服务197次，调处各类社会矛盾纠纷1400起。辖区内共有省级民主法治示范村（社区）6个、区级民主法治示范村（社区）6个。共设网格88个，配备网格员88人、总网格长14人、网格长42人。开展安全生产检查，共检查单位420余个次，排查、整改隐患536条。（彭永国）

【政治建设】基层党组织建设　2021年，许庄街道党工委下辖党组织71个，党员1704人。召开党建专题工作会议4次。开展"小巷WE治"赋能行动，举办"大家谈"沙龙。组织近400人参加"我是党员、奋斗有我"党员轮训。三星嘉苑获评党建引领物业市级示范点。推行"党建+美丽乡村"建设，蔡庄村创成省级特色田园乡村、市级先进基层党组织。（谭丽娟）

宣传统战工作　许庄街道党工委围绕12个专题安排学习12次。开展基层党员干部冬训系列活动。开展党史学习教育宣讲活动20余场。被"学习强国"学习平台用稿68篇，被《新华日报》、"交汇点新闻"、中国江苏网、"泰州高新发布"微信公众号、泰州电视台等媒体用稿130余篇。在蔡庄村开展省运会倒计时一周年主题活动。学习贯彻《中国共产党统一战线工作条例》，举办专题讲座和条例宣传进村居、进企业活动。开展民族团结进步宣传月和民族宗教政策法规学习月活动。许庄街道民营企业家连续14年参加金秋助学行动，资助学生210人。（顾　莲）

纪检监察　原创音乐剧《寿礼上的"授理"》被区纪委推荐参加全市"亲语连廉"廉洁文化周专场文艺演出。全年开展作风会风督查5次，开展重点工作督查46次，发现问题87条；开展重点领域专项治理10次，发现问题线索7条。运用监督执纪"第一种形态"处置29人。给予党纪政务处分11人。（李翠霞）

人大工作　许庄街道人大代表团共有市级人大代表3人、区级人大代表21人，聘请人大代表联络员18人。开展人大代表工作日活动4次，接待、走访选民280人次，累计吸纳选民合理化批评建议意见35条。组织代表开展各类视察活动4次，召开政情通报会2次，召开人大代表会商活动2次。（陈　澄）

街道办事处自身建设　坚持"三重一大"事项集体议事制度，不断完善和提高政府民主、依法、科学决策水平。编制政府信息公开指南，依法公开政务信息。实施"三整合"改革，推进基层治理体系和治理能力现代化。落实党风廉政建设责任制，加大审计、监察工作力度，压实安全生产、生态环保、河道管护等工作责任。（顾　浩）

政协工作　许庄街道政协小组共有政协委员24人。政协委员参加街道政协小组组织的会议和视察、调研活动，围绕党委、政府中心工作参政议政。建成街道、村（社区）"有事好商量"协商议事工作室，围绕民生实事和群众关心的热点问题开展协商议事活动51次，形成协商议事成果36件。（宗　晶）

2021年10月13日，许庄街道组织人大代表视察蔡氏古民居

许庄街道　供图

【村(社区)简介】 马厂社区 由原马厂、万厦、王戚3个村合并而成。区域面积3.6平方千米。有居民小组18个,安置小区2个和商业小区2个,户籍人口4106人,常住人口6000人。2021年,社区集体经营性收入261万元,居民人均可支配收入3.9万元。获评江苏省平安法治示范社区。（朱海军）

三星社区 区域面积约1.5平方千米,共有网格4个,有户籍人口272人,常住人口3000余人,流动人口500余人。辖区有三星街区、三星嘉苑拆迁安置小区、许庄农贸市场。拥有各类商铺414个。有泰州市许庄幼儿园、泰州市许庄小学、泰州市许庄初级中学和江苏省高港中等专业学校4所学校。2021年,社区集体经营性收入22.86万元。（李茂永）

许庄社区 由原许东、许南、许西3个村合并而成。区域面积3.76平方千米,耕地面积64.1公顷。共有居民小组26个,户籍户数980户,户籍人口3361人。共有私营企业65个,个体工商户380个,主要经营绳网带、吊索具、羽毛工艺品、服装加工、五金加工等。2021年,社区集体经济收入274.7万元,完成税收289万元。投资100万元打造许庄幸福河湖。（唐 勇）

三旗营社区 由原三旗村和大东村合并而成。区域面积1.5平方千米,耕地面积63.53公顷。下辖居民小组13个,户籍户数594户,户籍人口1989人。主要种植花卉苗木,发展绿色产业。村级下属企业3个,主要从事羽毛工艺品制作。2021年,社区集体经济收入144.46万元,经营性收入74.11万元。（蔡 剑）

官沟社区 由原官沟、永太、庄佴3个村合并而成。区域面积4.8平方千米,耕地面积约100公顷。下辖居民小组28个,户籍户数1141户,户籍人口4138人。2021年,社区集体经济收入398.25万元,经营性收入331.31万元。（周宜江）

曹官营社区 由原小营村、曹官村合并而成。区域面积3.1平方千米,耕地面积63.8公顷。辖居民小组21个,户籍户数965户,户籍人口3276人。有私营企业15个。有规模以上企业1个,为泰州市柯普尼通讯设备有限公司。2021年,社区集体经济收入202万元。打造微景观1处。（顾宏兵）

周梓社区 由原周梓、韩野、狄家3个村合并而成。区域面积3.6平方千米,耕地面积101.31公顷。有居民小组17个,户籍户数932户,户籍人口3353人。产业以个体工商户、绿化培植和家庭农场为主。2021年,社区集体经营性收入148万元,居民人均可支配收入3.62万元。（李惠民）

乔杨社区 由原乔杨、联和、栾王3个村合并而成。区域面积3.78平方千米,耕地面积242.07公顷。有居民小组23个,户籍户数877户,户籍人口2941人。有个体工商户、私营企业、小微企业46个。2021年,社区集体经济收入151.52万元,居民人均可支配收入3.9万元。（乔宝余）

赵王社区 由原赵庄、李王、董庄3个村合并而成。区域面积3.97平方千米,耕地面积262公顷。有居民小组24个,户籍户数964户,户籍人口3336人。主要产业有荞麦酒、三汇水蟹、珍珠米、花卉苗木等。2021年,社区集体经济收入220万元。加强环境整治,打造泰州市美丽宜居乡村建设工程。（王 勇）

孔桥社区 由原孔桥村、利民村合并组成,是原孔桥乡集镇所在地。区域面积2.01平方千米,耕地面积63.47公顷。有居民小组11个,户籍户数565户,户籍人口1931人。2021年,社区集体经济收入82.6万元。被评为泰州市文明社区。（赵兴华）

管营村 区域面积2.13平方千米,耕地面积136.51公顷。有村民小组12个,户籍户数571户,户籍人口1865人。2021年,村集体经济收入124.4万元,经营性收入63.13万元。打造青少年劳动教育实践基地。（孙学军）

钱赵村 由原西孔、晓潮、钱庄3个村合并而成。区域面积4.11平方千米,耕地面积260.47公顷。共有村民小组22个,户籍户数1225户,户籍人口3854人。2021年,村集体经济收入255.89万元。完成省级高标准农田项目整治。（栾庆郭）

明河村 区域面积2.36平方千米,耕地面积121.67公顷。流转土地113.33公顷,其中,花卉苗木

许庄街道乔杨社区　　许庄街道乔杨社区 供图

许庄街道蔡庄村航模展示厅　　　　许庄街道蔡庄村　供图

种植49.33公顷，水产养殖44公顷。有村民小组15个，户籍户数571户，户籍人口1901人。2021年，村集体经济收入109.4万元。获得泰州市2020年度特色农业产业基地建设奖（“一村一品”示范村）称号。（许　峰）

蔡庄村　由原蔡庄、凡青、二青3个村合并而成。区域面积3.33平方千米，耕地面积202.6公顷。有村民小组23个，户籍户数931户，户籍人口3026人。2021年，村集体经营性收入113.39万元，居民人均可支配收入4.02万元。被授予“江苏省特色田园乡村”牌子，被评为泰州市文明村、“泰美小园”示范村。（蔡　春）

寺巷街道

【概况】2021年，寺巷街道总面积38.62平方千米，陆地面积32.98平方千米，农业用地面积17.38平方千米，工业用地面积10.93平方千米，商业用地面积1.74平方千米，水域面积5.64平方千米。辖社区14个，居民小组129个。户籍户数14853户，其中，14个社区7588户，其他各生活小区7265户。辖区常住人口18万余人，户籍人口42889人，其中，乡村人口29055人，非农村人口13834人。全年实现地区生产总值48.17亿元。其中，第一产业增加值3040万元，第二产业增加值35.73亿元，第三产业增加值12.14亿元。进出口总额2300万美元。一般公共预算收入1.78亿元，比上年增长31.5%。固定资产投资4.32亿元，其中，工业投资2.49亿元，服务业投资1.53亿元。新增规模企业和贸易企业11个。村集体总收入4804万元。居民人均收入4.52万元，增长6.45%。（王兆鑫）

【经济建设】2021年，寺巷街道签约项目数28个，投资总额4.02亿元，开工项目数28个，完成项目数20个。实现农业总产值4.83亿元，粮食播种面积738.74公顷。实现规模以上工业总产值35.75亿元、增加值7.61亿元，分别增长34.26%、8.81%。完成工业投资2.49亿元，增长4.8%。完成工业企业一般纳税人开票销售46.09亿元，增长12%。新增规模以上工业企业5个、科技型中小企业31个、注册商标企业15个。共有规模以上工业企业56个。江苏科成有色金属新材料有限公司被评为全国优质产品企业、江苏省明星企业。寺巷街道民营科技园共分为南北两大区域，聚集大小企业204个，其中规模以上企业32个，全年园区开票销售额24.37亿元，创税收2.2亿元。完成建筑业总产值12.84亿元，建筑业入库税收1100万元。新增资质以上建筑业企业2个，共有规模以上建筑业企业19个，建筑业从业人员3300人。新增规模以上服务业企业8个，共有规模以上服务业企业24个。净增限额以上批零住餐企业3个。有四星级酒店宾馆3个，餐饮饭店150余个，泰州国际汽车城商户50余户。商贸销售额约200亿元。有银行机构12个。完成研发投入0.82亿元。新增科技型中小企业备案31个。获批高新技术企业2个。（马恒燕）

【人居环境】2021年，寺巷街道完善祥和、康和、龙凤3个小区建设改造。建立完善“党建+物业”工作机制，5个社区被评为省级、市级示范社区。医药城社区东方温莎小镇被评为江苏省示范生活小区。完成寺巷临时摊贩销售点建设。加大对大王社区10组、11组的整治力度，加强3个生活小区的物业管理。在10余条主干道设置停车位。设置车辆临时停靠点。完成口泰路生活污水治理设施建设。新增城市绿化面积30公顷、农田林网20余公顷。新增垃圾分类收集点7座。完成二桥社区的800户动迁安置任务，统一安置在寺巷社区、龙凤小区、康居新城小区等地。对14个社区进行全美环境整治。新建健身广场、小游园7处。开展河道排污整治工作，对乔庄河、健康河、大王庄河、小港河、尤庄河等进行排污整治，完成口泰路污水管网建设。削减挥发性有机化合物，严格管控各类扬尘，对200余个餐饮油烟问题开展整治“回头看”。秸秆禁烧禁抛和综合利用工作在全区名列前茅。开展南塘中沟、塔桥河、

位于寺巷街道的教育教学区邻里中心　　寺巷街道　供图

长太河的标准化建设。　（王兆鑫）

【社会建设】 教育　2021年，寺巷街道区域有学校（幼儿园）7所。其中，大学2所，高中1所，初中1所，小学1所，公办幼儿园1所，民办幼儿园1所。8月30日，泰州寺巷小学、泰州实验中学初中部搬迁至周山河街区。

文化体育　举办文化惠民演出30余场次。围绕庆祝中国共产党成立100周年，举办社会宣传、公共文化活动80余场，科技展览100余场，惠及68万人次。组织文艺进社区活动20余场。组织“彩虹”等10余个文艺团队开展“歌颂党”专题演出20余场，参加泰州市演出获得二等奖。组织开展全民健身活动6次。成立寺巷书画摄影社。6月，《寺巷街道志》由江苏人民出版社出版。

卫生健康　有公办医疗机构1个，为寺巷人民医院，有医务工作人员110人，专业技术人员81人。有社区卫生服务中心站6个。

社会生活　落实“惠企惠民”行动，新增就业1000人、创业205人，创业带动就业610人。引进高校毕业生60余人、高技能人才30余人。至年末，享受农村低保70户93人、城市低保2户2人。发放抚恤金228万元，发放义务兵优待金53万元。发放残疾人救济金17.85万元。推进社会保险扩面征缴，做好被征地农民社会保障工作，所有涉及补缴的征地进保项目全部办结。1人被评为省、市模范退役军人。

平安与法治建设　建成街道网格化社会治理指挥中心。打造寺巷社区、祥和社区、康和社区等“技防网格”专属网格。共有网格109个，网格员109人、网格长14人。1名网格员被评为泰州市“最美网格员”。及时做好出租屋的信息采集、跟踪管理、核实更新等工作。强化出租房及流动人口管理，深化旅馆式星级化管理模式。推进扫黑除恶专项斗争。开展“百日维薪”、“防范非法集资”、“送法进工地”、“4·8”司法日、“宪法公开课进社区”等集中宣传活动。调处矛盾纠纷700余起。整改安全隐患7854条。

（王圣标）

【政治建设】 基层党组织建设　2021年，寺巷街道共有基层党组织62个，党员1476人。非公企业党组织19个。创建优秀社区党支部3个，非公企业优秀党支部2个，实现110个非公企业党建工作全覆盖。2人获评泰州市党建工作优秀工作者。树立屠桥社区、康和社区、三野社区党建先进典型，组织党员参观学习。建立非公企业党组织和村（社区）党组织党建联盟。寺巷街道党工委获评泰州市基层党建“红旗乡镇（街道、园区）党（工）委”。

宣传统战工作　开展“唱红歌，颂党恩，我为祖国送祝福”、“阅读悦享 书香寺巷”主题读书活动。组织10余个文艺团队进社区、企业义演20余场。组织“五老”宣讲红色故事10余场，举行报告会15次。评选寺巷街道道德模范20人、和谐家庭17户。在《新华日报》《泰州日报》等媒体投稿400余篇，用稿35篇。全年专题召开研究统战工作会议2次，组织学习统战政策理论3次。引导非公企业人士热心光彩事业，为抗疫捐赠物资10余万元。

纪检监察　全年立案调查12件，查处8件，给予党纪政务处分8人，其中重处分4人。开展作风建设督查3次，举办廉政专题学习讲座4次，开展警示教育5场。配齐14个社区纪委书记或纪检委员。组织开展社区常规巡察整改工作。

人大工作　有泰州市人大代表2人、区人大代表20人。组织相关人员召开工作会议5次。

街道办事处自身建设　畅通信访工作诉求表达渠道，加强冲突纠纷排查力度。贯彻落实党政领导挂钩化解安全风险制度。做好执纪审查、监督检查、作风建设工作。

政协工作　寺巷街道政协委员活动小组有成员21人。组织委员撰写提案10余件。组织委员开展调研、走访、考察活动10余次。推动龙凤社区创建“有事好商量”示范社区，推进协商协议室、委员工作室、社情民意信息联络点、政协书吧建设。（孙　敏）

【村（社区）简介】　**屠桥社区**　由原屠桥、太平、蒋庄3个村合并而成。区域面积3.3平方千米。有村民小组19个，户籍户数987户，户籍人口3687人。有各类私营企业145个，有1950人从事电子商务及其相关行业。2021年，社区集体经营性收入209万元，居民人均纯收入4.35万元。实现网上销售2.5亿元。（戴玉凤）

新港社区　由原韩家河、叶家河、赵家河及朱家前港、朱家后港5个村（俗称“三河二港”）合并而成。区域面积1.27万平方米，建设面积30.79公顷。有居民小组10个，户籍户数526户，户籍人口2042人。2021年，社区集体经营性收入109万元，居民人均纯收入4.28万元。（蔡　琴）

新华社区　区域面积1.13平方千米。有居民小组8个，户籍户数580户，户籍人口2580人。社区内有私营企业75个、个体饭店8个、其他个体私营服务业单位35个。有中型普惠性幼儿园1所、农贸市场1个。2021年，社区集体经营性收入116万元，居民人均纯收入5.22万元。（栾粉玲）

康和社区　由原富野村、胜北村合并而成。区域面积0.2平方千米，为安置小区，总建筑面积20万平方米。社区总人口4958人，户籍户数1621户。2021年，社区集体经营性收入136万元，居民人均纯收入4.54万元。（姚淑颖）

祥和社区　原为帅于村。区域面积1.8平方千米。有居民小组11个，户籍户数630户，户籍人口2234人。2021年，社区集体经营性收入60万元，居民人均纯收入4.63万元。（张良春）

小王社区　由原小王村、毛家村合并而成。区域面积2.23平方千米，水域面积0.33平方千米，居住面积0.47平方千米。有居民小组11个，户籍户数816户，户籍人口3270人。有规模企业6个、个体私营企业80个，1850名居民在社区内企业就业。2021年，社区加大对毛家巷古村、古巷、宗祠文化遗产的保护力度。社区集体经营性总收入127万元，居民人均纯收入4.52万元。（毛慧云）

军甫社区　由原军甫村和许伍村合并而成。区域面积1.8平方千米，户籍户数596户，户籍人口2053人。居民多数在泰州国际汽车城和集镇相关企业工作。2021年，社区集体经营性总收入140万元，居民人均纯收入4.64万元。（周小江）

医药城社区　原为南塘村。区域面积2平方千米。户籍户数539户，户籍人口1910人。有东方温莎小镇和多个医药企业。2021年，社区集体经营性总收入110万元，居民人均纯收入4.46万元。（李卫生）

龙凤社区　由原西寿村、大寿村、小寿村、凤凰村合并组成。居民全部拆迁安置到龙凤家园小区。区域面积3.43平方千米。有居民小组28个，户籍户数1372户，户籍人口5675人。有多个商店、超市，流动

寺巷街道医药城社区夜景　　寺巷街道　供图

人口1.5万余人。2021年，社区集体经营性总收入539万元，居民人均纯收入4.53万元。（周利勤）

寺巷社区　区域面积2.5平方千米。有居民小组23个，户籍户数1301户，户籍人口5049人。其中5个小组被拆迁，居民安置在康和小区。区域内有泰州国家汽车城、温CAR小镇。有规模企业6个、个体私营企业82个。2021年，设立寺巷街道临时摊贩售货市场。社区集体经营性总收入206万元，居民人均纯收入5.15万元。（毛兰梅）

大王社区　由原大华村和大王村合并而成。区域面积1.5平方千米。有居民小组11个，户籍户数777户，户籍人口3040人。2021年，整理新融合的2个居民小组的居住环境和蓝思精密（泰州）有限公司周边环境，出台管理租房规定。社区集体经营性总收入155万元，居民人均纯收入4.58万元。

（戴兰华）

二桥社区　由原庙湾、井丰、蒋桥、西南塘4个村合并而成。区域面积5.1平方千米，耕地面积216.67公顷。有居民小组30个（拆迁后剩下居民小组10个），户籍户数1413户，户籍人口5476人。社区内有企业70个。2021年，社区完成220户的拆迁任务和800户的安置任务。社区集体经营性总收入247万元，居民人均纯收入4.76万元。

（王小梅）

三野社区　区域面积1.82平方千米。有居民小组9个，户籍户数630户，户籍人口2540人。社区是"绳网之乡"，有规模绳网企业46个、个体工商户156个，从业人员1650人。2021年，社区集体经营性总收入195万元，居民人均纯收入4.86万元。（王　萍）

石桥社区　区域面积0.68平方千米。有居民小组8个，户籍户数550户，户籍人口2089人。2021年，社区集体经营性总收入120万元，居民人均纯收入4.31万元。（孙梅凤）

明珠街道

【概况】2021年，明珠街道总面积19.88平方千米，耕地面积105.71公顷。下辖社区11个，居民小组98个。户籍户数11607户，户籍人口3.6万人，常住人口5.73万人。全年实现地区生产总值7.57亿元，比上年增长7%。其中，第一产业增加值0.07亿元，增长4.2%；第二产业增加值3.59亿元，增长3.7%；第三产业增加值3.91亿元，增长10%。完成一般公共预算收入1.3亿元，增长45.5%。全社会固定资产投资2.39亿元，增长20.8%。新增规模以上企业12个。盘活低效闲置土地0.83公顷。（费晶晶）

【经济建设】2021年，明珠街道签约1亿元以上投资项目或0.5亿元以上技术改造项目5个，总投资4.65亿元。开工建设0.5亿元以上技术改造项目1个。实现农业总产值0.12亿元、增加值0.07亿元。共有规模以上工业企业12个。规模以上工业产值10.8亿元、增加值1.93亿元，分别增长16%、8.8%。规模以上工业销售9.56亿元、利税0.31亿元、利润0.09亿元。征收期工业一般纳税人开票销售18.08亿元，增长1.9%。有资质以上建筑业企业12个。实现建筑业总产值1.89亿元。共有规模以上服务业企业34个。服务业固定资产投资3077万元。完成限额以上批发业商品销售额11.36亿元、零售业商品销售额2.78亿元、餐饮业营业额4391万元。新增发明专利申请量12件，有效发明专利量18件。新增市级企业技术中心1个、省级工程技术研究中心1个，均为江苏海宁船用器材厂。获批科技型中小企业13个。

（吉　鹏　张怀娣　费晶晶）

【人居环境】2021年，明珠街道实施世茂河滨、杰盛俊园、左岸名都及鲍徐集镇鲍九路南北主干道4个项目的雨污分流改造及周边环境整治工程。实施西湖翠苑小公园修缮、嘉和幸福里截污、泰河名府景观桥维修、梅兰花园健身广场橡胶跑道4个小区"微整治"项目。规划新增鲍九路、扬子港路、吴州路、天虹路停车位380个。完成7个居民小区垃圾分类"两定一撤"设施投放工作，投放垃圾分类收集房10座。督促企业严格落实重污染天气限停产方案。督促38个小微企业完成厂

明珠街道城区一角　　明珠街道　供图

区内部雨污分流改造，自建生活污水收集池，定期安排第三方实施清运。完成9条样板河道打造、13条骨干河道绿化提升。（刘小芳）

【社会建设】 教育 2021年，明珠街道区域有学校8所，分别是泰州市鲍徐初级中学、泰州市鲍徐小学、泰州市祥龙幼儿园、泰州市鲍徐中心幼儿园、泰州市红五星幼儿园、泰州市蓝天实验幼儿园、泰州市明珠幼儿园、泰州市世茂蓝天幼儿园。

文化体育 组织开展文艺活动15次、惠民演出35场、送戏下乡18场、文化展览43场，惠及12万人次。共有社区综合文化中心5个，面积4710平方米。新建笼式足球场1个、笼式篮球场1个、青少年健身器材1套、儿童游乐设施2套、乒乓球台3张、健身路径4套。至年末，共有体育健身点87个，实现全民健身路径社区全覆盖。（陈 敏）

卫生健康 为140对夫妻进行免费婚前及孕前优生体检。为3900余名育龄妇女开展“两癌”筛查工作。在祥龙社区建设市级“连心家园”示范点，关怀关爱计生特殊家庭。启动“健康惠民一号工程”，累计7850人参与。在11个社区设立社区公共卫生委员会。做好新冠肺炎疫情常态化防控工作，组织开展全员核酸检测。（万康琴）

社会生活 新增就业1215人，帮助城镇失业人员再就业953人，城乡就业困难人员再就业109人。推进城乡居民基本养老保险续缴费工作，参保缴费3769人（其中扶贫代缴68人），续缴费率99.75%，领取待遇5235人。城乡居民基本医疗保险参保10186人（其中扶贫代缴187人），实现应保尽保。明珠街道为民服务中心建成市级“15分钟医保服务圈”示范点建设单位。完成42户、79名低保户、41名困境儿童、77户低保边缘户的动态管理工作。在泰州市祥龙幼儿园设立拥军优属同创共建岗。（韩永莉）

平安与法治建设 完善综治中心与网格化服务管理中心一体化、规范化建设，将辖区内11个社区划分为80个网格（其中专属网格10个），配备网格长、管理员、网格员等网格工作人员103人。打造“旅馆式”出租房屋数据治理工作模式，实行“以码管人、以码租房、以码服务”。调处各类矛盾纠纷358起，涉及1825人，化解率100%。开展法治进校园、普法进社区、送法进企业、“三八”妇女节集中维权、“4·8”司法日、“4·15”全民国家安全教育日等法治宣传活动。推进“三年大灶”专项整治，3批14条较大安全风险隐患全部销号。（常玉娟）

【政治建设】 基层党组织建设 2021年，明珠街道共有基层党组织39个，新发展党员28人，转正14人，共有党员1485人。新建“两新”党组织4个，打造“四同八助”非公党建示范样板1个，成功申报区十佳“揭榜挂帅”优秀创新成果2个。明珠街道党工委依托“书记项目”，打造“养老驿站”，为500余名老人提供贴心服务。开展“五帮行动”，服务群众5000余人次。实施“雁阵培育计划”，对22名对象按照“一人一档”建立成长档案，举办“明珠论剑·村干部能力大比武”等活动。（徐 辉）

宣传统战工作 建立健全党工委中心组学习制度，开展中心组扩大学习16次。在祥龙社区综合文化服务中心打造党史学习教育“有声图书馆”。开展植树造林、志愿服务大集市、“人人学雷锋、点亮微心愿”、爱心助餐、健康义诊进社区等志愿服务活动。评选“月度之星”18人、“美德善行”人物15人、“最美志愿者”6人，1人入选泰州市“十行百星”。加强民营经济代表人士队伍建设，组织召开明珠街道商会第一届会员代表大会。组织民族宗教团结进步宣传活动。（沈 磊）

纪检监察 处置问题线索19条，立案查处各类违纪违法案件15件，给予党内警告处分7人，党内严重警告处分4人，政务警告处分1人，政务记过处分4人。围绕基层权力规范运行，创新推出便民服务“一码通”。（洪永华）

人大工作 明珠街道人大代表团安排7名海陵区人大代表回原选区述职。开展人大代表工作日3次，

2021年10月30日，明珠街道举办全民阅读道德讲堂活动

明珠街道 供图

接待、走访选民85人次，吸纳选民合理化批评建议意见39条，代表们运用视察、联合督查、应答问询等方式，对祥龙社区助餐点、雨污分流改造工程等项目进行督查，推动项目实施。（陈小勇）

街道办事处自身建设　制定完善议事决策规则。细化党政联席会、主任办公会流程制度，从严从实把好议题前置审核关。建立健全领导班子挂钩联系社区（企业）制度、重点工程项目领导包保责任制。开展专项督查43次，编发《督查通报》26期。建成集信访接待、法律服务、矫正安帮、效能投诉、人口计生、民政事务、志愿服务7大功能于一体基层政务服务平台。（高　飞）

【村（社区）简介】　鲍徐社区　区域面积2.4平方千米，辖区范围包括凤城丽都、西花园、泰和福苑3个住宅小区。有居民小组10个，户籍人口3003人。2021年，社区集体经营性收入108万元。完成村庄4条河道的整治工程、黑墨汪河道慢生活区打造、村庄部分道路硬质化等为民办实事项目。开展鲍九路安全示范街区创建活动。（吉进章）

殷庄社区　由原殷庄村、钱庄村合并而成。区域面积1.22平方千米。有居民小组12个，商品住宅区4个（嘉和幸福里、左岸名都、凤桥豪庭、文旅和苑），常住人口3154人。2021年，社区集体经济收入266.03万元。凤桥豪庭小区成为垃圾分类省级达标小区。（田永红）

祥龙社区　由原东汪村、西汪村、龙汪村3个村合并而成。区域面积3.8平方千米。有村民小组34个，户籍户数1936户，户籍人口7589人。2021年，社区集体经济收入222万元。获评泰州市抗击新冠肺炎疫情先进集体。（田　伟）

北徐社区　由原东徐村、北徐村、西徐村合并而成。区域面积1.5平方千米，有村民小组22个，住宅小区1个（御园），总户数1400户，总人口4496人。2021年，社区集体经济收入112.53万元。（朱小兰）

城南社区　由原城南村、泰南村、戚庄村合并而成。区域面积1.6平方千米。有村民小组10个，集体经济组织成员2545人，户籍人口4322人，常住人口7328人。2021年，社区集体经济收入416万元。成立“党建+青春志愿”服务队。设立便民充电桩站点4个，改扩建微型消防站1座，建成垃圾分类定时投放点2个，新建“我爱城南”党建文化园。（徐　演）

靳新社区　由原靳桥村、杜庄村、新建村、新春村合并而成。区域面积4.06平方千米，耕地面积69.79公顷。有居民小组23个，户籍户数987户，常住人口3873人。2021年，社区集体经营性收入145万元。完成杜庄河、于家舍河、新春中心河样板河打造。（王桂华）

东明社区　区域面积0.37平方千米，辖区范围包括梅兰花园、杰盛俊园等5个住宅小区。有居民小组

明珠街道祥龙社区爱心助餐点　　明珠街道　供图

明珠街道明珠社区楼栋文化墙　　明珠街道　供图

12个，户籍人口2068人，常住人口5500人。2021年，社区集体经营性收入247.8万元。完成春之声别墅区监控技防工程、梅兰花园健身广场及公共厕所改造、济川桥南侧破损路段维修、东明新区人居环境美化等“我为群众办实事”项目。

（张才喜）

春风社区　由原春风社区与原鑫泰花园社区合并而成。区域面积2平方千米，有鑫泰花园、鑫泰苑、玉城茗墅、鑫福源4个小区。社区集体经济组织成员1800余人，常住人口5000余人。泰州市社会福利中心、泰州市中西医结合医院、泰州市港华燃气公司等便民服务机构均在辖区内。2021年，社区集体经济收入150万元。获评泰州市“绿色社区”。（张桂祥）

西湖翠苑社区　有西湖翠苑、世茂河滨2个小区，区域面积0.5平方千米，常住人口6300人。2021年，社区团支部获评全国五四红旗团支部。

（穆俊杰）

明珠社区　区域面积0.32平方千米，辖区内有住宅小区1个（明珠花园）。下设网格片区7个，服务居民2203户，常住人口7000余人。2021年，改造小区老旧路面为红色健康步道；拆除老旧水泥亭，打造党建睦邻点。获评泰州市“巾帼文明岗”。

（秦爱华）

丹凤社区　区域面积0.5平方千米，下辖商业住宅小区4个，分别为凤凰21小区、泰墅园、泰河名府、聚丰园，常住人口3675人，户籍人口1193人。2021年，完成“凤凰21小区中心花园改造”项目，建成泰河名府景观河党建文化墙、泰墅园党建文化亭，新增停车位60个。（吴　镕）

凤凰街道

【概况】　凤凰街道地处泰州市行政中心，北起凤凰路，南至姜高公路，西至泰州大道，东与姜堰区张甸镇接壤。2021年，凤凰街道总面积32平方千米，耕地面积710公顷。辖涉农社区13个、城市社区6个、商业住宅区38个、拆迁安置小区7个，户籍户数19186户，户籍人口59220人，常住人口近10万人，总人口近20万人。全年实现地区生产总值46.29亿元。其中，第一产业增加值0.42亿元，比上年增长8.83%；第二产业增加值4.62亿元，下降66.59%；第三产业增加值41.25亿元，增长10.4%。完成一般公共预算收入8.33亿元，增长27.8%。全社会固定资产投资81.03亿元，增长10.55%。培植“四上单位”23个，其中，规模以上工业企业1个，批发零售单位12个，住宿餐饮单位5个，服务业企业1个，房地产企业4个，完成目标的209%，列全区园区、镇街第一。居民人均可支配收入45214元，增长10.5%。

（李　华）

【经济建设】　2021年，凤凰街道完成妇幼保健院、凤凰园社区雨污分流、永兴花园小区雨污分流等固定资产投资项目10个，完成新入库房地产项目6个。开工建设1亿元以上项目2个（泰福里、城南康养），“三比一”提升项目1个（金茂府）。农业利用“三资”6.69亿元。完成工业企业一般纳税人开票销售6.01亿元。规模以上工业总产值2.05亿元、增加值0.47亿元。有规模以上工业企业7个。有建筑业企业59个，建筑业总产值13.63亿元。其中，资质建筑企业27个，总产值10.93亿元。限额以上社会消费品零售额13.03亿元、零售业销售额11.09亿元、住宿业营业额2.35亿元、餐饮业营业额0.51亿元。有服务业“四上单位”30个。获批高新技术企业3个、科技型中小企业23个。新增有效发明专利29个。新增注册商标15个。

（孙　霞　曹继红）

【人居环境】　2021年，凤凰街道因地制宜、因村制宜提升农村人居环境。梅兴社区以“梅”为主题，打造本村乡村文化。秦蒋社区以蒋侯故里、核心价值观为主线，建设美丽乡村。塘湾老集镇修复柳敬亭旅居地旧居，打造文化长廊。完成乡村级河道整治4条。体育中心周边杨庄社区、陈庄社区房屋搬迁项目完成361户协议签订，完成461套房屋进

凤凰东路　　凤凰街道　供图

宅工作，高铁新城安置区（双河社区）搬迁改造项目高效推进，签约率100%。完成向阳河排污口整治、老通扬河59个排污口整治、杨庄砂石厂整治和杨庄拆迁现场扬尘治理。对2020年度生态环境部交办的问题进行“回头看”。督促4个加油站完成三次油气回收改造。督促首府大酒店等11个餐饮单位安装油烟净化装置。开展河湖“两违三乱”治理，排查整治河湖“两违”21处。开展“水岸清洁”专项整治行动，整改有关问题108个。

（王小进　曹继红）

泰州市凤凰初级中学　　凤凰街道　供图

【社会建设】 教育　2021年，凤凰街道辖区有中小学、幼儿园19所。其中，市直高中1所，为江苏省泰州中学；市直初中3所，为江苏省泰州中学附属初级中学、泰州市凤凰初级中学、省泰中附中教育集团周山河初级中学；小学4所，为泰州市凤凰小学、泰州市太湖路小学、泰州市塘湾小学、泰州市周山河小学；幼儿园11所，为泰州市绿地幼儿园、泰州市太湖路幼儿园、泰州市塘湾幼儿园、泰州市御园路幼儿园、泰州市盛唐实验幼儿园、泰州市永兴幼儿园、泰州市恒景大地幼儿园、泰州市盛和幼儿园、泰州医药高新区凤凰艺术幼儿园、泰州医药高新区希郎艺术幼儿园、泰州医药高新区乐童幼儿园。协助区教育局推进泰州市御园路幼儿园、泰州市塘湾幼儿园改扩建工程建设，泰州市御园路幼儿园项目竣工。

文化体育　5个艺术团队创作文艺新品15个。新创歌曲《那一天，我举起右手》获江苏省“中国梦”主题新创歌曲优秀作品奖，在2021年“晨星奖”泰州市新创文艺节目调演评比中获得金奖。全年开展文化惠民演出活动87场次。开展庆祝中国共产党成立100周年“学党史、颂党恩、跟党走”主题文艺宣讲活动10场次。全年文化服务人次100.54万人次。6月，《凤凰街道志》出版。

卫生健康　有公办医疗机构1个，为泰州市塘湾卫生院，共有医务工作人员42人，社区卫生服务中心9个。做好新冠肺炎疫情防控工作，规范建立集中医院观察点3个。开展计划生育特殊困难家庭签约服务活动，为50户特殊困难家庭82人建立居民电子健康档案。

社会生活　完成盛和社区、凤凰曦城助餐点建设。开展就业技能培训和专项能力提升培训10期，累计培训600人次。城镇新增就业1290人。发放城乡低保户补助金120余万元。落实计划生育奖扶政策，发放奖扶资金280.26万元。

（陈扣宝）

平安与法治建设　构建“街道党工委—社区党组织—网格党支部—网格党小组”四级基层组织体系。排查化解涉众型矛盾问题6起、信访积案13起、各类矛盾纠纷38起。坚持党建引领、物业联动，打造刘庄、东谢、华润等样板式社区。建成“老来伴”“红管家”等一批服务品牌。排查、整改安全隐患2733条。永定社区创成全国防灾减灾示范社区。建成太湖路安全示范创建街区，将恒景农贸市场打造成全市无燃气使用样板农贸市场。

（张海林　许春龙）

【政治建设】 基层党组织建设　2021年，凤凰街道党工委组织党员干部开展“登高望远、创新争优”凤凰发展“三问”大讨论，实施基层党组织书记“圆桌论坛”、“夜间课堂”、“小巷WE治”赋能行动、青年干部“周六课堂”。完成8个社区党群服务中心提档升级，高标准打造凤凰街道区域化党建、凤凰园社区党建集成示范点。实施城市社区“人气集聚计划”，引入和孵化社会组织53个，开展人气集聚活动672场，辐射周边群众3万余人。（蒋　晨）

宣传统战工作　组织开展党工委中心组学习、研讨15次。专题召开意识形态工作会议3次。围绕庆祝中国共产党成立100周年，打造“国旗一条街”，举办“党史照我去奋斗”征文演讲比赛、党史知识线上线下答题活动、“学党史、颂党恩、跟党走”主题文艺演出等活动30余场次。开展党史学习教育，成立全市首个“大工委”党史学习联盟，吸引市党史方志办、公安局、自然资源和规划局、住建局和江苏省泰州中学附属初级中学等驻街道单

位加入。共有2人当选泰州市最美人物。在主流媒体刊登稿件200余篇。成立统一战线工作领导小组。（蒋　晨）

纪检监察　落实党风廉政建设责任制，制定责任清单，层层签订责任状，定期开展廉政谈话。开展新冠肺炎疫情防控、防汛、扶贫等重点工作领域监督执纪。组织开展党纪国法学习和警示教育，学习传达上级会议精神及各类典型违纪违法案例10余次。排查处置各类问题线索20余条。运用“第一种形态”8人次，通报问责2起，立案12件，结案12件。（钱季峰）

人大工作　推进“人大代表联系群众活动室”规范化建设。组织代表听取民生诉求，参与民生项目建设、基础设施建设、职业技能培训、政策宣传等各项工作。为邻里中心、垃圾中转站、塘湾游园等便民工程建言献策。（范轩瑜）

街道办事处自身建设　围绕总部经济、楼宇经济、税源经济，持续加大招商引资力度，优化营商环境，推动项目落户、服务落实、税收落地。自觉接受人大监督和政协民主监督。及时办理“12345”民生服务热线交办件。修改完善《凤凰街道效能督查考核细则（试行）》和《凤凰街道作风效能问责暂行办法》。（李　华）

【村（社区）简介】梅兴社区　由原陆河和兴庄2个村合并而成。区域面积2.3平方千米，耕地面积138.8公顷。有居民小组16个，户籍户数699户，户籍人口2508人。2021年，社区集体经济收入175万元。完成梅兴大道改扩建工程。对兴庄河南桥两边护栏进行拆除、重建。打造生态河道1条。（徐文亮）

秦蒋社区　由原秦庄村和蒋河村合并而成。区域面积1.55平方千米。有居民小组9个，户籍户数556户，常住人口2000人。2021年，社区集体经济收入178.6万元。（常华东）

塘湾社区　由原塘湾村、塘北村合并而成。区域面积2.31平方千米，耕地面积119.8公顷。有居民小组14个，户籍户数1096户，常住人口3138人。辖区共有各类小微企业17个，涉及生产加工、建筑建材和机械电子等领域。2021年，社区集体经济收入243.79万元。初步建成居家养老服务中心。（张天平）

朱穆社区　区域面积2.72平方千米，耕地面积87.2公顷。有居民小组7个，户籍户数517户，户籍人口1773人。2021年，社区集体经济收入45.6万元。（孙启斌）

殷蒋社区　由原殷庄、蒋庄2个村合并而成。区域面积26.64平方千米。有居民小组10个，户籍户数588户，户籍人口2430人。已征地35.39公顷，耕地面积28.14公顷，办理失地保障522人。2021年，社区集体经济收入210万元，居民人均可支配收入2.5万元。（蒋乃圣）

陈庄社区　区域面积246.67公顷，耕地面积97.33公顷。有居民小组17个，户籍户数756户，户籍人口3010人。17个居民小组被整体拆迁，大多数居民安置在凤凰曦城、凤凰三居苑、东谢欣园等小区。2021年，社区集体经济收入379.3万元。（陈荣斌）

杨庄社区　区域面积1.5平方千米。有居民小组12个，户籍户数872户，户籍人口3677人。2021年，社区集体经济收入51.97万元。做好3条河道的扩宽和景观改造。12月，完成凤凰三居苑二期分房。（袁廷洛）

向阳社区　由寺巷街道原军甫村的军河、军王2个自然村及许伍村1组组建而成。有凤凰曦城拆迁安置小区和恒大华府、碧桂园、云锦香都3个商住小区，常住人口7000余人。2021年，社区集体经济收入186万元。（陈亚伟）

西谢社区　区域面积1.1平方千米。有商住小区2个、拆迁安置小区1个，常住人口9325人，户籍人口3134人。2021年，社区集体经济收入170万元。（刘建罗）

双河社区　区域面积2.4平方千米。有居民小组13个。户籍户数570户，户籍人口2113人。建有社区舞蹈队、秧歌队。2021年，社区集体经济收入430万元。启动锦绣双河城三期及周边道路土地的征收工作，完成盛唐路东侧剩余土地

凤凰街道向阳社区恒大华府小区　　凤凰街道　供图

流转。（穆殿成）

刘庄社区 区域面积原有2.73平方千米，先后经过11批次的拆迁，大部分居民安置在永兴花园小区。社区建有公益性用房1600平方米，自建商业用房4000平方米。2021年，社区集体经济收入287.77万元。完成天鲜智慧农贸市场提档升级工作。（马长庆）

东谢社区 有盛唐花苑、东谢欣园2个拆迁安置小区，东润第一城、东润首府、金通桃花源3个商住小区，商业中心有百饰得装饰城和名流家居国际博览中心。常住人口1.2万余人。2021年，社区集体经济年收入750余万元。完成实事项目8个，包括建设东润首府电动自行车太阳能充电长廊、改造盛唐花苑阳光餐厅等。（王爱珍）

振兴社区 由原百胜、夏庄、曹庄3个村合并而成。区域面积1.9平方千米，耕地面积70公顷。有居民小组17个，户籍户数972户，户籍人口3493人，流动人口约800人，共有5个组因城市建设需要被整体搬迁。辖区内有泰州市泰帆工业用布有限公司、泰州市红五星食品有限公司等重点企业。2021年，社区集体经济收入604.3万元。完成高铁新城双河安置区涉及振兴地块土地交付。（孔德明）

集镇社区 原为塘湾集镇所在地，为凤凰街道最早的城市社区。区域面积0.04平方千米。2021年，修复老后街5个码头，改造污水管道180米。（马罗根）

盛和社区 有景泰园、恒景国际花园、皇家花园和盛和花园4个商住小区，常住人口10968人，户籍人口6393人。社区紧邻泰州市政府驻地，有市直单位11个，商务写字楼4栋，企业近200个，沿街商铺258个。2021年，完成景泰园小区铁艺护栏、消防通道门翻新等项目。（陈 盛）

永定社区 有上海大花园、景瑞·荣御蓝湾、润和·滟澜湾、碧桂园柏悦府4个商住小区，住户5812户。2021年，上海大花园和润和·滟澜湾小区争创一星级小区。（毛爱军）

华润社区 户籍人口2000余人，常住人口2万余人。2021年，万象城开业，日接待人次3万人。华润双子楼和金茂府开工。（陈庆喜）

凤凰园社区 区域面积1.2平方千米。社区服务范围涵盖凤凰园小区、泰州市文化艺术中心、泰州市金融服务区、泰州市人民广场和泰州市人民检察院、财政局、行政服务中心、住建局、档案馆、交通局等市级单位。辖区内共有住户462户，常住人口1271人。2021年，引入青禾公益、蓝田艺术培训中心、泰乐家养老服务等社会组织，举办特色活动50余次。与泰州市总工会、泰州市行政审批局、泰州市泓德国学馆、泰州医药高新区人民法院等单位达成共建协议，为社区居民提供上门服务事项。（王 赟）

钟山社区 区域面积0.15平方千米。居民922户，总人口3110人。2021年，凤凰三居苑C区交付使用，有高层6栋共584户。服务凤凰街道招商引资1亿元项目（城南护理院）落地。（赵兴罗）

沿江街道

【概况】2021年泰州医药高新区、高港区融合后，沿江街道由滨江工业园管理办公室代管，履行辖区范围内民生保障、社会治理、综合执法等社会事务管理职能。沿江街道位于泰州市区西南部，东接南官河，西抵扬州江都区边界，北至345国道，南临长江，拥有长江岸线4.99千米，辖区面积13.08平方千米，下辖涉农社区1个，户籍户数4434户，户籍人口15547人。2021年，沿江街道实现地区生产总值73.4亿元，比上年增长0.3%。固定资产投资55.13亿元。实际利用外资和港澳台资3965万美元。进出口总额1.98亿美元。（吴 俊）

【经济建设】2021年，沿江街道新开工项目10个，新竣工项目6个，签约1亿元人民币或1000万美元以上项目32个。有耕地面积37.79公顷。主导产业为石化及新材料产业。江苏三瑞生物技术有限公司获批省级工程技术研究中心，滨江大健康新材料"众创空间"成为省级"众创空间"。完成规模以上工业企业研发投入4.72亿元。获批科技型中小企业34个、高新技术企业4个。（王 琦）

【人居环境】2021年，沿江街道完成长江景观绿化三期工程，建设规模约3万平方米。完成南官河景观绿化四期工程，建设规模约10万平方米。完成现代物流停车场附楼及配套项目，总用地面积7.2万平方米，总建筑面积8125.97平方米。完成长江防洪能力提升工程，加固堤防2.85千米，其中，拆建1.65千米，新建0.39千米，加高防洪墙0.81千米。投入21.8万元对重点泵闸站进行维修保养，确保正常运行，保证汛期安全。送水河北闸站工程完成竣工验收，赵泰支港北闸站改建工程完成旧泵站拆除。推进化工产业环保整治。（邵德琴 姜 曲）

【社会建设】文化体育 2021年，沿江街道开展送文化进企业、进社区、进机关活动。开展流动展览12场，服务10907人次。举办庆祝中国共产党成立100周年主题文艺演出5场。结合"节日里的党史教育"，开展"童心向党，快乐成长"庆祝"六一"亲子活动和"巾帼心向党，为民办实事"主题活动。在腾龙御园小区增设一代健身路径2套。（周荣茵）

卫生健康 常态化做好新冠肺炎疫情防控工作。开展流动人口信息入户核查，对632名流动人口建立健康档案。完成1531名65岁以

沿江街道大健康产业集聚区 沿江街道 供图

上老人健康体检、2703名育龄妇女健康检查。开展职业病危害防治，完成28个企业摸底排查，完成14个企业职业病危害防护现状调查。（潘霞林 王 琦）

社会生活 向城乡低保家庭10户13人发放低保金11.8万元，向603名80周岁以上老人发放尊老金93.6万元，向117户特殊困难家庭发放生活救助金41.4万元。城镇新增就业1140人，失业人员再就业400人，城乡就业困难人员再就业40人，支持成功自主创业50人。城镇职工养老保险新增参保720人，城乡居民养老保险新增参保61人，城乡居民医疗保险累计参保4070人。完成养老保险资格认证10657人。（沈建勋 刘 剑）

平安与法治建设 接待处理信访及各类矛盾纠纷184件。出台安全生产领域规范性文件2个。推动法律援助“应援尽援”，实现社区“法律顾问”、调解室业务用房、司法行政服务站全覆盖，矛盾纠纷调处成功率100%。（何 伟）

【政治建设】基层党组织建设 2021年，沿江街道党工委下辖基层党组织39个，党员761人。推动非公企业党组织“四同八助”创建工作，打造组织委员样板区1个。开展第二期“我是党员、奋斗有我”党员集中轮训。将“五带三星”与“无职党员设岗定责、在职党员履职尽责”相结合，以市级机关党员集中回社区报到为契机，成立2个服务小分队。深化“两新”党建“固定指导日”制度，每月20日下沉指导，解答党建问题、发展难题。（励 菲）

宣传工作 沿江街道党工委理论学习中心组集中学习17次、交流研讨6次。在国家级媒体用稿7篇，省级媒体用稿45篇，市级媒体用稿8篇。建立“我为群众办实事”长效机制，党员干部挂钩联系重点企业11个、服务重大项目24个、化解矛盾12个，各基层党组织和党员为群众、企业、人才、职工等办实事95件。推进“登高望远、创新争优”大讨论活动，开展专题研讨和头脑风暴4次。（瞿格兰）

纪检监察 围绕违规配备使用公车、收受购买“天价烟酒、高档茶品”、惠农补贴发放等13类专项行动，重点查处隐性“四风”和群众身边腐败问题。组织党员干部观看《贪欲之祸》警示教育片，制作《贤兴家，廉避祸》廉政微动漫。准确运用监督执纪“四种形态”，提醒谈话1人，诫勉谈话1人，批评教育2人，党内严重警告处分2人，开除党籍2人。（孙 圆）

人大工作 沿江街道人大工委围绕环境保护、营商环境、安全生产、失地农民保障等群众关心关注问题开展视察调研、执法检查、工作评议等活动12次。完成人大代表换届选举，选举产生区级人大代表8人。（栾美凤）

【滨江社区】由原滨江、常福、高港、故土、杨湾5个社区合并而成。与沿江街道四至范围一致。户籍户数4434户，户籍人口15547人。2021年1月，选举产生第一届社区党委和第一届社区居委会。社区将106个自然组划分为11个专属网格。2021年，社区集体经济收入220万元。（黄良发）

永安洲镇

【概况】2021年，永安洲镇总面积55.9平方千米，耕地面积937.65公顷。辖社区11个，居民小组218个。户籍户数8229户，户籍人口29931人。全年实现地区生产总值134.06亿元，比上年增长2.2%。其中，第一产业增加值1.6亿元，下降11.9%；第二产业增加值70.21亿元，下降4.3%；第三产业增加值62.24亿元，增长10.8%。一般公共预算收入3.22亿元。全社会固定资产投资76.98亿元，下降10.5%。外资和港澳台资实际到账8675万美元；自营进出口总额11.05亿美元，其中，进口8.29亿美元，出口2.76亿美元。新增私营企业371个，新增个体工商户326户。城乡居民人均可支配收入45214元，增长10.5%。

【经济建设】2021年，永安洲镇签约1亿元以上项目17个，新开工1

亿元以上项目13个。农业利用“三资”8.6亿元，招引农业规模项目11个，获评市级“一村一品”示范村1个（东江社区）。完成绿色食品认证面积191公顷、品种8个，绿色大米种植覆盖全镇。泰州丰汇长江水产有限公司申报“真江”牌绿色水产品2个。新增市级农业产业化龙头企业1个（泰州市东浦水产养殖有限公司）。完成规模以上工业产值326.21亿元，工业投资64.99亿元。新增规模以上工业企业10个。完成工业战略性新兴产业产值52.79亿元。完成工业企业一般纳税人开票销售495.65亿元。有建筑业企业19个，建筑业总产值161.4亿元。疏港南路工程被评为2021年度泰州市公路水运工程“平安工地”建设市级示范工程。完成服务业产业投资14.11亿元。完成限额以上批零住餐销售总额342.35亿元、消费品零售总额4.42亿元。新培育规模以上服务业企业4个、限额以上批零住餐企业13个。新增发明授权专利77件。12个企业被认定为省高新技术企业。新认定市级以上研发机构2个。 （李 誉 蒋 颖）

【人居环境】 2021年，永安洲镇完成圣森生物制药、益海调味品、古马干河码头群等地块控制性详细规划图则调整。与市、区规划部门沟通，完成永安花苑三期上市前期工作。推进疏港公路及古马干河特大桥建设，对项目全过程跟踪管理。完成华永医药制造公共服务平台标准厂房项目（总投资4.3亿元）的土建验收。推进化工园区永安污水处理厂建设。启动鸿兴路西延建设，推进浑水管道改迁、古马干河热力管线改迁工程。完成永安花苑二期安置房分房。实施水污染防治重点项目，完成2个企业污水站升级改造及长江入河排口分类整治销号验收。完成3个企业废气处理设施提标改造，排查整治问题58个。开展大气管控行动21轮次。开展危废专项整治活动，排查整治环境安全隐患52个。 （李 誉）

【社会建设】 教育 2021年，永安洲镇有小学、初中各1所，为泰州市永安洲初级中学、泰州市永安洲小学；幼儿园2所，为泰州市永安洲幼儿园、泰州市高港区枫雅幼儿园。泰州市永安洲小学成功申报江苏省基础教育内涵建设项目——个别化教育，承办泰州医药高新区（高港区）首届中小学生田径运动会，该校田径运动队获团体冠军。出台泰州市泰州港核心港区（永安洲镇）支持教育高质量发展激励办法（试行），每年安排150万元专项资金，重点奖励辖区内学校师德及教学业绩突出的优秀教师。成立范仲淹（永安洲）基金会，香港范仲淹基金会会长范梅艳现场捐赠50万元。

文化体育 新增体育健身路径23件（套）。举办“永远跟党走·奋进新征程”大江放歌专场文艺演出、第四届趣味运动会，承办江苏省庆祝中国共产党成立100周年“百年百场”优秀群众文艺作品巡演、全区“传承红色基因·赓续精神血脉”主题阅读等文化巡演、书法展览、文化培训活动199场次。

卫生健康 有综合性卫生院1所、社区卫生服务站7个，共有医护职工62人，核定病床40张。全镇居民电子健康档案建档规范率93%，规范化建档率90%以上。全年接种1类疫苗5036针次，7周岁以内儿童1类疫苗接种率超过90%。完成血防查螺面积255.77万平方米，灭螺面积1428.89万平方米。镇计生协分别被省、市计生协评为计生维权项目示范点、生育关怀行动先进单位。

社会生活 新增就业1528人，城镇失业人员再就业952人，新增农村劳动力转移133人，新增创业1474人，创业带动就业1593人，城乡劳动者就业技能培训420人。引进高层次人才80人，新增海外优秀人才5人。城乡居民基本养老保险参保人数5702人，城乡居民基本养老保险续缴人数5583人，企业职工养老保险参保人数新增248人，工伤保险参保人数净增486人，城乡居民医疗保险参保人数15172人，为537名失地农民办理失地保障。永安洲镇退役军人服务站在区退役军人事务局开展的年终考核中获得第1名。

平安与法治建设 检查危化品企业88个次，检查整改各类隐患问题425项，检查涉炉等工贸企业

古马干河特大桥 永安洲镇 供图

456个次，整治各类事故隐患4100条，党政领导干部挂钩的54项重大安全风险隐患全部得到化解。编制《泰州市永安洲镇消防专项规划（2021—2030）》，修订《泰州市泰州港核心港区（永安洲镇）突发事件总体应急预案》。开展信访积案攻坚百日会战行动信访积案化解专项行动。依托润洲法治游园、兴洲法治文化广场、永胜宪法园、永胜法治文化墙等法治文化阵地，打造法治文化精品小镇。（李　誉）

【政治建设】 基层党组织建设　2021年，永安洲镇共有党员1464人，发展新党员38人。核心港区党工委（永安洲镇党委）有直属党组织84个，其中，党委4个，党总支11个，党支部69个。举办"我是党员、奋斗有我"党员轮训班。机关、社区干部自编自演红色情景剧《渡江支援"渔"水情》。开展镇"两优一先"评选活动。在润洲社区入口景观处打造中心"睦邻点"。推进非公企业"四同八助"党组织创建。江苏汇福油脂科技有限公司党支部获评市先进基层党组织。

宣传统战工作　出台《核心港区（永安洲镇）2021年度意识形态工作要点》。开展党史学习教育，利用鼓儿书、小品、诗朗诵等形式开展宣讲活动。推进党委理论学习，开展专题学习13次、集中研讨7次。在中央电视台、新华网、《新华日报》等媒体刊发信息100余篇，在"学习强国"学习平台刊发稿件80余篇。联合新华社江苏分社开展"春江水暖之稳当当的新年"直播活动。联合中央电视台农业频道《致富经》栏目组录制《新招儿养鱼，利润翻倍》节目，讲述渔民创业故事。策划海军舰艇文化园开园宣传报道，连续在央视《新闻直播间》《朝闻天下》《新闻30分》等栏目播放。组织开展"十年禁渔百年计、万尾河豚百人放"放流活动。4个社区、4个单位分别通过市级文明社区、文明单位复评，润洲社区创成市级文明社区。新街社区居民周云萍当选为8月江苏好人。评选出五星级家庭311户、四星级家庭697户、三星级家庭1756户。成立全区首个乡村复兴少年宫。完善在外知名人士数据库，成立全市首个基层侨联组织。通过寄送慰问信、登门拜访等方式，慰问35名永安洲籍在外知名人士及其家属。

纪检监察　查处形式主义、官僚主义问题1件，处理党员干部1人；查处享乐主义、奢靡之风问题6件，处理党员干部6人，其中给予党纪政务处分6人；查处群众身边腐败问题和不正之风问题4件，处理党员干部4人，其中给予党纪政务处分4人；问责问题2件，问责党员干部2人。

2021年2月27日，永安洲镇举办"我们的节日·元宵"主题活动
永安洲镇　供图

人大工作　有省人大代表1人、市人大代表3人、区人大代表20人、镇十七届人大代表50人。全年召开人代会2次、主席团会议4次，组织开展"人大代表工作日"活动3次，听取和审议专项工作报告15项，组织代表视察、专项检查和调研活动6次。

政府自身建设　主动接受镇人大法律监督和工作监督、政协民主监督及社会舆论监督，办理人大代表建议、政协委员提案37件，办结率、满意率均达100%。建立领导干部接访、约访制度。做好巡视巡察、审计发现问题整改。

政协工作　永安洲镇政协委员活动小组开展集中学习4次。开展调研视察活动3次，区政协全会期间提交提案40余件。组织协商议事成员到基层调研50余次，收集民情、民意200余条，开展协商议政活动36次，参加活动人数600余人次，解决基层热点、难点及民生实事问题36件。（李　誉）

【村（社区）简介】 福沙社区　由原永福、北沙2个村合并而成。区域面积5.6平方千米，耕地面积101公顷。有居民小组21个，户籍户数927户，户籍人口2890人。2021年，社区集体经济收入740万元，年终居民股份分红331万元，居民人均纯收入50500元。被评为江苏省文明社区、泰州市文明社区。

新街社区　由原同兴、盘头2个村合并而成。区域面积8.56平方千米，耕地面积126.2公顷。有居民小组24个，户籍户数220户，户籍人口2217人。2021年，社区集体经济收入444.44万元，居民人均纯收入44394元。

永兴社区　由原胜利、天雨2个村合并而成。区域面积4.81平方千米，耕地面积139.78公顷。有村民小组26个，户籍户数995户，户籍人口2139人。2021年，社区集体经济收入301.44万元，居民人均纯收入34159元。向7名在中考、高考中取得优异成绩的学生发放奖学金2万元。

兴洲社区　区域面积1平方千米，耕地面积0.68公顷。有6个居民小区和7个涉农生产队，基本实现由涉农社区向城市社区的转型。户籍户数1438户，户籍人口5181人。拥有各类企业470个、个体工商户1430户。2021年，社区集体经济收入368.9万元，居民人均纯收入36986元。

润洲社区　区域面积0.3平方千米，有多层安置楼74幢、高层安置楼17幢，安置拆迁户2247户，常住人口超过9000人，外来人口约1000人。2021年，社区集体经济收入262.92万元，居民人均纯收入38115元。新增民营企业80个、个体工商户26户，支持创业人数34人。投入230万元用于居民房屋维修及基础设施维修。改造社区景观中心带，规划设计户外休闲"睦邻点"。获评泰州市文明社区。

中心社区　由原明沟、引江、同联3个村以及永安村8～13组合并而成。区域面积9平方千米，耕地面积90.6公顷。有居民小组36个，户籍户数1147户，户籍人口2613人。2021年，社区集体经济收入321.36万元，居民人均纯收入3.82万元。实施"幸福河湖，美丽乡村"项目。扩建汇海停车场内部加油站。

兴隆社区　由原新圩、新德2个村和原永安农场合并而成。区域面积3.38平方千米，耕地面积143.27公顷。有居民小组22个，户籍户数609户，户籍人口2237人。建有健身广场6个、家庭农场5个、垂钓中心3个，落户小型企业12个。2021年，社区集体经济收入80.61万元，居民人均纯收入3805元。新增个体工商户16户。

建安社区　由原保健、平安2个村合并而成。区域面积2.71平方千米，耕地面积172.41公顷。有居民小组21个，户籍户数580户，户籍人口2091人。有小规模企业6个，高效设施农业基地2个，绿化苗木基地3个，共流转土地93.97公顷。2021年，社区集体经济收入398.5万元。

永安洲镇润洲社区党群服务中心　区党工委（区委）宣传和统战部　供图

东江社区　有永联、东江、新渔3个自然村，区域面积2.75平方千米，耕地面积77.93公顷。有居民小组14个，户籍户数724户，户籍人口2315人。2021年，社区集体经济收入600.68万元，居民人均纯收入4.1万元。投入23万元用于桥梁修缮。对主干道沿线绿化进行改造。新建党建文化广场5500余平方米。获评全市"微自治"优秀社区、泰州市特色田园乡村。

上桥社区　由原堂圩、兴无、桥西3个村合并而成。区域面积5.2平方千米，耕地面积135.33公顷。有居民小组28个，户籍户数843户，户籍人口3014人。2021年，社区集体经济收入347.77万元，居民人均纯收入3.05万元。购买服务岗位10个，开展环境管护工作。投入60万元新建排涝站1个。成立泰州市上桥社区建筑工程有限公司。

永胜社区　由原福胜、永正2个村合并而成。区域面积3.9平方千米，耕地面积16.75公顷。有居民小组17个，户籍户数665户，户籍人口2627人。2021年，社区集体经济收入607.2万元，居民人均纯收入4.2万元。投入经费200余万元，整改民生问题10余条，惠及居民2000余人。拓宽福胜中沟北侧道路，配套实施道路绿化、亮化提升工程，建设主题展示墙。（李　誉）

白马镇

【概况】2021年，白马镇总面积23.21平方千米，耕地保有量1344公顷。辖行政村5个、社区2个，村（居）民小组127个。户籍总数6528户，户籍人口22260人。全年实现地区生产总值17.79亿元，比上年增长10.6%。其中，第一产业增加值1.44亿元，增长3.6%；第二产业增加值5.64亿元，下降11.5%；第三产业增加值10.71亿元，增长11.1%。完成一般公共

孔氏农场稻鸭综合种养　　白马镇　供图

预算收入4389.09万元。固定资产投资17.6亿元，增长57.1%。新增私营企业263个、个体工商户536户。完成新增规模以上企业11个，其中，批发零售企业9个，服务业企业2个。白马镇获评2018—2020年度泰州市深化全国文明城市创建先进集体，陈家村入选第三批全国乡村旅游重点村。（陈　懿）

【经济建设】 2021年，白马镇完成农业总产值2.26亿元、增加值1.44亿元。新增1000万元以上农业项目7个，总投资3.5亿元，其中1亿元以上项目2个。承办全市秸秆离田综合利用现场观摩会。设立水稻化肥减量示范区、绿色防控示范区、绿色高产高效示范区各1个，孔氏农场稻鸭共育生态综合种养技术的示范推广项目被列入江苏省2020年基层农技推广体系改革与建设项目并通过验收。建成阳光玫瑰葡萄智能种植云平台物联网基地，明慧农场久粒糯香大米、久粒益香米、久粒香大米通过中国绿色食品认证，江苏芸乐农业科技有限公司获评市级农业龙头企业。白马现代农业园获评全国农村创业园区（基地）。完成规模以上工业增加值0.96亿元、产值5.37亿元。实现征收期工业一般纳税人开票销售8.98亿元，增长9.48%。全年新开工1亿元以上工业项目4个。新增建筑业企业2个，共有建筑企业7个。实现建筑业总产值30.77亿元。实现服务业增加值10.71亿元，比上年增长11.1%；服务业投资5.43亿元；限额以上批零住餐业销售额7.73亿元，增长83.8%。共有规模以上服务业企业7个，限额以上服务业企业23个。完成科技型中小企业入库28个。
（李雯婷　窦　平　于汉林　王　骏　吴晓春）

【人居环境】 2021年，白马镇有序推进基础设施提档升级。长6.8千米"一路高畅"品牌公路及绿化景观项目建成通车，白马中学与海军小学合署办学项目建成并交付使用，污水管网工程通过竣工验收，派出所营房建设工程基本完工，姜高公路改扩建工程完成动迁工作，兴化市长江引水工程项目有序推进，将军路、金马大街完成出新改造。打造陈家村人居环境整治示范区。做好秸秆"双禁"工作。严格管控扬尘污染，开展餐饮油烟污染整治"回头看"。常态化推进"河长制"工作，镇、村两级河长共计巡河530次，发现整改问题96个，建设幸福河湖4条，其中双龙河创成市级"五星"幸福河道，打造生态河道4条（段），实施黄河村和白马社区活水工程，疏浚整治河道9条。开展国土绿化行动，新增造林面积10余公顷。（姚爱军　袁　磊）

【社会建设】 教育　2021年，白马镇有学校4所，分别为泰州市白马幼儿园、泰州市海军小学、泰州市白马初级中学、白马镇社区教育中心。白马镇社区教育中心申报的"乡村振兴战略背景下，农村社区教育助力乡村治理的实践与研究"课题获

白马庙森林公园一角　　白马镇　供图

全国农村社区教育科研课题项目立项，乡土教材《文明礼仪》入选《全国乡土课程名录》，并在全国农村成人教育网络平台展播。泰州市白马初级中学获评泰州市文明校园，泰州市海军小学获评江苏省文明校园、江苏省节水型学校、泰州首批"青爱小屋"，泰州市白马幼儿园获评江苏省校园足球先进幼儿园。

文化体育 开展庆祝人民海军成立72周年和中国共产党成立100周年系列活动，举行文化惠民演出16场，受众人数1万余人次。建成15分钟全民健身圈，新建改建全民健身点3处，白马镇体育公园建设到位。6月，《白马镇志》出版。中国人民解放军海军诞生地纪念馆获全国文化和旅游系统先进集体称号。

卫生健康 有医疗卫生机构7个，其中，医院1个（白马人民医院），社区卫生服务站6个。白马人民医院有职工52人，主任医师1人，副主任医师6人，主治医师4人。开展敬老月活动，实施"安康关爱行动"。有序推进孕前优生健康检查。常态化做好疫情防控工作。

社会生活 城乡居民养老保险参保人数5623人，续缴率92%，城乡居民基本医疗保险参保人数11549人。城镇新增就业642人，引进高层次人才47人、海外留学回国人才7人。按需开展居家养老服务9300人次，完成20户特殊困难老年人家庭适老化改造。区域性养老服务中心通过市级验收。组织退役军人参加适应性培训和职业技能培训，开展退役返乡关爱活动。

（陈 娟）

平安与法治建设 排查化解各类矛盾纠纷798起。综合设置网格党支部15个，制定出台《白马镇网格化服务管理工作规范》。实施网格议事会，打造群众自治新渠道，通过走访协商推进白马社区传统村落道路硬质化改造。开展实有人口、实有单位、实有房屋走访排查工作，落实流动人口、特殊人群等服务管理措施。组织开展"警网有约"述职评议暨"三勤五心"网格管家评选活动，选树市、区两级"最美网格员"3人。5月21日，央视《今日说法》专题播出白马派出所2020年"10·28"盗窃保险箱案例《丢失的保险箱》。开展各类普法宣传活动19场次。（熊利民 陆 霞）

【政治建设】 基层党组织建设 2021年，白马镇党委下辖基层党组织54个，其中，党总支7个、党支部47个。共有党员924人，其中新发展党员33人。5月27—28日，召开中共泰州市白马镇第十八次代表大会。开展"党委班子提质行动"，推出"每日5分钟学习法"学习制度，编印"口袋书"。围绕"党建+基层治理"主题，聚焦村集体增收难题，7个村（社区）形成23个增收途径，新上村集体经济项目8个，上争农村经济发展专项资金630余万元，建成省级农业重大项目4个，基层党建"书记项目"获全区基层党建"书记项目"金质奖。

宣传统战工作 开展中心组学习及各类调研活动18次、主题志愿服务活动200余场次。开展党史学习教育。开展中共十九届六中全会精神宣讲活动20余项次。被"学习强国"省级平台用稿45篇、市级平台用稿92篇。被中央、省、市媒体用稿300余篇，"开学第一课"活动被东方时空、江苏卫视教育频道报道，老兵讲党课活动被央视《新闻联播》和《奋斗百年路，启航新征程》报道。参加区"习语'新'声·百姓名嘴微宣讲"，获一等奖。发布统战报道7篇。全镇统战人士参加疫情防控，捐款、捐物计5万元。（李 梅）

纪检监察 严防"四风"问题，重点纠正享乐主义、奢靡之风。创新推出"纪法小课堂"，开展学习教育10余次。全镇运用监督执纪"四种形态"批评教育140人次，下发书面反馈意见23份，督办通知书17份，限期整改通知书28份，对相关人员履职不力等行为严肃问责11人。

人大工作 组织召开人代会2次。镇人大代表之家、村（社区）人大代表工作室（站）全面建设到位。4名市、区人大代表回选区，联系服务选民群众，推进解决一批问题。组织视察、评议活动7次。

政府自身建设 规范重大行政决策程序，提高科学决策水平和依法行政能力。办理人大代表建议和政协委员提案24件，满意率100%。处理市长、区长信箱和"12345"民生服务热线等各类来信来电来访1200余件。完善考核体系，制定机关工作人员考核办法和村（社区）及企事业单位考评意见。抓好巡察反馈问题整改，强化跟踪督办力度。市场准入窗口共受理办结行政审批事项1001件，实现无差错、无超时、无违纪。（陈 懿）

政协工作 白马镇政协工委完善镇、村（社区）协商议事平台建设，组织政协委员围绕供给侧结构性改革、公共体育设施惠民、乡村振兴等课题开展建言献策，政协委员提交提案5件。收集社情民意23条。

（李 梅）

【村（社区）简介】 金马社区 区域面积4.13平方千米，耕地面积210公顷。有居民小组22个，户籍户数1467户，户籍人口4887人。2021年，社区集体经营性收入115.57万元。办理实事项目3个，整治河道两岸乱垦乱种、乱堆乱放等31处。

（李 敏）

白马社区 区域面积2.71平方千米，耕地面积153公顷。有居民小组15个，户籍户数710户，户籍人口2431人。2021年，社区集体经营性收入43.9万元。铺设农村生产道路600米。新建扶贫厂房约1100平方米，为小微企业提供便利，每年为村集体创收约10万元。

（徐晨成）

前进村 由原袁家村、王庄村合并而成。区域面积3.28平方千

白马镇陈家村村民集聚区　　白马镇　供图

米，耕地面积193公顷。有村民小组16个，户籍户数936户，户籍人口3390人。2021年，村集体经营性收入55.88万元。新建道路150米，拓宽道路200米，安装路灯86盏，新建公厕1座。（马梅兰）

陈家村　由原陈家村与前港村合并而成。区域面积3.45平方千米，耕地面积212公顷。有村民小组20个，户籍户数1012户，户籍人口3407人。2021年，村集体经营性收入143.25万元。白马镇体育公园落户陈家村。陈家村双龙河创成市级"五星"幸福河道。陈家村入选第三批全国乡村旅游重点村、全国农村综合性改革试点试验区域，陈家村凹口被命名第八批次江苏省特色田园乡村。（李　燕）

陆家村　由原陆家村、双龙村合并而成。区域面积2.41平方千米，耕地面积130公顷。有村民小组17个，户籍户数610户，户籍人口2107人。2021年，村集体经营性收入92.05万元。陆家村联合江苏农牧科技职业学院进行支部联建，作为乡村劳动实践教育基地，组织学生开展稻田除草、乡村彩绘等活动。陆家村"童来童往·传承经典"公益诵读班项目获得泰州医药高新区（高港区）优秀文明实践"站长项目"银奖。（袁桂梅）

岱白村　由原大坝村、增荣村合并而成。区域面积3.89平方千米，耕地面积227公顷。有村民小组21个，户籍户数984户，户籍人口3350人。2021年，村集体经营性收入52.15万元。实施"一事一议"项目和"书记项目"，新增王垛组与张垛组硬质化排水沟300米，新增路灯120余盏。村党建主题公园建成。（李宇晨）

黄河村　区域面积3.04平方千米，耕地面积220公顷。有村民小组16个，户籍户数809户，户籍人口2689人。2021年，村集体经营性收入42.29万元。新建兴河组、北桥组硬质化通组路约280米，拓宽南桥组机耕道400余米，对15条村庄河道实施活水工程改造项目。（唐锁平）

大泗镇

【概况】2021年，大泗镇总面积32.5平方千米，耕地面积2060公顷。辖行政村12个、社区1个，村（居）民小组232个。户籍户数9876户，户籍人口32314人。全年实现地区生产总值17.15亿元，比上年增长9.3%。其中，第一产业增加值2.29亿元，增长3.6%；第二产业增加值4.56亿元，增长10.9%；第三产业增加值10.3亿元，增长10 %。完成一般公共预算收入7714万元。全社会固定资产投资22.48亿元，增长56.8%。进出口总额5488万美元。新增法人企业398个，新增个体工商户415户。（周　维）

【经济建设】2021年，大泗镇签约1亿元以上项目12个，新开工1亿

大泗镇西来原葡萄种植基地　区党工委（区委）宣传和统战部　供图

元以上项目3个，竣工投产1亿元以上项目2个。实现农业总产值3.9亿元。全镇粮食播种面积2320公顷，总产量1.6万吨。泰州垄上行生态农业有限公司通过有机食品认证和绿色食品认证，膳泰游家庭农场获评省级示范农场，江苏泰州市得稻生态农场（原华宁家庭农场）获评市级示范农场。9月，“西来原”入选2021年江苏农业品牌目录。做好全国农村综合性改革试点试验建设工作。规模以上工业实现产值10.07亿元、利润0.49亿元。工业企业一般纳税人开票销售9.48亿元。泰州威迈机电科技有限公司通过“三星上云”评审。共有建筑业企业14个，完成建筑业总产值34.29亿元，入库税收4738万元。共有规模以上服务业和限额以上批零住餐企业34个。服务业产业投资4.88亿元。完成高新技术企业培育入库4个。江苏宇马铝业有限公司获批市级工程中心；泰州市美诺医疗器械有限公司获科技孵育计划立项，在省股权交易中心挂牌成长板；江苏西来原生态农业有限公司挂牌农业板，获批省级“星创天地”。

（张　倩　李凤银）

【人居环境】 2021年，大泗镇特色小镇居住区主体建筑封顶，配套工程施工完成。大健康产业创新中心办公楼及派出所营房装修工程完成。推进“一路高畅”项目建设，完成全线路桥施工、绿化栽植等工作。完善集镇排水设施，推动3.7千米集镇污水管网建设项目。完成前进村、霍堡村、佴陈村生活污水治理系统改造。加大河道治理力度，坚持巡河、督察等常态化机制。建设河长工作驿站，打造“幸福河湖”示范河道。疏浚河道10条，实施生态护坡5千米。建设上游集中拦截打捞卡口，采取全自动保洁船“集中打捞、巡回打捞、突击打捞”相结合的管护方式，实行“日查、周督、月考”的督查考核机制。霍堡村创成省级生态文明建设示范村，前进村、霍堡村通过省级绿美村庄验收。推进佴陈村、马龙村精致示范村示范点创建工作和“美丽庭院”创建工作。加强重污染天气防控，落实企业涉气工序错峰生产，推动3个餐饮单位安装油烟净化器。对13个村（社区）、6个重点企业、农业面源等相关领域固体废物开展隐患排查整治。开展河道清淤，实施10条河道活水工程项目。

（蒋　雯）

【社会建设】 教育　2021年，大泗镇有学校2所，分别为泰州市大泗学校、泰州市大泗幼儿园。泰州市大泗幼儿园获评江苏省优质幼儿园、全国足球特色幼儿园示范园。泰州市大泗学校获评泰州市文明校园。泰州市大泗幼儿园重建项目主体施工完成，装修工程开始施工。

文化体育　9月，全区农民丰收旅游节在大马水生植物园举行。11月，“大江放歌”大泗专场文艺演出在大泗生态公园开演。全年举办文化惠民演出20场。大泗镇通过体育特色小镇复核。

卫生健康　有医疗卫生机构13个，其中，医院1个（泰州市大泗镇卫生院），村卫生服务站12个。严格落实新冠肺炎疫情防控各项措施。完成“两癌”筛查3807人，采集“健康惠民一号工程”合格样本6571人。大泗镇创成国家卫生镇，大泗社区、北港村、佴陈村、佴庄村、曹于村获评江苏省卫生村。大泗卫生院通过省级五级中医馆验收、国家优质服务基层行推荐标准验收；田小蔚获评泰州市新冠肺炎疫情防控先进个人。

社会生活　有低保对象351户395人，发放低保金82.3万元；五保对象61人，补助金额35.5万元；低保边缘户62户113人，补助金额4.52万元。资助477人参加城乡居民基本医疗保险。发放帮困救济金4.67万元。13个村（社区）全部建成居家养老服务中心（站）。建成老年人助餐点6个。创建“泗好办”服务品牌，“扶残助残”“创业惠民”“一件事一次办”等特色服务项目被主流媒体报道。创建全国标杆式退役军人服务站。常态化运行残疾人之家。

（沈亚丽）

平安与法治建设　开展“网格+党建”“网格+妇联”“网格+安全生产”“政协人大进网格”等工作。创立大泗镇网格服务品牌，开展为老、助残、爱童、爱国卫生等各类服务活动20余次。建成泰州市国家安全法治文化园，承办“2021年全民国家安全教育日”市级现场会。探索社会矛盾多元化解司法所、派出所、法律服务所“三所共建”模式，设立“宏平工作室”“老泗调解室”等品牌调解室。大泗法治公园通过省级法治文化阵地验收，社区法治文化阵地建成率100%。大泗镇被评为2015—2021年泰州市平安建设先进集体。

（谢佳佳）

【政治建设】 基层党组织建设　2021年，大泗镇党委下辖基层党组织72个，其中，党总支14个，党支部58个。党员1260人。深化班子成员挂钩联系支部制度，定期研究、调度、指导基层工作。深入践行“‘两在两同’建新功、‘三比三争’开新篇”主题活动，开展“我为群众办实事”活动，办理梁大线交通安全整治、农村公厕建设、集镇污水管网改造等实事项目。实施“丰羽竞飞”计划和“泗水犇腾”培养计划，开展“农旅集聚、吾论如何”大讨论活动。围绕乡村“微力+”组织功能提升，做好全国农村综合性改革试点试验工作，构建“党建+网格”融合共治模式和村干部激励保障模式。

（陈　菲）

宣传统战工作　深入学习中共十九届六中全会精神，组织“板凳宣讲队”“百姓名嘴”进村入户宣讲。开设党史学习教育“泗水讲堂”。开展“爱心助餐日”特色志愿服务活动，获评泰州市最佳志愿服务项目。

大泗镇廉政文化园　　大泗镇　供图

大泗镇被评为2020—2021年度全市冬训工作示范乡镇、2018—2020年度泰州市深化全国文明城市创建先进集体。引导民营企业家参与扶贫济困、光彩助学、关爱空巢侨眷等公益慈善活动。疫情防控期间，非公经济人士和商会组织捐款捐物达85万元。（乔晓玲　吴慧敏）

纪检监察　加强廉政文化阵地建设，打造莲廉文化园。查处“四风”突出问题2人次。组织村（社区）新进“两委”班子成员参观莲廉文化园，召开全镇警示教育大会2次，开展村（社区）警示教育活动156次，通报曝光典型案例2次。全年运用“第一种形态”22人次，立案查处9人次。（冯慧玲）

人大工作　召开人代会2次。票决产生年度民生实事项目6项，对上年度民生实事项目完成情况进行测评。常态化开展“代表工作日”活动，按计划组织区、镇人大代表10人回选区述职，累计述职78人次。（张淑涵）

政府自身建设　推进基层审批服务执法力量整合。自觉接受群众和社会舆论监督，做好政务信息公开工作，及时办复“12345”民生服务热线、区长信箱等反映件，解决各类热点和难点问题。严格执行“三重一大”决策议事规则，规范政府性投资工程招投标、项目管理等决策行为。严格落实中央八项规定精神，“三公”经费持续下降。落实首问负责，强化效能督查。

政协工作　大泗镇政协委员活动小组组织开展“有事好商量”协商议事活动6次、“政协委员工作日”活动4次、“书香政协”读书活动2次。向区政协五届五次全会提交提案14件。办理提案16件。做优“协商进网格”品牌，将26名政协委员下沉到83个网格。全年镇、村（社区）两级协商议事45次，促进实施镇、村（社区）两级民生实事项目28个。（吴慧敏）

【村（社区）简介】大泗社区　由原泗水居委会、大泗村、小庄村、三星村合并而成。区域面积3.4平方千米。有居民小组23个，户籍户数1191户。2021年，社区集体经济收入109.56万元，居民人均可支配收入2.2万元。承接江苏中药科技园内部河道管护及周边企业和公司的绿化管护业务。对工农河河坡进行整治，建设生态护坡，种植树木，铺设草坪。对前进河共1300米进行坡面平整、绿化种植，成为集镇样板河道。（于　洁）

时庄村　由原时南、时庄、野桥3个村合并而成。区域面积3.59平方千米，耕地面积214.33公顷。有村民小组21个，户籍户数964户，户籍人口3165人。2021年，村集体经济收入136.97万元。实施6个组的活水工程，新建3个组的机耕路和入组交通路，完成全村主干道路灯更新150盏，新增公厕2座，补齐健身路径设施4套。创办领办高效农业，打造有机种植绿色基地。（周　誉）

马龙村　区域面积2.2平方千米。有村民小组13个，户籍户数504户。以种植中药材为主。2021年，村集体经济收入62.4万元，居民人均可支配收入2.23万元。在小马片开展人居环境整治。（陈华琴）

康乐村　是大泗中药养生小镇发展核心区域。区域面积1.8平方千米。有村民小组13个，户籍户数555户。2021年，村集体经济收入133.69万元，居民人均可支配收入2.2万元。引进社会资本与泰州汪国城农产品有限公司合作，建设4.4公顷的蔬菜大棚。获全区村（社区）党组织书记“我的兴村之策”创意擂台赛一等奖，获评区级先进基层党组织。（孔德富）

霍堡村　区域面积2.92平方千米。有村民小组18个，户籍户数764户。2021年，村集体经济收入239.6万元，居民人均可支配收入2.78万元。新增绿化面积4500余平方米，在扬子港河道已驳岸的两侧种植草皮、桂花等植物。在小霍自然村开展牛肉小作坊提档升级工作，新建仓储中心1个。在11组、12组打造人居环境提档升级点。创成省级特色田园乡村、泰州市信息化示范村、高港区特色电商村。（纪如栾）

大马村　由原大马、北田2个村合并而成。区域面积4.2平方千米。有村民小组17个，户籍户数744户。2021年，村集体经济收入224万元，居民人均可支配收入2.24

大泗镇康乐村村规民约　　大泗镇　供图

万元。新增道路两侧路牙1315米，实施活水工程。完成道路硬质化总里程1.3千米，安装路灯56盏。9月22日，以“泗水年华·晒丰收”为主题的2021年泰州医药高新区（高港区）农民丰收旅游节在大马村水生植物园开幕。（丁书萍）

佴陈村　由原佴陈、东平、河北3个村合并而成。区域面积1.99平方千米，耕地面积106.67公顷。有村民小组15个，户籍户数525户。2021年，村集体经济收入118万元，居民人均可支配收入2.23万元。实施大寨河河道改造工程。启动全国农村综合性改革试点试验项目，实施2组及3组杉木桩改造工程、农耕体验园工程、村民议事堂改造、景观桥、太阳能发电板等项目建设。（于世筛）

佴庄村　由原佴南、东兴、佴庄、佴西4个村合并而成。区域面积2.5平方千米。有村民小组19个，户籍户数763户。2021年，村集体经济收入86.95万元，居民人均可支配收入2.26万元。在佴庄村18组新建法治文化宣传公园1座。对大寨河佴庄段进行河道驳岸整治工程。申报全国农村综合性改革试点试验项目——佴庄村草本花卉基地，形成土地复垦实施方案，项目主体在建。（高　丽）

二陈村　由原中陈、陈西2个村合并而成。区域面积3.13平方千米。有村民小组19个，户籍户数769户。全村流转土地111.81公顷。2021年，村集体收入130.36万元。新建生产路600米，新建3条断头路共400米，为8名低收入农户新建入户路420米。新建桥梁1座、涵洞1座。与泰州垄上行生态农业有限公司实行村企合作，签订合作协议书。（钱　慧）

北港村　由原三港、陈北、周垛3个村合并而成。区域面积2.12平方千米。有村民小组18个，户籍户数772户。2021年，村集体经济收入78.1万元。流转3个片区土地约43.87公顷，利用空闲国有土地建设标准厂房出租，村集体经济收入增加11万元。全面完成18个小组人居环境整治。增加健身路径4套。完成5组、14组土地复垦扫尾工程，新建排水渠600余米。（谢家高）

曹于村　由原曹于、曹河2个村合并而成。区域面积2.48平方千米，有村民小组15个，户籍户数700户。2021年，村集体经济收入63.2万元，居民人均可支配收入2.1万元。对6组、7组、12组、13组进行土地流转。开展以清理垃圾、清理沟塘、清理废弃物为主要内容的清洁行动。对村庄内食品企业进行整合。（万　礼）

前进村　由原前程、桥河2个村合并而成。区域面积2.7平方千米。有村民小组9个，户籍户数573户。2021年，村集体经济收入172万元。对全村所有河道进行清淤疏通。将废弃多年的桥河面粉厂改造为民服务综合体，纳入特色田园乡村建设规划中。（孟　歌）

杨营村　由原于家、陆垛、杨营3个村合并组成。区域面积4.5平方千米。有村民小组32个，户籍户数1134户。以种植水稻、小麦、油菜为主。2021年，村集体经济收入208.5万元，居民人均可支配收入22785元。实施中型灌区、活水工程、村庄道路硬质化、村庄绿化修剪等惠民项目。新增健身广场1个。全区“房地一体”农村不动产登记发证工作在杨营村成功试点，举办发证仪式。（徐　伟）

胡庄镇

【概况】2021年，胡庄镇总面积58.07平方千米，耕地面积3079公顷。辖行政村13个、社区2个，村（居）民小组305个。户籍户数12958户，户籍人口39213人。全年实现地区生产总值19.66亿元，其中，第一产业增加值3.72亿元，第二产业增加值3.79亿元，第三产业增加值12.15亿元。一般公共预算收入4650万元，固定资产投资16.92亿元。高新技术产业产值5.96亿元。农村居民人均可支配收入32907元。（田珍丽）

【经济建设】2021年，胡庄镇新签约项目12个，大成气弹簧、丽宝欣服饰、美集包装等一批项目落户，乐太食品年糕技改项目、九龙消防迁建项目、军洋机械等1亿元以上项

胡庄大闸蟹　　区党工委（区委）宣传和统战部　供图

目开工。完成农业总产值6.38亿元，比上年增长14.5%。小麦及其他秋粮作物种植面积2228公顷，水稻种植面积1654公顷，果蔬种植面积180公顷，全年粮食总产量超3.1万吨。完成省级现代农业高质量发展示范园创建前期准备工作。招引1000万元以上农业项目5个。新增泰州高港牧原农牧有限公司、江苏律诚生态农业观光有限公司2个市级龙头企业，建成上膳源绿色果蔬农业产业化联合体。宗林村创成市级特色田园乡村，高港区合家欢家庭农场创成省级主题创意农园，江苏上膳源生态农业发展有限公司创成省级休闲旅游农业农耕实践基地。完成绿色优质农产品认证9个，完成上膳源有机蔬菜认证92个。举办胡庄年糕节暨江水清沙美食节，开展"高港河蟹"国家级地理标志申报工作，设计、注册"江水清沙"区域农产品商标。新增市级示范家庭农场3个。戴陈村与泰州市乐太食品有限公司进行村企共建，壮大村集体经营性收入。完成工业总产值10.51亿元，工业销售收入10亿元。工业企业一般纳税人开票销售9.3亿元，工业企业净入库税收3432万元。完成工业投资13.32亿元。3个企业完成"三星级上云"工作。新增规模以上工业企业8个。有建筑业企业11个，完成建筑业总产值23.89亿元。限额以上批发业销售额17.69亿元、零售业销售额9944万元、餐饮业营业额2783万元。服务业营业收入3.23亿元。实施产学研合作项目4个，新增有效发明专利48件。新增科技型中小企业28个、高新技术企业1个。江苏上膳源生态农业发展有限公司的泰州市有机蔬菜"星创天地"入选省级"星创天地"。

（沈立志　陆新华　梅　景　唐　颖）

【人居环境】2021年，胡庄镇完成兴达北路、众兴路升级改造工程。推进派出所营房建设项目。修复通村公路破损地段。启动实施农村人居环境整治提升五年行动。落实河长制工作，打造幸福河湖4条计4.7千米，打造中心港、肖崇中沟样板河道3.5千米。推进大气污染防治，完成1个企业的挥发性有机物（VOCs）产品源头替代工作，完成餐饮油烟治理项目2个。实施"绿满胡庄"行动，林木覆盖率达41%，位列全区第一。完成污水处理厂改造及管网配套工程，全年骨干河道水质好于Ⅲ类水体。

（梅　景　马　霞　刘　波）

【社会建设】教育　2021年，胡庄镇学校有泰州市胡庄小学、泰州市汪群小学、泰州市胡庄初中教育集团（泰州市胡庄初级中学、泰州市汪群初级中学）、泰州市胡庄幼儿园、泰州市汪群幼儿园。

文化体育　新增健身路径17套，篮球架2组。送电影156场、送书8000余册，举办文化惠民演出28场。举办胡庄镇"艺同抗疫"主题艺术作品展。组织群众参与高港区"寻根探源"文化研学游、读书漂流、千人广场舞、艺术团队调演等活动。承办各类文化体育旅游活动38场次。

卫生健康　胡庄卫生院、汪群卫生院共有职工72人。实施"先住院后付费"23人次，签约服务508人，免费体检589人。为7925名65岁以上老年人开展健康体检工作。建立以村卫生室为基本单元的家庭医生工作室8个，家庭医生签约24522人。举办卫生健康知识讲座52次、健康咨询活动15次。　（史丽红）

社会生活　新增就业1700人，帮助456名城镇下岗失业人员、53名就业困难人员再就业，开发公益性岗位5个。城乡居民养老保险参保缴费10476人，城乡居民医疗保险参保24895人。做好全镇557户698人低保户、48户117人低保边缘户的动态管理工作。完成2020年退役士兵培训就业工作，帮助下岗志愿兵再就业。

平安与法治建设　开展"百日维薪"、防范电信诈骗等活动和扫黑除恶专项斗争。开展以宪法、民法典为重点的普法宣传活动，拓展法治广场、法治长廊等普法阵地功能。探索"激活红色细胞、推进网格治理"新模式，搭建联系群众、为民服务的"红色驿站"。宗林村获评第二批全国乡村治理示范村。针对粉尘涉爆、有限空间、危险化学品使用、特种设备、建筑施工、"九小场所"、食品药品等重点行业重点领域，组织安全检查，隐患限期整改闭环率100%。

（洪 炼 封年华 王雪云 史杏香）

【政治建设】 基层党组织建设 2021年，胡庄镇共有基层党组织71个，党员1879人。新发展党员49人，转正19人。以“党建+”为引领，统筹推进经济建设、安全生产、环境保护等中心工作，“党建+基层治理”书记项目“推动退役军人‘安居乐业’建新功”获评全区基层党建“书记项目”银质奖，“党建+退役军人服务”工作模式被省政府内刊登载。开展村（社区）“书记项目”述评赛，15个村（社区）“书记项目”得到落实。在宗林村、史庄村、戴陈村、胡庄社区成立村级退役军人党支部。实施基层党组织示范引领工程，宗林村退役军人党支部获评区先进基层党组织。（薄兆山）

宣传统战工作 组织党史专题宣讲活动30余场次。组织编撰革命传统教育通俗读本《宗林红色记忆》，利用史庄村尊崇馆开展党员教育，邀请抗美援朝老兵、支前老党员、烈士后代讲党史。全年在主流媒体用稿184篇。胡庄镇被评为2020—2021年度江苏省党员冬训先进乡镇，宗林村“扫黄打非”工作站创成江苏省“扫黄打非”示范点。胡庄镇、宗林村、泰州宏达工矿安全部件有限公司分别被评为2019—2021年度江苏省文明乡镇、江苏省文明村、江苏省文明单位。农家妇女刘巧英当选4月“江苏好人”。胡庄镇少数民族之家获评江苏省首批红石榴之家。

（李 梅）

纪检监察 胡庄镇纪委开展监督检查50余次，查处“四风”问题线索4件、群众身边不正之风和腐败问题线索9件，严肃查办纪检监察业务范围内信访8件，立案查处党员干部12人，通报查处的典型案例2次。开展警示教育10余次。综合运用监督执行“第一种形态”17次。在全区率先试点“三色清风卡”制度，发放“关爱卡”8次、“提醒卡”2次、“警示卡”1次。（王 伟）

人大工作 共有市级人大代表1人，区级人大代表24人，镇级人大代表71人。组织代表视察全镇重点项目推进情况、农业项目建设情况、平安法治建设情况。专题听取镇政府关于乡村振兴工作发展思路的报告。围绕医疗、教育、养老等民生问题，视察、督查民生实事、代表建议办理情况。专题听取年度环境状况、环境保护目标完成情况和依法打好污染防治攻坚战情况汇报，上下联动检查固体废物污染环境防治法贯彻执行情况。（戴 维）

政府自身建设 健全跟踪督查督办机制，推动重大决策和重点工作落到实处。完善应急联动机制，畅通“12345”热线、来信来访渠道，群众关切得到及时回应和妥善解决。严肃财经纪律，严控“三公”经费和一般性支出。强化风险防控，超额完成年度政府性债务化解任务。（孙 鹏）

政协工作 共有市政协委员5人、区政协委员22人。完善协商议事载体，镇、村协商议事平台累计开展协商议事活动47次，解决民生实事47件。史庄村“把好‘六大人情关’，村规民约传新风”协商议事案例被“江苏政协”公众号、新华网等主流媒体报道。（李 梅）

2021年8月1日，胡庄镇组织村（社区）民兵连长到史庄村组织生活馆开展红色教育 胡庄镇 供图

【村（社区）简介】 胡庄社区 由原胡庄村、孔庄村、淘沟村3个村合并而成。区域面积4.7平方千米。有居民小组24个，户籍户数1124户，户籍人口3673人。2021年，社区集体经济收入147万元。新建硬质道路5.5千米。（史奎生）

汪群社区 由原汪群村、麻桥村、合鹏村3个村合并而成。区域面积5.87平方千米，耕地面积229公顷。有居民小组20个，户籍户数1076户，户籍人口3098人。2021年，社区集体经济收入170万元。新建硬质道路950米，新建暗渠868米，新增太阳能路灯36盏。

（田维金）

赵市村 由原赵狮、三和、海潮3个村合并而成。区域面积5.08平方千米，耕地面积219公顷。有村民小组21个，户籍人口2656人。上膳源泰州农场地处赵市村腹地。全村土地流转率95%，建有家庭农场6个。2021年，村集体经济收入129.35万元。获评泰州市“一村一品”示范村、高港区电商销售特色

示范村。（刘建忠）

薛垛村　区域面积2.58平方千米，耕地面积154.13公顷，鱼塘面积5公顷。有村民小组14个，户籍户数550户，户籍人口1751人。全村流转土地113.53公顷，主要用于种植大棚蔬菜、名贵苗木、葡萄、稻麦等。2021年，村集体经济收入158.31万元，居民人均可支配收入2.96万元。新建硬质水泥路130米、方涵3座、景观平台1座。（张银龙）

戴陈村　由原戴荡、陈庄2个村合并而成。区域面积3.7平方千米，耕地面积223公顷。有村民小组22个，户籍户数933户，户籍人口2822人。有小农场8个，流转土地141公顷。2021年，村集体经济收入134万元。实施村"一事一议"项目，完成道路拓宽1000米，投资200万元新办村集体企业1个，新增健身广场3个。（刘　勇）

刘荡村　由原刘东村、刘西村合并而成。区域面积3.56平方千米，耕地面积221公顷。有村民小组19个，户籍户数845户，户籍人口2543人。有小农场5个、合作社1个，发展花卉林木、水产养殖等，建有"江水清沙"螃蟹养殖基地。2021年，村集体经济收入134.4万元，居民人均可支配收入32860元。投资近200万元建成刘中桥，新建海潮中沟石坝1650米。（季宝宏）

单王村　由原王元村、单野村、单庄村合并而成。区域面积5.1平方千米，耕地面积275公顷。有村民小组27个，户籍户数1086户，户籍人口3325人。有泰州市康格医疗器械有限公司、江苏科创医疗用品有限公司等企业20余个。花卉苗木基地46.2公顷，蔬菜大棚基地5.33公顷，提水养殖基地33.33公顷，稻麦种植基地106.67公顷。建有花卉苗木专业合作社和植保专业合作社。2021年，村集体经济收入约110万元，居民人均可支配收入2.53万元。（杨梅生）

刘元村　由原刘元、吉野2个村合并而成。区域面积2.8平方千米，耕地面积145.9公顷。有村民小组18个，户籍户数590户，户籍人口1943人。2021年，开展人居环境整治，打造"五面清洁"20分钟循环圈1处，实施活水工程2.5千米。（刘建华）

胡庄镇史庄村法治长廊　　胡庄镇　供图

史庄村　由原史庄、和丰2个村合并而成。区域面积2.95平方千米。有村民小组18个，户籍户数742户，户籍人口2389人。流转土地86.67公顷，自建标准厂房2700平方米。建有史庄村组织生活馆。2021年，村集体经济收入118万元。安装太阳能路灯24盏，利用废弃红砖新建花墙10处。（史建伟）

庵桥村　由原黄楝、庵桥2个村合并而成。区域面积2.8平方千米，耕地面积163公顷。有村民小组17个，户籍户数665户，户籍人口2248人。绿化面积57公顷，土地流转面积138公顷。2021年，村集体经济收入92万元。新建"一事一议"道路项目400米，新增亮化工程路灯67盏，完成生态护坡建设160米。（栾春勇）

周马村　由原周元村、李元村和马群村合并而成。区域面积3.58平方千米，耕地面积204公顷。有村民小组22个，户籍户数922户，户籍人口3054人。有花卉苗木生产基地13.3公顷，草莓种植基地5.3公顷，银杏成片林20.67公顷，百年以上银杏树近百株，螃蟹养殖面积5.67公顷。建有农业经济合作社和植保专业合作社。有小微企业18个。2021年，村集体经济收入151.7万元。新增造林面积9.35公顷，新增水泥路面150米。（李声岳）

宗林村　由原宗庄和肖林2个村合并而成。区域面积5.87平方千米，耕地面积292公顷。有村民小组27个，户籍户数1152户，户籍人口3716人。主要产业为提水养殖、苗木种植等。强化党建引领，建设"党建红色长廊"，打造"宗林村双拥广场"，成立全省首个村级"残疾人之家"，修建家风家训家规文化长廊3千米和道德亭10个。2021年，村集体经济收入198.5万元，农村居民人均可支配收入27864元。获评全国乡村治理示范村、泰州市乡风文明示范村。创成泰州市特色田园乡村，打造省级样板幸福河湖。（宗德楼）

丁庄村　由原孔丁、大丁2个村合并组成。区域面积3.8平方千米，耕地面积211公顷。有村民小组21个，户籍户数976户，户籍人口3043人。全村耕地流转率90%以上，建成花卉苗木种植区、水产养殖区、优质粮食种植区，小杂粮种植产生良好效益。工业以玩具、服装、鞋帽加工等小微企业为主。2021年，村集体经济收入139万元。新增水泥路面200米，新建村民健身文化广场1个。（孔维亮）

田野村 由原田厦、季野2个村合并而成。区域面积2.63平方千米，耕地面积147.87公顷。有村民小组16个，户籍户数724户，户籍人口2056人。种植业主要以稻麦两熟为主，同人于野家庭农场为江苏省示范家庭农场。2021年，村集体经济收入105万元，居民人均可支配收入96万元。（田圣兵）

陈隆村 由原陈兴和三殿2个村合并而成。区域面积2.6平方千米，耕地面积176.07公顷。有村民小组16个，户籍户数643户，户籍人口2008人。有规模农业面积153.33公顷，家庭农场4个。2021年，村集体经济收入127.35万元。新建硬质道路656米，维修道路108米，新建方涵7座，整治河坡6条，新建公共厕所1座。（谢春华）

野徐镇

【概况】 2021年，野徐镇总面积22.67平方千米，耕地保有量633.4公顷。下辖涉农社区6个、城市社区3个，居民小组66个、住宅小区14个。户籍总数6949户，户籍人口25510人。全年实现地区生产总值15.01亿元，比上年增长7.5%。其中，第一产业增加值0.35亿元，增长4.6%；第二产业增加值1.55亿元，下降15.8%；第三产业增加值13.11亿元，增长11%。完成一般公共预算收入9910万元。固定资产投资5.8亿元。进出口总额1700万美元。新增规模以上工业企业1个、批发业企业2个、服务业和建筑业企业8个。野徐镇获评泰州市文明镇，永新社区、康居社区获评江苏省文明社区，仲联社区、褚雅社区、野徐社区获评泰州市文明社区。（于 卉）

【经济建设】 2021年，野徐镇实现农业总产值0.6亿元、增加值0.35亿元，比上年分别增长4.01%和4.6%。水稻播种面积384.07公顷，水稻产量3381吨。规模以上工业实现总产值5.44亿元、主营业务收入4.99亿元、利润总额0.27亿元；工业企业一般纳税人开票销售8.93亿元。完成工业投资2.8亿元。有建筑业企业4个。实现建筑业总产值1.68亿元，增长56.6%；入库税收481万元，增长43.15%。服务业投资2.98亿元；限额以上批零住餐业销售额8.3亿元，增长38.4%。共有规模以上服务业企业3个、限额以上服务业企业7个。江苏锦竹工业用布有限公司成功申报省高新技术企业。新增科技型中小企业备案20个。新增发明专利拥有量27件、注册商标15个。（陈 琨 乔荣康 张 峰 张书华 孙桂明）

【人居环境】 2021年，野徐镇有农村公路（县道、乡道）5条、19.2千米。做好农村公路管理养护工作，围肩培土2700平方米，绿化栽植各种树木3200余株。投入109.5万元，实施道路新建维修工程12项。完成全长800余米的唐家穿庄河清淤整治工作，惠及河道两侧住户约150户。实施幸福小区雨污分流改造项目，改建雨水、污水管道约3000米，改建路面及停车位约4600平方米。摸排各类窨井盖640个，发现安全隐患问题111个，全部整改完成。推进党建引领物业管理服务星级评价工作，香樟湾小区创成省级示范物业管理项目、省级宜居示范居住区，康居东苑小区创成市级党建引领物业管理工作示范点。香榭社区创成全国综合减灾示范社区。推进垃圾分类工作，实施“两定一撤”小区5个，幸福小区、香榭湾小区分别获评泰州市生活垃圾分类范例奖、生活垃圾分类示范点。开展周山河国控站点暨泰州市野徐小学空气站点周边污染源专项整治，完成餐饮单位油烟排放检测19个、加油站三次油气回收改造2个，完成周山河街区国控站点附近20个餐饮单位油烟净化设施安装。完成全镇15个涉水企业雨污分流督查整治。（张 峰 张书华）

【社会建设】 教育 2021年，野徐镇区域范围内有学校6所，分别为泰州市野徐初级中学、泰州市野徐小学、泰州医药城实验小学、泰州市第一外国语学校、泰州市第一外国语学校附属幼儿园、泰州市康居新城幼儿园。泰州市野徐小学被评为泰州市智慧化校园示范校，野徐镇社区教育中心家长素质提升工程入选江苏省社区教育品牌。

文化体育 举办各类文艺演出20余场次，受众超2万人次。新增健身路径9套、儿童游乐设施5座。6月27日，泰州医药高新区“爱乒才会赢”第五届乒乓球比赛在泰州市野徐初级中学体育馆举办，野徐镇代表队获第1名。9月30日，野徐镇“全民迎省运，幸福嗨起来”主题跑步活动在天禄湖公园举办。

卫生健康 有医疗卫生机构7个，其中，医院1个（野徐卫生院），社区卫生服务站6个。野徐卫生院有职工61人，主任医师3人，副主任医师6人，主治医师6人。开展“两癌”筛查活动，检查人数2336人。实施“健康惠民一号工程”，惠及6500余人。

社会生活 城乡居民养老保险参保人数7986人，续缴率100%，城乡居民基本医疗保险参保人数9469人。新增就业967人，退役士兵培训就业率100%。发放各类社会救助资金680余万元，382名被征地农民纳入社会保障体系。老庄社区农村集体聚餐点获评市级示范点。（杨 华）

平安与法治建设 推进村（社

消防宣传进学校　　野徐镇　供图

区）网格化服务管理，定期对网格内居民住户、出租房、重点人员、重点场所开展走访服务。以野徐派出所康居警务室为示范打造基层社区警务室品牌，康居社区打造智慧技防小区获得省公安厅表彰。各级调解组织排查化解矛盾纠纷隐患498件。开展“法援惠民生·助力农民工”、“疫情防控法治同行”、“4·15”国家安全教育日、“防范家庭暴力，关爱妇女儿童”等普法活动。仲润社区获评省级民主法治示范社区。排查调处农民工欠薪纠纷，为9名农民工提供法律援助。开展“百日攻坚”专项行动，检查各类生产经营单位200余个次，排查治理安全隐患1860余处，督促生产经营单位全部整改闭环。（刘　艳　卫明众）

【政治建设】基层党组织建设　2021年，野徐镇党委下辖基层党组织43个，其中，党委3个、党总支4个、党支部36个，共有党员1087人，新发展党员32人。推行“一线党委会”工作法，探索实施乡村“合伙人”模式，创新开展联合党委试点，推进城郊村党建、发展、治理、服务“四位”一体。启动“青苗工程2.0”，选派3名年轻干部担任社区“第一书记”，提拔6名“85后”年轻干部。

宣传统战工作　加强对意识形态工作的组织领导，强化制度、阵地、队伍建设。开展中心组学习及各类调研活动16次。开展党史学习教育，举办专题学习班10期，领办实事5大类650余件。开展集中服务活动160余次。在各级主流媒体发表稿件150余篇。做好少数民族贫困对象慰问工作，加强少数民族流动人口服务管理，开展民族团结进步宣传。（栾玉婷）

纪检监察　查处违反中央八项规定问题3个，给予党纪政务处分3人；查处形式主义、官僚主义问题3个，给予党纪政务处分3人，问责1人；查处违反国家法律法规问题线索6条，给予党纪政务处分6人。深化运用监督执纪“四种形态”处理21人次。开设党员干部廉政教育学习班2期，开展集体廉政谈话3次，召开党员干部警示教育大会2次，组织观看警示教育片1次，开办廉政大讲堂2期。（平　恒）

人大工作　召开人代会1次。票决产生2021年镇政府民生实事项目。完善人大代表履职平台建设，丰富镇人大联、访、议、办、评“五步工作法”内涵。组织区、镇人大代表围绕食品安全、生态环境保护、居民小区垃圾分类等内容开展依法监督。（刘　玥）

政府自身建设　做好政务信息公开，接受社会舆论监督，建成野徐镇综合指挥中心。严控“三公”经费和一般性支出。围绕疫情防控、安全生产、环境整治等重点工作，开展专项督查48次。（于　卉）

政协工作　推进镇、社区协商议事平台建设，组织政协委员围绕教育、乡村振兴等课题开展建言献策，政协委员提交提案3件。（栾玉婷）

【村（社区）简介】唐家社区　由原唐东、唐西2个村合并而成。区域面积3.98平方千米，耕地面积133公顷。有居民小组23个，户籍户数1112户（含拆迁），户籍人口3949人（含拆迁）。2021年，开展河道整治，清理河坡违建8处，河坡绿化4万余平方米。（唐人峰）

老庄社区　由原肖薛、丰乐、老宗3个村合并而成。区域面积2.7平方千米，耕地面积141公顷。有居民小组19个，户籍户数711户，户籍人口2551人。2021年，开展村庄人居环境提升工程，新建“双庆河活水工程”，完成集体聚餐“阳光宴会厅”建设。新增土地流转16.4公顷。（赵振斌）

永新社区　由原永丰社区和新联社区合并而成。区域面积4.17平方千米，耕地面积206.47公顷。户籍户数1101户，户籍人口4071人。2021年，开展人居环境大提升工程，新增路灯20盏，新建硬质化道路1000米，维修道路300米，新建健身广场3座共500平方米，打造幸福河湖3条，完成原永丰3组、4组河道疏浚驳岸350米，新增河道绿化4000平方米。新增土地流转80公顷。（陈世荣）

褚雅社区　由原褚家、雅茶2个村合并而成。区域面积2.1平方千米，耕地面积102公顷。有居民小组19个，户籍户数780户，户籍

野徐镇永新社区　　野徐镇　供图

野徐镇康居社区综合社会服务中心　　野徐镇　供图

人口3175人。2021年，铺设农村生产道路400米，维修道路3条，维修路灯50余盏，整治河道9条。被评为泰州市文明社区。　（陈九贵）

野徐社区　由原野徐、解家2个社区合并而成。区域面积6.1平方千米。有居民小组36个，居民小区3个，常住户数2349户，常住人口8012人。2021年，建设网格化服务管理中心，组建“有事好商量”协商平台，成立“老张工作室”。新建居民健身场2个。开展河道整治，清理河坡违建2处，河坡绿化3万余平方米。获评泰州市深化全国文明城市创建先进集体、泰州市文明社区。

仲联社区　区域面积3.2平方千米。有村民小组14个，户籍户数672户，户籍人口2678人，98%以上人口已拆迁安置。2021年，社区集体经济增收超50万元。深化“红心汇仲，情联万家”党建品牌建设。实施为民服务项目21个。开展姜高路沿线、生产河专项整治工作。在全区村（社区）书记乡村振兴“四季谈”活动中获“最强头雁”称号。（乔亚军）

康居社区　由12个行政村的搬迁户组成。区域面积0.41平方千米，有居住小区3个，住宅楼97幢，总建筑面积100万平方米，入住居民5000户，常住人口近1.8万人。2021年，结合智慧社区工程需要，完成东苑和康雅新园人脸识别系统安装。开设“四点半课堂”，解决“双职工家庭”之忧。助餐点正常开放，每日就餐人数超百人。获评江苏省文明社区、全省城乡基层援法议事范例、泰州市最美志愿服务社区。　（杨　进）

香榭社区　区域面积2.58平方千米。有居民小区4个（香榭湾、香樟湾、桃源里、天禄湖花园），学校2所（泰州医药城实验小学、泰州市第一外国语学校），共划为5个居民网格、2个专属网格。户籍户数108户，户籍人口335人，常住户数1366户，常住人口2818人。2021年，新建体育健身场地2个、儿童游乐场1个，改造香榭湾沿河护栏200余米。获评省级宜居示范居住区、泰州市生活垃圾分类示范点、泰州市十佳园林居住区。（耿娅娜）

仲润社区　区域面积0.3平方千米，常住人口3986人，共划分居民网格6个。有大华锦绣华城、世纪家园公园里、大华国际公寓3个物业小区。2021年，新建体育健身场地3个、儿童游乐场1个。新建大华充电停车棚。　（侯容兴）

人物　荣誉

道德模范与先进人物

·全国优秀党务工作者·

徐勤生，男，汉族，1953年3月出生，中共党员，原泰州市广电台副调研员，口岸街道徐庄村党总支“第一书记”，曾获得中国好人、江苏好人、江苏省最美共产党员、江苏省优秀党务工作者、江苏省“吴仁宝式”优秀村书记等荣誉称号。2012年9月，时任泰州市广电台副调研员的徐勤生积极响应市委组织部号召，到口岸街道徐庄村任党总支“第一书记”。当时的徐庄村是远近闻名的“空壳村”，集体年收入只有3万元，负债却近400万元。针对村民反映最强烈的道路不通问题，徐勤生广泛发动，筹资400余万元兴修道路、桥梁。施工现场，他一身迷彩服，带头搬水泥、拌砂浆，和工人们同时上下班。一次施工中，他不小心跌倒，摔伤膝盖和大腿，至今走路仍受影响。最终，全村50多千米的土路全部建成3米宽的硬质水泥路，道路纵横成网、通达各户。村里耕地大都高低不平，不少已经抛荒，徐勤生便和村组干部大力平整耕地。徐勤生牵头成立植保合作社，推广农田托管“五统一”模式，水稻产量较之前提高两成。村里将耕地集中流转，建起家庭农场4个，村民变身产业工人，人均年增收近2万元。多方筹集资金，新建6500平方米的标准厂房，租给村里的能人发展工业，增加集体经济收入，解决村民就业问题。在徐勤生的带领下，徐庄村从一个薄弱村发展成为富裕村，获得江苏省三星级康居乡村、江苏省生态村、江苏省新农村建设示范村、泰州市全面小康建设示范村等荣誉称号。在村里挂职近9年，徐勤生没拿一分钱工资，却为村集体筹资7000余万元，除还清村集体全部债务外，剩余资金全部用于村级公共事业。仅慰问贫困户及大病救助人员，徐庄村便投入110余万元，徐勤生和家人也自掏腰包资助100余万元。徐勤生还牵头制作“惠民大礼包”，村里孩子考上大学、光荣入伍，都发红包。2021年6月，徐勤生被中共中央评为全国优秀党务工作者。

·中国好人·

何芬，女，1976年出生，高港区人民法院审委会委员、立案庭庭长。何芬工作20余年来，审结各类案件3000余件，无一发回改判。2015年起，高港区人民法院先后设立8个以她名字命名的何芬法官工作室。她探索总结“热心接待群众、耐心倾听诉求、细心审判案件、诚心解决问题、真心排忧解难”的“五心”群众工作法，就地立案、调解，让群众在家门口就能把“是非”断清楚。当选为2021年6月敬业奉献类“中国好人”。

·江苏省优秀党务工作者·

张竹山，男，1963年11月出生，中共党员，口岸街道引江社区党总支书记、居委会主任。在张竹山的带领下，引江社区获得江苏省社会主义新农村建设示范村、江苏省美丽乡村、泰州市十强村等荣誉称号。其本人获得中国好人、江苏省首批“百名示范”村书记、江苏省“吴仁宝式”优秀村支书、江苏省农村基层党建工作突出贡献奖、江苏省抗击新冠肺炎疫情先进个人、泰州市最美基层共产党员等荣誉称号。他的先进事迹被中国文明网、《新华日报》等媒体报道。2021年，被评为江苏省优秀党务工作者、江苏省劳动模范、江苏省最美基层共产党员、第八届“感动泰州”十大风云人物。

·江苏好人·

刘巧英，女，1970年出生，胡庄镇刘荡村村民。刘巧英的婆婆患有精神分裂症，发病时经常到处乱跑。为了更好地照顾婆婆，十几年前，刘巧英主动将婆婆接到自家奉养。2017年，80岁的婆婆因高血压、中风瘫痪在床，刘巧英全天候守护，喂饭、喂药，端屎、端尿，擦身、翻身、按摩，变着花样给婆婆做饭、增加营养。在她的悉心护理下，婆婆身上清洁干爽，从未生过褥疮。2021年4月，入选“江苏好人榜”。

季松，男，1976年出生，泰州市人民医院介入科副主任医师。一位90岁的老人在浴室洗澡时突然瘫倒在地、不省人事，王老爹的儿子匆忙呼救。正在更衣室的季松立即冲上前去观察老人病情。他一边向120接线员传达老人病情，一边跪地为老人做心肺复苏。大约5分钟后，老人渐渐有了微弱呼吸，眼睛也慢慢睁开。2021年5月，入选“江苏好人榜”。

周云萍，女，1946年出生，永安洲镇新街社区居民。13年前，周云萍的公公、丈夫、婆婆先后去世，照顾痴呆小叔子的重任落在她一个人肩上。小叔子驼背、跛足、失语，生活基本不能自理。13年来，她一边打工，一边照顾小叔子，为他准备一日三餐，帮他洗澡、收拾房间、添置衣物。2021年8月，入选“江苏好人榜”。

吴余庆，男，1945年出生，口岸街道新城社区居民。2011年，他自发组织小区内各楼中心户长、退休老党员组成巡逻队，每天戴着红袖标开展义务巡逻。2013年，他在家中设立余庆工作室，义务为社区居民提供矛盾化解、政策宣传等志愿服务。10年来，他累计在社区巡逻2000余天，化解群众矛盾近200件，协助社区处理日常事务100余件。2021年9月，入选“江苏好人榜”。

·新时代江苏好少年·

蒋亦凡，男，2008年3月出生，泰州市高港实验学校七（1）班学生。蒋亦凡喜欢读红色书籍、看红色电影、听红色故事，他积极参加“红色印记”红色歌曲合唱、“百年党史，百名师生，百集宣讲”系列活动、“学党史、强信念、跟党走”主题团日演讲比赛、“童心向党”系列主题教育实践等活动，被学校评为“最受欢迎的小讲解员”。2019年，蒋亦凡在全省乡村学校少年宫优秀成果展演活动中，向来访人员详细介绍泰州舰及中国人民海军发展历程。他还利用课余时间在中国人民解放军海军诞生地纪念馆担任志愿小讲解员，义务讲解50余场次，讲解时长50余小时，服务游客2000余人次。2021年7月，当选为“新时代江苏好少年”。

·泰州市“十行百星”·

陈龙，男，1978年12月出生，中共党员，泰州市华强照明器材有限公司总经理。2005年3月起担任公司总经理，一直负责企业工程管理和新产品开发工作。2012年，被省委组织部、省科技厅评定为江苏省第一期“科技企业家培育工程”培育对象。2014年7月，被南京理工大学泰州科技学院聘为产业教授。其个人拥有授权专利17项，其中发明专利2项、实用新型专利15项。获泰州市科学技术进步二等奖和三等奖各1项、高港区科学技术进步一等奖1项。2021年，被评为泰州市“十行百星”——科技之星。

于涛，男，1971年2月出生，中共党员，大泗镇大马村党总支书记、村委会主任。于涛带领大家创办大马水生植物园，先后流转土地13.33公顷，种植睡莲8个品种、荷花110余个品种，养殖鱼虾约20吨。盛花期，日接待游客量超2000人次。2021年，被评为泰州市“十行百星”——富民之星。

沈海东，男，1970年12月出生，江苏硕世生物科技股份有限公司仪器研发总监。长期从事自动化设备的制造管理及医疗设备的研发工作，负责检测试剂配套设备的生产质量把控工作。作为骨干研究人员，完成医用胶囊自动化生产线研制、特种管道爬行机器人设计、环境控制通风系统优化技术研究（国家重点实验室）、心脏外科射频消融仪研制等项目，获得国家科学技术进步二等奖1次、上海松江区科技进步二等奖1次、泰州市科学技术进步二等奖1次。获发明专利4项，实用新型专利16项，外观型专利1项，软件著作权5项。2021年，被评为泰州市“十行百星”——质量之星。

丁飞，男，1987年9月出生，中共党员，泰州医药高新区税务局纳税服务科科员。2017年，泰州医药高新区税务局开办办税服务窗口，丁飞是第一批窗口服务人员。从最初的5人到29人的服务团队，他一路见证并积极投身“营改增”“国地税机构合并”等一系列税制改革。其个人多次获得区级优秀公务员、先进个人等荣誉称号，其管理的办税服务厅窗口及工作人员多次获评泰州医药高新区税务局“星级窗口”“服务明星”。2021年，被评为泰州市“十行百星”——政务服务之星。

李敏，女，1987年9月出生，高港区行政审批局联动服务科科长。她在政务服务系统工作近10年，连续6年辛勤耕耘在窗口一线，以严谨踏实的工作作风，朴实顽强的“店小二”精神，铸就行政审批服务工作者的良好形象。2021年，被评为泰州市“十行百星”——政务服务之星。

彭小艳，女，1978年2月出生，中共党员，泰州医药高新区第一实验小学校长、党支部书记。学校先后获得国家级表彰1次、省级表彰6次、市级表彰近40项，连续6年获泰州医药高新区学校年度综合考核优秀奖，“多彩教育”特色办学成果多次被国家及省、市级媒体报道。她本人被评为江苏省特级教师、江苏省师德先进个人、江苏省教科研先进个人、江苏省第五期“333高层次人才培养工程”培养对象、江苏省优秀青年教师。2021年，被评为泰州市“十行百星”——教育之星。

何志平，男，1981年10月出生，中共党员，泰州市海军小学教科室主任。他先后获评泰州市学科带头人、高港区名教师、泰州市卓越教师培养对象、泰州市311高层次人才培养对象、泰州市省特级教师后备人才，入选省小学数学名师工作室、省乡村义务教育领军教师百人计划、苏教名家候选人。2021年，被评为泰州市“十行百星”——教育之星。

王秀英，女，1986年7月出生，永安洲镇卫生院护士长。她热爱本职工作，以高度负责的态度，扎实的理论知识和熟练的操作技能奋战在临床一线。她苦练各项操作技能，在江苏省优质服务基层行感控技能竞赛中获高港区第1名。2020年春节，她主动报名参加疫情防控工作，由于担负任务的繁杂性、特殊性，加之人手有限，从驻点起她主动放弃休息，连续46天，日夜坚守在集中医学观察点。2021年，被评为泰州市“十行百星”——医务之星。

孙志远，男，1971年12月出生，中共党员，泰州市中西医结合医院联合支部书记、影像科主任。在抗击新冠肺炎疫情过程中，身先士卒，冲锋在前，带领科室人员反复认真学习诊断标准和防治规范。积极响应复工复产的号召，带领科室人员到工厂企业一线进行体检筛查，经常连续工作超过12小时。2021年，被评为泰州市“十行百星”——医务之星。

孙国星，男，1982年11月出生，中共党员，高港区文化体育和旅游局文艺科科长。指导各镇街推进公共文化服务体系建设，实现省级达标文化站全覆盖目标，指导建成镇街宣传文化中心6个，完成全区村（社区）综合文化服务中心建设，全区人均拥有公共文化设施面积0.42平方米，全市第一、全省领先。2021年，被评为泰州市“十行百星”——文体之星。

史叶锋，男，1979年10月出生，中共党员，泰州市公安局医药高新区分局周山河街区派出所四级警长。2015年，史叶锋主动要求从机关到派出所工作，担任泰州南部新城拆迁安置村组最多、治安最复杂的凤凰曦城社区民警。他组建“凤凰曦城警务邻里中心”，改变小区治安隐患多、整体环境差的旧貌，受到群众好评。因为工作出色，被泰州市公安局评为全市公安机关优秀复员转业军人、全市公安机关优秀共产党员、全市公安机关优秀教育工作者，荣立个人嘉奖2次。2021年，被评为泰州市“十行百星”——政法之星。

蔡萍，女，1979年7月出生，中共党员，高港区农村社会调查队队长。每一次普查，她带领普查员踏遍每一个角落，为的是数据更真实；每一篇分析，她不辞辛苦深入社会各领域，为的是调研更彻底。她曾获得省级人口普查先进个人、法制工作先进个人、基层岗位统计标兵、人口变动情况抽样调查先进个人，市级生态环境建设先进个人，区级优秀共产党员、巾帼建功先进个人等荣誉，记三等功1次。2021年，被评为泰州市“十行百星”——公仆之星。

张兆乾，男，1963年6月出生，中共党员，野徐镇野徐社区党委书记、居委会主任。他以服务居民为宗旨，创建道德学习班、在职党员回社区四员服务队等平台。他积极推进社区基层服务体系，致力于提高社区服务水平，带头进行村庄环境整治。在他的带领下，野徐社区获得野徐镇先进基层党组织、绩效管理先进社区等荣誉。他本人连续多次被野徐镇党委评为优秀党务工作者、优秀共产党员。2021年，被评为泰州市“十行百星”——公仆之星。

荣誉栏

·先进集体·

2021年泰州医药高新区（高港区）获国家级（含条线）表彰的先进集体一览表

表24

荣誉	获奖单位	授予时间	授予单位
2019—2020年度全国“四好”商会	刁铺街道商会	2021-01	全国工商联
全国示范型退役军人服务中心（站）	大泗镇退役军人服务站	2021-01	退役军人事务部思想政治和权益维护司
全国民主法治示范村（社区）	口岸街道引江社区	2021-01	司法部、民政部
全国巾帼文明岗	泰州医药高新区人民检察院第一检察部	2021-03	全国妇联
全国五四红旗团支部	明珠街道西湖翠苑社区团支部	2021-05	共青团中央
第四批节水型社会建设达标县（市、区）	高港区	2021-07	水利部

续表24

荣誉	获奖单位	授予时间	授予单位
节约型机关	高港区人民检察院	2021-08	国家机关事务管理局等
全国乡村旅游重点村	白马镇陈家村	2021-08	文化和旅游部、国家发展改革委
全国示范性老年友好型社区	寺巷街道龙凤社区	2021-08	国家卫生健康委、全国老龄办
2017—2020年度全国群众体育先进单位	高港区文化体育和旅游局	2021-09	国家体育总局
全国乡村治理示范村镇	胡庄镇宗林村	2021-09	中央农村工作领导小组办公室、农业农村部
全国青年文明号	江苏硕世生物科技股份有限公司行政人事部	2021-09	共青团中央
2016—2020年全国依法治理创建活动先进单位	刁铺街道	2021-12	中央宣传部、司法部
2020—2021年度全国“五好”县级工商联	区工商联	2021-12	全国工商联办公厅
电力安全生产标准化一级企业	国家能源集团泰州发电有限公司	2021-12	中国电力企业联合会
全国第六批率先基本实现主要农作物生产全程机械化示范县（市、区）	高港区	2021-12	农业农村部办公厅

2021年泰州医药高新区（高港区）获省级（含条线）表彰的先进集体一览表

表25

荣誉	获奖单位	授予时间	授予单位
第三批江苏省生态文明建设示范乡镇（街道）	刁铺街道	2021-01	省生态环境厅
第三批江苏省生态文明建设示范乡镇（街道）	许庄街道	2021-01	省生态环境厅
第三批江苏省生态文明建设示范乡镇（街道）	明珠街道	2021-01	省生态环境厅
第三批江苏省生态文明建设示范乡镇（街道）	凤凰街道	2021-01	省生态环境厅
第三批江苏省生态文明建设示范乡镇（街道）	野徐镇	2021-01	省生态环境厅
第三批江苏省生态文明建设示范村（社区）	口岸街道引江社区	2021-01	省生态环境厅
第三批江苏省生态文明建设示范村（社区）	大泗镇前进村	2021-01	省生态环境厅
全省消防执法先进单位	泰州医药高新区消防救援大队	2021-01	省消防救援总队
全省十佳基层大队	泰州医药高新区消防救援大队	2021-01	省消防救援总队
江苏省“扫黄打非”先进集体	大泗镇党委	2021-01	省“扫黄打非”工作领导小组办公室
江苏省“扫黄打非”进基层示范点	大泗镇	2021-01	省“扫黄打非”工作领导小组办公室
江苏省劳动关系和谐企业	国家能源集团泰州发电有限公司	2021-01	省协调劳动关系第三方委员会

续表25

荣誉	获奖单位	授予时间	授予单位
全省优秀信息工作单位	高港区委办公室	2021-02	省委办公厅
全省司法行政系统高质量发展先进单位	高港区司法局	2021-02	省司法厅
全省优秀法院	泰州医药高新区人民法院	2021-02	省高级人民法院
全省司法行政系统新闻宣传先进集体	高港区司法局	2021-03	省司法厅
全省依法治省工作成绩突出单位	高港区委依法治区办	2021-03	省委依法治省办
江苏省网络舆情直报工作先进单位	高港区网络信息管理中心	2021-03	省委网络安全和信息化委员会办公室
江苏省五四红旗团委	江苏省口岸中学团委	2021-04	共青团江苏省委
江苏省五四红旗团委	泰州医药高新区人民检察院团支部	2021-04	共青团江苏省委
江苏省五四红旗团支部	永安洲实验初级中学团支部	2021-04	共青团江苏省委
江苏省五四红旗团支部	大泗镇霍堡村团支部	2021-04	共青团江苏省委
示范基层党组织	通港路消防站	2021-06	省消防救援总队党委
全省法院党建工作先进集体	泰州医药高新区人民法院	2021-06	省高级人民法院
全省公安机关成绩突出党员集体	医药城派出所党支部	2021-06	省公安厅
全省法院审判管理工作先进集体	泰州医药高新区人民法院审管办	2021-07	省高级人民法院
全省城乡基层援法议事范例	刁铺街道圩岸社区	2021-07	省委依法治省办
江苏省优秀“戎耀之家”	中海油气（泰州）石化有限公司	2021-07	省退役军人事务厅、省总工会
江苏省优秀“戎耀之家”	扬子江药业集团有限公司	2021-07	省退役军人事务厅、省总工会
争创全国法治政府建设示范市县活动先进地区	高港区	2021-07	省委依法治省办
江苏省教育系统先进集体	泰州医药高新区第一实验小学	2021-09	省人力资源社会保障厅、省教育厅
全省脱贫攻坚暨对口帮扶支援合作先进集体	高港区人力资源社会保障局	2021-10	省委、省政府
江苏省五一劳动奖状	大泗镇总工会	2021-10	省总工会
智慧技防建设典型	野徐派出所（泰州市医药高新区康居新城全生态智慧社区建设）	2021-10	省公安厅
江苏省节水型企业	国家能源集团泰州发电有限公司	2021-10	省水利厅、省发展改革委
江苏省巾帼文明岗	口岸街道柴墟社区党群服务中心	2021-11	省妇联
江苏省教育系统关心下一代工作先进集体	区教育局关工委	2021-11	省教育系统关工委
江苏省教育系统关心下一代工作先进集体	泰州市寺巷小学关工委	2021-11	省教育系统关工委
江苏省节水型学校	泰州市海军小学	2021-11	省水利厅
江苏省特色田园乡村	白马镇陈家村凹口	2021-12	省特色田园乡村建设工作联席会议

续表25

荣誉	获奖单位	授予时间	授予单位
优秀博爱家园	白马镇陈家村博爱家园	2021-12	省红十字会
江苏省校园足球工作先进幼儿园	泰州市环溪幼儿园	2021-12	省教育厅
江苏省校园足球工作先进幼儿园	泰州市白马幼儿园	2021-12	省教育厅
江苏省"平安农机"示范市、县(区)	泰州医药高新区(高港区)	2021-12	省农业农村厅、省应急管理厅
县级科协创新发展能力提升计划优秀组织单位	区科协	2021-12	省科协
优秀省级海智工作基地	区科协	2021-12	省科协
全省民营企业调查点工作先进单位	区工商联	2021-12	省工商联
江苏省优秀司法所	永安洲司法所	2021-12	省司法厅
全省社区矫正和安置帮教工作先进集体	区司法局社区矫正工作科(执法大队)	2021-12	省司法厅
第八批省级法治文化建设示范点	大泗镇法治文化园	2021-12	省委宣传部、省委依法治省办等
江苏省青年书香号	刁铺街道圩岸社区共青团书房	2021-12	共青团江苏省委
省级放心消费创建示范单位	中国银行泰州高港支行	2021-12	省市场监管局

· 先进个人 ·

2021年泰州医药高新区(高港区)获国家级(含条线)表彰的先进个人一览表

表26

姓 名	荣誉	工作单位	授予时间	授予单位
何 芬	全国巾帼建功标兵	高港区人民法院	2021-03	全国妇联
张 娜	全国检察机关扫黑除恶专项斗争优秀个人	高港区人民检察院	2021-04	最高人民检察院
钱忠荣	全国公安机关成绩突出个人	明珠派出所	2021-04	公安部、中华全国总工会
徐勤生	全国优秀党务工作者	口岸街道徐庄村	2021-06	中共中央
何 芬	6月中国好人(敬业奉献)	高港区人民法院	2021-08	中央文明办
陈 静	2017—2020年度全国群众体育先进个人	区党工委(区委)宣传和统战部	2021-09	国家体育总局
孔小军	2017—2020年度全国群众体育先进个人	区党工委(区委)宣传和统战部	2021-09	国家体育总局
田冬娜家庭	全国最美家庭	生物医药产业园区	2021-10	全国妇联
王 磊	个人嘉奖	创业园派出所	2021-10	公安部

2021年泰州医药高新区（高港区）获省级（含条线）表彰的先进个人一览表

表27

姓　名	荣誉	工作单位	授予时间	授予单位
韩德辉	三等功	泰州医药高新区消防救援大队	2021-01	省消防救援总队
周永录	全省法律援助工作先进个人	凤凰司法所	2021-01	省司法厅
褚　辉	全省法律援助工作先进个人	高港区司法局	2021-01	省司法厅
栾慧华	江苏省第四期中国妇女社会地位调查优秀个人奖	永安洲镇妇联	2021-01	省妇联
蒋震宇	全省党委信息工作先进个人	高港区委办公室	2021-02	省委办公厅
袁亚琴	江苏最美警嫂	高港区人民检察院	2021-02	省公安厅
沈留军	百优刑警	区公安分局	2021-03	省公安厅
王旭红	百优刑警	区公安分局	2021-03	省公安厅
汤晶萍	江苏省三八红旗手标兵	高港区人民检察院	2021-03	省妇联
唐　琴	江苏省网络舆情直报工作先进个人	高港区网络信息管理中心	2021-03	省委网络安全和信息化委员会办公室
黄　飞	二等功	滨江派出所	2021-04	省公安厅
顾　炜	江苏省电力行业媒体优秀通讯员	国家能源集团泰州发电有限公司	2021-04	省电力行业协会
张玉成	江苏省先进工作者	泰州医药高新区党工委政法委	2021-04	省委、省政府
汪　羽	江苏省先进工作者	泰州市第三人民医院	2021-04	省委、省政府
王　垚	江苏省优秀共青团员	永安洲镇	2021-04	共青团江苏省委
张燕阳	江苏省优秀共青团员	野徐镇	2021-04	共青团江苏省委
张竹山	江苏省劳动模范	口岸街道引江社区	2021-04	省委、省政府
张海霞	江苏省劳动模范	江苏张弛轮毂制造有限公司	2021-04	省委、省政府
王春香	江苏省劳动模范	江苏康为世纪生物科技股份有限公司	2021-04	省委、省政府
孙玉龙	江苏省劳动模范	泰州口岸船舶有限公司	2021-04	省委、省政府
严海锦	江苏省劳动模范	江苏科成有色金属新材料有限公司	2021-04	省委、省政府
谢　冬	全省民事检察优秀办案能手	泰州医药高新区人民检察院	2021-05	省人民检察院
尤光明	江苏省最美应急人	寺巷街道党政办	2021-05	省应急管理厅
丁金娥家庭	江苏省最美家庭	明珠街道西湖翠苑社区	2021-05	省妇联
蒋继龙家庭	江苏省最美家庭	明珠街道明珠社区	2021-05	省妇联
李正家庭	江苏省最美家庭	泰州市120急救中心	2021-05	省妇联
吴和兰家庭	江苏省最美家庭	泰州客运集团	2021-05	省妇联
赵　军	成绩突出党员民警	区公安分局	2021-06	省公安厅

续表27

姓　名	荣誉	工作单位	授予时间	授予单位
孔祥泰	优秀共产党员	通港路消防救援站	2021-06	省消防救援总队党委
沈　亮	优秀党务工作者	通港路消防救援站	2021-06	省消防救援总队党委
王　震	全省法院党建工作先进个人	高港区人民法院	2021-06	省高级人民法院
金秋桦	全省检察机关守正有为检察人	高港区人民检察院	2021-06	省人民检察院
许倩榕	全省检察机关守正有为检察人	泰州医药高新区人民检察院	2021-06	省人民检察院
张竹山	江苏省优秀党务工作者	口岸街道引江社区	2021-06	省委
尤　华	基层专武部长集训优秀学员	区党政办	2021-06	省委组织部、省军区动员局等
何　芬	全省优秀共产党员	高港区人民法院	2021-07	省委
常郭武	江苏省百佳离退休干部党员	大泗镇	2021-07	省委老干部局、省委离退休干部工作委员会
薛春兰	江苏省百佳离退休干部党员	野徐镇	2021-07	省委老干部局、省委离退休干部工作委员会
邱小平	江苏省科技创新发展奖先进个人	高港区发展改革委	2021-07	省政府
冯　皓	二等功	明珠派出所	2021-08	省公安厅
龚建旭	成绩突出个人	区公安分局	2021-08	省公安厅
陈　呈	嘉奖	区公安分局	2021-08	省公安厅
丁淑芬	优秀统计人	区统计局	2021-09	省统计局
马明明	全省检察机关未成年人检察业务标兵	泰州医药高新区人民检察院	2021-09	省人民检察院
陈建清	江苏省关工委先进工作者	寺巷街道关工委	2021-09	省关工委
罗　萍	江苏省教育系统先进个人（优秀教师）	泰州市高港实验学校	2021-09	省人力资源社会保障厅、省教育厅
姚家艳	2019—2020年江苏省图书馆学会优秀会员	区党工委（区委）宣传和统战部	2021-10	省图书馆学会
冯　宇	二等功	区公安分局	2021-10	省公安厅
陈龙根	三等功	区公安分局	2021-10	省公安厅
成兰芬	江苏省脱贫攻坚暨对口帮扶支援合作先进个人	扬子江药业集团	2021-10	省委、省政府
薛兴建	江苏省脱贫攻坚暨对口帮扶支援合作先进个人	区农业农村局	2021-10	省委、省政府
栾玉柱	江苏省脱贫攻坚暨对口帮扶支援合作先进个人	区农业农村局	2021-10	省委、省政府
陈奎芝	江苏省脱贫攻坚暨对口帮扶支援合作先进个人	区残联	2021-10	省委、省政府
张红梅	江苏省巾帼建功标兵	泰州市寺巷幼儿园	2021-11	省妇联

续表27

姓　名	荣誉	工作单位	授予时间	授予单位
乔桂红	江苏省教育系统关心下一代工作先进个人	泰州市孔桥小学	2021-11	省教育系统关工委
李风华	第七次全国人口普查先进个人	区统计局	2021-11	省统计局
梅久琴	第七次全国人口普查先进个人	区统计局	2021-11	省统计局
蔡　萍	第七次全国人口普查先进个人	区统计局	2021-11	省统计局
戴　伟	第七次全国人口普查先进个人	区统计局	2021-11	省统计局
朱香蓓	第七次全国人口普查先进个人	区统计局	2021-11	省统计局
薛爱群	第七次全国人口普查先进个人	区统计局	2021-11	省统计局
张　璐	第七次全国人口普查先进个人	区统计局	2021-11	省统计局
秦勇华	全省行政应诉办案能手	区司法局	2021-12	省司法厅
戴　敏	全省社区矫正和安置帮教工作先进个人	大泗司法所	2021-12	省司法厅
刘山宏	江苏省优秀司法所长	寺巷司法所	2021-12	省司法厅
赵　荣	江苏省农机安全监理示范岗位标兵	区农业农村局	2021-12	省农业农村厅
钱荣华	江苏省金牌劳动关系协调员	区劳动监察大队	2021-12	省协调劳动关系三方委员会
孙爱琴	江苏省校园足球工作先进幼儿园园长	泰州市环溪幼儿园	2021-12	省教育厅
陶　丽	江苏省校园足球工作先进幼儿园园长	泰州市白马幼儿园	2021-12	省教育厅
戚小生	江苏省校园足球工作先进学校校长	泰州市高港实验小学	2021-12	省教育厅
梅　峰	江苏省校园足球工作先进教师	泰州市大泗学校	2021-12	省教育厅
陆笑寒	江苏省校园足球工作先进教师	泰州市白马幼儿园	2021-12	省教育厅
张卫东	江苏省校园足球工作先进教练员	泰州市大泗学校	2021-12	省教育厅

附 录

组织机构及负责人

·泰州医药高新区·

（2021年7月8日区政合一管理体制改革前）

中共泰州医药高新技术产业开发区工作委员会

书　记　叶冬华
副书记　孙宏建
　　　　陶　旭（1月25日任）
委　员　任志强（至1月25日）
　　　　潘爱民
　　　　陈　磊
　　　　陈　林
　　　　吴　斌（1月25日任）
　　　　王　平
　　　　张汉刚（1月25日任）
　　　　申晓勇（1月25日任）
　　　　卢　洁（女，1月25日任）
　　　　王英俊（4月14日任）
　　　　肖志勇（4月14日任）
　　　　李苏华

泰州医药高新技术产业开发区管理委员会

主　任　孙宏建
副主任　潘爱民
　　　　王　平
　　　　张汉刚（1月25日任）
　　　　顾为进（4月14日任）

中共泰州医药高新技术产业开发区纪律检查工作委员会、泰州市监察委员会医药高新技术产业开发区工作委员会

书　记　肖志勇（4月14日任）
　　　　江福斌（至4月14日）
主　任　肖志勇（4月28日任）
　　　　江福斌（至4月28日）

人民法院、人民检察院、人武部

人民法院
院　长　胡欣荣（女）
人民检察院
检察长　张　蓉（女）
人武部
部　长　李苏华

区党工委职能机构

党政办公室
主　任　赵荣林（至6月29日）
　　　　孙晓军（6月29日任）
组织部
部　长　葛立网（至1月25日）
　　　　申晓勇（1月25日任）
宣传和统战部
部　长　卢　洁（女，1月25日任）
政法委
书　记　任志强（至1月25日）
　　　　吴　斌（1月25日任，至4月14日）
　　　　陈　磊（4月14日任）

区管委会职能机构

发展和改革委员会
主　任　朱海涛
科教局
局　长　马扬光
住建局
局　长　刘　鹏
财政局
局　长　周同山
人社局
局　长　王　敏
卫生局
局　长　朱叶青
市场监管局
局　长　孙　静（女）
行政审批局
局　长　吴　诗
民政局（农工办）
局　长（主任）　陈奎芝
审计局
局　长　韩正权
综合执法局
局　长　陈立新
应急管理局
局　长　邵阿勤

群众团体

总工会
主　席　葛立网（至1月25日）
团区委
书　记　李润润（女，副书记，主持工作，5月11日任）
妇　联
主　席　史连美（女，至5月11日）
　　　　曹小平（女，5月11日任）

园区、街道、镇

泰州医药高新技术产业园区
党工委书记　孙宏建（6月29日兼任）
管委会主任　吴　翔（6月29日任）
泰州经济开发区
党工委书记、管委会主任
　　陈　磊（至4月14日）
　　吴　斌（4月14日任）
泰州综合保税区
管委会主任　陈　磊（至4月14日）
　　　　　　吴　斌（4月14日任）
泰州市周山河街区
党工委书记　陈　林
泰州高等教育园区
党工委书记　葛立网（至1月24日）
泰州数据产业园区
党工委副书记、管委会主任　魏昌东
泰州滨江工业园区
党工委副书记、管委会主任
　　潘小泉
野徐镇
党委书记　曹宝春（至5月11日）
　　　　　贲　腾（5月11日任）
镇　　长　贲　腾（至5月11日）
　　　　　智日高（5月11日任）
人大主席　徐　亮
寺巷街道
党工委书记　殷海成（至5月11日）
　　　　　　陈海燕（6月23日任）
办事处主任　陈海燕（至6月23日）
　　　　　　喻海峰（6月23日任）
人大工委主任　喻海峰（至6月23日）
明珠街道
党工委书记　韩洁桂
办事处主任　拱卫民（至6月23日）
人大工委主任　叶平章
凤凰街道
党工委书记　李俊标
办事处主任　陈小平
人大工委主任　智日高（至5月11日）
沿江街道
党工委书记　王　平
办事处主任　徐　昊
人大工委主任　韩凤翔

·高港区·

（2021年7月8日区政合一管理体制改革前）

中共泰州市高港区委员会

书　记　叶冬华
副书记　孙宏建
　　　　陶　旭（1月25日任）
常　委　陈　磊（4月14日任）
　　　　吴　斌
　　　　陈志斌（至1月25日）
　　　　张汉刚
　　　　申晓勇（1月25日任）
　　　　卢　洁（女，1月25日任）
　　　　王英俊（4月14日任）
　　　　夏万云（至4月14日）
　　　　肖志勇（4月14日任）
　　　　顾为进
　　　　李春荣（援疆）
　　　　李　丹

泰州市高港区人大常委会

主　任　赵晓玲（女，至3月31日）
副主任　刘振东
　　　　杨春宣
　　　　李　强
　　　　田宝武

泰州市高港区人民政府

区　长　孙宏建
副区长　吴　斌（至3月31日）
　　　　张汉刚
　　　　王英俊（5月27日任）
　　　　李新美（女）
　　　　刘　洪（至3月31日）
　　　　王　庆（至5月27日）
　　　　贺　骏（5月27日任）
　　　　陈新兵（5月27日任）
　　　　施康振（5月27日任）
　　　　王晓云（挂职）

政协泰州市高港区委员会

主　席　薛永忠
副主席　周法鸣
　　　　徐桂明
　　　　周正青（援陕）
　　　　张　琴（女）

中共泰州市高港区纪律检查委员会、区监察委员会

书　记　夏万云（至4月14日）
　　　　肖志勇（4月14日任）
主　任　夏万云（至5月27日）
　　　　肖志勇（代主任，5月27日任）

人民法院、人民检察院、人武部

人民法院
院　长　李惠平（女）
人民检察院
检察长　钱　峻
人武部
部　长　朱平平

区委工作机构及区委部门管理机构

区纪委、区监委派驻纪检监察组
区纪委、区监委第一派驻纪检监察组
组　长　朱洪平
区纪委、区监委第二派驻纪检监察组
组　长　臧伯富
区纪委、区监委第三派驻纪检监察组
组　长　袁　军
区纪委、区监委第四派驻纪检监

察组
组　长　时　彬
区纪委、区监委第五派驻纪检监察组
组　长　周根亮
区纪委、区监委第六派驻纪检监察组
组　长　蔡长春
区纪委、区监委第七派驻纪检监察组
组　长　李春年
区纪委、区监委第八派驻纪检监察组
组　长　闾　涌
区纪委、区监委第九派驻纪检监察组
组　长　孔书华
区纪委、区监委第十派驻纪检监察组
组　长　陆　斌
区纪委、区监委第十一派驻纪检监察组
组　长　马　剑
区纪委、区监委第十二派驻纪检监察组
组　长　孔　华（女）
办公室
主　任　王飞平
机要局
局　长　王飞平
国家保密局
局　长　王飞平
组织部
部　长　陈志斌（至1月24日）
　　　　申晓勇（1月24日任）
非公有制企业和社会组织工作委员会
书　记　李　艳（女）
党建工作领导小组办公室
主　任　乔　峰
公务员局
局　长　朱双六
宣传部
部　长　卢　洁（女，1月24日任）
文明办
主　任　陶春山
新闻办
主　任　邵釜明
统战部
部　长　李春荣
台　办
主　任　卢国平
民宗局
局　长　（暂缺）
侨务办
主　任　（暂缺）
政法委
书　记　蔡秋云（女，至2月10日）
　　　　吴　斌（2月10日任，至5月11日）
　　　　陈　磊（5月11日任）
编　办
主　任　高志勇
区级机关工委
书　记　邱卜雨
区委巡察机构
区委巡察办
主　任　周　曦
区委第一巡察组
组　长　杭江河
区委第二巡察组
组　长　于　云
区委第三巡察组
组　长　朱新忠
区委第四巡察组
组　长　沈虹振（5月11日任，至7月7日）
老干部局
局　长　卞晓江（至5月11日）

区人大常委会工作机构

办公室
主　任　戴　波
人事代表联络工作委员会
主　任　张　平
财经（预算）工作委员会
主　任　（暂缺）
监察和司法（法制）工作委员会
主　任　徐　新
社会建设和教科文卫工作委员会
主　任　朱俊茂
环资城建（农业农村）工作委员会
主　任　陈鸿斌

区政府工作机构

办公室
主　任　徐旭东
发展改革委
主　任　袁　斌（5月27日任）
教育局
局　长　吴清华（女）
科技局
局　长　邱小平
工业和信息化局
局　长　秦荣生（至5月27日）
　　　　陆明航（5月27日任）
民政局
局　长　陆明航（至5月27日）
　　　　戚永生（5月27日任）
司法局
局　长　秦勇华（女）
财政局
局　长　张　琴（女）
人力资源社会保障局
局　长　匡裕民（至5月27日）
　　　　卞晓江（5月27日任）
住房城乡建设局
局　长　孙　跃（至5月27日）
　　　　徐旭东（5月27日任）
城管局
局　长　张小平
水利局
局　长　陈宝进
农业农村局
局　长　叶　健
商务局
局　长　刘朝晖（至5月27日）
　　　　王锁东（5月27日任）
文化体育旅游局
局　长　栾　勇（至5月27日）
　　　　戴建斌（5月27日任）
卫生健康委
主　任　刘长军
退役军人事务局
局　长　雷家昌
应急局
局　长　王晓瑾（至5月27日）
　　　　戴永建（5月27日任）
审计局
局　长　曹映华

行政审批局
局　长　戴永建（至5月27日）
　　　　陈志俊（5月27日任）
市场监管局
局　长　蒋加华
统计局
局　长　李风华
信访局
局　长　沈虹振（至5月27日）
　　　　田华东（5月27日任）
地方金融监管局
局　长　陆　青
机关事务管理局
局　长　白　剑

派出机构、直属事业单位

口岸雕花楼景区管委会
主　任　李忠钱
供销总社
主　任　戴立新
党史方志办公室
主　任　李秀年

区政协工作机构

办公室
秘书长　（暂缺）
学习提案文史委
主　任　程永进
经济城乡建设委
主　任　叶　智
社会法制委
主　任　陈文兰（女）
科教文卫体委
主　任　许建中

群众团体

总工会
主　席　丁新成（至6月1日）
　　　　史连美（女，6月1日任）
团区委
书　记　李晓娟（女，至5月11日）
　　　　李润润（女，副书记，主持工作，5月11日任）
妇　联
主　席　曹小平（女）
工商联
主　席　周正青
残　联
理事长　吴玉春
科　协
主　席　蒋　为
文　联
主　席　（暂缺）
社科联
主　席　（暂缺）
侨　联
主　席　（暂缺）
红十字会
党组书记、常务副会长　金正文
计生协会
会　长　李新美（女）

园区、街道、镇

泰州港经济开发区
党工委书记　顾为进
管委会主任　（暂缺）
泰州港核心港区
党工委书记　（暂缺）
党政办主任　（暂缺）
财政局局长　（暂缺）
规划建设局局长　（暂缺）
招商局局长　施　庆
经济发展局局长　唐永兴
社会事业局局长　（暂缺）
口岸街道（临港经济园）
党工委书记　陈新兵（至5月11日）
　　　　　　刘朝晖（5月11日任）
办事处（管委会）主任
　　　　　　戚永生（至5月18日）
　　　　　　孙　俊（5月18日任）
人大工委主任　于跃进
刁铺街道
党工委书记　袁　斌（至5月11日）
　　　　　　叶俊东（5月11日任）
办事处主任　秦　鑫
人大工委主任　严美华（女）
许庄街道
党工委书记　顾为进（至5月11日）
　　　　　　于勇军（5月11日任）
办事处主任　徐思达
人大工委主任　乔向民
永安洲镇
党委书记　王　庆（至5月28日）
　　　　　王小飞（5月28日任）
镇　　长　王小飞
人大主席　孙忠厚
白马镇
党委书记　戴建斌（至5月28日）
　　　　　周　明（5月28日任）
镇　　长　周　明
人大主席　肖建华
大泗镇
党委书记　于勇军（至5月28日）
　　　　　刘　瑾（女，5月28日任）
镇　　长　刘　瑾（女）
人大主席　戴曙光
胡庄镇
党委书记　王　辉（至5月28日）
　　　　　何　强（5月28日任）
镇　　长　何　强
人大主席　（暂缺）

·泰州医药高新区（高港区）·

（2021年7月8日区政合一管理体制改革后）

中共泰州医药高新技术产业开发区工作委员会 中共泰州市高港区委员会

书　记　叶冬华
副书记　孙宏建
　　　　陶　旭
常委、委员　陈　磊
　　　　　　吴　斌
　　　　　　张汉刚
　　　　　　申晓勇
　　　　　　卢　洁（女）
　　　　　　王英俊
　　　　　　肖志勇
委　员　陈　林
　　　　王　平（至12月16日）
　　　　李苏华（至11月3日）
常　委　顾为进（至7月30日）
　　　　李春荣（援疆）
　　　　李　丹

泰州市高港区人大常委会

主　任　任志强（7月23日任）
副主任　葛立网（7月23日任）
　　　　刘振东
　　　　杨春宣
　　　　李　强
　　　　田宝武

泰州医药高新技术产业开发区管理委员会 泰州市高港区人民政府

主　任、区　长　孙宏建
副主任、副区长　张汉刚
副主任　潘爱民（至12月31日）
　　　　王　平（至12月31日）
　　　　顾为进
副区长　王英俊
　　　　李新美（女）
　　　　贺　骏
　　　　陈新兵
　　　　施康振
　　　　严华云（挂职，11月30日任）

政协泰州市高港区委员会

主　席　薛永忠
副主席　陈志斌（7月21日任）
　　　　周法鸣
　　　　徐桂明
　　　　周正青（援陕）
　　　　张　琴（女）

中共泰州医药高新技术产业开发区纪律检查工作委员会 中共泰州市高港区纪律检查委员会、区监察委员会

书　记　肖志勇
主　任　肖志勇（7月23日任）

人民法院、人民检察院、人武部

医药高新区人民法院
院　长　胡欣荣（女，至12月28日）
　　　　刘　瑛（女，12月28日任）
医药高新区人民检察院
检察长　张　蓉（女，至12月28日）
　　　　王　玮（12月28日任）
高港区人民法院
院　长　许　飞（代院长，11月30日任）
　　　　李惠平（女，至11月30日）
高港区人民检察院
检察长　吴文彬（代检察长，11月30日任）
　　　　钱　峻（至11月30日）
高港人武部
部　长　朱平平

区党工委（区委）职能机构

区纪（工）委、区监委派驻纪检监察组
区纪（工）委监委第一派驻纪检监察组
组　长　朱洪平（12月30日任）
区纪（工）委监委第二派驻纪检监察组
组　长　陈立穗（11月12日任）
区纪（工）委监委第三派驻纪检监察组
组　长　王文先（12月30日任）
区纪（工）委监委第四派驻纪检监察组
组　长　时　彬（12月30日任）
区纪（工）委监委第五派驻纪检监察组
组　长　周根亮（12月30日任）
区纪（工）委监委第六派驻纪检监察组
组　长　蔡长春（12月30日任）
区纪（工）委监委第七派驻纪检监察组
组　长　李春年（12月30日任）
区纪（工）委监委第八派驻纪检监察组
组　长　吴振中（12月30日任）
区纪（工）委监委第九派驻纪检监察组
组　长　时镜人（11月12日任）
区纪（工）委监委第十派驻纪检监察组
组　长　孙爱娟（女，12月30日任）
区纪（工）委监委第十一派驻纪检监察组
组　长　封正东（12月30日任）
区纪（工）委监委第十二派驻纪检监察组
组　长　孙爱娟（女，11月12日任，至12月30日）
　　　　姜兆刚（12月30日任）
区党工委（区委）巡察机构
区党工委（区委）巡察工作办公室
主　任　（暂缺）
区党工委（区委）第一巡察组
组　长　（暂缺）
区党工委（区委）第二巡察组
组　长　（暂缺）
区党工委（区委）第三巡察组
组　长　（暂缺）
党政办公室
主　任　孙晓军（9月3日任）
组织部
部　长　申晓勇
宣传和统战部
部　长　卢　洁（女）
政法委
书　记　陈　磊

区人大常委会工作机构

办公室
主　任　戴　波
人事代表联络工作委员会
主　任　张　平
财经（预算）工作委员会
主　任　何长鑫（11月30日任）
监察和司法（法制）工作委员会
主　任　徐　新
社会建设和教科文卫工作委员会
主　任　朱俊茂
环资城建工作委员会
主　任　陈鸿斌
农业农村工作委员会（11月19日经市委编委会批复，农业农村工委由在环资城建工委挂牌调整为单独设置）
主　任　陈鸿斌（至11月30日）
　　　　戴曙光（11月30日任）

区管委会（区政府）职能机构

发展和改革委员会
主　任　邱小平（医药高新区9月6日任；高港区11月30日任）
教育局
局　长　袁　斌（医药高新区9月6日任；高港区11月30日任）
工业和科技创新局
局　长　马扬光（医药高新区9月6日任；高港区11月30日任）
司法局
局　长　蔡　磊（医药高新区9月6日任；高港区11月30日任）
财政局
局　长　匡章斌（医药高新区9月6日任；高港区11月30日任）
社会事业和退役军人事务局
局　长　卞晓江（医药高新区9月6日任；高港区11月30日任）
住房城乡建设局
局　长　徐旭东（医药高新区9月6日任；高港区11月30日任）
农业农村局
局　长　李俊标（医药高新区9月6日任；高港区11月30日任）
商务局
局　长　姜志新（医药高新区9月6日任；高港区11月30日任）
卫生健康委
主　任　（暂缺）
蒋加华（副书记，主持党组工作，9月10日任）
陈文兰（女，副主任，主持行政工作，9月10日任）
应急管理局
局　长　（暂缺）
戴永建（副局长，主持工作，9月10日任）
审计局
局　长　（暂缺）
曹映华（副局长，主持工作，9月10日任）
行政审批局
局　长　（暂缺）
陈志俊（副局长，主持工作，9月10日任）
市场监督管理局
局　长　孙　静（女，高港区11月30日任）
统计局
局　长　（暂缺）
朱双六（副局长，主持工作，9月10日任）

派出机构、直属事业单位

口岸雕花楼景区管委会
主　任　李忠钱
党校
校　长　（暂缺）
党史方志办公室
主　任　李秀年
供销合作总社
主　任　戴立新
区域社会治理现代化综合指挥中心
主　任　杨　钊（11月30日任）

区政协工作机构

办公室
秘书长　沈虹振（7月21日任）
提案委（11月19日经市委编委会批复，增设提案委）
主　任　（暂缺）
学习文史委（11月19日经市委编委会批复，学习提案文史委更名为学习文史委）
主　任　（暂缺）
经济城乡建设委
主　任　叶　智
社会法制委
主　任　陈文兰（女）
科教文卫体委
主　任　许建中

群众团体

总工会
主　席　史连美（女）
团区委
书　记　（暂缺）
李润润（女，副书记，主持工作）
妇　联
主　席　曹小平（女）
工商联
主　席　周正青
残　联
理事长　吴玉春（至12月21日）
陈奎芝（12月21日任）
科　协
主　席　蒋　为
文　联
主　席　王冬梅（12月23日任）
社科联
主　席　（暂缺）
侨　联
主　席　（暂缺）
红十字会
党组书记、常务副会长　金正文
计生协会
会　长　李新美（女）

园区、街道、镇

医药产业园管理办公室
党工委书记　孙宏建（9月3日任）
主　任　吴　翔（9月16日任）
滨江工业园管理办公室
党工委书记　潘爱民（9月3日任，至12月16日）
主　任　潘爱民（9月16日任，至12月16日）
电子信息产业园管理办公室（挂综合保税区管理办公室牌子）
党工委书记　吴　斌（9月3日任）
主　任　吴　斌（9月16日任）
港口物流产业园管理办公室
党工委书记　（暂缺）
主　任　（暂缺）
泰州港经济开发区管理办公室
党工委书记　顾为进（9月3日任）
主　任　顾为进（9月16日任）
口岸街道（临港经济园）
党工委书记　刘朝晖
办事处（管委会）主任　孙　俊
人大工委主任　于跃进
刁铺街道
党工委书记　叶俊东

办事处主任　秦　鑫（至9月13日）
　　　　　　秦　冲（11月12日任）
人大工委主任　严美华（女）

许庄街道

党工委书记　于勇军（至11月12日）
　　　　　　王锁东（11月12日任）
办事处主任　徐思达（至11月12日）
　　　　　　刘　力（12月30日任）
人大工委主任　乔向民

寺巷街道

党工委书记　陈海燕（至11月12日）
　　　　　　陈小平（11月12日任）
办事处主任　喻海峰
人大工委主任　吴　凡（11月30日任）

明珠街道

党工委书记　韩洁桂（至11月12日）
　　　　　　徐思达（11月12日任）
办事处主任　叶平章（11月12日任）
人大工委主任　叶平章（至11月12日）
　　　　　　史绚丽（女，11月30日任）

凤凰街道

党工委书记　李俊标（至11月12日）
　　　　　　韩洁桂（11月12日任）
办事处主任　陈小平（至11月12日）
　　　　　　董建民（12月30日任）
人大工委主任　匡雄杰（11月30日任）

沿江街道

党工委书记　王　平（至12月30日）
　　　　　　周宏华（12月30日任）
办事处主任　徐　昊（至11月12日）
　　　　　　柳　劼（11月12日任）
人大工委主任　韩凤翔（至11月12日）
　　　　　　（暂缺）

永安洲镇

党委书记　王小飞（至12月30日）
　　　　　王晓瑾（12月30日任）
镇　　长　王小飞（至7月15日）
　　　　　王晓瑾（7月15日任）
人大主席　孙忠厚（至7月15日）
　　　　　沈　亚（7月15日任）

白马镇

党委书记　周　明
镇　　长　周　明（至7月10日）
　　　　　周　骏（7月10日任）
人大主席　肖建华（至7月10日）
　　　　　李正斌（7月10日任）

大泗镇

党委书记　刘　瑾（女）
镇　　长　刘　瑾（女，至7月9日）
　　　　　徐　旭（7月9日任）
人大主席　戴曙光

胡庄镇

党委书记　何　强
镇　　长　何　强（至7月13日）
　　　　　李晓娟（女，7月13日任）
人大主席　孔玉美（女，7月13日任）

野徐镇

党委书记　贲　腾
镇　　长　智日高
人大主席　徐　亮（至9月26日）
　　　　　帅小剑（9月26日任）

·垂直管理部门（单位）·

泰州医药高新区公安分局

局　长　王　平（至12月）

高港区公安分局

代理局长　李永祥（至6月）
局　　长　薛荣美（6—12月）

泰州医药高新区自然资源和规划分局

局　长　李筱敏

高港区自然资源和规划分局

局　长　朱　兵

泰州医药高新区生态环境分局

局　长　吴　涛

高港生态环境局

局　长　左祥生

泰州医药高新区税务局

局　长　树荣海

高港区税务局

局　长　赵剑三（至2月21日）
　　　　俞勇华（2月22日任）

泰州医药高新区（高港区）医保分局［11月17日高港区医保分局更名为泰州医药高新区（高港区）医保分局］

局　长　邹仁广

高港电视节目中心

主　任　严　虎

泰州医药高新区交通运输分局

局　长　刘广生

高港区交通运输分局

局　长　冯智洋

交警泰州医药高新区大队

大队长　金如俊

交警高港大队

大队长　王继军（至2月4日）
　　　　吉徐兵（2月5日任）

泰州医药高新区消防救援大队

大队长　赵　锋

高港区消防救援大队

大队长　王林林

高港区气象局

局　长　樊增华

高港区邮政管理局

局　长　吴东升

人物名录

·党代表名录·

（按姓氏笔画排序）

泰州医药高新区（高港区）出席江苏省第十四次党代会代表名录

叶冬华、严海锦、钱维胜

泰州医药高新区（高港区）出席泰州市第六次党代会代表名录

于勇军、王小飞、孔继美（女）、叶红（女）、叶冬华、叶华跃、叶俊东、申晓勇、田冬娜（女）、伏星驰（女）、庄志华（女）、刘瑾（女）、刘中华、刘江明、刘朝晖、刘楠楠（女）、孙静（女）、孙宏建、孙晓军、严海锦、苏玮玮（女）、李润润（女）、杨静（女）、肖志勇、吴斌、吴翔、吴万娟（女）、何芬（女）、何强、沈惠彪、张竹山、陈林、陈海燕、周明、贲腾、施菊琴（女）、顾萍（女）、钱维胜、徐文进、徐旭东、高宇彤（女）、陶旭、黄昱、董春艳（女）、韩洁桂、虞敏（女）

高港区第六次党代会代表名录

丁江立（女）、于玲（女）、于勇军、于留贯、马斌、马扬光、马红祥、王卫、王平（滨江）、王平、王立、王刚、王军、王兵（女）、王青（女）、王菲（女）、王敏、王策、王小飞、王小进、王飞平、王元国、王月珍（女）、王亚美（女）、王兆鑫、王志玉、王英俊、王尚景（女）、王国民、王国强、王晓瑾、王爱珍（女）、王益平、王海建、王锁东、王瑞华、毛燕（女）、卞晓江、卞雪琴（女）、尹杰、孔继美（女）、卢洁（女）、卢国平、叶健、叶平章、叶冬华、叶俊东、申晓勇、田卫兵、田华东、田宝武、田雪晴（女）、田维金、史连美（女）、史建伟、史绚丽（女）、白剑、冯坤、匡雄杰、朱尧（女）、朱骏、朱双六、朱华琴（女）、朱连兵、朱晓红（女）、朱梦雨（女）、乔峰、乔峰俊、乔增富、任志强、华桂栋、刘伟、刘兆、刘鹏、刘瑾（女）、刘兰珍（女）、刘华礼、刘振东、刘朝晖、许云（女）、许娟（女）、许文艳（女）、孙俊、孙敏（女）、孙静（女）、孙薇（女）、孙宏建、孙学军、孙恒杰、孙晓军、严虎、严美华（女）、苏玮玮（女）、李丹、李华、李亭、李艳（女）、李娟（女）、李梅（女）、李斌、李蓉（女）、李乃平、李凤华、李巧荣、李付林、李成焱、李向前、李红桂、李秀年、李忠钱、李春玫（女）、李春荣、李俊标、李晓娟（女）、李润润（女）、李淑梅（女）、李惠平（女）、李瑞民、李筱敏、李翠霞（女）、杨义琴（女）、杨宜荣、杨春宣、杨艳琴（女）、杨晶林、肖志勇、吴斌、吴翔、吴玉春、吴晓波、邱卜雨、邱小平、何强、余洁婷（女）、沈亮、沈加胜、沈亚丽（女）、沈伟强、沈虹振、张琴（女）、张锋、张蓉（女）、张慧（女）、张燕（女，农业农村局）、张燕（女）、张玉成、张东澜、张由凤、张立新、张汉刚、张邦钰（女）、张竹山、张华兰（女）、张兆春、张国胜、张海林、陆亚磊、陆明航、陆庭銮、陈伟（女）、陈伟、陈羽、陈林、陈悦、陈磊（政法委）、陈磊、陈小平、陈向锋、陈志俊、陈志斌、陈荣芳（女）、陈荣斌、陈海燕、陈惠媛（女）、陈善军、陈献华、陈新兵、邵勇俊、邵銮明、邵粉兰（女）、林智文、金正文、周旦（女）、周明、周骏、周曦、周法鸣、周宜江、周海洲、周渊超、房静（女）、居灿芳（女）、赵胜男（女）、赵艳阳、赵梅凤（女）、赵慧泽、贲腾、胡欣荣（女）、柯晓丹（女）、柳劼、树荣海、侯容兴、施康振、娄小江、宣春美（女）、姚淑颖（女）、贺骏、秦鑫、袁斌（发改委）、袁斌、袁翔、袁华发、袁来红、莫志娟（女）、贾爱存、夏任、夏晨（女）、夏红芳（女）、顾为进、顾丽娟（女）、钱峻、钱源（女）、钱忠荣、徐旭、徐林、徐昊、徐彦（女）、徐洪、徐莹（女）、徐晶（女）、徐颖、徐小圣、徐旭东、徐志平、徐思达、徐勤生、翁志林、凌琳（女）、栾勇、栾向荣、高志勇、高明岗、唐娟（女）、唐永兴、陶旭、黄昱、黄晨、曹小平（女）、曹映华、曹顺林、戚俊宏（女）、常玉娟（女）、崔正彬、葛玉书、葛立网、蒋为、蒋晨、蒋为华、蒋加华、韩欣、韩正权、韩和芳（女）、韩洁桂、喻海峰、智日高、程驰、詹发平、蔡金花（女）、翟云、潘小泉、潘爱民（女）、薛云（女）、薛庆、薛敏（女）、薛永忠、薛亚明、薛春兰（女）、薛福荣、穆晓伟（女）、戴波、戴莉（女）、戴立新、戴永建、戴建斌、戴美华（女）、魏昌东

·人大代表名录·

（按姓氏笔画排名）

泰州医药高新区（高港区）出席十三届全国人大四次会议代表名录

徐镜人

泰州医药高新区（高港区）出席江苏省十三届人大四次会议代表名录

王春香、叶冬华、孙宏建、杨屹峰

泰州医药高新区（高港区）出席泰州市五届人大五次会议代表名录

王小飞、戈琦、叶平、叶红（女）、叶冬华、田鹏、史爱梅（女）、吉江平（女）、匡雄杰、朱宁文、朱宏玲（女）、乔向民、任志强、钱峻、刘亚峰、许书平、孙跃、孙宏建、杨屹峰、李俊、李志萍（女）、吴跃、何海蓉（女）、余雨俊、张蓉（女）、张余松、陈士宏、陈志斌、陈桂宏、陈富贵、周斌、胡欣荣（女）、秦荣生、顾萍（女）、顾鼎、徐伟全、徐建青（女）、徐祖跃、郭余庆、韩记国、葛立网、窦文喜、谢晓恩、蔡爱国、潘文标

高港区五届人大五次会议代表名录

于涛、于祥、于勇军、于跃进、王英俊、王小飞、王飞平、王国平、王振山、王海峰、王道清、卞晓江、毛健（女）、毛晓平、尹杰、尹晓平、孔德刚 、卢洁、申晓勇、叶冬华、叶俊东、叶月琴（女）、田宝武、史俊、史见平（女）、史奎生、史爱梅（女）、吉园（女）、吕春红（女）、任志强、朱俊茂、朱尧、朱平平、乔向民、乔晶茗（女）、刘俊、刘勇、刘敏、刘华礼、刘春生、刘振东、刘瑾（女）、刘朝晖、刘晓春、祁亚飞、许建强、孙琴（女）、孙云生、孙杰文、孙永忠、孙宏建、孙京津（女）、孙美靖（女）、孙忠厚、孙萌钰（女）、严美华（女）、何强、李华（女）、李泽、李强、李文龙、李文兰（女）、李丹、李伟平、李兴华、李兴兵、李春荣、李建光、李惠平、杨勇、杨学军、杨建军、杨春宣、肖志勇、肖建华、吴剧（女）、吴斌、沈浩、沈金凤（女）、沈培林、张平、张轩、张娟（女）、张勤（女）、张小冬（女）、张万卿、张卫东、张汉刚、张志政、张素玉（女）、张晓兰（女）、张海霞（女）、张联生、陆军、陆河、陆成林、陈磊、陈林、陈

礼庆、陈志斌、陈根柏、陈新兵、陈鸿斌、陈富贵、季宝宏、周明、周彬、周敏（女）、周琴（女）、周义松、周红生、周菊萍（女）、孟伯兰（女）、赵晓玲（女）、赵琴、赵鹏程、胡庆生、姚洁、姚亚海、凌晓娟、秦鑫、秦勇峰、袁斌、顾为进、徐琴（女）、徐新、徐亚萍（女）、徐志辉、徐丽琴（女）、徐思达、徐晓丽（女）、徐勤生、殷德明、栾小丽（女）、栾中庆、栾春勇、钱峻、高俊、高小超、高国达、陶旭、郭宏鹤、唐维刚、黄伟、曹美（女）、曹小平（女）、曹月华（女）、曹亚楠（女）、曹建芳（女）、戚永生、戚伍小、戚俊宏（女）、戚晓艳（女）、常建云（女）、葛立网、葛玉书、董风琴（女）、韩亚、韩绍庆、程驰、谢加宣、谢佳佳（女）、谢春华（女）、虞继罗、窦新谋、蔡爱国、薛庆、薛永忠 、薛海明、戴波、戴娟（女）、戴萍（女）、戴纪凤（女）、戴建斌、戴曙光

·政协委员名录·

（按姓氏笔画排名）

泰州医药高新区（高港区）出席泰州市政协五届五次会议委员名录

丁伟、王绍文、孔秀芹（女）、成月红（女）、刘保兴、孙长奋、李蓉（女）、李春荣、李相军、李新美（女）、杨明、吴翔、陈正、陈龙、陈萍（女）、武建军、林智刚、周正青、赵琴（女）、侯先栋、姚洁、秦霞（女）、徐桂明、殷卫国、曹斌（女）、葛士平、董伟柱、蒋燕（女）、韩亚、焦开慧（女）、蔡伟、颜俊、潘爱民（女）、薛永忠

高港区政协五届五次会议委员名录

于智平、马宗佑、王青（女）、王龚、王蓉（女）、王文瑞、王步忠、王宏贵、王祖奎、毛一鸣、毛庆武、毛明华、毛继忠、卞云祥、左祥生、卢国平、叶挺、叶智、田建国、印江、印武、包继林、匡裕民、朱平、朱娟（女）、朱长顺、朱文正、朱宏俊、朱国宝、朱建军、乔记（女）、任刚、任寿南、许林、许建中、孙阳（女）、孙乃清、孙志平、孙建东、孙承莉（女）、孙素红（女）、孙晓红（女）、严虎、李冰、李京、李艳（女）、李辉、李蓉（女）、李风华、李红桂、李苏华、李秀年、李佳丽（女）、李春荣、李鹏举、杨进、杨勇、杨谢、杨振中、肖刚林、吴琦、吴辉、吴清华（女）、邱卜雨、邱小平、何经天、余晓燕（女）、邹贤平、辛建林、沈建、沈虹振、宋杰（女）、张伟、张杰、张明、张敏（女）、张琴（女）、张强、张长荣、张月霞（女）、张亚芳（女）、张显伟、张桂林、张霁明、陆乔立、陈娟（女）、陈雯（女）、陈文兰（女）、陈志斌、陈学东、陈宝进、陈建梅（女）、邵銮明、周勇、周娟（女）、周正青、周昌军、周法鸣、周渊超、周鑫科、封茜（女）、赵晖、赵燕来（女）、胡万源、胡怀扣、施义明、施瑾瑜（女）、姚莉（女）、秦晖（女）、秦勇华（女）、袁庆、袁彩（女）、袁国湘、都兴宇、晋光泽、贾红梅（女）、顾秀琴（女）、徐华（女）、徐峰、徐萌、徐桂明、徐新华、高立、高莹（女）、高卫东、高希兆、高迎阳（女）、倪健萍（女）、郭美娟（女）、黄文静（女）、梅娟（女）、曹明德、曹顺林、曹德桂、戚鸭章、常小红（女）、常建斌、崔正彬、蒋加华、蒋志忠、蒋玲丽（女）、蒋震宇、韩亚、韩韫（女）、程永进、詹绛（女）、阙进、褚国玺、蔡荀（女）、蔡卿（女）、蔡晶（女）、翟云、樊凯、樊成功、薛永忠、薛雨生、薛荣明、冀小燕（女）、戴小兰（女）、戴文平、戴永建

说明：1. 2021年12月3日“清廉江苏”微信公众号发布：泰州市人民政府党组成员顾萍涉嫌严重违纪违法，目前正接受江苏省纪委监委纪律审查和监察调查。

2. 2022年10月5日“清廉江苏”微信公众号发布：泰州医药高新区（高港区）副厅级干部孙宏建涉嫌严重违纪违法，目前正接受江苏省纪委监委纪律审查和监察调查。

3. 2022年7月7日“清廉泰州”微信公众号发布：张琴严重违纪违法被开除党籍和公职。

统计资料

2021年泰州医药高新区（高港区）国民经济综合指标一览表

表28

指标名称	单位	数值
地区生产总值	亿元	1106.86
第一产业	亿元	15.50
第二产业	亿元	609.50
其中：工业	亿元	543.43
建筑业	亿元	66.07
第三产业	亿元	481.86
服务业增加值占GDP比重	%	43.53
农林牧渔业总产值	亿元	24.19
建筑业总产值	亿元	710.54
粮食总产量	吨	112042.00
固定资产投资	亿元	713.77
规模以上工业总产值	亿元	2078.93
高新技术产业产值	亿元	1055.95
高新技术产业产值占规模以上工业比重	%	50.79
规模以上工业营业收入	亿元	2066.78
规模以上工业利润总额	亿元	129.67
R&D经费	亿元	37.74
R&D经费占GDP比重	%	3.41
社会消费品零售总额	亿元	284.98
进出口总额	亿美元	39.66
出口总额	亿美元	19.81
实际利用外资和港澳台资	亿美元	3.86
一般公共预算收入	亿元	100.54
全体居民人均可支配收入	元/人	45214.00
城镇居民人均可支配收入	元/人	54990.00
农村居民人均可支配收入	元/人	28582.00

2021年泰州医药高新区（高港区）人均经济社会主要指标一览表

表29

指标	单位	数值
人均地区生产总值	元	228998
人均一般公共预算收入	元	20801
人均一般公共预算支出	元	17660
人均进出口总额	美元	8206
人均社会消费品零售总额	元	58959
城镇非私营单位在岗职工平均工资	元	108370
全体居民人均可支配收入	元	45214
城镇居民人均可支配收入	元	54990
农村居民人均可支配收入	元	28582

2021年泰州医药高新区（高港区）主要经济指标占全市比重一览表

表30

指标	单位	泰州市	泰州医药高新区（高港区）	占泰州市比重（%）
年末常住人口	万人	452.18	48.45	10.7
地区生产总值	亿元	6025.26	1106.86	18.4
第一产业	亿元	318.13	15.50	4.9
第二产业	亿元	2918.59	609.50	20.9
第三产业	亿元	2788.54	481.86	17.3
人均地区生产总值（按常住人口计算）	元	133323.00	228998.00	171.6
一般公共预算收入	亿元	420.29	100.54	23.9
一般公共预算支出	亿元	667.61	85.36	12.8
社会消费品零售总额	亿元	1576.94	284.98	18.1
进出口总额	亿美元	189.22	39.66	21.0
出口总额	亿美元	133.57	19.81	14.8
实际利用外资和港澳台资	亿美元	18.28	3.86	21.1
协议注册外资和港澳台资	亿美元	38.13	8.54	22.4
全体居民人均可支配收入	元	43777.00	45214.00	103.3
城镇居民人均可支配收入	元	53818.00	54990.00	102.2
农村居民人均可支配收入	元	27401.00	28582.00	104.3

2021年泰州医药高新区（高港区）人口及其变动情况一览表

表31　　　　　　　　　　　　　　　　　　　　　　　　　　　　　　　单位：户、人

指标名称	全区合计	口岸街道	刁铺街道	许庄街道	凤凰街道	寺巷街道	明珠街道	沿江街道	永安洲镇	白马镇	胡庄镇	大泗镇	野徐镇
总户数	135245	23062	7935	11707	19186	12527	11607	4681	8229	6528	12958	9876	6949
总人数	438198	70623	25205	38649	59220	44240	36006	14777	29931	22260	39463	32314	25510
男	218933	35007	12276	19253	29501	21900	17881	7205	14626	11335	20435	16919	12595
女	219265	35616	12929	19396	29719	22340	18125	7572	15305	10925	19028	15395	12915
出生人口	2505	417	170	196	502	265	218	66	149	129	200	149	44
男	1336	227	97	103	275	146	111	35	71	62	102	81	26
女	1169	190	73	93	227	119	107	31	78	67	98	68	18
死亡人数	3617	546	214	458	293	368	234	133	270	200	469	396	36
男	1984	312	117	246	160	203	127	73	145	116	257	212	16
女	1633	234	97	212	133	165	107	60	125	84	212	184	20
迁入人数	6625	357	276	64	3723	407	1318	6	65	68	61	63	217
省内	5678	155	142	25	3467	341	1264	3	30	28	23	17	183
省外	947	202	134	39	256	66	54	3	35	40	38	46	34
迁出人数	3807	466	147	164	392	741	1017	224	171	49	202	101	133
省内	2930	233	82	104	269	669	959	186	108	29	137	52	102
省外	877	233	65	60	123	72	58	38	63	20	65	49	31

2021年泰州医药高新区（高港区）全体居民人均可支配收入和消费支出一览表

表32

指标名称	单位	2021年	2020年	增幅±%
一、可支配收入	元	45214	40915	10.5
工资性收入	元	27214	24588	10.7
经营净收入	元	7692	6999	9.9
财产净收入	元	4681	4238	10.4
转移净收入	元	5627	5090	10.6
二、消费支出	元	30378	24896	22.0
（一）食品烟酒	元	8637	7329	17.9
（二）衣着	元	2141	1775	20.6
（三）居住	元	5541	4541	22.0
（四）生活用品及服务	元	1636	1291	26.8
（五）交通通信	元	4633	3809	21.6
（六）教育文化娱乐	元	5016	4076	23.1
（七）医疗保健	元	2177	1776	22.6
（八）其他用品和服务	元	597	299	99.6

2021年泰州医药高新区(高港区)城镇常住居民人均可支配收入和消费支出一览表

表33

指标名称	单位	2021年	2020年	增幅±%
一、可支配收入	元	54990	50068	9.8
工资性收入	元	33533	30498	10.0
经营净收入	元	8551	7811	9.5
财产净收入	元	6153	5607	9.7
转移净收入	元	6753	6152	9.8
二、消费支出	元	34529	28750	20.1
(一)食品烟酒	元	9272	8035	15.4
(二)衣着	元	2474	2089	18.4
(三)居住	元	6483	5396	20.1
(四)生活用品及服务	元	2021	1657	22.0
(五)交通通信	元	4713	3956	19.1
(六)教育文化娱乐	元	5961	4903	21.6
(七)医疗保健	元	2826	2344	20.6
(八)其他用品和服务	元	779	370	110.5

2021年泰州医药高新区(高港区)农村常住居民人均可支配收入和消费支出一览表

表34

指标名称	单位	2021年	2020年	增幅±%
一、可支配收入	元	28582	25666	11.4
工资性收入	元	16463	14742	11.7
经营净收入	元	6231	5646	10.4
财产净收入	元	2175	1958	11.1
转移净收入	元	3713	3320	11.8
二、消费支出	元	23317	18476	26.2
(一)食品烟酒	元	7558	6153	22.8
(二)衣着	元	1574	1252	25.7
(三)居住	元	3938	3116	26.4
(四)生活用品及服务	元	982	680	44.4
(五)交通通信	元	4496	3565	26.1
(六)教育文化娱乐	元	3409	2698	26.4
(七)医疗保健	元	1073	832	29.0
(八)其他用品和服务	元	287	180	59.4

2021年泰州医药高新区（高港区）居民家庭年末耐用消费品拥有情况（每百户）一览表

表35

指标名称	单位	全体居民	城镇常住居民	农村常住居民
1.家用汽车	辆	65	70	58
2.摩托车	辆	15	21	6
3.助力车	台	199	197	202
4.洗衣机	台	120	124	114
5.电冰箱（柜）	台	130	121	142
6.微波炉	台	102	100	104
7.彩色电视机	台	208	201	218
8.空调	台	271	273	268
9.热水器	台	109	104	116
10.洗碗机	台	2	1	2
11.排油烟机	台	76	81	68
12.固定电话	台	5	6	4
13.移动电话	线	316	310	324
14.其中：接入互联网	部	292	281	306
15.计算机	部	82	81	82
16.其中：接入互联网	台	81	81	80
17.照相机	台	16	17	14
18.中高档乐器	台	9	9	10
19.健身器材	台	23	23	24
20.空气净化器（含新风系统）	架	12	9	16
21.吸尘器	台	22	27	14

机构简称

泰州医药高新区（高港区）部分组织机构全称、简称对照一览表

表36

全称	简称
中共泰州医药高新技术产业开发区工作委员会	区党工委
中国共产党泰州市高港区委员会	区委
泰州市高港区人民代表大会常务委员会	区人大常委会
泰州医药高新技术产业开发区管理委员会	区管委会
泰州市高港区人民政府	区政府
中国人民政治协商会议泰州市高港区委员会	区政协
中共泰州医药高新区技术产业开发区纪律检查工作委员会	区纪工委
中国共产党泰州市高港区纪律检查委员会	区纪委
泰州市高港区监察委员会	区监委
中共泰州医药高新技术产业开发区工委（泰州市高港区委）巡察工作办公室	区党工委（区委）巡察办
泰州医药高新技术产业开发区（泰州市高港区）党政办公室	区党政办
中共泰州医药高新技术产业开发区工委（泰州市高港区委）研究室	区党工委（区委）研究室
中共泰州医药高新技术产业开发区工委（泰州市高港区委）机要保密局	区党工委（区委）机要保密局
泰州医药高新技术产业开发区（泰州市高港区）国家密码管理局	区密码管理局
泰州医药高新技术产业开发区（泰州市高港区）外事办公室	区外事办
泰州医药高新技术产业开发区（泰州市高港区）大数据管理局	区大数据管理局
泰州医药高新技术产业开发区（泰州市高港区）档案局	区档案局
中共泰州医药高新技术产业开发区工委（泰州市高港区委）全面深化改革委员会办公室	区党工委（区委）深改办
中共泰州医药高新技术产业开发区工委（泰州市高港区委）国家安全委员会办公室	区党工委（区委）国安办
中共泰州医药高新技术产业开发区工委（泰州市高港区委）外事工作委员会办公室	区党工委（区委）外办
中共泰州医药高新技术产业开发区工委（泰州市高港区委）组织部	区党工委（区委）组织部
中共泰州医药高新技术产业开发区工委（泰州市高港区委）机构编制委员会办公室	区党工委（区委）编办
泰州医药高新技术产业开发区（泰州市高港区）事业单位登记管理局	区事业单位登记管理局
中共泰州医药高新技术产业开发区工委（泰州市高港区委）区级机关工作委员会	区党工委（区委）区级机关工委

续表36

全称	简称
中共泰州医药高新技术产业开发区工委（泰州市高港区委）非公有制企业和社会组织工作委员会	区党工委（区委）“两新”工委
中共泰州医药高新技术产业开发区工委（泰州市高港区委）党建工作领导小组办公室	区党工委（区委）党建办
中共泰州医药高新技术产业开发区工委（泰州市高港区委）老干部局	区党工委（区委）老干部局
中共泰州医药高新技术产业开发区工委（泰州市高港区委）离退休干部工作委员会	区党工委（区委）离退休干部工委
泰州医药高新技术产业开发区（泰州市高港区）公务员局	区公务员局
泰州医药高新技术产业开发区（泰州市高港区）考核工作委员会办公室	区考核办
中共泰州医药高新技术产业开发区工委（泰州市高港区委）宣传和统战部	区党工委（区委）宣传和统战部
泰州医药高新技术产业开发区（泰州市高港区）精神文明建设指导委员会办公室	区文明办
泰州市高港区人民政府新闻办公室	区政府新闻办
泰州医药高新技术产业开发区（泰州市高港区）互联网信息办公室	区互联网信息办
泰州医药高新技术产业开发区（泰州市高港区）新闻出版局	区新闻出版局
泰州医药高新技术产业开发区（泰州市高港区）版权局	区版权局
泰州医药高新技术产业开发区（泰州市高港区）文化体育和旅游局	区文化体育旅游局
泰州医药高新技术产业开发区（泰州市高港区）文物局	区文物局
中共泰州医药高新技术产业开发区工委（泰州市高港区委）台湾工作办公室	区党工委（区委）台办
泰州市高港区人民政府台湾事务办公室	区政府台办
泰州医药高新技术产业开发区（泰州市高港区）民族宗教事务局	区民宗局
泰州市高港区人民政府侨务办公室	区政府侨办
中共泰州医药高新技术产业开发区工委（泰州市高港区委）网络安全和信息化委员会办公室	区党工委（区委）网信办
中共泰州医药高新技术产业开发区工委（泰州市高港区委）政法委员会	区党工委（区委）政法委
泰州医药高新技术产业开发区（泰州市高港区）信访局	区信访局
泰州医药高新技术产业开发区（泰州市高港区）发展和改革委员会	区发展改革委
泰州医药高新技术产业开发区（泰州市高港区）地方金融监督管理局	区金融监管局
泰州市高港区人民政府金融工作办公室	区政府金融办
泰州医药高新技术产业开发区（泰州市高港区）粮食和物资储备局	区粮食和物资储备局
泰州医药高新技术产业开发区（泰州市高港区）教育局	区教育局
中共泰州医药高新技术产业开发区工委（泰州市高港区委）教育工作委员会	区党工委（区委）教育工委
泰州医药高新技术产业开发区（泰州市高港区）工业和科技创新局	区工业和科技创新局

续表36

全称	简称
泰州医药高新技术产业开发区（泰州市高港区）工业和信息化局	区工业和信息化局
泰州医药高新技术产业开发区（泰州市高港区）科学技术局	区科技局
泰州医药高新技术产业开发区（泰州市高港区）司法局	区司法局
中共泰州医药高新技术产业开发区工委（泰州市高港区委）全面依法治区委员会办公室	区党工委（区委）依法治区办
泰州医药高新技术产业开发区（泰州市高港区）财政局	区财政局
泰州市高港区人民政府国有资产监督管理办公室	区政府国资办
泰州医药高新技术产业开发区（泰州市高港区）社会事业和退役军人事务局	区社会事业和退役军人事务局
泰州医药高新技术产业开发区（泰州市高港区）民政局	区民政局
泰州医药高新技术产业开发区（泰州市高港区）人力资源和社会保障局	区人力资源社会保障局
泰州医药高新技术产业开发区（泰州市高港区）住房和城乡建设局	区住房城乡建设局
泰州医药高新技术产业开发区（泰州市高港区）城市管理综合行政执法局	区城市管理综合行政执法局
泰州医药高新技术产业开发区（泰州市高港区）地震局	区地震局
泰州医药高新技术产业开发区（泰州市高港区）农业农村局	区农业农村局
泰州医药高新技术产业开发区（泰州市高港区）水利局	区水利局
泰州医药高新技术产业开发区（泰州市高港区）乡村振兴局	区乡村振兴局
中共泰州医药高新技术产业开发区工委（泰州市高港区委）农村工作领导小组办公室	区党工委（区委）农工办
泰州医药高新技术产业开发区（泰州市高港区）商务局	区商务局
泰州医药高新技术产业开发区（泰州市高港区）口岸办公室	区口岸办
泰州医药高新技术产业开发区（泰州市高港区）卫生健康委员会	区卫生健康委
泰州医药高新技术产业开发区（泰州市高港区）应急管理局	区应急管理局
泰州医药高新技术产业开发区（泰州市高港区）审计局	区审计局
中共泰州医药高新技术产业开发区工委（泰州市高港区委）审计委员会办公室	区党工委（区委）审计办
泰州医药高新技术产业开发区（泰州市高港区）行政审批局	区行政审批局
泰州医药高新技术产业开发区（泰州市高港区）政务服务管理办公室	区政务服务办
泰州医药高新技术产业开发区（泰州市高港区）市场监督管理局	区市场监管局
泰州医药高新技术产业开发区（泰州市高港区）知识产权局	区知识产权局
泰州医药高新技术产业开发区（泰州市高港区）统计局	区统计局
泰州市高港区人民代表大会常务委员会办公室	区人大办

续表36

全称	简称
中国人民政治协商会议泰州市高港区委员会办公室	区政协办
泰州医药高新技术产业开发区人民检察院	泰州医药高新区人民检察院
泰州医药高新技术产业开发区人民法院	泰州医药高新区人民法院
泰州市高港区人民检察院	高港区人民检察院
泰州市高港区人民法院	高港区人民法院
中国人民解放军江苏省泰州市高港区人民武装部	区人武部
泰州市高港区总工会	区总工会
中国共产主义青年团泰州市高港区委员会	团区委
泰州市高港区妇女联合会	区妇联
泰州市高港区残疾人联合会	区残联
泰州市高港区科学技术协会	区科协
泰州市高港区工商业联合会	区工商联
泰州市高港区文学艺术界联合会	区文联
泰州市高港区归国华侨联合会	区侨联
泰州市高港区红十字会	区红十字会
泰州市高港区关心下一代工作委员会	区关工委
泰州市高港区哲学社会科学界联合会	区社科联
中共泰州医药高新技术产业开发区工委（泰州市高港区委）党校	区党工委（区委）党校
泰州医药高新技术产业开发区（泰州市高港区）党史方志办公室（档案馆）	区党史方志办（档案馆）
泰州医药高新技术产业开发区（泰州市高港区）供销合作总社	区供销社
泰州医药高新技术产业开发区（泰州市高港区）区域社会治理现代化综合指挥中心（大数据中心、网格化服务管理中心）	区区域社会治理现代化综合指挥中心（大数据中心、网格化服务管理中心）
泰州市高港区口岸雕花楼景区管理委员会	区口岸雕花楼景区管委会

缩略语注释

缩略语注释一览表

表37

缩略语	注 释
“5621”体教融合项目	省教育厅、省体育局在全省推进实施的青少年体育“5621”计划，即每个县（市、区）至少推动5个运动项目，每个项目至少布局6所小学、2所初中、1所高中
“8个直到支部”制度	区委常委每人分别挂钩1个村（社区）党支部、1个机关事业单位党支部、1个“两新”组织党支部，规范组织生活直接到支部，政策理论宣讲直接到支部，党员教育管理直接到支部，联系服务群众直接到支部，推动发展直接到支部，调研化解难题直接到支部，推进工作落实直接到支部，创树特色品牌直接到支部
“一主导、两参考”	“一主导”：主要根据职能机构数量及职能设置，坚持以事定人，同时对标省内先进园区，合理确定园区总员额及每个职能机构员额。“两参考”：参考原核定编制数和目前实际在岗人数，坚持以“旧”定新，力求员额总数较目前实际在岗人数有一定幅度降低。对实际使用员额低于核定员额的，仍按核定员额计发薪酬总额。参考当年度园区一般公共预算收入情况，坚持以收定支，科学核定薪酬支出总额占比。对超过规定比例的园区，逐家分析原因，适当控减员额总数，并制定相应措施，推动薪酬总额支出的占比逐年降低
“一府一委两院”	区政府、区监委、区人民检察院、区人民法院
“一轴三极三城”	“一轴”是高标准编制中轴区域控制性详规和城市设计导引，打造现代化气息浓厚的未来之城、产城融合的示范标杆，挺起城市脊梁；同时，在中心城市形成金融商务极、健康服务极、高铁枢纽极，使得这“三极”成为黄金三角。“三城”，就是要塑造泰州市主城三区的特色优势。在定位上分别是：海陵区重点实施老城更新，推动西北工业片区绿色转型，发展城市经济和文旅产业，精心做靓“凤城河”文化核，打造集萃人文、承载记忆、寄托乡愁的文化古城；泰州医药高新区（高港区）重点做强医药产业和临港经济，用好人民海军诞生地红色资源，打造拥江亲水、产业繁荣、宜居宜业的活力新城；姜堰区重点发展特色工业、休闲生态产业，建设教育强区，打造风景秀丽、生态优美、令人向往的康养名城
“一站一室一网三员”维权体系	维权驿站，劳模（工匠）维权工作室，维权“一张网”，劳动关系信息员、维权服务员、劳动关系监督员
“一室一日一单一网一会”五位一体劳动保护监督新机制	在企业建立劳动保护监督检查员工作室，建立工作日活动制度，设立风险负面清单管理制度，建立网格化监督体系，落实安全生产专题职代会制度
“八类”案件	杀人、抢劫、强奸、放火、投毒、爆炸、贩毒、故意伤害致人死亡案件
“九小场所”	小学校或幼儿园、小医院、小商店、小餐饮场所、小旅馆、小歌舞娱乐场所、小网吧、小美容洗浴场所、小生产加工企业
“三下乡”	文化、科技、卫生下乡
“三个规定”	《领导干部干预司法活动、插手具体案件处理的记录、通报和责任追究规定》《司法机关内部人员过问案件的记录和责任追究规定》《关于进一步规范司法人员与当事人、律师、特殊关系人、中介组织接触交往行为的若干规定》
“三无”船舶	无船名船号、无船舶证书、无船籍港
“三比一提升”	重点开发园区比质量规模、比推进效率、比产出效益、提升核心竞争力
“三化”树种	珍贵化、彩色化、效益化树种

续表37

缩略语	注　释
“三公”经费	因公出国（境）经费、公务车购置及运行费、公务招待费
“三全”社区家庭教育	实现社区教育社区全域、父母全程、家庭类型全覆盖
“三会一课”	定期召开支部党员大会、党支部委员会和党小组会，按时上好党课
“三扶两创”	扶志、扶技、扶创业，建设创业基地、培树创业之星
“三评三促三提升”	评示范村（居）促和谐，提升“微自治”精度；评优秀案例促创新，提升基层治理广度；评优秀规约促引导，提升乡风文明纯度
“三书一函”	纪检监察机关、审判机关、检察机关、公安机关在办理涉黑涉恶案件过程中发现行业领域监管漏洞所制发的监察建议书、司法建议书、检察建议书、公安提示函
“三定三查”工作模式	建立健全岗位责任机制，设定分工；建立健全调查研判机制，确定目标；建立健全议事决策机制，议定方案；建立健全执行落实机制，查明进度；建立健全务实监督机制，查实效度；建立健全绩效评估机制，查核达成度
“三定”	关于部门（单位）主要职责、内设机构和人员编制的规定
“三定一撤”	设置密闭的生活垃圾定时、定点、定人分类投放亭，将小区原有布置的垃圾桶点位撤销
“三项机制”	干部鼓励激励、容错纠错、能上能下机制
“三项岗位”人员	生产经营单位主要负责人、安全管理人员和特种作业人员
“三重一大”决策机制	重大事项决策、重要干部任免、重要项目安排、大额资金的使用，必须经集体讨论作出决定
“三清三关”全提醒	提醒清厨房、清阳台、清楼道，关燃气、关电源、关门窗
“三勤五心”网格管家	腿勤、口勤、手勤，助人除困热心、为民服务贴心、发现隐患细心、解决群众问题耐心、对待工作专心
“三微”	微官微权微腐败
“三整合”改革	推进基层整合审批服务执法力量改革
乡土人才“三带”	带领技艺传承、带强产业发展、带动群众致富
“五大振兴”	乡村产业振兴、乡村人才振兴、乡村文化振兴、乡村生态振兴和乡村组织振兴
“五个认同”教育活动	对伟大祖国、中华民族、中华文化、中国共产党、中国特色社会主义的认同
“五不得五严禁”规定	不得铺张浪费、不得擅自追加、不得偏离绩效、不得突破规模、不得逾期结转、严禁挤占挪用、严禁违规列支、严禁乱发钱物、严禁违规采购、严禁超标配置
“五方面”人员	乡镇事业编制人员、优秀村党组织书记、到村任职过的选调生、第一书记、驻村工作队员
“五老”	老干部、老战士、老专家、老教师、老劳模
“五有五好”专业化病虫害防治服务组织	有合法的组织机构，有健全的章程制度，有规范的服务行为，有专业的服务人员，有一定的服务能力，内部管理好，人员素质好，防治效果好，服务信誉好，经济效益好
“五同五有工作法”	同向同行，思想引领“有共识”；同心勠力，建言献策“有作为”；同甘共苦，服务社会“有奉献”；同舟共济，联谊交友“有温暖”；同心协力，自身建设“有活力”

续表37

缩略语	注　释
“五好”五老	忠诚敬业好、关爱实绩好、务实创新好、无私奉献好、群众信誉好的“五老”
“五好”关工委	领导班子建设好、“五老”作用发挥好、制度健全执行好、积极探索创新好、活动经常效果好的关工委组织
“五位一体”总体布局	经济建设、政治建设、文化建设、社会建设和生态文明建设五位一体
“五帮行动”	“我来帮你量血压”“我来帮你找医生”“我来帮你买东西”“我来帮你做家政”“我来帮你办事情”行动
“五带三星”	带头讲政治、带头顾大局、带头讲文明、带头树新风、带头做义工，强化三星级考评管理
长江重点水域“四清四无”	清船、清网、清江、清河，无渔船、无渔具、无渔网、无捕捞行为
公务用车“四定”管理	定点保险、定点加油、定点维修以及公务出行定点租赁
“六无”村（社区）	无越级上访和群体性事件、无黑恶势力和刑事犯罪、无安全责任事故、无邪教活动、无涉毒案件、无特殊人群漏管失控
“六有一提升”	每一名离退休干部党员都要有党的组织，每一个离退休干部党支部都要有领导班子、有组织活动、有作用发挥、有工作制度、有工作保障，以此提升离退休干部党组织的组织力
“六保”	保居民就业、保基本民生、保市场主体、保粮食能源安全、保产业链供应链稳定、保基层运转
“六稳”	稳就业、稳金融、稳外贸、稳外资、稳投资、稳预期
“双招双引”	招商引资与招才引智
“双师型”教师	“双证”教师或“双职称”教师，即教师资格+中级以上技术职务或职业资格教师
“双创”人才	创新创业人才
“双交办、双点评”	“双交办”机制，巡察整改意见既交办被巡察单位，也交办区分管领导；“双点评”机制，由区委巡察工作领导小组成员结合日常监督情况，对被巡察党组织整改工作进行点评；区分管领导对被巡察党组织及主要负责人落实整改责任、履行职能责任情况进行点评
“双减”	减轻义务教育阶段学生过重作业负担和校外培训负担
“双随机、一公开”	在监管过程中随机抽取检查对象，随机选派执法检查人员，抽查情况及查处结果及时向社会公开
“四三三”文明实践工作法	推动“需求清单”自主点、“资源清单”平台晒、“服务清单”统筹配、“落实清单”公开评，建立“模范连”“宣讲营”“志愿团”，实行第一所长制、实绩考核制、积分激励制
“四上企业”	规模以上工业企业、房地产企业，资质等级以上建筑业企业，限额以上批发零售业、住宿和餐饮业企业，规模以上服务业企业
“四个自信”	中国特色社会主义道路自信、理论自信、制度自信、文化自信
“四个全面”战略布局	全面建成小康社会、全面深化改革、全面依法治国、全面从严治党
“四个意识”	政治意识、大局意识、核心意识、看齐意识
“四不两直”	不发通知，不打招呼，不听汇报，不用陪同接待，直奔基层，直插现场
“四长”“五长”	“四长”指公安局局长、人民检察院检察长、人民法院院长、司法局局长，“五长”指公安局局长、人民检察院检察长、人民法院院长、司法局局长、信访局局长

续表37

缩略语	注　释
“四风”	形式主义、官僚主义、享乐主义和奢靡之风
“四史”	党史、新中国史、改革开放史、社会主义发展史
“四同八助”	同心同行同力同赢，助定战略、助强管理、助聚人心、助建文化、助攻难关、助兴人才、助联内外、助美声誉
“四会”教练员	军事教学中会讲、会做、会教、会做思想政治工作的教练员
“四好”商会	班子建设好、团结教育好、服务发展好、自律规范好的商会
“四好农村路”	“建好、管好、护好、运营好”农村公路
“四级四同”权力清单	国家、省、市、县四级权力事项名称、编码、类型、依据相同
“四建立一打造”	建立科学规范的管理架构、精简高效的运营模式、充满活力的人事薪酬制度、债务风险防范化解机制，打造特色产业创新高地
“四型”特色社区公益服务项目	“四型”指服务型、平安型、文化型、生态型
“四常一好”	大门常开、场所常用、活动常办、群众常来、事情好办
民生“七有”	幼有所育、学有所教、劳有所得、病有所医、老有所养、住有所居、弱有所扶
“扪心四问”	党员是什么？入党为什么？在党干什么？为党留什么？
行政处罚“三张清单”	不予处罚事项清单、减轻处罚事项清单、从轻处罚事项清单
全面从严治党“三张清单”	任务清单、负面清单、监督清单
安全生产专项整治“一年小灶”“三年大灶”行动	“一年小灶”指国务院对江苏省安全生产问题进行专项整治，“三年大灶”指按照全国统一部署，开展安全生产专项整治三年行动
农村集体“三资”	农村集体所有的资金、资产和资源
防汛“三袋”	草袋、麻袋、编织袋
妇女“两癌”	宫颈癌、乳腺癌
村（社区）“两委”	村（社区）党支部委员会（党总支、党委），村（居）民委员会
村集体经济“三变”改革	农村资源变资产、资金变股金、农民变股东
“两个维护”	坚决维护习近平总书记党中央的核心、全党的核心地位，坚决维护党中央权威和集中统一领导
“两个确立”	确立习近平同志党中央的核心、全党的核心地位，确立习近平新时代中国特色社会主义思想的指导地位
两化融合	信息化与工业化融合
“两代表一委员”	党代表、人大代表和政协委员
“两在两同”“三比三争”	“两在两同”指同人民想在一起、干在一起，风雨同舟、同甘共苦，在现代化新征程上建新功。“三比三争”指领导干部带头扛事比担当，争做群众最满意的好干部；各级基层党组织主动作为比服务，争创群众最欢迎的好组织；广大党员苦干实干比奉献，争当群众最喜爱的好党员
“两优一先”	优秀共产党员、优秀党务工作者和先进基层党组织

续表37

缩略语	注 释
“两违”“三乱”	违法圈圩、违法建设，乱占、乱排、乱建
“两品一标”	绿色食品、有机农产品和农产品地理标志
“两高”“两区”	泰州医药高新区、高港区
“两高”项目	高耗能、高排放的项目
“两集中三剥离”	推动人员和资源向招商一线、服务一线集中；非主营业务逐步剥离，向特色园区、专业园区转型发展；非产业化功能加快剥离，专注于产业发展和项目建设；非必要办事机构坚决剥离，围绕经济管理和投资服务科学设置内部机构
“两新”组织	新经济组织和新社会组织
社区消防“四有”建设	有消防工作站、消防宣传橱窗、公共消防器材点、志愿消防队伍
社区矫正“三类”案件	减刑、假释、暂予监外执行案件
“放管服”改革	简政放权、放管结合、优化服务改革
残疾人“两项补贴”	困难残疾人生活补贴和重度残疾人护理补贴
监督执纪“四种形态”	经常开展批评和自我批评、约谈函询，让“红红脸、出出汗”成为常态；党纪轻处分、组织调整成为违纪处理的大多数；党纪重处分、重大职务调整的成为少数；严重违纪涉嫌违法立案审查的成为极少数
消防“三提示”	提示本场所的火灾危险性，提示本场所的逃生路线、安全出口位置，提示本场所消防设施器材和使用方法
消防“六熟悉”	熟悉消防队责任区的交通道路、水源情况，熟悉责任区内重点单位的分类、数量及分布情况，熟悉责任区内主要灾害事故处置的对策及基本程序，熟悉责任区内重点单位建筑物使用及重点部位情况，熟悉重点单位内部的消防设施情况，熟悉重点单位的消防组织及其灭火救援任务分工情况
能耗“双控”	能耗总量和强度“双控”管理
秸秆“双禁”“三禁”	“双禁”指禁烧、禁抛，“三禁”指禁烧、禁抛、禁埋
“清四乱”	清理整治河道乱占、乱采、乱堆、乱建等突出问题
“强富美高”	经济强、百姓富、环境美和社会文明程度高

说明：按缩略语首字笔画排列

索　引

说　明

1.本索引采用主题分析法提取，部分则选用关键词。
2.本索引按首字汉语拼音字母顺序排列。
3.索引名称后的数字表示内容所在的页码，数字后面的 a、b、c 分别表示左栏、中栏和右栏。
4.图片、表格分别在页码出处后标注“图”和“表”字。

A

B

C

D

E

F

G

K

L

M

N

P

Q

R

Y

Z